ACCESO GRATUITO DURANTE UN AÑO AL eBOOK Y/O AUDIOLIBRO **ADQUIRIDOS A TRAVÉS DE AMAZON**

Si ha adquirido este libro a través de **Amazon**, puede solicitar acceso gratuito a su versión digital durante **un año de forma gratuita**. Siga estos pasos:

¿Cómo solicitarlo?

1. Envíe un **correo electrónico a info@colex.es** con el asunto: **«Solicitud de eBook - [Título del libro]»**.
2. **Adjunte la factura de compra** de Amazon como comprobante.
3. Indique en el cuerpo del correo:
   - Su **nombre completo.**
   - Su **dirección de correo electrónico.** (para activar su cuenta en **www.colex.es**, si aún no está registrada).
4. **Una vez verificada la compra, recibirá un código de activación** para canjear en www.colex.es

✓ Una vez se valide el código, aparecerá una ventana de confirmación y su eBook y/o audiolibro estará disponible **durante 1 año desde su activación** en la pestaña «Mis libros» en el menú de usuario.

— Para más información y acceso a su código, visite: www.colex.es —

* Los audiolibros están disponibles en las ediciones más recientes de nuestras obras. Se excluyen expresamente las colecciones «Códigos comentados», «Biblioteca digital» y los productos de www.vademecumlegal.es.

No se admitirá la devolución si el código promocional ha sido manipulado y/o utilizado.

COLECCIÓN
DERECHO INTERNACIONAL PRIVADO

2

LA COMPETENCIA JUDICIAL INTERNACIONAL EN EL ÁMBITO DE LAS PLATAFORMAS DE CRIPTOACTIVOS

COLECCIÓN
DERECHO INTERNACIONAL PRIVADO

2

LA COMPETENCIA JUDICIAL INTERNACIONAL EN EL ÁMBITO DE LAS PLATAFORMAS DE CRIPTOACTIVOS

Josep Gunnar Horrach Armo
Universidad de las Illes Balears
Profesor titular laboral en Derecho Internacional Privado

COLEX 2025

Calle Costa Rica, número 5, 3.º B (local comercial)
A Coruña, C.P. 15004
info@colex.es
www.colex.es

I.S.B.N.: 978-84-1194-977-4
Depósito legal: C 353-2025

SUMARIO

CAPÍTULO SEGUNDO
FUENTES APLICABLES Y CUESTIONES PRELIMINARES

CAPÍTULO TERCERO
CLÁUSULAS ARBITRALES INSERTAS EN LAS CONDICIONES GENERALES DE LAS PLATAFORMAS DE CRIPTOACTIVOS

CAPÍTULO CUARTO
CLÁUSULAS DE JURISDICCIÓN PREVISTAS EN LAS PLATAFORMAS DE CRIPTOACTIVOS

CAPÍTULO QUINTO
LAS *ANTI-SUIT INJUNCTIONS* O MEDIDAS ANTIPROCESO EN EL ÁMBITO DE LAS PLATAFORMAS DE CRIPTOACTIVOS

CAPÍTULO SEXTO
FORO EN MATERIA CONTRACTUAL

CAPÍTULO SÉPTIMO
FORO EN MATERIA DE CONSUMO

CAPÍTULO OCTAVO
FORO EN MATERIA DELICTUAL O CUASIDELICTUAL

A Selena, por su apoyo incondicional, su lealtad,
su contagiosa alegría y su forma de amar.

A mi familia, por compartir conmigo los momentos de
felicidad y apoyarme en los momentos de mayor dificultad.

RESUMEN

En el presente estudio se aborda, desde el punto de vista de la competencia judicial internacional, el análisis de las plataformas de criptoactivos, conocidas comúnmente como plataformas exchange. En el primer capítulo se analiza qué debe entenderse por una plataforma de criptoactivos, detallando sus principales características, funciones y obligaciones a la luz del Reglamento MICA [Reglamento núm. 2023/1114]. Asimismo, son objeto de análisis los servicios de criptoactivos y los distintos tipos de criptoactivos, todo ello desde la óptica del Derecho internacional privado.

En el segundo capítulo se analizan las fuentes aplicables para determinar qué tribunales ostentan competencia internacional para conocer de la demanda en los casos de responsabilidad contractual y/o extracontractual. A partir del tercer capítulo se analizan los foros potencialmente aplicables en este ámbito, dedicando especial atención al análisis de las cláusulas de jurisdicción y arbitraje recogidas en las condiciones generales de estas plataformas. El estudio cuenta con un análisis sobre la idoneidad y/o necesidad de reforma de estos foros para adaptarse a las exigencias de esta nueva realidad disruptiva, teniendo en cuenta los principios y criterios desarrollados por la jurisprudencia del Tribunal de Justicia de la Unión Europea.

ABREVIATURAS

ABE	Autoridad bancaria europea.
ASI	Anti-suit injunctions.
BCE	Banco Central Europeo.
CC	Código Civil español. Real Decreto de 24 de julio de 1889 por el que se publica el Código Civil. Gaceta de Madrid núm. 206, de 25.07.1889.
CESE	Comité Económico y Social Europeo.
CG	Convenio Europeo sobre Arbitraje Comercial Internacional, hecho en Ginebra el 21 de abril de 1961. Publicado en el BOE núm. 238, de 4.10.1975.
CGC	Condiciones generales de la contratación.
CH 2005	El Convenio de la Haya de 30 de junio de 2005 sobre acuerdos de elección de foro, de 30 de junio 2005.
CJI	Competencia judicial internacional.
CNMC	Comisión Nacional de los Mercados y de la Competencia.
CNY	Convenio sobre reconocimiento y ejecución de sentencias arbitrales extranjeras, hecho en Nueva York el 10 de junio de 1958. Publicado en el BOE núm. 164, de 11.07.1977.
Convenio de Lugano o CL 2007	Convenio relativo a la competencia judicial, el reconocimiento y la ejecución de resoluciones judiciales en materia civil y mercantil, hecho en Lugano el 30 de octubre de 2007. DOUE núm. 339 de 21.12.2007, con la corrección de errores publicada el 21.01.2014.
DCA	Directiva 93/13/CEE del Consejo, de 5 de abril de 1993, sobre las cláusulas abusivas en los contratos celebrados con consumidores.

DCE	Directiva 2000/31/CE del Parlamento Europeo y del Consejo, de 8 de junio de 2000, relativa a determinados aspectos jurídicos de los servicios de la sociedad de la información, en particular el comercio electrónico en el mercado interior. DOUE núm. 178 de 17.07.2000.
Directiva MIFID II	Directiva 2014/65/UE del Parlamento Europeo y del Consejo, de 15 de mayo de 2014, relativa a los mercados de instrumentos financieros y por la que se modifican la Directiva 2002/92/CE y la Directiva 2011/61/UE.
DIPr	Derecho Internacional Privado.
LEC	Ley 1/2000, de 7 de enero, de Enjuiciamiento Civil. BOE núm. 7 de 8.01.2000.
LCD	Ley 3/1991, de 10 de enero, de Competencia Desleal. BOE núm. 10 de 11.01.1991.
LOPJ	Ley Orgánica 6/1985, de 1 de julio, del Poder Judicial. BOE núm. 157 de 2.07.1985.
NFT	Token no fungible.
PC	Plataforma de criptoactivos o plataformas de criptoactivos [según contexto].
Propuesta MICA	Propuesta de Reglamento del Parlamento Europeo y del Consejo relativo a los mercados de criptoactivos y por el que se modifica la Directiva [UE] 2019/1937 [COM[2020] 593 final].
Reglamento MICA	Reglamento [UE] núm. 2023/1114 del Parlamento Europeo y del Consejo de 31 de mayo de 2023 relativo a los mercados de criptoactivos y por el que se modifican los Reglamentos [UE] n. o 1093/2010 y [UE] n. o 1095/2010 y las Directivas 2013/36/UE y [UE] 2019/1937. DOUE L 150 de 9.6.2023.
Reglamento núm. 44/2001	Reglamento 44/2001: Reglamento [CE] N.° 44/2001 del Consejo, de 22 de diciembre de 2000, relativo a la competencia judicial, el reconocimiento y la ejecución de resoluciones judiciales en materia civil y mercantil.
Reglamento núm. 1215/2012	Reglamento [UE] núm. 1215/2012 del Parlamento Europeo y del Consejo de 12 de diciembre de 2012 relativo a la competencia judicial, el reconocimiento y la ejecución de resoluciones judiciales en materia civil y mercantil. DOUE núm. 351 de 20.12.2012.

Reglamento núm. 593/2008	Reglamento [CE] núm. 593/2008 del Parlamento europeo y del consejo de 17 de junio de 2008 sobre la ley aplicable a las obligaciones contractuales [Roma I]. DOUE núm. 177 de 04.07.2008.
Reglamento núm. 848/2015	Reglamento [UE] núm. 848/2015 del Parlamento europeo y del consejo de 20 de mayo de 2015 sobre procedimientos de insolvencia [texto refundido]. DOUE núm. 141 de 05.06.2015.
Reglamento núm. 864/2007	Reglamento 864/2007, de Parlamento Europeo y del Consejo de 11 de julio de 2007, relativo a las obligaciones extracontractuales [«Roma II»]. DOUE núm. 199 de 31.07.2007.
SAP	Sentencia de la Audiencia Provincial.
SJCA	Sentencia del Juzgado de lo contencioso administrativo.
SJM	Sentencia del Juzgado de lo mercantil.
STEDH	Sentencia del Tribunal Europeo de Derechos Humanos.
STJUE	Sentencia del Tribunal de Justicia de la Unión Europea.
STS	Sentencia del Tribunal Supremo.
TFUE	Tratado de la Unión Europea y del Tratado de Funcionamiento de la Unión Europea. DOUE núm. C 83 de 30.03.2010.
TJUE	Tribunal de Justicia de la Unión Europea.
TRD	Tecnología de registro distribuido o tecnología de los registros distribuidos, según el contexto.

INTRODUCCIÓN

Durante los últimos años, el fenómeno de los criptoactivos ha experimentado un crecimiento exponencial, favorecido, en gran medida, por el auge tecnológico experimentado durante la pandemia de la COVID 19 y la proliferación de todo tipo de criptomonedas y tokens no fungibles [conocidos como NFTs]. La cotización de estos criptoactivos parecía no tener techo, sobre todo en el ámbito de las criptodivisas, las cuales reportaban subidas diarias desorbitadas durante los primeros meses del año 2021. No obstante, durante estos cuatro últimos años [2025], el mercado de los criptoactivos se ha tambaleado tras varios casos que han tenido como consecuencia el colapso de varias criptomonedas como Terra USD o Luna, así como la quiebra de algunas plataformas de criptoactivos como FTX, Celsius, Voyager, Coin FLEX o Three Arrows.

En este escenario y con el objetivo de intentar dotar de mayor seguridad jurídica y uniformidad al mercado de los criptoactivos, la Unión Europea ha impulsado la aprobación del Reglamento [UE] núm. 2023/1114 del Parlamento Europeo y del Consejo de 31 de mayo de 2023 relativo a los mercados de criptoactivos [en adelante, Reglamento MICA], si bien es cierto que el texto no resultará aplicable en su integridad hasta el 30 de diciembre de 2024.

Partiendo de esta premisa, el presente estudio pretende analizar el papel de las denominadas «plataformas de criptoactivos» [en adelante, PC], conocidas también como proveedoras de servicios de criptoactivos según la definición otorgada por el Reglamento MICA. Este análisis se realiza desde el punto de vista del Derecho internacional privado y, más en concreto, desde el prisma de la competencia judicial internacional. Con esta finalidad, el presente estudio se divide en varios capítulos: el primero está dedicado al análisis de las PC, los servicios de criptoactivos y los distintos tipos de criptoactivos, siguiendo como modelo las previsiones del Reglamento MICA. Además, en esta primera parte se indica qué repercusiones tiene para el Derecho internacional privado la clasificación y calificación de los distintos tipos y servicios de criptoactivos prevista en el Reglamento MICA.

El capítulo segundo está dedicado al análisis de las principales fuentes aplicables en materia de competencia judicial internacional en el ámbito de las plataformas de criptoactivos, teniendo un papel preponderante el Reglamento núm. 1215/2012. A partir del tercer capítulo se aborda el análisis de los distintos foros potencialmente aplicables en materia de responsabilidad contractual y/o extracontractual en este ámbito, partiendo de la premisa de que la demanda se interpondrá, normalmente, contra una PC [aunque también se comentan supuestos que afectan a otros sujetos, como a los oferentes o emisores de criptoactivos]. Mención especial merece el análisis de las cláusulas de jurisdicción y arbitraje recogidas en las condiciones generales de estas plataformas, las cuales tienen una relevancia significativa en este ámbito. Con todo, el estudio de cada foro está acompañado de un análisis sobre su idoneidad y/o necesidad de reforma para adaptarse a las exigencias derivadas del ámbito de los criptoactivos. Para ello, se tienen en cuenta los principios derivados de la normativa europea en materia de jurisdicción internacional [previsibilidad para las partes, certeza en su aplicación, proximidad con el objeto del litigio y seguridad jurídica], los cuales han sido desarrollados por el TJUE.

CAPÍTULO PRIMERO

LAS PLATAFORMAS Y LOS SERVICIOS DE CRIPTOACTIVOS

I. Introducción

En este primer capítulo se analiza el marco jurídico general y algunos conceptos clave para entender cómo funcionan y cuáles son los servicios que prestan las plataformas de criptoactivos [PC]. Para ello, se utiliza como punto de partida el Reglamento [UE] núm. 2023/1114 del Parlamento Europeo y del Consejo[1] [en adelante, Reglamento MICA, por sus siglas en inglés, *Markets in Crypto-assets*]. En éste se incorporan definiciones uniformes en el seno de la UE sobre lo que debe entenderse por PC y servicios de criptoactivos, entre otras definiciones clave para entender cómo funciona este complejo mercado disruptivo.

Cabe señalar que el análisis internacional privatista realizado en el presente trabajo no tiene por objeto cualquier transacción que involucre criptoactivos, sino que está centrado en la determinación de la competencia judicial internacional en los casos en los que las PC incurran o puedan incurrir en responsabilidad contractual o extracontractual. Para ello, se han tenido presentes las características, funciones ejercidas y servicios prestados por éstas según la conceptualización uniforme establecida en el Reglamento MICA. Por consiguiente, algunas cuestiones relacionadas con los criptoactivos de inversión, la utilización de ciertos tipos de tokens o la posible suspensión de pagos o quiebra de las PC no son, por regla general, objeto del presente trabajo[2]. Sin perjuicio de lo comentado, se dedica un breve epígrafe a los supuestos de insolvencia de las plataformas de criptoactivos.

---

1 Reglamento [UE] núm. 2023/1114 del Parlamento Europeo y del Consejo de 31 de mayo de 2023 relativo a los mercados de criptoactivos y por el que se modifican los Reglamentos núm. 1093/2010 y núm. 1095/2010 y las Directivas 2013/36/UE y 2019/1937. DOUE L 150 de 9.6.2023.

2 En este sentido, *vid. infra*, capítulo décimo, epígrafe III.

II. La relevancia del Reglamento MICA en el ámbito de los criptoactivos

El Reglamento MICA se ha convertido en el texto fundamental para comprender la regulación de los criptoactivos en el plano de la UE. Y ello no sólo porque defina las categorías más relevantes de criptoactivos, sino porque determina el régimen jurídico de los principales agentes económicos que intervienen en este mercado, tanto de los oferentes [proveedores, emisores u oferentes de criptoactivos], como de los demandantes [clientes, titulares minoristas, inversores cualificados]. En este contexto, resulta oportuno tomar como punto de partida el Reglamento MICA para el análisis internacional privatista, dado que esta norma nos permitirá comprender, entre otras cuestiones, qué servicios prestan las PC, cuáles son los criptoactivos más relevantes, qué usuarios se relacionan con dichas plataformas, entre otras cuestiones fundamentales.

A continuación, se analizan algunos de los aspectos más relevantes del Reglamento MICA para comprender su importancia en el ámbito de los criptoactivos, como sus orígenes y su desarrollo legislativo. Por su parte, en el segundo apartado se analiza su ámbito de aplicación material, espacial, personal y temporal, cuestión trascendental desde el prisma del DIPr.

1. Orígenes y tramitación legislativa del Reglamento MICA

El Reglamento MICA inició su tramitación mediante el procedimiento legislativo ordinario de la UE, cuyo primer documento oficial fue la «Propuesta de Reglamento del Parlamento Europeo y del Consejo relativo a los mercados de criptoactivos y por el que se modifica la Directiva [UE] 2019/1937 [COM (2020) 593 final]» [Propuesta MICA, en adelante], publicada el 24 de septiembre de 2020. Esta propuesta se adopta, según su exposición de motivos, con el fin de adaptar Europa a la era digital, potenciar las finanzas digitales en términos de innovación y competencia, y asegurar un marco normativo de los servicios financieros de la UE que sea favorable a la innovación tecnológica.

Sin perjuicio de lo anterior, las preocupaciones de la Unión en relación con los riesgos derivados de los criptoactivos se iniciaron mucho antes de la tramitación del Reglamento MICA. En este contexto, en 2013 la Autoridad Bancaria Europea [ABE] advirtió sobre la naturaleza especulativa del mercado de monedas virtuales y otros riesgos asociados a los criptoactivos[3]. Le siguieron otros dictámenes de la ABE y de la Autoridad Europea de Valores y Mercados

3 En este sentido, *vid*.: Autoridad Bancaria Europea [ABE], «Advertencia a los consumidores sobre las monedas virtuales», EBA/WRG/2013/01, 2013.

[ESMA][4]. Por su parte, en 2017 los legisladores europeos acordaron ampliar el ámbito de aplicación de la Directiva contra el blanqueo de capitales a las plataformas de intercambio de monedas virtuales y a los proveedores de monederos[5]. Sin embargo, no fue hasta la publicación del «Plan de Acción en materia de tecnología financiera»[6], en marzo de 2018, cuando la Comisión empezó a estudiar las oportunidades y los problemas que presentaban los criptoactivos, como consecuencia del aumento exponencial de la capitalización que los criptoactivos experimentaron durante el año 2017 [como se explica detalladamente en la Propuesta MICA][7].

En este contexto, la presidenta de la Comisión Europea, Úrsula von der Leyen, hizo hincapié, en septiembre de 2019, en la necesidad de desarrollar «un planteamiento común con los EE. MM respecto de las criptomonedas

4 En este sentido, *vid.*: Autoridad Bancaria Europea [ABE], «Dictamen de la ABE sobre las monedas virtuales», EBA/Op/2014/08, 2014. Asimismo, *vid.*: Autoridad Europea de Valores y Mercados [ESMA], «ESMA alerta a los inversores sobre los altos riesgos de las ofertas iniciales de monedas [ICO]», ESMA50-157-829, 2017. Autoridad Europea de Valores y Mercados [ESMA], «La AEVM alerta a las empresas que recurren a ofertas iniciales de criptomonedas [«ICO»] de la necesidad de cumplir los requisitos normativos aplicables», ESMA50-157-828, 2017. Autoridad Europea de Valores y Mercados [ESMA] y Autoridad Bancaria Europea [ABE], «La AEVM, ABE y AESPJ advierten a los consumidores de los riesgos de las monedas virtuales», 2018.

5 Comisión Europea, «Plan de acción en materia de tecnología financiera», COM [2018] 109 final, págs. 3 y 4.

6 Así se detalla en la exposición de motivos de la Propuesta de Reglamento del Parlamento Europeo y del Consejo relativo a los mercados de criptoactivos y por el que se modifica la Directiva [UE] 2019/1937, COM [2020], 593 final, págs. 1 y 2.

7 Así se explica en la Propuesta MICA: «A raíz del gran aumento de la capitalización bursátil de los criptoactivos en el transcurso de 2017, el vicepresidente ejecutivo Dombrovskis, en una carta dirigida a la Autoridad Bancaria Europea [ABE] y a la Autoridad Europea de Valores y Mercados [AEVM] en diciembre de 2017, instó a ambas autoridades a reiterar sus advertencias a los inversores. En el Plan de Acción en materia de Tecnología Financiera de 2018, la Comisión encargó a la ABE y a la AEVM que valorasen la aplicabilidad y la idoneidad, respecto a los criptoactivos, del marco normativo de la UE vigente en relación con los servicios financieros. El dictamen, emitido en enero de 2019, sostenía que, si bien algunos criptoactivos podrían entrar dentro del ámbito de la legislación de la UE, su aplicación efectiva a tales activos no siempre resulta sencilla. Además, el dictamen señalaba que las disposiciones de la legislación de la UE en vigor podrían cohibir el uso de la TRD. Por otra parte, la ABE y la AEVM subrayaron que, dejando a un lado la legislación de la UE para la lucha contra el blanqueo de capitales y la financiación del terrorismo, la mayoría de los criptoactivos quedan fuera del ámbito de aplicación de la legislación de la Unión en materia de servicios financieros y, por tanto, no están sujetos a las disposiciones sobre aspectos como la protección de los consumidores y los inversores o la integridad del mercado, a pesar de conllevar esos riesgos. Además, una serie de EE. MM han legislado recientemente sobre cuestiones relacionadas con los criptoactivos, con la consiguiente fragmentación del mercado [...]. A fin de dar respuesta a todas estas cuestiones y crear un marco de la UE que haga posibles los mercados de criptoactivos, pero también la toquenización de los activos financieros tradicionales y un uso más generalizado de la TRD en los servicios financieros, el presente Reglamento irá acompañado de otras propuestas legislativas [...]».

para asegurarnos de comprender cómo sacar el máximo partido de las oportunidades que presentan y afrontar los nuevos riesgos que plantean»[8]. Tras la declaración conjunta de la Comisión y del Consejo, en diciembre de 2019, sobre la necesidad de establecer un marco común que permitiera aprovechar las potenciales oportunidades que ofrecen los criptoactivos[9], así como del informe del Parlamento Europeo sobre las finanzas digitales y del impacto de los criptoactivos sobre éstas[10], finalmente se inició la tramitación del Reglamento MICA, cuya propuesta inicial culminó en septiembre de 2020.

Cabe destacar que durante la tramitación del Reglamento MICA se realizaron varios dictámenes preceptivos. En primer lugar, el Banco Central Europeo [BCE] emitió su dictamen el 19 de febrero de 2021[11], en el cual mostraba, por lo general, su satisfacción por la regulación propuesta para evitar la fragmentación del mercado único[12]. No obstante, en el dictamen también se pedían varios ajustes respecto de las funciones del BCE, del Eurosistema y del Sistema Europeo de Bancos Centrales y de la ejecución de la política monetaria. En segundo lugar, el Comité Económico y Social Europeo [CESE] publicó un dictamen el 24 de febrero de 2021[13], el cual se mostró muy favo-

8 Carta de mandato de la presidenta electa Von der Leyen al vicepresidente Dombrovskis, de 10 de septiembre de 2019.

9 Consejo de la UE y Comisión de la UE, «Declaración conjunta del Consejo y la Comisión sobre las criptomonedas estables», Comunicado de prensa núm. 719/19, 2019.

10 Parlamento Europeo, «Informe con recomendaciones destinadas a la Comisión sobre finanzas digitales: riesgos emergentes en los criptoactivos - Retos en materia de regulación y supervisión en el ámbito de los servicios, las instituciones y los mercados financieros», 2020/2034[INL], 2020.

11 Banco Central Europeo [BCE], «Dictamen del Banco Central Europeo de 19 de febrero de 2021 sobre una propuesta de reglamento relativo a los mercados de criptoactivos y por el que se modifica la Directiva [UE] 2019/1937», 2021/C 152/01, DOUE núm. C 152, de 29.04.2021.

12 A tal efecto, en el apartado 1.1 del dictamen se indica lo siguiente: «El BCE acoge con satisfacción la iniciativa de la Comisión Europea de establecer un marco armonizado de la Unión Europea para los criptoactivos y los servicios y actividades relacionados con ellos, integrado en el paquete de finanzas digitales que la Comisión adoptó el 24 de septiembre de 2020. El BCE celebra asimismo el objetivo del reglamento propuesto de conjugar la necesidad de apoyar la innovación con la de abordar los diversos niveles de riesgo que plantea cada tipo de criptoactivo. Por otra parte, el BCE considera que dotarse de un marco armonizado de la Unión es esencial para evitar la fragmentación del mercado único [...]».

13 Dictamen del Comité Económico y Social Europeo sobre: «Propuesta de Reglamento del Parlamento Europeo y del Consejo relativo a los mercados de criptoactivos y por el que se modifica la Directiva [UE] 2019/1937» [COM[2020] 593 final-2020/0265 [COD]] – «Propuesta de Reglamento del Parlamento Europeo y del Consejo sobre un régimen piloto de las infraestructuras del mercado basadas en la tecnología de registro descentralizado» [COM[2020] 594 final - 2020/0267 [COD]], DOUE núm. C 155, 30.04.2021.

rable a la adopción del Reglamento[14]. En tercer lugar, el 24 de junio de 2021 se emitió el dictamen del Supervisor Europeo de Protección de Datos, el cual también se mostró favorable a la adopción del Reglamento, si bien realizó varias propuestas para respetar las normas y los principios en materia de protección de datos[15].

Finalmente, tras varios debates en el Consejo de la UE sobre la propuesta de Reglamento MICA, iniciados el 24 de septiembre de 2020 y finalizados el 16 de mayo de 2023[16]; y tras el informe de la Comisión de Asuntos Económicos y Monetarios[17], el Parlamento Europeo aprobó su posición en primera lectura [con algunas enmiendas] el 20 de abril de 2023[18]. En consecuencia, se procedió a la firma del Reglamento MICA por parte del presidente del Parlamento Europeo y el presidente del Consejo el 31 de mayo de 2023. El Reglamento se publicó el 9 de junio y entró en vigor el 29 de junio de 2023 [art. 149.1], si bien no resultará aplicable hasta el 30 de diciembre de 2024 [art. 149.2], salvo los títulos III y IV relativos a las fichas referenciadas a activos y a las fichas de dinero electrónico, los cuales se aplicarán a partir del 30 de junio de 2024 [art. 149.3][19].

---

14 En éste se indica que «la actuación de la Comisión es necesaria y urgente para ofrecer una normativa global en relación con un fenómeno tecnológico cada vez más generalizado y con una creciente utilización práctica, así como en constante y rápida evolución [...]. Por consiguiente, el CESE respalda la utilidad de aplicar, lo antes posible, las distintas medidas de adecuación normativa necesarias para modernizar los servicios financieros, sin perder nunca de vista la protección del consumidor y las normas prudenciales. La urgencia en tramitar dicho Reglamento se acentúa por el hecho de que varios EE. MM ya estaban tramitando legislaciones nacionales en este ámbito, lo que redundaría en un marco regulador fragmentado, lo que pondría en jaque al mercado interior y la seguridad jurídica en el seno de la Unión».

15 Resumen del Dictamen del Supervisor Europeo de Protección de Datos sobre la propuesta de un Reglamento relativo a los mercados de criptoactivos y por el que se modifica la Directiva [UE] 2019/1937, [2021/C, 337/03], DOUE núm. C 337, de 23.08.2021. Entre las conclusiones del dictamen realizado por el SEPD [ap. 4], cabe destacar las siguientes: Por una parte, el SEPD «recuerda la necesidad de una reflexión y un debate más amplios, no solo en relación con los criptoactivos, sobre cómo garantizar que la tecnología subyacente de los criptoactivos, a saber, la cadena de bloques y los registros distribuidos, respeten las normas y los principios de protección de datos de la manera más eficaz posible y reitera la necesidad de que dicho debate tenga lugar antes de que la[s] propuesta[s] pertinente[s] entre[n] en vigor». Por otra parte, «recomienda que se designe explícitamente a los emisores como responsables del tratamiento, a fin de evitar cualquier posible problema de interpretación a la hora de evaluar el papel, en particular teniendo en cuenta la complejidad del objeto de la propuesta y las relaciones entre los agentes pertinentes».

16 Para una visión completa sobre los distintos debates realizados, véase: https://eur-lex.europa.eu/legal-content/ES/HIS/?uri=CELEX:52020PC0593#2021-02-24_OPI_byEESC

17 Informe sobre la propuesta de Reglamento del Parlamento Europeo y del Consejo relativo a los mercados de criptoactivos y por el que se modifica la Directiva [UE] 2019/1937, A9-0052/2022, 2020/0265[COD].

18 Resolución legislativa del Parlamento Europeo, de 20 de abril de 2023, sobre la propuesta de Reglamento del Parlamento Europeo y del Consejo relativo a los mercados de criptoactivos y por el que se modifica la Directiva [UE] 2019/1937 [COM[2020]0593].

19 Asimismo, existen toda una serie de disposiciones que entraron en vigor y se aplican desde el 29 de junio de 2023 [art. 149.4].

A modo de conclusión, cabe recalcar que los distintos organismos que se han pronunciado sobre el Reglamento MICA, sin perjuicio de exigir algunos ajustes o mejoras en su texto final, se han mostrado favorables a su aprobación, sobre todo con miras a alcanzar un marco normativo uniforme en el seno de la Unión Europea. Y es que gracias al Reglamento MICA se alcanzará un elevado grado de uniformidad en algunos aspectos clave de los criptoactivos y los servicios de criptoactivos, evitando así la fragmentación del mercado en una materia que, actualmente, ya tiene un gran impacto sobre el sistema financiero y monetario de la Unión. Además, disponer de un derecho homogéneo en materia de criptoactivos redundará en una mayor protección para los consumidores, potenciará los servicios de criptoactivos en el ámbito de la UE y otorgará a las empresas participantes una mayor seguridad jurídica[20].

2. Ámbito de aplicación del Reglamento MICA

2.1. Ámbito material

El Reglamento MICA se aplica a las cuestiones descritas en su artículo 2.1, el cual dispone que «el presente Reglamento se aplicará a toda persona física o jurídica y a determinadas empresas que participen en la emisión, la oferta pública y la admisión a negociación de criptoactivos o que presten servicios relacionados con los criptoactivos en la Unión». Lo primero que cabe destacar de este precepto es que no se centra en una materia más o menos concreta como podría ser la prestación de servicios de criptoactivos o en los propios criptoactivos, sino en los sujetos que emiten o prestan servicios relacionados con los criptoactivos. Por consiguiente, el ámbito de aplicación material coincide, en este caso, con el ámbito de aplicación personal del Reglamento [*vid. infra*, en este epígrafe][21]. En los arts. 2.2 y 2.3 aparecen

---

20 Como indica el considerando núm. 5, «al no haber un marco general de la Unión para los mercados de criptoactivos, existe el riesgo de que los usuarios desconfíen de esos activos, lo que podría obstaculizar considerablemente el desarrollo de un mercado de criptoactivos y comportar la pérdida de oportunidades en lo que se refiere a servicios digitales innovadores, instrumentos de pago alternativos o nuevas fuentes de financiación para las empresas de la Unión. Además, las empresas que los utilicen no tendrían ninguna seguridad jurídica acerca del tratamiento de sus criptoactivos en los distintos EE. MM, situación que socavaría sus esfuerzos por utilizar los criptoactivos en pro de la innovación digital. Asimismo, la falta de un marco general de la Unión para los mercados de criptoactivos podría llevar a una fragmentación de la normativa que falsearía la competencia en el mercado único, dificultaría la expansión transfronteriza de las actividades de los proveedores de servicios de criptoactivos y daría pie al arbitraje regulador».

21 Debido al carácter transfronterizo de las operaciones realizadas y de las entidades participantes, así como de la heterogénea naturaleza jurídica de los propios criptoactivos, parece coherente que el Reglamento determine su ámbito de aplicación atendiendo no sólo a la materia de fondo que se pretende regular, sino también a los sujetos que prestan dichos servicios.

una serie de exclusiones por razón de la materia, excluyéndose del ámbito de aplicación material cierto tipo de criptoactivos. Entre estas exclusiones destacan los tokens no fungibles [NFTs][22] y los criptoactivos que puedan considerarse instrumentos financieros, depósitos y fondos.

Por su parte, en el art. 1.2 aparecen una serie de sujetos excluidos del ámbito de aplicación del Reglamento MICA[23]. Estas exclusiones resultan lógicas, dado que en la mayoría de los casos se trata de instituciones financieras de carácter nacional o transnacional que tienen por objeto salvaguardar la estabilidad financiera de la Unión; mientras que en los demás casos las exclusiones no tienen incidencia sobre los consumidores o los inversores [*v.g.* servicios de criptoactivos entre empresas matrices o filiales]. Finalmente, el artículo 1.2 recoge un listado —no exhaustivo— de cuestiones a las cuales se aplica el Reglamento, entre las cuales cabe destacar: los requisitos de transparencia e información; los requisitos para la autorización y supervisión de los proveedores de servicios de criptoactivos; los requisitos para la protección de los titulares y los clientes de criptoactivos; así como las medidas para prevenir las operaciones con información privilegiada, la divulgación ilícita de información privilegiada y la manipulación del mercado en relación con los criptoactivos.

22 Para una visión amplia y precisa sobre el concepto de NFT, véase: ROSELLÓ RUBERT, F.M., «Activos digitales en *non fungible tokens* [NFT]: plataformas comercializadoras, propiedad intelectual y límites al uso y disfrute», en: MARTÍNEZ NADAL, A. [Dir.], *Aportaciones jurídicas a la economía de plataformas*, Aranzadi, Navarra, 2022, págs. 107-127. Como explica la citada autora, «los NFT son tókenes. Al igual que las criptomonedas, se soportan mediante redes *blockchain* pretendidamente inmutables que permiten registrar y rastrear transacciones. Pero a diferencia de las criptomonedas, y por lo general, cada NFT está vinculado a un activo subyacente considerado "original" y "único o escaso", distinto de copias idénticas que pueden circular por la red. Esta vinculación otorga a los NFT sus características infungibilidad e indivisibilidad» [p. 109]. Asimismo, sobre la conceptualización de tokens no fungibles [NFT] y sus características básicas, *vid.*: LASTIRI SANTIAGO, M., «El metaverso: origen, evolución y retos actuales», *La ley mercantil*, núm. 99, 2023, págs. 1-23, en concreto, págs. 12 y 13. García del Pozo, R., «Algunos casos de uso», en: BARRIO ANDRÉS, M. [Dir.], *Criptoactivos. Retos y desafíos normativos*, La Ley, Madrid, 2021, págs. 79-98, p. 90 y 91. CAMPOS SAENZ DE SANTA MARÍA, V., «2030: la era Token», *Revista de derecho y economía,* núm. 57, 2022, págs. 101-126, p. 108. RAMOS GIL DE LA HAZA, A. [coord.], «La web3: una aproximación jurídica», *Revista Jurídica Pérez-Llorca*, 2022, págs. 36-59, en especial, págs. 42 a 45. ESPUGA TORNÉ, G., «Régimen jurídico de los tokens no fungibles [NFT]. Breve referencia a su posible consideración como valores negociables», *Derecho Digital e Innovación*, núm. 12, 2022, págs. 1-10, en especial, págs. 2 a 5. LÓPEZ RODRÍGUEZ, A.M., «Competencia judicial internacional en controversias relativas a tokens no fungibles [NFTS]», *Revista española de Derecho Internacional*, vol. 74, núm. 2, 2022, págs. 299-321, en especial, págs. 300-304.

23 En concreto, son los siguientes: «a) las personas que presten servicios de criptoactivos exclusivamente a sus empresas matrices, a sus propias filiales o a otras filiales de sus empresas matrices; b) el liquidador o administrador que intervenga en el marco de un procedimiento de insolvencia; c) el BCE, los bancos centrales nacionales de los EE. MM cuando actúen en su condición de autoridad monetaria, y otras autoridades públicas de los EE. MM; d) el Banco Europeo de Inversiones y sus filiales; e) la Facilidad Europea de Estabilidad Financiera y el Mecanismo Europeo de Estabilidad; f) las organizaciones internacionales públicas».

2.2. Ámbito territorial

El Reglamento MICA resultará directamente aplicable en todos los EE. MM de la Unión una vez haya entrado en vigor, momento a partir del cual todos los sujetos que emitan criptoactivos o presten servicios relativos a criptoactivos en la UE estarán sometidos a las disposiciones del Reglamento [art. 2.1][24]; con independencia del lugar dónde estén domiciliados o tengan su establecimiento. Por consiguiente, lo relevante para su aplicación es que el sujeto en cuestión [emisor, oferente o PC] ofrezca o preste sus servicios en la UE[25].

En este contexto, el considerando núm. 75 nos permite dilucidar cuando la prestación de servicios de criptoactivos realizada por una empresa de un tercer país entrará dentro del ámbito de aplicación del Reglamento. A tal efecto, el Reglamento pone el foco de atención, por una parte, en la conducta llevada a cabo por el cliente y, por otra parte, en la actividad realizada por la empresa extranjera. El inciso clave aquí es el de «servicios prestados en la Unión», pues sólo estos están cubiertos por el Reglamento. De esta forma, puede entenderse que un servicio se ha prestado efectivamente en la UE «cuando una empresa de un tercer país preste servicios de criptoactivos por iniciativa de una persona establecida en la Unión»[26]. Asimismo, puede considerarse que los servicios se han prestado en la UE «cuando una empresa de un tercer país capte clientes o potenciales clientes en la Unión, o anuncie o promocione servicios o actividades relacionados con criptoactivos en la Unión»[27]. En cambio, cuando la empresa extranjera no dirija ni preste habitualmente sus servicios en la UE, pero el cliente acceda a éstos de forma voluntaria desde un EM, no

---

24 Como indica DE MIGUEL ASENSIO, otros preceptos también se refieren al ámbito territorial [arts. 4.1, 15.1, 33.1, 41.5, 43.1 y 123.1], los cuales hacen alusión a la oferta de criptoactivos al público en la UE. DE MIGUEL ASENSIO, P.A., «Propuesta de Reglamento sobre los mercados de criptoactivos en la Unión Europea», *La Ley Unión Europea*, núm. 85, 2020, págs. 1-7, p. 3.

25 A tal efecto, DE MIGUEL ASENSIO indica que «determinante para concretar la existencia de ofrecimiento al público en la Unión es que el emisor o prestador de servicios pretenda captar clientes en la Unión, en particular mediante la promoción o publicidad de los servicios o actividades relativos a sus criptoactivos en la Unión». DE MIGUEL ASENSIO, P.A., «Propuesta de Reglamento...», *op. cit.*, pág. 3.

26 Como indica el considerando 75, el Reglamento «no ha de interferir en la posibilidad de que las personas establecidas en la Unión reciban, por iniciativa propia, servicios de criptoactivos prestados por empresas de terceros países».

27 Si la empresa extranjera realiza actos tendentes a captar clientes en la UE o promueve sus servicios en dicho territorio, resulta coherente que quede sometido a su regulación; debiendo, además, obtener la preceptiva autorización como proveedora de servicios de criptoactivos. A tal efecto, *vid.*: ALVARADO HERRERA, L., «Autorización de los proveedores de servicios de criptoactivos. Título V. Capítulo 1», en: MADRID PARRA, A. y PASTOR SEMPERE, C. [Dir.], *Guía de criptoactivos MICA*, Aranzadi, 2021, Navarra, págs. 245-260, p. 248. En el citado trabajo se detalla de forma pormenorizada el régimen jurídico aplicable a la autorización para prestar servicios de criptoactivos, tanto para las empresas establecidas en la UE como para las extranjeras [p. 248].

podrá entenderse que dicha empresa presta servicios en la UE [no quedara sometida al Reglamento MICA][28]. La aclaración realizada en el considerando núm. 75 tiene su reflejo en el artículo 61 del Reglamento, el cual hace referencia a la prestación de servicios de criptoactivos de una empresa de un tercer país por iniciativa exclusiva del cliente. Este artículo, a primera vista, no indica cuando un servicio puede considerarse prestado en la UE, sino que se limita a precisar en qué circunstancias no debe considerarse prestado por iniciativa exclusiva del cliente[29]. Sin embargo, aunque no lo diga expresamente, si se relaciona dicho precepto con el considerando núm. 75, cabe advertir que se está delimitando cuando puede considerarse que una empresa de un tercer país presta servicios en la UE y cuando no presta servicios en dicho territorio por actuar por iniciativa exclusiva del cliente[30].

Aunque no sean coincidentes porque se refieren a materias distintas, existe cierto paralelismo entre el concepto de «servicios prestados en la Unión» del Reglamento MICA y el de «acción dirigida» utilizado en el Reglamento núm. 1215 en materia de contratos de consumo; concepto que se ha ido perfilando por la jurisprudencia del TJUE para determinar cuando una empresa dirige su actividad comercial o profesional hacia un determinado EM[31]. Y es que, en última instancia, lo que se está evaluando en ambos casos es si una empresa

---

28 Este enfoque, como explica DE MIGUEL ASENSIO, es coherente con las normativas conexas de la UE en materia de consumidores, protección de datos o competencia desleal: «Al margen del Reglamento quedan las situaciones en las que personas con residencia en la Unión a iniciativa propia solicitan servicios relativos a criptoactivos a empresas de terceros Estados, pues tales servicios no se consideran prestados en la Unión, siempre que la empresa en cuestión no promocione sus actividades en la Unión [cdo. 51]. Se trata de un enfoque que facilita la coordinación del ámbito de aplicación con el de la normativa de la Unión en otros sectores con los que la Propuesta presenta conexiones, como la protección de los consumidores, la normativa sobre competencia desleal o la protección de datos personales». DE MIGUEL ASENSIO, P.A., «Propuesta de Reglamento...», *op. cit.*, p. 3.

29 En este sentido, el art. 61.1.2.° del Reglamento MICA dispone que «cuando una empresa de un tercer país, incluso a través de una entidad que actúe en su nombre o que tenga vínculos estrechos con dicha empresa de un tercer país o cualquier otra persona que actúe en nombre de dicha entidad, capte clientes o potenciales clientes en la Unión, con independencia de los medios de comunicación utilizados para la captación, la promoción o la publicidad en la Unión, no debe considerarse un servicio prestado por iniciativa exclusiva del cliente».

30 Ello viene reflejado en el art. 61.1 del Reglamento, el cual indica que las empresas de terceros países no deben contar con la autorización para prestar servicios de criptoactivos exigida por el art. 59 del Reglamento cuando esta prestación se realice a iniciativa exclusiva del cliente, es decir, cuando no dirijan sus servicios a la UE. Aunque el precepto sólo se refiera a la obligación de contar con la autorización del art. 59, cabe tener presente que esto equivale a afirmar que estas empresas extranjeras no están sometidas a las exigencias derivadas del Reglamento MICA [en definitiva, a su aplicación], pues para que éstas puedan prestar servicios de criptoactivos en la UE deben contar con la preceptiva autorización del art. 59 en relación con el art. 63.

31 STJUE de 7 de diciembre de 2010, Pammer y Hotel Alpenhof, C-585/08, EU:C:2010:740, ap. 80 a 84.

está dirigiendo sus actividades o promocionando sus servicios hacia un EM[32]. En este escenario, el concepto de «acción dirigida» podría resultar más acertado que el de «prestación de servicios en la UE» para explicar la posición de la empresa extranjera. Cabe tener presente que estas empresas prestan servicios de criptoactivos en el mercado de la UE, aunque esta no sea su intención inicial y sea a iniciativa exclusiva del cliente; por lo que delimitar su inclusión en el Reglamento según si prestan o no servicios en la UE no parece lo más acertado conceptualmente hablando[33].

Con todo, no será válida una cláusula contractual de una empresa de un tercer país que se exima de responsabilidad bajo el pretexto de que su actividad ha sido o está siendo prestada por iniciativa exclusiva del cliente [art. 61.1. 3.° del Reglamento][34]. Por tanto, cuando la empresa capte clientes, promocione o publicite servicios en la UE, esto es, cuando «dirija su actividad» al territorio de la UE, no podrá eximirse de responsabilidad emitiendo una declaración basada en la presunta prestación del servicio por iniciativa exclusiva del cliente. Además, la iniciativa exclusiva de un cliente para acceder a servicios de criptoactivos de una empresa de un tercer país, no da derecho a dicha empresa a proponer nuevos criptoactivos o servicios a dicho cliente. Si dicha empresa quiere prestar otros servicios de criptoactivos deberá obtener la autorización correspondiente y, por consiguiente, someterse a las exigencias derivadas del Reglamento MICA.

2.3. Ámbito personal

Cuando se hace alusión al ámbito de aplicación personal se hace referencia a las condiciones de aplicabilidad del Reglamento por razón de las personas [qué requisitos deben cumplir los sujetos para que el Reglamento les sea de aplicación]. Como se ha indicado al analizar el ámbito de aplicación material, el artículo 2.1 es la clave para determinar cuál es el ámbito de aplicación personal del Reglamento. En concreto, el Reglamento sólo se aplicará

32 Cabe destacar el acierto del Reglamento MICA a la hora de dilucidar en qué circunstancias se debe entender que los servicios de criptoactivos de una empresa extranjera están siendo prestados en la UE, lo cual reducirá, previsiblemente, los pronunciamientos jurisprudenciales del TJUE en esta materia, lo que reforzará ciertamente la seguridad jurídica en este ámbito.

33 A estos efectos, parece más coherente analizar las circunstancias concurrentes del caso concreto para determinar si una empresa extranjera dirige su actividad comercial y/o profesional de criptoactivos hacia el territorio de la Unión [«acción dirigida»], en cuyo caso deberá quedar sometida al ámbito de aplicación del Reglamento.

34 En concreto, el art. 61.1.3 dispone que «el párrafo segundo se aplicará no obstante cualquier cláusula contractual o declaración de exención de responsabilidad en la que se afirme otra cosa, incluida cualquier cláusula o declaración de exención de responsabilidad en que se afirme que la prestación de servicios por la empresa del tercer país se considerará como un servicio prestado a iniciativa exclusiva del cliente».

a los sujetos que cumplan estas dos condiciones: por una parte, deben realizar alguna de las actividades relacionadas con los criptoactivos descritas en dicho artículo [emisión, oferta pública, admisión a negociación o prestación de servicios de criptoactivos] y, por otra parte, deben prestar dichos servicios en la UE[35]. Sin embargo, no se exige que los sujetos estén domiciliados en la UE para que les sea de aplicación el Reglamento, dado que ello podría provocar la no aplicación [o la aplicación fraudulenta] de éste en multitud de situaciones. En consecuencia, resulta coherente que el Reglamento se aplique también a los sujetos domiciliados en terceros países, fijándose en sí realmente prestan servicios en la UE como único criterio para determinar si quedan sujetos a sus disposiciones. Y ello sin perjuicio de que el Reglamento exija a determinadas personas jurídicas o empresas disponer de un domicilio social la UE [art. 59.2 del Reglamento].

2.4. Ámbito temporal

El Reglamento se publicó el 9 de junio y entró en vigor el 29 de junio de 2023 [art. 149.1], si bien no resultó aplicable hasta el 30 de diciembre de 2024 [art. 149.2], salvo los títulos III y IV relativos a las fichas referenciadas a activos y a las fichas de dinero electrónico, los cuales se aplican desde el 30 de junio de 2024 [art. 149.3]. Como excepción a lo anterior, existen una serie de disposiciones repartidas a lo largo del Reglamento que entraron en vigor y son aplicables desde el 29 de junio de 2023 [art. 149.4].

El Reglamento MICA tiene carácter retroactivo, aplicándose también a los criptoactivos que hayan sido creados y puestos en circulación antes del 30 de diciembre de 2024. Lo que ocurre es que existen múltiples excepciones que limitan su carácter retroactivo, recogidas todas ellas en el artículo 143, cuyo precepto regula el régimen transitorio del Reglamento. En este contexto, el art. 143.1, haciendo alusión a los criptoactivos distintos de fichas referenciadas a activos o fichas de dinero electrónico, determina que «los artículos 4 a 15 no se aplicarán a las ofertas públicas de criptoactivos que hayan finalizado antes del 30 de diciembre de 2024». Por consiguiente, el Reglamento no se aplica respecto de los criptoactivos distintos de fichas que hayan finalizado su oferta pública antes de su entrada en vigor [el 30 de diciembre de 2024].

Por su parte, el art. 143.2 hace referencia a los criptoactivos distintos de fichas referenciadas a activos y fichas de dinero electrónico admitidas a negociación antes del 30 de diciembre de 2024. Pues bien, respecto de dichos criptoactivos el Reglamento tampoco se aplica de forma retroactiva, salvo por lo que se refiere a ciertos requisitos relativos a las comunicaciones publicitarias (art. 143.2.a)] y por lo que respecta a la necesidad de contar con el preceptivo libro blanco de criptoactivos antes del 1 de enero de 2028

35 Sobre esta cuestión, *vid. supra*, apartado «2.2. ámbito territorial», en el cual se detalla cuándo se puede entender que una empresa de un tercer país presta servicios en la Unión.

(art. 143.2.b)][36]. En este escenario, el CESE mostró su profunda preocupación por las medidas transitorias que afectaban a los criptoactivos distintos de las fichas referenciadas a activos y fichas de dinero electrónico[37]. Cabe matizar que, por aquel entonces, el art. 123 de la Propuesta MICA establecía un régimen transitorio que implicaba la no aplicación del Reglamento a los criptoactivos distintos de fichas referenciadas y fichas de dinero electrónico que hubieran sido ofertados al público o admitidos a negociación antes de su entrada en vigor[38]. Por ello, el CESE indicó que las medidas transitorias adoptadas prevén, en puridad, «una exención permanente del cumplimiento de los requisitos de dicho Reglamento para los criptoactivos que ya estaban en el mercado antes de su entrada en vigor», la cual «puede dar lugar, en el caso de criptoactivos ya emitidos, a una especie de exención reglamentaria, que constituye una excepción al principio de igualdad de trato, esto es, "misma actividad, mismos riesgos, mismas normas"»[39].

Ciertamente, una exención de esas características no casaba muy bien con el principio de la *par conditio concurrentium*, razón por la cual el art. 123.1 del proyecto MICA sufrió una considerable remodelación, derivando en los arts. 143.1 y 2. Actualmente sólo están exentas las ofertas públicas de criptoactivos que hayan «finalizado» antes del 30 de diciembre de 2024, no que «hayan sido ofertadas» antes de dicha fecha, lo cual supone un matiz importante. Además, los criptoactivos admitidos a negociación antes del 30 de diciembre de 2024 deberán cumplir una serie de requisitos que no aparecían en la versión original [art. 143.2]. Por tanto, gracias a estas modificaciones se ha evitado que algunos criptoactivos disfruten de una suerte de exención permanente del Reglamento[40].

---

36 En este sentido, el considerando núm. 113 del Reglamento MICA indica que «a fin de no perturbar a los participantes en el mercado que presten servicios y lleven a cabo actividades en relación con criptoactivos, distintos de fichas referenciadas a activos o fichas de dinero electrónico, emitidos antes de la fecha de aplicación del presente Reglamento, conviene que los emisores de esos criptoactivos estén exentos de la obligación de publicar un libro blanco de criptoactivos y de otros requisitos aplicables del presente Reglamento. No obstante, deben aplicarse determinadas obligaciones cuando dichos criptoactivos fueran admitidos a negociación antes de la fecha de aplicación del presente Reglamento».

37 Dictamen del Comité Económico y Social Europeo sobre: Propuesta de Reglamento del Parlamento Europeo y del Consejo relativo a los mercados de criptoactivos y por el que se modifica la Directiva [UE] 2019/1937, DOUE núm. C 155/31.

38 El art. 123.1 del Proyecto MICA estipulaba que «los artículos 4 a 14 no se aplicarán a los criptoactivos distintos de las fichas referenciadas a activos o las fichas de dinero electrónico que hayan sido ofertados al público en la Unión o admitidos a negociación en una plataforma de negociación de criptoactivos antes del *[insértese la fecha de entrada en vigor]*».

39 Dictamen del Comité Económico y Social Europeo sobre: Propuesta de Reglamento..., *op. cit.*, apartado 1.2.

40 Dictamen del Comité Económico y Social Europeo sobre: Propuesta de Reglamento..., *op. cit.*, apartado 3.31.

Finalmente, respecto a las PC, el art. 143.3 indica que «los proveedores de servicios de criptoactivos que hayan prestado sus servicios de conformidad con el Derecho aplicable antes del 30 de diciembre de 2024 podrán seguir haciéndolo hasta el 1 de julio de 2026 o hasta la fecha en que se les conceda o deniegue una autorización en virtud del artículo 63 si esta fuera anterior». Por ende, a las PC que estén prestado servicios antes de la entrada en vigor del Reglamento se les aplica una exención por la cual no deberán contar con la debida autorización ni cumplir con las demás exigencias previstas hasta el 1 de julio de 2026, salvo que el EM de la plataforma decida lo contrario.

III. Marco conceptual de las plataformas de criptoactivos

En el presente epígrafe se dilucidan las principales cuestiones relacionadas con las plataformas de criptoactivos con el fin de comprender la actividad que desempeñan y sus principales características. De esta forma, el lector podrá formarse una idea general sobre el régimen jurídico de las PC sin tener que escrutar toda la normativa aplicable. A su vez, el análisis sobre sus funciones y obligaciones principales permitirá acotar las cuestiones que pueden ser susceptibles de incurrir en responsabilidad contractual y/o extracontractual.

1. Conceptualización de las plataformas de criptoactivos

En este apartado se intenta acotar el concepto de «plataforma de criptoactivos» [PC], también conocida como «plataforma exchange» o, como la define el Reglamento MICA, «proveedor de servicios de criptoactivos». A tal efecto, el artículo 3.15 del Reglamento define al proveedor de servicios de criptoactivos como «una persona jurídica u otra empresa cuya actividad o negocio consiste en la prestación profesional de uno o varios servicios de criptoactivos a clientes y que está autorizada a prestar servicios de criptoactivos de conformidad con el artículo 59». El concepto propuesto en el presente trabajo es más amplio que el de «proveedor de servicios de criptoactivos» [si bien se fundamenta en éste], dado que no sólo abarca los servicios de criptoactivos previstos en el Reglamento MICA, sino cualesquiera otros que tengan relación directa con dichos criptoactivos[41]. Ello tiene como finalidad realizar un análisis integral de los servicios de criptoactivos y los distintos tipos de criptoactivos desde el punto de vista de la competencia judicial

41 Para una visión amplia sobre esta cuestión, *vid. infra*, apartado «2. Definición de criptoactivo y de servicio de criptoactivos».

internacional. En este sentido, cabe definir a la PC como «una persona jurídica que presta uno o varios servicios de criptoactivos y/o realiza actividades relacionadas con los criptoactivos»[42].

Esta definición de PC centrada en los servicios de criptoactivos puede acotarse atendiendo al concepto de «criptoactivo»[43], en cuyo caso cabe definir a la PC como «una persona jurídica que presta uno o varios servicios de criptoactivos y/o realiza actividades relacionadas con los criptoactivos, centradas estas últimas, con carácter general, en adquirir, invertir, transmitir y/o almacenar distintos tipos de criptoactivos, utilizando para ello, aunque no de forma exclusiva, la tecnología de registros distribuidos». Sendas definiciones amplias permiten analizar todas las cuestiones relacionadas con los servicios de criptoactivos de forma integral desde el punto de vista de la jurisdicción, sin perjuicio de utilizar las definiciones sobre los servicios de criptoactivos recogidas en el Reglamento MICA para una mejor comprensión de la materia.

El concepto amplio de PC utilizado incluye tanto las plataformas domiciliadas en un EM de la UE como las domiciliadas en terceros Estados. Ello se justifica en la necesidad de realizar un estudio que permita determinar qué tribunales serán internacionalmente competentes en cada caso, tanto si éstas están domiciliadas en la UE como en terceros países. A tal efecto, el Reglamento MICA parte de la premisa de que las PC que presten servicios en la UE deben disponer de un domicilio social en algún EM [arts. 59 y 63][44].

Dicho esto, cabe diferenciar entre la PC, el «oferente» y el «emisor» de criptoactivos, dado que, debido a sus similitudes y características, se pueden llegar a confundir. En primer lugar, el emisor es «una persona física o jurídica u otra empresa que emite criptoactivos» [art. 3.10], es decir, suele ser la persona jurídica que crea y pone en circulación los criptoactivos [suele ser el beneficiario de su venta, la persona que los pone en circulación para finan-

---

42 Los servicios que puede prestar una PC son, como mínimo, los enumerados en el artículo 3.9 del Reglamento MICA. En concreto, son los siguientes: «a) custodia y administración de criptoactivos por cuenta de clientes; b) gestión de una plataforma de negociación de criptoactivos; c) canje de criptoactivos por fondos; d) canje de criptoactivos por otros criptoactivos; e) ejecución de órdenes relacionadas con criptoactivos por cuenta de clientes; f) colocación de criptoactivos; g) recepción y transmisión de órdenes relacionadas con criptoactivos por cuenta de clientes; h) asesoramiento en materia de criptoactivos; i) gestión de carteras de criptoactivos; j) prestación de servicios de transferencia de criptoactivos por cuenta de clientes».

43 *Vid. infra,* apartado «2. Definición de criptoactivo y de servicio de criptoactivos».

44 En este sentido, el art. 59.1 del Reglamento MICA indica que «no se prestarán servicios de criptoactivos en la Unión a menos que quien los preste sea: a) una persona jurídica u otra empresa que haya sido autorizada como proveedora de servicios de criptoactivos de conformidad con el artículo 63 [...]»; mientras que el art. 59.2 del Reglamento MICA dispone que «los proveedores de servicios de criptoactivos autorizados de conformidad con el artículo 63 dispondrán de un domicilio social en un EM en el que presten al menos parte de sus servicios de criptoactivos. Deben llevar a cabo su gestión real en un lugar dentro de la Unión, y al menos uno de los directores debe ser residente en la Unión».

ciar un proyecto o negocio]. Por su parte, el oferente es «la persona física o jurídica, u otra empresa, o el emisor, que oferta al público criptoactivos» [art. 3.13], es decir, es la persona que pone en circulación los criptoactivos, quien los oferta al público en general[45]. Por tanto, esta persona no tiene por qué ser el creador/emisor de los criptoactivos, ni tampoco el beneficiario directo de su venta [sin perjuicio de su correspondiente comisión], aunque en ocasiones pueden coincidir [*v.g.* cuando una persona jurídica emite y oferta sus criptoactivos sin intermediarios]. Finalmente, la PC no tiene porqué emitir u ofertar criptoactivos, sino que basta que preste alguno de los servicios de criptoactivos anteriormente mencionados. No obstante, resulta habitual que a través de su plataforma oferte todo tipo de criptoactivos e, incluso, algunas plataformas emiten sus propias criptomonedas y/u otros tokens para financiarse, por lo que en dichos casos la PC también puede considerarse una emisora y oferente de criptoactivos.

Para cerrar este bloque, cabe señalar las principales obligaciones a las que están sometidas las PC[46]. La principal obligación de una PC es la de actuar siempre con honestidad, imparcialidad, profesionalidad y en el mejor interés de sus clientes [art. 66], con la finalidad de garantizar la protección de los consumidores, la integridad del mercado y la estabilidad financiera[47]. Además, deberán facilitar información imparcial, clara, veraz y no engañosa a sus clientes; y «no inducirán a error, deliberadamente o por negligencia, a un cliente en relación con las ventajas reales o percibidas de los criptoactivos» [art. 66.2]. Asimismo, deberán advertir a los clientes sobre los riesgos asociados a las operaciones con criptoactivos [66.3] y «pondrán a disposición del público su política de precios, costes y comisiones en un lugar destacado en su sitio web» [66.4].

Por lo demás, cabe destacar el siguiente catálogo de obligaciones previstas en el Reglamento: deberán disponer de importantes salvaguardias financieras [art. 67]; los miembros de sus órganos de dirección deberán contar con un cierto grado de honorabilidad, competencia, conocimiento y experiencia [art. 68.1]; deberán prestar los servicios de criptoactivos de forma continuada y regular, utilizando procedimientos adecuados y proporcionados, incluidos sistemas de TIC resilientes y seguros [art. 68.7]; deberán llevar un registro de todos los servicios, actividades, órdenes y operaciones relacionadas con criptoactivos, los cuales estarán a disposición de los clientes y/o de la auto-

45 En este sentido, el art. 3.12 nos indica es una oferta pública, indicando que esta es «una comunicación a personas, de cualquier forma y por cualquier medio, que presenta información suficiente sobre los términos de la oferta y los criptoactivos que se ofertan de modo que permite a potenciales titulares decidir si adquieren dichos criptoactivos».

46 Para una visión sintetizada, pero completa, del régimen jurídico de los prestadores de servicios de criptoactivos, *vid.*: Martí Miravalls, J., «Criptoactivos y regulación: nueva normativa española y propuesta europea sobre *Markets in Crypto-assets [MICA]*», *Revista Española de Capital Riesgo*, núm. 3, 2021, págs. 41-60, en concreto, págs. 51-52.

47 En este sentido, véase el considerando 79 del Reglamento MICA.

ridad competente, debiéndose conservar durante un plazo mínimo de cinco años [68.9]; y deberán establecer mecanismos para salvaguardar los derechos de propiedad de los clientes, debiendo depositar los criptoactivos de los clientes en entidades de crédito y separando dichos fondos de sus propias cuentas [art. 70].

En cuanto a las posibles reclamaciones que reciban las PC, «establecerán y mantendrán procedimientos eficaces y transparentes que permitan una tramitación rápida, justa y coherente de las reclamaciones recibidas de los clientes» [art. 71.1], pudiendo éstos presentar reclamaciones gratuitas ante las PC [art. 71.2][48]. Éstas deberán investigar y responder todas las reclamaciones de manera oportuna e imparcial, comunicando el resultado de dichas investigaciones en un plazo razonable a sus clientes [art. 71.4]. Las PC deberán establecer y mantener políticas y procedimientos para detectar, prevenir y gestionar los conflictos de intereses que pueden ocasionarse en este ámbito [art. 72 *in fine*]. Además, se impide que la externalización de funciones por parte de la PC entrañe la delegación de su responsabilidad, se altere la relación entre ésta y sus clientes o impida a las autoridades competentes del EM de origen de la PC el ejercicio de sus funciones de supervisión [incluida el acceso *in situ* a las instalaciones] [art. 73.1]. Finalmente, las PC están obligadas a tener un plan adecuado para respaldar una liquidación ordenada de sus actividades conforme al derecho nacional aplicable [art. 74].

2. Definición de criptoactivo y de servicio de criptoactivos

Atendiendo al Reglamento MICA, un criptoactivo es «una representación digital de un valor o de un derecho que puede transferirse y almacenarse electrónicamente, mediante la tecnología de registro distribuido o una tecnología similar» [art. 3.5]. Por consiguiente, se trata de una definición amplia de criptoactivo[49] que, en esencia, utiliza la tecnología de

48 En relación con la posibilidad de presentar reclamaciones ante las PC, el Reglamento MICA indica que las PC informarán a sus clientes de la posibilidad de presentar una reclamación y, además, «pondrán a disposición de los clientes una plantilla para la presentación de reclamaciones y llevarán un registro de todas las reclamaciones recibidas, así como de las medidas que se adopten en respuesta a ellas» [art. 71.3].

49 El BCE detalla en su dictamen de la propuesta de Reglamento MICA que «la definición de «criptoactivo» del reglamento propuesto es general, omnicomprensiva» [ap. 1.4]. Añade que dicha definición «es específica desde el punto de vista tecnológico y, a la vez, genérica. Este enfoque difiere de una caracterización de los criptoactivos específica pero tecnológicamente neutra». Banco Central Europeo [BCE], «Dictamen del Banco Central Europeo...», *op. cit.*, p. 2. Asimismo, sobre esta cuestión, véase: Banco

registro distribuido [TRD, en adelante][50] para almacenarse y/o transmitirse, por lo que entran en esta definición amplia todos los criptoactivos recogidos en el Reglamento MICA [fichas referenciadas a activos, fichas de dinero electrónico, fichas de consumo e, incluso, algunos criptoactivos excluidos como los que pueden considerarse instrumentos financieros], las distintos tipos de criptomonedas y los NFTs. Por tanto, el Reglamento recoge un concepto muy técnico que no excluye ningún tipo de token o ficha, por lo que incluye a cualquier criptoactivo que cumpla con las exigencias de la referida definición[51].

Este concepto también resulta adecuado para los fines del presente estudio, dado que su amplitud permite analizar los distintos tipos de criptoactivos desde el punto de vista del DIPr, con independencia de que estén excluidos del ámbito de aplicación del Reglamento MICA. Partiendo de este concepto, cabría definir a la PC como «una persona jurídica que permite, como mínimo, adquirir, invertir, transmitir y/o almacenar distintos tipos de criptoactivos, utilizando para ello normalmente la TRD». En la actualidad, *blockchain* es la TRD más conocida[52], constituyendo un

---

Central Europeo [BCE], «Crypto-Assets: Implications for financial stability, monetary policy, and payments and market infrastructures», *Occasional Paper Series, núm.* 223, 2019. Asimismo, *vid*.: Reinhart Schuller, R., «Criptoactivos: Categorización jurídica de los criptoactivos e introducción a la tecnología DLT/Blockchain», *Cuadernos de Derecho Transnacional*, Vol. 14, núm. 2, 2022, págs. 737-769. El citado autor entiende que la definición de criptoactivo recogida en el Reglamento MICA «dista de ser completa y responde a un concepto neutro y global». A tal efecto, el citado autor realiza un análisis minucioso sobre el concepto de criptoactivo recogido en el Reglamento MICA, proponiendo como definición alternativa la siguiente: «Un bien intangible que puede representar o incorporar derechos, obligaciones, cargas o bienes mediante tecnología *DLT*» [págs. 747-751]. Finalmente, sobre esta cuestión, *vid*.: DE MIGUEL ASENSIO, P.A., «Propuesta de Reglamento...», *op. cit*., p. 4.

50 La tecnología de registro distribuido viene definida por el art. 3.2 del Reglamento MICA como «una tecnología que permite el funcionamiento y el uso de registros distribuidos».

51 En este sentido, también consideramos acertada la definición amplia otorgada por BARRIO ANDRÉS, el cual indica que «un criptoactivo constituye un activo digital que presenta cumulativamente tres características: a) Está registrado en alguna forma de libro mayor digital distribuido asegurado con criptografía. b) Por lo general hace uso de la tecnología *blockchain* o DLT *[Distributed Ledger Technology]*. c) Puede utilizarse como medio de intercambio o pago, con fines de inversión, para acceder a un producto o servicio, o bien una combinación de los anteriores». A tal efecto, *vid*.: BARRIO ANDRÉS, M., «La nueva regulación de los criptoactivos en España», *Diario La Ley*, núm. 10010, 2022, págs. 1-5, p. 2.

52 Blockchain ha sido definido como «una base de datos en la que se van anotando datos de todo tipo que no pueden ser alterados o revisados, aunque pueden ser consultados en cualquier momento». GARAU SOBRINO, F., «El Derecho Internacional privado que viene: el futuro ya está aquí», *Anuario español de Derecho Internacional Privado*, T. XVII, 2017, págs. 303-332, págs. 306, nota 1. Para una visión amplia sobre esta tecnología, *vid*.: LÓPEZ RODRÍGUEZ, A.M., «Smart contracts y acuerdos restrictivos de la competencia», en OLMEDO PERALTA, E.

registro inmutable, transparente y descentralizado, compuesto por miles o millones de ordenadores interconectados, que permiten realizar muchísimas transacciones de forma rápida y segura[53]. En los ultimos años, esta tecnología ha potenciado la aparición de todo tipo de criptoactivos y la utilización de los *smart contracts*[54]. Por ello, cabe afirmar que *blockchain*

[Dir.], *La aplicación del Derecho de la competencia en la economía de los datos*, Aranzadi, Navarra, 2021, págs. 171-198, págs. 173-176. SANJUÁN MUÑOZ, E., «Aplicación de la tecnología Blockchain al funcionamiento de las sociedades de capital y los medios judiciales de control», en: Perea Ortega, R., *Estudios sobre Derecho Digital*, Aranzadi, Navarra, 2021, págs. 575-616, p. 581-585. SÁNCHEZ RUIZ DE VALDIVIA, I., «Blockchain e inteligencia artificial: dos tecnologías que convergen e impactan en la economía y el derecho», en SÁNCHEZ RUIZ DE VALDIVIA, I., [Dir.], *Blockchain: impacto en los sistemas financiero, notarial, registral y judicial*, Aranzadi, Navarra, 2020, págs. 55-157, págs. 61-71. NADAL GÓMEZ, I., «Ejecución forzosa y blockchain. Panorámica general con especial atención a las monedas virtuales», *Revista Jurídica del Notariado*, núm. 112, 2021, págs. 313-374, p. 317. GARCÍA TERUEL, R.M., «Introducción al fenómeno de la «tokenización: estudio de casos», en: GARCÍA TERUEL, R.M., [Coord.], *La tokenización de bienes en blockchain. Cuestiones civiles y tributarias*, Aranzadi, 2020, págs. 29-60, p. 29 y 30. FERNÁNDEZ MARTÍNEZ, B., «Blockchain: La revolución de las redes», en: MUÑOZ PÉREZ, A.F., *Revolución digital, derecho mercantil y token economía*, Tecnos, Madrid, 2019, págs. 67-78, en especial, págs. 69-75. HERENCIA ANDRÉS, J., «Fundamentos tecnológicos de los criptoactivos», en: BARRIO ANDRÉS, M. [Dir.], *Criptoactivos. Retos y desafíos normativos*, La Ley, Madrid, 2021, págs. 63-78, en especial, págs. 67-72. JIMÉNEZ LINARES, M.J., «De los contratos inteligentes [smart contracts] a los contratos legales inteligentes: problemática técnico-jurídica. El contrato blockchain», en: SÁNCHEZ RUIZ DE VALDIVIA, I., [Dir.], *Blockchain: impacto en los sistemas financiero, notarial, registral y judicial*, Aranzadi, Navarra, 2020, págs. 325-358, en especial, págs. 326-332.

53 HORRACH ARMO, J.G, «Los smart contracts y la tecnología «blockchain» en el ámbito del derecho internacional privado», en: JIMÉNEZ BLANCO, P. y ESPINIELLA MENÉNDEZ, Á., *Nuevos escenarios del derecho internacional privado de la contratación*, Tirant Lo Blanch, 2021, págs. 683-708, p. 687.

54 Para una visión amplia sobre las características de los smart contracts y su relación con la tecnología blockchain, véase: ORTEGA GIMÉNEZ, A., *«Smart contracts» y derecho Internacional privado*, Aranzadi, Navarra, 2019. ORTEGA GIMÉNEZ, A.: «Los "contratos inteligentes" [Smart Contracts]... ni son "contratos" ni son "inteligentes"». Entrada publicada en el portal del Derecho.com el 24.06.2020. Accesible en: https://elderecho.com/los-contratos-inteligentes-smart-contracts-contratos-inteligentes Asimismo, *vid*.: LEGERÉN MOLINA, A., «Smart contracts que se ejecutan en «blockchain»«, en: SÁNCHEZ RUIZ DE VALDIVIA, I., [Dir.], *Blockchain: impacto en los sistemas financiero, notarial, registral y judicial*, Aranzadi, Navarra, 2020, págs. 281-323, p. 288-292; Legerén Molina, A., «Los contratos inteligentes en España, La disciplina de los *smart contracts*», *Revista de Derecho Civil*, vol. V, núm. 2, 2018, págs. 193-241. LÓPEZ RODRÍGUEZ, A.M., «Ley aplicable a los smart contracts y lex cryptographia», *Cuadernos de Derecho Transnacional*, Vol. 13, núm. 1, 2021, págs. 441-459, en especial, págs. 442-444. MORELL RAMOS, J., «Smart contracts: teoría, práctica y cuestiones legales». Publicado en términos y condiciones. Accesible: https://terminosycondiciones.es/2016/09/21/como-crear-smart-contract-mediante-terminos-condiciones/ En este contexto, cabe tener presente que existen diversas plataformas que, basándose en la tecnología DLT, ofrecen soluciones para desarrollar contratos inteligentes. En la actualidad, el lenguaje de programación más utilizado es Solidity, el cual se asienta sobre la red Ethereum para desarrollar sus *smart contracts* o, incluso, aplicaciones más elaboradas basadas en la red distributiva [denominadas DApps]. En este sentido, *vid*.: Fernández

es una de las tecnologías más importantes de la última década[55], teniendo una evidente incidencia en el ámbito del DIPr[56].

Por su parte, un «servicio de criptoactivos» puede definirse como «cualquier servicio que preste una plataforma de criptoactivos para sus clientes y que tengan relación directa con los criptoactivos, con independencia de cuál sea la naturaleza jurídica de los criptoactivos relacionados con el servicio prestado». Aunque el Reglamento MICA recoge una lista taxativa de servicios de criptoactivos[57], cabe tener en cuenta que pueden existir otros servicios no definidos en dicho Reglamento. A tal efecto, el concepto de PC utilizado en este trabajo es más amplio que el de «proveedor de servicios de criptoactivos» del Reglamento[58], por lo que si surgen otros servicios relacionados directamente con los criptoactivos deben ser incluidos en el listado no exhaustivo de «servicios de criptoactivos» y, por tanto, deben ser analizados desde el punto de vista del DIPr.

Espinosa, L., «Qué son los *smart contracts* o contratos inteligentes», Entrada publicada en la página web de BBVA. Accesible en: https://www.bbva.com/es/smart-contracts-los-contratos-basados-blockchain-no-necesitan-abogados/ Gómez, B., «Necesito un Smart Contract, ¿cómo lo hago?», Entrada publicada en Paradigma digital. Accesible en: https://www.paradigmadigital.com/dev/necesito-un-smart-contract-como-lo-hago/

55 A tal efecto, *vid*.: Ruiz Rodríguez, R., «Blockchain y derecho internacional privado», *Revista electrónica de estudios internacionales*, núm. 43, 2022, págs. 1-30, p. 2. Como explica el citado autor, «su potencial es innegable y puede apreciarse a través de las numerosas aplicaciones derivadas de esta: no nos referimos únicamente a los bitcoines y demás monedas digitales [o *cryptocurrencies*], sino también a otros posibles usos tales como la "tokenización" de activos, la celebración de *smart contracts*, el valor probatorio registral de la cadena de bloques o las organizaciones descentralizadas autónomas ["DAOs"]. De hecho, la fusión de esta y otras tecnologías tales como el *Big Data*, la inteligencia artificial o el *Internet of Things*, ha sido bautizada como la "Cuarta Revolución Industrial" y promete traer consigo un cambio de paradigma».

56 Ruiz Rodríguez, R., «Blockchain y derecho internacional privado…», *op. cit*., págs. 6 y ss. Como indica el citado autor, «la naturaleza intrínsecamente internacional de la cadena de bloques, unida a la inexistencia de autoridades o reglas supranacionales que lidien con dicha tecnología, acarrea la necesaria aplicación de las normas clásicas de DIPr para otorgar respuesta a las incertidumbres jurídicas planteadas por el empleo del *blockchain*». En este contexto, el autor realiza un laborioso análisis sobre las principales fuentes aplicables en materia de competencia judicial internacional y ley aplicable en el ámbito de los smart contracts y la tecnología blockchain.

57 Para una visión sintetizada sobre estos servicios de criptoactivos, si bien atendiendo a la propuesta de Reglamento MICA, *vid*.: Blanco Sánchez, M.J., «Ejercicio de la actividad por prestadores de servicios de criptoactivos y adquisición de proveedores», en: Madrid Parra, A. y Pastor Sempere, C. [Dir.], *Guía de criptoactivos MICA*, Aranzadi, 2021, Navarra, págs. 281-296, en especial, págs. 286-291. Asimismo, *vid*.: Blanco Sánchez, M.J., «El tratamiento de los prestadores de servicios de criptoactivos en MICA como mecanismo protector del mercado y del consumidor», en: Madrid Parra, A. y Alvarado Herrera, L. [Dirs.], *Derecho digital y nuevas tecnologías*, Aranzadi, págs. 919-936, págs. 925-930.

58 Sobre esta cuestión, *vid. supra*, «1. Conceptualización de las plataformas de criptoactivos».

3. Consumidores y titulares minoristas

En el presente epígrafe se analiza el concepto de consumidor previsto en el Reglamento MICA y se compara con la conceptualización autónoma prevista en el Reglamentos núm. 1215/2012. Cabe partir de la premisa de que en la Propuesta del Reglamento MICA se definía al consumidor como «toda persona física que actúe con fines ajenos a su actividad comercial, empresarial, oficio o profesión» [art. 3.28][59], por lo que dicho concepto era prácticamente idéntico al utilizado por los Reglamentos núm. 1215/2012 y núm. 593/2008. En este sentido, el Reglamentos núm. 1215/2012 indica que se trata de un contrato de consumo cuando este se celebre «por una persona, el consumidor, para un uso que pueda considerarse ajeno a su actividad profesional...» [art. 17][60].

No obstante, en la versión final del Reglamento MICA ha desaparecido la alusión a «consumidor», sustituyéndose por la de «titular minorista» [art. 3.37], si bien el fondo se ha mantenido prácticamente idéntico[61]. Tras el análisis de la tramitación legislativa del Reglamento MICA no se ha podido concretar la justificación de esta modificación. A tal efecto, en la última versión del Reglamento presentada por la Comisión Europea se sigue haciendo referencia al término «consumidor», mientras que en los distintos dictámenes de las instituciones de la Unión no se hace alusión a la necesidad de modificar dicho concepto. Así, el BCE sólo se refiere a la necesaria protección de los consumidores en relación con los servicios de pago regulados y a los productos financieros[62]; mientras que el CESE se refiere en múltiples ocasiones a los derechos de los consumidores[63], pero tampoco se refiere al concepto de «titulares minoristas».

---

59 Para una visión amplia del concepto de consumidor previsto en la Propuesta de Reglamento MICA en contraposición con el de inversor, *vid.*: Lois Caballé, A.I., «Mecanismos de protección del consumidor en la propuesta de Reglamento relativo a los mercados de criptoactivos», en: Madrid Parra, A. y Pastor Sempere, C., *Guía de criptoactivos MICA*, Aranzadi, 2021, Navarra, págs. 25-40, en especial, p. 28-30. Tras un análisis entre el concepto de «consumidor» y «cliente profesional», la citada autora indica que «lo que diferencia a un consumidor de un inversor cualificado es que éste tiene la experiencia, los conocimientos y la cualificación necesarios para tomar sus propias decisiones de inversiones, por lo que no necesita la protección que articula la propuesta de Reglamento para los consumidores o inversores no cualificados». En apoyo a esta idea, cita la STJUE de 17 de julio de 2014, Barclays Bank, C-280/13, EU:C:2014:279, en la cual el TJUE expresa que «según reiterada jurisprudencia, el sistema de protección que establece la citada Directiva [Directiva 93/13] se basa en la idea de que el consumidor se halla en situación de inferioridad respecto al profesional, en lo referido tanto a la capacidad de negociación como al nivel de información» [ap. 32].

60 En sentido similar se pronuncia el art. 6 del Reglamento 593/2008 en materia de ley aplicable.

61 El único cambio que se ha realizado en la redacción actual hace alusión a la «actividad comercial, empresarial, oficio o profesión», que ahora pasa a hacer referencia a la «actividad comercial, negocio, oficio o profesión».

62 Banco Central Europeo [BCE], «Dictamen del Banco Central Europeo...», *op. cit.*, págs. 1-6.

63 Dictamen del Comité Económico y Social Europeo sobre: Propuesta de Reglamento..., *op. cit.*, *in fine.*

El propio Reglamento MICA sigue recogiendo la noción de consumidor/es en múltiples considerandos y preceptos, en relación con la necesaria protección que debe brindar el Reglamento —y la normativa relacionada— a dicho colectivo[64]. Como puede observarse, a través de los considerandos citados, el Reglamento está admitiendo que las PC realizan distintos tipos de contratos con los consumidores [sin mencionar siquiera a los titulares minoristas]. A este respecto, cabe señalar que el único cambio que se ha producido en la versión definitiva del Reglamento es que dónde antes aparecía el vocablo «consumidor» [*v.g.* en el derecho de desistimiento»], ahora aparece el concepto de «titular minorista», manteniéndose inalterado, por lo demás, el contenido del precepto afectado. Esta precisión conceptual parece tener como finalidad remarcar que los sujetos que actúan con fines ajenos a su actividad profesional, negocial o comercial también pueden ser titulares de todo tipo de criptoactivos y, asimismo, ser destinatarios de los servicios de criptoactivos. En este escenario, quizás habría resultado mejor añadir un inciso final en la definición de consumidor para indicar que éstos pueden tener la consideración de titulares minoristas, explicando que significa ser un titular minorista. Sin embargo, en la versión final del Reglamento MICA se ha utilizado la definición ampliamente aceptada y conocida de consumidor para definir a los titulares minoristas, lo cual resulta, cuanto menos, un poco extraño y confuso.

Sin perjuicio de lo anterior, la conceptualización de «consumidor» o «titular minorista» prevista en el Reglamento MICA no afecta ni influye en la calificación autónoma de consumidor a los efectos del Reglamento núm. 1215/2012. En este contexto, el TJUE ha recalcado que se estará ante un consumidor cuando se cumplan de forma acumulativa los siguientes requisitos[65]: «una parte contractual tiene la condición de consumidor [cuando] actúa en un contexto que puede considerarse ajeno a su actividad profesional; en segundo lugar, se ha celebrado efectivamente el contrato entre dicho consumidor y el profesional, y, en tercer lugar, este contrato pertenece a una de las categorías incluidas en el apartado 1, letras a) a c), del referido artículo

---

64 Así, el considerando núm. 79 dispone que «con el fin de garantizar la protección de los consumidores, la integridad del mercado y la estabilidad financiera se requiere que los proveedores de servicios de criptoactivos actúen siempre con honestidad, imparcialidad y profesionalidad y en el mejor interés de sus clientes [...]. Cuando se comercialicen a distancia, los contratos entre los proveedores de servicios de criptoactivos y los consumidores han de estar también sujetos a la Directiva 2002/65/CE [...]». Por su parte, el considerando núm. 80 del Reglamento MICA también se refiere a los consumidores, indicando que «para garantizar la protección de los consumidores, los proveedores de servicios de criptoactivos autorizados con arreglo al presente Reglamento han de cumplir determinados requisitos prudenciales [...]». Asimismo, véase los considerandos núm. 85 y 89 del Reglamento.

65 STJUE de 2 de abril de 2020, Reliantco Investment y Reliantco Investment Limassol Sucursala Bucureşti, C500/18, EU:C:2020:264, ap. 45; STJUE de 3 de octubre de 2019, Petruchová, C-208/18, EU:C:2019:825, ap. 39; STJUE de 23 de diciembre de 2015, Hobohm, C297/14, EU:C:2015:844, ap. 24; STJUE de 28 de enero 2015, Kolassa, C-375/13, EU:C:2015:37, ap. 23.

17». En concreto, la categoría que tiene relevancia en el presente estudio es la recogida en el art. 17.c) del Reglamento núm. 1215/2012. A este respecto, el TJUE indica que «para que el contrato en cuestión pueda quedar comprendido en el ámbito de aplicación de dicha disposición [...] es necesario, por un lado, que el profesional ejerza actividades comerciales o profesionales en el EM del domicilio del consumidor o que, por cualquier medio, dirija tales actividades a dicho EM o a varios EE. MM, incluido este último, y, por otro lado, que el contrato de que se trate esté comprendido en el marco de dichas actividades»[66].

Con todo, a los efectos de calificar a un sujeto como consumidor, el TJUE ha recalcado que carecen de relevancia una serie de factores como el volumen y el valor de las operaciones efectuadas, los riesgos de pérdidas económicas que puedan conllevar dichas operaciones, los eventuales conocimientos o experiencia de una persona en el sector de los instrumentos financieros o, incluso, su comportamiento activo en la realización de tales operaciones[67]. Todos estos factores tienen una gran relevancia en el ámbito de los criptoactivos, pues el cumplimiento de alguna de estas características no implica, por sí sola, que un sujeto pueda ser considerado un profesional, por lo que podrá beneficiarse de los foros en materia de consumo previstos en el Reglamento núm. 1215/2012. Sin embargo, los distintos factores aludidos pueden coadyuvar a determinar cuándo un sujeto actúa con fines relacionados con su actividad profesional, comercial o negocial, en cuyo caso deberá considerarse un profesional, tanto en relación con la aplicación de las disposiciones del Reglamento MICA, como en relación con los foros del Reglamento núm. 1215/2012.

4. Profesionales e inversores

El art. 3.39 del Reglamento MICA no hace referencia al concepto de profesional, sino que únicamente se refiere al concepto genérico de «cliente», el cual engloba tanto a titulares minoristas como a profesionales del sector. Sin embargo, interpretando el concepto de «titular minorista» *a sensu contrario* se obtiene el concepto de profesional, el cual será aquel que actúe a través de la plataforma con fines relacionados a su actividad comercial, empresarial, oficio o profesión. Este concepto de profesional coincide con el utilizado, también de forma implícita, por el Reglamento núm. 1215/2012.

---

66 STJUE de 23 de diciembre de 2015, Hobohm, C297/14, EU:C:2015:844, ap. 27.

67 STJUE de 3 de octubre de 2019, C-208/18, Petruchová, EU:C:2019:825, ap. 50 a 59 [en especial este último apartado]; STJUE de 2 de abril de 2020, Reliantco Investment y Reliantco Investment Limassol Sucursala Bucureşti, C500/18, EU:C:2020:264, ap. 53; STJUE de 25 de enero 2018, Schrems, C498/16, EU:C:2018:37, ap. 39; STJUE de 3 de septiembre de 2015, Costea, C110/14, EU:C:2015:538, ap. 21.

Por su parte, el Reglamento MICA hace referencia de forma reiterada al concepto de «inversor», si bien no lo define. A este respecto, el concepto de inversor se asimila al de «profesional» que actúa en el ámbito de los criptoactivos, el cual interviene realizando todo tipo de operaciones relacionadas con estos activos [compraventa, inversión, gestión, intermediación, etc.]. En cambio, el Reglamento define expresamente a los «inversores cualificados», definiéndolos como «las personas o entidades enumeradas en los puntos 1 a 4 de la sección I del anexo II de la Directiva 2014/65/UE»[68]. El Reglamento MICA prevé, en algunos supuestos, un trato diferenciado entre los «inversores» y los «inversores cualificados», que responde, naturalmente, a la mayor aptitud profesional de los segundos respecto de los primeros.

Por lo que aquí interesa, existen diferencias entre los consumidores y profesionales que actúan en el ámbito de los criptoactivos, por lo que su grado de protección será igualmente dispar. A tal efecto, el Reglamento prevé normas protectoras que tienen como finalidad discriminar positivamente al consumidor, aunque no se olvida de proteger adecuadamente los intereses de los profesionales. Aunque es cierto que, en ocasiones, los profesionales también pueden estar en una posición desventajosa respecto de la contraparte, lo cual puede acentuarse en el ámbito de los criptoactivos como consecuencia de la magnitud de algunas PC, en ningún caso podrán beneficiarse de los criterios atributivos de jurisdicción previstos para las partes jurídicamente más débiles. En este sentido, baste recordar que cuando un cliente tenga la consideración de profesional no podrá invocar los foros relativos a los contratos con consumidores previstos en el Reglamento núm. 1215/2012[69] ni tampoco alegar la aplicación de las normas de conflicto previstas en el art. 6 del Reglamento núm. 593/2008.

IV. Análisis de los servicios de criptoactivos

En el presente epígrafe se analizan los servicios de criptoactivos partiendo de la clasificación recogida en el art. 3.16 del Reglamento MICA [y desarrollada en múltiples preceptos] y, asimismo, se proponen algunos casos prácticos en clave internacional privatista para ilustrar qué tipo de controversias pueden generarse en este ámbito y qué foros pueden aplicarse para determinar qué tribunales ostentarán competencia judicial internacional en cada caso.

68 Estas son, entre otras, las siguientes: Las entidades de crédito, las empresas de servicios de inversión, las compañías de seguro, las instituciones de inversión colectiva, los fondos de pensiones, los gobiernos nacionales y regionales, los bancos centrales, los organismos internacionales como el Fondo Monetario Internacional [FMI], el Banco Central Europeo, el Banco Europeo de Inversión [BEI], etc.

69 En este sentido, *vid.*: STJUE de 20 de enero de 2005, Gruber, C464/01, EU:C:2005:32, ap. 36; STJUE de 3 de julio de 1997, Benincasa, C269/95, EU:C:1997:337, ap. 18; STJUE de 25 de enero de 2018, C-498/16, Schrems, EU:C:2018:37, ap. 30.

1. Custodia y administración de criptoactivos

En primer lugar, una PC puede prestar el servicio de «custodia y administración de criptoactivos por cuenta de clientes», el cual consiste en «la guarda o el control, por cuenta de clientes, de criptoactivos o de los medios de acceso a esos criptoactivos, en su caso en forma de claves criptográficas privadas» [art. 3.17].

Entre las obligaciones principales de la PC, éstas deberán mantener un registro de las posiciones abiertas a nombre de cada cliente correspondientes a los derechos de éstos sobre los criptoactivos [art. 75.2]; deberán informar al cliente cada tres meses del estado de las operaciones abiertas o cuando así lo solicite el cliente; así como garantizar la devolución de los criptoactivos mantenidos por cuenta de sus clientes [o los medios de acceso a dichos criptoactivos].

Además, la PC debe responder ante sus clientes de las pérdidas de criptoactivos o de los medios de acceso a dichos criptoactivos como consecuencia de un incidente que pueda atribuírsele, si bien dicha responsabilidad quedará limitada al valor de mercado del criptoactivo en el momento en que se produjo la pérdida [arts. 75.5, 75.6 y 75.8][70]. De esta última obligación no resultará infrecuente que los clientes afectados por un mal funcionamiento de la PC decidan demandarla[71], en cuyo caso cabe determinar qué tribunales ostentarán competencia judicial internacional para conocer del caso. Para ilustrar esto último, seguidamente se plantea un caso práctico que pretende ejemplificar una situación que podría acontecer en este ámbito como consecuencia de la prestación de este servicio.

---

70 Existen otras obligaciones destacadas durante la prestación de este servicio, como la necesidad de que la PC separe claramente la participación de criptoactivos por cuenta de sus clientes de sus propias participaciones [75.7]; garantizar que los medios de acceso a los criptoactivos de sus clientes se identifiquen claramente como tales y velar porque, en el registro distribuido, los criptoactivos de sus clientes se mantengan separados de sus propios criptoactivos [75.7 *in fine*]. A tal efecto, cabe tener presente la previsión establecida en el apartado 2.° del art. 75, el cual indica que «los criptoactivos mantenidos en custodia estarán separados jurídicamente del patrimonio del proveedor de servicios de criptoactivos en interés de los clientes del proveedor de servicios de criptoactivos, de conformidad con el Derecho aplicable, de modo que los acreedores del proveedor de servicios de criptoactivos no puedan hacer valer ningún derecho sobre los criptoactivos custodiados por el proveedor de servicios de criptoactivos, en particular en caso de insolvencia». Finalmente, en caso de que las PC que presten servicios de custodia y administración de criptoactivos por cuenta de clientes recurran a otros proveedores de servicios de criptoactivos, sólo podrán recurrir a aquellos que estén debidamente autorizados conforme al art. 59 del Reglamento MICA [art. 75.9. 1.°], debiendo informar de ello, en todo caso, a sus clientes [art. 75.9.2.°].

71 En relación con la responsabilidad de la PC, el art. 75.8 indica que «se considerará un incidente no atribuible al proveedor de servicios de criptoactivos cualquier acontecimiento respecto del cual el proveedor de servicios de criptoactivos demuestre que se ha producido con independencia de la prestación del servicio de que se trate o con independencia de las operaciones del proveedor de servicios de criptoactivos, como, por ejemplo, un problema inherente al funcionamiento del registro distribuido ajeno al control del proveedor de servicios de criptoactivos».

Caso práctico: La empresa Inversiones S.L., domiciliada en Madrid, se dedica al sector financiero desde hace más de veinte años. Debido al auge de las criptomonedas, contacta con la plataforma Criptos, domiciliada en Berlín, para adquirir criptoactivos a través de ésta por valor de 150.000 €. Transcurridos seis meses desde la adquisición de los criptoactivos, la plataforma Criptos realiza una profunda remodelación de su sistema de seguridad. Sin embargo, varios hackers encuentran una vulnerabilidad del sistema y consiguen sustraer de la PC cientos de miles de criptoactivos, entre los cuales se encuentran los criptoactivos de la empresa española. Justo antes de la sustracción, los criptoactivos de la empresa Inversiones S.L. tenían un valor total de 225.000 €.

La empresa afectada reclama a Criptos la devolución del importe total sustraído, dado que la pérdida de los criptoactivos trae causa de un incidente relacionada con su seguridad. La PC indica a Inversiones S.L. que únicamente va a reintegrar el capital inicial invertido, esto es, 150.000 €, pues alega que la cantidad sustraída no ha sido consecuencia de su actualización, sino de una actividad ilícita perpetrada por terceros. Así las cosas, la empresa española decide interponer una demanda para reclamar los 75.000 € restantes en virtud del art. 75 del Reglamento MICA, el cual indica que las PC deberán responder antes sus clientes de las pérdidas de criptoactivos como consecuencia de un incidente que pueda atribuírsele, tomando en consideración el valor de mercado que tenían en el momento en que se produjo la pérdida o sustracción. Teniendo presente el análisis de los distintos foros atributivos de jurisdicción realizado en el presente trabajo, se determina que los tribunales competentes serán los siguientes:

Solución del caso planteado

1. **Fuente aplicable:** Reglamento núm. 1215/2012
2. **Foros aplicables:** El demandante podrá utilizar los siguientes foros:
   a) Sumisión expresa [art. 25]: Si existe una cláusula atributiva de jurisdicción y resulta válida, deberá interponer la demanda ante los tribunales del lugar dónde estipule dicha cláusula. Lo mismo cabe concluir acerca de la posible existencia de un convenio arbitral válidamente celebrado. En defecto de pacto entre las partes:
   b) *Forum domicilii* [art. 4]: Tribunales de Alemania.
   c) Foro en materia contractual [art. 7.1]: Tribunales de Berlín por ser el lugar de prestación del servicio [dónde está su centro de actividad principal]. Al coincidir con el *forum domicilii*, no se aplica [arts. 4 y 7].
   d) Foro en materia delictual o cuasidelictual [art. 7.2]: Si quiere demandar a los presuntos responsables de la sustracción, puede utilizar este foro y acudir a los tribunales de Madrid por ser el lugar dónde se ha materializado el daño financiero. También puede acudir al lugar del hecho causal, el cual se ubicará donde los infractores hayan realizado las actividades ilícitas.

2. Gestión de una plataforma de negociación de criptoactivos

En segundo lugar, las PC prestan servicios tendentes a la «gestión de una plataforma de negociación de criptoactivos», lo cual implica, según el Reglamento MICA, «la operación de uno o varios sistemas multilaterales que reúnen o permiten reunir, dentro del sistema y de conformidad con sus normas, intereses de adquisición y venta de criptoactivos de múltiples terceros para dar lugar a contratos, bien mediante el canje de criptoactivos por fondos o bien mediante el canje de criptoactivos por otros criptoactivos». Este precepto hace referencia a los servicios prestados por plataformas como Binance, Coinbase o Crypto.com que actúan como auténticos *marketplaces* en los que se ofertan y demandan distintos tipos de criptoactivos.

Este servicio está desarrollado en el artículo 76 del Reglamento MICA, en el cual se establece la obligación por parte de las PC de establecer, mantener y aplicar unas normas de funcionamiento claras y transparentes para la gestión de la plataforma de negociación de criptoactivos[72]. Las denominadas «normas de funcionamiento» no son más que una serie de directrices que deben establecer las PC [las cuales deben estar debidamente publicadas en su plataforma de forma clara y transparente] para que las personas físicas o jurídicas que quieran ofertar criptoactivos a través de su plataforma conozcan de antemano los requisitos y condiciones que deben cumplir y las garantías que deben ofrecer[73]. Cierto es que muchas son las directrices que

---

72 A este respecto, el considerando 84 del Reglamento indica que «para garantizar un funcionamiento ordenado de los mercados de criptoactivos, los proveedores de servicios de criptoactivos que exploten una plataforma de negociación de criptoactivos deben disponer de normas de funcionamiento detalladas, velar por que sus sistemas y procedimientos sean suficientemente resistentes, estar sujetos a requisitos de transparencia prenegociación y posnegociación adaptados al mercado de criptoactivos y establecer un conjunto de normas transparentes y no discriminatorias basadas en criterios objetivos que regulen el acceso a sus plataformas».

73 Entre las normas de funcionamiento que obligatoriamente deberán incorporar las PC, cabe destacar las siguientes [art. 76.1 *in fine*]: a) establecer los procesos de aprobación que se aplicarán antes de la admisión de criptoactivos en su plataforma; b) indicar claramente qué categorías o tipos de criptoactivos no se admitirán a negociación; c) establecer las políticas, procedimientos y las comisiones aplicables para la admisión de los criptoactivos a negociación; d) concretar normas objetivas que no sean discriminatorias para la participación en las actividades de negociación, así como establecer criterios proporcionados que promuevan el acceso abierto y equitativo a los clientes que deseen negociar en dicha plataforma; e) establecer normas no discrecionales para garantizar una negociación justa y ordenada; f) concretar las condiciones en las que los criptoactivos podrán permanecer accesibles para su negociación [incluidos los umbrales de liquidez que deberán respetarse]; g) determinar cuándo y en qué condiciones se podrá suspender la negociación de criptoactivos; y, finalmente, como indica la letra h], establecer procedimientos para garantizar la liquidación eficiente tanto de los criptoactivos como de los fondos. Además, no se admitirán a negociación los criptoactivos cuando no se haya publicado el preceptivo libro blanco cuando así lo exija el Reglamento.

deberá cumplir el cliente que pretenda ofrecer sus criptoactivos a través de la plataforma de negociación, pero no es menos cierto que el riesgo financiero en estas operaciones suele ser muy elevado, por lo que estas obligaciones parecen justificadas y razonables.

En el extenso art. 76 aparecen una serie de obligaciones adicionales que deberán cumplir las PC que pretendan ofertar este servicio. Debido a su importancia, cabe destacar las siguientes: En primer lugar, antes de admitir a negociación un criptoactivo, las PC deberán garantizar que el oferente cumple todas sus normas de funcionamiento [no sólo las directrices preceptivas del art. 76, sino todas las adicionales que haya podido incorporar] y, además, deberán evaluar la idoneidad del criptoactivo de que se trate [76.2][74]. En segundo lugar, la PC debe impedir que se admiten a negociación aquellos criptoactivos que lleven incorporada una función de «anonimización», es decir, se prohíben aquellas operaciones en los que no se puedan identificar claramente a los titulares de los criptoactivos y su historial de operaciones [76.3].

Debido a su complejidad técnica y sus múltiples repercusiones económicas y jurídicas, este servicio ha requerido de un extenso desarrollo legislativo[75]. Y es que, en última instancia, la esencia de las PC es, precisamente, la de ofrecer a sus usuarios un espacio en el que demandar y ofertar distintos

---

74 A estos efectos, para evitar cierta discrecionalidad de la PC, el Reglamento MICA establece qué criterios deberán evaluarse para determinar si el criptoactivo es idóneo para su negociación en la plataforma. A tal efecto, «evaluarán, en particular, la fiabilidad de las soluciones técnicas utilizadas y la posible asociación a actividades ilícitas o fraudulentas, teniendo en cuenta la experiencia, el historial y la reputación del emisor de dichos criptoactivos y su equipo de desarrollo» [art. 76.2 *in fine*].

75 Entre las restantes obligaciones impuestas por el art. 76 del Reglamento, cabe destacar las siguientes: las normas de funcionamiento deben redactarse en la lengua oficial del EM de origen y de acogida —o en otra que resulta habitual en el mundo de las finanzas internacionales, como el inglés— [art. 76.4 y cdo. 25]; las PC no podrán negociar por cuenta propia en dicha plataforma [76.5] —salvo las excepciones dispuestas en el art. 76.6—; deberán establecer sistemas y mecanismos eficaces que garanticen que sus sistemas de negociación sean resilientes, tengan la capacidad de tramitar altos volúmenes de órdenes en los momentos de máxima actividad, permitan una negociación ordenada, prevengan o detecten abusos de mercado y eviten su uso indebido para fines de blanqueo de capitales o la financiación del terrorismo [art. 76.7]. Las comisiones relativas a la prestación de este servicio deberán ser transparentes, justas y no discriminatorias [76.13]. La PC deberá informar a la autoridad competente cuando detecte casos de abuso de mercado [76.8]; harán públicos todos los precios de compra y venta y la profundidad de las posiciones negociables a través de su plataforma durante el horario de negociación [76.9]; así como el precio, volumen y la hora de las operaciones ejecutadas [76.10]. Esta información estará a disposición del público en condiciones comerciales razonables en formato de lectura mecánica y permanecerá visible, como mínimo, durante 2 años [76.11]. Por último, cabe destacar que la PC dispondrá de copias de seguridad que permitan informar a la autoridad competente en todo momento [76.14] y, asimismo, «mantendrán a disposición de la autoridad competente, durante al menos cinco años, los datos pertinentes relativos a todas las órdenes relacionadas con criptoactivos que se anuncien a través de sus sistemas» [art. 76.15].

tipos de criptoactivos, actuando, de esta forma, como una especie de intermediadora de criptoactivos a cambio de las correspondientes comisiones. Debido a la relevancia de este servicio y a los grandes riesgos financieros a los que están expuestos sus usuarios, se hace necesaria una adecuada regulación de la plataforma de negociación que garantice unos estándares mínimos de protección para sus clientes, ya sean profesionales o consumidores, a la vez que se desarrolla un marco adecuado para la comunicación y cooperación entre la PC y las autoridades encargadas de supervisar su actuación.

Caso práctico: La empresa *Sport*, domiciliada en Palma, se dedica a la promoción, creación y distribución de videojuegos. En julio de 2024, la empresa española decide buscar financiación para crear un nuevo videojuego, razón por la que contacta con la empresa Criptotokens, una PC con sede en Sofía [Bulgaria] que dirige sus servicios a todos los países del mundo para realizar, a través de su plataforma, una oferta inicial de monedas [ICO[76]], es decir, una oferta inicial de tokens que permitirán a sus titulares obtener un dividendo o comisión fija una vez terminado el proyecto y, asimismo, la opción de acceder a las fases iniciales del videojuego en cuestión.

La empresa Criptotokens realiza un exhaustivo análisis de la viabilidad del proyecto y del cumplimiento de todas las normas de funcionamiento para poder dar por válida la incorporación de dichos tokens en su plataforma. Tras este análisis, da por verificados todos los requisitos exigidos y califica la oferta de tokens como «holgadamente viable» debido al sólido proyecto presentado y a los favorables antecedentes de la empresa *Sport*. Pues bien, tras 2 semanas de negociación, la empresa austríaca consigue colocar el 65 % de sus tokens [650.000 tokens de un total de 1.000.000 puestos a la venta] por un precio de 5 € cada uno, lo que supone unos ingresos de 3.250.000 €. Sin embargo, el 1 de agosto de 2024 la plataforma Criptotokens paraliza la negociación y emisión de los tokens por no cumplir, según la empresa, con sus actualizadas normas de funcionamiento, suspendiendo de esa forma la negociación de forma inmediata.

76 Para una mayor información sobre las ICOs, *vid.*: Tapia Frade, A., «Las ofertas públicas de criptoactivos distintos de fichas referenciadas a activos o fichas de dinero electrónico como medio alternativo de financiación en la propuesta de Reglamento MICA», *La Ley mercantil*, núm. 99, págs. 1-23. Asimismo, *vid.*: Binance Academy: «Todo lo que necesitas saber sobre Initial Coin Offerings [ICOs]», entrada publicada en Binance Academy el 30.01.2019 [actualizado el 12.12.2022] y disponible en línea: https://academy.binance.com/es/articles/what-is-an-ico#what-is-an-ico Como se explica en esta publicación, «una Initial Coin Offering [o ICO] es un método que permite a equipos reunir fondos para proyectos del ámbito de las criptomonedas. En una ICO, los equipos generan tokens basados en una blockchain que venderán a personas que apoyen inicialmente el proyecto. Funciona como una fase de «crowdfunding», los usuarios reciben tokens que pueden usar [ya sea inmediatamente o en el futuro], mientras que el proyecto recibe dinero para financiar su desarrollo».

La empresa española pide explicaciones a Criptotokens, la cual no responde a sus requerimientos ni le indica qué norma de funcionamiento ha sido infringida. En este escenario, la empresa española decide interponer una acción ante los tribunales competentes con la finalidad de que sus criptoactivos sean admitidos de forma inmediata a negociación, pues alegan que están cumpliendo con todas las normas de funcionamiento publicadas en la PC, por lo que la decisión de la empresa búlgara resulta a todas luces discriminatoria y discrecional. Teniendo presente el análisis de los distintos criterios atributivos de jurisdicción realizado en el presente trabajo, cabe determinar cuáles serán los foros aplicables.

Solución del caso planteado

1. **Fuente aplicable:** Reglamento núm. 1215/2012.
2. **Foros aplicables:** El demandante podrá utilizar los siguientes foros:
   a) Sumisión expresa [art. 25]: lugar pactado por las partes [lo mismo cabe concluir si se trata de un convenio arbitral]. En defecto de acuerdo atributivo de jurisdicción o convenio arbitral válido:
   b) *Forum domicilii* [art. 4]: Tribunales de Bulgaria.
   c) *Forum contractus* [art. 7.1]: Tribunales de Sofía por ser el lugar de prestación del servicio. Al coincidir con el *forum domicilii*, no se aplica.

3. Canje de criptoactivos por fondos u otros criptoactivos

En tercer lugar, las PC pueden prestar servicios tendentes al «canje de criptoactivos por fondos» [art. 16.c)], lo cual implica, según el Reglamento MICA, «la celebración de contratos de compra o venta de criptoactivos con clientes, a cambio de fondos, utilizando capital propio» [art. 3.19]. Asimismo, debido a su similitud, también se incluye en este apartado el servicio relativo al «canje de criptoactivos por otros criptoactivos» [art. 16.c)], el cual consiste en «la celebración de contratos de compra o venta de criptoactivos con clientes, a cambio de otros criptoactivos, utilizando capital propio» [art. 3.20][77]. Por tanto, estos servicios se basan en una operación similar al intercambio de divisas utilizando el capital propio que tiene la plataforma[78], estipulando

77 A este respecto, el servicio de canje de criptoactivos por fondos u otros criptoactivos suele comprender el intercambio de dinero fiat [a ello se refiere cuando hace referencia a «fondos propios»] por criptoactivos y viceversa, incentivando así la inversión inicial de los nuevos clientes y favoreciendo la retirada de depósitos a los consumidores e inversores.

78 Cabe tener en cuenta lo dispuesto en el considerando 87 del Reglamento MICA, en relación con la diferencia existente entre el servicio de criptoactivos relativo a la ejecución de

para ello de forma libre un precio que puede ir fluctuando, dependiendo del valor de mercado de los criptoactivos y/o de las divisas que se pretendan intercambiar.

Naturalmente, las PC quieren incentivar la inversión y el intercambio de criptoactivos, por lo que la mayoría permiten canjear criptoactivos por fondos propios u otros criptoactivos para favorecer dicha inversión inicial, que, de otro modo, resultaría más compleja. Por eso, el servicio descrito en el presente epígrafe resulta muy común en las PC, dado que ello permite a los nuevos usuarios, por ejemplo, adquirir distintos tipos de criptomonedas [*v.g.* bitcoins] directamente de la PC a un precio estipulado por ésta [aunque normalmente será cercano al precio de mercado] pagando una comisión previamente determinada. Ello permite a los clientes, posteriormente, utilizar dichas monedas virtuales para adquirir y/o invertir en otro tipo de criptoactivos[79], ya sea utilizando los servicios de la propia PC o transmitiendo dichos activos a una cartera digital o *wallet*. Este servicio también implica que los usuarios puedan convertir sus criptoactivos [mayormente las criptomonedas] en dinero fiat [euros, dólares, libras, etc.] dentro de la propia plataforma, lo que conlleva que, una vez hayan decidido dejar de invertir, puedan retirar sus activos con relativa facilidad. Ello permite que los usuarios puedan realizar múltiples retiradas, conversiones y/o adiciones de activos durante un mismo día, siempre que la PC cuente con los medios técnicos para ello y no imponga restricciones temporales a la retirada de activos.

Con todo, este servicio está desarrollado en el art. 77 del Reglamento MICA, en el cual se establece que las PC que canjean criptoactivos por fondos u otros criptoactivos están obligadas a «establecer una política comercial no discriminatoria que indique, en particular, el tipo de clientes con los que aceptan realizar operaciones y las condiciones que deberán cumplir dichos clientes» [art. 77.1]. Asimismo, vienen obligadas a publicar de antemano un

---

órdenes de criptoactivos por cuenta de clientes y el canje de criptoactivos por fondos u otros criptoactivos. En este sentido, el citado artículo dispone que «cuando un proveedor de servicios de criptoactivos que ejecute órdenes relativas a criptoactivos por cuenta de clientes sea la contraparte del cliente, puede haber similitudes con los servicios de canje de criptoactivos por fondos u otros criptoactivos. No obstante, en los canjes de criptoactivos por fondos u otros criptoactivos, el precio de dichos canjes lo determina libremente el proveedor de servicios de criptoactivos como un cambio de divisas. Ahora bien, en la ejecución de órdenes relacionadas con criptoactivos por cuenta de clientes, el proveedor de servicios de criptoactivos debe garantizar siempre que se obtengan los mejores resultados posibles para el cliente, en particular cuando actúe como contraparte del cliente, en consonancia con su política de ejecución óptima. El canje de criptoactivos por fondos u otros criptoactivos realizado por el emisor o el oferente no debe ser un servicio de criptoactivos».

79 Así, por ejemplo, resulta muy habitual que se adquieran inicialmente ethers para poder comprar, seguidamente, todo tipo de criptoactivos, entre los cuales destacan los tokens no fungibles [*v.g.* obras de arte digital como los famosos monos virtuales denominados «ápex»].

precio cerrado de los criptoactivos o el método que utilizan para determinar su precio y el posible límite a la cantidad de criptoactivos canjeables [art. 77.2]. Finalmente, las PC vienen obligadas a publicar información sobre las operaciones de canje realizadas, incluido los volúmenes y los precios de éstas [77.4].

Estas normas tienen como finalidad otorgar una adecuada protección a los clientes y potenciar la transparencia, con el objetivo de alcanzar una mayor seguridad jurídica que, a la postre, permita un crecimiento paulatino de las inversiones debido al aumento de la confianza de los usuarios. Dicho esto, seguidamente se expone un caso práctico desde la óptica del DIPr para ilustrar el tipo de controversia que puede producirse en este ámbito.

Caso práctico: Tiberio, nacional italiano domiciliado en Bilbao, decide intercambiar 35.000 € por la criptomoneda ether a través de la plataforma BITT, cuyo domicilio social está ubicado en Madagascar. Gracias a dicho canje, en julio de 2023 consigue la cantidad de 21,87 ethers, pagando 1600 € por cada criptomoneda. Transcurridos 6 meses desde su inversión inicial, el valor de ether alcanza los 3100 €, por lo que sus criptomonedas tienen un valor de 67.797 €. En este contexto, Tiberio decide intercambiar sus 21,87 ethers por la criptomoneda bitcoin, la cual tiene un valor de mercado de 26.000 € en enero de 2024, si bien la plataforma la intercambia por 26.200 €. Tras el intercambio, lo lógico es que Tiberio obtuviera 2,587 bitcoins, pero, sin embargo, recibe únicamente 0,587 bitcoins, perdiendo dos bitcoins por el camino, lo que equivale a 52.000 €. Tras la oportuna reclamación, BITT le ingresa 1 bitcoin, indicándole que el otro bitcoin no se ha canjeado correctamente debido a un error informático imputable al usuario, por lo que no se realizará dicho desembolso. Por esa razón, Tiberio decide acudir a los tribunales para reclamar la devolución de su bitcoin o, en su defecto, los 26.200 € que costaba adquirir dicho bitcoin en el momento de producirse el error informático durante el canje de criptoactivos. A tal efecto, cabe determinar cuáles serán los tribunales competentes para conocer de la acción:

Solución del caso planteado

1. **Fuente aplicable:** Reglamento núm. 1215/2012.
2. **Foros aplicables:** El demandante podrá utilizar los siguientes foros:
   a) No cabe la sumisión expresa [art. 25 y 19]. Por regla general, todas las cláusulas atributivas de jurisdicción previstas en el ámbito de las PC resultan inválidas, como se indica en el capítulo correspondiente.
   b) Foro en materia de contratos de consumo [art. 18]. Tiberio, como consumidor, podrá interponer la demanda ante los tribunales del lugar en que esté domiciliado, esto es, ante los tribunales de Bilbao [18.1].

4. Ejecución de órdenes relacionadas con criptoactivos

En cuarto lugar, las PC prestan el servicio relativo a la «ejecución de órdenes relacionadas con criptoactivos por cuenta de clientes» [art. 3.16.e)]. En virtud de este servicio, la PC se compromete a celebrar acuerdos para comprar o vender criptoactivos en nombre de sus clientes [ya sean criptomonedas, tokens, fichas referenciadas a activos, etc.]. La principal obligación que debe cumplir la PC durante la prestación de este servicio es la de obtener, al ejecutar las órdenes, el mejor resultado posible para sus clientes. En este sentido, el art. 78.1 establece que las PC «tomarán todas las medidas necesarias para obtener, al ejecutar órdenes, el mejor resultado posible para sus clientes, teniendo en cuenta los factores de precio, costes, rapidez, probabilidad de ejecución y liquidación, volumen, naturaleza, las condiciones de custodia de los criptoactivos o cualquier otra consideración pertinente para la ejecución de la orden»[80].

Este servicio está regulado en el art. 78 del Reglamento MICA, en cuyo apartado segundo se estipula cómo debe la PC obtener el mejor resultado posible. En concreto, se indica que las PC deben establecer y aplicar mecanismos efectivos para garantizar dicha obligación, debiendo aplicar una política de ejecución de órdenes que «preverá, entre otras cosas, una ejecución puntual, justa y rápida de las órdenes de los clientes», a la vez que se evita la utilización indebida de cualquier información relacionada con la ejecución de dichas órdenes. Por otra parte, las PC deben facilitar a sus clientes información adecuada y clara sobre su política de ejecución de órdenes [78.3], cuestión relevante porque las PC deben poder demostrar, a petición de sus clientes o de las autoridades, que han ejecutado las órdenes de conformidad con su política de ejecución [78.4][81].

En este servicio la PC actúa como intermediaria entre su cliente y un tercero, con el cual realizará la contratación con el fin de obtener los criptoactivos en las mejores condiciones posibles. Estas transacciones normalmente estarán automatizadas a través de programas informáticos o smart contracts[82], por lo que resulta imprescindible que la PC publique a través de su web, plataforma o App cuáles son los criterios que sigue su programa informático para ejecutar las órdenes de compraventa de criptoactivos. Así, el usuario podrá conocer de antemano cómo logrará un resultado óptimo en términos de precio, costes, rapidez, volumen y probabilidad de ejecución, entre otras variables.

---

80 Como excepción, cuando las PC ejecuten órdenes siguiendo instrucciones específicas impartidas por sus clientes, no estarán obligados a tomar las medidas descritas en el art. 78.1 del Reglamento para conseguir el mejor resultado posible para sus clientes [art. 78.1.2.º].

81 Además, con el objetivo de mejorar el funcionamiento de este servicio, las PC vienen obligadas a supervisar periódicamente la eficacia de sus mecanismos y políticas de ejecución de órdenes con el fin de detectar y/o corregir cualquier posible deficiencia que pueda producirse [78.6].

82 El considerando núm. 96 admite la ejecución de órdenes a través de contratos inteligentes.

Cabe recalcar que este servicio es el más relevante en cuanto al impacto que puede llegar a tener en el entorno financiero y, asimismo, en el ámbito jurídico debido a las controversias que pueden surgir durante su ejecución. De esta forma, entran en el ámbito de la prestación de este servicio todas las órdenes de compraventa de criptomonedas por parte de los usuarios de la plataforma, ya sean profesionales o no, lo cual tiene un alcance innegable en la actualidad. Aunque sea una cuestión controvertida, el presente trabajo parte de la premisa de que las operaciones con criptomonedas como *bitcoin* o *ether* también entran dentro del ámbito de aplicación de este servicio [aunque si no fuera así la respuesta del DIPr en términos de jurisdicción y ley aplicable sería idéntica]. Con todo, seguidamente se expone un caso práctico para mostrar la importancia de este servicio y la relevancia de las controversias que pueden generarse.

Caso práctico: Un particular llamado Juan, domiciliado en Sevilla, pretende adquirir a través de la plataforma BIN, domiciliada en Dublín, la cantidad de 5 bitcoins a un precio de 25.000 € cada uno, estableciendo una orden en ese sentido en dicha PC. Debido a un error informático de la plataforma durante un mantenimiento programado, se da la coincidencia de que cuando el precio de mercado del bitcoin baja hasta los 24.900 € durante un periodo de 50 minutos, la PC no es capaz de ejecutar la orden preestablecida, por lo que pierde la oportunidad de adquirir los 5 bitcoins al precio acordado, dado que poco tiempo después el precio de esta criptodivisa rebota con fuerza [algo habitual en este tipo de mercados volátiles] y se estabiliza de nuevo alrededor de los 30.500 €.

Transcurridos dos meses desde la bajada del precio de bitcoin, la criptodivisa sigue subiendo de valor hasta alcanzar los 42.000 €. En este contexto, Juan solicita información a BIN sobre su política de ejecución de órdenes [las cuales, en este caso, no están publicadas en sus condiciones generales], negándose esta última a proporcionar la referida información[83]. Tras la negativa de la PC, Juan pretende interponer una demanda por incumplimiento contractual, alegando que la PC no ha ejecutado correctamente las órdenes pactadas, por lo que, naturalmente, no ha obtenido el mejor resultado posible [al cual viene obligada por imperativo del art. 78.1]. Además, alega que la plataforma no le ha informado ni ha podido demostrar que ha ejecutado su orden de conformidad con su política de ejecución, vulnerando asimismo el art. 78.4 del Reglamento[84].

---

83 Cabe tener presente que el art. 78.3 del Reglamento MICA obliga a la PC a facilitar a sus clientes información adecuada y clara sobre su política de ejecución de órdenes, la cual «explicará con claridad, con el suficiente detalle y de una manera que pueda ser comprendida fácilmente por los clientes, cómo ejecutarán los proveedores de servicios de criptoactivos las órdenes de los clientes. Los proveedores de servicios de criptoactivos recabarán el consentimiento previo de cada cliente en relación con la política de ejecución de órdenes».

84 A estos efectos, el art. 78.4 del citado Reglamento dispone que «los proveedores de servicios de criptoactivos que ejecuten órdenes de criptoactivos por cuenta de clientes deberán poder demostrar a sus clientes, a petición de estos, que han ejecutado sus órdenes de conformidad con su política de ejecución y deberán poder demostrar a la autoridad competente, a petición de esta, que cumplen lo dispuesto en el presente artículo».

En este escenario, Juan reclama los 5 bitcoins al precio de mercado que pactaron en su día [25.000 € cada uno] y, en su defecto, reclama que la plataforma le abone la cantidad de 17.000 € por cada bitcoin no comprado [la diferencia entre el precio de mercado actual y el que estaba dispuesto a pagar], reclamando así una especie de lucro cesante o expectativa que alcanza un valor de 85.000 €. Sin entrar a valorar el fondo del asunto y los argumentos expuestos, cabe determinar qué tribunal tendrá competencia judicial internacional para conocer de la acción. Teniendo presente el análisis de los foros realizado en el presente trabajo, cabe concluir lo siguiente:

Solución del caso planteado

1. **Fuente aplicable:** Reglamento núm. 1215/2012.
2. **Foros aplicables:** El demandante podrá utilizar los siguientes foros:
   a) Sumisión expresa [art. 25 y 19]: Si existe una cláusula de jurisdicción válida, Juan deberá someterse a dichos tribunales [si bien, como se ha analizado en el capítulo correspondiente, muy pocas PC prevés cláusulas válidas]. Así, por ejemplo, si el contrato lo hubiera celebrado con Binance, plataforma que prevé una cláusula válida, debería someterse a los tribunales de Madrid. En caso de que no se considerara válida dicha cláusula, podría utilizar el siguiente foro:
   b) Foro en materia de consumo [art. 18]: Juan, como consumidor, podrá interponer la demanda ante los tribunales del lugar en que esté domiciliado [tribunales de Bilbao], o, a su elección, ante los tribunales de Dublín por ser el lugar de domiciliación de Binance.

Sirva el ejemplo anterior para ilustrar la importancia de este servicio y las consecuencias jurídicas y financieras que pueden derivar de éste. Teniendo en cuenta los millones [e, incluso, billones] de operaciones que se realizan diariamente en este tipo de PC, no resulta atrevido afirmar que, probablemente, muchas controversias traigan causa de una incorrecta o imprecisa ejecución de órdenes por parte de las plataformas. Por eso, resulta esencial que éstas detallen con precisión en sus condiciones generales la política de ejecución de órdenes y qué mecanismos de ejecución utilizan; las cuales deben permitir una ejecución puntual, justa y rápida de las órdenes de los clientes [art. 78.2].

Como consecuencia de las exigencias de transparencia y publicidad sobre la información relativa a la política de ejecución de órdenes y de las operaciones ejecutadas efectivamente por las PC [sin perjuicio de que, además, las operaciones que se hayan ejecutado en una red TRD que, por definición, resulta transparente, accesible e inmutable], las autoridades competentes podrán contrastar con relativa facilidad si la actuación de las PC se adecúa a su política de ejecución de órdenes. Naturalmente, esta información también estará disponible para los restantes operadores jurídicos, los cuales pueden amoldar su estrategia procesal en atención a la información de que dispongan. Con todo, las PC deben realizar una labor de difusión constante sobre las actualizaciones de sus mecanismos de ejecución de órdenes[85], las cuales no resultarán infrecuentes, ya sea para aumentar su eficiencia, mejorar su funcionamiento, evitar o corregir errores de programación o, incluso, para detectar o prevenir posibles vulnerabilidades del sistema [hackeos, códigos maliciosos, virus informáticos, etc.]. A tal efecto, las PC vienen obligadas a informar a los clientes con los que mantengan una relación estable cualquier cambio significativo en sus sistemas o en su política de ejecución de órdenes [art. 78.6].

5. Colocación de criptoactivos

En quinto lugar, las PC prestan el servicio de «colocación de criptoactivos», el cual tiene por objeto «la comercialización, en nombre o por cuenta del oferente o de una parte vinculada al oferente, de criptoactivos a compradores» [art. 3.22 del Reglamento MICA]. Este servicio consiste en la puesta a la venta y/o negociación, a través de la infraestructura de la PC, de criptoactivos creados por otra persona jurídica [el oferente]. De esta forma, la PC no sólo realiza una función de intermediación en la comercialización de criptoactivos creados por terceros [función de «colocación»], sino que realiza una función publicitaria y de promoción importante, dado que permite dar a conocer, una vez aceptados en su plataforma, criptoactivos que de otra forma quizás resultarían totalmente desconocidos a sus clientes habituales [y, asimismo, para futuros clientes]. Por tanto, la colocación de criptoactivos a través de una PC otorga un plus de confianza y seguridad a los potenciales clientes, lo que redunda en una mayor inversión financiera en este tipo de activos, permitiendo a las empresas que acuden a este tipo de servicio financiar sus proyectos y propuestas a través de la emisión de criptoactivos de una forma más ágil, segura y eficiente[86].

85 A tal efecto, el art. 78.6 indica que «los proveedores de servicios de criptoactivos que ejecuten órdenes de criptoactivos por cuenta de clientes supervisarán la eficacia de sus mecanismos de ejecución de órdenes y su política de ejecución de órdenes con el fin de detectar y, en su caso, corregir cualquier deficiencia a este respecto. En particular, comprobarán periódicamente si los centros de ejecución incluidos en la política de ejecución de órdenes proporcionan los mejores resultados posibles para los clientes o si es necesario cambiar sus sistemas de ejecución de órdenes. Los proveedores de servicios de criptoactivos que ejecuten órdenes por cuenta de clientes notificarán a los clientes con los que tengan una relación profesional estable cualquier cambio importante en sus sistemas o su política de ejecución de órdenes».

86 El hecho de que una reputada PC admita criptoactivos de terceros en su plataforma otorga un plus de confianza a los potenciales adquirentes, los cuales podrán basar sus expectativas de compraventa o inversión en la reputación y experiencia previa con dicha PC. Además, podrán conocer de antemano el funcionamiento, los sistemas de gestión, las condiciones generales, la política de compraventa y las garantías ofrecidas por esta antes de realizar cualquier transacción.

En este escenario, resultará habitual que en la interfaz de la propia PC se anuncien los nuevos criptoactivos, con una descripción detallada de todas sus características; sin perjuicio de que todo criptoactivo admitido a negociación debe contar, asimismo, con el preceptivo libro blanco en el que se incorpore toda una serie de información detallada[87]. En concreto, se deberá incorporar la información sobre el oferente, el emisor —en este caso, la propia PC—, el proyecto sobre el que se asienta, las características del criptoactivo [precio, rentabilidad...], los derechos y obligaciones vinculados al criptoactivo, la tecnología subyacente, los riesgos, los efectos adversos sobre el clima, etc.

La diferencia fundamental entre la «colocación de criptoactivos» y el servicio de «gestión de una plataforma de negociación de criptoactivos» radica en que, en el primer caso, la PC oferta los criptoactivos y los comercializa en nombre del oferente; mientras que en el segundo caso la PC únicamente actúa como un *marketplace* en el que los oferentes, tras obtener la verificación de la PC, pueden comercializar sus criptoactivos directamente en dicha plataforma. Según el Reglamento MICA, el servicio de «colocación de criptoactivos» se asemeja a la actividad de distribución de dinero electrónico por cuenta de los emisores, por lo que, excepcionalmente, las entidades autorizadas a distribuir dinero electrónico también podrán distribuir fichas de dinero electrónico en nombre de dichos emisores sin necesidad de obtener la preceptiva autorización[88].

Con todo, este servicio está desarrollado en el artículo 79 del Reglamento, cuya regulación exigua contrasta con la minuciosa regulación de otros servicios. En el apartado primero del art. 79 se lista la información que la PC deberá comunicar al oferente [o al tercero que actúe en su nombre] antes de celebrar un contrato con éste: «a) el tipo de colocación considerado, indicando si se garantiza o no un importe mínimo de compra; b) una indicación del importe de los gastos de transacción asociados a la colocación propuesta; c) el momento, el proceso y el precio probables para la operación propuesta; d) información sobre los compradores destinatarios». Antes de colocar los criptoactivos, la PC deberá obtener de forma expresa el consentimiento de los oferentes respecto de la citada información [art. 79.1.2][89]. En este escenario, se expone un caso práctico desde el punto de vista del DIPr para ilustrar, a modo de ejemplo, qué tipo de controversias pueden producirse en relación con la prestación de este servicio.

Caso práctico: Leovigildo, junto a su equipo, ha creado un *startup* llamado *Health&time,* empresa española con sede social en Madrid, sobre la gestión de citas médicas para reducir y mejorar la gestión de las listas de espera en los centros de salud y hospitales, pero requiere de una mayor financiación para

87 Véase el artículo 6.1 del Reglamento MICA relativo al libro blanco de criptoactivos.

88 A tal efecto, véase el considerando 92 del Reglamento MICA.

89 Por lo demás, el apartado segundo del art. 79 se remite al artículo 72 para atajar posibles conflictos de intereses que se puedan generar durante la prestación del servicio de colocación de criptoactivos [*v.g.* los PC colocan dichos criptoactivos entre sus propios clientes].

terminar de desarrollar su proyecto. Con la idea de alcanzar la financiación necesaria, decide crear y emitir un tipo de token que tiene asignado un porcentaje sobre los beneficios futuros del proyecto si llega a concretarse, así como el derecho de acceso a la aplicación en sus fases preliminares. Deciden ofertar dicho criptoactivo a través de la plataforma COIN, con sede principal en California [EE. UU], utilizando el servicio de colocación de criptoactivos. De esta forma, pueden despreocuparse de los aspectos técnicos, burocráticos, legales y financieros; y centrarse en terminar de desarrollar de forma eficiente su proyecto. La empresa COIN, dando cumplimiento a lo dispuesto en el Reglamento MICA, tiene varias sedes en la UE. En concreto, tiene en Francia su centro de actividad principal para el mercado de la UE y en Italia tiene su administración central para los servicios prestados en el marco de la Unión.

La empresa española pacta con COIN que el importe mínimo de compra de cada token será de 1,20 euros, poniendo a la venta un total de 100.000 tokens a través de su PC y, asimismo, pactan que la comisión por cada token comercializado será del 10 %. Asimismo, pactan que los destinatarios de estos tokens serán preferentemente empresas relacionadas con los servicios de salud. Pues bien, COIN pone a la venta los tokens y permite que un fondo de inversión dedicado a la compraventa de inmuebles adquiera la totalidad de los tokens al precio de 90 céntimos por token, manteniendo el cobro de la comisión de 12 céntimos por token vendido. En este escenario, la empresa de Leovigildo reclama a Coinbase la diferencia del precio de venta y el que acordaron en su momento, si bien la PC se niega al abono de dicha diferencia, la cual asciende a 30.000 €.

La empresa de Leovigildo decide interponer una demanda contra COIN para reclamar la diferencia de precio, dado que entienden que se ha producido un incumplimiento contractual y, además, entienden que la PC ha actuado de mala fe al vender todos los tokens a un fondo de inversión dedicado al sector inmobiliario, por lo que también piden una indemnización de daños y perjuicios como consecuencia de dicho incumplimiento, dado que una de las finalidades de la comercialización de dichos tokens era, precisamente, obtener información, comentarios y consejos [feedback] de empresas relacionadas con el sector de la salud que utilizaran y analizaran su aplicación. En este escenario, teniendo en cuenta el análisis de los foros realizado en los capítulos correspondientes, cabe concluir que la empresa española podrá accionar ante los siguientes tribunales:

Solución del caso planteado

1. **Fuente aplicable:** Reglamento núm. 1215/2012
2. **Foros aplicables:** El demandante podrá utilizar los siguientes foros:
   a) Sumisión expresa [art. 25]: lugar pactado por las partes [lo mismo cabe concluir si se trata de un convenio arbitral válido]. En defecto de acuerdo de jurisdicción o convenio arbitral válido:

b) *Forum domicilii* [art. 4]. Tribunales de Francia o Italia, a elección del demandante, por tener todos ellos la consideración de domicilio a los efectos del art. 63 del Reglamento.

c) *Forum contractus* [art. 7.1]. Donde tiene su centro de actividad principal por ser el lugar de prestación del servicio [tribunales de Francia]. Al coincidir con el *forum domicilii*, no resultará aplicable.

6. Recepción y transmisión de órdenes relacionadas con criptoactivos

En sexto lugar, las PC pueden prestar el servicio de «recepción y transmisión de órdenes relacionadas con criptoactivos por cuenta de clientes», el cual consiste, en palabras del Reglamento MICA, en «la recepción de la orden de una persona de comprar o vender uno o varios criptoactivos, o de suscribir uno o varios criptoactivos, y la transmisión de esa orden a un tercero para su ejecución» [art. 3.23]. En otras palabras, este servicio consiste en la transmisión de una orden de compraventa de un criptoactivo [de uno o varios clientes de la PC] a un tercero, que, normalmente, será otra PC, con la finalidad de que ésta última ejecute la orden del cliente inicial. Es decir, la PC transfiere la orden de su cliente a otra PC para que ésta la ejecute, actuando la primera PC como una especie de intermediaria en la ejecución de órdenes de criptoactivos.

Este servicio está desarrollado en el art. 80 del Reglamento, en el cual se indica que «los proveedores de servicios de criptoactivos que reciben y transmiten órdenes relacionadas con criptoactivos por cuenta de clientes establecerán y aplicarán procedimientos y mecanismos que prevean la transmisión rápida y adecuada de las órdenes de los clientes para su ejecución en una plataforma de negociación de criptoactivos o a otro proveedor de servicios de criptoactivos». Por su parte, en el art. 80.2 se recoge la prohibición impuesta a las PC de recibir remuneraciones, descuentos o beneficios por dirigir las órdenes recibidas de sus clientes a una plataforma específica de negociación o a otra PC. Finalmente, en el art. 80.3 se prohíbe el uso indebido de la información derivada de las órdenes pendientes de sus clientes, debiendo tomar las medidas necesarias para que sus empleados no utilicen dicha información de forma inapropiada[90].

90 La breve regulación de este servicio en el Reglamento MICA contrasta con el extenso tratamiento que tienen otros servicios. Ello se debe a que la parte relativa a la ejecución de órdenes sobre criptoactivos está desarrollada en un artículo concreto [art. 78], en el cual se determinan todas las obligaciones de la plataforma a la hora de llevar a cabo dicho cometido.

Dicho esto, seguidamente se expone un breve caso práctico para ilustrar una posible controversia en el marco de la prestación de este servicio.

Caso práctico: La empresa Residencial S.L., domiciliada en Valencia y cuyo objeto social es el alquiler de inmuebles de larga duración, decide invertir parte de su capital en la adquisición de varios tokens de un fondo de inversión dedicado al sector inmobiliario. Por esa razón, contacta con la plataforma BIN, cuyo domicilio social está ubicado en Roma, para averiguar si es posible adquirir 50.000 tokens del fondo de inversión inmobiliario KIAK, cuya sede social radica en Estocolmo. BIN les indica que dicha adquisición es posible, por lo que Residencial S.L. decide adquirir día 26 de julio de 2024 un total de 50.000 tokens de KIAK a un precio de 5 € cada uno a través de BIN. La empresa BIN, al no contar con dichos tokens en su plataforma, contacta con la PC CRYPTO, domiciliada en EE. UU, para adquirir dichos tokens y traspasarlos a la empresa española. BIN recibe la orden de Residencial S.L. el día 26 de julio y la transmite a CRYPTO día 12 de agosto, la cual la ejecuta al instante. Transcurrido dicho periodo, resulta que los tokens de KIAK se han revalorizado, costando cada uno 7,5 €, razón por la que BIN sólo puede adquirir un total de 33.333 tokens.

En este escenario, Residencial S.L. reclama a la plataforma BIN, pues entiende que ha perdido un total de 16.667 tokens, lo que supone una pérdida de 83.335 € teniendo en cuenta el valor que tenían en julio y de 125.002 € teniendo en cuenta el valor de agosto. Por su parte, BIN alega que ha realizado la transmisión de la orden con la mayor celeridad posible y que el aumento patrimonial del token no le es imputable, dado que los criptoactivos están sometidos a las fluctuaciones del mercado. Ante la negativa de BIN al traspaso de los tokens restantes o de su valor monetario, la empresa española pretende interponer una acción contra dicha PC, alegando que esta última ha incumplido la obligación de transmitir las órdenes de forma rápida y adecuada [art. 80] y, asimismo, no ha tomado todas las medidas necesarias para obtener el mejor resultado posible para su cliente [art. 78]. Teniendo presente el análisis de los distintos foros realizado en el presente trabajo, se ofrece la siguiente solución al caso:

Solución del caso planteado

1. **Fuente aplicable:** Reglamento núm. 1215/2012.
2. **Foros aplicables:** El demandante podrá utilizar los siguientes foros:
   a) Sumisión expresa [art. 25]: lugar pactado por las partes [lo mismo cabe concluir si se trata de un convenio arbitral válido]. En defecto de acuerdo atributivo de jurisdicción o convenio arbitral válido:
   b) *Forum domicilii* [art. 4]: Tribunales de Roma.

c) *Forum contractus* [art. 7.1]: Tribunales de Roma por ser el lugar de prestación del servicio. Al coincidir con el *forum domicilii*, no se aplica.

7. Asesoramiento y gestión de carteras de criptoactivos

En este epígrafe se analizan de forma conjunta dos servicios de criptoactivos, siguiendo la sistemática del Reglamento MICA. El primer servicio consiste en el «asesoramiento en materia de criptoactivos», el cual tiene por objeto «proponer, hacer o comprometerse a hacer recomendaciones personalizadas a un cliente, bien a petición de ese cliente, bien a iniciativa del proveedor de servicios de criptoactivos que preste el asesoramiento en relación con una o varias operaciones relativas a criptoactivos o con el uso de servicios de criptoactivos» [art. 3.24]. Debido a su estrecha relación, también se examina el servicio relativo a la «gestión de carteras de criptoactivos», el cual tiene por objeto «la gestión discrecional e individualizada de carteras según mandato de los clientes, cuando las carteras incluyan uno o más criptoactivos» [art. 3.25].

Ambos servicios están desarrollados ampliamente en el art. 81 del Reglamento, en el cual se indica que las PC que asesoren o gestionen carteras en materia de criptoactivos «evaluarán si los servicios de criptoactivos o los criptoactivos son idóneos para sus clientes o potenciales clientes teniendo en cuenta los conocimientos y la experiencia de los clientes en inversión en criptoactivos, sus objetivos de inversión y, en particular, su tolerancia al riesgo y su situación financiera, incluida su capacidad de soportar pérdidas»[91].

En cuanto al servicio de asesoramiento en materia de criptoactivos, en el art. 81 se establecen toda una serie de exigencias que deberá respetar la PC con el fin de salvaguardar los derechos del usuario, como la obligación de informarle acerca de si el asesoramiento se presta desde una posición de independencia [art. 81.2]. La PC debe garantizar la oferta de una amplia gama de criptoactivos que no se limiten a los emitidos por la propia PC o los proveedores con vínculos estrechos, y, asimismo, no puede aceptar honorarios o comisiones de terceros por dicho servicio [art. 81.3]. Cuando la PC informe de que su asesoramiento no se presta en una posición de independencia, podrá recibir incentivos monetarios sujetos a ciertas condiciones [art.

91 Este precepto debe completarse con la precisión prevista en el considerando núm. 89 del Reglamento, el cual dispone que «a fin de garantizar la protección de los consumidores, los proveedores de servicios de criptoactivos que asesoren sobre criptoactivos, bien a petición de un cliente, bien a iniciativa propia, o que presten servicios de gestión de carteras de criptoactivos deben evaluar si dichos servicios de criptoactivos o criptoactivos son adecuados para los clientes, teniendo en cuenta la experiencia, los conocimientos, los objetivos y la capacidad de estos para soportar pérdidas [...]». Esta misma obligación viene recogida en el art. 81.8 del Reglamento.

81.6], siempre que actúe con honestidad, imparcialidad y profesionalidad, es decir, buscando el mejor interés para sus clientes. Además, cuando preste este servicio debe informar a los potenciales clientes sobre todos los costes y gastos adicionales, incluido el coste del asesoramiento, y cómo se podrá realizar el pago [art. 81.4].

En cuanto al servicio de gestión de carteras, la PC no podrá aceptar honorarios, comisiones u otros beneficios de los oferentes, emisores y otros sujetos que soliciten la admisión a negociación de criptoactivos en su plataforma en relación con la prestación de servicios de gestión de carteras a sus clientes [art. 81.5]. Con ello se pretende evitar la ausencia de neutralidad en la prestación de este servicio, dado que, durante la gestión de carteras de criptoactivos, la PC debe buscar el mejor resultado posible para sus clientes y no favorecer a terceros interesados. Asimismo, la PC deben advertir a sus clientes de que: el valor de los criptoactivos puede fluctuar, pueden ser objeto de pérdidas totales o parciales, entre otras cuestiones [art. 81.9]. Las PC deben evaluar el perfil de cada cliente [art. 81.10], el cual deberá actualizarse cada dos años [81.12], informando al cliente de cómo se ha procedido a prestar el servicio de asesoramiento [81.13]. Finalmente, deberá proporcionar a sus clientes el estado de sus cuentas de forma periódica en formato electrónico [cada tres meses, salvo que el usuario pueda consultarlo online], así como informarles sobre las actividades de gestión llevadas a cabo por cuenta de ellos [art. 81.14][92].

Caso práctico: Pierre, nacional francés residente en Barcelona, es propietario y administrador único de una empresa de calzado. Debido a los grandes beneficios obtenidos por su empresa, decide ponerse en contacto con la plataforma Cryptocoin, empresa china que cuenta con un domicilio en Bruselas, para asesorarse respecto de una posible inversión en criptoactivos. Esta PC le indica que la mejor forma de invertir su dinero es abrir una cartera de criptoactivos que estará gestionada por los mejores profesionales del sector, indicándole que los criptoactivos que conformarán su cartera de inversión son 100 % confiables y que, bajo ningún concepto, le producirán pérdidas a medio plazo. Pierre decide abrir una cartera de criptoactivos con la citada empresa por un valor inicial de 350.000 €, si bien transcurridos seis meses desde su inversión inicial la PC

---

92 Como indica el art. 81.14, «dichos estados de cuenta periódicos contendrán una revisión justa y equilibrada de las actividades emprendidas y del rendimiento de la cartera durante el período de referencia, un estado actualizado del modo en que las actividades realizadas responden a las preferencias, objetivos y otras características del cliente, así como información actualizada sobre la evaluación de idoneidad a que se refiere el apartado 1 o su revisión con arreglo al apartado 12». Sobre esta cuestión, dice el considerando 89 que «al prestar servicios de gestión de carteras de criptoactivos, los proveedores de servicios de criptoactivos deben facilitar a sus clientes declaraciones periódicas, que deben incluir una revisión de sus actividades y del rendimiento de la cartera, así como una declaración actualizada sobre la evaluación de idoneidad».

le anuncia que varios criptoactivos que formaban parte de su cartera han colapsado y que, por consiguiente, el valor de sus restantes criptoactivos es de 20.500 €.

Ante estos hechos, Pierre reclama digitalmente ante Cryptocoin para intentar recuperar su inversión inicial, pues entiende que la empresa no le ha asesorado correctamente sobre los posibles riesgos de invertir en dichos criptoactivos [art. 81.9 del Reglamento]. Ante la negativa de Cryptocoin de devolverle el dinero invertido, excusándose en que ha puesto todos los medios necesarios para intentar obtener el mejor resultado posible, Pierre decide interponer una demanda contra la plataforma. Teniendo presente el análisis de los distintos foros realizado en el presente trabajo, se ofrece la siguiente solución al caso:

Solución del caso planteado

1. **Fuente aplicable:** Reglamento núm. 1215/2012.

2. **Foros aplicables:** Partimos de la premisa de que la inversión tiene una finalidad profesional, por lo que no es ajena a su actividad empresarial en el sentido del art. 17 del Reglamento [no es un consumidor]. Dicho esto, el demandante podrá interponer la acción utilizando estos foros:

a) Sumisión expresa [art. 25]: lugar pactado por las partes [lo mismo cabe concluir si se trata de un convenio arbitral válido]. En defecto de acuerdo atributivo de jurisdicción o convenio arbitral válido:

b) *Forum domicilii*: art. 4. Tribunales de Bruselas.

c) *Forum contractus* [art. 7.1]: Tribunales de Barcelona por ser el lugar de prestación del servicio de asesoramiento de criptoactivos. Y ello con independencia de que el servicio de gestión de carteras deba entenderse prestado en Bruselas, pues se está debatiendo acerca del servicio de asesoramiento en materia de criptoactivos.

8. Transferencia de criptoactivos

Las PC también pueden prestar el servicio de transferencia de criptoactivos por cuenta de clientes, el cual consiste en «la prestación de servicios de transferencia, por cuenta de una persona física o jurídica, de criptoactivos de una dirección o cuenta de registro distribuido a otra» [art. 3.26]. Es decir, este servicio permite enviar criptoactivos de una cartera virtual [conocida como «wallet»] a otra. De ahí que se haga referencia en el precepto a una «dirección o cuenta de registro distribuido», porque es necesario contar con la dirección del monedero virtual donde enviar los criptoactivos[93] [y luego, posteriormente, se requerirá otra clave privada para acceder a dicha cartera], la cual utiliza la tecnología de los registros distribuidos para funcionar, actualizarse y consensuar los datos existentes. Este servicio está regulado en el artículo 82, el cual obliga a las PC a adoptar un acuerdo con sus clientes en el que se especifiquen minuciosamente sus obligaciones y responsabilidades, debiendo contener los siguientes elementos: «a) la identidad de las partes en el acuerdo; b) una descripción de las modalidades del servicio de transferencia prestado; c) una descripción de los sistemas de seguridad utilizados [...]; d) las comisiones aplicadas por el proveedor de servicios de criptoactivos; e) el Derecho aplicable».

Resulta curiosa la incorporación de la obligación relativa al derecho aplicable, siendo el único servicio en el que se recoge dicha obligación. A este respecto, cabe determinar si tiene sentido esta obligación y, asimismo, porqué no aparece dicho requisito en los restantes servicios. En cuanto a la primera cuestión, la inclusión de la determinación del derecho aplicable parece coherente en este ámbito por cuanto que evita la posible inseguridad jurídica de los clientes en relación con la legislación aplicable. A tal efecto, si se pierden activos durante una transferencia podrán saber de antemano que legislación resulta aplicable y no depender de factores de vinculación que podrían resultar difíciles de aplicar. En cuanto a la segunda cuestión, no hemos encontrado una respuesta del porqué no se ha previsto dicha obligación respecto de los demás servicios, pues resultaría adecuado que los clientes conocieran de antemano, en cada caso, cuál es la legislación aplicable respecto de cada uno de los servicios. Aun así, cabe advertir que, en la práctica, resulta habitual que las distintas PC prevean cláusulas de legislación aplicable respecto del conjunto de servicios ofrecidos.

Caso práctico: La empresa española Estrella S.L., domiciliada en Zaragoza, adquirió el 19 de octubre de 2018 un total de 20 bitcoins a un precio de 5561 euros cada uno, invirtiendo un total de 111.220 €. En julio de 2021, adquiere cinco bitcoins más al precio de 19200 € cada uno a través de la plataforma BIN, domiciliada en Dublín. El 21 de julio de 2023 decide traspasar los cinco bitcoins que compró a través de BIN a su cartera virtual, en la cual tiene almacenados los otros 20 bitcoins desde el año 2018. A tal efecto, utiliza el servicio de transferencia de criptoactivos de la PC, acordando las partes una comisión del 0,5 % del valor de las criptomonedas. En este contexto, la plataforma BIN transfiere los 5 bitcoins a la dirección indicada, si bien se equivoca en un

93 Así, por ejemplo, en bitcoin las direcciones de las carteras virtuales o wallet tienen una apariencia similar a esta: 1A1zP1eP5QGefi2DMPTfTL5SLmv7DivfNa. Para una mayor información sobre esta cuestión, *vid*.: Luis Pascual, J., «¿Qué es una dirección Bitcoin?» Publicado el 22 de noviembre de 2018. Disponible en el portal web Bit2me Academy: https://academy.bit2me.com/que-es-una-direccion-bitcoin/

número debido a un error informático. Realizadas varias reclamaciones por parte de la empresa Estrella S.L. contra BIN sin ser atendidas, deciden interponer una acción contra la PC. Teniendo presente el análisis de los distintos foros realizado en el presente trabajo, se ofrece la siguiente solución al caso:

Solución del caso planteado

1. **Fuente aplicable:** Reglamento núm. 1215/2012.
2. **Foros aplicables:** El demandante podrá utilizar los siguientes foros:
   a) Sumisión expresa [art. 25]: lugar pactado por las partes [lo mismo cabe concluir si se trata de un convenio arbitral válido]. En defecto de acuerdo atributivo de jurisdicción o convenio arbitral válido:
   b) *Forum domicilii*: art. 4. Tribunales de Irlanda.
   c) Foro en materia contractual: art. 7.1. Tribunales de Zaragoza, por ser el lugar de prestación del servicio de transferencia de criptoactivos.

9. Repercusión de esta clasificación en el ámbito del DIPr

Tras analizar los distintos servicios de criptoactivos recogidos en el Reglamento MICA, cabe precisar que la lista de servicios recogida en dicha norma no resulta necesariamente exhaustiva. Aunque es cierto que en el citado Reglamento se recogen una gran disparidad de servicios, algunos descritos de forma genérica [lo que hace difícil imaginar otros servicios más allá de los descritos], la actuación de las PC no tiene porqué circunscribirse sólo a dichos servicios, sino que puede ofrecer otros distintos y/o adicionales en el marco de su infraestructura. En este contexto, creemos que desde el punto de vista del DIPr se deben analizar todos los posibles servicios que tengan relación directa con los criptoactivos y que puedan prestar este tipo de plataformas, sin atender a las posibles exclusiones derivadas de la clasificación realizada en el Reglamento MICA o en cualesquiera otras normativas que versen sobre criptoactivos. Por esa razón, en este trabajo se trata el concepto de «servicios de criptoactivos» de forma autónoma, pues el objetivo del estudio consiste en determinar, atendiendo al concreto ámbito que esté siendo analizado [responsabilidad contractual, extracontractual o supuestos de insolvencia], qué tribunales ostentan competencia judicial internacional.

A estos efectos, *de lege ferenda*, quizás una solución adecuada sería la creación de un Reglamento en el ámbito de la UE en materia de criptoactivos que resultara aplicable para determinar la competencia judicial internacional, la ley aplicable y el exequátur de las resoluciones dictadas en este ámbito. De esta forma, se podrían definir de forma autónoma varios conceptos relevantes como el de «servicio de criptoactivos», «plataforma de criptoactivos» o «criptoactivos». A falta de dicho Reglamento, otra opción pasaría por reformar los distintos reglamentos en materia de DIPr [*v.g.* Reglamento núm. 1215/2012] para incluir estos conceptos autónomos. De esta forma, el DIPr no dependería en exceso de normativas sectoriales para aplicar las normas sobre jurisdicción y ley aplicable preexistentes, lo cual resulta realmente preocupante en el ámbito de las nuevas tecnologías. Ello podría repercutir en una mayor seguridad jurídica, dado que proporcionaría certeza y previsibilidad en la aplicación de los foros y las normas de conflicto, lo cual evitaría, en cierta medida, que el DIPr dependiera en exceso de los pronunciamientos del TJUE.

V. Análisis de los distintos tipos de criptoactivos

En el presente epígrafe se categorizan los distintos tipos de criptoactivos atendiendo a la clasificación realizada por el Reglamento MICA[94], si bien previamente se realiza una clasificación introductoria teniendo en cuenta no sólo las definiciones recogidas en el Reglamento, sino también las consideraciones realizadas por la doctrina especializada. En este contexto, el análisis no se centra únicamente en la categorización realizada por el Reglamento MICA, dado que esta fuente sistematiza sólo una parte de los criptoactivos existentes, tratando de forma uniforme varios criptoactivos muy dispares entre sí.

1. Clasificación básica de los criptoactivos

Este apartado tiene por objeto clasificar y describir brevemente los distintos tipos de criptoactivos, también denominados «tokens» o «fichas». Cabe advertir que no se ha realizado una clasificación exhaustiva de los criptoactivos existentes porque la lista resultaría demasiado amplia y heterogénea y, además, porque prácticamente existen tantas clasificaciones como autores han escrito sobre esta materia. No obstante, se han categorizado los criptoactivos más relevantes atendiendo a las consideraciones de la doctrina especializada, normalmente basadas en la finalidad jurídico-económica del criptoactivo[95]. En la

---

94 En este contexto, el Reglamento MICA, en su afán de ordenar y clasificar los distintos tipos de criptoactivos, ha definido varios de los criptoactivos más comunes, entre los cuales se recogen las «fichas referenciadas a activos» [art. 3.3], las «fichas de dinero electrónico» [art. 3.4] y las «fichas de consumo» [art. 3.5], dejándose por el camino otros criptoactivos que no ha querido o no ha podido regular.

95 Partimos de la clasificación realizada por NASARRE AZNAR, si bien añadimos otros tipos de criptoactivos. En este sentido, *vid.*: NASARRE AZNAR, S., «Naturaleza jurídica y régimen civil de los «tokens» en «blockchain» «, en: GARCIA TERUEL, R.M., [Coord.], *La tokenización de bienes en blockchain. Cuestiones civiles y tributarias*, Aranzadi, 2020, págs. 61-107, págs. 78 y 79.

clasificación propuesta aparecen las tres categorías de criptoactivos recogidas en el Reglamento MICA [letras a), b), c)], si bien integrándolas con las denominaciones utilizadas por la doctrina. Por su parte, las demás categorías [letras d), e), f), g)] pueden subsumirse, salvo excepción, dentro de la categoría de «otros criptoactivos incluidos en el Reglamento MICA». Las excepciones se refieren a los criptoactivos excluidos del Reglamento, entre los cuales cabe destacar aquellos que puedan considerarse instrumentos financieros, depósitos o NFTs. A tal efecto, la clasificación de criptoactivos propuesta es la siguiente:

a) *«Asset-referenced tokens»*: Son las «fichas referenciadas a activos», también denominadas *stablecoin*[96]. El Reglamento define estas fichas como «un tipo de criptoactivo que no es una ficha de dinero electrónico y que pretende mantener un valor estable referenciado a otro valor o derecho, o a una combinación de ambos, incluidas una o varias monedas oficiales» [art. 3.6]. Ejemplo: Cualquier stablecoin como podría ser USD Tether, USD Coin, Binance USD o DAI, las cuatro más utilizadas. La futura Libra de Meta también entraría en esta categoría.

b) *«Electronic money tokens»* o *«e-money tokens»*: Son las «fichas de dinero electrónico», definidas por el Reglamento como «un tipo de criptoactivo que, a fin de mantener un valor estable, se referencia al valor de una moneda oficial» [art. 3.7]. Ejemplo: Cualquier stablecoin referenciada directamente al valor del euro o dólar, como puede ser BUSD [Binance USD].

c) *«Utility Tokens»,* «tokens de utilidad» o «tokens de uso»: Estos criptoactivos cuentan con múltiples denominaciones dependiendo del autor que las defina, si bien a la postre son las «fichas de consumo» o «fichas de servicio» recogidas en el Reglamento MICA. El Reglamento las define como «un tipo de criptoactivo utilizado únicamente para dar acceso a un bien o un servicio prestado por su emisor» [art. 3.9]. Estos criptoactivos «permiten adquirir bienes y disfrutar de servicios de la empresa o plataforma que los ha emitido a través de una ICO»[97], es decir, son aquellos que «representan un derecho de acceso a un determinado bien, o de dis-

96 Para una visión amplia sobre las fichas referenciadas a activos, *vid*.: PASTOR SEMPERE, C., «Fichas con referencias a activos [stablecoin]», en: MADRID PARRA, A. y PASTOR SEMPERE, C., *Guía de criptoactivos MICA*, Aranzadi, 2021, Navarra, págs. 157-188. Asimismo, vid.: ALVARADO HERRERA, L., «Los criptoactivos con función de pago: criptomonedas estables y sistemas de pago a la luz de la propuesta de Reglamento relativo a los mercados de criptoactivos [MICA]», en: MADRID PARRA, A. y ALVARADO HERRERA, L. [Dirs.], *Derecho digital y nuevas tecnologías*, Aranzadi, págs. 857-888, en especial, págs. 861-875.

97 NASARRE AZNAR, S., «Naturaleza jurídica y régimen...», *op. cit.*, p. 78. Para una visión amplia sobre este tipo de fichas, véase: MARTÍNEZ-ECHEVARRÍA y GARCÍA DE DUEÑAS, A. y DEL CASTILLO IONOV, R., «Las fichas de servicio [utility tokens] en el mercado de los criptoactivos», en: MADRID PARRA, A. y PASTOR SEMPERE, C., *Guía de criptoactivos MICA*, Aranzadi, 2021, Navarra, págs. 85-96.

frute de un determinado servicio»[98]. Ejemplos: los tokens denominados Filecoin o Sia, los cuales atribuyen a sus titulares derechos de almacenamiento digital en equipos remotos; o el ejemplo del token Gólem, el cual tiene como finalidad el alquiler de poder computacional[99].

d) *«Currency tokens»* o «tokens de pago»: Estos criptoactivos son conocidos comúnmente como criptomonedas o criptodivisas, y tienen como finalidad ser utilizados como métodos de pago[100], si bien no están referenciadas a activos o monedas oficiales. Son aquellos tokens más extendidos en la actualidad y sirven para ser intercambiados por bienes y servicios[101], aunque actualmente sólo sean aceptados por un número determinado de operadores económicos. Por ejemplo, todo tipo de criptomonedas como bitcoin, ether, dogecoin, cardano, etc.

e) *«Investment tokens», «security tokens»* o «tokens de inversión»: Los tokens de inversión son fichas digitales que contienen un valor, por lo que, en cierta medida, son similares a una acción [o, más bien, al certificado digital de una acción][102]. Por tanto, su finalidad principal es la obtención de rendimientos financieros en forma de dividendos y, a su vez, sirven como un depósito de valor que puede ir revalorizándose si la empresa que los ha emitido prospera adecuadamente[103]. Ejemplo:

---

98 Viedma Cabrera, P., «La disrupción del Blockchain en los mercados financieros y tokenización de activos», en: Perea Ortega, R., *Estudios sobre Derecho Digital*, Aranzadi, Navarra, 2021, págs. 617-662, p. 632. El autor indica que «en este contexto merece la atención el *gas* de la red Ethereum. Se trata de un token que sirve para poder ejecutar las transacciones en dicha red, pues sin este *gas* sería imposible. De esta forma, podemos concluir que el *gas* es un utility token que intrínseco a la red Ethereum permite a sus participantes enviar transacciones, registrar operaciones o información para que sean añadidas a la red».

99 Rodríguez Abril, R., «Utility tokens - todo lo que tienes que saber», Vicox Legal, 2022, Publicado el 04.11.2022

100 En este sentido, véase: Martínez Nadal, A., «Ámbito de aplicación y conceptos esenciales de la propuesta de Reglamento relativo a los mercados de criptoactivos: la noción de criptoactivo y sus subcategorías [arts. 2 y 3]», en: Madrid Parra, A. y Pastor Sempere, C., *Guía de criptoactivos MICA*, Aranzadi, 2021, Navarra, págs. 41-62, p. 53. Asimismo, *vid.*: Nasarre Aznar, S., «Naturaleza jurídica y régimen...», *op. cit.*, p. 78.

101 Viedma Cabrera, P., «La disrupción del...», *op. cit.*, p. 632.

102 Nasarre Aznar, S., «Naturaleza jurídica y régimen...», *op. cit.*, p. 78. Álvarez Royo-Villanova, S., «ICO y Crowdfunding. Alternativas de regulación y el anteproyecto de regulatory Sandbox», en: Muñoz Pérez, A.F., *Revolución digital, derecho mercantil y token economía*, Tecnos, Madrid, 2019, págs. 387-408, p. 392. Como indica el autor, los security tokens «concederían derechos de tipo económico sobre el proyecto en sí, es decir, el derecho a participar en la propiedad del mismo, en sus beneficios, o a obtener un interés sobre lo aportado. En este caso, la semejanza se encontraría con la titularidad de participaciones, acciones o créditos».

103 Barrio Andrés, M., «Concepto y clases de criptoactivos», en: Barrio Andrés, M. [Dir.], *Criptoactivos. Retos y desafíos normativos*, La Ley, Madrid, 2021, págs. 37-62, p. 59. Como

El token Crowmie está ligado a las energías renovables y otorga unos beneficios dependiendo del crecimiento del sector[104].

f) *«Asset-backed tokens»*: Son aquellos tokens que permiten adquirir un bien del mundo real o determinadas partes de éste[105]. Así, por ejemplo, estos tokens permiten adquirir un porcentaje sobre una vivienda o, incluso, su totalidad. Al contrario que las «currency tokens», estos criptoactivos normalmente tienen un valor tangible y concreto, por lo que no están sometidos a tanta especulación[106].

g) *«Reward tokens»* o «tokens de recompensa»: Son aquellos tokens que las distintas plataformas regalan, si bien normalmente sólo se pueden utilizar en dicha plataforma. Resulta habitual que estos tokens acaben conteniendo derechos a servicios o convirtiéndose en criptomonedas[107]. Ejemplo: BabyBTC, BabyETH son criptomonedas creadas para recompensar a los usuarios que cumplen ciertas condiciones, como mantener una cantidad mínima de tokens en la wallet durante un tiempo específico o participar en la gobernanza de la PC[108].

Cabe tener presente que las categorías aquí expuestas no son estancas ni exhaustivas, dado que existen tokens que comparten características de varios criptoactivos o que no son subsumibles en ninguna de las categorías anteriormente expuestas [aunque esto último resulta más difícil]. En este sentido, cabe hacer alusión a los denominados «tokens híbridos» o «tokens mixtos», los cuales «son aquellos que comparten características de una o varias de las categorías, o que pueden servir para uno o varios usos»[109]. En

indica el autor, los tokens «tienen una causa exclusivamente financiera y generalmente otorgan participación en los futuros ingresos o en el aumento de valor de la entidad emisora o del propio proyecto. Un ejemplo bien conocido de un token de inversión es el vale BNK de Bankera, que otorga a su titular el derecho a una comisión semanal que se pagará en la criptomoneda Ethereum [ETH]». Nasarre Aznar, S., «Naturaleza jurídica y régimen...», *op. cit.*, p. 78.

104 Fernández, M., «Cómo invertir 100 euros en una planta solar. La empresa Crowmie convierte en tokens participaciones en proyectos de energía renovable para consumo industrial», El País, Entrada publicada el 02.03.2023.

105 Nasarre Aznar, S., «Naturaleza jurídica y régimen...», *op. cit.*, p. 78.

106 Nasarre Aznar, S., «Naturaleza jurídica y régimen...», *op. cit.*, p. 78. Como indica el citado autor, cabe destacar que estos tokens «son más susceptibles de vincularse al internet de las cosas [IOT]. Esto se puede concretar en derechos en kilómetros de un coche autónomo o códigos para entrar en alquiler de una vivienda, etc.».

107 Nasarre Aznar, S., «Naturaleza jurídica y régimen...», *op. cit.*, p. 79.

108 Sobre esta cuestión, *vid.*: D'Agostino, A., «Cómo ganar por partida doble con los «reward tokens»: el ABC para invertir en este instrumento que suma adeptos», 2023, Publicado en IproUP y disponible en línea: Enlace web: https://www.iproup.com/finanzas/40964-criptomonedas-como-ganar-doble-con-los-token-rewards

109 Viedma Cabrera, P., «La disrupción del...», *op. cit.*, p. 632. Asimismo, sobre esta cuestión, *vid.*: Martínez Nadal, A., «Ámbito de aplicación...», *op. cit.*, p. 50 y 61.

última instancia, la clasificación expuesta tiene por objeto ilustrar las distintas denominaciones existentes en esta materia para definir un mismo criptoactivo, lo que, a la postre, redunda en algunas confusiones doctrinales sobre la cuestión.

2. Las fichas referenciadas a activos *[asset-referenced token]*

Las fichas referenciadas a activos están definidas en el art. 3.6 del Reglamento MICA como «un tipo de criptoactivo que no es una ficha de dinero electrónico y que pretende mantener un valor estable referenciado a otro valor o derecho, o a una combinación de ambos, incluidas una o varias monedas oficiales». Por tanto, este criptoactivo viene definido en contraposición a la ficha de dinero electrónico[110], analizada en el siguiente epígrafe. En resumen, cabe afirmar que la diferencia entre ambos criptoactivos radica en que, mientras que «la ficha de dinero electrónico» está referenciada al valor de una sola moneda oficial [*v.g.* euro, dólar, libra esterlina], la «ficha referenciada a activos» debe basar su valor en más de una moneda oficial, en un valor o derecho distinto de una moneda oficial o en una combinación de una moneda oficial y otros derechos o valores [*v.g.* oro, plata, otros criptoactivos, etc.].

Como indicó en su momento el BCE, existe otra diferencia fundamental entre ambos criptoactivos. Así, mientras la «ficha referenciada a activos» tiene como función servir de depósito de valor [«a fin de mantener un valor estable» dice el BCE], la «ficha de dinero electrónico» tiene un doble propósito principal: ser utilizada como medio de pago y de almacenamiento de valor [«cuya principal finalidad es la de ser usado como medio de intercambio y que, a fin de mantener un valor»][111]. Aun así, según el BCE, en ambos casos los criptoactivos descritos se definen como sustitutos monetarios. Aunque ambas pueden utilizarse como medio de pago, la diferencia fundamental entre ambas reside en que las fichas de dinero electrónico pueden ser utilizadas como medio de pago generalizado[112].

110 Aunque existan distinciones entre ambas, estas se conocen comúnmente como «criptomonedas estables» o «stablecoins». En este sentido, véase la propuesta del Reglamento MICA, de 14.09.2020, COM[2020] 593 final, p. 12.

111 Banco Central Europeo [BCE], «Dictamen del Banco Central...», *op. cit.*, apartado 1.2. Comentado esta resolución: MARTÍNEZ NADAL, A., «Ámbito de aplicación...», *op. cit.*, p. 53 y ss.

112 Aunque el BCE se refiriera a dichos criptoactivos teniendo presente la definición originaria del Proyecto MICA en su fase inicial, en el Reglamento definitivo también aparecen estas diferencias. De esta forma, se indica que las «fichas referenciadas a activos» pueden usarse como medio de cambio y para efectuar grandes volúmenes de operaciones de pago [cdo 102 Reglamento MICA]. Por su parte, las «fichas de dinero electrónico» también se pueden utilizar como medio de pago para liquidar grandes volúmenes de operaciones

Las fichas referenciadas a activos están reguladas en el título III del Reglamento MICA [arts. 16 y ss.], en cuyo artículo 16 se indica de forma expresa que el oferente o solicitante a admisión a negociación de una ficha referenciada a activos debe ser el emisor de dicha ficha y, además, debe ser una persona jurídica o una empresa establecida en la Unión Europea [16.1.a)][113]; o, en su caso, una entidad de crédito que cumpla los requisitos del art. 17 [16.1.b)]. Este requisito tendrá una gran relevancia en el ámbito del DIPr, dado que permitirá a los titulares de estas fichas conocer de antemano en qué EM está domiciliada la PC [la emisora y/o la oferente de las fichas], lo que permitirá aplicar con mayor facilidad las normas sobre competencia judicial internacional y ley aplicable[114].

La persona jurídica o empresa que ofrezca este tipo de criptoactivos deberá solicitar autorización a la autoridad competente de su EM de origen, en la cual se deberá incluir toda una serie de documentación que recoge el art. 18. Entre los requisitos del solicitante a admisión de fichas referenciadas a activos se recoge la obligatoriedad de presentar el libro blanco de criptoactivos conforme al artículo 19[115]. El libro blanco tiene una gran relevancia porque el emisor de este libro, así como sus órganos de administración, dirección

[cdo 104], por lo que pueden plantear riesgos para la estabilidad financiera, razón por la cual los emisores de tales fichas requieren de una doble supervisión por parte de las autoridades competentes [cdo 103].

113 El requisito de la domiciliación en un EM de la Unión también se deriva de lo dispuesto en el artículo 33.d) del Reglamento.

114 Existe una excepción a la obligatoriedad de que la empresa que ofrezca o emita fichas sea una persona jurídica o empresa. Esto sucederá cuando, en un período de 12 meses, «el valor medio de la ficha referenciada a activos en circulación emitida por un emisor nunca exceda 5.000.000 EUR o el importe equivalente en otra moneda oficial, y el emisor no esté vinculado a una red de otros emisores eximidos»; y, asimismo, cuando «b) la oferta pública de la ficha referenciada a activos se dirija exclusivamente a inversores cualificados y solo estos puedan ser titulares de la ficha» [art. 1.2]. En estos casos se admite que el sujeto que ofrezca las fichas sea una persona física, pero parece que la obligatoriedad de que esté domiciliado en un EM sigue vigente. La necesidad de que la persona física esté domiciliada en la UE se deduce del último inciso el art. 16.2, en el cual se indica que «cuando el presente apartado sea de aplicación, los emisores de fichas referenciadas a activos elaborarán el libro blanco de criptoactivos a que se refiere el artículo 19 y lo notificarán, junto con, si así se solicita, todas las comunicaciones publicitarias a la autoridad competente de su EM de origen». Al hacer referencia al EM de origen, se da a entender que el emisor de estas fichas debe estar domiciliado en la UE.

115 En dicho precepto se indica de forma exhaustiva toda la información que deberá contener el libro blanco de criptoactivos, en cuyo documento se deberá especificar la información sobre: el emisor de la ficha, su contenido, los derechos y obligaciones asociados a la ficha, la tecnología subyacente, los riesgos subyacentes; entre otras exigencias. Para una visión amplia sobre la elaboración, contenido y forma del libro blanco, *vid.*: Otero Cobos, M.T., «Régimen de información y transparencia: El libro blanco de criptoactivos», en: Madrid Parra, A. y Pastor Sempere, C., *Guía de criptoactivos MICA*, Aranzadi, 2021, Navarra, págs. 189-204, 194-198.

o supervisión, serán responsables frente a los titulares de las fichas de cualquier pérdida sufrida como consecuencia de la publicación de información incompleta, falsa, engañosa o poco clara [art. 26.1], careciendo de efectos jurídicos toda exclusión o limitación contractual de responsabilidad civil contraria a dicha disposición [art. 26.2]. Por lo demás, los emisores deben establecer y mantener procedimientos eficaces y transparentes para tramitar de forma rápida, justa, coherente y gratuita las reclamaciones recibidas de los titulares de las fichas [art. 31.1 y 31.2], sin que ello impida que los usuarios puedan acudir directamente a vía judicial.

Los emisores de estas fichas deberán contar con sistemas de gobernanza sólidos y con una estructura clara, con áreas de responsabilidad bien definidas y transparentes [34.1], deberán tener un mínimo de fondos propios [art. 35] y una reserva de activos que aborden los riesgos de liquidez asociados al derecho de reembolso de los titulares [art. 36]. En cuanto a esto último, el artículo 39 recoge el importante derecho de reembolso de los titulares de fichas referenciadas a activos frente a los emisores de fichas[116]. Por último, el art. 40 prohíbe que los emisores puedan conceder intereses en relación con estas fichas con el fin de evitar que estas se utilicen como depósito de valor[117].

Caso práctico: La empresa polaca CRIPTOFIX, domiciliada en Varsovia, obtiene la evaluación favorable de las autoridades competentes en 2024 para emitir una ficha referenciada a activos denominada «ficha Z». La empresa polaca publicó el libro blanco de criptoactivos en la cual se indicaba que esta ficha se basaba en la tecnología TRD, tenía un riesgo financiero muy bajo, la reserva de activos subyacente quintuplicaba el valor de las fichas emitidas y que éstas permitían realizar multitud de transacciones de forma casi inmediata. En este contexto, en octubre de 2024, la empresa española Tecnología S.L., domiciliada en Palma, adquirió medio millón de fichas a un precio de 1,01 € cada una. Cabe decir que el valor de las fichas oscilaba entre los 98 céntimos de euro y los 1,03 €. Sin embargo, tres

116 En este mismo sentido, el cdo núm. 57 indica que «los titulares de las fichas referenciadas a activos deben tener un derecho permanente de reembolso, de modo que el emisor esté obligado a reembolsar las fichas referenciadas a activos en cualquier momento, a petición de los titulares de las fichas referenciadas a activos. El emisor de fichas referenciadas a activos debe efectuar el reembolso bien pagando en fondos distintos de dinero electrónico un importe equivalente al valor de mercado de los activos referenciados por dichas fichas, bien entregando los activos referenciados por las fichas».

117 A tal efecto, el cdo. 58 estipula que «a fin de reducir el riesgo de que las fichas referenciadas a activos se usen como depósito de valor, los emisores de fichas referenciadas a activos y los proveedores de servicios de criptoactivos, cuando presten servicios de criptoactivos relacionados con fichas referenciadas a activos, no deben conceder a los titulares de fichas referenciadas a activos intereses en función del tiempo durante el cual dichos titulares las mantengan».

meses después, el valor de las fichas bajó en un solo día hasta los 71 céntimos de euro debido a que se filtró a la prensa que las reservas de activos de la empresa CRIPTOFIX no quintuplicaban el valor de las fichas emitidas, sino que a duras penas llegaban al 90 % de su valor real, por lo que no se podía asegurar el derecho de reembolso a todos los titulares. Además, se filtró que la tecnología subyacente que utilizaba la empresa polaca no se basaba en la TRD, sino en una tecnología propia que era similar, pero que no permitía realizar las transacciones de forma tan ágil y segura. La empresa española entiende que la empresa polaca, debido a la publicación de información falsa en el libro blanco, ha provocado que el valor de sus fichas disminuya drásticamente, perdiendo en un solo día más de 150.000 €. Entiende que se ha vulnerado el art. 26 del Reglamento, por lo que, conforme a dicho precepto, deben responder de la pérdida de valor de los criptoactivos emitidos. Teniendo en cuenta el análisis de los foros realizado en el presente trabajo, se propone la siguiente solución:

Solución del caso planteado

1. **Fuente aplicable:** Reglamento núm. 1215/2012
2. **Foros aplicables:** El demandante podrá utilizar los siguientes foros:
   a) Sumisión expresa [art. 25]. Lugar pactado por las partes [lo mismo cabe concluir si se trata de un convenio arbitral válido]. En defecto de acuerdo atributivo de jurisdicción o convenio arbitral válido:
   b) *Forum domicilii*: art. 4. Tribunales de Polonia.
   c) *Forum contractus*: art. 7.1. Tribunales de Palma por ser el lugar de entrega de las mercaderías, en este caso las fichas referenciadas a activos. El incumplimiento contractual es anterior [o, en todo caso, simultáneo] a la entrega de las fichas, pero ello no impide acudir al art. 7.1.b) para determinar el lugar del cumplimiento de la obligación que sirve de base a la demanda, pues dicho precepto hace referencia, expresamente, al lugar en el que «hayan sido o deban ser entregadas las mercaderías». Por tanto, el incumplimiento no tiene porqué devenir de la falta de entrega de mercaderías, sino que puede deberse a cualquier otra razón fundada. El incumplimiento contractual imputable a la empresa polaca es la omisión de información relevante para que el adquirente pudiera tomar una decisión de compra libre y autónoma.

3. Las fichas de dinero electrónico *[e-money token]*

Debido a su similitud con las fichas referenciadas a activos, únicamente se detallan las particularidades de las fichas de dinero electrónico. El Reglamento MICA define estas fichas como «un tipo de criptoactivo que, a fin de mantener un valor estable, se referencia al valor de una moneda oficial» [art. 3.7][118]. Además, las fichas de dinero electrónico sólo podrán ser admitidas a negociación cuando el oferente u solicitante a negociación sea el emisor de dicha ficha y esté autorizado como entidad de crédito o entidad de dinero electrónico [art. 48.1)], siempre que haya notificado y publicado el libro blanco de criptoactivos [art. 48.1.b)]. Las fichas de dinero electrónico tienen la consideración de «dinero electrónico» [art. 48.2], razón por la cual una gran parte de la Directiva 2009/110/CE les será de aplicación [art. 48.3][119]. Por lo demás, el Reglamento no exige a los emisores de dinero electrónico que estén domiciliados en un EM, si bien deben estar autorizados en un EM como una entidad de crédito o como una entidad de dinero electrónico [art. 33.e) del Reglamento MICA].

De forma similar al derecho de reembolso de las fichas referenciadas a activos, los titulares de fichas de dinero electrónico tienen derecho a que el emisor de dichas fichas les reembolse, por su valor nominal y en cualquier momento, el valor monetario de las fichas pagando en fondos distintos del dinero electrónico [art. 49.4][120]. En este caso se constituye un verdadero «derecho de crédito» de los titulares de las fichas frente a sus emisores [art. 49.2]. Por su parte, también se prohíbe a los emisores de fichas de dinero electrónico conceder intereses en relación con dichas fichas [art. 50.1], con el fin de que no se utilicen como depósito de valor[121]. Además, el emisor de estas fichas deberá emitir y publicar el preceptivo libro blanco de criptoactivos [art. 51][122]. En caso de no hacerlo [sus órganos de administración, dirección o supervisión], responderán frente a los titulares de las fichas por

118 Para una visión amplia sobre este tipo de fichas, *vid.*: Madrid Parra, A., «Fichas de dinero electrónico. Del dinero electrónico al «viejo» dinero digital», en: Madrid Parra, A. y Pastor Sempere, C. [Dir.], *Guía de criptoactivos MICA*, Aranzadi, 2021, Navarra, págs. 219-243, págs. 221 a 225. Madrid Parra, A., «Criptoactivos: de nuevo el «viejo» dinero electrónico», en: Madrid Parra, A. y Alvarado Herrera, L. [Dirs.], *Derecho digital y nuevas tecnologías*, Aranzadi, págs. 801-856, en especial, págs. 811-815.

119 Directiva 2009/110/C del Parlamento Europeo y del Consejo de 16 de septiembre de 2009, sobre el acceso a la actividad de las entidades de dinero electrónico y su ejercicio, así como sobre la supervisión prudencial de dichas entidades, por la que se modifican las Directivas 2005/60/CE y 2006/48/CE y se deroga la Directiva 2000/46/CE. DOUE L 267 de 10.10.2009.

120 En concreto, el mencionado artículo dispone que «a petición del titular de una ficha de dinero electrónico, el emisor de dicha ficha de dinero electrónico la reembolsará, en cualquier momento y por su valor nominal, pagando en fondos distintos del dinero electrónico el valor monetario de la ficha de dinero electrónico al titular de la ficha de dinero electrónico».

121 En este sentido, el cdo núm. 68 del Reglamento MICA indica que «a fin de reducir el riesgo de que las fichas de dinero electrónico se usen como depósito de valor, los emisores de fichas de dinero electrónico y los proveedores de servicios de criptoactivos, cuando presten servicios de criptoactivos relacionados con fichas de dinero electrónico, no deben conceder intereses a los titulares de fichas de dinero electrónico, incluidos intereses que no sean en función del tiempo durante el cual las mantengan».

122 Sobre esta cuestión, véase el considerando núm. 69 del Reglamento MICA.

cualquier pérdida sufrida como consecuencia de haber incumplido sus obligaciones respecto del libro blanco de criptoactivos o cuando hayan introducido información que no sea completa, parcial, clara o que sea engañosa [art. 52.1]; careciendo de efectos jurídicos cualquier limitación contractual de responsabilidad civil contraria a dicha disposición [art. 52.2].

Caso práctico: La empresa china OPP, la cual tiene una sede social en Milán, es propietaria de una PC que pretende crear y emitir 15 mil millones de fichas de dinero electrónico, denominadas «fichas OP», referenciando su valor al euro. A tal efecto, la empresa china publica su libro blanco de criptoactivos en 2023, indicando que cuenta con un fondo de 20 mil millones de euros para hacer frente las posibles peticiones de reembolso y detalla como hará efectivo el derecho de crédito: se pagará en euros en un plazo máximo de 3 días hábiles a contar desde la solicitud, no cobrará comisiones y las demoras injustificadas darán derecho a una indemnización del 10 % del valor de las fichas si estas no se devuelven en un plazo de días 10 naturales y del 20 % si éstas no se devuelven en un plazo de 20 días naturales desde la reclamación a través de la PC.

La empresa española Atalaya S.L., domiciliada en Sevilla, adquirió de OPP 150.000 fichas el 2 de julio de 2023, las cuales mantenían la paridad con el euro. Tras 6 meses, la empresa española decide hacer efectivo su derecho de crédito, razón por la cual revisa su libro blanco y determina que el mecanismo adecuado es a través del sistema informático denominado CASHBACK de la PC. El 2 de enero de 2024, Atalaya S.L. ingresa en dicho sistema informático para proceder a realizar su derecho de crédito, con el fin de obtener liquidez por un valor de 100.000 €. Tras repetidos intentos, se da cuenta de que el sistema no funciona correctamente, razón por la cual se ponen en contacto con la plataforma OPP a través de correo electrónico, utilizando para ello la dirección de email publicada en el libro blanco. Tras varios intentos infructuosos y esperar más de tres semanas sin obtener respuesta, la empresa española decide mandar varios correos electrónicos a las distintas cuentas proporcionadas por la PC. Más de un mes después de mandar el primer email en la cuenta publicada en el libro blanco de criptoactivos, el 26 de febrero de 2024, un agente de OPP se pone en contacto con la española, indicándole que el correo electrónico válido para arreglar los problemas relacionados con su sistema CASHBACK es el que está publicado en su página web [y no en el libro blanco], en la sección de dudas legales.

Ante tales hechos, la empresa española reclama a la china el abono de los 100.000 €, más un 20 % de recargo conforme a sus condiciones legales. La empresa OPP accede a hacer efectivo el derecho de crédito respecto de las fichas de dinero electrónico, pero le impone una comisión del 10 % por no haberlo hecho a través de su sistema informático. Además, se opone al pago del 20 % reclamado [20.000 €] por entender que es la empresa española la que no se ha puesto en contacto en tiempo y forma con la china. En este contexto, los servicios la empresa española decide interponer una demanda contra la empresa china por la vulneración del art. 49.6 del Reglamento MICA [el cual prohíbe cualquier comisión por el reembolso de las fichas], y, asimismo, por vulnerar las condiciones publicadas en el libro blanco [arts. 49.5, 51, 52.1 y 52.2]. A tal efecto, cabe determinar qué tribunales tendrán jurisdicción para conocer del caso.

Solución del caso planteado

1. **Fuente aplicable:** Reglamento núm. 1215/2012
2. **Foros aplicables:** El demandante podrá utilizar los siguientes foros:
   a) Sumisión expresa [art. 25]. Lugar pactado por las partes [lo mismo cabe concluir si se trata de un convenio arbitral válido]. En defecto de acuerdo atributivo de jurisdicción o convenio arbitral válido:
   b) *Forum domicilii*: art. 4. Tribunales de Milán.
   c) *Forum contractus* [art. 7.1]: Tribunales de Sevilla por ser el lugar de entrega de las mercaderías, en este caso, las fichas de dinero electrónico [de forma análoga, véase *infra*, el lugar de prestación del servicio de canje de criptoactivos por fondos u otros criptoactivos]. Por consiguiente, se aplica la misma solución descrita en el epígrafe anterior respecto de las fichas referenciadas a activos [*vid. supra*].

4. Fichas de consumo o fichas de servicio *[utility token]*

La última categoría de criptoactivos que el Reglamento MICA prevé de forma expresa es la relativa a la ficha de consumo, la cual viene definida como «un tipo de criptoactivo utilizado únicamente para dar acceso a un bien o un servicio prestado por su emisor» [art. 3.9]. Cabe recalcar que en la Propuesta MICA originaria se calificaba a este tipo de criptoactivos como «fichas de servicio» [art. 3.5], si bien se definían de forma similar[123]. Estas fichas no cuentan con un título propio en el Reglamento que regule su régimen jurídico, sino que se rigen por las disposiciones generales del título II previstas para todos los criptoactivos que entren dentro de su ámbito de aplicación [salvo las fichas referenciadas y las fichas de dinero electrónico]. Sin embargo, las fichas de consumo cuentan con varios preceptos que regulan ciertas cuestiones sobre su régimen jurídico.

La oferta pública de fichas de consumo que proporcionen acceso a un bien o servicio que exista o esté en funcionamiento no se regirán por el título II [art. 4.3.c)[124], si bien eso no significa que queden excluidas del Reglamento

123 En la versión preliminar se indica que este criptoactivo es aceptado únicamente por el emisor de la ficha, mientras que en la versión final del Reglamento no se recoge dicha limitación.

124 Cuando la oferta pública se refiera a una ficha de consumo que proporcione acceso a bienes y servicios que aún no existan o aún no estén operativos, no sólo se regirán por las disposiciones del título II, sino que, además, las PC que oferten dichos criptoactivos deberán contar con la autorización pertinente [art. 4.5] y dicha oferta no podrá exceder de 12 meses [art. 4.6 y cdo 30].

[dado que otros artículos hacen referencia a ellas, *v.g.* art. 4.5]. Así, el considerando 26 del Reglamento indica que «no debe aplicarse requisito alguno [del presente Reglamento] cuando las ofertas de fichas de consumo den acceso a un bien o servicio existente que permita al titular obtener el bien o utilizar el servicio [...]». Por tanto, aunque el Reglamento siga siendo aplicable respecto de estas fichas, no se le pueden aplicar los requisitos o exigencias recogidos en éste, lo que ciertamente supone una suerte de exclusión de su ámbito de aplicación. Sin embargo, cuando el oferente de estas fichas dé a conocer su intención de solicitar a negociación dicho criptoactivo [con independencia de que proporcione acceso a un bien o servicio que ya exista o funcione] no se aplicará la excepción anterior, puesto que, en dicho caso se regirán por el título II del Reglamento.

La doctrina especializada denomina a las fichas de consumo como «*utility tokens*»[125], por tener fines no financieros relacionados, normalmente, con la explotación de una plataforma digital y de servicios digitales[126]. Estas fichas de consumo cuentan con un régimen jurídico considerablemente menos estricto que el aplicable a las otras fichas recogidas en el Reglamento, pues no están sujetas a un régimen de autorización previa como si lo están las otras dos[127].

Por otra parte, estas fichas sólo podrán ser ofertadas al público por una persona jurídica que haya elaborado, publicado y notificado el correspondiente libro blanco de criptoactivos y reúna los requisitos para los oferentes regulados en el art. 14 del Reglamento [art. 4.1][128]. El oferente de estas fichas debe ser una persona jurídica, salvo que la oferta se refiera a un bien o servicio que exista o esté en funcionamiento [art. 4.3.b)], en cuyo caso el Reglamento guarda silencio sobre su constitución, por lo que podrá ser una persona física. Sin perjuicio de esto último, cabe recordar que las PC que presten servicios de criptoactivos deben ser personas jurídicas o empresas autorizadas conforme al art. 63, con independencia de la naturaleza jurídica

125 MARTÍNEZ NADAL, A., «Ámbito de aplicación...», *op. cit.*, p. 59. Asimismo, *vid.*: GONZÁLEZ DEL CASTILLO, N., «El futuro Reglamento Europeo para un mercado de criptoactivos [Propuesta MICA]», en: BARRIO ANDRÉS, M. [Dir.], *Criptoactivos. Retos y desafíos normativos*, La Ley, Madrid, 2021, págs. 117-134, p. 122. SIEIRA GIL, J. y CAMPUZANO GÓMEZ-ACEBO, J., «Tokenización de activos», BARRIO ANDRÉS, M. [Dir.], *Criptoactivos. Retos y desafíos normativos*, La Ley, Madrid, 2021, págs. 185-208, p. 195 y 196.

126 MARTÍNEZ NADAL, A., «Ámbito de aplicación...», *op. cit.*, p. 59. Como indica la autora, «estos criptoactivos quedan lejos de las características y funciones tradicionales de las monedas y también de las criptomonedas».

127 GONZÁLEZ DEL CASTILLO, N., «El futuro Reglamento Europeo...», *op. cit.*, p. 122.

128 Entre estas obligaciones cabe destacar: a) el deber de los oferentes de actuar con honestidad, imparcialidad y profesionalidad; b) comunicarse con los titulares de los criptoactivos de manera imparcial, clara y no engañosa; c) prevenir y gestionar cualquier conflicto de intereses.

de los criptoactivos ofrecidos [art. 59.1][129]. En este contexto, el Reglamento no impone a los oferentes de fichas de consumo que la persona jurídica esté establecida en la UE[130], a diferencia de lo que ocurre con las fichas referenciadas [art. 16.1].

Asimismo, los oferentes que soliciten la admisión a negociación fichas de consumo serán responsables frente a sus titulares de cualquier pérdida sufrida como consecuencia de haber incumplido sus obligaciones respecto del libro blanco de criptoactivos o cuando hayan introducido información incompleta, parcial, clara o que sea engañosa [art. 15.1], sin que tenga efectos jurídicos cualquier limitación responsabilidad civil contraria a dicha disposición [art. 15.2]. Por último, los titulares minoristas que compren fichas de consumo directamente de un oferente o a través de una PC tendrán un derecho de desistimiento sobre tales fichas durante un plazo de 14 días naturales sin incurrir en comisiones [art. 13.1][131]. El titular minorista tendrá derecho al reembolso de todos los gastos cobrados de forma inmediata en el mismo medio de pago utilizado para adquirir las fichas [salvo pacto en contra], a más tardar 14 días después de la fecha en la que se informe de su decisión [art. 13.2 *in fine]*. Toda la información sobre el derecho de desistimiento deberá incluirse en el libro blanco [13.3], teniendo en cuenta que este derecho no se aplica si los criptoactivos han sido admitidos a negociación antes de su compra por parte del titular minorista [art. 13.4].

Caso práctico: La empresa austríaca IGNITE, cuya sede social está ubicada en Viena [Austria], lleva más de tres años desarrollando un videojuego denominado provisionalmente en la fase pre-Alpha como STARLIMIT. Con el fin de dar un impulso en el desarrollo de su juego, deciden realizar nuevas incorporaciones en el equipo de diseño para finalizar su proyecto en mayo de 2026. Además, con la finalidad de obtener la financiación necesaria, deciden crear y emitir una serie de criptoactivos que permitirán a los titulares de dichas fichas acceder a la fase Alpha [y, posteriormente, a la fase Beta] del videojuego. En concreto, la empresa oferta a partir del 1 de agosto de 2023 un total de 1.000.000 de tokens por un valor de 10 € cada uno, los cuales

---

129 La única excepción a esta regla general la dispone el art. 59.3 del Reglamento MICA.

130 En relación con esta cuestión, el art. 11 del Reglamento MICA indica que, una vez publicado el libro blanco de criptoactivos, los oferentes podrán ofertar en toda la UE sus criptoactivos. De este precepto se deriva que los oferentes no deben estar necesariamente domiciliados o tener su establecimiento en la Unión para ofertar este tipo de criptoactivos [tanto las fichas de consumo como otros criptoactivos que no sean fichas referenciadas o fichas de dinero electrónico]. No obstante, el último inciso del artículo 11 indica que, una vez publicado el libro blanco, «dichos criptoactivos podrán ser admitidos a negociación en una plataforma de negociación de criptoactivos en la Unión», en cuyo caso sí que la PC deberá estar establecida en la UE.

131 Sobre esta cuestión, *vid.*: Canalejas Merín, J.F., «Algunas cuestiones en torno a la propuesta de la Comisión europea sobre los mercados de criptoactivos [MICA]», *Revista de derecho del mercado de valores*, ISSN 1888-4113, núm. 27, 2020, págs. 386-418, p. 392.

permiten acceder, a través de una clave asociada a cada token, a la fase Alpha y Betha de STARLIMT. Cada clave asociada a un token sólo puede ser utilizada una vez por un único usuario, si bien antes de su primer uso cada token puede ser libremente transferido a cualquier otro usuario, dado que el token no se vincula a una concreta dirección IP. Así, una persona puede adquirir, por ejemplo, 500 tokens para revenderlos a distintos usuarios a un precio distinto del establecido inicialmente por el oferente.

En este contexto, la empresa española Juegos S.L., domiciliada en Santander, adquiere día 14 de agosto de 2023, durante la oferta pública de criptoactivos, un total de 5.000 tokens por el precio inicial de 10 € cada uno, con la intención de revenderlos dentro de unos meses a 15 € cada uno. La intención inicial de la empresa austríaca, como indicó en su libro blanco, era pasar a la fase Alpha del juego en junio de 2024, momento en el que los titulares de los tokens tendrían la posibilidad de acceder al videojuego. Pues bien, el 21 de agosto de 2023, una semana después de que la española adquiriera 5.000 tokens por un precio de 50.000 €, la empresa IGNITE emite un comunicado indicando que la fase Alpha no estará disponible hasta agosto de 2025. Así las cosas, la empresa española decide hacer efectivo su derecho de desistimiento [art. 13 del Reglamento], razón por la cual accede a la plataforma en línea de IGNITE para hacer efectivo dicho derecho. Sin embargo, el sistema informático de la austríaca colapsa, por lo que la empresa española no puede efectuar su derecho de desistimiento en el plazo de 14 días. La PC lo restaura cuando ya han transcurrido 21 días desde la adquisición de los tokens, contestando a la española transcurridos 22 días desde la adquisición de los tokens, indicándole que el plazo para hacer efectivo el derecho de desistimiento ha finalizado y que no va a reembolsar dichos tokens. Ante tales hechos, la empresa española pretende interponer una acción contra la austríaca para reclamar la devolución de los 50.000 €, en cuyo caso se pregunta qué tribunales tendrán competencia judicial internacional.

Solución del caso planteado

1. **Fuente aplicable:** Reglamento núm. 1215/2012
2. **Foros aplicables:** El demandante podrá utilizar los siguientes foros:
   a) Sumisión expresa [art. 25]. lugar pactado por las partes [lo mismo cabe concluir si se trata de un convenio arbitral válido]. En defecto de acuerdo atributivo de jurisdicción o convenio arbitral válido:
   b) *Forum domicilii* [art. 4]. Tribunales de Austria.
   c) *Forum contractus* [art. 7.1]. Tribunales de Santander por ser el lugar de entrega de las mercaderías [las fichas de consumo o servicio]. De forma análoga, véase los supuestos planteados en los epígrafes anteriores sobre las fichas referenciadas a activos y fichas de dinero electrónico, cuya argumentación es plenamente trasladable aquí.

5. Otros criptoactivos regidos en el Reglamento MICA

Si bien es cierto que el Reglamento MICA únicamente menciona de forma expresa en su articulado a las fichas referenciadas a activos, las fichas de dinero electrónico y las fichas de consumo, no es menos cierto que el título II está dedicado a todos los criptoactivos que no sean fichas referenciadas a activos o fichas de dinero electrónico, siempre que dichos criptoactivos no estén excluidos del ámbito de aplicación del Reglamento[132]. Por consiguiente, todos los criptoactivos que no estén excluidos del Reglamento se regirán por lo dispuesto en los arts. 4 y ss. De ahí la importancia de delimitar adecuadamente qué criptoactivos están excluidos de su ámbito de aplicación.

El Reglamento MICA indica en su artículo 2.3 que no resultará aplicable respecto de aquellos criptoactivos que sean únicos y no fungibles con otros criptoactivos, excluyendo de esta forma a todos los NFTs[133]. No obstante, el Reglamento matiza cuando puede entenderse que un criptoactivo es único y no fungible[134]. Asimismo, el art. 2.4 recoge una serie de criptoactivos excluidos del Reglamento, de entre las cuales cabe destacar los instrumentos financieros, los depósitos y los fondos; los cuales cuentan con su propia normativa en el seno de la UE[135].

El principal problema que presentan estos criptoactivos es que, en ocasiones, resulta difícil discernir si entran dentro del ámbito de aplicación del Reglamento MICA, sobre todo respecto de los instrumentos financieros, los cuales deben regirse por la Directiva MIFID II. A tal efecto, el Reglamento MICA justifica su exclusión porque los instrumentos financieros ya cuentan con una regulación completa en el seno de la Unión[136]. Sin embargo, hasta la

---

132 A tal efecto, el considerando núm. 18 del Reglamento indica expresamente que «por último, el tercer tipo son los criptoactivos que no son ni «fichas referenciadas a activos» ni «fichas de dinero electrónico», y cubre una gran variedad de criptoactivos, incluidas las fichas de consumo».

133 En este sentido, véase el considerando núm. 10 del Reglamento MICA.

134 A tal efecto, véase el considerando núm. 11 del Reglamento MICA.

135 A este respecto, el considerando núm. 9 del Reglamento MICA indica que «la legislación de la Unión en materia de servicios financieros debe guiarse por los principios de «misma actividad, mismos riesgos, mismas normas» y de neutralidad tecnológica. Por tanto, los criptoactivos que entran en el ámbito de aplicación de la legislación de la Unión en materia de servicios financieros vigente deben seguir estando regulados por el marco normativo vigente, con independencia de la tecnología utilizada para su emisión o transferencia, en lugar de por el presente Reglamento».

136 En este sentido, el considerando 3 del Reglamento establece que «algunos criptoactivos, en particular los que se consideran instrumentos financieros, tal como se definen en la Directiva 2014/65/UE del Parlamento Europeo y del Consejo, entran en el ámbito de aplicación de la legislación de la Unión vigente en materia de servicios financieros. Por tanto, ya se aplica un conjunto completo de normas de la Unión a los emisores de dichos criptoactivos y a las empresas que llevan a cabo actividades relacionadas con dichos criptoactivos».

fecha [2024] no queda del todo claro qué criptoactivos pueden considerarse instrumentos financieros. Así, el propio Reglamento MICA el cual indica que, «a más tardar el 30 de diciembre de 2024, la AEVM, a efectos del apartado 4, letra a), del presente artículo, emitirá directrices de conformidad con el artículo 16 del Reglamento [UE] núm. 1095/2010 sobre las condiciones y los criterios para la consideración de los criptoactivos como instrumentos financieros» [art. 2.5]. Es decir, todavía deben establecerse las directrices para determinar cuándo un criptoactivo tiene la consideración de instrumento financiero[137].

La doctrina también está dividida sobre esta cuestión. De este modo, si se toma como referencia alguno de los criptoactivos más relevantes, como el bitcoin o el ether, algunos autores entienden que constituyen verdaderos instrumentos financieros[138], mientras que otros los incluyen dentro del ámbito de aplicación del Reglamento MICA, en la categoría de «criptoactivos distintos de fichas referenciadas a activos y fichas de dinero electrónico»[139]. Sea como fuere, la doctrina coincide en apuntar las dificultades existentes a la hora de clasificar este tipo de criptoactivos[140] [sobre todo cuando tienen una naturaleza híbrida[141]], más aún si se tiene en cuenta que son los oferentes o emisores los encargados de valorar, en el libro blanco de criptoactivos, si el correspondiente criptoactivo emitido u ofertado debe

137 En sentido similar se pronuncia el considerando 14 del Reglamento.

138 A tal efecto, véase: GONZÁLEZ. G., «¿Qué significa para los proveedores de servicios de criptomonedas e inversionistas? Publicado el 26 de mayo de 2023 en Criptopedia MiCA y disponible en línea: https://www.criptonoticias.com/criptopedia/ley-mica-que-significa-proveedores-servicios-criptomonedas-inversores/

139 En este sentido, *vid*.: MUÑOZ PÉREZ, A.F., «Criptoactivo, oferta y admisión a negociación», en: MADRID PARRA, A. y PASTOR SEMPERE, C., *Guía de criptoactivos MICA*, Aranzadi, 2021, Navarra, págs. 63-84, págs. 70 y 71. La citada autora parte de la definición de «monedas virtuales» utilizado por el informe del Grupo de Acción Financiera Internacional [GAFI] para interpretar el contenido de la definición de «criptoactivos» proporcionada por el Proyecto MICA [definición que se mantiene casi idéntica a la recogida en el Reglamento MICA], si bien advierte que no son conceptos idénticos. A este efecto, cabe tener presente que el concepto de «moneda virtual» implica que el instrumento en cuestión funciona como «[1] un instrumento de intercambio; y/o [2] una unidad de cuenta; y/o [3] una reserva de valor, pero no tiene curso legal [...] en cualquier jurisdicción. No está emitido ni garantizado por ninguna jurisdicción, y cumple sus funciones anteriores solo mediante acuerdo dentro de la comunidad de usuarios de la moneda virtual». Teniendo en cuenta estas consideraciones, la autora entiende que se puede incluir al Bitcoin, el Ripple o el Ethereum dentro del concepto de «monedas virtuales» o «monedas digitales», lo que implica que entran dentro del ámbito de aplicación del Reglamento MICA por formar parte de los criptoactivos distintos de las fichas referenciados a activos y las fichas de dinero electrónico [véase, a tal efecto, las páginas 67-71, en especial, págs. 70 y 71].

140 A tal efecto, véase: MARTÍNEZ NADAL, A., «Ámbito de aplicación...», *op. cit.*, p. 60-61.

141 MARTÍNEZ NADAL, A., «Ámbito de aplicación...», *op. cit.*, p. 50 y 61. Asimismo, *vid*.: Dictamen del Comité Económico y Social Europeo sobre: Propuesta de Reglamento..., *op. cit.*, ap. 3.12.

calificarse como un instrumento financiero[142]. Aun así, la designación realizada por el emisor u oferente no vincula a las autoridades competentes, las cuales «deben adoptar un enfoque en el que predomine el fondo sobre la forma, según el cual las características del criptoactivo en cuestión determinen [su] clasificación»[143].

Con todo, los criptoactivos que no están excluidos del ámbito de aplicación del Reglamento MICA se subsumen dentro de la categoría de «otros criptoactivos regulados por el Reglamento» [su denominación oficial es la de «criptoactivos distintos de fichas referenciadas a activos o fichas de dinero electrónico»]. Así las cosas, el Reglamento ha evitado hacer una lista taxativa de criptoactivos para incluir y regular de forma genérica a todos los criptoactivos que no están excluidos de su ámbito de aplicación, así como para adaptarse a los nuevos tipos de criptoactivos que puedan ir surgiendo en el futuro.

6. Repercusión de esta clasificación en el ámbito del DIPr

El presente epígrafe tiene por objeto reflexionar acerca de si la clasificación y calificación realizada en el Reglamento MICA sobre los distintos tipos de criptoactivos, así como la exclusión de alguno de ellos, tienen incidencia real en el ámbito del DIPr. Debido a su relevancia, se utilizan de forma ilustrativa los criptoactivos calificados como «instrumentos financieros», los cuales están excluidos de su ámbito de aplicación; sin perjuicio de que dicha argumentación sea trasladable a las demás categorías excluidas [NFTs].

Pues bien, la calificación de un criptoactivo como «instrumento financiero» conforme a los estándares del Reglamento MICA o de la Directiva MIFID II no resulta vinculante a los efectos de aplicar las normas de DIPr, dado que nuestra disciplina utiliza conceptos autónomos propios, los cuales pueden variar dependiendo del concreto Reglamento aplicable. Y ello, sin perjuicio de que la naturaleza jurídica del criptoactivo en cuestión sí que pueda tener cierta relevancia a la hora de aplicar las concretas normas en materia de jurisdicción y/o ley aplicable. Así, por ejemplo, en materia de jurisdicción internacional, normalmente resultará aplicable el Reglamento núm. 1215/2012 para determinar los tribunales competentes en materia civil y/o mercantil, con independencia de que el criptoactivo sea calificado como un instrumento financiero, una ficha de servicio o un NFT. Sin embargo, no es menos cierto que la manera en que se aplican algunos foros de este Reglamento [*v.g. forum contractus*] puede variar dependiendo de la naturaleza jurídica y de las características del criptoactivo.

142 A tal efecto, véase el art. 8.4 del Reglamento MICA y el considerando núm. 14.

143 Considerando núm. 11 del Reglamento MICA.

En relación con la determinación de la ley aplicable en materia contractual, si se atiende a lo dispuesto en el Reglamento núm. 593/2008 [Roma I], resulta que no podrán aplicarse distintas leyes cuando se trate de instrumentos financieros; todo ello con el fin de garantizar la uniformidad en los términos y condiciones de la emisión u oferta[144], como aclara el considerando núm. 28 del Reglamento. Por tanto, en este caso resulta relevante conocer de antemano si el criptoactivo es un instrumento financiero, pero dicha calificación no deriva del Reglamento MICA o de la Directiva MIFID II, sino del concepto autónomo de «instrumento financiero» del R. Roma I[145] [sin perjuicio de que estos conceptos puedan ser coincidentes o que existan remisiones entre normativas para definir dicha cuestión, pues nada impide que en el futuro dichas remisiones se modifiquen].

Dejando al margen la determinación de la ley aplicable y la jurisdicción, lo cierto es que, en el ámbito del DIPr, la conceptualización de «instrumento financiero» realizada por el Reglamento MICA o la Directiva MIFID II resulta relevante para determinar el ámbito de aplicación de sendas normativas. En efecto, teniendo en cuenta que el DIPr también se encarga de establecer el ámbito de aplicación espacial de las normas jurídicas[146], conocer si un

144 Garcimartín Alférez, F., «Cláusulas de ley aplicable en instrumentos financieros, A propósito de la Sentencia del Tribunal Supremo de 20 de julio de 2017», Publicado el 30.08.2017 en el Almacén de Derecho. Como indica el autor, «la intención del emisor de un instrumento financiero es obligarse sobre la base de una misma ley vis à vis los inversores, con independencia del país de estos. Y esto es algo inherente a la naturaleza de las cosas si pensamos en los instrumentos financieros como "valores negociables" incorporados a un título valor o equivalente».

145 A tal efecto, el considerando núm. 30 del Reglamento núm. 593/2008 dispone que «a efectos del presente Reglamento, se entenderá por instrumentos financieros y por valores negociables aquellos instrumentos mencionados en el artículo 4 de la Directiva 2004/39/CE».

146 En este sentido, véase la teoría expuesta por Garau Juaneda sobre el ámbito de aplicación de las normas jurídicas en el espacio. A tal efecto, como indica el citado autor, cabe tener presente que el derecho está vigente en un determinado espacio, coincidente normalmente con la base territorial del Estado o CA que lo ha dictado [ámbito de vigencia espacial]; el supuesto de hecho contemplado en la norma se debe localizar en un determinado territorio para que esta sea de aplicación, función que se realiza a través de conexiones territoriales —*v.gr.* lugar de producción del hecho o situación del bien— o que responden a la vinculación de una persona con un territorio —*v.g.* la nacionalidad o la vecindad civil— [ámbito de aplicación espacial]; y, finalmente, el derecho se aplica en un determinado territorio [ámbito de eficacia espacial], el cual suele coincidir con el territorio en el que rige dicha norma. En concreto, *vid.*: Garau Juaneda, L., «El ámbito de vigencia, el ámbito de aplicación y el ámbito de eficacia de los derechos civiles autonómicos: al hilo del caso particular del art. 50 de la Compilación del Derecho Civil de las Islas Baleares», *Revista Jurídica de les Illes Balears*, núm. 21, 2020, págs. 11–42, págs. 14– 15. Asimismo, para una visión más amplia sobre estas cuestiones, *vid.*: Garau Juaneda, L., «Espacio y tiempo en el Derecho», en Esplugues Mota, C. [coord.] et al., *Nuevas fronteras del derecho de la Unión Europea. Liber amicorum: José Luis Iglesias Buhigues*, Valencia, Tirant lo Blanch, 2012, págs. 101–116, en especial, págs. 108-115. L. Garau Juaneda, «Los conflic-

criptoactivo debe calificarse como instrumento financiero a la luz de sus respectivas normativas resultará relevante en la medida en que determinará si se cumple el ámbito de aplicación material de los respectivos Reglamentos.

Sin perjuicio de esto último, cabe concluir que las calificaciones y clasificaciones de los criptoactivos realizadas por el Reglamento MICA y/o la Directiva MIFID II tendrán, con carácter general, una incidencia relativamente escasa en el ámbito del DIPr debido a la existencia de conceptos autónomos. Ello implica que debe acudirse a las definiciones propias de cada Reglamento y a las interpretaciones realizadas por el TJUE, sin perjuicio de que, a falta de conceptos autónomos propios, puedan utilizarse —de forma excepcional y siempre respetando los principios de certeza, previsibilidad y seguridad jurídica—, las conceptualizaciones recogidas en el Reglamento MICA para interpretar y determinar cómo deben aplicarse ciertos foros o las correspondientes normas de conflicto.

tos de leyes entre las diferentes regulaciones en materia de régimen económico matrimonial vigentes en España y cuestiones de derecho intertemporal asociadas a los mismos», en: F. Lledó Yagüe, M.P. Ferrer Vanrell y O. Monje Balmaseda [Dir.], *Las relaciones patrimoniales entre cónyuges y parejas convivientes en los derechos civiles autonómicos*, Madrid, Dykinson, 2021, págs. 1–35, págs. 2–3. Garau Juaneda, L., «Sobre las diferentes relaciones entre norma jurídica y territorio», en: J. Basedow, et al., *Aufbruch nach Europa, 75 Jahre Max-Planck-Institut für Privatrecht*, Mohr Siebeck, 2001, págs. 415–428. Garau Juaneda, L., *Algunas reflexiones interdisciplinares e incluso heterodoxas sobre el Derecho interregional*, Edicions UIB, 2023, en especial, págs. 23-27. Asimismo, *vid.*: Horrach Armo, J.G., «La aplicación de la legislación civil foral o especial a los extranjeros en virtud del Reglamento [UE] n.° 650/2012. Especial referencia al pacto sucesorio de definición contemplado en la Compilación de Derecho civil de las Illes Balears», *Anuario español de Derecho Internacional Privado*, núm. 22, 2022, págs. 389-411, págs. 405 y 406.

CAPÍTULO SEGUNDO

FUENTES APLICABLES Y CUESTIONES PRELIMINARES

I. Introducción

En este capítulo se analizan varias cuestiones introductorias relativas a la determinación de la competencia judicial internacional en el ámbito de las plataformas de criptoactivos. En concreto, se han incorporado varios epígrafes para intentar explicar, entre otras, las siguientes cuestiones fundamentales: cuál es el objeto de la demanda en este ámbito [es decir, qué tipo de controversias se pueden producir en el ámbito de los criptoactivos, tanto en materia contractual como extracontractual]; qué relevancia tiene la naturaleza jurídica de los servicios de criptoactivos en la aplicación de ciertos foros; qué fuentes son potencialmente aplicables y, finalmente, la relevancia y primacía del Reglamento núm. 1215/2012 para determinar la jurisdicción internacional en este ámbito.

II. Delimitación de la acción u objeto de la demanda

El presente epígrafe tiene por objeto determinar cuál es el posible objeto de la demanda en las controversias que involucren PC. En concreto, se dilucida en qué supuestos podrá el demandante interponer una acción por haber incurrido la PC en responsabilidad contractual, extracontractual o, en su caso, por estar ante una situación de insolvencia. También se analiza en qué casos la PC puede demandar a un usuario que ha incumplido sus obligaciones contractuales.

Las controversias que surgen en relación con las PC normalmente tienen carácter transfronterizo[147] [véase el considerando núm. 8 del Reglamento MICA, entre otros[148]]: «Los mercados de criptoactivos son mundiales y, por tanto, intrínsecamente transfronterizos [...]». Por esa razón, cuando se produzca una controversia relacionada con una PC se tratará de una «situación privada internacional» o de «tráfico externo» [según la doctrina mayoritaria], por lo que habrá que determinar cuáles son los tribunales internacionalmente competentes y, asimismo, se producirá un conflicto de leyes que se deberá resolver mediante la oportuna aplicación de las normas de conflictos correspondientes[149].

a) **Responsabilidad contractual:** En primer lugar, el objeto de la demanda podrá estar constituido por una acción en materia de responsabilidad contractual. Lo más habitual será que esta acción derive de la defectuosa prestación de algún servicio de criptoactivos recogido en el Reglamento MICA, aunque también puede tratarse de algún servicio que no esté delimitado en dicho instrumento, siempre que exista una efectiva relación contractual entre el usuario y la PC. Naturalmente, la acción puede fundarse en un incumplimiento total o parcial de la obligación asumida por la PC y puede tener por objeto varias obligaciones: *a) entregar alguna cosa*, que en este caso se concretará —normalmente— en la entrega o transferencia de algún tipo de criptoactivo[150]; *b) hacer alguna cosa*, que en este caso consistirá en prestar algún servicio o realizar alguna gestión a favor del demandante [*v.g.* ejecutar una orden de criptoactivos, gestionar la cartera de activos digitales, custodiar de forma correcta los criptoactivos, etc.]; *c) no*

147 En este sentido, si bien desde el prisma de los conflictos de leyes: RÜHL, G., «Smart [legal] contracts, or: Which [contract] law for smart contracts», en: BENEDETTA C. y GHERARDO C. [eds.], *Blockchain, Law and Governance,* Springer. 2020, p. 6 [versión digital de SSRN].

148 El considerando 100 remarca que, «en vista del carácter transfronterizo de los mercados de criptoactivos, es preciso que las autoridades competentes cooperen entre sí para detectar y prevenir toda infracción del presente Reglamento».

149 En ocasiones, el propio Reglamento MICA establece la obligatoriedad de que los acuerdos contractuales que tengan implicaciones transfronterizas establezcan de forma inequívoca el Derecho aplicable. A tal efecto, véase el ultimo inciso del art. 34.5 del Reglamento MICA, el cual hace referencia a los acuerdos de los emisores de fichas referenciadas a activos en relación con las entidades terceras dedicadas a la gestión, custodia e inversión de los activos de reserva. No obstante, este proceder que, a nuestro modo de ver, tendría que ser la regla general [para aumentar la seguridad jurídica en el ámbito de los criptoactivos], se recoge en muy pocas ocasiones y respecto de materiales, por lo general, muy residuales.

150 Así, el art. 37.10 del Reglamento recoge la obligación por parte de la PC de compensar o devolver al sujeto afectado, sin demora indebida, el instrumento financiero o el criptoactivo mantenido en custodia que se haya perdido [salvo que se demuestre que dicha pérdida se ha producido como resultado de un acontecimiento externo que escapa de su control razonable, cuyas consecuencias hubieran sido inevitables pese a todos los esfuerzos por evitarlas].

hacer alguna cosa, como podría ser no ofertar un determinado criptoactivo en su plataforma [*v.g.* por no contar con el consentimiento del oferente y creador del activo, por incumplir con algún derecho de propiedad intelectual o, incluso, por no contar con la debida autorización administrativa] o no entregar determinados criptoactivos a un sujeto por estar incurso en una investigación por blanqueo de capitales o terrorismo [si bien esta última exigencia no parece que pueda derivar de un obligación contractual].

Sin duda, las acciones anteriormente descritas pueden ir acompañadas de la correspondiente reclamación por daños y perjuicios, en la que se incluya también la cuantificación por el lucro cesante [el cual puede resultar muy importante en este ámbito debido a la alta volatilidad de estos activos] y, asimismo, los respectivos intereses. Cuando la parte incumplidora sea el usuario de la PC [ya sea esta un consumidor o profesional], el incumplimiento derivará normalmente de la inobservancia de los términos y condiciones incorporados en las condiciones generales de la contratación. En principio, estas condiciones legales —como se analiza al estudiar las cláusulas de jurisdicción— son plenamente vinculantes para las partes contractuales si se cumplen determinados requisitos materiales y formales.

b) **Responsabilidad extracontractual:** En segundo lugar, la demanda puede tener por objeto una o varias acciones en materia de responsabilidad extracontractual. Debido a que resulta imposible hacer referencia a todas ellas, en el presente estudio nos centraremos en algunas de las más habituales o verosímiles en este ámbito, como pueden ser las derivadas de actuaciones desleales, la infracción en materia de propiedad intelectual, los derechos de la personalidad, el posible enriquecimiento injusto y los daños financieros. En el plano de la jurisdicción, lo cierto es que la concreta materia de responsabilidad extracontractual no tendrá una gran incidencia sobre los foros aplicables, dado que normalmente se aplicarán los recogidos en el Reglamento núm. 1215/2012, sobre todo el *forum domicilii* y el foro en materia delictual o cuasidelictual. No obstante, este último podrá aplicarse de forma distinta atendiendo a la concreta materia que sea objeto de controversia y de los medios utilizados para cometer el ilícito/daño de naturaleza extracontractual.

c) **Procedimientos de insolvencia:** En tercer lugar, el objeto de la demanda puede estar constituido por un procedimiento de insolvencia [*v.g.* quiebra, suspensión de pagos, etc.] o una reclamación dineraria que esté directamente relacionada con un procedimiento de insolvencia. Estos procedimientos no han sido ajenos al ámbito de los criptoactivos [*v.g.* caso FTX] debido a la alta volatilidad de los activos inherentes en este mercado y a las exiguas garantías con las que se constituían algunas de las grandes PC, cuestión que, precisamente, se ha intentado atajar en el ámbito de la UE a través del Reglamento MICA. En este contexto, resulta fundamental determinar qué tribunales tendrán jurisdicción para conocer de los procesos de insolvencia, cuestión que se aborda al final del presente estudio.

Relación triangular en el ámbito contractual y extracontractual: En cuanto a los sujetos intervinientes en el litigio, normalmente existirá una relación bilateral entre la PC y la persona que alegue haber sufrido un daño, ya sea éste de naturaleza contractual o extracontractual. En ocasiones, la PC puede actuar como una mera intermediaria entre el causante del daño y el sujeto presuntamente perjudicado, en cuyo caso se creará una relación triangular entre la PC, el incumplidor/infractor —dependiendo del tipo de responsabilidad— y el sujeto afectado. Esta relación tripartida puede acontecer tanto en sede contractual como extracontractual. Veámoslo brevemente:

En sede contractual esta relación tripartita puede darse, por ejemplo, cuando la PC presta el «servicio de gestión de una plataforma de negociación de criptoactivos», permitiendo ofertar en su plataforma toda una serie de criptoactivos[151]. En ese escenario, la PC actúa como un auténtico *marketplace,* conectando la oferta con la demanda, por lo que normalmente no intervendrá directamente en las relaciones entre oferentes y demandantes de criptoactivos, por lo que, en principio, su responsabilidad quedará limitada a la adecuada gestión de la plataforma. No obstante, en caso de que un cliente de la PC —ya sea un oferente o demandante de criptoactivos— pretenda demandar a ésta juntamente con el presunto incumplidor [que será el correlativo oferente o demandante de criptoactivos], habrá que determinar cuáles son los foros idóneos para ello. En este escenario, el demandante podrá utilizar, entre otros, el *forum conexitatis*, el cual permitirá —bajo ciertas condiciones— la acumulación subjetiva de acciones ante un mismo tribunal [art. 8 del Reglamento núm. 1215].

Por su parte, en sede extracontractual también se pueden producir este tipo de relaciones triangulares. En este sentido, cabe pensar en una persona jurídica que ofrece sus criptoactivos a través de una PC y, asimismo, utiliza la infraestructura de dicha PC para realizar actos de competencia desleal con la aquiescencia de ésta. Estos ilícitos concurrenciales podrían ser, por ejemplo, acciones u omisiones engañosas que afectaran a los consumidores. En

151 Esta relación triangular también puede acaecer durante la prestación del «servicio de colocación de criptoactivos», en cuyo caso la PC no sólo realiza una función de intermediación en la comercialización de criptoactivos creados por terceros [función de «colocación»], sino que realiza una función publicitaria y de promoción muy relevante, dado que permite dar a conocer criptoactivos que, de otra forma, quizás resultarían desconocidos a sus clientes habituales. En este contexto, también puedan darse situaciones de corresponsabilidad que involucren a la PC y al oferente que ha creado los criptoactivos respecto a los adquirentes de dichos activos.

este contexto, los sujetos afectados pueden decidir acumular sus acciones contra el causante directo del daño [el oferente] y la PC por permitir, con su aquiescencia, la comisión de la infracción desleal. Sin perjuicio de que estas acciones tengan mayores o menores probabilidades de prosperar, lo cual es una cuestión que deberá resolverse conforme a la ley aplicable al fondo del asunto, nuestro objetivo consiste en determinar los cauces por los cuales el presunto perjudicado puede demandar a ambos sujetos de forma simultánea, favoreciendo así el principio de economía procesal y el correlativo ahorro de costes para las partes.

III. La relevancia de la naturaleza jurídica de los contratos en la aplicación de determinados foros

En el presente epígrafe se analiza la relevancia de determinar correctamente la naturaleza jurídica de los tipos contractuales a la hora de aplicar ciertos foros. En ocasiones, también resultará relevante analizar la naturaleza jurídica del criptoactivo subyacente, es decir, el análisis sobre el objeto del contrato tendrá relevancia a la hora de aplicar determinados foros como el *forum contractus*, basado en el lugar dónde se haya cumplido o deba cumplirse la obligación que sirva de base a la demanda [teniendo en cuenta que, con frecuencia, las transacciones se realizarán a través de redes distribuidas o descentralizadas][152].

1. Responsabilidad contractual

La primera cuestión que cabe resolver es si, desde el punto de vista del DIPr, tiene relevancia la naturaleza jurídica de los criptoactivos o su clasificación en una u otra tipología contractual. La respuesta rápida es que sí porque pueden influir en la aplicación de los foros o en las normas de conflicto. Así, por ejemplo, no se aplicará igual el *forum contractus* del Reglamento núm. 1215/2012 cuando se trate de enjuiciar la prestación de un servicio de crip-

152 Sobre esta cuestión, véase: ANDREEVA, V., «Conflicto de leyes en las transacciones de cryptomonedas», *Anuario Español de Derecho Internacional Privado*, Tomo XXII, 2022, págs. 21-47, p. 22. Como como indica la citada autora, si bien haciendo alusión a los conflictos de leyes, «el hecho de que las operaciones se realizan en el ciberespacio entre personas que se encuentran el distintos países y el carácter descentralizado de los *distributed ledger technologies* [DLT] hace necesario replantear los tradicionales puntos de conexión muchos de los cuales contienen un elemento de territorialidad, como puede ser la residencia habitual de las partes, el lugar en el que se celebra de contrato, el lugar donde la persona jurídica desarrolla su actividad principal o donde está su administración central, etc. En un espacio digitalizado en el que la transacción se realiza a través de blockchain [cadena de bloques] que garantiza el anonimato de las partes y en el que resulta difícil identificar el lugar desde el que se realiza la operación, dichos puntos de conexión pueden resultar imposibles de aplicar».

toactivos que cuando se pretenda determinar la competencia del tribunal en virtud del lugar de entrega de un activo digital. En este contexto, cabe matizar que la calificación cómo servicios de criptoactivos del Reglamento MICA no puede resultar vinculante para la aplicación de los foros recogidos en los distintos reglamentos, pues existen conceptos autónomos que nos definen, por ejemplo, que debe entenderse por un contrato de prestación de servicios y/o una compraventa de mercaderías. A tal efecto, puede suceder que el contrato que involucre criptoactivos no pueda calificarse como una prestación de servicios ni un contrato de compraventa porque los activos digitales no puedan enmarcarse en dicha definición, ya sea porque se califiquen como dinero electrónico, bienes inmateriales, intangibles, etc. En tal caso, habrá que analizar los criterios seguidos por el TJUE y la doctrina para aplicar dichos foros, como se analiza en el epígrafe correspondiente[153].

De este modo, por ejemplo, en el epígrafe dedicado al foro en materia contractual, se dilucida si la calificación otorgada por el Reglamento MICA respecto de los distintos «contratos de servicios de criptoactivos» se puede dar por válida para aplicar dicho foro, atendiendo a la conceptualización autónoma de «contrato de prestación de servicios» del Reglamento núm. 1215/2012. A tal efecto, se dilucida si existen casos en los que, con independencia de la calificación otorgada por el Reglamento MICA, algunos servicios de criptoactivos puedan calificarse como contratos de compraventa de mercaderías u otros tipos contractuales no subsumibles en el art. 7.1.b) del Reglamento núm. 1215/2012. De esta forma, entre los servicios que puede prestar una PC se encuentran algunas transacciones que, a simple vista, resulta dudoso que puedan calificarse como contratos de servicios, como pueden ser las operaciones relativas al «canje de criptoactivos por fondos» o el «canje de criptoactivos por otros criptoactivos», como se deriva del propio Reglamento MICA [arts. 3.19 y 3.20][154].

Sin perjuicio de lo anterior, cuando en aplicación de un Reglamento en materia de DIPr no se pueda determinar con exactitud la naturaleza jurídica de un contrato [¿es un contrato de prestación de servicios o un contrato de compraventa?] o del objeto del propio contrato [¿es una mercadería o un bien

153 *Vid. infra*, capítulo sexto, epígrafes II y siguientes.

154 La calificación como «contrato de compraventa» recogida en los arts. 3.19] y 3.20] resulta, a primera vista, contradictoria con lo dispuesto unos párrafos más atrás [art. 3.16)], donde se otorga al «servicio de canje de criptoactivos por fondos u otros criptoactivos» la calificación de «servicios de criptoactivos». La explicación de esta discordancia radica en que, posiblemente, cuando el Reglamento MICA hace referencia a los «servicios de criptoactivos» lo hace de forma muy genérica para subsumir en dicha conceptualización todo tipo de actividades relacionadas con los criptoactivos y no tanto para calificar dichas transacciones como un contrato de prestación de servicios. Esta aserción parece confirmarse si se lee con detenimiento lo dispuesto en el art. 3.16], el cual define el «servicio de criptoactivos» como «cualquiera de los servicios y actividades, en relación con cualquier criptoactivo, que se enumera a continuación...».

inmaterial?], puede resultar útil saber cómo califica el Reglamento MICA —u otro Reglamento europeo— dicho tipo contractual o qué naturaleza jurídica otorga al objeto del contrato. De esta forma, aunque dicha calificación no resultará vinculante en materia de DIPr debido a la existencia de conceptos autónomos, puede resultar de guía útil para determinar cómo debe aplicarse el foro o la norma de conflicto correspondiente. Eso sí, su utilización debe resultar necesaria y excepcional, sin que pueda resultar contraria a los principios de certeza, previsibilidad y seguridad jurídica imperantes en materia de DIPr[155].

Para finalizar, cabe indicar que, en ocasiones, la actividad realizada por la PC será de mera intermediadora para que se lleve a cabo una determinada transacción relacionada con criptoactivos [*v.g.* colocación de criptoactivos]. En relación con esta labor de intermediación parece oportuno afirmar que, con independencia de la naturaleza jurídica de la operación subyacente, la PC prestará un auténtico servicio de criptoactivos en relación con su cliente; toda vez que su actuación se circunscribe a la realización de cuantos actos de intermediación resulten necesarios para conseguir el mejor resultado para éste. Y ello sin perjuicio de que coexistan relaciones jurídicas de distinta naturaleza que involucren a otros agentes, las cuales resultan imprescindibles para satisfacer las necesidades del cliente [*v.g.* la PC 1 realiza una compraventa de criptoactivos con la PC 2 para dar cumplimiento al servicio relativo a la «colocación de criptoactivos» o a la «gestión de carteras de criptoactivos»].

2. Responsabilidad extracontractual

La naturaleza jurídica de la relación contractual o del objeto del contrato tendrá, *a priori*, una incidencia mucho menor en el ámbito de la responsabilidad extracontractual, aunque no es descartable que pueda tener cierta incidencia en la aplicación del *forum delicti commissi*. Ello puede suceder, por ejemplo, cuando se deba determinar el lugar de materialización del daño, en cuyo caso puede tener relevancia determinar el lugar de

155 Así, por ejemplo, puede resultar útil la calificación realizada por el Reglamento MICA sobre algunos contratos relacionados con criptoactivos, los cuales tienen la consideración como «contratos de prestación de servicios». En dicho caso, a falta de una norma europea o supranacional de DIPr y de un pronunciamiento expreso del TJUE que otorgue otro criterio interpretativo, se podría recurrir, como *ultima ratio*, a la calificación otorgada por el Reglamento MICA, al ser éste el único instrumento jurídico unificado a nivel de la UE para determinar si dicho contrato con criptoactivos debe calificarse como una prestación de servicios. Cabe advertir que este recurso debe ser utilizado únicamente en casos excepcionales y de forma restrictiva, sin que, en ningún caso, pueda comprometer el efecto útil de los Reglamentos en materia de DIPr ni resultar contrario a sus principios fundamentales ni a sus conceptualizaciones autónomas.

ejecución del contrato celebrado entre la PC y sus clientes [cuando dicha ejecución produzca o pueda producir perjuicios a uno o varios terceros que no forman parte de la relación contractual].

Cabe matizar que, si el presunto afectado no es ajeno a la relación contractual, se tratará de un caso de responsabilidad contractual[156]. Así, imaginemos que una PC oferta a través de su infraestructura informática un criptoactivo que infringe los derechos de propiedad intelectual de un competidor, en cuyo caso el lugar de materialización del daño puede basarse en varios factores, entre los cuales pueden tener cierta relevancia la naturaleza jurídica del criptoactivo imitado o del contrato subyacente que permite distribuir dicho criptoactivo; dado que estos criterios pueden incidir sobre otros factores clásicos como el lugar dónde se ofrece el criptoactivo o puede ser adquirido. Es decir, el contrato suscrito entre el oferente y la PC puede resultar clave para determinar el ámbito geográfico dónde se distribuye el criptoactivo imitado [lugar dónde se podrá materializar potencialmente el daño] o porque permita cuantificar dicho daño [porque establezca cómo y dónde se puede adquirir, el periodo de venta, etc.].

También puede resultar clave la naturaleza jurídica del contrato celebrado entre la PC y los usuarios de su plataforma. Así, no será lo mismo que dicho criptoactivo sea objeto de un contrato de prestación de servicios sobre el cual tengan acceso millones de personas en todo el mundo [*v.g.* «gestión de una plataforma de negociación de criptoactivos»], en cuyo caso el daño reputacional tendrá escala mundial; que un contrato de compraventa entre la PC y sus clientes [*v.g.* «canje de criptoactivos por fondos u otros criptoactivos»], en cuyo caso el daño reputacional será mucho más acotado. Incluso, la naturaleza jurídica del criptoactivo puede influir en el lugar de materialización del daño. En este sentido, si se trata de un NFT que ha sido copiado y del cual sólo existe una copia, será mucho más sencillo determinar dónde se ha producido el daño en comparación con un criptoactivo totalmente fungible que resulte accesible en todo el mundo y adquirible por cualquier sujeto.

En definitiva, el objeto del contrato o el tipo contractual resultarán relevantes para aplicar el foro en materia extracontractual cuando su análisis permita determinar el lugar dónde se produjo el hecho causal o la materialización del daño. Por tanto, más que factores que permitan determinar de forma directa el lugar del hecho causal o de materialización del daño, constituyen indicios que permiten coadyuvar a delimitar con precisión dichos lugares, pues estarán subordinados a otros criterios más relevantes, como el lugar dónde la PC dirige su actividad o donde los usuarios pueden acceder al contenido presuntamente ilícito.

---

156 *Vid. infra*, epígrafe «VII. Foro en materia contractual» y «VIII. Foro en materia extracontractual».

IV. Multiplicidad de fuentes potencialmente aplicables

En el presente epígrafe se enumeran las principales fuentes potencialmente aplicables para determinar la competencia judicial internacional en materia de responsabilidad contractual y extracontractual, teniendo en cuenta el objeto de la demanda descrito en el presente estudio *[vid. supra]*. En cuanto a la responsabilidad contractual, baste recordar que el objeto de la demanda se basará, normalmente, en la defectuosa prestación de algún servicio de criptoactivos por parte de la PC. Así, por ejemplo, la acción puede estar basada en el incumplimiento total o parcial de la obligación asumida por la PC [de hacer o prestar algún servicio, no hacer alguna actividad o entregar/transferir alguna cosa], pero también en el incumplimiento total o parcial de las obligaciones asumidas por el usuario de la PC, ya sea este un consumidor o un profesional. Por su parte, la responsabilidad extracontractual puede derivar de un amplio abanico de conductas, como puede ser la realización de un ilícito concurrencial, la infracción en materia de propiedad intelectual, así como la vulneración de los derechos de la personalidad de terceros. Dicho esto, cabe ver cuáles son las principales fuentes aplicables para determinar la jurisdicción internacional para resolver los casos de incumplimiento contractual y/o extracontractual.

1. Reglamento núm. 1215/2012 en materia civil y mercantil

En primer lugar, cabe traer a colación la principal fuente aplicable en este ámbito, esto es, el Reglamento núm. 1215/2012. Este Reglamento tendrá una gran aplicación en el ámbito de la Unión Europea por dos razones fundamentales: Primero porque, si bien es cierto que muchas de las plataformas de criptoactivos existentes tenían, hasta hace poco, su centro de actividad principal en un tercer país [EE. UU., China, paraísos fiscales, etc.], el Reglamento MICA les ha impuesto la obligación, para el caso de que quieran prestar sus servicios en el ámbito de la Unión Europea, de disponer de un domicilio social en algún EM y llevar a cabo su gestión real en un lugar dentro de la Unión [*ex* arts. 59.1 y 59.2 del Reglamento MICA][157]. No obstante, existen ciertas excepciones aplicables a determinadas empresas sujetas a la legislación de la UE en materia de servicios financieros, como las entidades de crédito o las entidades de dinero electrónico que quieran emitir fichas de dinero electrónico, las cuales no deberán contar con un domicilio social en la UE, pero sí deberán contar con la preceptiva autorización para emitir dichas fichas[158].

---

157 Sobre esta cuestión, *vid. supra*, apartado «1. Conceptualización de las plataformas de criptoactivos».

158 En este sentido, *vid. supra*, apartado «3. Las fichas de dinero electrónico *[e-money token]*».

La segunda razón fundamental hace alusión a que el Reglamento núm. 1215/2012 resulta aplicable, en ocasiones, con independencia del lugar dónde esté domiciliada la parte demandada. Así ocurre en relación con los contratos celebrados por consumidores, los cuales podrán interponer la demanda ante los tribunales del lugar dónde estén domiciliados, con independencia de que la PC esté domiciliada en un tercer Estado [en virtud de los arts. 6.1 y 18.1 del Reglamento]. Por consiguiente, ya sea por una u otra razón, el Reglamento tendrá una gran aplicabilidad práctica en el ámbito de la UE en el contexto de las PC. Naturalmente, debido a la preeminente aplicación del citado Reglamento, su análisis ocupará un papel preponderante en el presente estudio.

1.1. Ámbito de aplicación material

Cuando se habla del ámbito de aplicación material de las normas, se hace referencia a los supuestos de hecho subsumibles por razón de la materia en el supuesto de la norma, con independencia del espacio y del tiempo[159]. Para concretar el ámbito de aplicación material del Reglamento núm. 1215/2012 cabe acudir al artículo 1, el cual dispone que «el presente Reglamento se aplicará en materia civil y mercantil con independencia de la naturaleza del órgano jurisdiccional [...]». Cabe tener presente la naturaleza autónoma del concepto «materia civil y mercantil»[160], en el cual se incardinan una gran variedad de materias sin atender a las conceptualizaciones internas de cada EM. Naturalmente, cabe incluir en dicho concepto todos los supuestos de responsabilidad contractual derivados de una defectuosa prestación de un servicio de criptoactivos [o su no prestación] por parte de una PC. Asimismo, cabe subsumir en dicho concepto autónomo cualquier tipo de responsabilidad extracontractual derivada de la prestación de un servicio de criptoactivos o de cualquier actividad relacionada con el ámbito de los criptoactivos que haya producido o sea susceptible de producir un daño a terceros.

Cabe hacer una breve mención al requisito exigido por el TJUE para aplicar el presente instrumento comunitario, el cual no es otro que el denominado «elemento extranjero»[161], cuya tesis viene siendo seguida

159 GARAU JUANEDA, L., «Sobre las diferentes relaciones...», *op. cit.*, p. 418.

160 El TJUE ha indicado de forma reiterada que el concepto de «materia civil y mercantil» es un concepto autónomo. En este sentido, *vid.*: STJUE de 14 de octubre de 1976, LTU v Eurocontrol, C-29/76, EU:C:1976:137, ap. 3; STJUE de 28 de julio de 2016, Siemens Aktiengesellschaft Österreich, C-102/15, EU:C:2016:607, ap. 30; STJUE de 28 abril de 2009, Apostolides, C-420/07, EU:C:2009:271, ap. 41; STJUE de 23 de octubre de 2014, flyLAL-Lithuanian Airlines, C-302/13, EU:C:2014:2319, ap. 24.

161 STJUE de 14 de noviembre de 2013, Maletic, C478/12, EU:C:2013:735 [ap. 26 a 28]; STJUE de 19 de julio 2012, Mahamdia, C-154/11, EU:C:2012:491 [ap. 39 y 40]; STJUE de 19 de diciembre de 2013, Corman-Collins, C-9/12, EU:C:2013:860 [ap. 18 a 22]; STJUE de 17 de noviembre de 2011, Hypoteční banka, C327/10, EU:C:2011:745 [ap. 29 a 32]; STJUE de 1 de marzo de 2005, Owusu, C-281/02, EU:C:2005:120 [ap. 24 a 27]. Asimismo, *vid.*: Dictamen 1/03 del Tribunal de Justicia [Pleno], de 7 de febrero de 2006, Avis 1/03, EU:C:2006:81 [ap. 143 a 145].

por la doctrina mayoritaria[162]. En este contexto, como ya se ha tenido ocasión de comentar en varias ocasiones, a nuestro modo de ver, la tesis del «elemento extranjero» o del «supuesto de tráfico externo» debería replantearse, dado que induce a pensar que el DIPr únicamente resulta aplicable cuando existe un supuesto internacional. A tal efecto, como explica Garau Juaneda[163], resulta indudable que las normas de DIPr [normas de conflicto y jurisdicción] se aplican en todo caso, sin distinguir entre supuestos internos o internacionales, cuando un determinado supuesto de hecho cumpla con el ámbito de aplicación material, espacial y temporal de la norma de DIPr en cuestión[164]. Sin perjuicio de lo anterior, tampoco puede obviarse que la tesis sobre el elemento internacional está muy extendida, la cual se basa en apreciar como litigios internacionales aquellos que reúnen algún elemento de extranjería[165]. Sea como fuere, resulta indudable que el objeto de análisis del presente estudio tiene un marcado carácter internacional, por lo que cabe concluir que las transacciones realizadas en el ámbito de las PC entrarán dentro del ámbito de aplicación del Reglamento núm. 1215/2012[166].

162 Calvo Caravaca A.L., y Carrascosa González, J., *Derecho Internacional Privado... [Vol. I], op. cit.*, p. 208. Garcimartín Alférez, F.J., *Derecho Internacional Privado*, 2.ª ed., Navarra, Aranzadi, 2014, p. 32 y 33. Este autor utiliza los términos «supuestos de tráfico externo», «supuestos con elemento extranjero» y «situaciones privadas internacionales» para hacer referencia a las relaciones de Derecho privado que se desarrollan en un contexto internacional y que, a su parecer, formarían parte del estudio del DIPr.

163 A tal efecto, *vid.*: «El ámbito de vigencia...», *op. cit.*, p. 14-15. Garau Juaneda, L., «Espacio y tiempo...», *op. cit.*, págs. 108–115.

164 En este sentido: Garau Juaneda, L., «La integración del Reglamento Europeo en materia sucesoria en el Derecho interregional español», *Bitácora Millennium DIPr*, núm. 2, 2015, págs. 1–14, págs. 4, 5 y 10. Garau Juaneda, L., «La aplicación de los Reglamentos...», *op. cit.*, págs. 51-62. Horrach Armo, J.G., «La aplicación de la legislación civil...», *op. cit.*, p. 391.

165 El TJUE ha indicado que «la aplicación de las reglas de competencia de dicho Convenio requiere la existencia de un elemento de extranjería y que, a efectos de aplicación del artículo 2 del Convenio de Bruselas [*actual art. 4 Reglamento núm. 1215*], el carácter internacional de la relación jurídica de que se trate no tiene que derivar necesariamente de que, debido al fondo del litigio o al domicilio respectivo de las partes del litigio, estén implicados varios Estados contratantes». STJUE de 14 de noviembre de 2013, Maletic, C478/12, EU:C:2013:735 [ap. 26].

166 De esta forma, baste recordar que la mayoría de criptoactivos se ubican en una red DLT que, por definición, es ubicua y deslocalizada, interconectada por ordenadores situados en múltiples países de forma simultánea. Además, resulta habitual que las PC permitan a sus usuarios realizar transacciones desde prácticamente cualquier país del mundo, si bien existen algunas plataformas que imponen ciertos bloqueos regionales. Incluso, cuando se trate de un caso de responsabilidad extracontractual, los sujetos afectados normalmente estarán repartidos en múltiples países. Por tanto, cabe concluir que, en la mayoría de las ocasiones, el carácter internacional estará presente en las transacciones realizadas entre las PC y los usuarios.

1.2. Ámbito de aplicación personal

En primer lugar, cabe tener en cuenta que el ámbito de aplicación personal del Reglamento núm. 1215/2012 se centra en el domicilio del demandado en un EM de la UE. Para determinar cuando una persona física o jurídica está domiciliada en un EM habrá que acudir a los artículos 62 y 63 Reglamento núm. 1215/2012. En caso de que el demandado no esté domiciliado en un EM, la competencia judicial se regirá, en cada EM, por la legislación de ese EM [art. 6.1]. No obstante, existen varias excepciones que se refieren a esta regla general: en materia de consumo [18.1], trabajo [21.2], competencias exclusivas [art. 24], sumisión expresa y tácita [arts. 25 y 26][167]. A estos efectos, la exclusión más relevante hace alusión a los contratos celebrados con consumidores, dado que ésta permitirá a los clientes de las PC que tengan dicha consideración, interponer la demanda ante los tribunales del lugar dónde estén domiciliados [arts. 6.1 y 18.1], con independencia de que la PC esté domiciliada en un tercer Estado. Además, también resulta relevante la aplicación del Reglamento cuando las partes se sometan expresa o tácitamente a los tribunales de un EM, pues resultará frecuente que existan cláusulas de jurisdicción en este ámbito.

1.3. Ámbito de aplicación territorial y temporal

Aunque en este ámbito también existe una gran elaboración doctrinal, nos parece oportuno reducir su complejidad para recalcar en qué países resultará de aplicación el Reglamento núm. 1215/2012. En este sentido, cabe tener en cuenta que el presente Reglamento es aplicable en todos los EE. MM de la Unión Europea, incluida Dinamarca. Aunque en principio a este país no le vinculaba el Reglamento, mediante carta de 20 diciembre de 2012, Dinamarca notificó a la Comisión su decisión de aplicar el contenido del Reglamento[168].

En cuanto al ámbito de aplicación temporal, aunque el Reglamento entró en vigor a los 20 días de su publicación en el DOUE, esto es, el 22 de diciembre de 2012, no fue hasta el 10 de enero de 2015 cuando empezó a aplicarse en toda su extensión [art. 81.1]. Cabe recordar que el Reglamento se aplica a las acciones judiciales ejercitadas con posterioridad al 10 de enero de 2015 [art. 66.1][169], por lo que cabe destacar que el mismo carece de efectos retroactivos.

---

167 STJUE de 13 de julio de 2000, Group Josi, C-412/98, EU:C:2000:399 [ap. 44 y 45].

168 Acuerdo entre la Comunidad Europea y el Reino de Dinamarca relativo a la competencia judicial, el reconocimiento y la ejecución de resoluciones en materia civil y mercantil. DOUE núm. 79, de 21.03.2013, p. 4. Asimismo, véase el considerando 41.° del Reglamento núm. 1215/2012.

169 En este sentido, el artículo 66.1 Reglamento núm. 1215/2012 aclara que «las disposiciones del presente Reglamento solamente serán aplicables a las acciones judiciales ejercitadas a partir del 10 de enero de 2015, a los documentos públicos formalizados o registrados oficialmente como tales a partir de esa fecha, y a las transacciones judiciales aprobadas o celebradas a partir de dicha fecha».

2. Convenio de Lugano de 2007

La segunda fuente potencialmente aplicable para determinar la competencia judicial internacional en el ámbito que nos ocupa es el Convenio de Lugano de 2007 [CL 2007, en adelante][170], el cual tiene como objetivo fundamental trasladar el contenido sustancial del Reglamento 44/2001 a los países firmantes de dicho convenio[171]. Tras el análisis de su ámbito de aplicación, se resuelve la importante cuestión de determinar cuándo se aplicará con preferencia el Convenio de Lugano y cuándo prevalecerá el Reglamento núm. 1215/2012.

2.1. Ámbito de aplicación

En primer lugar, el ámbito de aplicación material del Convenio no varía respecto del Convenio de Lugano de 1988, y en este sentido también es idéntico al Convenio de Bruselas y a los Reglamento núm. 44/2001 y núm. 1215/2012[172]. Por consiguiente, este instrumento se aplica en materia civil y mercantil, con independencia de la naturaleza del órgano jurisdiccional, sin que este resulte aplicable en materia fiscal, aduanera y administrativa [art. 1.1]. Naturalmente, tanto la posible responsabilidad contractual como extracontractual derivada de la actuación de las plataformas de criptoactivos, en sus diversas derivaciones entrará dentro del ámbito de aplicación material del presente Convenio.

El ámbito de aplicación personal del CL 2007 se centra en el domicilio del demandado de un Estado parte vinculado a dicho convenio, excepto en el caso de competencias exclusivas [art. 22] y en la sumisión expresa [art. 23]. En caso de que una persona esté domiciliada en un Estado parte del convenio estará sometida, sea cual sea su nacionalidad, a los tribunales de dicho Estado [art. 2.1]. Para determinar si un sujeto está domiciliado en un Estado parte del convenio, deberán tenerse en cuenta los criterios estipulados en los arts. 59 [personas físicas] y 60 [personas jurídicas]. En este contexto, cabe hacer una salvedad en relación con los derechos de los consumidores. A tal efecto, el CL 2007 no prevé que un consumidor pueda demandar a la contraparte, con independencia de que ésta esté domiciliada en un tercer Estado, ante los tribunales de su domicilio. No obstante, esto no tendrá relevancia para los consumidores españoles o que estén domiciliados en otro Estado de la UE, dado que podrán demandar en virtud de los arts. 6.1 y 18.1 del Reglamento.

---

170 Convenio relativo a la competencia judicial, el reconocimiento y la ejecución de resoluciones judiciales en materia civil y mercantil, hecho en Lugano el 30 de octubre de 2007. DOUE núm. 339 de 21.12.2007, con la corrección de errores publicada el 21.01.2014.

171 Esplugues Mota, C., *et al.*, *Derecho Internacional Privado*, 9.ª ed., Valencia, Tirant lo Blanch, 2015, p. 147.

172 En este sentido, *vid.*: Informe explicativo del Convenio de Lugano realizado por Pocar. F, DOUE núm. 319 de 23.12.2009, p. 5.

Los países que forman parte del presente convenio son todos los EE. MM de la UE [incluida Dinamarca, que firmó el Convenio en Bruselas el 5 de diciembre de 2007] y los países integrantes de la Asociación Europea de Libre Cambio: Suiza, Noruega e Islandia [Liechtenstein no forma parte de este]. Hay que tener en cuenta que el CL 2007 sólo se aplica a las relaciones entre los países extracomunitarios firmantes [Noruega, Islandia, Suiza] y las relaciones de estos con los demás Estados de la UE, en atención a lo dispuesto en el art. 64 del CL. Lógicamente, las relaciones entre los países de la Unión Europea se regirán por el Reglamento núm. 1215/2012. En este sentido, Garcimartín Alférez se ha manifestado a favor de modernizar el Convenio de Lugano para alinearlo con el Reglamento núm. 1215/2012, manteniendo así su paralelismo[173].

Finalmente, en cuanto al ámbito de aplicación temporal, el Convenio de Lugano fue firmado por la Comunidad Europea mediante la Decisión del Consejo de 15 de octubre de 2007[174]. Sin embargo, su ratificación no se produjo hasta la Decisión del Consejo publicada en 2008, por la cual se aprobaba la celebración del Convenio de Lugano II[175]. Además, su entrada en vigor fue escalonada para los distintos países firmantes[176]. En concreto, el 1 de enero de 2010 entró en vigor para la Unión Europea, Noruega y Dinamarca[177].

2.2. Colisión con el Reglamento núm. 1215/2012

Como regla general, cabe tener presente que cuando se cumpla el ámbito de aplicación del Reglamento núm. 1215/2012 y del CL 2007, será aplicable el Reglamento con preferencia, como se deriva del artículo 64 CL 2007 [cuyo precepto debe complementarse con el art. 73 del Reglamento, el cual dispone que «el presente Reglamento no afectará a la aplicación del Convenio de Lugano de 2007»]. Por tanto, puede afirmarse que, en virtud del art. 64 del CL 2007, este Convenio resultará aplicable para determinar la competencia judicial internacional cuando el demandado, en nuestro caso la PC [o

173 GARCIMARTÍN ALFÉREZ, F.J., *Derecho Internacional Privado*, 3.ª ed., Navarra, Thomson Reuters, 2016, p. 86.

174 Decisión del Consejo de 15 de octubre de 2007, relativa a la firma, en nombre de la Comunidad, del Convenio relativo a la competencia judicial, el reconocimiento y la ejecución de resoluciones judiciales en materia civil y mercantil. DOUE núm. 339 de 21.12.2007.

175 Decisión del Consejo de 27 de noviembre de 2008 relativa a la celebración del Convenio relativo a la competencia judicial, el reconocimiento y la ejecución de resoluciones judiciales en materia civil y mercantil. DOUE núm. 147 de 27.11.2008.

176 En el propio Convenio de Lugano se estableció, en su artículo 69.4, que este entraría en vigor «el primer día del sexto mes siguiente a la fecha en que la Comunidad Europea y un miembro de la Asociación Europea de Libre Cambio, hubieren depositado sus instrumentos de ratificación». Además, respecto a cualquier otro Estado parte, se dispuso en el art. 69.5 que el Convenio entraría en vigor «el primer día del tercer mes siguiente al depósito de su instrumento de ratificación».

177 DOUE núm. 140 de 8.6.2010.

el usuario en caso de que el demandante sea la PC], esté domiciliada en un Estado que es parte del Convenio de Lugano, pero no del Reglamento núm. 1215/2012, es decir, debe estar domiciliada en Suiza, Noruega o Islandia [art. 64.1.a) CL 2007].

Por lo que aquí interesa, también resultará aplicable el CL 2007 cuando las partes se sometan expresamente a los tribunales de Noruega, Suiza o Islandia [art. 64.1.a) *in fine* CL 2007]; cuando, en los supuestos de litispendencia o conexidad, se presenten demandas en alguno de los tres citados Estados y, a su vez, en alguno de los Estados dónde rige el Reglamento núm. 1215/2012, *ex* art. art. 64.1.b) CL 2007; y, finalmente, en materia de exequátur, cuando el Estado de origen o el Estado requerido sea alguno de los tres Estados parte del Convenio citados, ex art. 64.1.c) CL 2007. Cabe recalcar que, en la aplicación de estos criterios, resultarán irrelevantes otros factores como el domicilio del demandante, así como la nacionalidad del demandado o la del demandante[178].

Por consiguiente, debido a las similitudes existentes entre el Convenio de Lugano de 2007 y el Reglamento núm. 1215/2012, las conclusiones alcanzadas respecto del Reglamento europeo serán trasladables, por regla general, al CL 2007[179]; sobre todo en el ámbito de la jurisdicción internacional, dado que ambos instrumentos utilizan similares reglas de competencia y comparten el

178 A tal efecto, *vid.*: Magnus, U. y Mankowski, P., *European Commentaries on Private International Law, Brussels Ibis Regulation*, Vol. 1, Köln, Ottoschmidt, 2016, p. 31; Garcimartín Alférez, F.J., *Derecho Internacional Privado... op. cit.*, págs. 83, 86-87; Calvo Caravaca A.L., y Carrascosa González, J., *Derecho Internacional Privado... [Vol. I], op. cit.*, p. 323; Dickinson, A. y Lein, E., *The Brussels I Regulation Recast*, Oxford University Press, Reino Unido, 2015, p. 49 y 114. Lorenzo Guillén, M.L., «Artículo 4», en: Blanco-Morales, P., Garau, F., Lorenzo, M.L., Montero, F.J. [Coords.], *Comentario al Reglamento 1215/2012 relativo a la competencia judicial, el reconocimiento y la ejecución de resoluciones judiciales en materia civil y mercantil*. Aranzadi. Pamplona, 2016, p. 121; STJUE de 13 de julio de 2000, Group Josi, C-412/98, EU:C:2000:399 [ap. 57 a 61]; STJUE de 1 de marzo de 2005, Owusu, C-281/02, EU:C:2005:120 [ap. 26 y 27]; STJUE de 19 de julio 2012, Mahamdia, C-154/11, EU:C:2012:491 [ap. 39 y 40]. Finlamente, véase el considerando núm. 13 del Reglamento núm. 1215/2012.

179 STJUE de 20 de diciembre de 2017, Schlömp, C- 467/16, EU:C:2017:993, ap. 48. Este apartado indica lo siguiente: «El Tribunal de Justicia también ha destacado la identidad de objeto y tenor entre el Reglamento n.o 44/2001 y las disposiciones del Convenio de Lugano II, que permite garantizar la coherencia entre ambos regímenes jurídicos». Asimismo, véase: Conclusiones del Abogado general Maciej Szpunar de 18 de octubre de 2017, Schlömp, C- 467/16, EU:C:2017:768, ap. 23 a 25. En este mismo sentido, véase también el Dictamen 1/03 del TJUE [Pleno] de 7 de febrero de 2006, EU:C:2006:81, ap. 152 y 153. Asimismo, cabe traer a colación la Decisión del Consejo 2009/430/CE, de 27 de noviembre de 2009, relativa a la celebración del Convenio de Lugano II [DOUE núm. L 12, de 16.01.2001, p. 1], en cuyo cuarto considerando se establece que «a la vista del paralelismo entre los regímenes de competencia judicial, reconocimiento y ejecución de resoluciones judiciales en materia civil y mercantil de los Convenios de Bruselas y Lugano, las normas del Convenio de Lugano deben ajustarse a las normas del Reglamento [CE] núm. 44/2001, a fin de lograr el mismo nivel de circulación de resoluciones judiciales entre los EE. MM de la UE y los Estados de la AELC interesados».

mismo objeto[180]. En este sentido, la jurisprudencia del TJUE sobre la aplicación de los Reglamentos núm. 44/2001 y núm. 1215/2012 es plenamente trasladable para interpretar las disposiciones homónimas del CL 2007, tal como se deriva del Protocolo núm. 2, relativo a la interpretación judicial uniforme del Convenio y al Comité permanente[181], así como de la propia jurisprudencia del TJUE[182].

3. Convenio de la Haya sobre acuerdos de elección de foro

El Convenio de la Haya de 30 de junio de 2005 sobre acuerdos de elección de foro, de 30 de junio 2005 [en adelante, CH 2005][183], regula los distintos aspectos de los acuerdos atributivos de jurisdicción en el marco de los Estados que forman parte del Convenio. Para que este Convenio resulte aplicable se deben cumplir todos sus ámbitos de aplicación [material, territorial, tem-

---

180 Conclusiones del Abogado general Maciej Szpunar de 18 de octubre de 2017, Schlömp, C- 467/16, EU:C:2017:768, ap. 24: «A este respecto, el Tribunal de Justicia ha tenido la ocasión de señalar que el objeto del Convenio de Lugano II es el mismo que el del Reglamento n.o 44/2001. Las disposiciones de ambos establecen el mismo sistema utilizando, en particular, las mismas reglas de competencia, lo que garantiza la coherencia entre los dos instrumentos jurídicos».

181 Protocolo núm. 2, relativo a la interpretación judicial uniforme del Convenio y al Comité permanente, DOUE L 339, 2007, págs. 27-30. A tal efecto, el artículo 1.1 del presente Protocolo dispone que «1. Los tribunales que apliquen e interpreten el presente Convenio tendrán debidamente en cuenta los principios establecidos en las decisiones relevantes sobre la[s] disposición[es] de que se trate, la[s] disposición[es] similares del Convenio de Lugano de 1988, y los instrumentos a que se refiere el artículo 64, apartado 1, del presente Convenio, dictadas por los tribunales de los Estados vinculados por el presente Convenio y por el Tribunal de Justicia de las Comunidades Europeas». Interpretando este precepto, el Abogado general Maciej Szpunar realiza una reflexión que compartimos plenamente: «Desde mi punto de vista, el mismo paralelismo interpretativo debería aplicarse, en principio, entre el «régimen de Bruselas», es decir, el Convenio de Bruselas y los Reglamentos núm. 44/2001 y núm. 1215/2012, y el Convenio de Lugano II. Soy muy consciente del hecho de que, al contrario de lo que sucede con el régimen de Bruselas, el Convenio de Lugano II no se aplica únicamente a EE. MM de la Unión. No obstante, dado que la lógica y el claro objeto del Convenio de Lugano II sin duda convergen con los del régimen de Bruselas, no veo ningún motivo por el cual no se pueda, en principio, establecer analogías entre disposiciones equivalentes del Convenio de Lugano II y de los Reglamentos núm. 44/2001 y núm. 1215/2012». Conclusiones del Abogado general Maciej Szpunar de 18 de octubre de 2017, Schlömp, C- 467/16, EU:C:2017:768, ap. 26.

182 A tal efecto, el TJUE ha puesto de manifiesto la necesidad de interpretar y aplicar el Convenio de Lugano 2007 de forma uniforme con las disposiciones equivalentes del Reglamento núm. 44/2001 y el Reglamento núm. 1215/2012. STJUE de 20 de diciembre de 2017, Schlömp, C-467/16, EU:C:2017:993 [ap. 47]; Conclusiones del Abogado general Maciej Szpunar de 22 de enero de 2019, Pillar Securitisation, C-694/17, EU:C:2019:44; Conclusiones del Abogado general Maciej Szpunar de 18 de octubre de 2017, Schlömp, C- 467/16, EU:C:2017:768, ap. 23 a 25.

183 Decisión del Consejo, de 4 de diciembre de 2014, relativa a la aprobación, en nombre de la Unión Europea, del Convenio de La Haya, de 30 de junio de 2005, sobre Acuerdos de Elección de Foro. DOUE núm. 353, de 10.12.2014.

poral], no debe darse ninguna exclusión de su ámbito de aplicación, debe tratarse de una situación internacional y, además, no debe resultar aplicable otro instrumento internacional con preferencia sobre éste[184]. Esta fuente puede resultar trascendente en el ámbito que nos ocupa debido a que las cláusulas de jurisdicción son muy frecuentes en las condiciones generales de la contratación de las PC; si bien la exclusión de los acuerdos de elección de foro que involucren a consumidores de su ámbito de aplicación reducirá, en parte, su relevancia práctica.

3.1. Ámbito de aplicación

En cuanto a su ámbito de aplicación material, el CH 2005 resulta aplicable en situaciones internacionales a los acuerdos de elección de foro que se celebren en materia civil y mercantil [art. 1.1], si bien incluye numerosas exclusiones en su artículo 2 que reducen, en cierta medida, su relevancia práctica[185]. De entre las exclusiones más relevantes en el ámbito de las PC, este Convenio no resulta aplicable respecto de los acuerdos de jurisdicción en los que estén involucrados uno o varios consumidores. Por su parte, en cuanto al requisito de la situación internacional, si los elementos relevantes del litigio no están conectados con un único Estado, la situación será internacional[186]. En este contexto, como indica Garcimartín Alférez, «la definición de situación internacional es, por consiguiente, muy amplia. Basta con que un elemento relevante del litigio se localice en el extranjero para que el Convenio resulte aplicable»[187].

184 Sobre un análisis de los principales requisitos necesarios para aplicar el Convenio de la Haya de 2005, *vid*.: Campuzano Díaz, B., «El Convenio de La Haya de 2005 y los acuerdos de elección de foro en las relaciones comerciales entre México y los EE. MM de la Unión Europea», *Boletín Mexicano de Derecho Comparado*, núm. 165, 2022, págs. 3-31, p.10 y ss. Garcimartín Alférez, F.J., «El Convenio de La Haya sobre Acuerdos de Elección de Foro: autonomía privada y competencia judicial internacional», *Diario La Ley*, núm. 8423, 2014, págs. 1-13, p.

185 Garcimartín Alférez, F.J., *Derecho Internacional Privado*, 4.ª ed., Navarra, Aranzadi, 2017, p. 178. Vargas Gómez-Urrutia, M., «Cláusulas de elección de foro y protección de su efectividad en el Convenio de La Haya de 2005», *Revista Perspectiva Jurídica*, Universidad Panamericana, núm. 6, 2016, págs. 1-18, p. 6. Como indica la citada autora «esta limitación reduce su ámbito de aplicación material que queda circunscrito básicamente a las relaciones contractuales entre profesionales o a los daños que se puedan causar en el marco de estas relaciones, incluyendo las actuaciones *iure gestionis* del Estado o de organismos públicos».

186 A los efectos del reconocimiento y la declaración de ejecutividad de resoluciones extranjeras, la situación será internacional desde el momento en que se solicite dicho reconocimiento o ejecución, *ex* art. 1.3 del CH 2005.

187 No obstante, como indica el autor, «el propio Convenio aclara que la mera voluntad de las partes no es suficiente para internacionalizar el supuesto. Esto es, si todos los elementos relevantes de la situación se localizan en un Estado, el hecho de que las partes hayan elegido los tribunales de otro Estado no es suficiente para desatar la aplicación del Convenio». Garcimartín Alférez, F.J., «El Convenio de La Haya...», *op. cit.*, p. 2.

En cuanto a su ámbito de aplicación personal, cabe indicar que el Convenio no impone ninguna condición especial a las personas que celebren un acuerdo de jurisdicción para que este instrumento resulte aplicable. Por consiguiente, el Convenio resultará aplicable con independencia de la nacionalidad de las partes y aunque estas residan en un tercer Estado.

En cuanto a su ámbito de aplicación territorial, en la actualidad [2024] forman parte del Convenio los siguientes países: México [2007], todos los países de la Unión Europea [2015], Singapur [2016], Montenegro [2018], Reino Unido [2020] y Ucrania [2023]. En este escenario, para que el Convenio resulte aplicable, las partes del acuerdo de elección de foro deben designar como competentes a los tribunales de un Estado parte del Convenio, tal como indica el art. 3.a) del CH 2005[188] y cómo también se deriva del art. 5.1. En el ámbito de la UE, si las partes deciden someterse a los órganos jurisdiccionales de un EM de la Unión, se aplicará con preferencia el Reglamento núm. 1215/2012, salvo que una parte tenga su residencia en un Estado parte del Convenio de la Haya, pero no miembro de la UE, de acuerdo con el art. 26.6.a) del C. Haya[189]. Las partes pueden elegir cualquier tribunal del CH 2005, con independencia de que no haya una vinculación estrecha con dicho litigio[190], si bien con las matizaciones establecidas en el art. 19 del propio Convenio. Por último, como indica Rodríguez Benot, siguiendo el informe explicativo de Trevor Hartley y Masato Dogauchi[191], «al haber concluido el Convenio por la UE en nombre de todos sus miembros [salvo Dinamarca] goza del status de Derecho de la UE, por lo que resulta vinculante tanto para las instituciones de ésta como para sus Estados [...]; ello implica, además,

188 El citado precepto dispone lo siguiente: «A los efectos del presente Convenio: *a)* «acuerdo exclusivo de elección de foro» significa un acuerdo celebrado por dos o más partes que cumple con los requisitos establecidos por el apartado *c)* y que designa, con el objeto de conocer de los litigios que hayan surgido o pudieran surgir respecto a una relación jurídica concreta, a los tribunales de un Estado contratante o a uno o más tribunales específicos de un Estado contratante, excluyendo la competencia de cualquier otro tribunal».

189 FERNÁNDEZ ROZAS, J.C. y SÁNCHEZ LORENZO, S., *Derecho internacional privado*, 9.ª ed., Civitas, Madrid, 2016, p. 87.

190 En este contexto, cabe tener presente la reflexión realizada por VARGAS GÓMEZ-URRUTIA: «¿Pueden elegir las partes cualquier tribunal, incluso si no tiene conexión con el litigio? De la lectura del artículo 19 se infiere que sí. [...]. De donde cabe inferir que una cláusula de elección de foro será válida, aunque el litigio no tenga ninguna vinculación con el tribunal elegido [siempre que sea un tribunal de un Estado parte]. Ahora bien, no a cualquier precio. Y es que, aunque las partes tengan amplia libertad para acordar acudir a una determinada jurisdicción, puede suceder que el Estado del tribunal elegido «no quiera ofrecer» sus servicios jurisdiccionales para resolver litigios que les sean completamente ajenos. De ahí la previsión del artículo 19». VARGAS GÓMEZ-URRUTIA, M., «Cláusulas de elección de foro...», *op. cit*., p. 10.

191 Informe explicativo del Convenio de 30 de junio de 2005 sobre acuerdos de elección de foro adoptado por Trevor Hartley y Masato Dogauchi.

que el Convenio prevalece sobre lo dispuesto en los ordenamientos nacionales y que el TJUE tiene la competencia para su exégesis cuando ésta afecte a los países de la UE»[192].

En cuanto al ámbito temporal, el Convenio entró en vigor el 1 de octubre de 2015, por lo que pasaron más de 10 años desde la publicación del texto [la cual se produjo el 30 de junio de 2005] hasta que, finalmente, tras la ratificación de la Unión Europea en nombre de todos los países de la UE [excepto Dinamarca], se cumpliera con lo dispuesto en el artículo 31.1 del CH 2005 y pudiera, finalmente, entrar en vigor. En la actualidad [enero 2024], el Convenio ha sido ratificado y ha entrado en vigor para México [2007], todos los países de la Unión Europea [2015], Singapur [2016], Montenegro [2018], Reino Unido [2020] y Ucrania [2023]. Aun así, ha sido firmado por otros países que todavía no lo han ratificado o no se han adherido, como los Estados Unidos [2009], China [2017]; Macedonia [2019 o Israel [2021][193].

3.2. Colisión con otros instrumentos internacionales

En cuanto a la colisión del CH 2005 con otros instrumentos internacionales [salvo respecto del Reglamento núm. 1215, cuya colisión está regulada en un precepto aparte], el artículo 26 estipula una serie de reglas para determinar cuándo se aplica con preferencia el Convenio y, en su caso, cuando tienen preferencias otras normas internacionales que regulan los acuerdos de elección de foro. A tal efecto, el art. 26.1 establece una suerte de principio general que intenta favorecer una interpretación del Convenio que permita su compatibilidad con los restantes textos internacionales. De esta forma, el citado precepto indica que «el presente Convenio se interpretará, en la medida de lo posible, de forma que sea compatible con otros tratados en vigor en los Estados contratantes, hayan sido celebrados antes o después de este Convenio». Este principio permite que, por regla general, los acuerdos de elección de foro que resulten válidos conforme a un tratado internacional que entre en conflicto con el CH 2005, puedan resultar válidos si respetan el contenido esencial del Convenio [siempre y cuando el tratado internacional resulte de aplicación preferente].

Por su parte, el art. 26.2 preceptúa que «el presente Convenio no afectará la aplicación por un Estado contratante de un tratado celebrado antes o después de este Convenio, en los casos en que ninguna de las partes sea residente en un Estado contratante que no es Parte del tratado». Con esta

192 Rodríguez Benot, A. «Artículo 25», en: Blanco-Morales, P., Garau, F., Lorenzo, M.L., Montero, F.J. [Coords.], *Comentario al Reglamento 1215/2012 relativo a la competencia judicial, el reconocimiento y la ejecución de resoluciones judiciales en materia civil y mercantil*, Navarra, Aranzadi, 2016, págs. 545-578, p. 550.

193 Para comprobar el estado actual de las ratificaciones, adhesiones y aprobaciones del C. Haya, vid.: https://www.hcch.net/es/instruments/conventions/status-table/?cid=98

críptica redacción, este precepto viene a indicar que un Tratado internacional, celebrado antes o después del CH 2005, tendrá preferencia sobre dicho Convenio cuando, cumpliéndose el ámbito de aplicación de ambos instrumentos internacionales, se cumpla la siguiente condición: que ninguna de las partes firmantes del acuerdo de elección de foro resida en un Estado del Convenio de la Haya que, a su vez, no forme parte del Tratado internacional en cuestión[194]. En otras palabras, cuando al menos una parte del acuerdo resida en un Estado que forma parte del CH 2005 y del Tratado internacional de forma simultánea, se aplicará el Convenio de la Haya con preferencia.

En cuanto a la colisión entre el Convenio y el Reglamento núm. 1215/2012, el art. 26.6 del CH dispone que «el presente Convenio no afectará la aplicación de las normas de una Organización Regional de Integración Económica que sea Parte de este Convenio, adoptadas antes o después de este Convenio: *a)* cuando ninguna de las partes sea residente en un Estado contratante que no es un EM de la Organización Regional de Integración Económica». Luego, cabe concluir que el Reglamento núm. 1215/2012 resultará aplicable con preferencia sobre el Convenio de la Haya cuando, verificándose el ámbito de aplicación de ambos instrumentos internacionales, se cumpla la siguiente condición: que ninguna de las partes que ha firmado el acuerdo atributivo de jurisdicción resida en un Estado del Convenio de la Haya que, a su vez, no forme parte del Reglamento núm. 1215/2012[195]. Interpretando esta disposición a contrario, puede afirmarse que si alguna de las partes del acuerdo atributivo de jurisdicción reside en un Estado del CH 2005 que no forma parte de la UE [México, Montenegro, Ucrania, Singapur...], se aplicará el Convenio con preferencia[196].

194 Debido a la complejidad de esta cuestión, vamos a traer a colación la conclusión alcanzada por Arenas García, el cual indica lo siguiente acerca de la interpretación de este precepto: «El Convenio no desplaza a los tratados celebrados por los Estados contratantes cuando ninguna de las partes reside en un Estado contratante que no es parte del Tratado. O, dicho de otra manera, se admite que no existe un interés legítimo en aplicar el Convenio de La Haya más que cuando alguna de las partes reside en un Estado contratante del Convenio que no es parte del tratado cuya aplicación trata de determinarse [art. 26.2]». Arenas García, R., «La aprobación por la UE del Convenio de la Haya sobre acuerdos de elección de foro: Un cruce de caminos», *La Ley Unión Europea*, núm. 22, 2015, págs. 35-45, apartado 14.

195 Cabe traer a colación la conclusión alcanzada por Campuzano Díaz, la cual indica que «el Convenio se aplicará con preferencia sobre el Reglamento cuando al menos una de las partes involucradas tenga su residencia en un Estado parte del Convenio, que no sea EM de la Unión Europea; esto es, que si una de las partes involucradas en el acuerdo de elección de foro tuviera por ejemplo su residencia en México, será el Convenio el que determinará la obligación que tiene el tribunal de un EM de conocer del asunto [artículo 5], así como la obligación que tendría el tribunal de un EM de no conocer del asunto en el caso de que el tribunal elegido fuera de México [artículo 6]». Campuzano Díaz, B., «El Convenio de La Haya...», *op. cit.*, p. 20.

196 Como indica Garcimartín Alférez, «en caso de colisión entre ambos textos, esto es, cuando los ámbitos de aplicación del Convenio y del Reglamento coincidan, pero su aplicación lleve a resultados diferentes, prevalece la solución del Convenio siempre que el

De forma gráfica, cabría decir que, si la parte A residen en Ucrania y la parte B reside en la UE, se aplicará con preferencia el CH 2005. Dicho de otra forma, si la empresa Y firma un acuerdo de jurisdicción con la empresa Z, se aplicará el Reglamento núm. 1215/2012 si ninguna de estas dos empresas reside en un Estado que sí forma parte del CH 2005, pero que no forma parte de la UE; es decir, ninguna de las dos empresas debe estar domiciliada en un país como Ucrania, Singapur, México, Reino Unido o Montenegro.

Por último, cabe decir que, en sede de reconocimiento y declaración de ejecutividad de resoluciones extranjeras, los conflictos entre el Convenio de la Haya y el Reglamento núm. 1215/2012 se resolverán conforme a lo dispuesto en el art. 26.6.b) del CH 2005. En virtud de este precepto, se aplicará con preferencia el Reglamento cuando el reconocimiento o la ejecución de una resolución se plantee entre los EE. MM de la Unión Europea; aplicándose el Convenio en todos los demás casos.

3.3. La residencia de las personas jurídicas

Como quiera que los acuerdos de jurisdicción previstos en el CH 2005 se darán, sobre todo, entre personas jurídicas [debido a la exclusión de los acuerdos que involucren a consumidores y/o trabajadores], y teniendo presente que las PC tendrán que constituirse, por regla general, por personas jurídicas, cabe hacer una breve mención respecto del concepto de residencia de las personas jurídicas incorporado en el Convenio. En este escenario, el art. 4.2 del CH 2005 indica que, «a los efectos del presente Convenio, se entenderá que una entidad o persona que no sea persona física tiene su residencia en el Estado: *a)* de su sede estatutaria; *b)* bajo cuya ley se haya constituido; *c)* de su administración central; o *d)* de su establecimiento principal».

Por tanto, se trata de una norma con criterios alternativos que determina la residencia de la persona jurídica de forma muy amplia, dado que reconoce que una persona jurídica puede estar residenciada en un determinado país conforme a cualquiera de estos cuatro criterios. Cabe precisar que cuando una empresa domiciliada en un país que forma parte del Convenio, pero que no forma parte de la UE [México, Montenegro, Ucrania, Singapur o Reino Unido] celebre un acuerdo de elección de foro con una empresa de la UE, otorgando jurisdicción exclusiva a los tribunales de un EM de la UE, prevalecerá el CH 2005 en caso de que se produzca un conflicto entre este instrumento y el Reglamento núm. 1215/2012[197]. Por tanto, en virtud del art. 4.2 CH se está favoreciendo, en cierta medida, que se considere que una persona jurídica está domiciliada en un Estado parte del CH 2005, en cuyo caso este

demandante y/o el demando vinculados por la cláusula de jurisdicción residan en un tercer Estado, *i. e.* no miembro de la UE, pero parte del Convenio [art. 26.6 a)]». GARCIMARTÍN ALFÉREZ, F.J., «El Convenio de La Haya...», *op. cit.*, p. 11.

197 A tal efecto, *vid.*: GARCIMARTÍN ALFÉREZ, F.J., «El Convenio de La Haya...», *op. cit.*, p. 12.

resultaría aplicable con preferencia. A tal efecto, cabe recordar que, en caso de conflicto entre el Convenio y un Tratado o un Reglamento europeo [art. 26.2 y 26.6], prevalece el Convenio cuando una de las partes está domiciliada en un Estado parte del Convenio, siempre que dicho Estado no sea parte del respectivo Tratado o Reglamento.

Incluso, podría suceder que, en aplicación de los criterios del art. 4.2 CH, una persona jurídica tuviera su residencia en varios países de forma simultánea porque, por ejemplo, hubiera sido constituida por la ley española, pero tuviera su establecimiento principal en Singapur. En dicho caso, cabe entender que, a los efectos de resolver un posible conflicto entre el Convenio y el Reglamento núm. 1215/2012, prevalecería el Convenio por lo dispuesto en el art. 26.6.a) CH 2005. Luego, en caso de conflicto entre el Convenio y otras fuentes internacionales, cabe concluir que la definición amplia de persona jurídica contenida en el art. 4.2 favorece la aplicación del Convenio [en detrimento de los demás instrumentos internacionales] cuando pueda considerarse que una persona jurídica está domiciliada en varios países de forma simultánea[198].

4. Ley Orgánica del Poder Judicial

En el presente epígrafe se analiza cuando resulta aplicable la Ley orgánica del poder judicial [en adelante, LOPJ][199] para determinar la competencia judicial internacional de los tribunales españoles en el ámbito de los conflictos relacionados con las PC. A tal efecto, cabe precisar que la LOPJ tendrá cierta relevancia en este ámbito porque una gran parte de las PC están domiciliadas en terceros Estados, por lo que, en ocasiones, no resultará aplicable el Reglamento núm. 1215/2012. No obstante, es cierto que la excepción del ámbito de aplicación personal relativa a los consumidores matiza, en gran medida, esta afirmación [*ex* art. 6.1 y 18.1 del citado Reglamento].

Las reglas sobre competencia judicial internacional en el derecho interno español están contenidas en los artículos 21 a 25 de la LOPJ, en cuyo artículo 21.1 se hace referencia expresa a la jurisdicción de los tribunales civiles, indicando que «los Tribunales civiles españoles conocerán de las pretensiones que se susciten en territorio español con arreglo a lo establecido en los tratados y convenios internacionales en los que España sea parte, en las normas de la Unión Europea y en las leyes españolas». Como puede apreciarse, la LOPJ parte de la premisa de que la controversia objeto de enjuiciamiento

198 En este sentido, CAMPUZANO DÍAZ indica que «como se trata de criterios alternativos, bastaría con que uno de estos lugares estuviera en un Estado parte no miembro de la Unión Europea, para que el Convenio tuviera preferencia aplicativa, sin que algunos, como la administración central o establecimiento principal, aparezcan nítidamente perfilados». CAMPUZANO DÍAZ, B., «El Convenio de La Haya...», *op. cit.*, p. 20.

199 Ley Orgánica 6/1985, de 1 de julio, del Poder Judicial. BOE núm. 157, de 2.7.1985.

debe tener cierta vinculación con el territorio español para que resulten competentes los tribunales de nuestro país, cuyo límite resulta lógico y coherente para evitar el imperialismo jurisdiccional y, asimismo, para que las normas sobre jurisdicción estén en consonancia con las normas sobre competencia territorial, objetiva y funcional de la ley española.

Por su parte, el art. 22 LOPJ está compuesto por un total de nueve preceptos [hasta 22 noníes], contando cada uno de ellos con diversos criterios atributivos de jurisdicción, los cuales se dividen, por lo que aquí interesa, de la siguiente forma: el foro relativo a la competencia exclusiva de los tribunales españoles [art. 22]; la sumisión expresa o tácita a los tribunales españoles [art. 22 bis][200]; el *forum domicilii* del demandado residente en España [art. 22 ter][201] y el foro en materia de obligaciones contractuales y extracontractuales [art. 22 quinquies], el cual se aplicará en defecto de sumisión expresa y tácita[202], siempre que la PC demandada esté domiciliada en un tercer Estado. Además, cuando el demandante sea un consumidor deberá acudirse al Reglamento 1215/2012 [*ex* arts. 6.1 y 18]. El art. 22 *quinquies*, apartado a), indica que los tribunales españoles tendrán jurisdicción en materia de obligaciones contractuales «cuando la obligación objeto de la demanda se haya cumplido o deba cumplirse en España». En el ámbito de las PC, en ocasiones, no resulta tarea sencilla determinar cuando la obligación que sirve de base a la demanda se ha cumplido o debe cumplirse en territorio español. A estos efectos, en defecto de otro criterio interpretativo, cabe trasladar la interpretación que se ha realizado sobre el foro en materia contractual del art. 7.1 del Reglamento núm. 1215/2012, en cuyo epígrafe se detalla dónde se puede entender prestado cada uno de los servicios de criptoactivos ofrecidos por una PC.

El foro en materia de responsabilidad extracontractual resultará aplicable cuando el hecho dañoso se haya producido en territorio español [art. 22 quinquies, b)]. Una parte de la doctrina ha interpretado que para poder aplicar este foro el hecho causal debe haberse producido en España, si bien dicha interpretación no es unánime[203]. A nuestro parecer, no obstante, nada

---

200 El foro de la sumisión expresa recogido en la LOPJ no resultará aplicable en relación con aquellas materias que estén incluidas en el Reglamento núm. 1215/2012, dado que dicho Reglamento también resulta aplicable con independencia del domicilio de las partes, siempre que éstas designen como competentes los tribunales de un EM de la Unión [art. 25].

201 El *forum domicilii* de la LOPJ, al igual que el foro de la sumisión expresa, no se aplicará porque se verán desplazados por los foros previstos en el Reglamento núm. 1215/2012.

202 Si bien el Reglamento núm. 1215/2012 se aplica con preferencia cuando las partes se sometan expresamente a los tribunales españoles, no ocurre así en relación con la sumisión táctica en los casos en los que el demandado esté domiciliado en un tercer Estado [*ex* art. 6 en relación con el art. 26]. GARCIMARTÍN ALFÉREZ, F.J., «La competencia judicial...», *op. cit.*, p. 2 y 3.

203 En este sentido, si bien atendiendo a la versión anterior del precepto, *vid.*: ARENAS GARCÍA, R., «Competencia judicial internacional y demandas por competencia desleal. El retorno

impide que los tribunales españoles puedan ostentar competencia judicial internacional en virtud del lugar de materialización o producción del daño[204], siguiendo la interpretación que el TJUE realiza a la luz del art. 7.2 del Reglamento 1215/2012[205]. A tal efecto, parece razonable sostener que cuando las consecuencias directas del daño se manifiestan en España [deben ser daños directos, no meras consecuencias indirectas del ilícito en cuestión], existe una vinculación suficiente entre el perjudicado y el territorio español que justifica que los tribunales españoles puedan conocer de la demanda. Además, dichos tribunales serán los mejor posicionados para determinar la existencia de dichos daños en el territorio español, así como su cuantificación, por lo que también existirá una suficiente vinculación entre el objeto y los tribunales que conozcan del caso. Más aun, esta interpretación resulta conforme a los principios de previsibilidad, certeza y seguridad jurídica, toda vez que parece razonable que el causante de un daño prevea de antemano que pueda ser demandado ante los tribunales del EM dónde ha causado un daño directo como consecuencia de su actuación ilícita.

del imperialismo jurisdiccional», *Anuario Español de Derecho Internacional Privado*, Tomo XIII, 2013, págs. 1001-1009, p. 1005. Asimismo, *vid*.: Arenas García, R., «Competencia territorial y competencia judicial internacional en el marco de la competencia desleal», *Derecho de los negocios*, núm. 103, 1999, págs. 16-23.

204 A tal efecto, entendiendo que el art. 22 LOPJ se aplica no sólo cuando el hecho dañoso se produce en España, sino también cuando los efectos perjudiciales se manifiesten en nuestro Estado, *vid*.: Font i Segura, A., *La protección internacional del secreto empresarial*, Madrid, Eurolex, 1999, p. 153.

205 Esta interpretación es coherente con el tenor literal del precepto, toda vez que el art. 7.2 del Reglamento 1215/2012 también hace referencia al lugar donde se haya producido el «hecho dañoso», pudiendo interpretar que dicho lugar no sólo coincide con el sitio donde se generó el daño, sino también donde se despliegan sus efectos directos [lugar de materialización del daño].

CAPÍTULO TERCERO

CLÁUSULAS ARBITRALES INSERTAS EN LAS CONDICIONES GENERALES DE LAS PLATAFORMAS DE CRIPTOACTIVOS

I. Introducción

En el presente epígrafe se analizan aquellas PC que prevén en sus condiciones generales de la contratación una cláusula arbitral para resolver las controversias que puedan generarse en relación con los usuarios. Por consiguiente, salvo excepción, las PC analizadas no recogen una cláusula atributiva de jurisdicción, sino que someten sus controversias a un arbitraje vinculante. Sin perjuicio de lo anterior, prácticamente todas las PC prevén, con carácter previo, la posibilidad de interponer una reclamación ante la propia PC para resolver las controversias que puedan suscitarse en relación con los usuarios de forma amistosa. Las PC que prevén un arbitraje vinculante son aquellas que, por regla general, tienen un volumen de negocio algo menor que las principales PC[206]. Además, suelen utilizar una única versión global de sus condiciones legales para todos los mercados [redactadas en inglés], incorporando alguna excepción dependiendo del territorio desde el cual el usuario contrate los servicios de criptoactivos. En consecuencia, estas PC no suelen contar con una normativa adaptada al marco normativo de la UE, sobre todo en relación con los consumidores.

206 Las principales PC o exchanges clasificadas y puntuadas en función del tráfico, la liquidez, los volúmenes de comercio y la confianza en la legitimidad de los volúmenes de comercio, puede consultarse en la siguiente página web: https://coinmarketcap.com/es/rankings/exchanges/

En los siguientes apartados se analiza si las cláusulas arbitrales previstas en las distintas PC resultan válidas y vinculantes, sobre todo en relación con los sujetos que tienen la consideración de consumidores. Con este objetivo, se ha dividido el presente capítulo del siguiente modo: En los tres primeros epígrafes se analiza el marco teórico general de estas cláusulas arbitrales a) ley aplicable a la validez del convenio arbitral, b) validez formal, c) validez material]. Luego, se analizan las cláusulas arbitrales previstas por las principales PC [determinando cuando resultan válidas y cuando abusivas], para cerrar el capítulo con una conclusión global sobre la validez de dichos convenios arbitrales.

II. Ley aplicable a la validez del convenio arbitral

En el presente epígrafe se analizan las distintas normas de conflicto aplicables para determinar la validez formal y material de un convenio arbitral, teniendo en cuenta que, en este ámbito, coexisten varias fuentes potencialmente aplicables. De esta forma, coexisten el Convenio de Nueva York de 1958[207] [en adelante, CNY], el Convenio Europeo sobre Arbitraje Comercial Internacional, hecho en Ginebra el 21 de abril de 1961[208] [en adelante, CG], y, finalmente, la Ley de Arbitraje española [LAR][209]. Con carácter previo a su análisis, cabe matizar que el «arbitraje» es una materia excluida del Reglamento núm. 1215/2012 [art. 1.2.d)] y, asimismo, aunque de una forma más acotada, del Reglamento núm. 593/2008 [art. 1.2.e)]. Aunque en la institución de arbitraje son aplicables varias leyes dependiendo de la concreta cuestión afectada [convenio arbitral —validez material y formal del convenio—, ley aplicable al procedimiento arbitral, —la *lex arbitri*—, ley aplicable para resolver el fondo del asunto —*lex causae*—, entre otras cuestiones][210], la exclusión del RRI afecta, por lo que aquí interesa, a la validez formal y material del convenio de arbitraje [a la cláusula compromisoria[211]].

207 Convenio sobre reconocimiento y ejecución de sentencias arbitrales extranjeras, hecho en Nueva York el 10 de junio de 1958. Publicado en el BOE núm. 164, de 11.07.1977.

208 Convenio Europeo sobre Arbitraje Comercial Internacional, hecho en Ginebra el 21 de abril de 1961. Publicado en el BOE núm. 238, de 4.10.1975.

209 Ley 60/2003, 23 de diciembre de 2003, de Arbitraje. BOE núm. 309, de 26.12.2003.

210 Sánchez Lorenzo, S., «Derecho aplicable al fondo de la controversia en el arbitraje internacional», *REDI*, vol. LXI, núm. 1, 2009, págs. 39-74, p. 42. Asimismo, sobre esta cuestión, *vid.*: Tirado, J.: «¿Cuántas leyes son de aplicación en el arbitraje internacional?», Publicado el 23.09.2019 en Garrigues: https://www.garrigues.com/es_ES/noticia/cuantas-leyes-son-de-aplicacion-en-el-arbitraje-internacional

211 Sobre la utilización de este concepto, *vid.*: Sánchez Lorenzo, S., «Cláusulas compromisorias en los contratos internacionales: una aproximación comparada», *Anuario hispano-luso-americano de Derecho Internacional*, núm. 23, 2017, págs. 199-222, p. 201 y ss.

1. Aplicación del art. 9.6 de la Ley de Arbitraje en virtud del art. VII del Convenio de Nueva York

Siguiendo a Gómez Jene, para determinar la ley aplicable al convenio arbitral se debe acudir, en primer lugar, al art. 6.2 CG[212], el cual sólo resultará aplicable cuando se cumpla con su ámbito de aplicación, teniendo en cuenta que ambas partes deben tener su domicilio en un Estado parte. En su defecto, se aplica la norma de conflicto contenida en el artículo 9.6 LAR[213]. En este contexto, cabe preguntarse: ¿por qué no se aplica las normas de conflicto previstas en el CNY? Porque, como indica el citado autor, «pese a que el artículo V.1.a) [del CNY] haga referencia en este contexto a la ley del lugar del arbitraje, la posible aplicación del artículo VII CNY permite, a su vez, una remisión a la ley del Estado de destino para determinar la validez del convenio arbitral. Y así, si el execuátur se insta en España, es posible apreciar dicha validez a la luz del artículo 9 LAR»[214]. En definitiva, entiende que no resulta aplicable el art. V.I. a) CNY porque, en aplicación de la cláusula de mayor favorabilidad prevista en el art. VII CNY, debe aplicarse el art. 9.6 LAR para determinar la validez del convenio arbitral[215].

---

212 Como indica Gómez Jene, «pese a la existencia de esta norma convencional, un estudio detenido de la jurisprudencia comparada permite afirmar que la mayoría de los tribunales que se han confrontado con esta cuestión no han tenido en consideración las conexiones previstas en el artículo VI.2 CG, decantándose, en defecto de elección expresa de las partes, por aplicar la *lex contractus*; esto es, la ley aplicable al contrato en el que se inserta el convenio arbitral». Gómez Jene, M., *Arbitraje comercial internacional*, Thomson Reuters Civitas, Navarra, 2018, p. 185.

213 En este contexto, el art. 9.6 LAR dispone lo siguiente: «Cuando el arbitraje fuere internacional, el convenio arbitral será válido y la controversia será susceptible de arbitraje si cumplen los requisitos establecidos por las normas jurídicas elegidas por las partes para regir el convenio arbitral, o por las normas jurídicas aplicables al fondo de la controversia, o por el derecho español». Por consiguiente, este precepto prevé una norma de conflicto con conexiones alternativas, por lo que es suficiente que el convenio arbitral sea válido conforme a una de las leyes establecidas en dicho precepto para que se considere formal y materialmente válido.

214 Gómez Jene, M., *Arbitraje comercial internacional..., op. cit.,* p. 396.

215 A tal efecto, el citado autor indica que, «en la medida en que la regulación del convenio en la nueva LAR [artículo 9] está inspirada en el principio *favor negotii* —en contraposición al principio de seguridad jurídica que informa al artículo II CNY—; y en la medida también en que el mismo artículo V.1.a) CNY remite al artículo II CNY para determinar la validez formal del convenio arbitral, [...] la interpretación más coherente pasa por aceptar una remisión al artículo 9 LAR para determinar la validez formal del convenio arbitral, aun cuando el artículo V.I.a) remita expresamente al artículo II CNY». Añade el autor que, «de no aceptarse esta interpretación, podría resultar que en aplicación estricta del artículo II CNY, un laudo dictado al amparo de un convenio arbitral formalmente válido a la luz de la nueva LAR, pero inválido a la luz del artículo II CNY, no fuese reconocido en nuestro país». Gómez Jene, M., *Arbitraje comercial internacional..., op. cit.,* p. 450. Además, esta interpretación ha sido asumida por el TS, el cual ha expresado que «el reconocimiento de la existencia, validez y eficacia del acuerdo arbitral se halla, por lo demás, afectado por el principio de máxima eficacia que se encuentra insito en la norma contenida en el artículo VII.1 del Convenio, el cual, según la más autorizada doctrina, resulta aplicable no sólo al reconocimiento de los laudos extranjeros, sino también al reconocimiento del convenio arbitral en sí mismo» [STS de 14.11.2007].

A nuestro parecer, esta tesis resulta válida siempre y cuando sea aplicable la Ley de arbitraje española, es decir, cuando el tribunal arbitral [en el seno del proceso arbitral[216]] o el órgano jurisdiccional español [ya sea en sede de exequátur del laudo arbitral[217], al conocer de una acción de anulación del laudo[218] o porque se presente declinatoria[219]] deban pronunciarse sobre la validez del convenio arbitral, quedarán sometidos al art. 9.6 LAR cuando se cumpla el ámbito de aplicación de la fuente española. En tal caso, se producirá una efectiva colisión entre distintas normas de conflicto, las previstas en el CNY y la LAR, por lo que, en aplicación del principio de mayor favorabilidad, será aplicable el art. 9.6 LAR.

En este escenario, para que resulte aplicable la LAR se debe cumplir su ámbito de aplicación material, temporal y territorial, siendo este último el único que tiene un cierto grado de complejidad. El ámbito de aplicación material se cumplirá cuando se trate de una cuestión relativa a un arbitraje [art. 1.1], entre cuyas materias se incluye la determinación de la validez del convenio arbitral. En cuanto al ámbito temporal, esta ley entró en vigor el 26 de marzo de 2003, momento a partir del cual resulta plenamente aplicable [D.F.3.ª]. En cuanto al ámbito de aplicación territorial, este se cumplirá, en primer lugar, cuando conozca del caso un tribunal español o un órgano arbitral con sede en España[220].

---

216 La excepción procesal relativa a la validez del convenio arbitral se deberá oponer, a más tardar, «en el momento de presentar la contestación», según dispone el art. 22.2 LAR. No obstante, el momento procesal en el que los árbitros pueden resolver sobre la cuestión es mucho más flexible, por lo que, como indica GÓMEZ JENE, «podrán optar por resolverla tanto al inicio del procedimiento arbitral —mediante laudo interlocutorio o parcial—, como en el mismo laudo final». GÓMEZ JENE, M., *Arbitraje comercial internacional..., op. cit.,* p. 270.

217 En este caso resultarán aplicables las disposiciones previstas en CNY [arts. III a VII].

218 La acción de anulación del laudo arbitral está regulada en los arts. 40 y ss. de la LAR, pudiéndose anular, entre otros motivos, porque el convenio arbitral no sea válido [art. 41.1.a)] o sea contrario al orden público [art. 41.1.f)], siendo dichos motivos apreciables de oficio o a instancia del Ministerio Fiscal [art. 41.2]. Se tramitará por los cauces del juicio verbal [42.1].

219 La declinatoria planteada por una de las partes por la presunta incompetencia de un tribunal estatal, basada en la existencia de un acuerdo arbitral, está recogida en el art. 6 del Convenio de Ginebra. En el plano interno español, resulta aplicable el art. 11 LAR y los arts. 63 y ss. LEC.

220 En este contexto, cabe preguntarse: ¿qué se ha de entender por lugar de arbitraje? Esta cuestión ha sido analizada por PALAO MORENO, el cual indica que, «como punto de partida cabe señalar que, por lugar del arbitraje hay que entender el sitio donde se va a desarrollar el mismo, o lo que es lo mismo, el emplazamiento concreto donde se llevará a cabo el procedimiento arbitral. No obstante, igualmente se debe subrayar que este lugar también incluirá el sitio donde con posterioridad se dictará el laudo [...]; pudiendo incluso llegar a presumirse que el mismo fue emitido en dicho lugar, si previamente no se hubiera acordado nada al respecto. Algo que no impediría, empero, que el laudo pueda ser firmado en cualquier otro emplazamiento distinto. Junto a ello, habrá que tener presente que dicho lugar habrá de referirse no sólo a la localidad en que se desarrolle el arbitraje y donde más tarde se vaya a emitir el laudo, sino también al emplazamiento específico [como sería, a modo de ejemplo, el caso de un determinado domicilio] donde éste se ubicará». A tal efecto, *vid*.: PALAO MORENO, G., «El lugar de arbitraje y la «deslocalización» del arbitraje comercial internacional», *Boletín Mexicano de Derecho Comparado*, año XLIV, núm. 130, 2011, págs. 171-205, p. 175.

Por tanto, cuando un tribunal arbitral o un órgano judicial español deban pronunciarse sobre la validez del convenio arbitral deberán recurrir a la norma de conflicto prevista en el art. 9.6 LAR, pues: a) será potencialmente aplicable [al cumplirse todos los ámbitos de la LAR]; b) resulta más beneficiosa que la prevista en el art. V.I.a) CNY para salvar la validez del convenio arbitral [art. VII CNY]. Así, la LAR estipula en su art. 1.1 que ésta resultará de aplicación a los arbitrajes que se hallen en territorio español, sean de carácter interno o internacional[221], mientras que el art. 1.2 estipula que ciertas normas de la LAR se aplicarán «aun cuando el lugar del arbitraje se encuentre fuera de España». En concreto, las normas de conflicto del art. 9 LAR se aplicarán, aunque el arbitraje se lleve a cabo en el extranjero, siempre que se promueva alguna acción ante los tribunales españoles [pues, en caso contrario, no se cumplirá con el ámbito de aplicación de la LAR], ya sea en forma de exequátur del laudo emitido en el extranjero, una acción de anulación del laudo o interponiendo la oportuna declinatoria[222]. Teniendo en cuenta las fuentes internacionales, los tribunales extranjeros aplicarán la legislación española contenida en la LAR en virtud de la elección de las partes [V.1.a) CNY y 6.2.a) CG] y cuando el laudo haya sido dictado o deba dictarse en España [V.I.a) CNY y 6.2.b) CG][223]. Esto último queda supeditado a que el Estado cuyos tribunales conozcan del laudo arbitral esté vinculado por el CNY o el CG y, asimismo, no disponga de una norma de conflicto similar al art. 9.6 LAR que resulte más favorable a la validez del convenio arbitral.

---

221 Para poder aplicar las conexiones previstas en el art. 9.6 LAR, se requiere que el arbitraje sea internacional. A tal efecto, el art. 3.1 LAR define que se entiende por arbitraje internacional, siendo suficiente con que se cumpla alguna de las circunstancias siguientes: «a) Que, en el momento de celebración del convenio arbitral, las partes tengan sus domicilios en Estados diferentes. b) Que el lugar del arbitraje, determinado en el convenio arbitral o con arreglo a éste, el lugar de cumplimiento de una parte sustancial de las obligaciones de la relación jurídica de la que dimane la controversia o el lugar con el que ésta tenga una relación más estrecha, esté situado fuera del Estado en que las partes tengan sus domicilios. c) Que la relación jurídica de la que dimane la controversia afecte a intereses del comercio internacional».

222 Así, por ejemplo, si el exequátur o la acción de anulación del laudo se plantean ante un tribunal francés, no tiene por qué aplicar el art. 9.6 LAR aunque el arbitraje se haya llevado a cabo en España, pues sus tribunales no quedan vinculados por las disposiciones de la LAR. Otra cuestión sería que las partes pactaran que la validez del convenio arbitral se rigiera por la ley española o que, por aplicación de las normas de conflicto correspondientes, resultara aplicable la ley española, en cuyo caso se aplicaría el art. 9 LAR para determinar la validez del acuerdo arbitral.

223 En caso de que no hubiere posibilidad de determinar cuál será el país en que habrá de dictarse el laudo, la Convención de Ginebra estipula que la validez del convenio se regirá «según la ley aplicable en virtud de las reglas de conflicto del tribunal estatal conocedor del asunto» [art. 6.2.c).

2. Aplicación del art. 9.6 de la Ley de Arbitraje debido a la presencia de cláusulas abusivas

En el presente epígrafe se llega a la misma conclusión alcanzada en el epígrafe anterior, si bien mediante la aplicación de las normas de conflicto previstas en el art. V.1.a) CNY. A tal efecto, VIRGÓS SORIANO entiende que la norma de conflicto aplicable para determinar la validez del convenio arbitral está contenida en el art. V.1 CNY [sin distinguir entre validez formal y material], rigiéndose por la ley escogida por las partes y, en su defecto, por la ley del Estado donde vaya a tener lugar el arbitraje [donde éste tiene o deba presumiblemente tener su sede], inclusive sus normas de conflicto[224]. Si dicho lugar no es determinable o, añadimos aquí, está basado en una cláusula abusiva[225], deberá acudirse a las normas de conflicto del foro[226]. Por tanto, la CNY desplaza, según esta tesis, las normas de conflicto contenidas en el art. 9.6 LAR, las cuales sólo serán aplicables cuando las partes no hayan pactado la ley aplicable o cuando no se haya escogido la sede [o dicho lugar derive de una cláusula abusiva].

Cabe tener presente que, salvo pacto en contra, la ley escogida para regir el contrato también rige para determinar la validez del convenio arbitral[227], por lo que en este contexto tiene relevancia determinar la *lex contractus* conforme al Reglamento núm. 593/2008[228]. A tal efecto, habrá que analizar si la cláusula de elección de ley resulta válida, dado que podría tratarse de una cláusula abusiva. En caso de que la elección de ley no resulte válida, la *lex contractus* no podrá regir respecto del convenio arbitral, porque, en realidad,

---

224 VIRGÓS SORIANO, M., «El Convenio arbitral en el arbitraje internacional», *Actualidad Jurídica Uría* MENÉNDEZ, núm. 14, 2006, págs. 13-28, p. 21. Como indica el citado autor, «conforme al artículo V.1.a CNY, el acuerdo arbitral se rige por la ley elegida por las partes y, en su defecto, [...] debe estarse a la ley del Estado donde vaya a tener lugar el arbitraje [i.e. donde éste tiene o deba presumiblemente tener su sede], inclusive sus normas de conflicto; y si ese lugar no es determinable, la solución convencional se torna impracticable y debe acudirse a las normas de Derecho internacional privado del foro».

225 A este respecto, *vid. infra*, en este mismo apartado.

226 VIRGÓS SORIANO, M., «El Convenio arbitral...», *op. cit.*, p. 21.

227 SÁNCHEZ LORENZO, S., «Derecho aplicable al...», *op. cit.*, p. 43. Como indica el citado autor, «en principio, la inclusión de un convenio arbitral en el propio marco de un contrato permite hacer extensible a la validez sustancial del convenio arbitral la misma ley aplicable al contrato, ya sea elegida por las partes o en defecto de elección, a menos que las partes hayan elegido una ley específica como ley rectora del acuerdo arbitral».

228 Cierto es que el Reglamento núm. 593/2008 excluye de su ámbito de aplicación los «convenios de arbitraje» [art. 1.2.e)], pero en este caso el citado Reglamento no determina directamente la ley aplicable al convenio arbitral, sino sólo la *lex contractus*. Lo que ocurre es que esta *lex contractus* escogida por las partes conforme al citado Reglamento, se extenderá y aplicará al convenio arbitral por el juego de otra norma de conflicto [el CNY u otra fuente].

no existirá una elección de ley[229] [con independencia de que rija el principio de separabilidad[230]]. A este respecto, si la PC no informa adecuadamente al consumidor de que también le son aplicables las disposiciones imperativas que rigen en su país, cuestión que resulta muy frecuente en la práctica, la cláusula de elección de ley —en realidad, la imposición de ley— no resultará válida, como indica el TJUE[231]. Si la elección de *lex contractus* es inválida, el contrato se regirá por la legislación de la residencia habitual del consumidor [art. 6.1 RRI], si bien dicha ley no se aplicará para determinar la validez del convenio arbitral, dado que, obviamente, ya no se trata de un pacto de ley extensible al convenio arbitral.

En defecto de elección por las partes, el convenio arbitral se regirá por la ley del lugar de la sede arbitral [art. V.I.a) *in fine* CNY], si bien dicha cláusula también puede resultar ineficaz por abusiva. A tal efecto, no parece coherente tomar en consideración el contenido de la cláusula arbitral [la cual se referirá al lugar de la sede arbitral] para determinar la ley aplicable a la validez del convenio cuando esta sea abusiva. Por tanto, el tribunal competente [que esté conociendo de la oportuna declinatoria] deberá comprobar, de oficio y mediante un juicio *ex ante*[232], si la cláusula puede considerarse abusiva antes

229 Si la elección de ley del contrato es inválida, ¿cómo puede servir de base para determinar la ley aplicable al convenio arbitral? La ley que rige la validez del acuerdo arbitral deriva de la ley escogida por las partes [es un reflejo de esa elección primaria], pero si dicha elección es inválida, difícilmente puede extenderse su validez en el plano del convenio arbitral.

230 SÁNCHEZ LORENZO, S., «Cláusulas compromisorias...», *op. cit.*, p. 202.

231 STJUE de 28 de julio de 2016, C-191/15, Verein für Konsumenteninformation, EU:C:2016:612 [ap. 71]. En concreto, el TJUE indica lo siguiente: «El artículo 3, apartado 1, de la Directiva 93/13/CEE del Consejo, de 5 de abril de 1993, sobre las cláusulas abusivas en los contratos celebrados con consumidores, debe interpretarse en el sentido de que una cláusula que figura en las condiciones generales de venta de un profesional, que no ha sido negociada individualmente, en virtud de la cual la ley del EM del domicilio social de ese profesional rige el contrato celebrado por vía de comercio electrónico con un consumidor, es abusiva en la medida en que induzca a error a dicho consumidor dándole la impresión de que únicamente se aplica al contrato la ley del citado EM, sin informarle de que le ampara también, en virtud del artículo 6, apartado 2, del Reglamento Roma n.º 593/2008, la protección que le garantizan las disposiciones imperativas del Derecho que sería aplicable, de no existir esa cláusula, extremos que debe comprobar el órgano jurisdiccional nacional a la luz de todas las circunstancias pertinentes». En este mismo sentido, *vid.*: STJUE de 14 de septiembre de 2023, C-821/21, Club La Costa y otros, EU:C:2023:672, ap. 72-74.

232 En España seguimos la «tesis débil» del principio de *kompetenz-kompetenz*, según la cual «el órgano judicial ante el que se planteara la declinatoria de jurisdicción por sumisión a arbitraje ha de realizar un enjuiciamiento completo sobre la validez, eficacia y aplicabilidad del convenio arbitral. De este modo, si el juez considera que el convenio arbitral no es válido, no es eficaz o no es aplicable a las cuestiones objeto de la demanda, rechazará la declinatoria y continuará conociendo del litigio». Además, como indica el TS, «debe apreciarse, incluso de oficio, la nulidad radical del convenio arbitral prevista en normas con carácter de orden público como es el caso de los arts. 57.4 y 90.1 del Texto Refundido de la Ley General para la Defensa de los Consumidores y Usuarios y denegar en tal caso la formalización del arbitraje». STS de 27 de junio de 2017, ES:TS:2017:2500. A tal

de utilizar el criterio del lugar de la sede arbitral para determinar la ley aplicable. La existencia del principio *kompetenz-kompetenz* [el cual determina que el órgano arbitral es competente para pronunciarse sobre su propia competencia y sobre la existencia y validez de la cláusula arbitral[233]] no modifica dicha conclusión, dado que el tribunal competente podrá revisar el laudo en virtud de la acción de anulación[234]. En este contexto, además, el TJUE ha precisado que el juez nacional es el que debe apreciar, de oficio, la contrariedad de una cláusula arbitral con las normas nacionales de orden público y su posible carácter abusivo[235].

En una amplia mayoría de casos las cláusulas que prevén convenios arbitrales se considerarán abusivas en el ámbito de las PC, sobre todo en relación con los consumidores. Partiendo de esta premisa, la validez del convenio quedará sometido a las normas de conflicto del foro. Por tanto, cuando

---

efecto, baste recordar que el art. 57.4 TRLGDCU dispone que «no serán vinculantes para los consumidores los convenios arbitrales suscritos con un empresario antes de surgir el conflicto. La suscripción de dicho convenio tendrá para el empresario la consideración de aceptación del arbitraje para la solución de las controversias derivadas de la relación jurídica a la que se refiera, siempre que el acuerdo de sometimiento reúna los requisitos exigidos por las normas aplicables». Por su parte, el art. 90 indica que «son, asimismo, abusivas las cláusulas que establezcan: 1. La sumisión a arbitrajes distintos del arbitraje de consumo, salvo que se trate de órganos de arbitraje institucionales creados por normas legales para un sector o un supuesto específico».

233 A tal efecto, el art. 22.1 LAR clarifica que «los árbitros estarán facultados para decidir sobre su propia competencia, incluso sobre las excepciones relativas a la existencia o a la validez del convenio arbitral o cualesquiera otras cuya estimación impida entrar en el fondo de la controversia». En este sentido, como indica la AP de Madrid, «la cuestión relativa a si la cláusula contractual recogida en el contrato novatorio de 14 de septiembre de 2006 contiene o no una cláusula arbitral, y si ésta es o no valida, y en consecuencia si el arbitraje se ha constituido o no válidamente, son cuestiones que deben ser resueltas por el propio árbitro, sin perjuicio de la posibilidad de plantear tal cuestión en vía jurisdiccional mediante el ejercicio de la acción de anulación prevista en el artículo 40 de la Ley de Arbitraje, la cual, en concreto en su apartado 1 a), indica como posible motivo de anulación del arbitraje el que el convenio arbitral no exista o no sea válido. Es decir, una vez iniciado el procedimiento arbitral, ha de ser en su seno donde se debata y resuelva sobre la existencia de cláusula arbitral y su validez; por ello si, como acontece en el presente supuesto, una vez iniciado el procedimiento arbitral se formula demanda, no cabrá resolver sobre la existencia o inexistencia de la cláusula arbitral en el proceso judicial entablado, dado que tal cuestión deberá ser planteada y resuelta en el proceso arbitral, de tal manera que las cuestiones que plantea el recurrente habrán de ser esgrimidas y resueltas en él, sin perjuicio, como se decía, de la posible acción de anulación que contra el laudo que se dicte quepa formular». AAP de Madrid, núm. 320/2010, ES:APM:2010:8025A, F.J. 3.° y 4.°.

234 GÓMEZ JENE, M., *Arbitraje comercial internacional..., op. cit.,* p. 268. A tal efecto, el art. 22.3 LAR estipula que «la decisión de los árbitros sólo podrá impugnarse mediante el ejercicio de la acción de anulación del laudo en el que se haya adoptado». Asimismo, como remarca el citado autor, téngase en cuenta la STSJ de Cataluña núm. 23 de 16 de abril 2016, ES:TSJCAT:2015:3086, F.J.4.

235 STJUE 6 de octubre de 2009, C-40/08, Asturcom Telecomunicaciones, EU:C:2009:615, ap. 53; STJUE de 26 de octubre de 2006, C-168/05, Mostaza Claro, EU:C:2006:675, ap. 27 y 38.

conozca del caso un órgano jurisdiccional español o un tribunal arbitral con sede en España, se aplicarán las normas de conflicto contenidas en el art. 9.6 LAR. Es decir, por la vía del CNY se llega a la misma conclusión alcanzada en el apartado anterior.

3. Ley aplicable para determinar si una cláusula arbitral inserta en las condiciones generales de la contratación resulta válida

El presente epígrafe tiene por objeto dilucidar qué norma de conflicto resulta aplicable para determinar si una cláusula arbitral inserta en las condiciones generales de la contratación resulta válida, tanto formal como materialmente. Así las cosas, los contratos de adhesión suelen incorporar cláusulas arbitrales que normalmente no han sido negociadas por las partes, pues suponen una suerte de imposición de la parte jurídicamente dominante sobre la débil. Para determinar si dichas cláusulas resultan válidas formal y materialmente habrá que analizar la legislación que resulte aplicable según las normas de conflicto previstas para determinar la validez del convenio arbitral. Y ello sin perjuicio de que la normativa sobre cláusulas abusivas pueda resultar aplicable por su propio ámbito de aplicación y por constituir normas imperativas de orden público.

En primer lugar, no parece adecuado utilizar la *lex contractus* para determinar si la cláusula arbitral incorporada en las condiciones generales resulta válida, dado que el convenio arbitral puede regirse por una ley distinta. Así, por ejemplo, las partes pueden pactar que la *lex contractus* sea la española y que la ley que debe regir el convenio arbitral sea la francesa, por permitir esta última una forma más flexible de acordar el convenio arbitral [*v.g.* permitir el acuerdo oral con la simple presencia de testigos, sin requerir la confirmación escrita, etc.][236].

En segundo lugar, partiendo de la premisa de que, para una parte de la doctrina, el convenio arbitral constituye un contrato de naturaleza procesal[237], cabría argumentar que el control de incorporación de un convenio en las CGC debe regirse por la ley del lugar del arbitraje *[lex loci arbitri]*[238]. Sin embargo, esta opción no parece coherente porque la naturaleza procesal del convenio se puede defender, a lo sumo, respecto de sus aspectos formales [de forma similar a los acuerdos de jurisdicción], pero en ningún caso respecto de sus

236 No parece coherente aplicar la legislación española para determinar si el convenio arbitral resulta válido por el hecho de que se haya previsto dicha legislación como *lex contractus* en las CGC. Cuestión distinta será que los derechos y deberes recogidos en las CGC de la PC resulten abusivos para el adherente, en cuyo caso se tratará de una cuestión de fondo que, ciertamente, deberá resolverse por la legislación española.

237 Gómez Jene, M., *Arbitraje comercial internacional…, op. cit.,* p. 169.

238 Gómez Jene, M., *Arbitraje comercial internacional…, op. cit.,* p. 181.

aspectos materiales. Aun admitiendo la naturaleza procesal de los aspectos formales [que, por cierto, no ha sido admitida por el TS español[239]], no cabe defender que la validez formal del convenio arbitral deba regirse por la *lex loci arbitri*, pues existen normas de conflicto redactadas específicamente para determinar la validez [formal y material] de los convenios arbitrales [arts. 5.1.a) CNY, 6.2 CG, 9.6 LAR, etc.]. Esta última opción parece más coherente y respetuosa con los principios de previsibilidad, certeza y seguridad jurídica[240]. En consecuencia, cabe afirmar que en España también se aplica el art. 9.6 LAR para determinar la ley aplicable a la validez del convenio arbitral inserto en las CGC. Este precepto, a su vez, nos conduce a la ley española [como ya se ha analizado, *vid. supra*].

En este escenario, tras determinar que resulta aplicable la ley española, el art. 9.2 LAR remite a la legislación específica sobre contratos de adhesión para determinar la validez de las cláusulas arbitrales[241]. Ello nos remite a la legislación contenida en el Texto refundido de la Ley General para la Defensa de los Consumidores y Usuarios[242] [TRLGDCU] y en la Ley 7/1998, de 13 de abril, sobre condiciones generales de la contratación[243] [LCGC).

Sin perjuicio de lo anterior, la doctrina autorizada entiende que la normativa en materia de protección de los consumidores [la Directiva sobre cláusulas abusivas y su normativa de transposición] regirá con independencia de cuál sea la legislación aplicable al convenio arbitral, pues se trata de una normativa que tiene una conexión autónoma[244] [se rige por una norma de conflicto unilateral] y, además, forma parte del orden público de protección

239 A tal efecto, siguiendo a Gómez Jene, cabe tener presente que el TS no se ha hecho eco de la naturaleza procesal de los convenios arbitrales. De esta forma, el TS ha indicado expresamente que «las cláusulas del convenio arbitral, como las de cualquier negocio jurídico, debe ser interpretadas con arreglo a las normas generales sobre interpretación contenidas en los preceptos del CC que se refieren a los contratos». A tal efecto, vid.: STS de 27 de mayo de 2007, recurso núm. 567, F.J.3.° y STS de 20 de noviembre de 2008, ES:TS:2008:6660, F.J.3.

240 Y ello sin perjuicio de que, alguna materia específica, como la capacidad de las partes para consentir una cláusula de ese tipo, se puedan regir por una norma de conflicto específica [en España, por el art. 9.1 CC respecto de las personas físicas y el art. 9.11 CC para las jurídicas].

241 El citado precepto dispone que «si el convenio arbitral está contenido en un contrato de adhesión, la validez de dicho convenio y su interpretación se regirán por lo dispuesto en las normas aplicables a ese tipo de contrato».

242 Real Decreto Legislativo 1/2007, de 16 de noviembre, por el que se aprueba el texto refundido de la Ley General para la Defensa de los Consumidores y Usuarios y otras leyes complementarias, BOE núm. 287, de 30.11.2007.

243 Ley 7/1998, de 13 de abril, sobre condiciones generales de la contratación, BOE núm. 89, de 14.04.1998.

244 Según Virgós Soriano, «esas normas son transposición de una Directiva comunitaria que, como tal, es una norma supranacional que puede ser equiparada a la introducción de una regla convencional especial, que resultaría aplicable conforme al art. VII.1 CNY 1958». Virgós Soriano, M., «El Convenio arbitral...», *op. cit.*, p. 21.

del sistema español[245]. A tal efecto, el TJUE ha indicado de forma reiterada que el art. 6.1 DCA, relativo a la protección de los consumidores frente a las cláusulas abusivas, tiene la consideración de una norma de orden público y, asimismo, de una disposición imperativa. En cuanto a lo primero, el TJUE ha expresado que «esta disposición debe considerarse una norma equivalente a las disposiciones nacionales que, en el ordenamiento jurídico interno, tienen la naturaleza de normas de orden público»[246]. En cuanto a lo segundo, el TJUE ha aclarado que dicho precepto es una disposición de carácter imperativo[247] y, además, ha puesto de relieve que la DCA constituye «una disposición indispensable para el cumplimiento de las misiones confiadas a la Comunidad, especialmente para la elevación del nivel y de la calidad de vida en el conjunto de ésta»[248]. Además, es una disposición que pretende preservar el interés público, razón por la cual «el juez nacional debe apreciar de oficio el carácter abusivo de una cláusula contractual y, de este modo, subsanar el desequilibrio que existe entre el consumidor y el profesional»[249].

---

245 Virgós Soriano, M., «El Convenio arbitral...», *op. cit.*, p. 21. Como indica este autor, «las normas de la LGDCU de protección frente a cláusulas abusivas son transposición de una Directiva comunitaria y priman por esta razón sobre la LAR, tanto en el plano materia como conflictual [y en particular sobre la propia norma de conflicto del artículo 9.6 LAR]».

246 STJUE de 30 de mayo de 2013, Asbeek Brusse y de Man Garabito, C488/11, EU:C:2013:341, ap. 44; STJUE 6 de octubre de 2009, C-40/08, Asturcom Telecomunicaciones, ECLI:EU:C:2009:615, ap. 52. STJUE de 14 marzo de 2013, C-415/11, Aziz, EU:C:2013:164, ap. 54.

247 STJUE de 26 de octubre de 2006, Mostaza Claro, C-168/05, EU:C:2006:675, ap. 36. A tal efecto, el TJUE indica que «la importancia de la protección de los consumidores ha conducido en particular al legislador comunitario a establecer, en el artículo 6, apartado 1, de la Directiva, que las cláusulas abusivas que figuren en un contrato celebrado entre un consumidor y un profesional «no vincularán al consumidor». Se trata de una disposición imperativa que, tomando en consideración la inferioridad de una de las partes del contrato, trata de reemplazar el equilibrio formal que éste establece entre los derechos y obligaciones de las partes por un equilibrio real que pueda restablecer la igualdad entre éstas». Asimismo, *vid.*: STJUE 6 de octubre de 2009, C-40/08, Asturcom Telecomunicaciones, ECLI:EU:C:2009:615, ap. 30. STJUE de 3 de junio de 2009, Pannon GSM, C243/08, EU:C:2009:350, ap. 25. STJUE de 14 marzo de 2013, C-415/11, Aziz, EU:C:2013:164, ap. 38 y 43.

248 STJUE de 26 de octubre de 2006, Mostaza Claro, C-168/05, EU:C:2006:675, ap. 37; STJUE de 14 marzo de 2013, C-415/11, Aziz, EU:C:2013:164, ap. 43. STJUE 6 de octubre de 2009, C-40/08, Asturcom Telecomunicaciones, ECLI:EU:C:2009:615, ap. 51.

249 STJUE de 26 de octubre de 2006, Mostaza Claro, C-168/05, EU:C:2006:675, ap. 38. STJUE de 14 marzo de 2013, C-415/11, Aziz, EU:C:2013:164, ap. 51. En esta última sentencia, el TJUE declara que «cuando el juez nacional esté facultado, según las normas procesales internas, para anular de oficio una cláusula contraria al orden público o a una norma legal imperativa cuyo alcance justifique esa sanción, facultad que, según las indicaciones expuestas en la resolución de remisión, se reconoce en el sistema judicial neerlandés al órgano jurisdiccional que resuelve en apelación, también deberá anular de oficio una cláusula contractual cuyo carácter abusivo haya apreciado a la luz de los criterios enunciados por la Directiva» [ap. 51]. Además, indica que «cuando el juez nacional considere abusiva una cláusula contractual se abstendrá de aplicarla, salvo si el consumidor se opone a ello» [ap. 49]. En este mismo sentido, *vid.*: STJUE de 3 de junio de 2009, Pannon GSM, C243/08, EU:C:2009:350, ap. 35.

Por todo ello, el TJUE ha dictaminado que «un órgano jurisdiccional nacional que conoce de un recurso de anulación contra un laudo arbitral ha de apreciar la nulidad del convenio arbitral y anular el laudo si estima que dicho convenio arbitral contiene una cláusula abusiva, aun cuando el consumidor no haya alegado esta cuestión en el procedimiento arbitral, sino únicamente en el recurso de anulación»[250]. La misma conclusión ha alcanzado el TJUE respecto del convenio arbitral en fase de ejecución forzosa[251].

En definitiva, ya sea por una vía u otra, los convenios arbitrales se someten a la normativa española sobre cláusulas abusivas, tanto las recogidas en la DCA, como en la normativa de transposición, concretada en el TRLGDCU y la LCGC. En el epígrafe correspondiente *[vid. infra]*, se analiza cuándo pueden considerarse abusivas estas cláusulas arbitrales insertas en las CGC por contravenir la citada legislación española.

III. Validez formal del convenio arbitral

En los epígrafes anteriores se concluye que, con carácter general, en el ámbito de las PC resultará aplicable la legislación española para determinar

250 STJUE de 26 de octubre de 2006, Mostaza Claro, C-168/05, EU:C:2006:675, ap. 39.

251 A tal efecto, el TJUE indica que «en la medida en que el juez nacional que conozca de una demanda de ejecución forzosa de un laudo arbitral firme deba, con arreglo a las normas procesales internas, apreciar de oficio la contrariedad de una cláusula arbitral con las normas nacionales de orden público, está igualmente obligado a apreciar de oficio el carácter abusivo de dicha cláusula desde el punto de vista del artículo 6 de la citada Directiva, tan pronto como disponga de los elementos de hecho y de Derecho necesarios para ello». STJUE 6 de octubre de 2009, C-40/08, Asturcom Telecomunicaciones, ECLI:EU:C:2009:615, ap. 53. Este caso en cuestión se hacía referencia al procedimiento seguido por un juez español, concluyendo lo siguiente el TJUE: «En lo que atañe al procedimiento principal, según el Gobierno español, el juez que conoce del procedimiento de ejecución de un laudo arbitral firme es competente para apreciar de oficio la nulidad de una cláusula arbitral contenida en un contrato celebrado entre un consumidor y un profesional por ser tal cláusula contraria a las normas nacionales de orden público. Según dicho Gobierno, esta competencia ha sido reconocida, además, en varias sentencias recientes de la Audiencia Provincial de Madrid y de la Audiencia Nacional. 56. Por lo tanto, corresponde al órgano jurisdiccional remitente comprobar si así sucede en el litigio del que conoce». Concluye el TJUE lo siguiente: «Procede responder a la cuestión planteada que la Directiva 93/13 debe interpretarse en el sentido de que un órgano jurisdiccional nacional que conoce de una demanda de ejecución forzosa de un laudo arbitral que ha adquirido fuerza de cosa juzgada, dictado sin comparecencia del consumidor, está obligado, tan pronto como disponga de los elementos de hecho y de Derecho necesarios para ello, a apreciar de oficio el carácter abusivo de la cláusula arbitral contenida en el contrato celebrado entre un profesional y dicho consumidor, en la medida en que, con arreglo a las normas procesales nacionales, pueda efectuar dicha apreciación en el marco de procedimientos similares de carácter interno. Si éste es el caso, incumbe a dicho órgano jurisdiccional extraer todas las consecuencias que, según el Derecho nacional, se derivan de ello para cerciorarse de que dicho consumidor no está vinculado por la citada cláusula» [ap. 59].

si un convenio arbitral resulta válido. Así, el art. 9.6 LAR otorga validez al convenio arbitral siempre que cumpla con los requisitos de alguna de estas tres legislaciones: la elegida por las partes, la *lex causae* o el derecho español. En la práctica, si se analizan las cláusulas transcritas de las distintas PC *[vid. infra]*, estos tres criterios conducen al derecho español, dado que las partes no suelen escoger la ley que debe regir el convenio arbitral[252] y el pacto de elección de ley es ineficaz por resultar abusivo. En consecuencia, el convenio arbitral sólo será válido si cumple con las exigencias recogidas en la legislación española, contenidos esencialmente en el art. 9 LAR. Seguidamente se analiza dicha cuestión desde el punto de vista de la validez formal y material.

1. Requisitos formales derivados de la legislación española

Una vez determinada como aplicable la legislación española [en virtud del art. 9.6 LAR], cabe tener presente que los preceptos aplicables en relación con los requisitos formales del convenio arbitral son los arts. II.2 CNY[253], 1.2 del CG[254] y 9 LAR. En este contexto, cabe hacer dos precisiones. La primera hace alusión al limitado ámbito de aplicación de la CG, únicamente aplicable cuando ambas partes estén domiciliadas en Estados parte de la Convención. No obstante, cuando se cumpla con su ámbito de aplicación tendrá preferencia sobre el CNY, dado que es un texto más específico. En este sentido, el art. 1.2 CG es muy favorable a la validez del convenio arbitral, por cuanto permite que este se celebre, incluso, de forma oral. La segunda precisión hace referencia a que, debido a la cláusula de mayor favorabilidad prevista en el art. VII CNY, el artículo 9 LAR se aplicará con preferencia sobre el art. II.2 CNY[255]. A tal efecto, el art. 9 LAR resulta más flexible a la hora de otorgar validez a un acuerdo arbitral desde el punto de vista formal, dado que, si bien estipula

252 Las cláusulas arbitrales analizadas de las distintas PC hacen referencia a la *lex arbitri* [ley aplicable al procedimiento arbitral] o *lex causae* [ley aplicable al fondo del asunto], pero en ningún caso a la validez de la cláusula arbitral. Además, las cláusulas de elección de ley relativas a la *lex contractus* normalmente son abusivas, por lo que tampoco se pueden utilizar para determinar la validez del convenio arbitral.

253 Este precepto dispone que «la expresión «acuerdo por escrito» denotará una cláusula compromisoria incluida en un contrato o un compromiso, firmados por las partes o contenidos en un canje de cartas o telegramas».

254 El art. 1.2 CG dispone lo siguiente: «A los fines de la aplicación del presente Convenio, se entenderá por: a) «acuerdo o compromiso arbitral», bien sea una cláusula compromisoria incluida en un contrato, o bien un compromiso, contrato o compromiso separado firmados por las partes o contenidos en un intercambio de cartas, telegramas o comunicaciones por teleimpresor y, en las relaciones entre Estados cuyas leyes no exijan la forma escrita para el acuerdo o contrato arbitral, todo acuerdo o compromiso estipulado en la forma permitida por dichas leyes».

255 Gómez Jene, M., *Arbitraje comercial internacional..., op. cit.*, p. 168.

que estos acuerdos deben plasmarse por escrito [art. 9.3 LAR], permite que este requisito se entienda cumplido «cuando el convenio arbitral conste y sea accesible para su ulterior consulta en soporte electrónico, óptico o de otro tipo» [art. 9.3. 2.º LAR].

En puridad, el art. 9 LAR únicamente condiciona la validez formal del convenio arbitral a la plasmación de la voluntad de las partes[256], la cual debe plasmarse por escrito [9.3 LAR], aunque el propio legislador admite que, en ocasiones, la constatación de dicha voluntad podrá realizarse a través de soportes que permitan dejar constancia de forma no escrita, siempre que permitan su consulta posterior. En este sentido, se permite otorgar validez, según la exposición de motivos de la LAR, a los acuerdos celebrados a través de «los nuevos medios de comunicación» y a «las nuevas tecnologías». Aun así, la constatación por medios electrónicos se asimila a la constatación escrita[257], como se indica en la propia exposición de motivos. Por lo demás, cabe advertir que, excepcionalmente, existen supuestos en los que, sin existir el consentimiento escrito de las partes, se puede considerar válido el convenio arbitral[258].

En el art. 9.4 LAR se regula la llamada cláusula arbitral por referencia, indicando que «se considerará incorporado al acuerdo entre las partes el convenio arbitral que conste en un documento al que éstas se hayan remitido en cualquiera de las formas establecidas en el apartado anterior»[259]. Finalmente, el art. 9.2 hace referencia al convenio arbitral contenido en un contrato de adhesión, al indicar que «si el convenio arbitral está contenido en un contrato de adhesión, la validez de dicho convenio y su interpretación se regirán por lo dispuesto en las normas aplicables a ese tipo de contrato». Aunque dicho precepto no se aplique cuando el lugar del arbitraje se encuentre fuera de

256 Gómez Jene, M., *Arbitraje comercial internacional..., op. cit.*, p. 177.

257 Como indica Gómez Jene, «para constatar la existencia de dicho convenio por escrito, cabe una interpretación amplia de qué ha de entenderse por tal término: no solo se admite expresamente cualquier modo de contratación electrónica y se acepta la sumisión a arbitraje mediante una cláusula por referencia [art. 9.3 y 9.4], sino que, además, dicha referencia ni siquiera debe explicitar que el convenio arbitral forme parte del contrato». Gómez Jene, M., *Arbitraje comercial internacional..., op. cit.,* p. 177.

258 Son estos supuestos: a) el supuesto de «cláusulas semiescritas», que ocurre cuando una parte introduce, en el seno de una negociación contractual, una cláusula arbitral sin recibir la contestación de la contraparte, en cuyo caso podrá reputarse válida cuando la parte que guardó silencio conocía y aceptó implícitamente dicha cláusula arbitral. b) Asimismo, el supuesto del «convenio arbitral contenido en un documento gestionado por un tercero», cuyo consentimiento puede obtenerse a través de la constatación de relaciones comerciales habituales entre las partes. Para una visión amplia de estos dos supuestos, *vid.*: Gómez Jene, M., *Arbitraje comercial internacional..., op. cit.,* p. 178-181.

259 Como se indica en la exposición de motivos, «se consagra también la validez de la llamada cláusula arbitral por referencia, es decir, la que no consta en el documento contractual principal, sino en un documento separado, pero se entiende incorporada al contenido del primero por la referencia que en él se hace al segundo».

España [art. 1.2 LAR], es plenamente aplicable cuando la sede arbitral está situada en territorio español y, asimismo, cuando la ley aplicable al convenio arbitral sea la española, como ocurre en el presente caso [en virtud del art. 9.6 LAR]. Por consiguiente, dicho precepto nos remite a la normativa sobre CGC, cuestión que se analiza seguidamente.

2. Requisitos formales aplicables a los contratos de adhesión

En el ámbito de las PC, para que una cláusula arbitral inserta en unas CGC resulte válida formalmente deberá contenerse en un soporte electrónico que permita dejar constancia del acuerdo y que sea accesible para su ulterior consulta [art. 9.3. 1.º y 2.º LAR], entendiéndose, en dicho caso, que el convenio se ha realizado por escrito [art. 9.3.1.º]. Aquí se entremezclan dos elementos relacionados: la forma del contrato y, por otra, la manifestación de la voluntad de las partes, haciendo referencia esta última a la validez material del acuerdo [cuestión tratada en el siguiente epígrafe]. No resulta infrecuente que algunos preceptos en materia de cláusulas abusivas entremezclen aspectos formales y materiales, siendo difícil, en ocasiones, delimitar la línea que separa ambos aspectos. Como la consecuencia en ambos casos será la misma, esto es, la invalidez del convenio, dicha distinción no tendrá demasiada relevancia práctica; más aún si se tiene en cuenta que, en el ámbito de la validez formal y material del convenio arbitral, se aplica la misma norma de conflicto [art. 9.6 LAR].

En este contexto, cabe recalcar la aplicación del art. 9.3 LAR con preferencia sobre el art. II CNY en virtud del principio de mayor favorabilidad [art. VII CNY], dado que la LAR es más beneficiosa para la validez formal de estas cláusulas y, asimismo, porque permite una interpretación más acorde a los tiempos actuales al prever la plasmación de los convenios a través de medios electrónicos. Siguiendo el estudio de Gómez Jene sobre la jurisprudencia aplicable en materia de validez de los acuerdos arbitrales insertos en las CGC[260], cabe afirmar que el convenio arbitral resulta válido cuando las CGC que incorporan el convenio arbitral están insertas en el contrato principal y han sido firmadas por ambas partes. También resulta válido cuando las CGC se aporten en un documento adjunto al contrato, siempre que en el contrato se haga referencia a dichas condiciones y el contrato esté firmado por ambas partes.

En el ámbito de las PC, cabe preguntarse si la cláusula arbitral incorporada en las condiciones generales de la PC resulta válida desde el punto de vista for-

260 Gómez Jene, M., *Arbitraje comercial internacional..., op. cit.,* p. 182. Cabe tener presente que en este texto se entremezclan cuestiones relativas a la validez formal y material del convenio arbitral, dado que resulta difícil separarlas de forma nítida en la práctica.

mal, teniendo en cuenta que el cliente aceptará dicha cláusula, normalmente, mediante un simple clic [a través de la técnica llamada *click wrapping*[261]]. En este sentido, cabe recordar que el convenio debe constar por escrito, cuyo requisito se entiende cumplido cuando la voluntad se plasma a través de soportes que permiten dejar constancia y sean accesibles para su ulterior consulta en formato electrónico. En este escenario, cabe traer a colación la jurisprudencia del TJUE sobre las cláusulas atributivas de jurisdicción[262]. A tal efecto, el TJUE permite que el acuerdo entre las partes se efectúe por medios electrónicos que permitan un «registro duradero del acuerdo», y, por lo que aquí interesa, este requisito se entenderá cumplido cuando la cláusula arbitral esté prevista en las CGC de la plataforma [ya sea a través de su página web o App], siempre que la interfaz de dicha PC permita descargar y almacenar las condiciones pactadas[263]. En este contexto, la aceptación de la cláusula de arbitraje por parte del usuario mediante la técnica del *click-wrapping* le vinculará, siempre que exista un registro duradero que permita su consulta posterior[264]. A tal efecto, el TJUE ha indicado expresamente que «la técnica

---

261 Sobre esta cuestión, vid.: STJUE de 21 de mayo de 2014, C-322/14, El Majdoub, EU:C:2015:334, ap. 14 y 40.

262 A favor de la aplicación de la jurisprudencia del TJUE sobre la validez de los acuerdos atributivos de jurisdicción a los convenios arbitrales, *vid*.: GÓMEZ JENE, M., *Arbitraje comercial internacional..., op. cit.,* p. 188. El citado autor defiende que la jurisprudencia del TJUE relativa a la interpretación sobre la validez de los acuerdos atributivos de competencia [art. 25 Reglamento núm. 1215/2012] «constituye una referencia válida y perfectamente extrapolable al ámbito del convenio arbitral. De hecho, seguir esta senda no constituirá ninguna novedad, pues ya la *Corte di Cassazione* italiana tomó en consideración una alegación de parte en el sentido de que el artículo II.2 CNY fuera interpretado de acuerdo con las directrices marcadas por el TJUE sobre el alcance del mencionado precepto». Si bien el citado autor hace referencia, en particular, a los usos comerciales aplicables en ambos casos, cabe extrapolar, igualmente, la jurisprudencia del TJUE en relación con la validez de los acuerdos de jurisdicción insertos en las CGC a la materia que se está tratando, esto es, a la validez de los convenios arbitrales.

263 Como indica el TJUE, «el cumplimiento de los requisitos formales del artículo 23, apartado 1, se da, en consecuencia, si es posible crear un registro duradero de una comunicación electrónica imprimiéndola o salvando una copia en cinta o en disco o almacenándola de cualquier otra forma», y ello «aunque ese registro duradero no se haya creado de hecho». STJUE de 21 de mayo de 2014, C-322/14, El Majdoub, EU:C:2015:334, ap. 34. Para una visión amplia de esta sentencia, *vid*.: CARRIZO AGUADO, D. y ÁLVAREZ RODRÍGUEZ, A., «Determinación de la competencia judicial internacional en aquellos contratos con condiciones generales celebrados vía *on line*: Análisis de la validez formal del pacto de sumisión expresa materializado con un «clic» en página web», *Revista Aranzadi Unión Europea*, núm. 7, 2015, págs. 73-88.

264 Para un análisis detallado de la validez de la técnica del *click-wrapping*, *vid*.: CASTELLÓ PASTOR, J.J., Daños digitales y derechos de la personalidad: determinación del tribunal competente en conflictos internacionales originados en la red, Aranzadi, Navarra, 2022, págs. 60-64. López Rodríguez, A.M., «Competencia judicial internacional...», *op. cit.*, p. 313. La citada autora analiza los acuerdos de jurisdicción en el ámbito de las plataformas de comercialización de NFTs [págs. 313-314]. Asimismo, *vid*.: CARRIZO AGUADO, D. y ÁLVAREZ RODRÍGUEZ, A., «Determinación de la competencia...», *op. cit.*, p. 77. Cómo

de aceptación mediante un «clic» de las condiciones generales, que incluyen una cláusula atributiva de competencia, de un contrato de compraventa celebrado por vía electrónica, como el del litigio principal, constituye una transmisión por medios electrónicos que proporciona un registro duradero de dicha cláusula, en el sentido de esta disposición, siempre que esa técnica permita imprimir y guardar el texto de las citadas condiciones antes de la celebración del contrato».

Cabe plantearse qué ocurre cuando la PC publica sus CGC en una pantalla online en la que únicamente se permite visualizar dichas cláusulas, pero en la que no se permite descargar ningún documento, ni copiar el texto ni imprimirlo[265]. Pues bien, el TJUE ha indicado que el art. 23.2 del Reglamento núm. 44/2001 [actual art. 25.2] «persigue que la exigencia de un acuerdo «escrito» o de un acuerdo verbal con confirmación «escrita» no cuestione la validez de una cláusula de elección del foro convenida en un soporte no escrito pero cuyo contenido sea accesible a través de una pantalla»[266], si bien recalca que «para que este tipo de transmisión pueda ofrecer las mismas garantías, en particular en materia de prueba, basta con que sea «posible» guardar e imprimir la información antes de la celebración del contrato»[267]. Por consiguiente, una cláusula que no permita ser guardada o imprimida debe reputarse abusiva y, por tanto, nula.

Seguidamente se hace una breve mención a otros preceptos que tienen incidencia en la validez formal del convenio arbitral, si bien éstos únicamente afectan a los consumidores. Así pues, el art. 5 DCA dispone que «en los casos de contratos en que todas las cláusulas propuestas al consumidor o algunas de ellas consten por escrito, estas cláusulas deberán estar redacta-

---

indican los citados autores, cabe entender por registro duradero del acuerdo «aquel que facilite la prueba del acuerdo para ser almacenado en el Hark Disk de un PC, en un diskette o pueda imprimirse. [...] Si se logra respaldar mediante una copia o impresión la información de las condiciones generales del contrato se cumpliría el mencionado «registro duradero», a pesar de que la obtención de ese registro no haya sido de manera automática», es decir, «aunque el comprador haya accedido a través de otra pantalla y si en esa pestaña se otorga la posibilidad de guardar o imprimir la información, se da por cumplido el eventual «registro de forma duradera» de tal información». Por tanto, lo esencial es que «la información en la que consta el acuerdo atributivo de competencia se contenga en un soporte que posibilite su ulterior consulta». Arenas García, R., «Competencia judicial internacional y acuerdos de sumisión en la contratación electrónica internacional», *Estudios sobre Consumo, núm.* 85, 2008, págs. 45-60, p. 49.

265 Este sería un caso similar al sistema utilizado por la plataforma Crypto.com, cuyos «términos y condiciones» están recogidos en una página web disponible por los usuarios, pero cuyo documento no permite ser descargado ni impreso directamente. No obstante, cabe advertir que sí que permite seleccionar el texto y copiarlo, por lo que el usuario podrá copiar las cláusulas generales en un documento de texto y guardarlo en su ordenador, tablet, móvil u otro dispositivo electrónico, así como imprimirlo en cualquier momento.

266 STJUE de 21 de mayo de 2014, C-322/14, El Majdoub, EU:C:2015:334, ap. 35.

267 STJUE de 21 de mayo de 2014, C-322/14, El Majdoub, EU:C:2015:334, ap. 36.

das siempre de forma clara y comprensible. En caso de duda sobre el sentido de una cláusula, prevalecerá la interpretación más favorable para el consumidor». A estos efectos, cabe tener presente que la exigencia de que la cláusula esté redactada de forma clara y comprensible no sólo es un requisito que afecta a la validez formal del convenio arbitral, sino que, a su vez, puede tener repercusiones en el ámbito de la validez material, toda vez que las partes sólo pueden consentir válidamente si realmente comprenden el alcance y contenido de la cláusula [esto es, si el convenio arbitral resulta comprensible e inteligible para el consumidor medio].

En cuanto a las cláusulas contenidas en la legislación interna, el art. 80.1 TRLGDCU dispone que en los contratos con consumidores y usuarios que se utilicen cláusulas no negociadas individualmente, éstas deberán cumplir los siguientes requisitos: «a) Concreción, claridad y sencillez en la redacción, con posibilidad de comprensión directa, sin reenvíos a textos o documentos que no se faciliten previa o simultáneamente a la conclusión del contrato, y a los que, en todo caso, deberá hacerse referencia expresa en el documento contractual»; «b) Accesibilidad y legibilidad, de forma que permita al consumidor y usuario el conocimiento previo a la celebración del contrato sobre su existencia y contenido. En ningún caso se entenderá cumplido este requisito si el tamaño de la letra del contrato fuese inferior a los 2.5 milímetros, el espacio entre líneas fuese inferior a los 1.15 milímetros o el insuficiente contraste con el fondo hiciese dificultosa la lectura». En el art. 80.2 se vuelve a recoger el principio de interpretación favorable al consumidor en caso de duda sobre el sentido de alguna cláusula.

Por último, cabe tener presente que, conforme al art. 83 TRLGDCU [el cual viene a recoger en el plano interno la exigencia de que las cláusulas abusivas no vinculen a los consumidores, *ex* art. 6 DCA], las cláusulas que tengan la consideración de abusivas «serán nulas de pleno derecho y se tendrán por no puestas. A estos efectos, el Juez, previa audiencia de las partes, declarará la nulidad de las cláusulas abusivas incluidas en el contrato, el cual, no obstante, seguirá siendo obligatorio para las partes en los mismos términos, siempre que pueda subsistir sin dichas cláusulas». Esta misma solución será válida, obviamente, respecto de las cláusulas que contravengan la validez material del convenio arbitral *[vid. infra]*.

IV. Validez material del convenio arbitral

En el presente epígrafe se analizan los requisitos materiales o de fondo para que el convenio arbitral resulte válido, dividiéndolo en dos partes: la primera relativa al análisis de los requisitos materiales derivados de la legislación española, la cual resultará aplicable, con carácter general, por imperativo del art. 9.6 LAR; [aunque la capacidad para obligarse mediante un convenio arbitral se regirá por la ley aplicable a la capacidad [arts. 9.1 y 9.11

CC)]. La segunda parte está dedicada al análisis de la validez material de la cláusula arbitral contenida en las CGC a la luz de la normativa en materia de cláusulas abusivas [aplicable en virtud del art. 9.2 LAR o de su propio ámbito de aplicación unilateral —por ser normas imperativas y de orden público derivadas de la DCA]. En la práctica, la nulidad de una cláusula arbitral se puede alcanzar a través de múltiples vías: a través de la normativa sobre cláusulas abusivas; por apreciarse la inexistencia de una voluntad clara e inequívoca de las partes de someterse a dicha institución; por ausencia de buena fe y justo equilibro de las prestaciones; entre otros motivos que son objeto de análisis en el presente epígrafe[268].

1. Requisitos materiales derivados de la legislación española

Con el término «validez material» nos referimos tanto al contenido del acuerdo arbitral como a la capacidad de las partes para consentir el convenio [requisito indispensable para que éste resulte eficaz]. En relación con el consentimiento, resulta fundamental «determinar cuándo puede interpretarse que, efectivamente, la voluntad expresada de las partes puede entenderse como voluntad de someterse al convenio arbitral»[269], lo cual requiere, naturalmente, que las partes tengan capacidad para otorgar consentimiento. A tal efecto, cabe tener presente que la capacidad para consentir se rige por el art. 9.1 CC en relación con las personas físicas[270], esto es, se regirá por la ley de su nacionalidad. En caso de que la persona física no tenga capacidad para firmar el convenio por incurrir en alguna prohibición legal, conllevará a la nulidad del laudo[271]. Asimismo, si el consentimiento de alguna parte está viciado por incurrir en un vicio del consentimiento [*v.g.* error, dolo, violencia

268 En este sentido, *vid.*: GARCÍA PÉREZ, C.L., «Cláusulas abusivas. Artículo 90. Cláusulas abusivas sobre competencias y Derecho aplicable», en: BERCOVITZ RODRÍGUEZ-CANO [Coord.], *Comentario del texto refundido de la ley general para la defensa de los consumidores y usuarios y otras leyes complementarias [Real Decreto Legislativo 1/2007]*, 2.ª ed., Aranzadi, Navarra, 2015, págs. 1361-1389, p. 1368 y 1369. La citada autora trae a colación múltiples sentencias que se pronuncian sobre la nulidad de una cláusula arbitral, advirtiendo que existen múltiples motivos para declarar la ineficacia del convenio arbitral.

269 GÓMEZ JENE, M., *Arbitraje comercial internacional..., op. cit.*, p. 170.

270 En este sentido, el art. 9.1 CC dispone lo siguiente: «La ley personal correspondiente a las personas físicas es la determinada por su nacionalidad. Dicha ley regirá la capacidad y el estado civil, los derechos y deberes de familia y la sucesión por causa de muerte».

271 GÓMEZ JENE, M., *Arbitraje comercial internacional..., op. cit.*, p. 170. Como indica el citado autor, «para que esto ocurra, el tribunal que conozca de tal acción debe constatar, en primer lugar, que la ley personal de la parte cuya incapacidad se alega prevé una prohibición legal al respecto; y, en segundo lugar, que esa prohibición ha sido efectivamente incumplida. La constatación de ambas circunstancias conduce —así la jurisprudencia comparada— a la anulación del laudo».

o intimidación] o si, directamente, no existe dicho consentimiento [*v.g.* por tratarse de un menor de edad que no tiene suficiente madurez para entender lo que está firmando o un incapaz que no puede firmar dicho acuerdo sin el correspondiente complemento de capacidad], el convenio arbitral también deberá reputarse nulo por inexistente o por resultar inválido [art. 41.1.a)][272].

En cuanto a la capacidad de las personas jurídicas, la norma de conflicto aplicable en el ordenamiento jurídico español es el art. 9.11 CC, el cual indica que «la ley personal correspondiente a las personas jurídicas es la determinada por su nacionalidad, y regirá en todo lo relativo a capacidad, constitución, representación [...]». Por tanto, en este caso también resultará aplicable la ley de la nacionalidad de la persona jurídica para determinar si puede consentir válidamente o si incurre en alguna prohibición legal que pudiera conllevar a la nulidad del laudo arbitral.

En ambos casos, la jurisprudencia exige que se trate de una voluntad «inequívoca»[273]. En este contexto, el TEDH ha indicado que «el derecho al acceso a un tribunal —garantía que deriva del artículo 6 § 1 de la Convención— no implica, en materia civil, la obligación de someterse a una jurisdicción de tipo clásico, integrada en las estructuras judiciales ordinarias de un país... El artículo 6 no se opone a la creación de tribunales arbitrales con el fin de juzgar ciertas diferencias de naturaleza patrimonial que enfrente a particulares. Nada impide a los justiciables renunciar a su derecho a un

272 A tal efecto, el art. 41.1 LAR indica que «el laudo sólo podrá ser anulado cuando la parte que solicita la anulación alegue y pruebe: a) Que el convenio arbitral no existe o no es válido». A tal efecto, *vid.*: STSJ de Madrid núm. 63 de 15 de septiembre de 2015, ES:TSJM:2015:10503. En relación con un caso de falta de capacidad del firmante del convenio arbitral por incapacidad y por no existir una válida ratificación por parte del tutor, se dispone lo siguiente: «El motivo de anulación debe ser estimado, precisando que el convenio arbitral suscrito es inválido ex art. 271.3.° CC en conexión con el art. 41.1.a) LA, sin que conste probada ratificación alguna, ni se haya suscitado, dada la incapacidad del pupilo, la posibilidad de convalidación posterior de ninguna clase [...]. Como argumento a mayor abundamiento de los ya expuestos, pues no cabe olvidar que la sumisión a arbitraje entraña una renuncia válida, en tanto que reconocida por el Ordenamiento, al derecho de acceso a los Tribunales con plenitud de Jurisdicción, y, en esa medida, en tanto en cuanto la decisión de someterse a arbitraje limita el derecho a la tutela judicial efectiva, debe efectuarse con escrupuloso respeto a las condiciones que la Ley establece en garantía, precisamente, de quien, por razones físicas y/o psíquicas, no puede gobernarse a sí mismo, siendo, no obstante, pleno titular de los derechos fundamentales reconocidos en la CE y especialísimo acreedor de que se observen las medidas que el Ordenamiento prevea para la salvaguarda de tales derechos en sus persona» [F.J. 2 y 3.°].

273 El propio art. 9.1 LAR hace referencia a la importancia de la voluntad de las partes, si bien no hace alusión explícita a la intensidad que debe revestir la manifestación de dicha voluntad. A este respecto, el art. 9.1 indica que «el convenio arbitral, que podrá adoptar la forma de cláusula incorporada a un contrato o de acuerdo independiente, deberá expresar la voluntad de las partes de someter a arbitraje todas o algunas de las controversias que hayan surgido o puedan surgir respecto de una determinada relación jurídica, contractual o no contractual».

tribunal en favor de un arbitraje, a condición de que esa renuncia sea libre, lícita e inequívoca... El derecho a un tribunal reviste en efecto una máxima importancia en las sociedades democráticas como para que una persona pierda tal beneficio por el sólo hecho de suscribir un acuerdo parajudicial. En un ámbito que se revela de orden público para los EE. MM, una medida o solución denunciada como contraria al artículo 6 requiere un control particularmente intenso»[274]. Asimismo, la jurisprudencia española también exige que el acuerdo manifieste una voluntad inequívoca de las partes de someter sus controversias a arbitraje [o, más bien, en una voluntad «explícita, clara, terminante e inequívoca»][275].

---

274 Esta traducción de la STEDH núm. 1643/06, de 20 de octubre de 2010, asunto AFFAIRE SUDA c. RÉPUBLIQUE TCHÈQUE, CE:ECHR:2010:1028JUD000164306 [ap. 48], ha sido realizada por Gómez Jene en dos publicaciones distintas: Gómez Jene, M., «El convenio arbitral: statu quo», *Cuadernos de Derecho Transnacional,* vol. 9, núm. 2, 2017, págs. 7-38, p. 10. Gómez Jene, M., *Arbitraje comercial internacional..., op. cit.,* p. 172. La versión original del escrito está disponible sólo en francés y dispone lo siguiente: «48. La Cour rappelle que le droit d'accès à un tribunal - garantie qui découle de l'article 6 § 1 de la Convention – n'implique pas, en matière civile, l'obligation de saisir une juridiction de type classique, intégrée aux structures judiciaires ordinaires du pays ; ainsi, un organe chargé de trancher un nombre restreint de litiges déterminés peut s'analyser en un tribunal à condition d'offrir les garanties voulues [Lithgow et autres c. RoyaumeUni, 8 juillet 1986, § 201, série A no 102]. L'article 6 ne s'oppose donc pas à la création de tribunaux arbitraux afin de juger certains différends de nature patrimoniale opposant des particuliers. Rien n'empêche les justiciables de renoncer à leur droit à un tribunal en faveur d'un arbitrage, à condition qu'une telle renonciation soit libre, licite et sans équivoque [R. c. Suisse, no 10881/84, décision de la Commission du 4 mars 1987, Décisions et rapports [DR] no 51 ; Osmo Suovaniemi et autres c. Finlande [déc.], no 31737/96, 23 février 1999 ; Transado – Transportes Fluviais do Sado, S.A. c. Portugal [déc.], no 35943/02, 16 décembre 2003]. Le droit à un tribunal revêt en effet une trop grande importance dans une société démocratique pour qu'une personne en perde le bénéfice par cela seul qu'elle a souscrit à un arrangement parajudiciaire. En un domaine qui relève de l'ordre public des États membres, une mesure ou solution dénoncée comme contraire à l'article 6 appelle un contrôle particulièrement attentif. Parmi les conditions à remplir figure en tout cas l'absence de contrainte; ainsi le veut un instrument international fondé sur les idées de prééminence du droit et de liberté [Deweer c. Belgique, 27 février 1980, § 49, série A no 35]».

275 En este sentido, *vid.*: STS núm. 409, de 27 de junio de 2017, ES:TS:2017:2500. La sentencia citada indica lo siguiente: «la sentencia del TC 75/1996, de 30 de abril, afirmó que la autonomía de la voluntad de las partes, de todas las partes, constituye la esencia y el fundamento de la institución arbitral, por cuanto que el arbitraje conlleva la exclusión de la vía judicial. El Tribunal Constitucional declaró que, salvo que el litigante lo haya aceptado voluntariamente, no se le puede impedir que sea precisamente un órgano judicial quien conozca de las pretensiones que formule en orden a su defensa, pues de otra manera se vulneraría su derecho a la tutela judicial efectiva. La sentencia del Tribunal Constitucional 136/2010, de 2 de diciembre, ha precisado que la renuncia al ejercicio de las acciones ante los tribunales mediante una sumisión al arbitraje debe ser «explícita, clara, terminante e inequívoca». Teniendo en cuenta la doctrina sentada por el TC, el Tribunal Supremo afirma lo siguiente: La anterior doctrina del Tribunal Constitucional explica que esta sala, en su sentencia 26/2010, de 11 de febrero , con cita de otras anteriores, haya declarado que la cláusula de sumisión a arbitraje, para ser tenida por eficaz, es necesario que manifieste la voluntad inequívoca de las partes de someter todas o algunas de las cuestiones surgidas o que puedan surgir de relaciones jurídicas determinadas a la decisión de uno o más árbi-

Por último, el art. 9.1 LAR hace referencia al contenido necesario para que el acuerdo resulte válido materialmente. En este sentido, el precepto hace alusión a la necesidad de que las partes sometan a arbitraje «todas o algunas de las controversias que hayan surgido o puedan surgir respecto de una determinada relación jurídica, contractual o no contractual». Por consiguiente, resulta necesario que el convenio haga referencia a una relación jurídica determinada; si bien eso no significa que el convenio deba hacer referencia a una controversia concreta[276], sino a cualquiera que pueda surgir como consecuencia de una determinada relación contractual. Así, por ejemplo, cumpliría con este requisito una cláusula inserta en una PC que indicara que cualquier controversia que pudiera surgir en relación con la prestación de un servicio de criptoactivo quedaría sometida a un determinado arbitraje.

2. Requisitos materiales aplicables a los contratos de adhesión

En el presente apartado se traen a colación un conjunto de preceptos aplicables en el ámbito de los contratos de adhesión, los cuales tienen incidencia directa en la determinación de la validez material del convenio arbitral inserto en las CGC. Estos preceptos de la legislación española en materia de cláusulas abusivas permiten determinar si una cláusula arbitral inserta en las CGC de una PC resulta válida desde el punto de vista material. A este respecto, el art. 9.2 LAR remite a la legislación específica sobre contratos de adhesión para determinar la validez de la cláusula arbitral, indicando que «si el convenio arbitral está contenido en un contrato de adhesión, la validez de dicho convenio y su interpretación se regirán por lo dispuesto en las normas apli-

tros» [F.J. 5.°]. Asimismo, *vid.*: Noriega Linares, M.C., «La existencia de la cláusula arbitral y la voluntad de las partes», *Cuadernos de Derecho Transnacional*, vol. 13, núm. 1, 2021, págs. 995-1005, p. 1001. La citada autora hace hincapié en la jurisprudencia española, señalando lo siguiente en relación con el auto dictado por el Juzgado de Primera Instancia n.° 32 de Barcelona en el que se discute la existencia o no de una sumisión a arbitraje: «Remite también a la sentencia del Tribunal Supremo 607/2010, de 7 de octubre y al auto del TSJC de 6 de mayo de 2016, las cuales alegan que lo decisivo para la validez del convenio arbitral es la voluntad inequívoca de las partes de incluir esa cláusula. Por tanto, la AP se basa en esta afirmación cuando sostiene que «[...], la cuestión radicará en determinar si la fórmula utilizada por las partes pone de manifiesto su voluntad clara de someter la cuestión a arbitraje» [...]».

276 Gómez Jene, M., *Arbitraje comercial internacional...*, *op. cit.*, p. 174. En este sentido, el citado autor indica lo siguiente: «no debe olvidarse que el párrafo citado parte de la base de que el convenio arbitral debe referirse a una relación jurídica determinada [requisito de *fondo*]. La determinabilidad de dicha relación es, pues, exigible; lo cual no implica que el tenor literal del convenio deba hacer referencia expresa a la *controversia* concreta que pueda surgir en el cumplimiento del contrato en el que se inserta. De hecho, son comúnmente aceptados en la jurisprudencia comparada convenios arbitrales de tenores tan escuetos como: *"Arbitration"*. Sin más referencias».

cables a ese tipo de contrato». Por consiguiente, nos remite a la legislación contenida en el TRLGDCU [y en la LCGC) para determinar la validez formal y material del convenio arbitral.

El art. 3.1 de la Directiva 93/13/CEE [DCA] dice que «las cláusulas contractuales que no se hayan negociado individualmente se considerarán abusivas si, pese a las exigencias de la buena fe, causan en detrimento del consumidor un desequilibrio importante entre los derechos y obligaciones de las partes que se derivan del contrato». De forma similar, el art. 82.1 de la DCA dispone que «se considerarán cláusulas abusivas todas aquellas estipulaciones no negociadas individualmente y todas aquellas prácticas no consentidas expresamente que, en contra de las exigencias de la buena fe causen, en perjuicio del consumidor y usuario, un desequilibrio importante de los derechos y obligaciones de las partes que se deriven del contrato»[277]. Por consiguiente, un primer requisito material que puede invalidar una cláusula no negociada individualmente es la falta de reciprocidad y el justo equilibro entre los derechos y obligaciones de las partes. En el ámbito de las PC, ello podría concretarse en la imposición de una cláusula arbitral que obligara al consumidor a desplazarse a un tercer Estado totalmente desvinculado de la relación contractual [*v.g.* la sede del arbitraje está en Seychelles y el litigio es entre una PC alemana y un consumidor español].

Por su parte, el art. 82.3 TRLGDCU dispone que «el carácter abusivo de una cláusula se apreciará teniendo en cuenta la naturaleza de los bienes o servicios objeto del contrato y considerando todas las circunstancias concurrentes en el momento de su celebración, así como todas las demás cláusulas del contrato o de otro del que éste dependa». Por tanto, antes de invalidar una cláusula arbitral por ser presuntamente abusiva, el tribunal o el órgano arbitral que conozca sobre la posible invalidez del convenio arbitral deberán tomar en consideración todas las circunstancias concurrentes, debiéndose realizar un estudio caso por caso[278].

277 Asimismo, el art. 80.1 TRLGDCU establece que «en los contratos con consumidores y usuarios que utilicen cláusulas no negociadas individualmente, incluidos los que promuevan las Administraciones públicas y las entidades y empresas de ellas dependientes, aquéllas deberán cumplir los siguientes requisitos: c) Buena fe y justo equilibrio entre los derechos y obligaciones de las partes, lo que en todo caso excluye la utilización de cláusulas abusivas».

278 A tal efecto, se pueden tomar en consideración otros preceptos potencialmente aplicables en materia de cláusulas abusivas. A este respecto, por ejemplo, el art. 82.4 TRLGDCU dispone lo siguiente: «No obstante lo previsto en los apartados precedentes, en todo caso son abusivas las cláusulas que, conforme a lo dispuesto en los artículos 85 a 90, ambos inclusive: a) vinculen el contrato a la voluntad del empresario, b) limiten los derechos del consumidor y usuario, c) determinen la falta de reciprocidad en el contrato, d) impongan al consumidor y usuario garantías desproporcionadas o le impongan indebidamente la carga de la prueba, e) resulten desproporcionadas en relación con el perfeccionamiento y ejecución del contrato, o f) contravengan las reglas sobre competencia y derecho aplicable».

En el anexo de la DCA aparece un listado de cláusulas abusivas que viene a desarrollar el citado artículo 3.1 DCA, entre las cuales cabe destacar la prevista en la letra q], la cual considera como abusiva la cláusula que tenga por objeto o por efecto «suprimir u obstaculizar el ejercicio de acciones judiciales o de recursos por parte del consumidor, en particular obligándole a dirigirse exclusivamente a una jurisdicción de arbitraje no cubierta por las disposiciones jurídicas». Asimismo, el art. 90.1 TRLGDCU dispone que «son, asimismo, abusivas las cláusulas que establezcan: 1. La sumisión a arbitrajes distintos del arbitraje de consumo, salvo que se trate de órganos de arbitraje institucionales creados por normas legales para un sector o un supuesto específico».

Cabe analizar brevemente el antecedente del art. 90.1 para comprender su contenido y finalidad. A este respecto, cabe traer a colación la Ley 44/2006[279], la cual modificaba el art. 33 de la Ley 26/1984 [LGCU][280]. Por lo que aquí interesa, se añadía un apartado cuarto al art. 33 que permite comprender mejor la génesis del actual art. 90.1 TRLGDCU. Dicho precepto indicaba lo siguiente: «Los convenios arbitrales con los consumidores distintos del arbitraje de consumo previsto en este artículo, sólo podrán pactarse una vez surgido el conflicto material o controversia entre las partes del contrato, salvo que se trate de la sumisión a órganos de arbitraje institucionales creados por normas legales o reglamentarias para un sector o un supuesto específico. Los convenios arbitrales pactados contraviniendo lo dispuesto en el párrafo precedente serán nulos». Este precepto venía completado por una explicación sustanciosa en la exposición de motivos de la Ley 44/2006, indicando que la finalidad del precepto era la de «prevenir la imposición al consumidor de arbitrajes distintos del Sistema Arbitral de Consumo». Dicho precepto resultaba muy similar al actual art. 90.1 TRLGDCU, si bien el art. 33.4 LGDCU no sólo se pronunciaba sobre la validez de los arbitrajes de consumo o los creados por normas legales para un sector específico[281], sino que también permitía expresamente los demás tipos de arbitraje cuando el convenio arbitral se hubiera pactado una vez surgida la controversia. En este sentido, el citado art. 33.4 LGDCU [ya derogado] seguía las directrices de la Recomendación 98/257/CE sobre la solución extrajudicial de litigios en materia de consumo, en la cual se indica que el derecho de acceso a los tribunales es un derecho fundamental sin excepciones [art. 6 CEDH], por

279 Ley 44/2006, de 29 de diciembre, de mejora de la protección de los consumidores y usuarios. BOE núm. 312, de 30.12.2006.

280 Ley 26/1984, de 19 de julio, General para la Defensa de los Consumidores y Usuarios. BOE núm. 176, de 24 de julio de 1984 [derogada por el actual TRLGDCU].

281 Para una visión más amplia de este precepto, *vid.*: Marín López, M.J., «Consumidores y medios alternativos de resolución de conflictos», *Anuario de la Facultad de Derecho de la Universidad Autónoma de Madrid*, núm. 11, 2007, págs. 122-150, en concreto, 131 y 132. Asimismo, *vid.*: García Pérez, C.L., «Cláusulas abusivas. Artículo 90...», *op. cit.*, p. 1368 y ss.

lo que la renuncia a dicho derecho tiene que aceptarse expresamente, con pleno conocimiento de causa y con posterioridad al surgimiento del litigio[282].

De forma similar se pronuncia la Recomendación de la Comisión, de 4 de abril de 2001, relativa a los principios aplicables a los órganos extrajudiciales de resolución consensual de litigios en materia de consumo[283], la cual remarca que, «de acuerdo con el artículo 6 del CEDH, el acceso a los tribunales es un derecho fundamental. Puesto que el Derecho comunitario garantiza la libre circulación de mercancías y servicios en el mercado interior, el corolario de estas libertades es que los agentes económicos, incluidos los consumidores, puedan recurrir a los órganos judiciales de un EM para solventar los litigios a los que pueden dar lugar sus actividades económicas de la misma forma que los ciudadanos de dicho Estado. Los procedimientos extrajudiciales de solución de litigios no pueden tener como objetivo sustituir al sistema judicial. Por lo tanto, la utilización del procedimiento extrajudicial sólo puede privar al consumidor de su derecho de acceso a los tribunales si éste lo acepta expresamente, con pleno conocimiento de causa y después de que se haya planteado el litigio»[284]. A tal efecto, como explica Marín López en relación con el citado art. 33.4 LGDCU derogado, «la norma propuesta no impide al consumidor celebrar válidamente un convenio arbitral para dirimir una controversia futura. Sí podrá hacerlo, pero únicamente cuando se trata de un arbitraje de consumo [no, en cambio, para un arbitraje privado distinto] o cuando se trata de sumisión a órganos de arbitraje institucionales creados por normas legales o reglamentarias para un sector específico [por ejemplo, telecomunicaciones]»[285].

El antecedente del art. 90.1 TRLGDCU era muy similar al actual precepto, si bien se pronunciaba sobre la posibilidad de celebrar convenios arbitrales una vez surgida la controversia. Con la derogación del art. 33.4 LGDCU,

---

282 Recomendación 98/257/CE, de la Comisión de 30 de marzo de 1998 relativa a los principios aplicables a los órganos responsables de la solución extrajudicial de los litigios en materia de consumo. DOUE núm. L 115, 17.4.1998. Como se indica en los considerandos de la citada Recomendación, «de acuerdo con el artículo 6 del Convenio Europeo de Derechos Humanos, el acceso a los tribunales es un derecho fundamental sin excepciones; que cuando el Derecho comunitario garantiza la libre circulación de mercancías y servicios en el mercado interior, el corolario de estas libertades es que los agentes económicos, incluidos los consumidores, pueden recurrir a los órganos jurisdiccionales de un EM para solventar los litigios a los que pueden dar lugar sus actividades económicas, por las mismas razones que los ciudadanos de dicho Estado; que los procedimientos extrajudiciales no pueden tener como objetivo sustituir al sistema judicial; que, por lo tanto, la utilización de la vía extrajudicial sólo puede privar al consumidor de su derecho de acceso a los tribunales si éste lo acepta expresamente, con pleno conocimiento de causa y con posterioridad al surgimiento del litigio».

283 Recomendación de la Comisión, de 4 de abril de 2001, relativa a los principios aplicables a los órganos extrajudiciales de resolución consensual de litigios en materia de consumo. DOUE núm. 109, de 19 de abril de 2001.

284 Véase el considerando núm. 14 de la citada Recomendación y los apartados D.1 y D2.

285 Marín López, M.J., «Consumidores y medios alternativos...», *op. cit.*, p. 132.

actualmente también resultarán válidos los acuerdos arbitrales pactados con posterioridad al surgimiento de la controversia, dado que estos no estarán insertos en una cláusula negociada individualmente que pueda considerarse abusiva, sino que permitirán al consumidor aceptar el arbitraje con pleno conocimiento de causa. Por ende, aunque el tenor del precepto haya cambiado, el resultado práctico es el mismo, dado que en la actualidad sólo se permiten las cláusulas de sumisión a arbitrajes de consumo, así como a aquellos arbitrajes institucionales creados por normas legales para un sector o supuesto específico. En cuanto al arbitraje de consumo, en España está regulado por el Real Decreto 231/2008, de 15 de febrero, por el que se regula el Sistema Arbitral de Consumo[286] [RDSAC), siendo válida la sumisión a dicho arbitraje cuando sea voluntaria y conste expresamente «por escrito, por medios electrónicos o en cualquier otra forma admitida legalmente que permita tener constancia del acuerdo» [art. 58 TRLGDCU][287].

En cuanto a los arbitrajes legales creados por un sector o supuesto específico, cabe hacer referencia, siguiendo a García Pérez, a los siguientes tipos previstos en la legislación española[288]: a) Las Juntas arbitrales de transporte, previstas en los arts. 37 y 38 de la Ley de Ordenación del Transporte[289] y en los arts. 6 a 12 del Reglamento de Ordenación del Transporte Terrestre[290]; b) el arbitraje institucional ejercido por la Comisión Nacional de los Mercados y la Competencia [CNMC), previsto en el art. 5 de la Ley 3/2013[291] y en el

---

286 Real Decreto 231/2008, de 15 de febrero, por el que se regula el Sistema Arbitral de Consumo. BOE núm. 48, de 25.02.2008. Para una visión amplia sobre este sistema arbitral, véase las siguientes publicaciones: Bercovitz Rodríguez-Cano, A., «La experiencia del arbitraje de consumo», en: Tomillo Urbina, J. [Dir.]: *El futuro de la protección jurídica de los consumidores [actas del I Congreso Euroamericano de Protección Jurídica de los Consumidores]*, Aranzadi, Navarra, 2008, págs. 379-388; Bercovitz Rodríguez-Cano, A., «Arbitraje de consumo», *Aranzadi civil*, núm. 3, 2007, págs. 2571-2574; Bonachera Villegas, R. «El Real Decreto 231/2008, la anhelada modificación del sistema arbitral de consumo», *Diario La Ley*, núm. 7045, 2008, págs. 1-22; Marcos Francisco, D., «El arbitraje de consumo como medio extrajudicial de resolución de conflictos en la normativa española», *Revista De Derecho Universidad Católica del Norte*, núm. 18, 2011, págs. 241-266; Marcos Francisco, D., «Nueva perspectiva del arbitraje de consumo a la luz del Real Decreto 231/2008, de 15 de febrero, regulador del Sistema Arbitral de Consumo», *Revista General de Derecho Procesal*, núm. 16, 2008, págs. 1-58.

287 A tal efecto, véase los arts. 57.1 TRLGDCU, art. 1.2 y 2 y 3.1 RDSAC.

288 García Pérez, C.L., «Cláusulas abusivas. Artículo 90...», *op. cit.*, p. 1364 y 1365.

289 Ley 16/1987, de 30 de julio, de Ordenación de los Transportes Terrestres. BOE núm. 182, de 31.07.1987. A tal efecto, véase el art. 37.1 y 38.1 LOTT.

290 Real Decreto 1211/1990, por el que se aprueba el Reglamento de la Ley de Ordenación de los Transportes Terrestres. BOE núm. 241, de 08.10.1990. A tal efecto, véase el art. 6 ROTT.

291 Ley 3/2013, de 4 de junio, de creación de la Comisión Nacional de los Mercados y la Competencia. BOE núm. 134, de 05.06.2013. El art. 5 prevé las funciones que realizará la CNMC, entre las cuales se encuentra la de «realizar las funciones de arbitraje, tanto de derecho como de equidad, que le sean sometidas [...] en aplicación de la Ley 60/2003 [...]».

art. 46 del Real Decreto 657/2013[292]; c) la Comisión de Propiedad Intelectual prevista en el art. 193 del Real Decreto Legislativo 1/1996 sobre la Ley de Propiedad Intelectual[293]. Como indica García Pérez, «los demás supuestos que suelen relatarse como arbitrajes sectoriales, a salvo el laboral, no prevén órganos que suman funciones arbitrales para dicho sector, por lo que no pueden considerarse arbitrajes en el sentido del artículo 90 TRLGDCU, sino que se limitan a recogerlo entre sus preceptos, bien para advertir la posibilidad de acudir a la institución, bien para delimitar las materias arbitrales»[294].

Pues bien, aplicando el art. 90.1 TRLGDCU en sus justos términos resultará que la mayoría de las cláusulas arbitrales previstas en las CGC de las PC se considerarán abusivas, por lo que serán nulas de pleno derecho y, por tanto, se tendrán por no puestas, *ex* art. 83.1 TRLGDCU. Como indica el citado precepto, «el Juez, previa audiencia de las partes, declarará la nulidad de las cláusulas abusivas incluidas en el contrato, el cual, no obstante, seguirá siendo obligatorio para las partes en los mismos términos, siempre que pueda subsistir sin dichas cláusulas». En última instancia, cabe recordar que, si la cláusula resulta abusiva, el juez competente debe pronunciarse de oficio, con independencia del momento procesal en que se encuentre[295].

V. La eficacia de estas cláusulas respecto de los profesionales

En el presente epígrafe se analiza cuando una cláusula arbitral podrá resultar ineficaz respecto de los profesionales por incumplir las disposiciones recogidas en la LCGC. Cabe matizar que la validez formal y material de las cláusulas arbitrales están sujetas a las normas de conflicto analizadas en los epígrafes anteriores *[vid. supra]* y, asimismo, que los requisitos de forma y de fondo previstos en la normativa española [siempre que ésta sea aplicable] también resultarán aplicables respecto de los profesionales que se vean

292 Real Decreto 657/2013, de 30 de agosto, por el que se aprueba el Estatuto Orgánico de la Comisión Nacional de los Mercados y la Competencia. BOE núm. 209, de 31.08.2013. A tal efecto, véase el art. 46.

293 Real Decreto Legislativo 1/1996, de 12 de abril, por el que se aprueba el texto refundido de la Ley de Propiedad Intelectual, regularizando, aclarando y armonizando las disposiciones legales vigentes sobre la materia. BOE núm. 97, de 22.04.1996. Véase los arts. 193 y 194 de este RD.

294 García Pérez, C.L., «Cláusulas abusivas. Artículo 90...», *op. cit.*, 1364, nota al pie núm. 789. A tal efecto, se refiere a los arbitrajes en materia de cooperativas, arrendamientos rústicos o a la previsión recogida en el art. 38 y 76 de la Ley de contrato de seguro, los cuales no constituyen arbitrajes sectoriales.

295 García Pérez, C.L., «Cláusulas abusivas. Artículo 90...», *op. cit.*, p. 1370 y ss. Por todas, *vid.*: STJUE de 26 de octubre de 2006, Mostaza Claro, C-168/05, EU:C:2006:675, ap. 38. STJUE de 14 marzo de 2013, C-415/11, Aziz, EU:C:2013:164, ap. 51.

sometidos a un contrato de adhesión. Por tanto, las consideraciones realizadas y conclusiones alcanzadas en los epígrafes anteriores son plenamente trasladables respecto de los profesionales que contraten con una PC que prevea una cláusula arbitral en sus CGC, salvo la normativa relativa a las cláusulas abusivas, pues esta sólo resulta aplicable respecto de los consumidores.

La LCGC resulta aplicable cuando el convenio arbitral se rija por la ley española, determinada por las normas de conflicto analizadas [art. 9.6 LAR, art. V.I.a) CNY, art. 1.2 CG], tal como indica el art. 3.1 LCGC: «La presente Ley se aplicará a las cláusulas de condiciones generales que formen parte de contratos sujetos a la legislación española». No obstante, también resultará aplicable la LCGC cuando el adherente [profesional o consumidor] emitan su declaración negocial desde el territorio español y tengan en España su residencia habitual [art. 3.2 LCGC), por lo que se trata de una norma de conflicto unilateral que determina su propio ámbito de aplicación en el espacio. Por ende, cuando conozcan del caso los tribunales españoles y se cumpla el ámbito de aplicación de la LCGC[296], deberán aplicar las disposiciones previstas en dicha ley para proteger a los consumidores y profesionales, aunque las partes se hayan sometido a un derecho extranjero. En este sentido, la LCGC tiene carácter imperativo [art. 3], resultando aplicable por su propio ámbito de aplicación unilateral, con independencia de cuál sea la legislación aplicable al convenio arbitral o al contrato de adhesión.

Con carácter general, los profesionales quedan vinculados por los convenios arbitrales previstos en las CGC, si bien bajo ciertas circunstancias podrán alegar la ineficacia de la cláusula arbitral predispuesta[297]. A tal efecto, cabe tener presente las disposiciones previstas en la LCGC, las cuales también resultan aplicables respecto de los profesionales[298]. Por otra parte, se ha comentado que las cláusulas previstas en las CGC no podrán tener la

---

296 El ámbito material de la LCGC hace referencia a los contratos de adhesión [art. 1.1], teniendo en cuenta las exclusiones del art. 4 [contratos de trabajo, sucesorios, sociedades, etc.]. El ámbito personal se cumplirá cuando se trate de una persona física o jurídica que pueda tener la consideración de adherente y otra que pueda considerarse el predisponente [art. 1.2]. El ámbito temporal se cumple si el contrato se celebra tras la entrada en vigor de la LCGC [la cual entró en vigor en abril de 1998], según la Disposición transitoria única y la Disposición final tercera. Finalmente, el ámbito territorial se cumple si conoce de la acción un órgano jurisdiccional español, pues la LCGC está prevista para que rija, con carácter general, en el territorio español. Sin perjuicio de lo anterior, en ocasiones se le pueda dar eficacia en el territorio de otro Estado, en caso de que las normas de conflicto determinen como aplicable el derecho español [art. 3.1 LCGC) y el tribunal competente del país en cuestión permita la aplicación de dicha ley.

297 Sobre esta cuestión, *vid.*: SAP de Lugo de 30 diciembre de 2021, ES:APLU:2021:857, F.J. 3.º.

298 El art. 2 LCGC dispone lo siguiente: «1. La presente Ley será de aplicación a los contratos que contengan condiciones generales celebrados entre un profesional —predisponente— y cualquier persona física o jurídica —adherente—. 2. A los efectos de esta Ley se entiende por profesional a toda persona física o jurídica que actúe dentro del marco de su actividad profesional o empresarial, ya sea pública o privada. 3. El adherente podrá ser también un profesional, sin necesidad de que actúe en el marco de su actividad».

consideración de abusivas respecto de los profesionales[299]. Ello no significa que los profesionales no puedan ser objeto de un abuso de posición dominante, pero dicha abusividad se sujetará a las normas generales de nulidad contractual[300].

Realizadas estas premisas, cabe tener presente la definición de condiciones generales de la contratación contenida en la LCGC, cuya ley estipula en su art. 1.1 que «son condiciones generales de la contratación las cláusulas predispuestas cuya incorporación al contrato sea impuesta por una de las partes, con independencia de la autoría material de las mismas, de su apariencia externa, de su extensión y de cualesquiera otras circunstancias, habiendo sido redactadas con la finalidad de ser incorporadas a una pluralidad de contratos». Dicho esto, cabe preguntase: ¿cuándo una condición general en forma de cláusula arbitral no resultará vinculante para un profesional que tenga la consideración de adherente? Para responder a esta cuestión hay que analizar varios preceptos de la LCGC, algunos relativos a los requisitos formales de las condiciones generales y otros a la validez material.

En primer lugar, hay que acudir al art. 5 LCGC, el cual indica que «las condiciones generales pasarán a formar parte del contrato cuando se acepte por el adherente su incorporación al mismo y sea firmado por todos los contratan-

299 En este sentido, la exposición de motivos de la LCGC explica que «una cláusula es condición general cuando está predispuesta e incorporada a una pluralidad de contratos exclusivamente por una de las partes, y no tiene por qué ser abusiva. Cláusula abusiva es la que en contra de las exigencias de la buena fe causa en detrimento del consumidor un desequilibrio importante e injustificado de las obligaciones contractuales y puede tener o no el carácter de condición general, ya que también puede darse en contratos particulares cuando no existe negociación individual de sus cláusulas, esto es, en contratos de adhesión particulares».

300 La exposición de motivos de la LCGC indica que «las condiciones generales de la contratación se pueden dar tanto en las relaciones de profesionales entre sí como de éstos con los consumidores. En uno y otro caso, se exige que las condiciones generales formen parte del contrato, sean conocidas o —en ciertos casos de contratación no escrita— exista posibilidad real de ser conocidas, y que se redacten de forma transparente, con claridad, concreción y sencillez. Pero, además, se exige, cuando se contrata con un consumidor, que no sean abusivas. El concepto de cláusula contractual abusiva tiene así su ámbito propio en la relación con los consumidores. Y puede darse tanto en condiciones generales como en cláusulas predispuestas para un contrato particular al que el consumidor se limita a adherirse. Es decir, siempre que no ha existido negociación individual». En este escenario, la ley recalca que «esto no quiere decir que en las condiciones generales entre profesionales no pueda existir abuso de una posición dominante. Pero tal concepto se sujetará a las normas generales de nulidad contractual. Es decir, nada impide que también judicialmente pueda declararse la nulidad de una condición general que sea abusiva cuando sea contraria a la buena fe y cause un desequilibrio importante entre los derechos y obligaciones de las partes, incluso aunque se trate de contratos entre profesionales o empresarios. Pero habrá de tener en cuenta en cada caso las características específicas de la contratación entre empresas. En este sentido, sólo cuando exista un consumidor frente a un profesional es cuando operan plenamente la lista de cláusulas contractuales abusivas recogidas en la Ley [...]».

tes. Todo contrato deberá hacer referencia a las condiciones generales incorporadas. No podrá entenderse que ha habido aceptación de la incorporación de las condiciones generales al contrato cuando el predisponente no haya informado expresamente al adherente acerca de su existencia y no le haya facilitado un ejemplar de las mismas». Sin embargo, el art. 5.3 hace alusión a los contratos que no se celebran por escrito, en cuyo caso «bastará con que el predisponente anuncie las condiciones generales en un lugar visible dentro del lugar en el que se celebra el negocio, que las inserte en la documentación del contrato que acompaña su celebración; o que, de cualquier otra forma, garantice al adherente una posibilidad efectiva de conocer su existencia y contenido en el momento de la celebración». Por consiguiente, cabe trasladar en este ámbito las conclusiones alcanzadas respecto de la validez formal de las cláusulas arbitrales que afectan a los consumidores, por lo que bastará que el adherente [profesional] tenga la posibilidad real de conocer la existencia de las cláusulas arbitrales. Luego, si la cláusula arbitral está prevista en las CGC visibles en la página web o App de una PC, resultará válida dicha previsión desde el punto de vista formal.

Existen requisitos que afectan a los aspectos formales y materiales del acuerdo arbitral. A tal efecto, el art. 5.5 LCGC indica que «la redacción de las cláusulas generales deberá ajustarse a los criterios de transparencia, claridad, concreción y sencillez». Por su parte, el art. 7 recalca que no quedarán incorporadas al contrato las siguientes CGC: «a) Las que el adherente no haya tenido oportunidad real de conocer de manera completa al tiempo de la celebración del contrato o cuando no hayan sido firmadas, cuando sea necesario, en los términos resultantes del artículo 5. b) Las que sean ilegibles, ambiguas, oscuras e incomprensibles, salvo, en cuanto a estas últimas, que hubieren sido expresamente aceptadas por escrito por el adherente y se ajusten a la normativa específica que discipline en su ámbito la necesaria transparencia de las cláusulas contenidas en el contrato». Todas estas previsiones intentan preservar la voluntad y capacidad del adherente, a la vez que intentan implementar unos estándares mínimos de claridad, coherencia y legibilidad para el que las consiente, por lo que afectan tanto a la validez formal como material del acuerdo arbitral. En consonancia con lo anterior, el art. 6.1 LCGC recoge el principio de interpretación más favorable para el adherente[301].

Cuando una cláusula arbitral inserta en las CGC no cumpla con alguna de estas previsiones se tendrá por no puesta, al ser reputada como nula de pleno derecho [art. 8.1 LCGC). No obstante, cabe tener presente que «la no incorporación al contrato de las cláusulas de las condiciones generales o la declaración de nulidad de las mismas no determinará la ineficacia total del

301 El art. 6 LCGC indica que «cuando exista contradicción entre las condiciones generales y las condiciones particulares específicamente previstas para ese contrato, prevalecerán éstas sobre aquéllas, salvo que las condiciones generales resulten más beneficiosas para el adherente que las condiciones particulares. 2. Las dudas en la interpretación de las condiciones generales oscuras se resolverán a favor del adherente».

contrato, si éste puede subsistir sin tales cláusulas, extremo sobre el que deberá pronunciarse la sentencia» [art. 10 LCGC). En este ámbito no procede el examen de oficio de las cláusulas que puedan perjudicar al adherente, por lo que deberá ser el adherente el que tenga que alegar su ineficacia mediante las reglas generales de la nulidad contractual [art. 9.1 LCGC). Con todo, según indica el art. 9.2 LCGC, «la sentencia estimatoria, obtenida en un proceso incoado mediante el ejercicio de la acción individual de nulidad o de declaración de no incorporación, decretará la nulidad o no incorporación al contrato de las cláusulas generales afectadas y aclarará la eficacia del contrato de acuerdo con el artículo 10, o declarará la nulidad del propio contrato cuando la nulidad de aquellas o su no incorporación afectara a uno de los elementos esenciales del mismo en los términos del artículo 1261 del Código Civil».

VI. Análisis de las cláusulas arbitrales

En el presente epígrafe se analizan las cláusulas arbitrales previstas en las CGC de algunas de las principales PC. Teniendo presente los requisitos de validez formal y material analizados, así como la normativa en materia de condiciones generales y cláusulas abusivas, seguidamente se indica si dichas cláusulas pueden considerarse válidas respecto de los consumidores y profesionales.

1. Binance versión global

Esta plataforma prevé cláusulas generales diferenciadas según sea su público objetivo. De esta forma, tiene una versión global para los usuarios que no estén residiendo en España, pero que aun así contraten a través de dicha plataforma. Es la denominada versión global de Binance, la cual contiene en sus términos y condiciones varias cláusulas que, en resumidas cuentas, someten las controversias que puedan generarse entre la PC y los usuarios a un arbitraje con sede en Hong Kong; determinan que la ley aplicable para resolver el arbitraje será la del Centro de Arbitraje Internacional de Hong Kong [HKIAC], mientras que la ley aplicable al contrato será la de Hong Kong.

En concreto, en las condiciones legales de la versión global de Binance previstas en su página web[302], se prevén las siguientes cláusulas relacionadas con el arbitraje: «*Acuerdo de Arbitraje y Ley Aplicable. Usted y los Operadores de Binance aceptan que, con sujeción al numeral 1 que antecede,*

302 Las condiciones generales de esta plataforma de criptoactivos puede consultarse a través del siguiente enlace web: https://www.binance.com/es/terms Términos y condiciones vigentes desde el 18 de enero de 2023 y consultadas el 01.11.2023.

cualquier controversia, reclamo o conflicto entre usted y Binance [y/o los Operadores de BinanCE] que surge en relación con estas Condiciones o con su relación con Binance como usuario de los Servicios de Binance [ya se en base a un contrato, agravio, ley, fraude, tergiversación o cualquier otra teoría legal, y si los reclamos surgen durante o después de la rescisión de estas Condiciones] será determinado por arbitraje obligatorio final y vinculante individual [no colectivo], excepto como se establece a continuación bajo el acápite Excepciones al Acuerdo de Arbitraje». «Reglas de arbitraje. El arbitraje estará sujeto al Reglamento de Arbitraje administrado por la HKIAC en vigor cuando se presente el Aviso de Arbitraje, modificado por esta Sección X. El arbitraje será administrado por el Centro de Arbitraje Internacional de Hong Kong [HKIAC). A menos que las partes acuerden lo contrario, solo se nombrará un árbitro de conformidad con el Reglamento de la HKIAC. El arbitraje se llevará a cabo en idioma inglés. Independientemente de la manera en que se lleve a cabo el arbitraje, el árbitro emitirá una decisión escrita con motivación suficiente para explicar los fundamentos y las conclusiones esenciales en las que se basan la decisión y el laudo, si los hubiere. [...] Sede del arbitraje: La sede del arbitraje será Hong Kong. Lugar de la audiencia: La ubicación de cualquier audiencia de arbitraje en persona será Hong Kong, a menos que las partes acuerden lo contrario. Ley aplicable: Estas Condiciones [incluido este Acuerdo de Arbitraje] se regirán e interpretarán de acuerdo con las leyes de Hong Kong [...]».

Seguidamente se analiza si estas cláusulas resultan válidas y vinculantes respecto de los consumidores y profesionales domiciliados en España. Para evitar reiteraciones innecesarias, se hace una remisión a los epígrafes anteriores sobre la validez formal y material de dichas cláusulas. Cabe advertir que este supuesto es algo peculiar, dado que esta PC prevé unas cláusulas distintas para los usuarios domiciliados en España, por lo que, en realidad, las cláusulas anteriormente citadas no se aplican a los sujetos domiciliados en España. No obstante, con un fin meramente didáctico, se analizan dichas cláusulas como si estuvieran dirigidas a los usuarios domiciliados en el territorio español, para ver si estas podrían considerarse válidas o, por el contrario, no vinculantes.

a) Consumidores

- Validez formal: Desde un punto de vista formal, las cláusulas transcritas resultan válidas, dado que están recogidas en un soporte digital que permite visualizarlas y almacenarlas antes de celebrar el acuerdo. Por tanto, se cumple con el requisito de la constatación por escrito o por medios digitales de la voluntad de las partes [art. 9.3 LAR].
- Validez formal y CGC: En cuanto a la validez formal de la cláusula teniendo en cuenta su consideración como CGC, se acepta la técnica del *click-wrapping* siempre que la plataforma permita descargar y almacenar las condiciones pactadas con anterioridad a la aceptación y per-

mita un registro duradero del acuerdo para su consulta posterior. Todas estas condiciones se cumplen en el presente caso. Además, también se cumple con la condición del art. 5 DCA sobre la claridad de las cláusulas y su comprensión, pues no son especialmente enrevesadas. En consonancia, también son cláusulas concretas, claras y sencillas en el sentido del art. 80 TRLGDCU, así como legibles y accesibles.

- Validez material: Cabe estar al caso concreto para determinar si la persona física o jurídica que consiente ha incurrido en alguna prohibición legal. Asimismo, se debe verificar que el usuario ha demostrado una voluntad inequívoca en someterse a arbitraje, cuyo requisito se debe entender cumplido, en principio, cuando ha tenido la oportunidad de leer las cláusulas de sumisión a arbitraje antes de contratar y estas han resultado claras y legibles. Finalmente, debe entenderse cumplido el requisito relativo al contenido, al referirse dicha cláusula a las controversias que puedan surgir en relación con la prestación de servicios de criptoactivos u otros servicios que pueda prestar la PC.
- Validez material y CGC: Si la cláusula analizada estuviera dirigida a los usuarios españoles [vamos a suponer que sí, aunque no sea el caso] no pasaría el control de abusividad, pues no cumpliría con las exigencias generales ni específicas en materia de cláusulas abusivas. En cuanto a las disposiciones generales, resultaría abusiva por causar, en detrimento del consumidor, un desequilibrio importante entre los derechos y obligaciones de las partes [art. 3.1 DCA, arts. 80 y 82.1 TRLGDCU], pues debería acudir a un arbitraje muy alejado de sus pretensiones, situado en un tercer Estado [Singapur] y someterse a las reglas arbitrales de dicho órgano arbitral[303]. En cuanto a las disposiciones específicas, la cláusula compromisoria recogida en las CGC resulta abusiva porque somete la cuestión a arbitrajes distintos del arbitraje de consumo u otros órganos de arbitraje institucional creados por normales legales para un sector o supuestos específico

303 En el plano interno, *vid.*: STSJ de Andalucía de 4 marzo 2022, ES:TSJAND:2022:4957, F.J. 2.º. Asimismo, la SAP de Madrid de 8 de septiembre de 2009, la cual indica que «el convenio arbitral celebrado por las partes en fecha 21 de noviembre de 2.006 [...] debe reputarse nulo por abusivo, conforme a lo dispuesto en el número 26 de la Disposición Adicional Primera de la Ley 26/1989, de 19 de julio, General para la defensa de los Consumidores y Usuarios, en su redacción vigente al tiempo de celebrarse el contrato. Nos encontramos ante un convenio arbitral [...] celebrado entre una persona jurídica y un particular [...] que impide al consumidor acudir a la jurisdicción ordinaria o a una institución arbitral con garantías de imparcialidad, como es la institución arbitral de consumo y se le obliga a defenderse en una localidad ajena a su domicilio, en este caso Madrid, cuando la demandante reside en Baracaldo [Vizcaya]». Sobre el carácter imperativo de la normativa en materia de cláusulas abusivas y su apreciación de oficio, *vid.*: STJUE de 26 de octubre de 2006, C-168/05, Mostaza Claro, EU:C:2006:675, ap. 36 y 37; STJUE de 14 marzo de 2013, C-415/11, Aziz, EU:C:2013:164, ap. 45 y 46; STJUE 6 de octubre de 2009, C-40/08, Asturcom Telecomunicaciones, ECLI:EU:C:2009:615.

[art. 90.1 TRLGDCU]. Asimismo, también resulta abusiva por cuanto suprime u obstaculiza el ejercicio de acciones judiciales, obligando al usuario a dirigirse exclusivamente a una jurisdicción de arbitraje no cubierta por las disposiciones jurídicas [Anexo DCA, letra q)].

Por todo ello, cabría concluir que la cláusula arbitral recogida en las condiciones generales de la contratación de esta PC resultaría abusiva si estuviera dirigida a los usuarios españoles, cuya conclusión sería prácticamente idéntica en atención a la normativa de los distintos EE. MM de la UE [dado que también están sujetos a las estipulaciones de la DCA].

b) Profesionales

- Validez formal y material [remisión]: Respecto de los profesionales, cabe traer a colación lo comentado en relación con los consumidores y usuarios en cuanto a los requisitos formales y materiales aplicables, a excepción de lo dispuesto en relación con las CGC, dado que éstos están sujetos a la LCGC.
- Validez formal y material atendiendo a las CGC: En cuanto a las condiciones generales que afectan a la validez formal del contrato, cabe afirmar que se cumple la condición recogida en el art. 5 LCGC, la cual impone la exigencia de que todo contrato incorpore o haga referencia a las condiciones generales. En concreto, la condición recogida en el art. 5.3 LCGC hace referencia a los contratos que no se celebran por escrito, en cuyo caso «bastará con que el predisponente anuncie las condiciones generales en un lugar visible dentro del lugar en el que se celebra el negocio [...] o que, de cualquier otra forma, garantice al adherente una posibilidad efectiva de conocer su existencia y contenido en el momento de la celebración». En consecuencia, dado que la cláusula arbitral está prevista en las condiciones generales de la contratación disponible para su consulta —en todo momento— en la página web de Binance, resultará válida dicha previsión desde el punto de vista formal, pues se garantiza la posibilidad efectiva de que el profesional pueda conocer la existencia y el contenido de la cláusula arbitral en el momento de celebración del contrato.

A medio camino entre la validez formal y material debe traerse a colación la cláusula del art. 5.5 LCGC, la cual se refiere a la necesaria claridad, transparencia, concreción y sencillez de las cláusulas incorporadas en los contratos de adhesión. En este caso, siguiendo lo indicado respecto de los consumidores, pueden entenderse cumplidos dichos requisitos, pues las cláusulas arbitrales traídas a colación no entrañan ninguna dificultad en cuanto a su interpretación o claridad. Por su parte, cabe tener en cuenta que tampoco se incumple la previsión del art. 7 LCGC por los mismos argumentos expuestos, pues dicho precepto hace referencia a las cláusulas que el adherente no haya tenido la oportunidad real de conocer o a aquellas que resulten ilegibles, ambiguas, oscuras e incomprensibles. Por todo lo expuesto, cabe concluir que, en principio, la cláusula prevista por Binance en su versión global sería plenamente vinculante y válida respecto de los profesionales.

Binance global	A) Validez formal	B) Validez material
I. Consumidores	Resulta válida 1. Requisito generales: Cumple art. 9.3 LAR y la jurisprudencia TJUE 2. CGC: Cumple los requisitos del TRLGDCU	Resulta inválida 1. Requisitos generales: Habrá que estar al caso concreto, pero en principio se cumplen. 2. CGC: Vulnera los arts. 3.1 y el anexo DCA, así como los arts. 80, 82 y 90 TRLGDCU.
II. Profesionales	Resulta válida 1. Requisito generales: Cumple art. 9.3 LAR y la jurisprudencia TJUE 2. CGC: Cumple los requisitos de la LCGC.	Resulta válida 1. Requisitos generales: Habrá que estar al caso concreto, pero en principio se cumplen. 2. CGC: Cumple las exigencias de la LCGC.

2. Coinbase versión global

La versión global de esta PC no está dirigida a los usuarios que están domiciliados en España, como ocurre con Binance versión global, por lo que, para efectuar el presente análisis, hay que suponer que dicho acuerdo está dirigido a los usuarios que contraten desde España. La versión global de Coinbase prevé un apéndice núm. 5 en sus condiciones generales dónde recoge el acuerdo arbitral, el cual tiene una extensión de 4 páginas. Entre las cláusulas recogidas en dicho apéndice, cabe destacar la renuncia a litigar ante los tribunales de justicia, debiendo resolver todas las controversias que puedan surgir ante un arbitraje [apartado 1.2]; la renuncia a acciones colectivas [1.3]; la entidad que se encargará de administrar el arbitraje [*American Arbitration Association,* en adelante, AAA) [art. 1.4], la forma de iniciar el arbitraje, en cuyo caso una parte deberá dirigirse a la otra rellenando un formulario [art. 1.4] y se indica que el arbitraje se llevará a cabo en el condado donde resida el usuario [por lo que parte de la premisa de que el usuario residen en California]. En este sentido, se indica en el apartado 1.5 que «El árbitro será un juez jubilado o un abogado con licencia para ejercer la abogacía en el estado de California y será seleccionado por las partes de la lista de árbitros de disputas de consumidores de la AAA». Según el punto 1.6, «el árbitro tendrá autoridad exclusiva para resolver cualquier disputa, incluidas, entre otras, las disputas que surjan de o estén relacionadas con la interpretación o aplicación del Acuerdo de Arbitraje, incluida la aplicabilidad, revocabilidad, alcance o validez del Acuerdo de Arbitraje o cualquier parte de él [...]». El punto 1.7 hace referencia a que las partes deberán cubrir los honorarios de sus propios abogados en el arbitraje [salvo mala fe de la contraparte]. Por último, se indica que el arbitraje se regirá por la Ley Federal de Arbitraje de los EE. UU [*lex arbitri*]. No obstante, en el apartado 9.5 se dispone que la *lex contractus* será la californiana[304].

En resumen, la versión global de Coinbase prevé en sus condiciones generales de la contratación un arbitraje vinculante para todos los usuarios, el cual tendrá su sede en California, el órgano encargado de administrar el arbitraje será la *American Arbitration Association,* se regirá por la Ley Federal de Arbitraje de los EE. UU *[lex arbitri]* y la *lex contractus* será la californiana[305].

a) Consumidores

Para evitar reiteraciones innecesarias, cabe remitirse al análisis efectuado respecto de la plataforma Binance versión global para todo aquello que sea similar. Así las cosas, la cláusula arbitral [aunque está dividida en varios párrafos debe considerarse como una única cláusula] resulta válida desde el punto de vista formal y material, sin tener en cuenta las exigencias derivadas de las CGC, por los argumentos esgrimidos respecto de la plataforma Binance versión global.

En cuanto a la validez formal de la cláusula teniendo en cuenta su consideración como CGC, resulta válida por cuanto utiliza la técnica del *click-wrapping*, pues la PC permite descargar y almacenar las condiciones pactadas con anterioridad a la aceptación y consultar dicho acuerdo con posterioridad. Mayores interrogantes produce su validez conforme a lo dispuesto en los arts. 5 DCA y 80 TRLGDCU, por cuanto su redacción no resulta del todo clara y comprensible para el usuario medio; sobre todo teniendo en cuenta su desmesurada extensión [4 páginas completas en letra *Times New Roman*, tamaño 12], tratándose cuestiones muy dispares, existiendo varias reiteraciones y debiendo acudir a distintos párrafos para poder concretar las cuestiones fundamentales del arbitraje [sede arbitral, órgano que elige el árbitro, *lex arbitri*, *lex contractus*, etc.]. Por todo ello, cabe concluir que no resulta válida una disposición de estas características desde el punto de vista formal, pues una de las exigencias del art. 80 TRLGDCU es la sencillez y claridad en la redacción de las condiciones generales.

---

304 Este apartado dispone lo siguiente [traducción propia del inglés]: «Usted acepta que las leyes del Estado de California, sin tener en cuenta los principios de conflicto de leyes, regirán este Acuerdo y cualquier Disputa, excepto en la medida en que lo rijan las leyes federales».

305 Las cláusulas generales están disponibles en línea [actualizadas por última vez el 6 de febrero de 2024]: https://www.coinbase.com/legal/user_agreement/united_states

En cuanto a su posible validez material respecto de las CGC, no resultaría válida por los mismos argumentos esgrimidos respecto de Binance versión global. Es decir, la cláusula arbitral resulta abusiva por causar, en detrimento del consumidor, un desequilibrio importante entre los derechos y obligaciones de las partes [art. 3.1 DCA, arts. 80 y 82.1 TRLGDCU] y, asimismo, porque somete la controversia a un arbitraje distinto del arbitraje de consumo u a otro órgano de arbitraje institucional creado por una norma legal para un sector o supuestos específico [art. 90.1 TRLGDCU]. Por todo lo dicho, cabe concluir que la cláusula arbitral recogida en Coinbase versión global resultaría abusiva respecto de los consumidores y usuarios que contrataran a través de dicha plataforma si, efectivamente, se dirigiera a los usuarios domiciliados en España.

Coinbase global	**A) Validez formal**	**B) Validez material**
I. Consumidores	Resulta inválida 1. Requisito generales: Cumple el art. 9.3 LAR y la jurisprudencia TJUE 2. CGC: No cumple los requisitos del TRLGDCU	Resulta inválida 1. Requisitos generales: Habrá que estar al caso concreto, pero en principio se cumplen. 2. CGC: Vulnera los arts. 3.1 y el anexo DCA, así como los arts. 80, 82 y 90 TRLGDCU.
II. Profesionales	Resulta cuestionable 1. Requisito generales: Cumple el art. 9.3 LAR y la jurisprudencia TJUE 2. CGC: ¿Cumple con los requisitos del art. 5.5 LCGC? Es muy compleja.	Resulta válida 1. Requisitos generales: Habrá que estar al caso concreto, pero en principio se cumplen. 2. CGC: Cumple las exigencias de la LCGC.

b) Profesionales

Teniendo presente las conclusiones alcanzadas respecto de Binance versión global, las cuales son plenamente trasladables respecto de este supuesto, cabe concluir que, en principio, la cláusula compromisoria prevista en las condiciones generales de la contratación resultaría válida respecto de los profesionales que contrataran uno o varios servicios de criptoactivos a través de Coinbase. En cuanto a la posible existencia de CGC inválidas, resulta difícil determinar, sin un análisis exhaustivo que tenga en consideración las circunstancias concurrentes del caso concreto, si se trata de una cláusula formalmente válida. En principio, un profesional medio sería capaz de comprender el alcance y significado de la cláusula compromisoria incorporada en las condiciones generales, sin perjuicio de su amplia extensión y de que no resulte tan clara y sencilla como las previstas en otras PC. Aun así, debido a la complejidad de las cláusulas previstas y de su falta de claridad, el profesional podría argumentar que se vulnera el art. 5.5 LCGC, el cual hace referencia a la necesaria claridad, transparencia, concreción y sencillez que deben presentar las cláusulas incorporadas en los contratos de adhesión. Por ende, la respuesta dependerá de las circunstancias concurrentes, de la alegación de las partes y de la decisión final del órgano jurisdiccional o tribunal arbitral que conozca sobre la posible validez del convenio arbitral.

3. Crypto.com

La plataforma Crypto.com prevé en sus CGC una cláusula de ley aplicable y una cláusula arbitral de reducida extensión, lo que favorece su claridad y sencillez. A tal efecto, en caso de controversia entre las partes se prevé el sometimiento a un arbitraje con sede en Malta, regido por las reglas establecidas en el Reglamento de Arbitraje de la UNCITRAL y la legislación maltesa *[lex arbitri]*, se debe llevar a cabo el procedimiento en inglés, mientras que la *lex contractus* es, igualmente, la ley maltesa. La cláusula arbitral prevista por Crypto.com, una vez traducida, tiene el siguiente tenor literal: «Cualquier disputa, controversia o reclamo, ya sea contractual o extracontractual, que surja de o en conexión con estos términos, o el incumplimiento, terminación o invalidez de los mismos, o cualquier otra cuestión que surja en virtud de estos términos, será resuelta mediante arbitraje en los términos del Reglamento de Arbitraje de la CNUDMI [UNCITRAL] y de conformidad con las disposiciones de la sección V relativa al arbitraje internacional de la Ley de Arbitraje de Malta [capítulo 387 de las leyes de Malta]. Cualquier arbitraje iniciado de conformidad con esta cláusula se llevará a cabo en el idioma inglés. El número de árbitros será uno, que será designado por acuerdo entre las partes del procedimiento. A falta de acuerdo dentro de los catorce días siguientes a la debida notificación de una solicitud por escrito para concurrir al nombramiento de los árbitros, el nombramiento tendrá lugar por el presidente del Centro de Arbitraje de Malta»[306].

a) Consumidores

Partiendo de las conclusiones alcanzadas respecto de las plataformas Binance y Coinbase versión global, sólo se indican las particularidades más notables de la citada cláusula arbitral. A tal efecto, cabe concluir que resulta válida desde el punto de vista formal y material. En cuanto a su validez formal teniendo en cuenta su consideración como condición general de la contratación, resulta totalmente válida, atendiendo a su sencillez, claridad y concreción; así como a la posibilidad de consultar y almacenar dicha cláusula en cualquier momento.

En cuanto a su validez material desde el punto de vista de las CGC, cabe concluir que no pasa el test de abusividad respecto de los consumidores,

306 Disponible en línea: https://crypto.com/document/mco_services La última actualización que hemos consultado data del 15.01.2024 [última consulta realizada el 25.02.2024].

pues impone el sometimiento a un arbitraje que no cumple con las exigencias del art. 90 TRLGDCU, dado que no se trata de un arbitraje de consumo o un órgano institucional creado por una norma legal para regular un sector o supuesto específico. Además, comporta en un desequilibrio de los derechos y obligaciones de las partes evidente, toda vez que obliga al usuario a desplazarse hasta Malta para realizar el arbitraje e impone la aplicación de la ley maltesa para resolver la controversia y para regir el procedimiento arbitral. Por consiguiente, esta cláusula resulta más desventajosa y costosa para los usuarios domiciliados en España, los cuales desconocen —por regla general— la legislación maltesa y tendrán que asumir unos costes de gestión y desplazamiento elevados para hacer valer sus derechos. Por todo ello, la citada cláusula resulta abusiva, por lo que el juez competente deberá declararla, de oficio, nula de pleno derecho y deberá tenerla por no puesta [art. 83.1 TRLGDCU]. Todo ello está en consonancia, asimismo, con lo dispuesto en el Anexo de la DCA [letra q)], el cual considera abusiva toda cláusula que suprima u obstaculice el ejercicio de acciones judiciales, obligando al usuario a acudir exclusivamente a una jurisdicción de arbitraje no cubierta por las disposiciones jurídicas aplicables.

b) Profesionales

En el presente caso nada impide que los profesionales queden vinculados por la citada cláusula compromisoria, toda vez que resulta válida formal y materialmente por los mismos argumentos esgrimidos respecto de Binance y Coinbase versión global. Es más, en el presente caso la cláusula arbitral resulta muy sencilla, clara y concisa, e, igualmente, somete la controversia a un arbitraje situado en un país de la Unión Europea, por lo que su validez formal y material quedan fuera de toda duda.

Crypto.com	A) Validez formal	B) Validez material
I. Consumidores	Resulta válida 1. Requisito generales: Cumple el art. 9.3 LAR y la jurisprudencia TJUE 2. CGC: Cumple los requisitos del TRLGDCU	Resulta inválida 1. Requisitos generales: Habrá que estar al caso concreto, pero en principio se cumplen. 2. CGC: Vulnera los arts. 3.1 y el anexo DCA, así como los arts. 80, 82 y 90 TRLGDCU.
II. Profesionales	Resulta válida 1. Requisito generales: Cumple el art. 9.3 LAR y la jurisprudencia TJUE 2. CGC: Cumple los requisitos de la LCGC.	Resulta válida 1. Requisitos generales: Habrá que estar al caso concreto, pero en principio se cumplen. 2. CGC: Cumple las exigencias de la LCGC.

4. Kraken

Esta PC prevé una cláusula que somete las posibles controversias que puedan generarse en relación con sus usuarios a un arbitraje con sede en San Francisco [California), basado en las normas de los Servicios de Arbitraje y Mediación Judicial de los EE. UU[307]. La cláusula arbitral dispone lo siguiente: «Usted y Kraken acuerdan arbitrar cualquier disputa que surja de estos términos o de la utilización de sus servicios, excepto en el caso de disputas en las que cualquiera de las partes busque compensación equitativa o de otro tipo por el presunto uso ilegal de derechos de autor, marcas comerciales, nombres comerciales, logotipos, secretos comerciales o patentes. El arbitraje le impide presentar una demanda en los tribunales o tener un juicio con jurado. Usted y Kraken acuerdan notificarse mutuamente por escrito sobre cualquier disputa dentro de los 30 días siguientes a su aparición. La notificación a Kraken debe enviarse a legal@kraken.com. Usted y Kraken acuerdan: [a) intentar una resolución informal antes de cualquier demanda de arbitraje; [b) que cualquier arbitraje se llevará a cabo en San Francisco, California; [c) que el arbitraje será realizado de forma confidencial por un único árbitro de conformidad con las reglas de JAMS; y d) que los tribunales estatales o federales de San Francisco, California, tienen jurisdicción exclusiva sobre cualquier apelación de un laudo arbitral y sobre cualquier demanda entre las partes que no esté sujeta a arbitraje [...]».

a) Consumidores

La cláusula resulta válida desde el punto de vista formal y material por los mismos argumentos esgrimidos respecto de las PC anteriormente analizadas *[vid. supra]*. Sin embargo, no supera el test de abusividad teniendo presente que se trata de una CGC. Si bien resulta válida formalmente, pues es sencilla, clara y concisa, y permite visualizar la cláusula y almacenarla con carácter previo a la formalización del contrato, no cabe concluir lo mismo desde el punto de vista material, pues obliga al consumidor domiciliado en España a acudir a una sede arbitral [situada en California] totalmente ajena y alejada respecto del lugar donde está domiciliado. Además, somete al usuario a las reglas arbitrales que rigen en California, así como a su ley para resolver el fondo de la cuestión y sus tribunales para el caso de que la cuestión no resulte arbitrable. Esta cláusula resulta desproporcionada y comporta un desequilibrio para los intereses del consumidor, dado que este se deberá

307 Traducción propia de la cláusula arbitral redactada en inglés y disponible en línea: https://www.kraken.com/es-es/legal La última actualización de sus cláusulas data del 23 de febrero de 2023, aunque la última consulta se ha producido el 25.02.2024.

desplazar al Estado dónde está domiciliada la PC, desconociendo el procedimiento arbitral, la ley aplicable al fondo de la cuestión y debiendo sufragar unos gastos elevados para poder acceder a una defensa jurídica en condiciones de igualdad. Por consiguiente, a tenor de lo dispuesto en el art. 3 DCA, 80 y 82 TRLGDCU, la citada cláusula resulta abusiva por causar, en detrimento del consumidor, un desequilibrio importante entre los derecho y obligaciones de las partes. Además, resulta abusiva por someter la controversia a un arbitraje distinto al permitido legalmente [art. 90 TRLGDCU] y, asimismo, por suprimir el ejercicio de las acciones judiciales, obligando al usuario a dirigirse exclusivamente a una jurisdicción de arbitraje no cubierta por las disposiciones jurídicas aplicables [en virtud de la letra q] del Anexo DCA y la jurisprudencia del TEDH en relación con el art. 6 CEDH].

b) Profesionales

Trayendo a colación las conclusiones alcanzadas en las anteriores plataformas, cabe concluir que la cláusula arbitral prevista por la plataforma Kraken también resulta válida desde el punto de vista formal y material. Más dudas surgen en relación con el sometimiento de los profesionales domiciliados en la UE al arbitraje con sede en California, así como la aplicación de legislación californiana para determinar el fondo de la cuestión *[lex causae]* y para regir el procedimiento arbitral *[lex arbitri]*, teniendo en cuenta, en este último caso, que también se aplican las reglas de la JAMS para regir el procedimiento arbitral. En principio, cabe considerar que esta cláusula provoca un desequilibrio notorio para el profesional domiciliado en la UE, pero debido a su consideración como experto en materia de criptoactivos y atendiendo a que debe exigírsele un grado de diligencia muy superior a un consumidor, la citada cláusula arbitral le vinculará, pues ésta resulta impecable desde el punto de vista formal. Por tanto, aunque exista un desequilibrio entre las partes, ello no supone un obstáculo para considerar la cláusula como válida desde el punto de vista material, pues el profesional puede saber de antemano a qué atenerse.

Kraken	A) Validez formal	B) Validez material
I. Consumidores	Resulta válida	Resulta inválida Vulnera los arts. 3.1 y letra q] del anexo DCA, así como los arts. 80, 82 y 90 TRLGDCU.
II. Profesionales	Resulta válida	Resulta válida Aunque existe un desequilibrio importante entre las partes.

5. Gemini versión global

La versión global de la plataforma Gemini prevé una cláusula arbitral extensísima para dirimir las posibles controversias que puedan surgir, estipulando que la sede del arbitraje estará situada en el condado de EE. UU donde resida el cliente [o en otro lugar escogido de mutuo acuerdo] y estará sometido a la Ley de Arbitraje Federal, la cual regirá su interpretación, ejecución y el procedimiento arbitral[308]. Por lo que aquí interesa, se ha extraído el siguiente texto relativo a la cláusula arbitral prevista por Gemini versión global: «Ten en cuenta que la sección sobre Resolución de Controversias contiene una cláusula de arbitraje y una renuncia a demandas colectivas. Al aceptar este Contrato del Usuario, aceptas resolver todas las controversias a través de arbitraje individual vinculante, lo que significa que renuncias a cualquier derecho a que un juez o jurado resuelva la controversia, y renuncias a cualquier derecho a participar en una demanda colectiva, ya sea una acción colectiva, un arbitraje colectivo o una acción representativa. Tú y Gemini acuerdan y entienden que cualquier controversia, reclamo o disputa que surja de este Contrato del usuario o se relacione con este o su relación con Gemini [pasada, presente o futura] se resolverá única y exclusivamente mediante un arbitraje vinculante celebrado en el condado en el que resides, o en otro lugar de mutuo acuerdo, incluso de forma remota a través de una videoconferencia administrada por National Arbitration and Mediation [«NAM»] y realizada en inglés, en lugar de en un tribunal. Tú y Gemini aceptan de forma expresa que cualquier controversia sobre el alcance de este Contrato del usuario para someter a arbitraje o la capacidad de someter cualquier controversia a arbitraje se resolverá en arbitraje de conformidad con la presente sección. Tú y Gemini aceptan de forma expresa que un árbitro podrá emitir todas las medidas cautelares y declaratorias necesarias para garantizar el arbitraje de disputas [pero solo a favor de la parte individual que solicita la reparación y solo en la medida necesaria para proporcionar la reparación justificada por la demanda individual de esa parte] [...]».

a) Consumidores

Teniendo presente las consideraciones expuestas respecto de las PC analizadas en los apartados anteriores, cabe concluir que la cláusula arbitral prevista por Gemini versión global resulta válida desde un punto de vista estrictamente formal, teniendo presente que los usuarios pueden consultar dicha cláusula en todo momento y almacenarla en cualquier dispositivo electrónico

---

308 Las cláusulas arbitrales de esta plataforma están disponibles en la siguiente página web: https://www.gemini.com/es-la/legal/user-agreement

con relativa facilidad. Desde un punto de vista estrictamente material también resulta válida por cuanto el contenido de la cláusula hace referencia a las controversias que puedan generarse entre la PC y los usuarios en relación con los servicios prestados por ésta. Faltaría determinar, según las circunstancias concurrentes, si las partes han consentido válidamente la cláusula arbitral y si la voluntad de someterse a arbitraje ha sido inequívoca, tal como exige la jurisprudencia.

En el plano de las CGC cabe concluir que la cláusula es abusiva, tanto desde el punto de vista formal como material. En cuanto a su validez formal, cabe destacar la ausencia de sencillez en la cláusula arbitral analizada, por cuanto tiene una extensión desmesurada [5 páginas en letra Times New Roman, tamaño 12]. Además, la cláusula tampoco resulta concisa ni clara, pues contiene varias reiteraciones que dificultad su adecuada lectura e interpretación, por lo que contraviene los arts. 5 DCA y el art. 80 TRLGDCU. Asimismo, en el plano material la cláusula resulta abusiva por prever un arbitraje distinto del permitido legalmente [art. 90 TRLGDCU] y por suprimir, de forma reiterada, la posibilidad de que el consumidor pueda ejercer las oportunas acciones judiciales [letra q] del Anexo de la DCA, así como la jurisprudencia del TEDH en relación con la interpretación del art. 6 CEDH]. También cabe argumentar que la cláusula resulta abusiva por producir, en detrimento del consumidor, un grave desequilibrio entre los derechos y obligaciones de las partes [art. 3.1 DCA, 80 y 82.1 TRLGDCU].

b) Profesionales

Teniendo en cuenta las consideraciones realizadas respecto de la PC Coinbase versión global, cabe afirmar que la cláusula prevista por Gemini versión global puede resultar inválida desde el punto de vista formal, teniendo en cuenta su consideración como una condición general de la contratación. De esta forma, como se ha indicado, debido a la complejidad de las cláusulas previstas por esta plataforma, así como su falta de claridad, el profesional puede argumentar que se está vulnerando el art. 5.5 LCGC. Este precepto se refiere a la necesaria claridad, transparencia, concreción y sencillez que deben presentar las cláusulas incorporadas en los contratos de adhesión. En todo caso, para realizar un veredicto concluyente, cabe tener en cuenta las circunstancias concurrentes del caso en cuestión, la alegación de las partes y la decisión final del órgano jurisdiccional o tribunal arbitral que conozca sobre la posible validez del convenio arbitral. Sin embargo, teniendo en cuenta la desmesurada extensión y complejidad de la cláusula arbitral prevista en las CGC de esta PC, cabe argumentar que resulta inválida desde el punto de vista formal por vulnerar el art. 5.5 LCGC, por lo que deberá declararse nula de pleno derecho [art. 8 LCGC).

Gemini versión global	A) Validez formal	B) Validez material
I. Consumidores	Resulta inválida Contraviene los arts. 5 DCA y 80 TRLGDCU debido a su complejidad.	Resulta inválida Vulnera los arts. 3.1 y letra q] del anexo DCA, así como los arts. 80, 82 y 90 TRLGDCU.
II. Profesionales	Resulta cuestionable ¿Cumple con el art. 5.5 LCGC? Es una cláusula compleja.	Resulta válida

6. OKX

La plataforma OKX contempla una cláusula de sometimiento a las leyes de Inglaterra y Gales [sin tener en cuenta los principios de conflictos de leyes de otros ordenamientos][309] y prevé que las posibles controversias se sometan a una mediación con sede en Hong Kong [Centro Internacional de Arbitraje de Hong Kong] de acuerdo con sus reglas de mediación y, en su defecto, somete las controversias a un arbitraje ante el mismo organismo de Hong Kong.

En concreto, esta cláusula dispone lo siguiente: «20.1 Usted reconoce y acepta que en caso de cualquier disputa, controversia, diferencia o reclamo, incluida la existencia, validez, interpretación, desempeño, incumplimiento o terminación de los términos o cualquier disputa que surja de los términos o se relacione con ellos, las partes primero remitirán la disputa a un procedimiento en el Centro de Arbitraje Internacional de Hong Kong [«HKIAC»] de conformidad con las Reglas de Mediación del HKIAC vigentes en ese momento. 20.2 Si la disputa no se ha resuelto tras la firma de un acuerdo de conciliación dentro de los noventa [90] días siguientes a la presentación de una solicitud de mediación establecida en la Cláusula 20.1, dicha disputa será remitida y finalmente resuelta mediante arbitraje administrado por la HKIAC. bajo las Reglas de Arbitraje Administradas por HKIAC vigentes cuando se presenta la Notificación de Arbitraje. 20.3 Usted acepta que la sede del arbitraje será Hong Kong. El número de árbitros será de tres. Nosotros designaremos un árbitro y usted nombrará un árbitro. Dichos árbitros serán elegidos libremente y las partes no estarán limitadas en su selección a ninguna lista prescrita. El procedimiento de arbitraje se llevará a cabo en inglés. 20.5 Cualquier laudo arbitral será definitivo y vinculante para las partes y será ejecutable en cualquier tribunal competente que tenga jurisdicción».

309 Traducción propia de la cláusula, recogida en las CGC de OKX, disponibles en la siguiente página web [actualizada el 23.02.2024 y consultada el 25.02.2024]: https://www.okx.com/es-es/help-center/360021813691

a) Consumidores

En cuanto a los consumidores, la cláusula transcrita resultará válida desde el punto de vista formal y material. A este respecto, cabe traer a colación las mismas consideraciones realizadas respecto de las restantes plataformas analizadas anteriormente *[vid. supra]*. En cuanto a su validez formal atendiendo a su incorporación como una CGC, cabe afirmar que se trata de una cláusula relativamente sencilla de comprender, clara y concisa, por lo que resulta plenamente válida. Además, se permite almacenar y visualizar en cualquier momento, tanto antes como después de celebrar el contrato mediante la técnica del *click wrapping*, por lo que cumple con todos los requisitos formales exigibles.

En cuanto a su validez material, se vuelven a repetir las irregularidades descritas en las PC analizadas, pues la cláusula incorporada por OKX no permite a los usuarios entablar demandas ante los órganos jurisdiccionales competentes, obligándoles a acudir a la mediación de la HKIAC y, posteriormente, al arbitraje de esa misma institución, incumpliéndose lo dispuesto en la letra q] del Anexo de la DCA. Asimismo, se trata de un arbitraje distinto del permitido legalmente, vulnerando así lo dispuesto en el art. 90.1 TRGLDCU. Finalmente, resulta contrario a los arts. 3.1, 80 y 82 TRLGDCU por cuanto causa, en detrimento del consumidor, un desequilibrio importante de los derechos y obligaciones de las partes. Por todo ello, cabe concluir que esta cláusula también resulta nula de pleno derecho, por lo que deberá tenerse por no puesta.

b) Profesionales

Respecto de los profesionales, la cláusula transcrita es plenamente válida y eficaz, tanto desde el punto de vista material como formal. Además, también cumple con la normativa sobre CGC, pues es una cláusula clara, concisa, comprensible y transparente.

OKX	A) Validez formal	B) Validez material
I. Consumidores	Resulta válida	Resulta inválida Vulnera los arts. 3.1 y letra q] DCA, y los arts. 80, 82 y 90 TRLGDCU.
II. Profesionales	Resulta válida	Resulta válida

7. Gate.io

Esta PC prevé un arbitraje con sede en Panamá, regido por las reglas de arbitraje de la Cámara de Comercio Internacional, si bien se prevé que las partes intenten una mediación amistosa en el seno del procedimiento arbitral. Sea como fuere, la cláusula relativa al arbitraje dispone lo siguiente: «16.2. En caso de que la Disputa no se resuelva mediante negociación dentro de los treinta días siguientes al inicio de dichas negociaciones mediante la emisión de una notificación de disputa por parte de una parte a la otra parte, dicha disputa será remitida y finalmente resuelta por arbitraje en Panamá, con exclusión de los tribunales ordinarios, de conformidad con las Reglas de Arbitraje de la Cámara de Comercio Internacional actualmente vigentes, cuyas reglas se consideran incorporadas por referencia en esta cláusula. La sede del arbitraje será Panamá. El tribunal de arbitraje estará compuesto por un árbitro. El idioma del arbitraje será el inglés. 16.3. Las Partes acuerdan, además, que, una vez iniciado el arbitraje, intentarán de buena fe resolver la Disputa mediante la mediación. Cualquier acuerdo alcanzado en el curso de la mediación se remitirá al tribunal arbitral que se establezca en ese momento y podrá emitirse un laudo por consentimiento en los términos acordados»[310].

a) Consumidores

Teniendo presente las consideraciones realizadas al analizar las restantes PC, la cláusula arbitral transcrita resulta válida formal y materialmente. En cuanto al control de abusividad de esta cláusula, se reproducen los mismos problemas comentados respecto de las plataformas anteriores. Si bien resulta totalmente válida desde un punto de vista formal, pues la cláusula resulta relativamente sencilla, transparente, comprensible y clara, no puede decirse lo mismo en cuanto a su validez material. Así, en resumidas cuentas, no cumple con las exigencias derivadas de los arts. 3.1 y letra q] del anexo de la DCA, los arts. 80, 82 y 90 TRLGDCU, pues prevé el arbitraje ante un órgano jurisdiccional no permitido legalmente y no permite al consumidor ejercitar las acciones judiciales correspondientes ante los órganos jurisdiccionales competentes.

b) Profesionales

Trayendo a colación las consideraciones expuestas en el análisis efectuado de las restantes plataformas de criptoactivos, cabe concluir que la cláusula arbitral prevista por Gate.io es totalmente válida, tanto desde el punto de vista formal como material. También resulta válida teniendo en cuenta la normativa sobre condiciones generales de la contratación, pues se trata de una cláusula que destaca por su sencillez, concisión, su fácil comprensión y claridad.

310 Traducción propia de la cláusula, recogida en las CGC de Gate.io, disponibles en la siguiente página web [última visita realizada el 25.02.2024]: https://www.gate.io/es/user-agreement.

Gate.io	A) Validez formal	B) Validez material
I. Consumidores	Resulta válida	Resulta inválida Vulnera los arts. 3.1 y letra q] DCA, y los arts. 80, 82 y 90 TRLGDCU.
II. Profesionales	Resulta válida	Resulta válida

8. Kucoin

Esta PC prevé una cláusula arbitral por la cual somete las posibles controversias que puedan generarse al Centro Internacional de Arbitraje de Singapur. La PC indica en sus CGC que no presta servicios fuera del territorio de Seychelles, pero permite a los usuarios situados en otros países acceder y utilizar sus servicios. Es el caso contrario a la PC Robin Hood[311], pues Kucoin pretende captar clientes y dirigir sus servicios hacia la UE, por lo que quedará sometida al Reglamento MICA y al Reglamento núm. 1215/2012. Por lo que se refiere a la cláusula arbitral, esta dispone lo siguiente: «A menos que otras reglas de este Acuerdo indiquen lo contrario, ambas partes acuerdan que cualquier reclamo o demanda que surja de este Acuerdo o esté relacionado con él se presentará a la Comisión de Arbitraje Internacional de Singapur para su arbitraje»[312].

a) Consumidores

Trayendo a colación las consideraciones realizadas en los apartados anteriores, cabe afirmar que esta cláusula resultará válida desde el punto de vista formal y material, pero no superará el test de abusividad de las cláusulas generales, pues resulta desproporcionado para el consumidor tener que acudir a una sede arbitral situada en Singapur [vulnerando así el art. 3 DCA, 80 y 82 TRLGDCU]. Además, la cláusula arbitral prevé un arbitraje no contemplado legalmente [art. 90 TRLGDCU] y priva al consumidor de la posibilidad de ejercitar las oportunas acciones judiciales antes los tribunales competentes [letra q] del Anexo DCA].

b) Profesionales

Por todo lo dicho en los apartados anteriores, cabe concluir que esta cláusula resulta válida y vinculantes para los profesionales, tanto desde el punto de vista

311 *Vid. infra*, en el epígrafe dedicado al análisis de las PC que prevén cláusulas de jurisdicción.

312 Traducción propia del inglés. Las CGC de esta Kucoin están disponibles en la siguiente página web: https://www.kucoin.com/es/legal/terms-of-use

formal como material. También resulta válida teniendo en cuenta la normativa sobre CGC, pues se trata de una cláusula que resulta sencilla, concisa, clara, transparente y comprensible.

Kucoin	A) Validez formal	B) Validez material
I. Consumidores	Resulta válida	Resulta inválida Vulnera los arts. 3.1 y letra q] DCA, y los arts. 80, 82 y 90 TRLGDCU.
II. Profesionales	Resulta válida	Resulta válida

VII. Conclusión sobre la validez de las cláusulas arbitrales

Teniendo presente el análisis realizado en el epígrafe anterior sobre las cláusulas arbitrales recogidas en algunas de las principales PC, cabe concluir que, con carácter general, estas resultan abusivas respecto de los consumidores y válidas respecto de los profesionales. No obstante, respecto de estos últimos, también podrán reputarse inválidas por no respetar las exigencias formales derivadas de la normativa sobre CGC. Ello ocurrirá, normalmente, cuando se trate de cláusulas arbitrales excesivamente extensas que no se ajusten a los criterios de transparencia, claridad, concreción y sencillez [art. 5.5 LCGC). En todo caso, esto último deberá decidirlo el órgano jurisdiccional competente una vez analizadas todas las circunstancias del caso concreto[313].

En relación con los consumidores, todas las cláusulas arbitrales transcritas tendrán la consideración de abusivas, por lo que el tribunal competente deberá declararlas, de oficio, nulas de pleno derecho, en cuyo caso se tendrán por no puestas [art. 83.1 TRLGDCU]. En consecuencia, los consumidores podrán interponer la demanda ante los tribunales del EM de su domicilio en virtud de los foros aplicables en materia de consumo [art. 18 Reglamento núm. 1215/2012]. La mayoría de las cláusulas resultan abusivas por prever un arbitraje no permitido legalmente, esto es, contrario a las exigencias del art. 90 TRLGDCU y el anexo de la DCA. También resultan abusivas por vulnerar lo dispuesto en la letra q] del anexo DCA, el cual considera como abusiva toda cláusula que suprima u obstaculice el ejercicio de acciones judiciales, obligando al usuario a acudir exclusivamente a una jurisdicción de arbitraje no cubierta por las disposiciones jurídicas aplicables. Sea como fuere, en defecto de un arbitraje válidamente convenido por las partes, serán competentes los tribunales designados conforme al Reglamento núm. 1215/2012.

313 Sobre esta cuestión: SAP de Lugo de 30 de diciembre de 2021, ES:APLU:2021:857, F.J. 3.°.

CAPÍTULO CUARTO

CLÁUSULAS DE JURISDICCIÓN PREVISTAS EN LAS PLATAFORMAS DE CRIPTOACTIVOS

I. Introducción

En el ámbito de los *smart contracts* ejecutados a través de redes distribuidas, cuya cuestión está indisolublemente unida al ámbito de las PC, la doctrina mayoritaria entiende que, en caso de que las partes no hayan determinado la legislación aplicable [o dicho acuerdo no resulte válido], deberá aplicarse la *lex fori*[314]. En otras palabras, la necesidad de determinar la jurisdicción competente resulta especialmente relevante porque la doctrina se está postulando a favor de la aplicación, en defecto de pacto entre las partes, de la *lex fori* respecto de los *smart contracts* ejecutados en una red distribuida. La autonomía de la voluntad juega un papel preponderante en la determinación de la jurisdicción, dado que permite delimitar con antelación y precisión los tribunales competentes y, por consiguiente, otorga un plus de seguridad jurídica y previsibilidad a las partes[315].

---

314 En este sentido, *vid.*: Guillaume, F., «Aspects of private international law related to blockchain transactions», en: Kraus, D., Obrist, T. y Hari, O. [eds.], *Blockchains, Smart Contracts, Decentralised Autonomous Organisations and the Law*, Edward Elgar Publishing, Cheltenham, 2019, págs. 49-82, en concreto, págs. 78-80. La citada autora indica que la cuestión esencial en el ámbito de los *smart contracts* y la red *Blockchain* radica más bien en la determinación de la jurisdicción y no tanto en el plano de la ley aplicable, dado que por regla general debe aplicarse la *lex fori* en defecto de una válida elección de ley. En este mismo sentido, *vid.*: López Rodríguez, A.M., «Ley aplicable a los smart contracts...», *op. cit.*, p. 453. Ruiz Rodríguez, R., «Blockchain y derecho internacional privado...», *op. cit.*, p. 15.

315 Sobre la importancia de la autonomía de la voluntad en el ámbito de la tecnología de bloques para determinar los tribunales competentes o la ley aplicable, *vid.*: Diago Diago, P., «Ciberactivismo, lex informática, Blockchain y oráculos: desafíos en la era digital», en: Castelló Pastor, J.J. [Dir.], *Desafíos jurídicos ante la integración digital: aspectos europeos e internacionales*, Aranzadi, 2021, págs. 443-467, p. 462. Asimismo, *vid.*: Garau Sobrino, F., «El Derecho Internacional privado...», *op. cit.*, p. 310.

En este contexto, el presente epígrafe tiene por objeto el análisis de las cláusulas atributivas de jurisdicción insertas en las CGC de las principales PC. Con esta finalidad, se ha dividido el epígrafe en cuatro partes diferenciadas: a) La primera está dedicada a la determinación de la ley aplicable a los aspectos procesales y civiles de los acuerdos de jurisdicción. b) La segunda hace alusión a la validez formal y material de las cláusulas de jurisdicción, teniendo en cuenta, asimismo, la normativa sobre CGC. c) El tercer apartado está dedicado al análisis de las distintas cláusulas de jurisdicción insertas en las principales PC. d) Finalmente, en el último apartado se realiza una conclusión sobre su validez formal y material, tanto respecto de los consumidores como de los profesionales.

II. Ley aplicable a los aspectos procesales y civiles de los acuerdos atributivos de jurisdicción

Para determinar la validez de los acuerdos atributivos de jurisdicción, cabe analizar la doble naturaleza jurídica de estos pactos[316]. La doctrina especializada entiende que los acuerdos de jurisdicción tienen una doble naturaleza jurídica, dado que contienen aspectos puramente procesales, concretados en la admisibilidad, forma y efectos; y aspectos civiles, concretados en la existencia y la validez material del acuerdo[317].

En cuanto a los aspectos procesales del acuerdo de jurisdicción, estos se regirán por la *lex fori*. Por tanto, cuando conozcan del caso los tribunales españoles, se aplicará el Reglamento núm. 1215/2012, el cual regula la admisibilidad, la forma y efectos de dichos acuerdos. A tal efecto, se aplicará el art. 19 respecto de la admisibilidad de los acuerdos en los que intervengan consumidores y el art. 25 respecto de la forma y efectos de la sumisión expresa.

---

316 Para un análisis amplio de esta cuestión en el ámbito de los smart contracts, *vid.*: HORRACH ARMO, J.G., «Los acuerdos atributivos de jurisdicción en el ámbito de los *smart contracts* y la tecnología blockchain», *Revista Electrónica de Estudios Internacionales [REEI]*, núm. 42, 2021, págs. 1-38, p. 17 y ss.

317 GARAU SOBRINO, F., «Los acuerdos atributivos de jurisdicción en derecho procesal civil internacional español», *Cuadernos de Derecho Transnacional*, Vol. 2, núm. 2, 2010, págs. 52-91, p. 56. Como indica el citado autor, «determinados aspectos del acuerdo [existencia y validez de fondo] se regirán por el ordenamiento jurídico designado por las normas de conflicto en materia de obligaciones contractuales [...]; por contra, los aspectos estrictamente procesales del acuerdo [admisibilidad, forma y efectos procesales] deben acomodarse a la *lex fori*», si bien en el ámbito del Derecho de la UE no hará falta acudir respecto de estas últimas cuestiones [admisibilidad, forma y efectos] al derecho procesal español, pues están reguladas en el propio Reglamento núm. 1215/2012. En este mismo sentido, *vid.*: FELIU ÁLVAREZ DE SOTOMAYOR, S., «Nulidad de las cláusulas de jurisdicción y la ley aplicable a la luz de la ley 3/2014 por la que se modifica el texto refundido de la Ley General para la defensa de los consumidores y usuarios», *Revista Electrónica de Estudios Internacionales [REEI]*, núm. 29, 2015, págs. 1-36, p. 5 y 6.

Por su parte, para determinar la validez de los aspectos civiles de la cláusula atributiva de jurisdicción [existencia y validez material] habrá que analizar el ordenamiento jurídico del EM del lugar en el que se han sometido las partes, tal como indica expresamente el art. 25 Reglamento núm. 1215/2012: «a menos que el acuerdo sea nulo de pleno derecho en cuanto a su validez material según el Derecho de dicho EM»[318]. Centrándonos en las cuestiones puramente civiles del acuerdo, si las partes se han sometido a los tribunales españoles, la validez del acuerdo se regirá por el derecho español, incluidas sus normas de conflicto, lo que implica la aplicación del art. 10.5 del Código Civil en materia de obligaciones contractuales[319], dado que el Reglamento núm. 593/2008 no es aplicable en este caso porque excluye de su ámbito de aplicación «los convenios de elección del tribunal competente» [art. 1.2.e)]. A falta de elección de ley aplicable al acuerdo de jurisdicción, el art. 10.5 CC recoge unas conexiones jerarquizadas: en primer lugar, resultará aplicable la ley nacional común de las partes, en su defecto, la de la residencia habitual común, y, en último término, la ley del lugar de celebración del contrato. Por consiguiente, el criterio esencial en defecto de pacto es el lugar de celebración del contrato, por lo que se aplicará la ley española cuando el contrato se haya celebrado en España[320].

En el ámbito de los contratos celebrados por los consumidores, el contrato se presumirá celebrado en España cuando el consumidor tenga en éste su

---

318 Asimismo, véase el considerando 20.º del Reglamento núm. 1215/2012, el cual indica que «la cuestión de si un acuerdo atributivo de competencia en favor de un órgano jurisdiccional determinado de un EM o de sus órganos jurisdiccionales en general es nulo de pleno derecho en cuanto a su validez material debe decidirse con arreglo al Derecho del EM del órgano jurisdiccional o de los órganos jurisdiccionales designados en el acuerdo, incluidas las normas sobre conflictos de leyes de dicho EM».

319 Garau Sobrino, F., *Los acuerdos internacionales de elección de foro*, Colex, Madrid, 2008, págs. 200 a 202. Cabe tener presente, sin embargo, que la capacidad de los contratantes se regirá por su ley nacional conforme al art. 9.1 del Código Civil, teniendo presente la excepción de interés nacional recogida en el art. 13 del R. Roma I. Asimismo, *vid.*: Garau Sobrino, F., «Los acuerdos atributivos...», *op. cit.*, p. 56 y 88.

320 La cuestión esencial en este punto radica en determinar dónde se puede entender celebrado el contrato de prestación de servicios de criptoactivos, tanto en relación con los consumidores como de los profesionales. En este punto se produce un pequeño problema recurrente en el ámbito del DIPr y es que se debe aplicar la legislación española [la LSSI] para determinar si el ordenamiento español resulta, efectivamente, aplicable. Parece coherente que el tribunal competente realice un examen preliminar del caso para determinar, atendiendo a la normativa potencialmente aplicable [en este caso, la española], si se cumplen las exigencias para entender que el sujeto en cuestión ha contratado los servicios desde el Estado español. En este sentido, el art. 12.1 CC indica que «la calificación para determinar la norma de conflicto aplicable se hará siempre con arreglo a la ley española», es decir, conforme a la *lex fori*. Se alcanza la misma solución si se entiende que la cuestión relativa a determinar si el contrato se ha celebrado en España es una extensión de la norma de conflicto aplicable; dado que estas normas tienen la consideración de disposiciones imperativas, por lo que deben aplicarse de oficio [art. 12.6 CC).

residencia habitual, en aplicación del art. 29.1 de la LSSI[321]. Por tanto, los consumidores siempre quedarán sometidos a los requisitos materiales derivados de la normativa española *[vid. infra]*. En cuanto a los profesionales, cabe tener presente lo dispuesto en el art. 29.2 LSSI, el cual indica que «los contratos electrónicos entre empresarios o profesionales, en defecto de pacto entre las partes, se presumirán celebrados en el lugar en que esté establecido el prestador de servicios». Por consiguiente, los profesionales quedan sujetos, en cuanto a la validez material del acuerdo de jurisdicción, a la ley aplicable del lugar dónde esté domiciliada la PC, por lo que en este punto existe una gran diferencia respecto del régimen aplicable a los consumidores. Cabe recalcar que la capacidad de los usuarios para consentir el acuerdo de jurisdicción se regirá por su ley nacional conforme a la norma de conflicto recogida en el art. 9.1 CC, teniendo presente la excepción de interés nacional recogida en el art. 13 del Reglamento núm. 593/2008. Por su parte, la capacidad de las personas jurídicas se someterá a la norma de conflicto contenida en el art. 9.11 CC.

III. Validez de los acuerdos de jurisdicción previstos en condiciones generales de la contratación

En cuanto a la determinación de la ley aplicable a los acuerdos de jurisdicción previstos en las CGC, cabe tener presente las consideraciones expuestas por Garau Sobrino, el cual indica que «si una cláusula atributiva de jurisdicción se contiene en una condición general de un contrato, la determinación de si la parte jurídicamente débil ha prestado su consentimiento al acuerdo de sumisión será una cuestión que se regirá por la ley aplicable a la existencia y validez del propio acuerdo designada en virtud del propio art. 10.5 CC»[322]. Cuestión distinta es la de determinar si una cláusula de jurisdicción puede convenirse a través de una CGC, cuestión que forma parte de los requisitos de admisibilidad, por lo que se regirá por la *lex fori* [al ser tratada como una cuestión procesal del acuerdo]. Seguidamente se analiza cuando puede reputarse válido un acuerdo de jurisdicción desde el punto de vista de la legislación española. A tal efecto, cabe recordar que la ley española resultará aplicable en estos casos: a) respecto de los aspectos procesales [admisibilidad, efectos y forma del acuerdo] cuando conozca del caso el tribunal español; b) respecto de los aspectos civiles del acuerdo, cuando el contrato se haya celebrado en España, esto es, cuando el consumidor resida en España o, respecto del profesional, cuando la PC preste sus servicios desde España.

---

321 Ley 34/2002, de 11 de julio, de servicios de la sociedad de la información y de comercio electrónico. BOE núm. 166 de 12.07.2002. El art. 29.1 LSSI dispone lo siguiente: «Los contratos celebrados por vía electrónica en los que intervenga como parte un consumidor se presumirán celebrados en el lugar en que éste tenga su residencia habitual».

322 GARAU SOBRINO, F., *Los acuerdos internacionales..., op. cit.*, p. 201.

1. Aspectos civiles: requisitos materiales del acuerdo

En cuanto a los requisitos materiales del acuerdo de jurisdicción [se trate o no ante un contrato de adhesión], resultará válido cuando exista un verdadero acuerdo entre las partes[323], el cual deberá ser interpretado de forma estricta al constituir una derogación de la regla general del *forum domicilii* y de los foros especiales de los arts. 7 y 8 del Reglamento núm. 1215/2012[324]. Por tanto, el consenso debe ser claro y demostrado[325], lo que se traduce en que la cláusula de jurisdicción debe figurar de manera expresa, ya sea en el contrato subyacente o en un documento aparte mediante algún tipo de remisión directa. En cuanto al contenido del acuerdo, las partes pueden atribuir jurisdicción a los tribunales de un EM[326], ya sea designando globalmente a los tribunales de ese EM o indicando el concreto órgano jurisdiccional competente, y, asimismo, pueden designar simultáneamente a varios tribunales de distintos EM[327]. Además, dicha elección puede centrarse en la competencia territorial, la cual llevará implícita la competencia judicial internacional de los tribunales de ese país[328].

2. Aspectos procesales: admisibilidad y forma del acuerdo

Con carácter previo al análisis de la admisibilidad y la forma de los acuerdos de jurisdicción, cabe advertir que los efectos del acuerdo no serán objeto de análisis por ser una cuestión que excede del presente estudio. Aun así, cabe tener presente que las cuestiones de forma y sus efectos derivan del propio artículo 25 del Reglamento núm. 1215/2012[329].

---

323 Rodríguez Benot, A. «Artículo 25», *op. cit.*, p. 560. Garcimartín Alférez, F.J., *Derecho Internacional Privado..., op. cit.,* p. 179.

324 STJUE de 21 de mayo de 2014, C-322/14, El Majdoub, EU:C:2015:334, ap. 25.

325 Rodríguez Benot, A. «Artículo 25»..., *op. cit.*, p. 560.

326 Arenas García, R., «Competencia judicial internacional y acuerdos...», *op. cit.*, p. 49. Como indica el citado autor, «en caso de que la sumisión se realice a tribunal o tribunales de un Estado no miembro será el DIPr. autónomo del Juez que está conociendo el que determine la eficacia de dicho acuerdo de sumisión». Esplugues Mota, C., *et. al.*, *Derecho Internacional Privado..., op. cit.,* p. 126. Como indica este autor, si la cláusula designa como competentes los tribunales de un tercer Estado y la demanda se interpone ante los tribunales de un EM, este último tendrá que decidir sobre la validez del pacto aplicando su Derecho interno. Así, *vid.*: STJUE de 9 de noviembre de 2000, C-387/98, Coreck Maritime, EU:C:2000:606, ap. 19.

327 Esplugues Mota, C., *et. al.*, *Derecho Internacional Privado..., op. cit.,* p. 125. Rodríguez Benot, A. «Artículo 25»..., *op. cit.*, p. 558. STJUE de 9 de noviembre de 1978, C-23/78, Meeth/Glacetal, EU:C:1978:198, ap. 5.

328 Garau Sobrino, F., «Los acuerdos atributivos...», *op. cit.*, p. 60.

329 Feliu Álvarez De Sotomayor, S., «Nulidad de las cláusulas...», *op. cit.*, págs. 6-8.

a) **Validez formal del acuerdo:** Teniendo en cuenta que esta cuestión se rige por la *lex fori*, cabe acudir al art. 25 del Reglamento núm. 1215/2012 para determinar si el acuerdo atributivo de competencia será válido. A tal efecto, el art. 25.1 dispone que «el acuerdo atributivo de competencia deberá celebrarse: a) por escrito o verbalmente con confirmación escrita; b) en una forma que se ajuste a los hábitos que las partes tengan establecido entre ellas, o c) en el comercio internacional, en una forma conforme a los usos que las partes conozcan o deban conocer y que, en dicho comercio, sean ampliamente conocidos y regularmente observados por las partes en los contratos del mismo tipo en el sector comercial considerado»[330].

Por su parte, el art. 25.2 indica que «se considerará hecha por escrito toda transmisión efectuada por medios electrónicos que proporcione un registro duradero del acuerdo»[331]. El TJUE permite la técnica de aceptación mediante un «clic» de las condiciones generales *[click wrapping]*, afirmando que las CGC pueden venir recogidas en cualquier tipo de soporte electrónico que permita a la contraparte almacenarlas y reproducirlas[332]. Incluso, el acuerdo atributivo de jurisdicción puede ser plasmado en la interfaz de un *smart contract*[333]. En este escenario, cabe traer a colación el art. 10.3 DCE, el cual exige que «las condiciones generales de los contratos facilitadas al destinatario deben estar disponibles de tal manera que éste pueda almacenarlas y reproducirlas». Asimismo, en el ámbito español, el art. 27.4 LSSI exige que el prestador de servicios ponga a disposición del destinatario las condiciones generales del contrato, para que este último pueda almacenarlas y reproducirlas.

---

330 Para una visión amplia sobre la aplicación del art. 25 en el ámbito de las nuevas tecnologías, *vid.*: Horrach Armo, J.G., «Los acuerdos atributivos de jurisdicción...», *op. cit.*, *in fine*.

331 Sobre esta cuestión, *vid.*: Carrizo Aguado, D. y Álvarez Rodríguez, A., «Determinación de la competencia...», *op. cit.*, p. 77.

332 STJUE de 21 de mayo de 2014, C-322/14, El Majdoub, EU:C:2015:334, ap. 40. En concreto, el TJUE ha indicado que «la técnica de aceptación mediante un «clic» de las condiciones generales, que incluyen una cláusula atributiva de competencia, de un contrato de compraventa celebrado por vía electrónica, [...] constituye una transmisión por medios electrónicos que proporciona un registro duradero de dicha cláusula, en el sentido de esta disposición, siempre que esa técnica permita imprimir y guardar el texto de las citadas condiciones antes de la celebración del contrato» [ap. 40]. Además, como indica el TJUE, «el cumplimiento de los requisitos formales del artículo 23, apartado 1, se da, en consecuencia, si es posible crear un registro duradero de una comunicación electrónica imprimiéndola o salvando una copia en cinta o en disco o almacenándola de cualquier otra forma», y ello «aunque ese registro duradero no se haya creado de hecho» [ap. 34]. Para una visión amplia de esta sentencia, *vid.*: Carrizo Aguado, D. y Álvarez Rodríguez, A., «Determinación de la competencia...», *op. cit.*, págs. 73 a 88.

333 En este sentido, *vid.*: Ruiz Rodríguez, R., «Las criptodivisas como medio de pago y el derecho internacional privado», *Cuadernos de Derecho Transnacional*, Vol. 12, núm. 2, 2020, págs. 740-757, p. 754. Horrach Armo, J.G., «Los acuerdos atributivos de jurisdicción...», *op. cit.*, *in fine*.

b) Admisibilidad del acuerdo en sentido amplio: La admisibilidad de los acuerdos de jurisdicción está regulada en las distintas secciones del Reglamento núm. 1215/2012 en relación con los contratos en los que existe una parte jurídicamente débil. Debido a su relevancia, cabe realizar una mención a la admisibilidad de los acuerdos respecto de los consumidores. Así, para que las cláusulas de jurisdicción sean admisibles deberán respetar lo dispuesto en el art. 19 del Reglamento núm. 1215/2012. En virtud de dicho precepto, únicamente resultarán válidos los acuerdos que sean «posteriores al nacimiento del litigio» [art. 19.1], los que «permitan al consumidor formular demandas ante órganos jurisdiccionales distintos de los indicados en la presente sección» [art. 19.2], o los que, «habiéndose celebrado entre un consumidor y su cocontratante, ambos domiciliados o con residencia habitual en el mismo EM en el momento de la celebración del contrato, atribuyan competencia a los órganos jurisdiccionales de dicho EM, a no ser que la ley de este prohíba tales acuerdos» [art. 19.3]. Estas conexiones tienen la consideración de alternativas, es decir, basta que se cumpla alguno de estos requisitos para que el acuerdo de jurisdicción resulte válido[334]. En cambio, si no se cumple con ninguna de estas exigencias, los pactos no resultarán válidos, en cuyo caso los contratos con consumidores se regirán por los foros previstos en el art. 18 del Reglamento.

c) Admisibilidad del acuerdo en el marco de las condiciones generales: Los requisitos derivados de la normativa en materia de cláusulas abusivas también deben encuadrarse en las condiciones de admisibilidad, por lo que, al formar parte de los aspectos procesales del acuerdo de jurisdicción, también se regirán por la *lex fori*. A tal efecto, cabe traer a colación las causas de admisibilidad previstas en el art. 90.2 del TRLGDCU[335], el cual considera como abusivas las cláusulas que establezcan «la previsión de pactos de sumisión expresa a Juez o Tribunal distinto del que corresponda al domicilio del consumidor y usuario, al lugar del cumplimiento de la obligación o aquél en que se encuentre el bien si éste fuera inmueble». Este precepto contiene causas de admisibilidad sensiblemente más restrictivas que las previstas en el Reglamento núm. 1215/2012, lo cual puede resultar, cuanto menos, discutible[336].

334 Para una visión más amplia sobre estas exigencias, *vid*.: ARROYO APARICIO, A., «Artículo 19», en: BLANCO-MORALES, P., GARAU, F., LORENZO, M.L., MONTERO, F.J. [Coords.], *Comentario al Reglamento 1215/2012 relativo a la competencia judicial, el reconocimiento y la ejecución de resoluciones judiciales en materia civil y mercantil*, Aranzadi, Pamplona, 2016, págs. 466-474, en especial, págs. 472-474.

335 Para una visión amplia de este precepto, *vid*.: GARCÍA PÉREZ, C.L., «Cláusulas abusivas. Artículo 90...», *op. cit.*, págs. 1378-1386.

336 En este sentido, *vid*.: FELIU ÁLVAREZ DE SOTOMAYOR, S., «Nulidad de las cláusulas...», *op. cit.*, p. 34. La autora indica que «una lectura conjunta de lo dispuesto en el artículo 90 TRLGDCU [...] en relación con el Reglamento núm. 1215/2012 y RRI, deja constancia de la descoordinación de criterios de localización utilizados entre ambos, lo que conlleva

Teniendo en cuenta las exigencias derivadas del art. 90.2 TRLGDCU, resulta muy difícil otorgar validez a una cláusula de jurisdicción inserta en las CGC de una PC en relación con un consumidor. A tal efecto, el primer criterio previsto por el citado artículo [«la previsión de pactos de sumisión expresa a Juez o Tribunal distinto del que corresponda al domicilio del consumidor y usuario»] resulta superfluo porque ya está previsto en el art. 18 del Reglamento núm. 1215/2012 como foro general en materia de consumo. Además, en la práctica, tampoco resultaría válido un acuerdo de tales características porque no añade nuevos foros a los ya previstos en la sección de consumo [*ex* art. 19.2 Reglamento núm. 1215/2012] ni es, naturalmente, posterior al nacimiento del litigio [art. 19.1]. La única posibilidad real en el ámbito de las PC es otorgar validez al pacto de jurisdicción basado en el «lugar de cumplimiento de la obligación», siempre que suponga un foro añadido a los previstos en el art. 18. Sin embargo, dicho lugar coincidirá normalmente con el lugar dónde el consumidor tenga su domicilio, por ser el lugar dónde la PC dirige sus servicios, dónde pretende captar clientes y desde dónde el usuario contrata y accede a los distintos servicios ofrecidos.

Por ello, el art. 90.2 TRLGDCU resulta restrictivo en exceso, pues prácticamente imposibilita los acuerdos de jurisdicción previstos en las CGC, dejando sin efecto lo dispuesto en art. 19 Reglamento. Cabe tener presente que el Reglamento núm. 1215/2012 está concebido para regular de forma específica los acuerdos de jurisdicción en materia de contratos celebrados por los consumidores, por lo que no parece razonable que una normativa estatal, fruto de una transposición discutible de la DCA, pueda conllevar a la inaplicación de los acuerdos de jurisdicción previstos en la sección de consumidores. A tal efecto, cabe tener presente que esta limitación de pacto puede ir en contra de los derechos del propio consumidor [contraviniendo la finalidad de la DCA], dado que estos pueden tener interés en litigar ante unos determinados tribunales que no sean los previstos en el art. 18.1 Reglamento núm. 1215/2012[337].

---

a dejar prácticamente inoperativa la autonomía de la voluntad contemplada en ambos Reglamentos europeos. Así, por lo que a las cláusulas de jurisdicción se refiere, el artículo 90, apartado segundo, utiliza [...] criterios alejados a los descritos en el artículo 19 Reglamento núm. 1215/2012 en materia de contratos de consumo y que van más allá de lo dispuesto en la Directiva 93/13/CEE». Por todo ello, concluye que «el resultado final parece exceder del mandato de la Directiva que instaba a los EE. MM para que reglamentaran las denominadas "cláusulas abusivas"».

337 Para una visión amplia sobre esta cuestión, *vid*.: HORRACH ARMO, J.G., «Las cláusulas de jurisdicción contenidas en las condiciones generales de las plataformas virtuales. Especial referencia a los sectores de alojamiento vacacional y comercio electrónico», en: BLANCO SÁNCHEZ, M.J., *Derecho digital y nuevas tecnologías*, Aranzadi, 2022, págs. 615-635, en especial, págs. 624, 625 y 634 y 635. HORRACH ARMO, J.G., «Las cláusulas atributivas de jurisdicción y los convenios arbitrales en el ámbito de las plataformas de criptoactivos», aceptado para su próxima publicación en el libro de actas derivado de las XXX Jornadas Ordinarias de la Asociación Española de Profesores de Derecho Internacional y Relaciones Internacionales, p. 1-13, p. 12.

A mayor abundamiento, el art. 90.2 TRLGDCU resulta discutible porque, en ocasiones, no favorece a los consumidores. Así, por ejemplo, sin esta previsión cabría dar validez a aquellas cláusulas de jurisdicción que sometieran la controversia a los tribunales de un país distinto del lugar de su domicilio, siempre que el consumidor pudiera seguir utilizando el foro de su domicilio. Este es el caso que prevén PC como Coinbase o Gemini *[vid. infra]*, dado que permiten al consumidor acudir a los tribunales irlandeses o a los de su propio EM, a elección del consumidor. Incluso, si se aplicara el art. 90.2 TRLGDCU de forma literal se negaría la validez de los acuerdos de jurisdicción que otorgaran competencia judicial internacional a unos tribunales territorialmente distintos de los previstos por el art. 18.1 [cómo ocurre en el caso de Binance España al otorgar jurisdicción a los tribunales de Madrid, —*vid. infra*—]. Sin embargo, dichas cláusulas deben reputarse válidas porque están en consonancia con el art. 18 del Reglamento y, además, porque favorecen al consumidor [finalidad última del art. 19].

Por todo ello, no cabe duda de que las cláusulas que prevén el sometimiento de las controversias a países extranjeros que no tienen ninguna vinculación con el objeto del proceso [*v.g.* EToro con Chipre, StormGain con San Vicente...] se declararán de oficio abusivas por no ajustarse a lo dispuesto en la DCA y el TRLGDCU[338], reputándose nulas de pleno derecho y, por tanto, se tendrán por no puestas [art. 83 TRLGDCU]. Por los mismos argumentos expuestos anteriormente, la normativa sobre cláusulas abusivas contenida en la DCA [y su normativa de transposición] resultará aplicable con independencia de cuál sea la ley aplicable al acuerdo de jurisdicción, ya sea por su carácter imperativo [por constituir una norma de orden público] o por su propio ámbito de aplicación unilateral [art. 67.2 TRLGDCU][339]. En caso de que se repute como abusiva, el consumidor podrá interponer la demanda de conformidad con el doble foro previsto en el art. 18.1 Reglamento núm. 1215/2012.

Por último, cabe remitirse al capítulo relativo al análisis de los convenios arbitrales, en el cual se analizan las distintas normas de carácter general que pueden resultar aplicables para determinar cuándo una condición general de la contratación tendrá la condición de abusiva [respecto de los consumidores] o no vinculante [respecto de los profesionales].

338 STJUE de 27 junio 2000, C-240/98, Océano Grupo Editorial y Salvat Editores, EU:C:2000:346, ap. 29.

339 Este precepto indica que «las normas de protección frente a las cláusulas abusivas contenidas en los artículos 82 a 91, ambos inclusive, serán aplicables a los consumidores y usuarios, cualquiera que sea la ley elegida por las partes para regir el contrato, cuando éste mantenga una estrecha relación con el territorio de un EM del Espacio Económico Europeo». Sobre esta cuestión, vid Feliu Álvarez De Sotomayor, S., «Nulidad de las cláusulas...», *op. cit.*, p. 35. Como indica la referida autora, «un estudio pormenorizado del texto actual demuestra la exorbitancia de las normas de protección frente a las cláusulas abusivas, contenidas en los artículos 82 a 91 del actual TRLGDCU, que dejan prácticamente inoperativa la autonomía de la voluntad prevista en las principales fuentes de Derecho europeo, todo ello consecuencia de una incorrecta transposición de la Directiva 93/13/CEE».

IV. Análisis de las cláusulas de jurisdicción

1. Binance España

Esta plataforma somete las controversias que puedan generarse a los tribunales de Madrid y a la legislación española[340]. En concreto, prevé una cláusula de jurisdicción con el siguiente tenor literal: «Salvo disposición legal contraria, todos los litigios relativos a la validez, interpretación, ejecución, resolución y consecuencias de las prestaciones previstas en las Condiciones se someterán a los tribunales competentes de la Villa de Madrid». Estas condiciones generales únicamente se aplican a los usuarios residentes en España. Además, Binance ha abierto recientemente una sociedad limitada en España[341], con la que presta la mayoría de sus servicios a los usuarios residentes en el Estado español[342].

Teniendo en cuenta las consideraciones realizadas en el epígrafe anterior, cabe concluir que la cláusula de jurisdicción prevista por Binance España resulta válida porque, aunque no sea posterior al nacimiento del litigio [art. 19.1], permite al consumidor interponer la demanda ante tribunales distintos de los indicados en la sección dedicada a los contratos de consumo [art. 19.2]. Cabe tener presente que el art. 18.1 permite interponer la demanda ante los tribunales del lugar en el que esté domiciliado el consumidor, por lo que este foro también determina la competencia territorial de los tribunales españoles. Por tanto, salvo que el consumidor esté domiciliado en Madrid, se cumplirá la condición estipulada en el art. 18.2 del Reglamento, por lo que el consumidor podrá interponer la demanda ante los tribunales ubicados en su domicilio o podrá acudir a los tribunales de Madrid. Al ser una disposición que sólo puede ser utilizada por el consumidor, a su elección, no resulta abusiva y, además, está en consonancia con la finalidad del artículo 19. También cabe confirmar su validez formal y material por las consideraciones expuestas en el epígrafe anterior y, asimismo, su validez respecto de los profesionales que contraten con la plataforma, pues Binance España no distingue entre consumidores y profesionales para aplicar la citada cláusula.

---

340 Las condiciones generales de la contratación de esta PC están disponibles en la siguiente página web: https://www.binance.com/es/compliance/spain-terms-and-conditions

341 A tal efecto, en las cláusulas generales se estipula lo siguiente: «Binance España es Binance Spain, S.L., una sociedad limitada española, con domicilio en C/ Don Ramón de la Cruz, 38, 28001, Madrid, e inscrita en el Registro Mercantil de Madrid...».

342 Como se indica en las condiciones de esta PC, «los Usuarios también deben tener en cuenta que algunos Servicios de Binance puede prestarlos una entidad distinta de Binance España. En tal caso, esto se pondrá de manifiesto al Usuario y los servicios los prestará esta tercera entidad, sujeto a la suscripción de un acuerdo independiente con la entidad en cuestión».

Binance España	A) Aspectos procesales	B) Aspectos civiles
I. Consumidores	Resulta válida a) Forma correcta b) Admisibilidad: es conforme al art. 19 RBI bis y no contraviene ninguna CGC.	Resulta válida a) Se da por hecho el consentimiento del consumidor. b) Contenido correcto.
II. Profesionales	Resulta válida a) Forma correcta. b) Admisibilidad: No contraviene la normativa sobre CGC.	Resulta válida a) Se da por hecho el consentimiento del profesional. b) Contenido correcto.

2. Coinbase UE

La plataforma Coinbase UE prevé una cláusula de jurisdicción por la cual somete las posibles controversias a los tribunales irlandeses de forma no exclusiva, teniendo en cuenta los derechos de los consumidores. En concreto, la cláusula de jurisdicción y ley aplicable dispone lo siguiente: «Salvo lo establecido en esta Sección, este Acuerdo y la relación entre nosotros [Coinbase] se regirá por la legislación de Irlanda y, teniendo en cuenta la Sección 10.4 B), la jurisdicción no exclusiva de los tribunales irlandeses, quedando sujeto a cualquier disposición imperativa local y teniendo en cuenta los derechos de los consumidores»[343].

En otras palabras, esta cláusula viene a reconocer que se aplicará la legislación en materia de contratos de consumo con preferencia, tanto en el plano de la ley aplicable como en el de la jurisdicción. Por lo que aquí interesa, se deberá respetar el contenido del artículo 19 del Reglamento núm. 1215/2012 en materia de admisibilidad de los acuerdos de jurisdicción. Aunque a primera vista pudiera parecer lo contrario, la cláusula de jurisdicción transcrita no resulta válida por un motivo muy simple: no permite al consumidor formular demandas ante órganos jurisdiccionales distintos de los indicados en la sección de consumo [art. 19.2], pues la plataforma Coinbase está domiciliada en Irlanda, Estado al que también hace referencia la cláusula de jurisdicción. Al no concretarse qué tribunal irlandés es el competente para dirimir la controversia, no puede darse por válida la cláusula de jurisdicción, pues coincide con el foro descrito en el art. 18.1 del Reglamento, refiriéndose ambos de forma genérica al Estado de la contraparte [sin especificarse la competencia territorial]. Para que la cláusula resultara válida sería suficiente que previera los tribunales territorialmente competentes de Irlanda para conocer de la acción [*v.g.* los tribunales de

343 Traducción propia de las CGC de Coinbase redactadas en inglés, disponibles en la siguiente página web: https://www.coinbase.com/legal/user_agreement/ireland_europe

Dublín], pues así se otorgaría una opción adicional y real al consumidor, cumpliendo con la finalidad del art. 19, esto es, la de otorgar más posibilidades de litigar al consumidor[344].

En cambio, la cláusula prevista por Coinbase resulta plenamente vinculante y válida respecto de los profesionales, sin perjuicio de que su redacción podría ser algo más clara. A tal efecto, la PC hubiera podido diferenciar entre la aplicación de esta cláusula respecto de los consumidores y de los profesionales, pues la redacción del acuerdo atributivo de jurisdicción respecto de este último colectivo resulta algo extraña, al referirse a la competencia no exclusiva de los tribunales irlandeses. ¿Significa eso que los profesionales pueden decidir no someterse a dichos tribunales? Parece que sí, como permite el art. 25.1 del Reglamento al indicar que la competencia será exclusiva, salvo pacto en contrario. Por ende, el profesional tendrá la opción de escoger entre dicho foro o cualquier otro previsto en el Reglamento núm. 1215/2012. Por su parte, Coinbase podrá demandar al profesional ante los tribunales irlandeses gracias a esta cláusula. Por lo demás, cabe recalcar que esta cláusula no resulta contraria a las disposiciones sobre CGC, por lo que resulta plenamente válida respecto de los profesionales.

Coinbase UE	A) Aspectos procesales	B) Aspectos civiles
I. Consumidores	No resulta válida a) Forma correcta b) Admisibilidad: la cláusula no es válida porque no otorga posibilidades adicionales al consumidor [art. 19].	Resulta válida a) Se da por hecho el consentimiento del consumidor. b) Contenido correcto.
II. Profesionales	Resulta válida a) Forma correcta. b) Admisibilidad: No contraviene la normativa sobre CGC.	Resulta válida a) Se da por hecho el consentimiento del profesional. b) Contenido correcto.

3. EToro

Esta plataforma, con sede social en Chipre, no sólo prevé la transacción con criptoactivos, sino de todo tipo de acciones bursátiles, si bien aquí sólo se hace referencia a las transacciones que involucren criptoactivos. Cabe

344 Sin perjuicio de esta aseveración, al no concretar el art. 18.1 del Reglamento núm. 1215/2012 qué tribunales tendrán competencia territorial para conocer de la acción, también cabría concluir lo contrario, esto es, que las cláusulas atributivas de jurisdicción que incluyeran a los tribunales de Irlanda no resultarían válidas porque no otorgarían un foro distinto del previsto en el citado artículo [ex art. 19.2]. No obstante, esta interpretación restrictiva va en contra de la finalidad del art. 19, el cual pretende beneficiar al consumidor, permitiéndole litigar ante tribunales adicionales y distintos de los previstos en el art. 18.

decir que esta plataforma somete todas sus controversias, incluidas las relativas a los criptoactivos, a los tribunales de Chipre y a las leyes chipriotas[345]. En concreto, en sus CGC se estipula lo siguiente: «Las leyes de Chipre son de aplicación a los presentes términos y condiciones y anexos suscritos entre nosotros y usted. Las demandas que presente contra nosotros se verán ante los tribunales de Limassol, Chipre». Pues bien, teniendo en cuenta todo lo dicho en los epígrafes anteriores, esta cláusula debe reputarse nula de pleno derecho respecto de los consumidores. Aunque es cierto que permite interponer la demanda ante un tribunal distinto de la sección de consumo, su redacción imperativa impone al consumidor la obligación de acudir únicamente a la jurisdicción chipriota, denegando la posibilidad de poder utilizar el doble foro previsto en el art. 18.1. La redacción utilizada no permite entender que se trata de una posibilidad, sino de una imposición que puede condicionarle, al desconocer que también le asisten los foros previstos en el art. 18.1. Por ende, una cláusula de estas características no resulta admisible por vulnerar la normativa en materia de CGC, dado que puede confundir al consumidor sobre los derechos que le asisten [art. 3.1 DCA]. En este contexto, cabe trasladar la argumentación realizada por el TJUE en la sentencia de 28 de julio de 2016[346], en la cual indica que una cláusula resultará abusiva, a tenor del art. 3 DCA, si induce error al consumidor sobre los derechos que le asisten[347]. Por último, cabe indicar que la cláusula transcrita resulta comple-

345 Las condiciones generales de la contratación de esta PC están disponibles en la siguiente página web: https://www.etoro.com/es/customer-service/terms-conditions/

346 STJUE de 28 de julio de 2016, C-191/15, Verein für Konsumenteninformation, EU:C:2016:612 [ap. 71]. Asimismo, vid.: STJUE de 14 de septiembre de 2023, C-821/21, Club La Costa y otros, EU:C:2023:672, ap. 72-74. Esta sentencia indica, a tal efecto, que «una cláusula de elección de la ley aplicable que no se haya negociado individualmente solo será válida en la medida en que no induzca a error al consumidor de que se trate, dándole la impresión de que únicamente esa ley se aplica al contrato en cuestión, sin informarle de que le ampara también, en virtud del artículo 6, apartado 2, del Reglamento Roma I, la protección que le garantizan las disposiciones imperativas de la ley que sería aplicable de no existir esa cláusula, a saber, las de la ley del país en el que tenga su residencia habitual» [ap. 74].

347 En concreto, el TJUE indica lo siguiente: «El artículo 3, apartado 1, de la Directiva 93/13/CEE del Consejo, de 5 de abril de 1993, sobre las cláusulas abusivas en los contratos celebrados con consumidores, debe interpretarse en el sentido de que una cláusula que figura en las condiciones generales de venta de un profesional, que no ha sido negociada individualmente, en virtud de la cual la ley del EM del domicilio social de ese profesional rige el contrato celebrado por vía de comercio electrónico con un consumidor, es abusiva en la medida en que induzca a error a dicho consumidor dándole la impresión de que únicamente se aplica al contrato la ley del citado EM, sin informarle de que le ampara también, en virtud del artículo 6, apartado 2, del Reglamento Roma n.º 593/2008, la protección que le garantizan las disposiciones imperativas del Derecho que sería aplicable, de no existir esa cláusula, extremos que debe comprobar el órgano jurisdiccional nacional a la luz de todas las circunstancias pertinentes». Esta fundamentación es plenamente trasladable al presente supuesto, cambiando la afirmación sobre la ley aplicable por la relativa a los foros que puede utilizar el consumidor para hacer valer sus derechos. Si el empresario incluye una cláusula que impide la aplicación fáctica de dichos foros o confunde al consumidor sobre la posibilidad real de poderlos utilizar, dicha cláusula debe reputarse nula de pleno derecho, por lo que se tendrá por no puesta.

tamente válida respecto de los profesionales, tanto desde el punto de vista de los aspectos procesales como civiles. Además, no se aprecia ninguna contravención respecto a la normativa sobre CGC, dado que se trata de una cláusula transparente, clara, concisa y precisa.

eToro	A) Aspectos procesales	B) Aspectos civiles
I. Consumidores	No resulta válida a) Forma correcta b) Admisibilidad: la cláusula no es válida porque induce a error al consumidor [TJUE]	Resulta válida a) Se da por hecho el consentimiento del consumidor. b) Contenido correcto.
II. Profesionales	Resulta válida a) Forma correcta. b) Admisibilidad: No contraviene la normativa sobre condiciones generales de la contratación.	Resulta válida a) Se da por hecho el consentimiento del profesional. b) Contenido correcto.

4. Avatrade

Esta PC, con sede en Irlanda, impone la aplicación de la ley irlandesa y el sometimiento de las controversias a la jurisdicción de los tribunales irlandeses[348]. La cláusula en cuestión indica que «el cliente se somete irrevocablemente a la jurisdicción exclusiva de los tribunales irlandeses». Pues bien, una cláusula de estas características no puede resultar válida respecto de los consumidores por dos motivos fundamentales: En primer lugar, porque no permite al consumidor formular demandas ante órganos jurisdiccionales distintos de los indicados en la sección de consumo [art. 19 del Reglamento], pues esta cláusula impone la obligación de acudir a los tribunales irlandeses, sin que el usuario tenga la opción de acudir a otra jurisdicción[349]. En segundo lugar, tampoco resulta válida porque prohíbe al consumidor utilizar el foro de su domicilio o el foro de la contraparte, contraviniendo la finalidad del art. 19 del Reglamento[350] y el art. 3 DCA.

En cuanto a la validez de la cláusula transcrita respecto de los profesionales, resulta plenamente válida por los argumentos expuestos respecto de la plataforma eToro *[vid. supra]*.

348 Las CGC de esta Avatrade están disponibles en la siguiente página web: https://www.avatrade.es/wp-content/uploads/2017/08/New-TCs-EU-Spanish-PDF-Version.pdf

349 La posibilidad prevista por la cláusula coincide con el foro del domicilio de la contraparte, pues la PC también reside en Irlanda. En este punto cabe traer a colación la argumentación realizada respecto de la plataforma Coinbase UE *[vid. supra]*.

350 En este sentido, cabe remitirse a la argumentación realizada respecto de la plataforma eToro, cuyas consideraciones resultan plenamente trasladables al presente caso.

Avatrade	A) Aspectos procesales	B) Aspectos civiles
I. Consumidores	No resulta válida a) Forma correcta b) Admisibilidad: no es conforme a la normativa sobre CGC. Contraviene el espíritu y finalidad del art. 19 RBI bis y art. 3 DCA.	Resulta válida a) Se da por hecho el consentimiento del consumidor. b) Contenido correcto.
II. Profesionales	Resulta válida a) Forma correcta. b) Admisibilidad: No contraviene la normativa sobre CGC.	Resulta válida a) Se da por hecho el consentimiento del profesional. b) Contenido correcto.

5. StormGain

Esta PC, con sede social en San Vicente y las granadinas, prevé una cláusula atributiva de jurisdicción a los tribunales de ese Estado, sometiendo todas las controversias que pudieran surgir a la jurisdicción exclusiva de San Vicente: «El Usuario acepta que cualquier acción civil, arbitraje u otro procedimiento legal entre la compañía o sus empleados o agentes, y el usuario que surja de o esté relacionado con este acuerdo será presentada, escuchada y resuelta únicamente por un tribunal ubicado en la jurisdicción de la compañía»[351].

Atendiendo a las consideraciones realizadas en los epígrafes anteriores, cabe concluir que la cláusula transcrita no resulta válida respecto de los consumidores. Si bien es cierto que esta cláusula, *a priori*, permite al consumidor formular demandas ante tribunales distintos de los previstos en el art. 18 del Reglamento núm. 1215/2012, no es menos cierto que, como se ha argumentado respecto de la plataforma Avatrade *[vid. supra]*, una cláusula de estas características anula, de facto, el doble foro previsto en el art. 18.1, por lo que va en contra del espíritu y finalidad del artículo 19, el cual pretende que el consumidor cuente con más opciones a la hora de interponer su demanda. Por tanto, no cabe una restricción como la prevista en la cláusula de jurisdicción recogida por Stormgain, sobre todo teniendo presente que un consumidor medio no intentará litigar ante los tribunales de San Vicente y las granadinas por resultar un lugar totalmente alejado de su domicilio, por desconocer su sistema jurídico, por los altos costes procesales y por resultar más próximo [y, por tanto, más beneficioso] a la PC.

Como se ha comentado respecto de la plataforma eToro, tampoco resulta admisible una cláusula de estas características por vulnerar la normativa en

351 Las condiciones generales de la contratación de esta PC están disponibles en la siguiente página web: https://apágs.stormgain.com/docs/crypto/en/user-agreement.pdf

materia de CGC. En concreto, una disposición como la prevista por Stormgain vulnera el art. 3 DCA porque confunde al consumidor sobre el derecho que le corresponde de utilizar el doble foro previsto en el art. 18.1. Más aun, una disposición que niega ese derecho y confunde al consumidor, haciéndole creer que debe acudir a la jurisdicción de San Vicente, resulta abusiva en aplicación de las disposiciones del propio TRLGDCU [art. 80 y 82]. Por todo ello, cabe concluir que la cláusula de jurisdicción prevista por esta PC no resulta vinculante para los consumidores, al ser nula de pleno derecho [art. 83 TRGLGDCU].

Sin embargo, por los argumentos expuestos respecto de las PC analizadas en los apartados anteriores *[vid. supra]*, cabe concluir que la cláusula de jurisdicción prevista por Stormgain resulta válida y vinculante respecto de los profesionales.

Stormgain	A) Aspectos procesales	B) Aspectos civiles
I. Consumidores	No resulta válida a) Forma correcta b) Admisibilidad: la cláusula no es válida porque induce a error al consumidor [TJUE]. Además, contraviene el espíritu y finalidad del art. 19 del Reglamento 1215/2012.	Resulta válida a) Se da por hecho el consentimiento del consumidor. b) Contenido correcto.
II. Profesionales	Resulta válida a) Forma correcta. b) Admisibilidad: No contraviene la normativa sobre CGC.	Resulta válida a) Se da por hecho el consentimiento del profesional. b) Contenido correcto.

6. Gemini UE

Esta PC cuenta con una versión sólo para los EE. UU y otra para los usuarios de la UE[352]. La plataforma Gemini Europa está domiciliada en Dublín [Irlanda] y prevé en sus CGC una cláusula de jurisdicción no exclusiva que somete las posibles controversias entre las partes a los tribunales irlandeses. Teniendo presente el análisis efectuado respecto de la plataforma Coinbase UE *[vid. supra]*, cabe concluir que la cláusula transcrita no resulta válida respecto de los consumidores porque no añade nuevos foros a los ya previstos en la sección de contratos de consumo del Reglamento núm. 1215/2012. Al no concretarse qué tribunal irlandés es el competente para dirimir la con-

352 Las condiciones generales de la contratación de esta PC están disponibles en la siguiente página web: https://www.gemini.com/es-la/legal/user-agreement#section-te-damos-la-bienvenida-a-gemini

troversia [pues no se indica la competencia territorial], no puede darse por válida la cláusula de jurisdicción, dado que coincide con el foro descrito en el art. 18.1 del Reglamento núm. 1215.

En cambio, la cláusula de jurisdicción es plenamente vinculante respecto de los profesionales que se relacionen con la plataforma Gemini UE, teniendo presente que el usuario que tenga la consideración de profesional tendrá la opción de escoger entre dicho foro [el cual coincidirá con el *forum domicilii*] o cualquier otro previsto en el Reglamento núm. 1215/2012, dado que se trata de una jurisdicción no exclusiva. Asimismo, Gemini UE podrá interponer la demanda ante los tribunales irlandeses en virtud de esta cláusula, utilizar el forum domicilii [art. 4] o el foro especial por razón de la materia [art. 7.1]. Con todo, esta cláusula no resulta contraria a las disposiciones sobre CGC, por lo que resulta plenamente válida respecto de los profesionales.

Gemini UE	A) Aspectos procesales	B) Aspectos civiles
I. Consumidores	No resulta válida a) Forma correcta b) Admisibilidad: la cláusula no es válida porque no otorga posibilidades adicionales al consumidor [art. 19].	Resulta válida a) Se da por hecho el consentimiento del consumidor. b) Contenido correcto.
II. Profesionales	Resulta válida a) Forma correcta. b) Admisibilidad: No contraviene la normativa sobre CGC	Resulta válida a) Se da por hecho el consentimiento del profesional. b) Contenido correcto.

7. Robin Hood UE

Hasta hace poco [2023], los servicios de esta PC estaban destinados a los residentes ubicados en EE. UU, no permitiendo el registro de usuarios ubicados en otros países. En coherencia con ello, la PC sometía las controversias a la jurisdicción y a las leyes de California. No obstante, esta PC se ha establecido recientemente [2024] en la UE, con sede en Vilna [Lituania][353]. En este contexto, Robin Hood UE prevé un arbitraje voluntario para las partes, si bien no indica dónde estará situada la sede arbitral ni cuál será la *lex arbitri*, lo que permite entender que serán cuestiones que se pactarán de mutuo acuerdo por las partes. Además, se indica en las CGC que este arbitraje no afectará al derecho del usuario a interponer la oportuna acción ante los tribunales com-

353 Las condiciones generales de la contratación de esta PC están disponibles en la siguiente página web: https://robinhood.com/eu/en/about/crypto/

petentes. En este escenario, cabe indicar que una cláusula arbitral de estas características resulta válida teniendo presente las consideraciones realizadas en el epígrafe dedicado al análisis del convenio arbitral *[vid. supra]*, pues no impone el arbitraje a ninguna de las partes ni vulnera el derecho de litigar ante los tribunales correspondientes [garantizado en el art. 6 CEDH].

Por otra parte, existe una cláusula que indica que el usuario puede interponer la demanda ante los tribunales de Inglaterra, si bien hay una cláusula final que indica lo siguiente: «En caso de conflicto entre este Acuerdo y cualquier ley aplicable, prevalecerá la ley aplicable». Si sólo se tuviera en cuenta la disposición que indica que los tribunales ingleses serán los competentes en caso de controversia, dicha cláusula no sería válida porque podría confundir al consumidor[354], haciéndole creer que sólo puede acudir a dicha jurisdicción. No obstante, teniendo en cuenta la previsión final, cabe dar por válida la cláusula de jurisdicción, pues vendría a confirmar que el consumidor puede seguir utilizando los foros previstos en el Reglamento núm. 1215/2012 y, además, interponer la demanda ante los tribunales ingleses; cumpliéndose así la condición prevista en el art. 19.2 del Reglamento. Naturalmente, si la cláusula resulta válida respecto de los consumidores también lo será respecto de los profesionales.

Robin Hood UE	**A) Aspectos procesales**	**B) Aspectos civiles**
I. Consumidores	Resulta válida a) Forma correcta b) Admisibilidad: conforme al art. 19 RBI bis y no contraviene ninguna CGC.	Resulta válida a) Se da por hecho el consentimiento del consumidor. b) Contenido correcto.
II. Profesionales	Resulta válida a) Forma correcta. b) Admisibilidad: No contraviene la normativa sobre CGC.	Resulta válida a) Se da por hecho el consentimiento del profesional. b) Contenido correcto.

8. Uphold UE

Esta PC, domiciliada en Lituania [la versión dirigida a la UE], indica en sus CGC lo siguiente: «Uphold es un proveedor de servicios de criptoactivos en Lituania», añadiendo, acto seguido, que «no está registrado como proveedor de ningún servicio de criptoactivos en ninguna otra jurisdicción. Cualquier residente de cualquier jurisdicción fuera de Lituania que celebre este Acuerdo confirma a Uphold que lo hace por iniciativa propia y que no se le ha solicitado que lo haga»[355]. Esto último resulta contradictorio con las

---

354 Sobre esta cuestión, *vid. supra*, apartado dedicado al análisis de la plataforma eToro.

355 Véase en línea: https://uphold.com/en-eu/legal/membership-agreement/eea

CGC previstas en su página principal, pues primero se indica que su ámbito de actuación comprende toda la UE y luego se limita a Lituania[356]. Esta contradicción no puede ir en perjuicio de los usuarios, ya sean estos consumidores o profesionales, pues las cláusulas oscuras deben interpretarse contra el predisponente.

Las CGC previstas para los residentes de la UE recogen una cláusula de jurisdicción exclusiva a los tribunales de Lituania y una cláusula de ley aplicable a la legislación lituana, si bien se prevé una cláusula final que indica lo siguiente: «A pesar de eso, si usted es un consumidor en otro país, las leyes imperativas locales o los derechos de que dispone usted como consumidor también regirán este acuerdo y la relación entre nosotros». Esta cláusula resulta totalmente contradictoria con la previsión inicial donde se indica que el acuerdo únicamente está previsto para los residentes en Lituania, pues se está aceptando de forma expresa que también pueden contratar los servicios los restantes ciudadanos de la UE y del EEE. Sea como fuere, esta precisión, de conformidad con lo dicho respecto de la plataforma Robin Hood *[vid. supra]*, permitiría salvar la validez de la cláusula de jurisdicción si esta otorgara competencia internacional a los tribunales de un Estado distinto de Lituania. No obstante, como la cláusula de jurisdicción no permite a los consumidores interponer la demanda ante unos tribunales distintos de los previstos en la sección de consumo, dicha previsión no resultará válida [*ex* art. 19.2 del Reglamento núm. 1215/2012]. En cambio, dicha previsión resulta plenamente válida respecto de los profesionales [por los mismos argumentos expuestos en los epígrafes anteriores], los cuales tendrán que litigar ante los tribunales lituanos para hacer efectivas sus reclamaciones.

Uphold UE	A) Aspectos procesales	B) Aspectos civiles
I. Consumidores	No resulta válida a) Forma correcta b) Admisibilidad: la cláusula no es válida porque no otorga posibilidades adicionales al consumidor [art. 19].	Resulta válida a) Se da por hecho el consentimiento del consumidor. b) Contenido correcto.
II. Profesionales	Resulta válida a) Forma correcta. b) Admisibilidad: No contraviene la normativa sobre CGC.	Resulta válida a) Se da por hecho el consentimiento del profesional. b) Contenido correcto.

356 En concreto, se indica lo siguiente en sus CGC: «Si usted es residente en un país miembro del Espacio Económico Europeo [EEE], de la Unión Europea [UE], su Acuerdo de Usuario se encuentra disponible aquí» [haciendo referencia al enlace de las CGC).

V. Conclusión sobre la validez de los acuerdos de jurisdicción

Tras el análisis realizado sobre las cláusulas atributivas de jurisdicción previstas en las principales PC, cabe concluir que, con carácter general, estas resultan abusivas respecto de los consumidores y, por consiguiente, se reputarán —de oficio— nulas de pleno derecho, por lo que se tendrán por no puestas [art. 83 TRLGDCU]. La mayoría de las cláusulas analizadas resultan válidas desde el punto de vista de los aspectos civiles [validez material y contenido], pero inválidas en atención a los aspectos procesales del acuerdo. Así las cosas, si bien son válidas desde un punto de vista estrictamente formal, no cumplen con los criterios de admisibilidad descritos en el artículo 19 del Reglamento núm. 1215/2012, pues no permiten a los consumidores formular demandas ante tribunales distintos de los previstos en la sección de consumo. Ello se debe a que, normalmente, coincide el lugar fijado para litigar con el lugar dónde tiene su sede social la PC, por lo que al ser coincidentes no amplían las posibilidades que tiene el consumidor a la hora de interponer la correspondiente acción.

No obstante, cuando la PC define la competencia territorial en la cláusula de jurisdicción, ésta resulta válida. Así ocurre con Binance España, cuya cláusula de jurisdicción establece que serán competentes los tribunales de Madrid. Por consiguiente, en dicho caso, salvo que el consumidor esté domiciliado en Madrid, se cumplirá la condición estipulada en el art. 19.2, por lo que el consumidor podrá interponer la demanda ante los tribunales de su partido judicial o podrá acudir a los tribunales de la capital española. Al ser una disposición que sólo puede ser utilizada por el consumidor, a su elección, no resulta abusiva y, además, está en consonancia con la finalidad del artículo 19 del Reglamento. En este contexto, no parece coherente aplicar la previsión del art. 90.2 TRLGDCU, dado que éste va en contra de la normativa de la UE y, además, puede perjudicar los intereses de los consumidores. Así, por ejemplo, en el caso de Binance España, el art. 90.2 invalidaría la cláusula de jurisdicción, lo cual podría ir en contra de los intereses del consumidor de litigar, a su elección, ante los tribunales de Madrid.

También resulta válida una cláusula que somete las controversias a los tribunales de un determinado Estado e indica que el consumidor puede seguir utilizando los foros que resultan aplicables según las normas imperativas o la normativa en materia de consumo [*v.g.* Robin Hood UE]. Esta cláusula resulta válida siempre que otorgue opciones adicionales y reales al consumidor, distintas de las previstas en el art. 18.1 del Reglamento. Cuando la cláusula de jurisdicción prevea como competentes unos tribunales distintos de los previstos en el art. 18.1, la cláusula será inválida en la medida en que pueda inducir a confusión al consumidor, haciéndole creer que esa es la única jurisdicción a la que puede acudir [según la jurisprudencia del TJUE y el art. 3 DCA].

Por último, en la mayoría de los casos las cláusulas resultan válidas y vinculantes respecto de los profesionales. A este respecto, tras el análisis efectuado, no se ha apreciado ninguna contravención respecto de la normativa sobre CGC que pueda invalidar dichas cláusulas, dado que se trata de cláusulas transparentes, claras, concisas y precisas. En consecuencia, el profesional podrá, en todo momento, conocer de antemano cuáles son los tribunales que ostentan competencia judicial internacional para resolver cualquier disputa o controversia que pueda generarse en relación con la correspondiente PC.

VI. Plataformas de criptoactivos que cuentan con cláusulas diferenciadas según el país de residencia de los usuarios

En este apartado se traen a colación unas breves reflexiones acerca de las PC que cuentan con cláusulas diferenciadas según cuál sea el Estado de residencia de sus usuarios. Las dos principales PC según el análisis efectuado por CoinMarketCap[357], a saber, Binance y Coinbase, cuentan con una versión global y una versión española de sus términos y condiciones. En la versión global de sus condiciones legales, tras prever un sistema de reclamación amistosa para resolver los conflictos ante la propia plataforma, recogen una cláusula arbitral vinculante para resolver las posibles controversias. La existencia de dos versiones tiene sentido si se tiene presente que una versión se aplica a los residentes en España [y, en puridad, en toda la UE] y la otra a los sujetos que, aun contratando desde la página web española, residan en un tercer país.

En este contexto, tiene relevancia determinar donde dirigen los servicios de criptoactivos las PC para saber si los consumidores pueden acogerse a la sección específica de contratos de consumo del Reglamento núm. 1215/2012 y, asimismo, para determinar si se aplica la normativa protectora sobre cláusulas abusivas e, incluso, el propio Reglamento MICA. A tal efecto, si la PC no dirige sus servicios de criptoactivos hacia el EM del domicilio del consumidor, sino que se trata de un consumidor «activo» que accede a dichos servicios [*v.g.* utilizando una VPN o tecnología similar]: a) no podrá invocar los foros protectores de los consumidores, pues no se cumplirán los requisitos para entender que la PC dirige sus servicios hacia su EM, *ex* art. 17.1.c) del Reglamento núm. 1215/2012; b) no se aplicará el Reglamento MICA, pues no se podrá entender que la PC presta sus servicios en dicho EM [*ex* art. 61 y considerando 75 del Reglamento MICA]; c) tampoco podrá invocar las normas protectoras en materia de consumo de su país de residencia [pues no se cumplirán los presupuestos de la norma de conflicto unilateral contenida en la DCA y en el TRLGDCU, ni tampoco se tratará de una cuestión de orden público].

357 A tal efecto, véase: https://coinmarketcap.com/es/rankings/exchanges/

Por tanto, si un usuario domiciliado en España consigue acceder a una PC como «Robin Hood EE. UU» que únicamente dirige sus servicios hacia el mercado norteamericano y no permite el registro a usuarios ubicados en otro país, quedará vinculado por la cláusula que atribuye jurisdicción exclusiva a los tribunales californianos. En cambio, si un usuario domiciliado en España accede a una plataforma como «Kucoin», la cual tiene su página web en español, dirige sus servicios hacia España y pretende captar clientes españoles, se verá protegido por las normas protectoras en materia de consumo y por el Reglamento MICA, con independencia de que dicha PC indique en sus CGC que no presta servicios fuera del territorio de Seychelles.

Todas las normas citadas tienen en cuenta los hechos acaecidos para determinar si la PC dirige sus servicios hacia un determinado territorio, por lo que se tendrá que realizar un análisis de las circunstancias concurrentes para determinar si la plataforma queda, efectivamente, vinculada a dichas normas. En este escenario, las cláusulas de exoneración de responsabilidad previstas por las PC que ofrezcan y presten servicios en la UE resultarán inválidas, en la medida en que dichas cláusulas se basen en que la PC únicamente ofrece sus servicios, presuntamente, en un determinado Estado [*v.g.* Seychelles, Maldivas, etc.]. Lo mismo cabe concluir respecto de las cláusulas que impongan una concreta jurisdicción a los usuarios residentes en la UE, justificadas por la PC en virtud del lugar donde presta, teóricamente, sus servicios de criptoactivos.

CAPÍTULO QUINTO

LAS *ANTI-SUIT INJUNCTIONS* O MEDIDAS ANTIPROCESO EN EL ÁMBITO DE LAS PLATAFORMAS DE CRIPTOACTIVOS

I. Introducción

El presente capítulo tiene por objeto analizar si las *anti-suit injunctions* [ASI, en adelante], conocidas también como medidas antiproceso, tienen cabida en el ámbito de las PC, así como otras cuestiones relacionadas con estas medidas, tales como: su utilidad y eficacia en el ámbito de las PC, su admisibilidad desde el punto de vista del derecho a la tutela judicial efectiva y sus repercusiones prácticas. Cabe destacar que estas medidas antiproceso pueden darse en este ámbito debido a que algunas de las PC más importantes están domiciliadas en terceros países y, además, suelen imponer a sus usuarios, como se ha visto, cláusulas de jurisdicción o arbitraje que otorgan competencia a los órganos jurisdiccionales o a los tribunales arbitrales situados en terceros países, normalmente alejados del lugar dónde está domiciliado el usuario. A ello debe sumarse que las PC son empresas trasnacionales que cuentan con recursos suficientes para intentar obstaculizar el inicio o continuación de un proceso ante unos tribunales que no resulten favorables a sus intereses.

En virtud de los acuerdos previstos en las CGC, la PC puede intentar obtener de los órganos designados como competentes una ASI en su beneficio para impedir que un usuario [consumidor o profesional] inicie o continúe un proceso judicial ante los tribunales de un determinado EM, competentes en virtud del Reglamento núm. 1215/2012. Lo mismo puede suceder en el plano arbitral, si bien la competencia del tribunal arbitral estará fundada en otras normas [*v.g.* LAR]. De esta forma, por ejemplo, si existe un acuerdo atributivo de jurisdicción a favor de los tribunales ingleses y un tribunal español se declara competente para conocer del caso, la PC puede intentar obtener una

ASI del tribunal inglés para evitar que la contraparte prosiga con el proceso ante los tribunales españoles. En este escenario, cabe analizar si resultarán válidas estas medidas antiproceso a la luz de los principios del Reglamento núm. 1215/2012 y la jurisprudencia del TJUE.

II. Concepto y finalidad de la *anti-suit injunction*

Para empezar, cabe definir qué se entiende por una medida antiproceso o ASI, teniendo en cuenta sus orígenes anglosajones[358]. Pues bien, siguiendo a la doctrina especializada, cabe definir una ASI como una «orden discrecional de un Tribunal, dirigida a una persona bajo su jurisdicción, que prohíbe o condiciona el comienzo o continuación de un proceso ante otro Tribunal»[359]. En similares términos, cabe definirla como «una orden emitida por un tribunal judicial o arbitral, dirigida a una parte para que se abstenga de continuar o iniciar un procedimiento judicial o arbitral»[360]. Por consiguiente, el destinatario de una ASI es una persona, no el tribunal extranjero[361]; sin perjuicio de que, en última instancia, pueda tener repercusiones sobre la jurisdicción de otro tribunal u órgano arbitral. La razón más común para otorgar una ASI se basa en la existencia de un acuerdo atributivo de jurisdicción a los tribunales ingleses o un convenio arbitral[362], aunque caben otras razones que produzcan un perjuicio al demandante, como demandarlo en un foro exorbitante con un sistema judicial ineficiente o corrupto[363].

358 Para una visión amplia sobre los inicios de esta institución en el ámbito anglosajón, *vid.*: REQUEJO ISIDRO, M., *Proceso en el extranjero y medidas antiproceso [antisuit injunctions]*, Servicio de Publicaciones e Intercambio Científico de la Universidad de Santiago de Compostela, 2000, págs. 27 a 34. Respecto del sistema jurídico de los EE. UU, *vid.*: Rutledge, P.B., *International civil litigation in United States Courts*, 5.ª ed., Frederick, Wolter Kluwer, 2011, págs. 567-588.

359 REQUEJO ISIDRO, M., *Proceso en el..., op. cit.,* p. 36.

360 CAMILLERI, S.P., «Anti–suit injunctions en el régimen de Bruselas I: ¿una cuestión de principios?», *Arbitraje: Revista de arbitraje comercial y de inversiones*, 2014, vol. 7, núm. 2, págs. 421-438, p. 425.

361 REQUEJO ISIDRO, M., «Las medidas con efectos *anti-suit* en el Derecho de familia de la UE», *La Ley Derecho de familia*, 2020, núm. 26, págs. 1-28, p. 3. BELTRÁN DE LUBIANO SÁEZ, J., «Controlando al litigante rebelde: las anti-suit injunctions en los tribunales españoles», *Revista Jurídica Universidad Autónoma de Madrid*, 2015, núm. 32, págs. 75-98, p. 76 y 77. Asimismo, *vid.*: Rutledge, P.B., *International civil litigation..., op. cit.,* p. 567. CAMILLERI, S.P., «Anti–suit injunctions...», *op. cit.*, págs. 426 y 427.

362 BELTRÁN DE LUBIANO SÁEZ, J., «Controlando al litigante...», *op. cit.*, p. 79. ORTOLANI, P., «Los efectos de una orden *anti-suit* dictada por un órgano arbitral sobre el Reglamento Bruselas I. Nota crítica a la STJUE en el as. Gazprom», *La Ley Unión Europea*, 2015, núm. 29, págs. 1-14, p. 4.

363 ELVIRA BENAYAS, M.J., «¿Existe alguna posibilidad, por pequeña que sea, de salvar lo nuestro? Las antisuit injunction y el Convenio de Bruselas. A propósito de la STCE de 27 de abril de 2004 [C-159/02]», *Revista electrónica de estudios internacionales*, 2005,

La finalidad principal de una ASI es, por tanto, que un sujeto cese en el propósito de iniciar un proceso o abandone el ya iniciado, por lo que, si el sujeto requerido por vía de *injunction* desatiende el mandato judicial de forma intencionada, incurrirá en «*contempt of court*», esto es, en desacato a la autoridad o desobediencia de una orden judicial[364]. El tribunal tiene a su alcance varias medidas para hacer cumplir una ASI, entre las cuales destacan la pena privativa de libertad, la multa substitutiva o el embargo de bienes[365]. Otras posibles formas de *injunction* serían, por ejemplo, la negativa del tribunal a escuchar a la parte que ha incurrido en desacato, la prohibición de poder recurrir en apelación o, incluso, «la indemnización en el caso de que la presentación del procedimiento ante un Tribunal extranjero suponga violación de un acuerdo previo»[366]. Por consiguiente, una medida antiproceso puede adoptar la forma de sanción económica con fines coercitivos e, incluso, la forma de compensación o indemnización por la vulneración de un acuerdo previo entre las partes, si bien normalmente esta última opción se utiliza por no respetar un convenio arbitral[367]. Como se puede observar, el tribunal tiene un alto grado de discrecionalidad para entablar medidas que favorezcan el cumplimiento de la *injunction*[368].

III. Medidas antiproceso dictadas por un tribunal que afectan a la competencia judicial internacional de otro órgano jurisdiccional

Con carácter general, las medidas antiproceso dictadas por un órgano jurisdiccional que tengan por objetivo prohibir a una persona iniciar o proseguir un procedimiento ante los tribunales de otro EM son incompatibles con los Regla-

núm. 9, págs. 1-32, p. 3. Requejo Isidro, M., «Las medidas con...», *op. cit.*, p. 3. Beltrán de Lubiano Sáez, J., «Controlando al litigante...», *op. cit.*, p. 79. Rutledge, P.B., *International civil litigation...*, *op. cit.*, p. 567. Este autor explica las distintas razones por las cuales pueden otorgarse las ASI en el sistema jurídico de los EE. UU.

364 Requejo Isidro, M., *Proceso en el...*, *op. cit.*, p. 77 y 78.

365 Sobre las distintas que tiene un tribunal a su alcance para hacer cumplir una ASI, *vid.*: Requejo Isidro, M., *Proceso en el...*, *op. cit.*, p. 79. Beltrán de Lubiano Sáez, J., «Controlando al litigante...», *op. cit.*, p. 77. Camilleri, S.P., «Anti-suit injunctions...», *op. cit.*, p. 426.

366 Requejo Isidro, M., *Proceso en el...*, *op. cit.*, p. 79. Como indica la citada autora, lo cierto es que resulta difícil determinar la naturaleza civil o penal de las medidas que pueden llegar a establecer los tribunales para hacer valer una *injunction*.

367 Sobre la posibilidad de obtener una compensación por la violación de un acuerdo arbitral y su relación con las medidas antiproceso, *vid.*: Ortolani, P., «Los efectos de...», *op. cit.*, p. 7.

368 Sobre la naturaleza discrecional de las ASI, *vid.*: Beltrán de Lubiano Sáez, J., «Controlando al litigante...», *op. cit.*, p. 78.

mentos núm. 44/2001 y 1215/2012, tal como ha determinado el TJUE de forma reiterada[369]. Y ello, por dos razones fundamentales: primero, porque se vulnera el principio fundamental de que cada órgano jurisdiccional es el único que puede determinar, por sí solo y en virtud de las normas que resultan aplicables, si ostenta competencia para conocer del litigio que se le somete[370]. Segundo, porque una medida antiproceso de estas características también vulnera el principio de confianza mutua[371], piedra angular sobre la cual se sustenta el sistema de competencias del Reglamento[372] y el mecanismo de reconocimiento y declaración de ejecutividad de sentencias en el ámbito de la Unión[373]. Este principio se concreta, en última instancia, en que «cada órgano jurisdiccional se pronuncia sobre su propia competencia»[374]. Por último, para el TJUE las medidas antiproceso también pueden vulnerar el derecho a la tutela judicial efectiva del sujeto contra el cual se dirigen, si bien no compartimos dicha afirmación, como se detalla en el siguiente apartado[375].

La jurisprudencia del TJUE en este ámbito se ha mantenido estable en estos últimos años, dado que, hasta la fecha, no se han admitido medidas antiproceso en el marco de los Reglamentos núm. 44/2001 y núm. 1215/2012 cuando han sido dictadas por un órgano jurisdiccional y han afectado —aun-

369 Por todas, *vid.*: STJUE de 19 de septiembre de 2018, C-325/18 y C-375/18, PPU, EU:C:2018:739, ap. 89.

370 STJUE de 19 de septiembre de 2018, C-325/18 y C-375/18, PPU, EU:C:2018:739, ap. 89; STJUE de 27 de abril de 2004, Turner, C159/02, EU:C:2004:228, ap. 24 y 25; STJUE de 10 de febrero de 2009, Allianz y Generali Assicurazioni Generali, C185/07, EU:C:2009:69, ap. 29 y 30; STJUE de 13 de mayo de 2015, Gazprom, C536/13, EU:C:2015:316, ap. 33 y 34.

371 STJUE de 19 de septiembre de 2018, C-325/18 y C-375/18, PPU, EU:C:2018:739, ap. 89; STJUE de 27 de abril de 2004, Turner, C159/02, EU:C:2004:228, ap. 24 y 25; STJUE de 10 de febrero de 2009, Allianz y Generali Assicurazioni Generali, C185/07, EU:C:2009:69, ap. 29 y 30; STJUE de 13 de mayo de 2015, Gazprom, C536/13, EU:C:2015:316, ap. 33 y 34; STJUE de 7 de septiembre de 2023, C590/21, Charles Taylor Adjusting, EU:C:2023:633, ap. 39.

372 Como se indica en la STJUE de 10 de febrero de 2009, Allianz y Generali Assicurazioni Generali, C185/07, EU:C:2009:69, «una «anti-suit injunction» va al mismo tiempo en contra de la confianza que los EE. MM otorgan mutuamente a sus sistemas jurídicos y a sus instituciones judiciales y sobre la cual se sustenta el sistema de competencias del Reglamento n.° 44/2001» [ap. 30]. Asimismo, *vid.*: STJUE de 7 de septiembre de 2023, C590/21, Charles Taylor Adjusting, EU:C:2023:633, ap. 38.

373 A tal efecto, el TJUE indica que «es esta confianza mutua la que ha permitido el establecimiento de un sistema obligatorio de competencia, que están obligados a respetar todos los órganos jurisdiccionales comprendidos en el ámbito de aplicación del Convenio, y la renuncia correlativa por esos mismos Estados a sus normas internas de reconocimiento y de *exequátur* de las sentencias extranjeras a favor de un mecanismo simplificado de reconocimiento y ejecución de las resoluciones judiciales». STJUE de 27 de abril de 2004, Turner, C159/02, EU:C:2004:228, ap. 24.

374 STJUE de 7 de septiembre 2023, C590/21, Charles Taylor Adjusting, EU:C:2023:633, ap. 39.

375 En este sentido, *vid. infra*, apartado «2. Las medidas antiproceso pueden evitar las "acciones torpedo" y favorecer la tutela judicial efectiva».

que sea de forma indirecta— a la competencia de otro tribunal. La única novedad relevante es la aparición de un nuevo tipo de medida antiproceso, calificada como «*quasi* ASI», la cual también resulta inadmisible en la medida en que, si bien no prohíbe iniciar o proseguir un procedimiento ante otro tribunal, dificulta su inicio o continuación.

Por todo ello, cabe concluir que, *a priori*, una PC no podrá recurrir a una medida antiproceso para impedir que la contraparte inicie o continúe un procedimiento judicial ante los tribunales de un determinado EM. Y ello, con independencia de que la contraparte sea un consumidor o un profesional, dado que la prohibición alcanza a cualquier sujeto que pretenda iniciar o haya iniciado un proceso ante los órganos jurisdiccionales de un EM y éstos se declaren competentes en virtud de las reglas previstas en el Reglamento núm. 1215/2012. Sin perjuicio de lo anterior, resulta discutible que, en los casos en los que exista un acuerdo de jurisdicción válidamente celebrado entre las partes, no pueda utilizarse el mecanismo de la ASI para impedir que una parte inicie o continúe un procedimiento judicial ante los órganos jurisdiccionales que, *a priori*, no resultan competentes. Y ello porque, como seguidamente se expone, el derecho a la tutela judicial efectiva no es absoluto, sino que permite matizaciones.

1. Medidas antiproceso y la tutela judicial efectiva

Una medida antiproceso puede ser compatible con la tutela judicial efectiva e, incluso, en ocasiones, puede constituir un mecanismo eficiente para hacer cumplir un acuerdo de jurisdicción válidamente celebrado. Con carácter general, en el ámbito de las PC, cabe recordar que las cláusulas de jurisdicción son abusivas respecto de los consumidores, por lo que se tendrán por no puestas. Por tanto, este mecanismo sólo puede llegar a justificarse respecto de los profesionales, si bien esta opinión choca con el régimen jurídico imperante en el ámbito de la UE, el cual prohíbe de plano cualquier tipo de ASI en la actualidad.

Cabe partir de la premisa de que una ASI puede restringir el acceso a unos determinados tribunales, no a todos ellos, por lo que no limita el derecho del justiciable a obtener la oportuna tutela judicial efectiva. De forma gráfica, se ha expresado que «una medida antiproceso necesariamente restringe el "menú" de juzgados a los que el demandante tiene acceso, pero no le deja "sin comer". Se protege el derecho a acceder a **un** tribunal, no a **cualquier** tribunal. Por poner un ejemplo obvio, un arrendador no tiene derecho a que sus disputas con su arrendatario sean resueltas por la Audiencia Nacional»[376]. De esta forma, si la ASI se dicta para asegurar el respeto de un determinado acuerdo atributivo de jurisdicción o de un convenio arbitral, parece razona-

376 Beltrán De Lubiano Sáez, J., «Controlando al litigante...», *op. cit.*, p. 82.

ble sostener que no se ha conculcado el derecho a la tutela judicial efectiva, sino que, precisamente, dicha medida tiene como finalidad dar eficacia y asegurar que las partes cumplan con lo pactado en su día[377]. Son las partes las que, en su día, decidieron limitar su abanico de oportunidades mediante un pacto válidamente celebrado[378], restringiendo la posibilidad de acceder a otros órganos jurisdiccionales o, incluso, en el caso del convenio arbitral, restringiendo el acceso a estos últimos. Por tanto, ello no puede significar que se ha vulnerado el derecho a la tutela judicial efectiva, pues esa posible limitación responde a una decisión autónoma válidamente adoptada por las partes. Éstas siguen teniendo la opción de acudir al tribunal o árbitro designado, por lo que la supuesta restricción sólo se puede alegar respecto de unos órganos jurisdiccionales que, en principio, no deberían tener jurisdicción para conocer del asunto.

En este contexto, el TEDH ha indicado que el derecho de acceso a los tribunales no tiene un carácter absoluto, sino que puede estar sujeto a limitaciones[379]. A tal efecto, el TEDH entiende que las limitaciones que puedan imponerse no deben restringir o reducir el acceso a los tribunales de tal forma en que se menoscabe la esencia misma del derecho. Asimismo, ha indicado que una medida que tiene por objeto restringir la jurisdicción de un órgano jurisdiccional no vulnera el artículo 6.1 del Convenio Europeo de Derechos Humanos [CEDH] en la medida en que sea proporcionada y persiga un fin legítimo[380].

A nuestro parecer, las ASI que se basen en acuerdos de jurisdicción válidamente celebrados pueden resultar legítimas si no resultan desproporcionadas. En este sentido, únicamente resultarán válidas aquellas ASI que

---

377 En este sentido, el propio TJUE indicó en su día que «cuando las partes han sustraído válidamente un litigio derivado de un contrato, a la competencia de los tribunales estatales para atribuirlo a un órgano arbitral, no existen, en el sentido del Convenio, tribunal estatal competente para conocer del fondo del litigio». STJUE de 17 de noviembre de 1998, Van Uden Maritime, C-391/95, EU:C:1998:543, ap. 24.

378 Naturalmente, esta cuestión deberá corroborarse caso por caso y teniendo en cuenta que, en algunos casos, la posibilidad de pacto está más limitada para proteger a la parte más débil. En relación con la validez del arbitraje internacional respecto de los contratos suscritos con parte débil, así como su viabilidad en atención a las condiciones generales de la contratación, *vid.*: GONZALO QUIROGA, M., *Arbitrabilidad de la controversia internacional: en derecho de la competencia y condiciones generales de contratación: arbitraje internacional de consumo, seguros y trabajo*, Granada, Alhulia, 2003, págs. 147 a 155.

379 STEDH de 18 de febrero de 1999, Asunto Waite and Kennedy contra Alemania, núm. 26083/94, CE:ECHR:1999:0218JUD002608394, ap. 59. STEDH de 21 de noviembre de 2001, Asunto Al-Adsani contra el Reino Unido, núm. 35763/97, CE:ECHR:2001:1121JUD003576397, ap. 53. STEDH de 28 de octubre 1998, Asunto Osman contra Reino Unido, núm. 23452/94, CE:ECHR:1998:1028JUD002345294, ap. 147.

380 STEDH de 18 de febrero de 1999, Asunto Waite and Kennedy contra Alemania, núm. 26083/94, CE:ECHR:1999:0218JUD002608394, ap. 59. STEDH de 21 de noviembre de 2001, Asunto Al-Adsani contra el Reino Unido, núm. 35763/97, CE:ECHR:2001:1121JUD003576397, ap. 53.

pretendan obstaculizar o dificultar la iniciación o la continuación de un procedimiento judicial ante los tribunales de otro EM, ya sea imponiendo multas coercitivas o cualquier tipo de indemnización económica a la parte que ha iniciado o pretende iniciar un procedimiento judicial ante los tribunales que, *a priori*, no resultan competentes. En cambio, no pueden reputarse válidas aquellas ASI que impidan o prohíban la iniciación o la continuación de un procedimiento judicial, imponiendo medidas tales como penas privativas de libertad u otras de similar gravedad y naturaleza.

Sin perjuicio de los argumentos expuestos, no cabe obviar que la jurisprudencia del TJUE parece decantarse por considerar que una ASI, con independencia de la naturaleza jurídica de la medida que la acompaña, vulnera el derecho de acceso a los tribunales de justicia. En este contexto, si bien es cierto que el TJUE ha permitido reconocer y declarar ejecutivas las medidas antiproceso dictadas por un tribunal arbitral de un EM[381], sólo ha permitido dichas ASI en la medida en que éstas, a diferencia de las dictadas por un órgano jurisdiccional, no van en contra del derecho de acceso a los tribunales de justicia[382]. Así, el TJUE ha expresado lo siguiente: «el que un tribunal arbitral prohíba a una parte formular determinadas pretensiones ante un órgano jurisdiccional de un EM no priva a dicha parte de la protección judicial a que se hace referencia en el apartado 34 de la presente sentencia *[el apartado 34 hace referencia al derecho de acceso al órgano jurisdiccional estatal ante el que el demandante hubiera acudido]*, en la medida en que, en el marco del procedimiento de reconocimiento y ejecución del laudo arbitral, por un lado, esa parte pueda oponerse a tal reconocimiento y ejecución y, por otro, el órgano jurisdiccional que conozca del asunto deba determinar, sobre la base del Derecho procesal nacional y del Derecho internacional aplicables, si procede o no reconocer y ejecutar el laudo»[383].

Respecto de las medidas antiproceso dictadas por un órgano jurisdiccional, de la jurisprudencia del TJUE se deriva que éstas son susceptibles de vulnerar el derecho de acceso a los tribunales[384]. En este contexto, cabe puntualizar que el TJUE únicamente ha hecho referencia a la situación de denegación de justicia que se produciría en caso de que una ASI impidiera al tribunal examinar por sí mismo la cuestión previa relativa a la validez de un convenio arbitral[385]. En otras palabras, si una parte que considerara nulo,

381 STJUE de 13 de mayo de 2015, Gazprom, C-536/13, EU:C:2015:316, ap. 44.

382 STJUE de 13 de mayo de 2015, Gazprom, C-536/13, EU:C:2015:316, ap. 38.

383 STJUE de 13 de mayo de 2015, Gazprom, C-536/13, EU:C:2015:316, ap. 38.

384 STJUE de 10 de febrero de 2009, Allianz [anciennement Riunione Adriatica di Sicurta] y Generali Assicurazioni Generali, C-185/07, EU:C:2009:69, ap. 31; STJUE de 13 de mayo de 2015, Gazprom, C-536/13, EU:C:2015:316, ap. 34.

385 STJUE de 10 de febrero de 2009, Allianz [anciennement Riunione Adriatica di Sicurta] y Generali Assicurazioni Generali, C-185/07, EU:C:2009:69, ap. 31; STJUE de 13 de mayo de 2015, Gazprom, C-536/13, EU:C:2015:316, ap. 34.

ineficaz o inaplicable un convenio arbitral no pudiera invocarlo frente al tribunal presuntamente competente, el TJUE considera que se impediría el acceso al órgano judicial ante el que hubiera acudido, por lo que «se vería privado de una forma de tutela judicial a la que tiene derecho»[386]. Y ello porque, según el TJUE, «cualquiera de las partes podría sustraerse al procedimiento limitándose a invocar dicho convenio [arbitral]»[387]. Pues bien, aunque sólo se haya pronunciado respecto de una ASI emitida en virtud de una cláusula arbitral, cabe entender que la argumentación del TJUE sería la misma respecto de una ASI basada en un acuerdo de jurisdicción[388].

Con todo, teniendo en cuenta las resoluciones citadas y la jurisprudencia del TJUE, no parece incoherente afirmar que éste considera que las medidas antiproceso son susceptibles de vulnerar el derecho a la tutela judicial efectiva, en la medida en que éstas pueden dificultar o impedir que el demandante inicie o prosiga un procedimiento judicial ante otro tribunal[389]. Sin embargo, a nuestro parecer, no cabe considerar que una ASI vulnere el derecho a la tutela judicial efectiva, pues este derecho, como ha indicado el TEDH en reiteradas ocasiones, no tiene un carácter absoluto. El derecho de acceso a los tribunales no se puede predicar respecto de cualquier tribunal[390], debiéndose respetar la autonomía de las partes, manifestada en los correspondientes convenios arbitrales o acuerdos atributivos de jurisdicción. Sea como fuere, el hecho de que se considere que una ASI no vaya en contra de la tutela judicial efectiva no quiere decir que ésta no pueda inaplicarse [o no reconocerse] en virtud de otros argumentos, como puede ser la vulneración del principio de confianza mutua *[vid. infra]*.

2. Las medidas antiproceso pueden evitar las «acciones torpedo» y favorecer la tutela judicial efectiva

Una medida antiproceso puede favorecer la consecución de la tutela judicial efectiva porque respeta los acuerdos alcanzados por las partes

386 STJUE de 10 de febrero de 2009, Allianz [anciennement Riunione Adriatica di Sicurta] y Generali Assicurazioni Generali, C-185/07, EU:C:2009:69, ap. 31.

387 STJUE de 10 de febrero de 2009, Allianz [anciennement Riunione Adriatica di Sicurta] y Generali Assicurazioni Generali, C-185/07, EU:C:2009:69, ap. 31.

388 A tal efecto, si la alegación del demandado sobre la existencia de una ASI basada en dicho acuerdo de jurisdicción impidiera al tribunal [ante el que se ha presentado la demanda] conocer del asunto, se estaría vulnerado el acceso a dicho tribunal [el derecho a la tutela judicial efectiva].

389 STJUE de 7 de septiembre 2023, C590/21, Charles Taylor Adjusting, EU:C:2023:633, ap. 40.

390 Beltrán De Lubiano Sáez, J., «Controlando al litigante...», *op. cit.*, p. 81.

—favoreciendo así la autonomía de la voluntad[391]— y, además, evita que una de las partes interponga una demanda ante los tribunales de un sistema judicial lento e ineficaz, evitando así el efecto indeseado del conocido como «torpedo italiano»[392]. Sin perjuicio de este razonamiento, cabe tener presente que el TJUE no ha vetado la posibilidad de que una parte pueda acudir a una jurisdicción en la que «los órganos jurisdiccionales necesitan, por lo general, plazos excesivamente largos para resolver los asuntos»[393] e, incluso, ha negado la validez de una ASI que tenía por objeto, precisamente, evitar que la contraparte incumpliera un convenio arbitral y accionara en un país con un sistema judicial donde las dilaciones indebidas son frecuentes[394].

Cabe tener presente que el problema de las acciones torpedo se ha resuelto en el ámbito de la UE gracias a la introducción del art. 31.2 y 31.3 en el Reglamento núm. 1215/2012[395], el cual debe permitir el pleno cumplimiento de los acuerdos de jurisdicción. Sin embargo, no ocurre lo mismo cuando se ve comprometido un acuerdo arbitral, si bien es cierto

391 Como indica Fernández Rozas, «la admisión de las *anti-suit injunctions* en el arbitraje puede ser favorable a la institución en el sentido de que refuerza la voluntad de las partes contenida en el convenio arbitral». Fernández Rozas, J.C., «El Reglamento Bruselas I revisado y el arbitraje: crónica de un desencuentro», *La Ley Unión Europea*, 2013, núm. 9, págs. 1-26, p. 7. Fernández Rozas, J.C., «Anti-suit injunctions issued by National Courts Measures Addressed to the Parties or to the Arbitrators», en: Gaillard, E. [ed.], *Anti-suit injunctions in international arbitration – IAI series no. 2*, Juris Net, 2005, págs. 73-85, págs. 78-80.

392 Beltrán De Lubiano Sáez, J., «Controlando al litigante...», *op. cit.*, p. 84. Como indica el citado autor, no acatar la ASI puede afectar negativamente a la tutela judicial efectiva porque previene que la contraparte actúe de forma abusiva y/u oportunista; pudiendo crear incluso indefensión [p. 82]. En sentido similar, *vid*.: Fernández Rozas, J.C., «Anti-suit injunctions...», *op. cit.*, p. 79.

393 STJUE de 9 de diciembre de 2003, Gasser, C116/02, EU:C:2003:657, ap. 70 a 73. En esta sentencia, el TJUE invoca como principal argumento el principio de confianza mutua. Además, indica que, cuando existe un acuerdo atributivo de jurisdicción, las partes tienen la opción de renunciar a dicho acuerdo o, en su caso, proponer declinatoria si no están conforme a la competencia del primer tribunal. Por último, hace hincapié en que el primer tribunal es el competente para comprobar la existencia de una cláusula de jurisdicción e inhibirse en favor del segundo tribunal si resulta necesario [ap. 49].

394 STJUE de 10 de febrero de 2009, Allianz [anciennement Riunione Adriatica di Sicurta] y Generali Assicurazioni Generali, C-185/07, EU:C:2009:69, ap. 29 a 31.

395 El citado precepto dispone lo siguiente: «2. Sin perjuicio de lo dispuesto en el artículo 26, si se presenta una demanda ante un órgano jurisdiccional de un EM que tenga competencia exclusiva en virtud de un acuerdo contemplado en el artículo 25, cualquier órgano jurisdiccional de otro EM suspenderá el procedimiento hasta que el órgano jurisdiccional ante el que se presentó la demanda en virtud del acuerdo de que se trate se declare incompetente con arreglo al acuerdo. 3. Cuando el órgano jurisdiccional designado en el acuerdo se declare competente en virtud de dicho acuerdo, los órganos jurisdiccionales de los demás EE. MM deberán abstenerse en favor de aquel».

que el Reglamento permite cierto control de estas «tácticas torpedo»[396]. En este contexto, cabe recordar que el arbitraje se ha mantenido como una cuestión excluida del ámbito de aplicación del Convenio —y, posterior, Reglamento— de Bruselas[397].

Sin perjuicio de lo anterior, quizás resultaría adecuado introducir, *de lege ferenda*, un precepto similar al citado art. 31 para garantizar la eficacia de los convenios arbitrales en el ámbito de la UE[398]. En este contexto, la solución adoptada en la propuesta de Reglamento realizada por la Comisión Euro-

396 Fernández Rozas, J.C., «El Reglamento Bruselas...», *op. cit.*, págs. 14-16. A tal efecto, como indica el citado autor, «la cuestión de las tácticas «torpedo» encuentran una respuesta en el Reglamento en el sentido de que éstas no impedirán que los tribunales de otro EM entren a conocer la validez de un acuerdo arbitral de suerte que si una parte inicia un procedimiento en un EM ignorando el contenido del convenio arbitral alegando que dicho convenio es nulo [porque así lo admite la legislación de ese Estado] la otra parte puede solicitar de los tribunales de la sede del arbitraje que remita a las partes a este procedimiento» [p. 14]. En este contexto, «las modificaciones introducidas en el Reglamento reformado relativas al arbitraje son útiles para este último por conferirle mayor protección en la UE reduciendo las posibilidades de ser torpedeado por estrategias judiciales, con lo cual los efectos de más perniciosos de *West Tankers* tienden a diluirse. Por eso, en general, el Reglamento ha contado con buena acogida entre los profesionales del arbitraje mediante la mejora de la seguridad jurídica en relación con los acuerdos de arbitraje y la prevención de tácticas procesales abusivas» [p. 16].

397 Para una visión detallada de esta cuestión, *vid.*: Fernández Rozas, J.C., «El Reglamento Bruselas...», *op. cit.*, págs. 2-6. Como indica el citado autor, la exclusión del arbitraje del Convenio de Bruselas y posterior Reglamento 44/2001 «tuvo la virtud de desplegar cuatro efectos diferentes: a) la exclusión de los procedimientos judiciales en auxilio de un arbitraje; b) la exclusión de los litigios donde se suscitaba la validez de una cláusula de arbitraje; c) la exclusión de los laudos arbitrales del sistema de reconocimiento y ejecución de decisiones; y, d) la exclusión de los litigios que pudieran surgir en el marco de la relación afectada por el arbitraje».

398 Gómez Jene, M, «Arbitraje internacional y Reglamento Bruselas I Refundido», *Arbitraje: Revista de arbitraje comercial y de inversiones*, 2015, vol. VIII. núm. 1, págs. 15-48, p. 45. En este sentido, el citado autor indica que «se trata, como puede constatarse, de una solución que bien podría haberse extendido al convenio arbitral. Es decir, nada hubiera impedido —como en su momento propuso la Comisión— extender la solución que prevé este nuevo precepto a aquel supuesto en el que una de las partes —en aparente quiebra con lo estipulado en el convenio— acudiese a la jurisdicción antes que al arbitraje. En cualquier caso, de la falta de acuerdo sobre este particular se derivan una serie de consecuencias que, lamentablemente, no beneficia a ninguna de las partes» [p. 45]. [...] «En efecto, si el juez declara a título incidental la invalidez del convenio arbitral y, en consecuencia, decide entrar a conocer sobre el fondo y, por su parte, el árbitro decide que el convenio arbitral es válido y, en consecuencia, también decide pronunciarse sobre el fondo, se estará resolviendo el mismo litigio por dos vías distintas: arbitraje y jurisdicción. La Comisión propuso en su momento una solución coherente para solucionar esta carrera» [race] entre tribunales de justicia y árbitros. Lamentablemente, tal propuesta no fue compartida por el Parlamento Europeo. «En consecuencia, y porque así se ha querido, serán las partes quienes tengan que soportar los inconvenientes que genere esta laguna legal. O, dicho de otro modo: el Considerando 12, por sí mismo, no resuelve ninguna de las cuestiones relevantes que la interrelación arbitraje-jurisdicción plantea» [p. 38].

pea[399] sería un punto de partida sólido que merecería una nueva reflexión en este ámbito[400], manteniendo la exclusión del arbitraje del ámbito de aplicación del Reglamento en todo lo demás[401]. Esta reforma estaría en consonancia con lo previsto en el art. II.3 del CNY[402], si bien en este caso el nuevo precepto tendría como objetivo principal evitar procesos paralelos y las tácticas litigiosas abusivas[403]. Ello permitiría reforzar la efectiva aplicación y respeto de los convenios arbitrales en la UE y, asimismo, evitaría que las partes tuvieran que recurrir a las medidas antiproceso para hacer valer los convenios arbitrales válidamente suscritos[404]. En efecto, una reforma de estas caracte-

399 Propuesta de Reglamento del Parlamento Europeo y del Consejo relativo a la competencia judicial, el reconocimiento y la ejecución de resoluciones judiciales en materia civil y mercantil [versión refundida), Bruselas, COM/2010/0748 final, COD 2010/0383. El art. 29.4 de la Propuesta indicaba lo siguiente: «Cuando la sede acordada o designada de un arbitraje estuviere situada en un EM, los tribunales de otro EM cuya competencia hubiere sido impugnada en virtud de un convenio de arbitraje suspenderán el procedimiento a partir del momento en que se someta a los tribunales del EM en el que esté situada la sede del arbitraje o al tribunal arbitral una acción para determinar, a título principal o como cuestión incidental, la existencia, la validez o los efectos de dicho convenio de arbitraje./ El presente apartado no es óbice para que el tribunal cuya competencia hubiere sido impugnada se inhiba en el caso al que se ha hecho referencia más arriba si su Derecho nacional así lo prescribe./ Cuando se estableciere la existencia, la validez o los efectos del convenio de arbitraje, el tribunal ante el que se interpuso la demanda se inhibirá./ El presente apartado no es aplicable a los litigios referentes a las materias contempladas en las secciones 3, 4 y 5 del capítulo II», es decir, en materia de consumo, trabajo y seguros.

400 En este sentido, *vid.*: Radicati De Brozolo, L.G., «Arbitration and the Draft Revised Brussels I Regulation: Sedes of Home Country Control and of Harmonisation», *Journal of Private International Law*, 2011, vol. 7, núm. 3, págs. 423-460, p. 447 y ss. Este autor analiza las ventajas de adoptar la propuesta realizada en el art. 29.4 en términos de evitar procedimientos paralelos y tácticas litigiosas abusivas.

401 A este respecto, el art. 1.2.d) de la Propuesta resultaría idóneo, por cuanto excluye el arbitraje del ámbito de aplicación material del Reglamento, salvo lo dispuesto en el art. 29.4 y 33.3. Asimismo, sobre esta cuestión, véase los considerandos 11 y 20 de la Propuesta del Reglamento. Finalmente, *vid.*: Radicati De Brozolo, L.G., «Arbitration and the...», *op. cit.*, págs. 447 y 448. Este autor indica que el art. 29.4 de la Propuesta no significaría una ampliación del ámbito de aplicación del Reglamento.

402 Como indica el TJUE, «el artículo II, apartado 3, de la Convención de Nueva York, según la cual, el tribunal de uno de los Estados contratantes al que se someta un litigio respecto del cual las partes hayan concluido un acuerdo de arbitraje, remitirá las partes al arbitraje, a instancia de una de ellas, a menos que compruebe que dicho pacto es nulo, ineficaz o inaplicable». STJUE de 10 febrero 2009, Allianz y Generali Assicurazioni Generali, C-185/07, EU:C:2009:69, ap. 33.

403 Véase el considerando 20 de la Propuesta citada. En este contexto, cabe tener presente, como indica Fernández Rozas, que «en el actual sistema judicial de la UE no existe una norma que evite que los tribunales arbitrales y judiciales de distintos EE. MM conozcan al mismo tiempo sobre cuestiones relativas a la validez, ejecución, interpretación o eficacia del mismo acuerdo de arbitraje». Fernández Rozas, J.C., «El Reglamento Bruselas...», *op. cit.*, págs. 13 y 14.

404 Radicati De Brozolo, L.G., «Arbitration and the...», *op. cit.*, p. 16. Además, según la Propuesta citada, la modificación presentada permitía mejorar la eficacia de los convenios de arbitraje en Europa, evitar los procedimientos judiciales y arbitrales paralelos y eliminar los incentivos para emprender tácticas judiciales abusivas [apartado 3.1.4 de la exposición de motivos y cdo. 20].

rísticas no tendría por objeto regular el arbitraje en el seno del Reglamento núm. 1215/2012, sino intentar prevenir los efectos negativos que derivan de los procesos paralelos, coordinando una vía eficaz entre los procedimientos judiciales y arbitrales[405]. A tal efecto, un precepto de estas características sería coherente con el principio *kompetenz-kompetenz* del tribunal arbitral[406], si bien todavía quedaría la puerta abierta al control judicial del laudo, tanto en sede de anulación[407], como en sede de ejecución[408].

En virtud de la reforma propuesta, el órgano jurisdiccional que conociera de un asunto sobre el que existiera una cláusula compromisoria debería inhibirse a favor del tribunal arbitral —o del órgano jurisdiccional de la sede del tribunal arbitral— «cuando se estableciere la existencia, la validez o los efectos del convenio arbitral» [art. 29.4.3.º], por lo que el primer tribunal ya no podría realizar un control incidental sobre la validez del convenio arbitral y declararse competente cuando considerara que dicho acuerdo es «nulo,

405 Fernández Rozas, J.C., «El Reglamento Bruselas...», *op. cit.*, p. 13. Indica el citado autor que «no es, en efecto, objetivo del RB I regular el arbitraje, pues no entra en su ámbito de aplicación, sino prevenir que se produzcan los efectos negativos de los procesos paralelos a través de una correcta coordinación de los procedimientos judiciales y arbitrales señaladamente cuando se refieran a la validez de un convenio de arbitraje».

406 Este principio implica, en síntesis, que el tribunal arbitral tiene competencia para determinar su propia competencia, aunque, como indica Camilleri, no de un modo definitivo y concluyente. Camilleri, S.P., «Anti-suit injunctions...», *op. cit.*, p. 427. Sobre la relación del principio *kompetenz-kompetenz* y la posible reforma propuesta por la Comisión Europea, *vid.*: Radicati De Brozolo, L.G., «Arbitration and the...», *op. cit.*, p. 4.

407 En el plano interno, únicamente pueden alegarse como causas de anulación del laudo arbitral los motivos tasados recogidos en el art. 41 de la Ley 60/2003, de 23 de diciembre, de Arbitraje [BOE núm. 309 de 26.12.2003]. Sobre la anulación del laudo en el ámbito de los consumidores, cabe tener presente que el TJUE ha indicado que un «órgano jurisdiccional nacional que conoce de un recurso de anulación contra un laudo arbitral ha de apreciar la nulidad del convenio arbitral y anular el laudo si estima que dicho convenio arbitral contiene una cláusula abusiva, aun cuando el consumidor no haya alegado esta cuestión en el procedimiento arbitral, sino únicamente en el recurso de anulación». STJUE de 26 de octubre de 2006, Mostaza Claro, C-168/05, EU:C:2006:675, ap. 39. Sobre esta cuestión, *vid.*: Azparren Lucas, A., «Intervención judicial en el arbitraje: la apreciación de oficio de cláusulas abusivas y de la nulidad del convenio arbitral [Consecuencias de la Sentencia del Tribunal de Justicia de las Comunidades de 26 de octubre de 2006]», *Diario La Ley*, 2007, núm. 6789, págs. 1-10.

408 Cabe tener presente que el CNY permite denegar el reconocimiento del laudo cuando el tribunal arbitral no ostenta competencia para dirimir la controversia suscitada [art. V.1.c) del CNY]. En el ámbito de las cláusulas abusivas con consumidores, el TJUE ha indicado que el tribunal que conozca de la demanda de reconocimiento y/o declaración de ejecutividad de un laudo [que ha adquirido fuerza de cosa juzgada] debe apreciar de oficio, tan pronto como sea posible, el carácter abusivo de la cláusula arbitral contenida en el contrato celebrado entre un profesional y dicho consumidor [en virtud de las normas nacionales de orden público y del art. 6 de la Directiva sobre cláusulas abusivas], y extraer todas las consecuencias que, según el Derecho nacional, se deriven de ello. STJUE de 6 de octubre de 2009, Asturcom Telecomunicaciones, C-40/08, EU:C:2009:615, ap. 55 y 59.

ineficaz o inaplicable» [art. II.3 CNY]. Ello supondría un cambio sustancial del *status quo* actual que, a la luz de la jurisprudencia y de los distintos posicionamientos sobre esta materia —doctrinales y de organismos oficiales—, parece muy lejano.

IV. Medidas antiproceso con incidencia en procesos arbitrales

En el presente epígrafe se analiza la viabilidad jurídica de las ASI cuando estas están directamente relacionadas con procedimientos arbitrales, ya sea porque han sido dictadas por órganos arbitrales o porque afectan directamente a la iniciación o continuación de un procedimiento arbitral. Ciertamente, esta cuestión tiene relevancia en el ámbito de las PC porque, como se ha visto en los epígrafes anteriores, un elevado número de PC prevén cláusulas arbitrales en sus CGC. Por ende, cabe analizar cuando resultan viables las ASI en este contexto, dado que en este ámbito no siempre están prohibidas este tipo de medidas.

1. Medida antiproceso dictada por un órgano jurisdiccional para apoyar un procedimiento arbitral

En primer lugar, cabe preguntarse qué ocurre cuando la medida antiproceso ha sido dictada por un órgano jurisdiccional con el fin de impedir que una parte se sustraiga de un procedimiento arbitral. Esto ocurre cuando existe un convenio arbitral válidamente celebrado entre las partes y una de ellas inicia o pretende iniciar un procedimiento judicial ante los órganos jurisdiccionales de un determinado EM, en cuyo caso el tribunal competente para ello —normalmente un tribunal anglosajón— dicta una ASI con el fin de impedir o prohibir a dicha parte iniciar o proseguir con el proceso judicial. A la luz de la jurisprudencia del TJUE, este tipo de ASI también resultan contrarias a los Reglamentos núm. 44/2001 y núm. 1215/2012 por los argumentos esgrimidos anteriormente[409]. Este proceder fue criticado por la doctrina especializada porque el arbitraje es una cuestión excluida del ámbito de aplicación del Reglamento[410]. A tal efecto, parece que el TJUE descartó la idea de

409 STJUE de 10 de febrero de 2009, Allianz y Generali Assicurazioni Generali, C185/07, EU:C:2009:69, ap. 34. STJUE de 13 de mayo de 2015, Gazprom, C-536/13, EU:C:2015:316, ap. 33 y 34. Asimismo, *vid.*: Conclusiones del AG Sr. Jean Richard, de 23 de marzo de 2023, C-590/21, EU:C:2023:246, ap. 44.

410 Comentando esta cuestión, *vid.*: Gómez Jene, M., «Anti-suit injunction en forma de laudo arbitral [a propósito de la sentencia Gazprom del TJUE]», *Cuadernos de Derecho Transnacional*, 2015, Vol. 7, núm. 2, págs. 440-447, p. 441.

que las medidas antiproceso dictadas en apoyo de un arbitraje forman parte de los procesos de apoyo[411] [también denominadas medidas provisionales en auxilio del arbitraje], en cuyo caso se podrían considerar, ciertamente, excluidas del ámbito de aplicación material del Reglamento núm. 44/2001[412].

En este escenario, el TJUE indicó que este tipo de ASI son contrarias al Reglamento núm. 44/2001 en virtud del principio de confianza mutua y el derecho de acceso a los tribunales[413], si bien no analizó minuciosamente si éstas pudieran ser consideradas como medidas auxiliares o de apoyo al arbitraje y, por ende, quedar excluidas del ámbito de aplicación del Reglamento. Parece prevalecer, en este contexto, el efecto útil del Reglamento sobre la posible exclusión de la materia arbitral. Así es, dado que el propio TJUE llega a afirmar que «un procedimiento como el del caso de autos, que aboca a la adopción de una «anti-suit injunction», no puede estar comprendido en el ámbito de aplicación del Reglamento n.° 44/2001», si bien acto seguido aclara que, aunque no esté comprendido en el ámbito del Reglamento, puede tener consecuencias

411 Gómez Jene, M., «Anti-suit injunction...», *op. cit.*, p. 445. Como indica el citado autor, los procesos de apoyo al arbitraje «son aquellos procesos cuyo objeto no constituyese una *cuestión* arbitral, sino una mera tutela de derechos incluidos en el ámbito de aplicación del Reglamento. Un proceso caracterizado, también, por no ser indispensable para el devenir del arbitraje». Añade el autor que la distinción entre procesos de aplicación y procesos de apoyo encuentra acomodo en la jurisprudencia del TJUE en el asunto *Van Uden* [STJUE de 17 de noviembre de 1998, Van Uden Maritime, C-391/95, EU:C:1998:543, ap. 32]. En este sentido, el TJUE indicó que «están excluidos del ámbito de aplicación del Convenio los procedimientos que sirven para la aplicación de un procedimiento de arbitraje» [ap. 32].

412 Fernández Rozas, J.C., «El Reglamento Bruselas...», *op. cit.*, p. 7. Como indica el citado autor, «lo más lógico hubiera sido responder que la competencia para la adopción de medidas provisionales en auxilio del arbitraje se encuentra afectada por la exclusión del arbitraje en el art. 1, remitiendo la determinación de dicha competencia a la normativa que resulte aplicable en cada Estado parte». En este mismo sentido, *vid.*: Dowers, N. y Sophia Tang, Z., «Arbitration in EU jurisdiction Regulation: Brussels I Recast and a New Proposal», *Groningen Journal of International Law*, 2015, vol 3, núm. 1. págs. 125-146, p. 130. En sentido similar, Camilleri entiende que una ASI constituye un procedimiento auxiliar del arbitraje, por lo que se debe excluir de su ámbito de aplicación y, por consiguiente, tampoco puede afectar al efecto útil o al funcionamiento del Reglamento [en este caso se pronuncia en relación con el R. 1215/2012]. No obstante, este último autor realiza varias observaciones y discrepancias acerca de esta aseveración. Camilleri, S.P., «Recital 12 of the Recast Regulation: a new hope?», *The International and Comparative Law Quarterly*, 2013, Vol. 62, núm. 4, págs. 899-916, págs. 904 y 905. Por su parte, Ortolani defiende que «la orden *anti-suit* es una medida auxiliar para el arbitraje: apoya el acuerdo arbitral y garantiza que no se eluden sus efectos». Ortolani, P., «Los efectos de...», *op. cit.*, p. 4. Finalmente, Gómez Jene entiende que una ASI debe incluirse en el procedimiento de apoyo del arbitraje, si bien no cree que este hecho resulte determinante acerca de su admisibilidad, pues considera que estas se han considerado incompatibles con el Reglamento núm. 44/2001 por el carácter imperialista que las caracteriza, esto es, por la injerencia en la competencia de otro órgano jurisdiccional. Gómez Jene, M., «Arbitraje internacional y...», *op. cit.*, p. 43 y 44.

413 STJUE de 10 de febrero de 2009, Allianz y Generali Assicurazioni Generali, C185/07, EU:C:2009:69, ap. 29 a 31.

contrarias a su efecto útil por impedir que un órgano judicial ejerza las competencias que tiene atribuidas en virtud del Reglamento[414].

Así las cosas, el TJUE ha indicado que, aunque el arbitraje esté excluido del Reglamento[415], no se puede impedir a un órgano judicial examinar la cuestión previa relativa a la validez o aplicabilidad del convenio arbitral[416]. En concreto, el TJUE ha expresado que si una ASI impidiera al órgano judicial competente examinar la cuestión previa relativa a la validez o aplicabilidad del convenio arbitral, «cualquiera de las partes podría sustraerse al procedimiento limitándose a invocar dicho convenio, y, de este modo, se impediría al demandante que considerara que dicho pacto es nulo, ineficaz o inaplicable el acceso al órgano jurisdiccional estatal ante el que hubiera acudido [...] y, por lo tanto, se vería privado de una forma de tutela judicial a la que tiene derecho»[417]. En sentido similar, GÓMEZ JENE entiende que «si el juicio incidental sobre la validez del convenio arbitral estuviese excluido del ámbito de aplicación material del Reglamento, bastaría con impugnar la competencia del tribunal vía declinatoria para dar al traste con la aplicación de sus normas de competencia»[418].

Aunque actualmente las ASI dictadas en apoyo de un procedimiento arbitral son consideradas contrarias al Reglamento núm. 44/2001, quizás la respuesta del TJUE pueda ser distinta cuando el supuesto de hecho caiga bajo el ámbito de aplicación del Reglamento núm. 1215/2012. En este escenario, la redacción del considerando núm. 12, concretando el alcance de la exclusión del arbitraje, ha reavivado el debate sobre la posible admisión de las medidas antiproceso dictadas en apoyo de un procedimiento arbitral. En este sentido, el abogado general del TJUE, el Sr. Melchior Wathelet, dedujo del referido considerando

---

414 STJUE de 10 de febrero de 2009, Allianz y Generali Assicurazioni Generali, C185/07, EU:C:2009:69, ap. 23 y 24.

415 STJUE de 25 de julio de 1991, Rich/Società Italiana Impianti, C190/89, EU:C:1991:58, ap. 18. STJUE de 20 de junio de 2022, London Steam-Ship Owners' Mutual Insurance Association, C-700/20, EU:C:2022:488, ap. 44. Como indica esta última sentencia, «esta exclusión se refiere a la integridad de la materia del arbitraje, incluido los procedimientos incoados ante los tribunales estatales». Para una visión más amplia sobre los distintos informes que explican y justifican la exclusión del arbitraje del ámbito de aplicación del Convenio de Bruselas y posterior Reglamento *[v.g. informe Heidelberg, informe Evrigenis y Kerameus, informe Jenard o informe Schlosser]*, *vid*.: Conclusiones del AG Sr. A. Michael Collins, de 5 de mayo de 2022, C-700/20, EU:C:2022:358, ap. 41 y 42.

416 El TJUE ya ha indicado de forma reiterada que, aunque el arbitraje sea una cuestión excluida del ámbito de aplicación del Reglamento, el tribunal competente puede pronunciarse de forma incidental sobre la validez del convenio arbitral en la medida en que puede afectar a la competencia de los tribunales [es decir, porque puede tener consecuencias sobre el efecto útil del Reglamento]. Por todas, *vid*.: STJUE de 9 de diciembre de 2003, Gasser, C116/02, EU:C:2003:657, ap. 24 a 26. Asimismo, *vid*.: Conclusiones del AG Sr. Jean Richard, de 23 de marzo de 2023, C-590/21, EU:C:2023:246, ap. 39 y jurisprudencia citada.

417 STJUE de 10 de febrero de 2009, Allianz [anciennement Riunione Adriatica di Sicurta] y Generali Assicurazioni Generali, C-185/07, EU:C:2009:69, ap. 31.

418 GÓMEZ JENE, M., «Anti-suit injunction...», *op. cit.*, p. 445.

que la voluntad del legislador europeo fue excluir íntegramente el arbitraje del ámbito de aplicación del Reglamento, por lo que, en su opinión, las medidas de apoyo al arbitraje como las «anti-suit injunctions» también deben quedar excluidas de su ámbito de aplicación, sin que esta solución implique menoscabo alguno al efecto útil del Reglamento[419]. Respondiendo al abogado general, el TJUE indicó que el Reglamento núm. 1215/2012 no resultaba aplicable, por lo que no entro a valorar si una medida antiproceso dictada en apoyo de un procedimiento arbitral tiene cabida bajo el nuevo marco normativo[420].

En este escenario, la doctrina parece descartar que el considerando núm. 12 pueda suponer un cambio en la jurisprudencia del TJUE[421]; si bien reconoce que es una cuestión compleja y controvertida a nivel doctrinal[422]. A nuestro parecer, viendo la aplicación inflexible de la jurisprudencia del TJUE en el ámbito de las medidas antiproceso y teniendo presente los distintos principios generales que se ven comprometidos [confianza recíproca, tutela efectiva...], no creemos que las modificaciones introducidas en el Reglamento núm. 1215/2012 tengan

---

419 Conclusiones del AG Sr. Melchior Wathelet de 4 de diciembre de 2014, C-536/13, EU:C:2014:2414, ap. 135 a 142. El AG incide en que la exclusión del arbitraje del RBI bis «forma parte de un esfuerzo por combatir las tácticas dilatorias de partes procesales que, contraviniendo sus compromisos contractuales, entablan un procedimiento ante un órgano jurisdiccional de un EM manifiestamente incompetente, tácticas que habían sido objeto de debate en los procedimientos que dieron lugar a las sentencias Gasser [...] Turner [...] y Allianz y Generali Assicurazioni Generali *[West Tankers]*».

420 Respecto del alcance del considerando núm. 12, el TJUE únicamente se ha pronunciado en sede de reconocimiento y ejecución de sentencias, indicando que «el considerando 12 del Reglamento no 1215/2021 subraya ahora que este Reglamento no se aplica a ninguna acción o resolución judicial relativa al reconocimiento o ejecución de un laudo arbitral», lo cual significa que «una sentencia dictada en los términos de un laudo arbitral se encuadra en la exclusión del arbitraje contemplada en el artículo 1, apartado 2, letra d), del Reglamento n.o 44/2001 y que, por lo tanto, no puede gozar del reconocimiento mutuo entre los EE. MM y circular en el espacio judicial de la Unión conforme a las disposiciones de dicho Reglamento». STJUE de 20 de junio de 2022, London Steam-Ship Owners' Mutual Insurance Association, C-700/20, EU:C:2022:488, ap. 46 y 47.

421 Gómez Jene, M., *Arbitraje comercial internacional..., op. cit.,* p. 164. El citado autor añade que «con la introducción en su texto de un Considerando 12 que matiza el alcance de la exclusión del arbitraje del ámbito de aplicación material de este instrumento, en nada afecta a la jurisprudencia West Tankers». Para apoyar esta aseveración trae a colación jurisprudencia comparada [en concreto, la resolución de la High Court of Justice de 22.05.2018, Holding Ltd & Ords v. Public Joint-Stock Company «Bank Otkritie Financial Corporation»]. Por su parte, Ortolani entiende que no habrá cambios con la introducción del considerando núm. 12 porque supone una mera aclaración del *status quo*. Ortolani, P., «Los efectos de...», *op. cit.*, p. 10. Finalmente, para una visión detallada de esta cuestión, *vid.*: Gómez Jene, M., «Arbitraje internacional y...», *op. cit.*, págs. 15-46.

422 Gómez Jene, M., *Arbitraje comercial internacional..., op. cit.,* p. 164. Camilleri entiende que el «RBI bis adopta un enfoque mucho más favorable al arbitraje que Bruselas I», por lo que entiende que su razonamiento [relativo a que un ASI dictada por un tribunal arbitral no resulta compatible con el Reglamento núm. 44/2001] puede que no resulte aplicable respecto del nuevo Reglamento. Camilleri, S.P., «Anti–suit injunctions...», *op. cit.*, p. 437.

la suficiente entidad como para comportar un cambio jurisprudencial [más aun cuando el TJUE pone el foco de atención no tanto en la incidencia que tiene la ASI respecto del proceso arbitral, sino en el órgano que la dicta (vetándolas cuando derivan de un órgano judicial) y en los efectos que tiene sobre la competencia del tribunal que está conociendo del caso]. Aunque dicho giro jurisprudencial no es probable, no resultaría incoherente permitir la ejecución de las ASI dictadas por un órgano judicial que tuvieran por objeto reforzar la competencia de un tribunal arbitral, no sólo por ser una cuestión excluida del Reglamento núm. 1215/2012, sino porque, de esta forma, se vería reforzada la autonomía de voluntad de las partes[423]. Quizás esta cuestión podría haberse solucionado introduciendo un apartado dedicado a la litispendencia en sede arbitral, como se ha indicado en el epígrafe anterior *[vid. supra]*.

Por los argumentos esgrimidos, una *anti-suit injunction* dictada por un órgano jurisdiccional en apoyo de un procedimiento arbitral no resulta válida. Desde el punto de vista de una PC, no resultará útil ni eficaz que ésta pretenda acudir al tribunal competente para interponer una medida antiproceso con el fin de evitar que la contraparte se sustraiga del correspondiente procedimiento arbitral [aunque dicho procedimiento derive de un acuerdo arbitral válido]. Tampoco resulta válida la ASI dictada por un órgano judicial que tenga por objeto impedir u obstaculizar a la contraparte la iniciación o continuación de un procedimiento arbitral. Aquí la respuesta es la misma que la indicada respecto de las ASI dictadas por un órgano jurisdiccional que afectan a la competencia de otro tribunal estatal. En consecuencia, cabe concluir que una ASI nunca resultará válida en el ámbito de la UE si deriva de un órgano jurisdiccional, con independencia de que tenga afectación sobre un procedimiento judicial o arbitral.

2. Medida antiproceso dictada por un tribunal arbitral que afecta a la competencia de un órgano jurisdiccional

En el ámbito de las PC pueden tener una relevancia destacable este tipo de medidas antiproceso, dado que son las únicas permitidas en la actualidad. Estas ASI, dictadas por un tribunal arbitral, tienen por objeto obstaculizar o impedir la iniciación o continuación de un proceso judicial. De la jurispru-

423 Asimismo, cabría argumentar que no se vería afectada la tutela judicial efectiva de las partes y resultaría discutible que se viera afectado el principio de confianza mutua [dado que, en última instancia, el choque de competencias no sería entre dos órganos jurisdiccionales, sino entre un tribunal arbitral y un órgano jurisdiccional, con independencia de quien dictara la ASI]. El único escollo real sería que el tribunal que conociera del caso —y se viera, en cierta manera, afectado por la ASÍ— podría alegar que se ha vulnerado el principio según el cual el tribunal que conoce de un litigio es el único que puede determinar, por sí mismo, si resulta competente. El contraargumento sería que la materia objeto de litigio está excluida del Reglamento, por lo que el tribunal que dicta la ASI no invade sus competencias. El debate está servido.

dencia del TJUE se deriva que las ASI dictadas por un tribunal arbitral no son incompatibles con el Reglamento núm. 44/2001 en la medida en que el arbitraje es una cuestión excluida de su ámbito de aplicación y, asimismo, porque un laudo arbitral no infringe el principio de confianza recíproca[424]. En concreto, el TJUE ha indicado que el Reglamento núm. 44/2001 no se opone a que un tribunal reconozca y/o ejecute un laudo arbitral que contenga una medida antiproceso; si bien ha matizado que dicho reconocimiento y/o ejecución queda sujeto, en su caso, al Derecho procesal interno y/o al CNY[425], instrumento que resultaría aplicable. Además, entiende que, en dicho caso, no se vulnera el derecho a la tutela judicial efectiva del sujeto contra el que se dicta la ASI[426], dado que éste tiene la opción de oponerse al reconocimiento y ejecución del laudo y, asimismo, porque el tribunal competente debe determinar, en virtud del derecho procesal y derecho internacional aplicable, si procede o no reconocer y ejecutar dicho laudo[427].

En relación con la citada jurisprudencia, cabe preguntarse: ¿Se justifica un trato diferenciado de las ASI por el hecho de que las haya dictado un tribunal arbitral? De antemano, resulta lógico que no se vulnera el principio de confianza mutua, predicable únicamente entre tribunales estatales[428]. Sin embargo, una parte de la doctrina discrepa de que una medida antiproceso dictada por un tribunal arbitral no resulte contraria al Reglamento núm. 44/2001, si bien apoyándose en argumentos distintos. En primer lugar, Camilleri entiende que reconocer un laudo que contiene una ASI socavaría el principio fundamental de soberanía, es decir, «el derecho soberano [o, si se prefiere, la competencia] del tribunal de un EM de determinar su competencia con arreglo al Derecho de la UE»[429].

Por su parte, Ortolani entiende que, si bien es cierto que una ASI dictada por un tribunal arbitral carece de un mecanismo de apoyo para su ejecución indirecta

424 STJUE de 13 de mayo de 2015, Gazprom, C-536/13, EU:C:2015:316, ap. 36, 37 y 39.

425 STJUE de 13 de mayo de 2015, Gazprom, C-536/13, EU:C:2015:316, ap. 41 y 42 Gazprom. Asimismo, vid.: STJUE de 20 de junio de 2022, London Steam-Ship Owners' Mutual Insurance Association, C-700/20, EU:C:2022:488, ap. 45.

426 Aunque compartimos esta conclusión, no coincidimos con la argumentación del TJUE, pues entendemos que, con carácter general, las medidas antiproceso no vulneran el derecho a la tutela judicial efectiva, pues el justiciable puede haber renunciado voluntaria y válidamente a litigar ante los tribunales inicialmente competentes.

427 STJUE de 13 de mayo de 2015, Gazprom, C-536/13, EU:C:2015:316, ap. 38.

428 STJUE de 13 de mayo de 2015, Gazprom, C-536/13, EU:C:2015:316, ap. 37. Comentando esta cuestión, asimismo, *vid.*: Ortolani, P., «Los efectos de...», *op. cit.*, p. 9.

429 Camilleri, S.P., «Anti–suit injunctions...», *op. cit.*, págs. 433 y 434. Este autor argumenta que «el tribunal de un EM al que se somete el litigio de conformidad con Bruselas I debe «decidir» la cuestión de la competencia arbitral, en el sentido de que debe, o bien sostener que el acuerdo es válido o inválido, o bien que la cuestión debe decidirse por el tribunal arbitral. Está capacitado para esta cuestión, y legitimado para ello de conformidad con el principio de soberanía dispuesto en el RB I» [p. 434].

como el desacato o «*contempt of Court*»[430], dicha diferencia no es suficiente para justificar un tratamiento distinto entre una ASI dictada por un tribunal arbitral y una ASI dictada por un órgano jurisdiccional[431]. En este contexto, expone que «si la ejecutabilidad indirecta —a través de la multa coercitiva— aparece tan eficaz como el *contempt of court*, habrá que concluir que la orden *anti-suit* en forma de laudo arbitral afecta a la eficacia del reglamento exactamente igual que la orden dictada por un juez»[432]. En concreto, afirma que «no existe ningún motivo para distinguir entre la orden que emana de un tribunal estatal y la que procede de uno arbitral. En tanto en cuanto ambas se hallen apoyadas por sanciones efectivas [y ambas pueden serlo] sus efectos sobre el reglamento Bruselas I son idénticos. Lo único que cuenta es si la materia objeto de litigio —el litigio que la orden *anti-suit* quiere paralizar— cae en el ámbito de aplicación del reglamento, tal como señaló el TJUE en *Marc Rich*, *Van Uden* y *West Tankers*». Por todo ello, concluye que una ASI emitida por un tribunal arbitral atenta contra la eficacia del Reglamento núm. 44/2001 al impedir el comienzo o continuación de un proceso ante los tribunales de un EM, lo que vulnera el principio de confianza mutua[433].

En sentido similar, Gómez Jene argumentó, en un primer momento, que una ASI dictada por un tribunal arbitral se oponía al efecto útil del Reglamento núm. 44/2001, pues su aceptación «daría al traste con los objetivos del Reglamento». A tal efecto, el citado autor indicó que, «desde esta perspectiva —podría añadirse— es irrelevante quien las dicte [juez o árbitro]. Admitir —como pretende el abogado general— que este razonamiento no sea extensible al árbitro [por no ser autoridad judicial], supondría tanto como consentir que un particular pudiese dar al traste con tan importante principio»[434]. No obstante, tras analizar el fallo del asunto *Gazprom*, indicó que la

430 Ortolani, P., «Los efectos de...», *op. cit.*, págs. 3 y 4. Este autor parte de la premisa de que la ASI dictada en el marco de un arbitraje tiene naturaleza contractual [«el acuerdo arbitral es un contrato que genera una obligación de hacer [acudir al arbitraje] y otra de no hacer [litigar ante los tribunales estatales]»] y que su destinatario original es la contraparte, no el tribunal. No obstante, el autor señala que «esto es solo una *fictio juris*: en realidad la orden pretende desencadenar efectos sobre el procedimiento judicial en curso, con el objetivo de preservar la eficacia del acuerdo de arbitraje».

431 Ortolani, P., «Los efectos de...», *op. cit.*, p. 7. Las ASI a las que se refiere el citado autor son las relativas a los casos West Tankers y Gazprom ya comentados. Ambas ASI tienen por objeto, en síntesis, impedir que un tribunal conozca del asunto por estar cubierta dicha controversia por un acuerdo arbitral.

432 Ortolani, P., «Los efectos de...», *op. cit.*, págs. 6 y 7.

433 Ortolani, P., «Los efectos de...», *op. cit.*, p. 10. Camilleri, S.P., «Recital 12 of...», *op. cit.*, págs. 904 y 905. Este autor indica que se vulnera el principio de confianza mutua con independencia de que la ASI haga referencia al arbitraje o haya sido dictada por un tribunal arbitral.

434 Gómez Jene, M., «Arbitraje internacional y...», *op. cit.*, p. 44 [nota al pie núm. 65]. Para apoyar dicha postura, el citado autor precisa lo siguiente: «Argumentos a favor de esta interpretación [innecesariedad de que deban estar implicados dos órganos jurisdiccionales] pueden extraerse, *mutatis mutandis,* de las sentencias *Owusu* y *Eco Swiss* del TJUE [1.3.2005, asunto C–281/02; y 1.6.1999, asunto C–126/97]».

conclusión alcanzada por el TJUE resulta sencilla y coherente: «en la medida en que un tribunal arbitral no es un tribunal jurisdiccional, no puede darse una quiebra del principio de *confianza mutua*; este principio sólo alcanza a las relaciones entre los tribunales judiciales»[435].

Como se puede observar, constituye una cuestión controvertida sobre la cual existen opiniones discrepantes. A nuestro parecer, el razonamiento del TJUE no resulta incoherente, dado que el arbitraje está excluido del ámbito de aplicación del Reglamento, por lo que no cabe reconocer o declarar ejecutivo un laudo que contiene una ASI conforme a dicho instrumento. Es cierto que, en la práctica, las ASI pueden tener unos efectos similares sobre las partes [*v.g.* impedir o dificultar que una parte pueda iniciar o proseguir un proceso judicial], con independencia de cuál sea el órgano que las dicta, pero, en ningún caso, tendrán el mismo alcance o relevancia, siendo —por lo general— más severas las que hayan sido dictadas por un órgano jurisdiccional. Además, como indica el TJUE, una ASI dictada por un tribunal arbitral no es susceptible de vulnerar el principio de confianza mutua ni la tutela judicial efectiva[436]. Por consiguiente, si las medidas antiproceso dictadas por un árbitro tienen efectos jurídicos distintos a las emitidas por un órgano judicial, no resulta incoherente que su tratamiento jurídico pueda resultar, asimismo, dispar[437].

Sin perjuicio de lo anterior, el TJUE no cierra la puerta a que se pueda denegar el reconocimiento o declaración de ejecutividad de las medidas antiproceso contenidas en un laudo arbitral en virtud del CNY[438], norma que resulta aplicable en este ámbito. En este escenario, cabría plantearse si un laudo arbitral que contiene una ASI resulta contraria al orden público del país donde se quiera reconocer o ejecutar [art. V.2.b) CNY], en la medida en que dicho laudo prohíba o dificulte a una parte formular determinadas pretensio-

---

435 Gómez Jene, M., «Anti-suit injunction...», *op. cit.*, p. 446.

436 STJUE de 13 de mayo de 2015, Gazprom, C-536/13, EU:C:2015:316, ap. 37 y 39.

437 A primera vista, parece lógico que unas medidas antiproceso que, en la práctica, tienen unos mismos efectos, deban contar con un tratamiento jurídico análogo. Lo que ocurre es que, como ha indicado el TJUE, los efectos de las medidas antiproceso dictadas por un tribunal arbitral no tienen los mismos efectos que las dictadas por un órgano jurisdiccional, razón que justifica, a la postre, su tratamiento diferenciado. En este sentido, el TJUE indica que «a diferencia de la orden conminatoria controvertida en el asunto que dio lugar a la sentencia Allianz y Generali Assicurazioni Generali [C185/07, EU:C:2009:69, apartado 20], el incumplimiento del laudo arbitral de 31 de julio de 2012 por el ministerio en el marco del procedimiento relativo a la apertura de una investigación sobre las actividades de una persona jurídica no puede dar lugar a que un órgano jurisdiccional de otro EM le imponga una sanción. De ello se deduce que los efectos jurídicos de un laudo arbitral como el controvertido en el litigio principal son distintos a los de la orden conminatoria controvertida en el asunto que dio lugar a aquella sentencia». STJUE de 13 de mayo de 2015, Gazprom, C-536/13, EU:C:2015:316, ap. 40.

438 STJUE de 13 de mayo de 2015, Gazprom, C-536/13, EU:C:2015:316, ap. 41 y 42.

nes ante un órgano jurisdiccional de ese EM. Aunque la siguiente interpretación no es extrapolable al presente caso, el TJUE se ha pronunciado sobre el concepto de orden público recogido en el Reglamento núm. 44/2001, indicando que éste debe interpretarse de forma restrictiva y aplicarse de forma excepcional, pudiéndose utilizar únicamente cuando el reconocimiento o la ejecución de una resolución «choque de manera inaceptable con el ordenamiento jurídico del EM requerido, por menoscabar un principio fundamental»[439]. Aunque dicha argumentación no sea trasladable al presente caso de forma íntegra, no cabe duda de que el orden público debe aplicarse de forma excepcional, por lo que cabe preguntarse si un laudo conteniendo una ASI permite apreciar dicha excepcionalidad. A nuestro modo de ver, dicha respuesta debería ser negativa porque, como se ha indicado, no se vulnera el principio de confianza recíproca ni el derecho a la tutela judicial efectiva y, además, porque una ASI contenida en un laudo arbitral responde, en última instancia, a la autonomía de la voluntad de las partes de someter sus controversias a un procedimiento arbitral. Con todo, cabe tener presente que, en última instancia, corresponderá al juez competente resolver dicha cuestión atendiendo a todos los elementos de juicio de que disponga [art. V.2 CNY].

3. Medida antiproceso dictada por un órgano jurisdiccional que tiene por objeto impedir u obstaculizar la competencia de un tribunal arbitral

Las medidas antiproceso dictadas por un órgano judicial también pueden tener por objeto impedir que una parte prosiga o inicie un procedimiento arbitral[440], si bien ésta forma de ASI resulta infrecuente en la práctica. Además, su posibilidad queda limitada debido al principio *kompetenz-kompetenz*[441], por lo que el control judicial deberá realizarse, en todo caso, en sede a reconocimiento o anulación del laudo arbitral[442]. Además, en este caso, se ve afectado el principio de confianza mutua, pues el tribunal que dicta la ASI no se pronuncia sobre la competencia de otro órgano jurisdiccional, sino de un tribunal arbitral. En este escenario, el pronunciamiento del tribunal que emite la ASI no es incidental, sino que afecta de pleno al convenio arbitral, poniendo

---

439 STJUE de 7 de septiembre de 2023, C590/21, Charles Taylor Adjusting, EU:C:2023:633, ap. 35.

440 Para una visión amplia sobre esta cuestión, *vid.*: Fernández Rozas, J.C., «Anti-suit injunctions...», *op. cit.*, págs. 82-85.

441 Gómez Jene, M., *Arbitraje comercial internacional..., op. cit.,* p.165. Como indica el citado autor, el principio *Kompetenz-kompetenz* supone que «una vez constituido el colegio arbitral, los tribunales de justicia no podrán pronunciarse a título principal sobre la validez del convenio arbitral»; lo que «justificaría por sí solo que el colegio arbitral no se considerase afectado por la citada *anti-suit injunction*». Asimismo, *vid.*: Beltrán De Lubiano Sáez, J., «Controlando al litigante...», *op. cit.*, p. 96.

442 Beltrán De Lubiano Sáez, J., «Controlando al litigante...», *op. cit.*, p. 96.

en duda la competencia del tribunal arbitral [así como la propia existencia y validez del convenio], por lo que, en definitiva, afecta el núcleo esencial del arbitraje. Por esa razón, una ASI de estas características no puede analizarse a la luz de los Reglamentos núm. 44/2001 y 1215/2012, dado que afecta al núcleo de la institución arbitral, cuestión que está excluida del ámbito de aplicación de los referidos Reglamentos. Sin perjuicio de estas consideraciones, la doctrina especializada entiende que, aplicando el principio *kompetenz-kompetenz*, así como *mutatis mutandis* las consideraciones realizadas por el TJUE en los asuntos *Turner* y *West Tankers*, no resultan admisibles dichas medidas antiproceso en el espacio judicial europeo[443]. Esta conclusión estaría en consonancia con la autonomía de la voluntad de las partes en contienda, las cuales convinieron libremente someterse a un procedimiento arbitral para resolver sus controversias [en caso contrario, existen mecanismos para invalidar o inaplicar el convenio arbitral].

443 Gómez Jene, M., *Arbitraje comercial internacional..., op. cit.,* p. 165 y 166. En el plano transnacional, el citado autor indica que pueden esgrimirse dos argumentos más respecto de la invalidez de las medidas antiproceso: «Uno gira en torno a la eficacia de la misma sentencia que dicta la anti-suit. Otro en torno a la desvinculación del árbitro internacional con el ordenamiento estatal. Y así, del mismo modo que para los ordenamientos jurídicos que acogen esta concepción no tiene ninguna eficacia la sentencia judicial que anula un laudo arbitral, tampoco debe tener eficacia la sentencia judicial que dicta este tipo de medida».

CAPÍTULO SEXTO

FORO EN MATERIA CONTRACTUAL

I. Introducción

En el presente capítulo se analiza bajo qué circunstancias y cómo pueden utilizar el foro en materia contractual los profesionales que contratan con una PC, si bien dichas consideraciones también resultan aplicables, naturalmente, cuando sean las PC las que pretendan demandar. En este sentido, la primera cuestión que cabe resolver es determinar cuál es la naturaleza jurídica del contrato subyacente, cuestión comentada al inicio del capítulo II. Si bien es cierto que, por regla general, las PC prestan contratos de prestación de servicios de criptoactivos, no todas las actividades desarrolladas por éstas encajan en la noción autónoma de «prestación de servicios» recogida en el artículo 7.1.b) del Reglamento núm. 1215/2012. Por esa razón, se analiza la naturaleza jurídica de las actividades realizadas por las PC y se indica si resulta posible encuadrarlas en los tipos contractuales previstos en el art. 7.1.b) del Reglamento o si, por el contrario, deberán regirse por la regla general descrita en el art. 7.1.a).

II. Reglas generales para determinar dónde se ha cumplido o debe cumplirse la obligación que sirve de base a la demanda

Con carácter previo al análisis de los distintos tipos de servicios de criptoactivos, cabe analizar el concepto de «prestación de servicios» para comprobar si los referidos servicios pueden encajar en dicha noción autónoma. En relación con esta cuestión, se analizan las reglas generales descritas por el TJUE para determinar dónde se puede entender prestado el servicio a los efectos del art. 7.1.b) del Reglamento, lo cual determinará la competencia judicial internacional de los tribunales de dicho EM. Por otra parte, se analiza la naturaleza jurídica de las actividades que involucran transacciones con criptoactivos para determinar, en caso de que no puedan calificarse como contratos de prestación de servicios, en qué tipología contractual pueden subsumirse, atendiendo a las nociones autónomas del Reglamento núm. 1215/2012.

1. Contratos de prestación de servicios

1.1. Concepto autónomo de prestación de servicios

El Reglamento núm. 1215/2012 prevé un concepto autónomo de «prestación de servicios» cuyo significado ha sido concretado por el TJUE. En este sentido, el Alto Tribunal ha indicado que, «en cuanto a la posibilidad de calificar un contrato de "contrato de prestación de servicios", en el sentido del artículo 7, punto 1, letra b), segundo guion, del Reglamento núm. 1215/2012, procede recordar que el concepto de "servicios" implica, cuando menos, que la parte que los preste lleve a cabo una determinada actividad como contrapartida de una remuneración»[444]. En otras sentencias del TJUE relativas al artículo 5.1 del Reglamento núm. 44/2001 [precepto homónimo del actual 7.1 del Reglamento núm. 1215/2012] se ha definido la «prestación de servicios» de forma muy similar, si bien modificando la locución «cuando menos» por «como mínimo». Es decir, se exige que, como mínimo, la parte que preste el servicio lleve a cabo una determinada actividad como contrapartida de una remuneración[445].

Desarrollando esta idea, el TJUE ha concretado que, «por lo que respecta al criterio relativo a la existencia de una actividad, resulta de la jurisprudencia del Tribunal de Justicia que ese criterio requiere la ejecución de actos positivos, con

444 STJUE de 25 de marzo de 2021, Obala i lučice, C- 307/19, EU:C:2021:236, ap. 93; STJUE de 15 de junio de 2017, Kareda, C249/16, EU:C:2017:472, ap. 35. STJUE de 8 de marzo de 2018, Saey Home, C-64/17, EU:C:2018:173, ap. 38. Para una visión amplia sobre esta sentencia, *vid*.: Rodríguez Rodrigo, J., «Reglamento 1215/2012: foro de sumisión del artículo 25 y foro especial por razón de la materia del artículo 7.1, en relación con un contrato verbal de concesión mercantil internacional. Comentario a la sentencia del tribunal de Justicia de la Unión Europea, 8 marzo 2018, Saey Home, C-64/17», *Cuadernos de Derecho Transnacional*, Vol. 10, núm. 2, 2018, págs. 906-914. Como indica la citada autora, «dos son los elementos que deben darse para hablar de prestación de servicios. Por un lado, debe tratarse de una actividad determinada [apartado 39]. Por otro lado, debe ser remunerada [apartado 40]. La expresión actividad determinada engloba las obligaciones de hacer, sin embargo, no ocurre lo mismo con las obligaciones de no hacer [apartado 39]. En efecto, la actividad no debería poder resultar de una no prestación» [p. 912].

445 STJUE de 14 de septiembre de 2023, EXTÉRIA, C-393/22, EU:C:2023:675, ap. 34. STJUE de 10 de septiembre de 2015, Holterman Ferho Exploitatie y otros, C-47/14, EU:C:2015:574, ap. 57; STJUE de 23 de abril de 2009, Falco Privatstiftung y Rabitsch, C-533/07, EU:C:2009:257, ap. 29.

exclusión de la simple abstención»[446]. Corresponde al órgano jurisdiccional ante el que se ha presentado la acción comprobar que, efectivamente, se han llevado a cabo tales actos positivos y que no se trata de una simple abstención[447]. En cuanto a la remuneración, el TJUE ha subrayado que «no se puede entender en el sentido estricto de pago de una cantidad dineraria», permitiéndose entender cumplido el requisito de la retribución cuando se ha otorgado a la contraparte un conjunto de ventajas como, por ejemplo, las descritas a continuación: la ventaja competitiva relativa a la exclusividad de vender productos en un determinado mercado, los soportes en materia de publicidad, la transmisión de conocimientos técnicos mediante acciones de formación o las facilidades de pago[448]. Así, entiende el TJUE que «el conjunto de esas ventajas, cuya realidad corresponde comprobar al tribunal remitente, representa para el concesionario un valor económico que puede considerarse constitutivo de una remuneración»[449]. La doctrina especializada también considera que la remuneración tiene una función económica, sin que resulte necesario que el pago se haga efectivo en dinero[450].

El concepto amplio de «prestación de servicios» se justifica porque, de esta forma, se consigue atribuir un auténtico efecto útil al art. 7.1 del Reglamento núm. 1215/2012, pues la finalidad de dicho precepto es evitar, en la medida de lo posible, que el lugar de ejecución de la obligación que sirve de base a la demanda deba concretarse por el art. 7.1.a) y c), cuyas reglas resultan más complejas[451]. Dada la amplitud del concepto de prestación de servicios, se subsumen en éste los contratos que implican tanto las obligaciones de hacer como de no hacer, así como los contratos que generan obligaciones de medios como de resultado[452].

---

446 STJUE de 8 de marzo de 2018, Saey Home, C-64/17, EU:C:2018:173, ap. 39. STJUE de 14 de septiembre de 2023, EXTÉRIA, C-393/22, EU:C:2023:675, ap. 35.

447 STJUE de 8 de marzo de 2018, Saey Home, C-64/17, EU:C:2018:173, ap. 39.

448 STJUE de 19 de diciembre de 2013, Corman-Collins, C9/12, EU:C:2013:860, ap. 40. STJUE de 8 de marzo de 2018, Saey Home, C-64/17, EU:C:2018:173, ap. 40. STJUE de 14 de septiembre de 2023, EXTÉRIA, C-393/22, EU:C:2023:675, ap. 36. En esta sentencia, el TJUE indica que «en cuanto al segundo criterio, a saber, el de la remuneración atribuida como contrapartida de una actividad, debe subrayarse que no se puede entender en el sentido estricto de pago de una cantidad dineraria, dado que el hecho de beneficiarse de ventajas que representen un valor económico puede considerarse constitutivo de una remuneración» [ap. 36].

449 STJUE de 19 de diciembre de 2013, Corman-Collins, C9/12, EU:C:2013:860, ap. 40.

450 A tal efecto, vid.: MAGNUS, U. y MANKOWSKI, P., *European Commentaries on Private..., op. cit.*, p. 202.

451 En este sentido, *vid.*: CAAMIÑA DOMÍNGUEZ, C., *Litigación internacional en la Unión Europea I, Competencia judicial y validez de resoluciones en materia civil y mercantil en la Unión Europea. Comentario al Reglamento Bruselas I bis*, Thomson Reuterus Aranzadi, Navarra, 2017, p. 314 y 315. Como indica la citada autora, el art. 7.1.a) es un inciso de aplicación muy complicada, por lo que con la aplicación del art. 7.1.b) RBI bis se consigue «la precisión del lugar de ejecución del modo más automático posible, sin tener que consultar cuál es la Ley aplicable al contrato]».

452 CAAMIÑA DOMÍNGUEZ, C., *Litigación internacional en..., op. cit.*, p. 315.

Cabe recalcar que este concepto no puede interpretarse «a la luz de las soluciones adoptadas por el Tribunal de Justicia en materia de libre prestación de servicios en el sentido del artículo 50 CE»[453]. Igualmente, por idénticos argumentos, «no procede, en segundo lugar, interpretar el concepto de «prestación de servicios» que figura en el artículo 5, punto 1, letra b), segundo guión, del Reglamento n.º 44/2001 a la luz de la definición del concepto de «servicios» basada en las directivas comunitarias en materia de IVA»[454]. Ello se debe a que la Directiva del IVA únicamente contempla dos categorías de actividades económicas, a saber, la entrega de bienes y la prestación de servicios; mientras que el art. 7.1.b) del Reglamento núm. 1215/2012 también «es aplicable a los contratos que no sean contratos de compraventa de mercaderías ni contratos de prestación de servicios, según el artículo 5 *[léase 7]*, punto 1, letra c), del citado Reglamento»[455].

Por todo ello, cabe afirmar que la mayoría de los servicios de criptoactivos categorizados y descritos por el Reglamento MICA podrán subsumirse en el concepto autónomo de «prestación de servicios» del Reglamento núm. 1215/2012, dado que implican la realización de una determinada actividad a favor del usuario a cambio de una remuneración, normalmente en forma de comisión. En los próximos epígrafes se realiza un estudio pormenorizado de cada uno de los servicios de criptoactivos *[vid. infra]* para determinar si pueden calificarse como servicios o deben subsumirse en otra tipología contractual.

1.2. Determinación del lugar de prestación del servicio

El artículo 7.1.b) del Reglamento núm. 1215/2012 contiene una regla específica para determinar dónde se ha cumplido o debe cumplirse la obligación que sirve de base a la demanda en los contratos de prestación de servicios. En concreto, el citado artículo establece que, salvo pacto en contrario, dicho lugar será: «cuando se trate de una prestación de servicios, el lugar del EM en el que, según el contrato, hayan sido o deban ser prestados los servicios». Este precepto sólo resulta aplicable en defecto de pacto entre las partes. A tal efecto, el TJUE ha indicado que «la expresión «salvo pacto en contrario», que figura en el artículo 5, número 1, letra b), del Reglamento *[actual 7.1.b)]*,

453 STJUE de 23 de abril de 2009, Falco Privatstiftung y Rabitsch, C- 533/07, EU:C:2009:257, ap. 34

454 STJUE de 23 de abril de 2009, Falco Privatstiftung y Rabitsch, C- 533/07, EU:C:2009:257, ap. 34. Como indica el TJUE, «la definición de este último concepto establecida en las directivas en materia de IVA es una definición negativa que por su propia naturaleza es necesariamente amplia, puesto que el concepto de «prestación de servicios» se define en ellas como todas las operaciones que no constituyan una entrega de bienes. De este modo, dichas directivas únicamente consideran operaciones gravadas en el interior del territorio de la Comunidad dos categorías de actividades económicas, a saber, la entrega de bienes y la prestación de servicios» [ap. 39].

455 STJUE de 23 abril 2009, Falco Privatstiftung y Rabitsch, C- 533/07, EU:C:2009:257, ap. 40.

indica que las partes podrán pactar qué deberá entenderse como lugar de cumplimiento a efectos de la aplicación de dicha disposición. Además, a tenor del primer guión del artículo 5, número 1, letra b), del Reglamento, que menciona la expresión "según el contrato", el lugar de entrega de las mercancías será, en principio, el que designen las partes en el contrato»[456]. Como indica Cordero Álvarez, «precisamente, la expresión "salvo pacto en contrario" manifiesta ese carácter dispositivo de la regla de competencia de la letra b), en la medida que puede ser desplazada mediante acuerdo. En estos supuestos, cuando las partes hayan previsto en el contrato el lugar de cumplimiento de la obligación concreta, se pone en funcionamiento la letra c) del precepto, que remite, a su vez, a la regla originaria de la letra a) —y, con ello, a respetar las exigencias de validez de tal cláusula, impuesta por la *lex contractus*—»[457]. Por tanto, las consideraciones realizadas seguidamente parten de la premisa de que las partes no han excluido la aplicación de las reglas previstas en el art. 7.1.b).

En relación con los contratos de prestación de servicios en línea, De Miguel Asensio indica que «debe partirse para concretar el lugar de ejecución o de prestación de servicios de los propios términos del contrato, habida cuenta de que los conceptos autónomos empleados en el artículo 5.1.b) RBI sólo son de aplicación «salvo pacto en contrario» de las partes y la concreción de tales conceptos debe hacerse «según el contrato»»[458]. En este sentido, el TJUE ha indicado que, en la medida de lo posible, debe determinarse el lugar de la prestación principal del servicio de las cláusulas del propio contrato[459], dado que ello responde a los objetivos de previsibilidad y proximidad del art. 7.1.b)[460].

---

456 STJUE de 25 de febrero de 2010, Car Trim, C-381/08, EU:C:2009:577, ap. 46.

457 Cordero Álvarez, C.I., «Lugar de cumplimiento de la prestación que sirve de base a la demanda en los contratos de compraventa internacional de mercaderías como criterio de competencia en el sistema Bruselas [AAP Barcelona 17 noviembre 2020]», *Cuadernos de Derecho Trasnacional*, 2021, vol. 13, núm. 2, págs. 614-723, p. 718. Asimismo, la citada autora aclara que «la interpretación literal de la expresión «salvo pacto en contrario» conlleva a considerar que la solución prevista en la letra b) funciona como una presunción *iuris tantum,* según la cual, y salvo que las partes establezcan un lugar de cumplimiento específico para alguna/s otras obligaciones, el lugar de cumplimiento de la obligación que sirve de base a la demanda será el lugar del EM en el que, según el contrato, hubiere sido o debiere ser cumplida la prestación característica del contrato —esto es, la entrega de las mercaderías o la prestación del servicio—» [p. 718].

458 De Miguel Asensio, P.A., «El lugar de ejecución de los contratos de prestación de servicios como criterio atributivo de competencia», en: Joan Forner, J. *et al.* [Coord.], *Entre Bruselas y La Haya. Estudios sobre la unificación internacional y regional del Derecho internacional privado - Liber amicorum Alegría Borrás.* Marcial Pons. Madrid, 2013, págs. 291-307, p. 306.

459 STJUE de 11 de marzo de 2010, Wood Floor Solutions Andreas Domberger, C-19/09, EU:C:2010:137, ap. 33. STJUE de 10 septiembre de 2015, Holterman Ferho Exploitatie y otros, C-47/14, EU:C:2015:574, ap. 60.

460 STJUE de 11 de marzo de 2010, Wood Floor Solutions Andreas Domberger, C-19/09, EU:C:2010:137, ap. 38 y 39. En concreto, el TJUE indica que «la determinación del lugar

No obstante, si las cláusulas del contrato no permiten determinar el lugar de la prestación principal de los servicios, ya sea porque prevén una pluralidad de lugares de prestación o porque no prevén explícitamente ningún lugar específico, el TJUE ha indicado que, en dicho caso, «procede, con carácter subsidiario, tomar en consideración el lugar en el que haya desarrollado efectivamente, de manera preponderante, sus actividades en cumplimiento del contrato, siempre que la prestación de los servicios en dicho lugar no sea contraria a la voluntad de las partes según resulta de las cláusulas del contrato»[461]. En este contexto, el Alto Tribunal considera que para determinar dicho lugar «pueden tenerse en cuenta los aspectos fácticos del asunto, en particular el tiempo pasado en dichos lugares y la importancia de la actividad desarrollada en ellos»[462]. Además, cabe tener presente que «corresponde al órgano jurisdiccional nacional ante el que se ha presentado la demanda determinar su competencia a la luz de los elementos de prueba que se le aporten»[463].

En ocasiones, puede resultar imposible determinar el lugar de prestación principal de los servicios, ya sea atendiendo a las cláusulas del propio contrato o a su cumplimiento efectivo. A tal efecto, el TJUE ha indicado que, «en caso de que sea imposible determinar el lugar de la prestación principal de los servicios con arreglo, tanto a las cláusulas del propio contrato, como a su cumplimiento efectivo, procede identificar este lugar de otra manera que respete, a la vez, los objetivos de previsibilidad y de proximidad perseguidos

de la prestación principal de los servicios en función de lo que elijan las partes responde al objetivo de proximidad, dado que dicho lugar presenta, por naturaleza, un vínculo con el fondo del litigio». Asimismo, *vid.*: STJUE de 11 de marzo de 2010, Wood Floor Solutions Andreas Domberger, C-19/09, EU:C:2010:137, ap. 22 y 23; STJUE de 3 de mayo de 2007, Color Drack, C-386/05, EU:C:2007:105, ap. 22; STJUE de 9 de julio de 2009, Rehder, C204/08, EU:C:2009:439, ap. 32 y 36. STJUE de 8 de marzo de 2018, Saey Home, C-64/17, EU:C:2018:173, ap. 44. En esta última sentencia, el TJUE ha indicado lo siguiente: «De la jurisprudencia del Tribunal de Justicia se desprende que, en caso de que exista una pluralidad de lugares de ejecución de la obligación característica de un contrato de prestación de servicios, habrá de entenderse por lugar de ejecución, en el sentido del artículo 7, punto 1, letra b), segundo guion, del Reglamento n.o 1215/2012, el lugar que garantiza el vínculo de conexión más estrecho entre el contrato y el órgano jurisdiccional competente, vínculo que se encuentra, por regla general, en el lugar de prestación principal de los servicios» [ap. 44].

461 STJUE de 11 de marzo de 2010, Wood Floor Solutions Andreas Domberger, C-19/09, EU:C:2010:137, ap. 40; STJUE de 10 septiembre de 2015, Holterman Ferho Exploitatie y otros, C-47/14, EU:C:2015:574, ap. 65.

462 STJUE de 11 de marzo de 2010, Wood Floor Solutions Andreas Domberger, C-19/09, EU:C:2010:137, ap. 40; STJUE de 10 septiembre de 2015, Holterman Ferho Exploitatie y otros, C-47/14, EU:C:2015:574, ap. 60.

463 STJUE de 3 de mayo de 2007, Color Drack, C-386/05, EU:C:2007:105, ap. 41; STJUE de 11 marzo 2010, Wood Floor Solutions Andreas Domberger, C-19/09, EU:C:2010:137, ap. 40; STJUE 10 septiembre 2015, Holterman Ferho Exploitatie y otros, C-47/14, EU:C:2015:574, ap. 64.

por el legislador»[464]. En dicho caso concreto, el TJUE entendió que el lugar de la prestación principal de los servicios por parte de un agente comercial se ubica en el lugar dónde dicho agente está domiciliado, pues responde a los criterios de certeza, previsibilidad y proximidad con el litigio; dado que «el agente prestará en él, con toda probabilidad, una parte no despreciable de sus servicios»[465].

Recientemente, el TJUE ha extendido las reglas expuestas para determinar el lugar de prestación de los servicios a todo tipo de actividades, de tal forma que, cuando no sea posible determinar dónde se ha prestado el servicio, se entenderá que este se ha prestado en el lugar donde tenga su domicilio el prestador. En palabras textuales, el TJUE indica que «el órgano jurisdiccional competente, en virtud de dicha disposición, para conocer de las demandas basadas en un contrato de prestación de servicios, en caso de que esta se produzca en varios EE. MM, es el del EM en el que se encuentra el lugar de prestación principal de los servicios, según se desprenda de las cláusulas del contrato, o, a falta de tales cláusulas, el del cumplimiento efectivo del contrato o, cuando sea imposible determinarlo sobre tal base, el del domicilio del prestador»[466].

Por lo que respecta a los contratos prestados en línea, dentro de los cuales cabe subsumir los servicios de criptoactivos, cabe traer a colación las consideraciones realizadas por Magnus y Mankowski. Estos autores entienden que determinar donde se ubica el lugar de prestación de los servicios en línea es una tarea desalentadora si uno se limita a una simple mirada de los hechos, dado que, si bien es cierto que el proveedor de servicios ejecuta su actividad donde actúa su personal o donde se encuentra su equipo técnico [ejecutando electrónicamente lo que se ha solicitado], no es menos cierto que la mayoría de servicios no se completan si el usuario no ha obtenido algún resultado, siendo insuficiente la mera actividad realizada por el prestador del servicio[467]. En este sentido, la doctrina se pregunta si se debe poner el foco de atención en la actividad o en el resultado, es decir, se debate si tiene más peso la acción realizada por el prestador de servicios [la carga o subida de información] o la acción realizada por el usuario [la descarga de contenido], concluyendo en favor de la primera[468]. Sea como fuere, no resulta

464 STJUE de 11 de marzo de 2010, Wood Floor Solutions Andreas Domberger, C-19/09, EU:C:2010:137, ap. 41.

465 STJUE de 11 de marzo de 2010, Wood Floor Solutions Andreas Domberger, C-19/09, EU:C:2010:137, ap. 42.

466 STJUE de 8 de marzo de 2018, Saey Home, C-64/17, EU:C:2018:173, ap. 45.

467 A tal efecto, *vid*.: Magnus, U. y Mankowski, P., *European Commentaries on Private..., op. cit.*, p. 238 y 239.

468 Magnus, U. y Mankowski, P., *European Commentaries on Private..., op. cit.*, p. 239. Como indican estos autores, concluir lo contrario supondría que la determinación del lugar de prestación del servicio estaría totalmente controlada o subordinada a la acción realizada por el usuario, lo cual podría resultar paradójico. Asimismo, *vid*.: de Miguel Asensio, P.A.,

adecuado utilizar como criterio el lugar donde está localizado el servidor del proveedor de contenidos o el lugar de los servidores intermedios, dado que podrían estar ubicados en lugares arbitrarios y fortuitos[469]. De forma análoga, cabe traer a colación la jurisprudencia del TJUE sobre la determinación del lugar del hecho causal en los ilícitos cometidos en línea, la cual se opone a determinar cómo válido el lugar donde está ubicado el servidor por su falta de previsibilidad[470].

Realizadas estas premisas, la doctrina mayoritaria considera que, en caso de duda acerca del lugar donde se ha prestado un servicio en línea, se debe

---

«El lugar de ejecución...», *op. cit.*, p. 307. Como indica el citado autor, «cabe considerar que en múltiples contratos de prestación de servicios en línea los únicos lugares que presentan un vínculo directo con los servicios —en el sentido utilizado por el Tribunal de Justicia en su sentencia *Rehder*...— son el lugar de procedencia de los servicios [típicamente el lugar de establecimiento del prestador de los servicios] y el lugar de destino [la residencia o el lugar donde se encuentre el destinatario de los servicios]». El autor también se decanta por la primera opción tras traer a colación los criterios utilizados por el TJUE en los casos *Rehder, Car Trim* y *Wood Floor*.

469 MAGNUS, U. y MANKOWSKI, P., *European Commentaries on Private..., op. cit.,* p. 239. DE MIGUEL ASENSIO, P.A., «El lugar de ejecución...», *op. cit.*, p. 306 y ss. Como indica el citado autor, «esta conclusión se impone en particular en aquellos casos en los que la precisa ubicación de esos concretos medios técnicos [servidores, redes de telecomunicaciones...] no resulte determinante para la prestación del servicio, pues además en caso contrario se podría menoscabar gravemente la exigencia de previsibilidad, habida cuenta de que la localización de los medios técnicos utilizados en la prestación del servicio, como los servidores donde se aloja la información relevante, puede ser determinada unilateralmente por el prestador del servicio quien incluso puede alterarla durante la ejecución del contrato sin afectar a la prestación del servicio». En este mismo sentido, el citado autor indica que «ciertamente, la ubicación de esos recursos informáticos —que puede no coincidir con el establecimiento de quien los controla ni con el lugar donde se gestionan los servicios que se ofrecen— puede resultar aleatoria y por completo desconocida e imprevisible para la otra parte, siendo muy sencillo su desplazamiento de un país a otro por medio del cambio del servidor empleado, lo que limita la posibilidad de una determinación fáctica del lugar de ejecución en esas circunstancias». Finalmente, *vid.*: LEIBLE, S., «Art 7 Brüssel Ia-VO», en: RAUSCHER. T, *Europäisches Zivilprozess- und Kollisionsrecht. Kommentar. Brüssel Ia-VO*, 4.ª ed., Köln, Ottoschmidt, 2016, págs. 260-374, p. 353. El citado autor entiende, en relación con la aplicación del *forum delicti comissi* del art. 7.2 del Reglamento núm. 1215/2012 que determinar el hecho causal en función del lugar donde está ubicado el servidor conlleva problemas de seguridad jurídica y falta previsibilidad para las partes. Esta conclusión es extrapolable, igualmente, a la determinación del lugar de prestación de servicios en línea en virtud del art. 7.1.b) del Reglamento.

470 STJUE de 19 de abril de 2012, Wintersteiger, C-523/10, EU:C:2012:220, ap. 36. A tal efecto, el TJUE indica que «es cierto que el desencadenamiento del proceso técnico de exhibición por el anunciante se efectúa, al fin y al cabo, en un servidor perteneciente al explotador del motor de búsqueda utilizado por el anunciante. No obstante, habida cuenta del objetivo de previsibilidad al que deben orientarse las reglas de competencia, el lugar de establecimiento de dicho servidor, dada su incierta ubicación, no podría considerarse el lugar del hecho causal a efectos de la aplicación del artículo 5, número 3, del Reglamento n.º 44/2001».

ubicar dónde está establecida la parte que presta dicho servicio[471], en atención a criterios de proximidad y previsibilidad[472]. Respecto de la determinación de lugar del hecho causal por ilícitos cometidos en línea [*ex* art. 7.2 del Reglamento núm. 1215/2012], el TJUE subrayó que el lugar del establecimiento del prestador del servicio tiene un carácter cierto e identificable para el demandante y el demandado, el cual facilita, además, la administración de la prueba y la sustanciación del procedimiento[473]. Recientemente, el

---

471 MAGNUS, U. y MANKOWSKI, P., *European Commentaries on Private..., op. cit.,* p. 239. DE MIGUEL ASENSIO, P., *Derecho privado de Internet*, 5.ª ed., Civitas, Madrid, 2015, ap. 1047 [digital]. DE MIGUEL ASENSIO, P.A., «El lugar de ejecución...», *op. cit.*, p. 306. Como indica el citado autor, «a favor de esta segunda opción y en concreto de la identificación típicamente del lugar de establecimiento del prestador como lugar de prestación de los servicios opera que es el elemento que con carácter general presenta un mayor grado de previsibilidad para ambas partes, siendo también respetuoso con el principio de proximidad. [...] Precisamente, al valorar la previsibilidad de la localización basada en el lugar de establecimiento del prestador de servicios es relevante tener en cuenta la existencia en la legislación europea y española de obligaciones específicas de informar a los destinatarios de los servicios del lugar de establecimiento del prestador [entre otras, arts. 5 Directiva 2000/31 sobre comercio electrónico y 10 LSSI]. [...]. La localización del lugar de prestación del servicio en el establecimiento del prestador se corresponde además con un criterio que goza de amplia aceptación a escala internacional. Por ejemplo, se trata de la solución adoptada en el artículo 6.1.6 de los Principios UNIDROIT sobre los contratos comerciales internacionales». Finalmente, *vid.*: DE MIGUEL ASENSIO, P.A., «Blockchain and Smart contracts relating to copyright: jurisdiction and Applicable law», en: Coltellacci, V. [Ed.], *La tecnologia blockchain e il diritto d'autore: miraggio o realtà?,* Aracne, 2021. Como indica el citado autor, «the identification of the place of delivery of goods and provision of services in situations where such obligations are to be performed online has been regarded as one of the most challenging issues posed by the application of jurisdiction rules to Internet transactions. As relevant elements in this regard, reference has been made to several factors, such as: the location of the server which hosts the digital content being supplied or the data relevant for the provision of the service; the place from where that content was uploaded on the server or the service is administered; the seller's or provider's domicile; the place of receipt, access or downloading of the information; and the recipient's domicile. In typical situations of services provided online it appears reasonable to consider that the place where, pursuant to the contract, the main provision of services is to be carried out is the place of establishment of the service provider, where typically he organises the elements involved in the provision of the service that is made available to the recipient» [p. 46]. Finalmente, *vid.*: RUIZ RODRÍGUEZ, R., «Blockchain y derecho internacional privado...», *op. cit.*, p. 9.

472 DE MIGUEL ASENSIO, P., *Derecho privado de Internet... op. cit.*, ap. 1047 [digital]. Como explica el citado autor, no existe una regla para ubicar el lugar de ejecución en la prestación de servicios en línea, si bien el autor se decanta por dar preferencia al lugar del establecimiento del prestador del servicio por razones de proximidad y previsibilidad». Asimismo, *vid.*: DE MIGUEL ASENSIO, P.A., «El lugar de ejecución...», *op. cit.*, p. 307. Como argumenta el autor, «el empleo del establecimiento de la parte que presta los servicios como elemento decisivo para fijar el lugar de ejecución determinante de los tribunales competentes parece aconsejable con carácter general, por ser previsible y expresión de un vínculo significativo de proximidad».

473 STJUE de 19 de abril de 2012, Wintersteiger, C-523/10, EU:C:2012:220, ap. 37. En este mismo sentido, *vid.*: Asimismo, *vid.*: DE MIGUEL ASENSIO, P.A., «El lugar de ejecución...», *op. cit.*, p. 307 y ss.

TJUE ha ratificado esta conclusión en relación con la aplicación del art. 7.1.b) del Reglamento núm. 1215/2012, determinando que, cuando no sea posible determinar el lugar de prestación de los servicios [aplicando las cláusulas del contrato o del cumplimiento efectivo del contrato], se deberá acudir al lugar del domicilio del prestador del servicio[474], en atención a los criterios de previsibilidad y proximidad perseguidos por el legislador[475]. Para determinar el lugar donde se han desarrollado, efectivamente, las actividades en cumplimiento del contrato de prestación de servicios, el TJUE ha afirmado que pueden tomarse en consideración los aspectos fácticos del asunto[476], por lo que en los siguientes epígrafes [*vid. infra*, epígrafes III y ss.] se analiza cada servicio de criptoactivos para determinar dónde puede entenderse prestado dicho servicio. Con todo, el criterio del lugar del domicilio del prestador únicamente resulta aplicable en caso de duda razonable[477]; esto es, cuando no sea posible determinar el EM en el que se encuentra el lugar de prestación principal del servicio[478].

2. Compraventa de mercaderías y otros tipos contractuales

Si bien es cierto que, en la mayoría de los casos, los servicios de criptoactivos se puedan catalogar como contratos de prestación de servicios, no siempre será así. Cuando un profesional pretenda comprar o vender criptoactivos a través de una PC, puede resultar esencial concretar la naturaleza jurídica de dichos criptoactivos para determinar la tipología contractual y, a su vez, proceder a la correcta aplicación del *forum contractus*. A tal efecto, cabe traer a colación la relación jurídica existente entre un profesional que contrata a través de una PC y otro profesional que oferta sus criptoactivos a través de dicha PC. En dicho caso, para determinar la naturaleza jurídica del contrato subyacente, habrá que analizar la actividad realizada por ambos sujetos e, incluso, la naturaleza de los criptoactivos transmitidos. En pala-

474 STJUE de 8 de marzo de 2018, Saey Home, C-64/17, EU:C:2018:173, ap. 45.

475 STJUE de 11 de marzo de 2010, Wood Floor Solutions Andreas Domberger, C-19/09, EU:C:2010:137, ap. 41. Cabe tener presente que el foro en materia contractual es un foro previsible para las partes y que cumple a la perfección con el principio de proximidad, tal como se argumenta en el siguiente estudio: LORENTE MARTÍNEZ, I., «La fundamentación económica del foro especial en materia contractual contenido en el artículo 7.1.b) guión primero del Reglamento Bruselas I bis», *Cuadernos de Derecho Transnacional*, Vol. 8, núm. 2, 2016, págs. 278-291, en especial, p. 290.

476 STJUE de 11 de marzo de 2010, Wood Floor Solutions Andreas Domberger, C-19/09, EU:C:2010:137, ap. 40; STJUE de 10 septiembre de 2015, Holterman Ferho Exploitatie y otros, C-47/14, EU:C:2015:574, ap. 60.

477 MAGNUS, U. y MANKOWSKI, P., *European Commentaries on Private..., op. cit.*, p. 239.

478 STJUE de 8 de marzo de 2018, Saey Home, C-64/17, EU:C:2018:173, ap. 45.

bras del TJUE, para determinar qué inciso del artículo 7.1 del Reglamento núm. 1215/2012 cabe aplicar, se debe analizar la obligación característica del contrato[479]. A tal efecto, «un contrato cuya obligación característica sea la entrega de un bien habrá de ser calificado de «compraventa de mercaderías» en el sentido del primer guion del artículo 7, punto 1, letra b), del Reglamento n.º 1215/2012»[480].

Si se atiende a la tipología más común de transacción realizada en este ámbito, a saber, la compraventa de criptoactivos, cabe afirmar que resultará esencial determinar la naturaleza jurídica del criptoactivo transmitido para verificar si los criptoactivos pueden considerarse mercaderías a los efectos de aplicar el art. 7.1.b), guión primero, del Reglamento. La doctrina está dividida acerca de si dicha transacción debe calificarse como un contrato de compraventa, una prestación de servicios, una permuta u otra tipología contractual.

Centrándonos en los criptoactivos más conocidos hasta el momento, las criptomonedas, la doctrina ha tenido ciertas discrepancias sobre su naturaleza, puesto que, en resumidas cuentas, para algunos autores constituye un bien mueble intangible, mientras que para otros supone un método de pago alternativo[481]. Por su parte, el TJUE ha indicado que éstas no pueden calificarse como «bienes corporales»[482], ni como «un título que confiera un derecho de propiedad sobre personas jurídicas ni un título que tenga una naturaleza comparable»[483], sino que constituyen un «medio de pago con-

---

479 STJUE de 8 de marzo de 2018, Saey Home, C-64/17, EU:C:2018:173, ap. 35 y 36. Como indica el TJUE, «con carácter preliminar, se ha de precisar que los criterios de atribución de competencia previstos en el artículo 7, punto 1, letra b), del Reglamento n.o 1215/2012 únicamente son aplicables en la medida en que el órgano jurisdiccional nacional, que conoce del litigio surgido entre partes que han mantenido relaciones comerciales, concluya que tales relaciones tienen su fundamento en un «contrato de compraventa de mercaderías» o en «contrato de prestación de servicios», en el sentido de dicha disposición. Tal calificación excluiría la aplicación de la regla de competencia prevista en la letra a) del citado artículo 7, punto 1. En efecto, teniendo en cuenta la jerarquía normativa que la letra c) establece entre la letra a) y la letra b) de esa disposición, la regla de competencia prevista en la letra a) solo es aplicable de manera alternativa y supletoria en relación con las reglas de competencia enunciadas en la letra b)» [ap. 35]. Continúa indicando que, «a este respecto, como criterio de atribución de competencia para determinar el tribunal competente, habrá de estarse a la obligación característica de estos contratos» [ap. 36].

480 STJUE de 8 de marzo de 2018, Saey Home, C-64/17, EU:C:2018:173, ap. 37; STJUE de 14 de julio de 2016, Granarolo, C196/15, EU:C:2016:559, ap. 34;

481 En este sentido, las distintas posturas sobre esta cuestión se recogen en el siguiente estudio: Ruiz Rodríguez, R., «Las criptodivisas como medio de pago...», *op. cit.*, págs. 749-753.

482 STJUE de 22 de octubre de 2015, Hedqvist, C264/14, EU:C:2015:718, ap. 24; STJUE de 15 de junio de 2017, Kareda, C249/16, EU:C:2017:472, ap. 35.

483 STJUE de 22 de octubre de 2015, Hedqvist, C264/14, EU:C:2015:718, ap. 55.

tractual»[484]. Además, ha recalcado que la compraventa de criptomonedas —*bitcoins*— constituye un intercambio de distintos medios de pago, por lo que no se trata de una entrega de bienes, sino que estas operaciones constituyen prestaciones de servicios[485]. No obstante, cabe tener presente que esta resolución fue dictada por el TJUE tomando en consideración lo dispuesto en la Directiva del IVA, por lo que no resulta aplicable para considerar que la actividad de intercambio de criptomonedas por dinero [o viceversa] pueda calificarse como un contrato de prestación de servicios en virtud del art. 7.1 del Reglamento 1215/2012[486].

En este orden de consideraciones, una parte de la doctrina entiende que una operación de ese tipo no puede calificarse como un «contrato de compraventa de mercaderías» porque, a su juicio, las criptodivisas —o el dinero fiat— no son mercaderías, pues estas únicamente hacen referencia a bienes muebles tangibles que pueden ser entregados en un determinado lugar[487].

---

484 STJUE de 22 de octubre de 2015, Hedqvist, C264/14, EU:C:2015:718, ap. 24 y 42. Cabe subrayar que en el TJUE indica que «al ser la divisa virtual «bitcoin» un medio de pago contractual, por una parte, no es posible considerarla ni una cuenta corriente ni un depósito de fondos, un pago o un giro. Por otra parte, a diferencia de los créditos, cheques y otros efectos comerciales mencionados en el artículo 135, apartado 1, letra d), de la Directiva del IVA, constituye un medio de pago directo entre los operadores que la aceptan».

485 STJUE de 22 de octubre de 2015, Hedqvist, C264/14, EU:C:2015:718, ap. 26, 30 y 31.

486 STJUE de 23 de abril de 2009, C533/07, Falco Privatstiftung y Rabitsch, EU:C:2009:257, ap. 38. Como indica el TJUE, no cabe interpretar el concepto de prestación de servicios a la luz de la definición de servicios otorgada por la Directiva en materia de IVA [ap. 38]. Asimismo, véase los ap. 39 y 40. No obstante, a falta de una concepción uniforme cabría preguntarse si resulta adecuado, en el campo de las criptomonedas, trasladar la citada jurisprudencia al ámbito del Reglamento 1215/2012, calificando como un contrato de prestación de servicios los intercambios de dinero por criptomonedas [o viceversa]. Ello podría favorecer la previsibilidad y la certeza de las partes en relación con la aplicación de los foros en esta materia, lo que redundaría en una mayor seguridad jurídica. No obstante, tras un análisis exhaustivo de la cuestión hemos concluido que ello no resulta posible. Sobre esta cuestión, *vid. infra*, apartado «VI. Canje de criptoactivos por fondos u otros criptoactivos».

487 CALVO CARAVACA A.L., y CARRASCOSA GONZÁLEZ, J., *Derecho Internacional Privado... [Vol. II], op. cit.*, p. 848. RIBÓ LÓPEZ, A., «Artículo 7.1», en: BLANCO-MORALES, P., GARAU, F., LORENZO, M.L., MONTERO, F.J. [Coords.], *Comentario al Reglamento 1215/2012 relativo a la competencia judicial, el reconocimiento y la ejecución de resoluciones judiciales en materia civil y mercantil*, Aranzadi, Pamplona, 2016, p. 181 [nota 88]. Estos autores entienden que dentro del concepto de mercaderías no pueden incluirse los bienes intangibles como créditos, acciones o participaciones sociales, ni derechos de propiedad industrial o intelectual. Sin embargo, respecto del software, entienden que «entrará en la categoría de mercaderías siempre que hubieran podido ser adquiridas en un soporte físico [DCD, CDRom]. Asimismo, sosteniendo esta misma postura en el caso de la criptomoneda *bitcoin*, *vid.*: LORENTE MARTÍNEZ, I., «Compraventas especiales excluidas del foro especial por razón de la materia del artículo 7.1 b) del Reglamento Bruselas I bis», *InDret*, núm. 3 [2019], págs. 1-44, págs. 18 y 26. Esta autora indica que «solo existe compraventa cuando hay un intercambio de cosa bien mueble por dinero, el dinero es «moneda oficialmente emitida por un Estado con poder liberatorio de deuda». Los *bitcoins* no entran dentro de este concepto de dinero» [p. 26].

En consonancia con ello, se ha dicho que la compraventa de criptomonedas utilizando otras criptomonedas se puede considerar una permuta, «ya que lo que se intercambia es cosa por cosa»[488], en cuyo caso no podría operar el art. 7.1.b) del Reglamento 1215/2012[489]. En caso de que el contrato se calificara como una permuta u otro tipo contractual distinto de un contrato de compraventa de mercaderías o un contrato de prestación de servicios, la aplicación del foro en materia contractual se regiría por las reglas previstas en el art. 7.1.a)[490]. En dicho caso, el lugar de cumplimiento de la obligación se debería determinar conforme a la ley aplicable conforme a las normas de conflicto del tribunal que conociera de la acción[491].

No obstante, a nuestro parecer, la compraventa de criptoactivos con moneda fiat o criptomonedas debe calificarse como una «compraventa de mercaderías» a los efectos del art. 7.1.b) del Reglamento. En este contexto, una parte importante de la doctrina entiende que los contratos que invo-

---

488 LORENTE MARTÍNEZ, I., «Compraventas especiales excluidas...», *op. cit.*, p. 26. Según la citada autora, «la llamada «compraventa con bitcoins» no es más que una modalidad del contrato de permuta, ya que lo que se intercambia es cosa por cosa, los bitcoins no son moneda ni un signo que la represente en una compraventa. En estos casos, existirían dos lugares de entrega de las mercancías y el foro del art. 7.1 del Reglamento Bruselas I bis no operaría bien». Asimismo, sobre esta cuestión, *vid.*: ECHEBARRÍA SÁENZ, M., Contratos electrónicos autoejecutables [smart contract] y pagos con tecnología blockchain, *Revista de Estudios Europeos*, núm. 70, 2017, págs. 60-97. Como indica la citada autora, «dejando al margen la calificación del pago en criptomoneda como instrumento de pago en sentido propio, con el pago en divisa virtual propiamente estamos ante una permuta de valor de un bien fungible [art. 337 C.C.] representación digital de un valor de cambio aceptable como medio de pago mediando consentimiento y aceptación de las partes [art. 1166 C.C.] y con sometimiento al art. 1170.2 del C.C [...]» [p. 93].

489 LORENTE MARTÍNEZ, I., «Compraventas especiales excluidas...», *op. cit.*, p. 26.

490 STJUE de 19 de diciembre de 2013, Corman-Collins, C9/12, EU:C:2013:860, ap. 40; STJUE de 10 septiembre de 2015, Holterman Ferho Exploitatie y otros, C-47/14, EU:C:2015:574, ap. 56; STJUE de 25 de marzo de 2021, Obala i lučice, C- 307/19, EU:C:2021:236, ap. 92; STJUE de 8 de marzo de 2018, Saey Home, C-64/17, EU:C:2018:173, ap. 34. Como indica el TJUE en esta última sentencia, «se ha de precisar que los criterios de atribución de competencia previstos en el artículo 7, punto 1, letra b), del Reglamento n.o 1215/2012 únicamente son aplicables en la medida en que el órgano jurisdiccional nacional, que conoce del litigio surgido entre partes que han mantenido relaciones comerciales, concluya que tales relaciones tienen su fundamento en un «contrato de compraventa de mercaderías» o en «contrato de prestación de servicios», en el sentido de dicha disposición. Tal calificación excluiría la aplicación de la regla de competencia prevista en la letra a) del citado artículo 7, punto 1. En efecto, teniendo en cuenta la jerarquía normativa que la letra c) establece entre la letra a) y la letra b) de esa disposición, la regla de competencia prevista en la letra a) solo es aplicable de manera alternativa y supletoria en relación con las reglas de competencia enunciadas en la letra b)».

491 STJUE de 14 de marzo de 2013, Česká spořitelna, C-419/11, EU:C:2013:165, ap. 54. MAGNUS, U. y MANKOWSKI, P., *European Commentaries on Private..., op. cit.*, págs. 250 a 255; CALVO CARAVACA A.L., y CARRASCOSA GONZÁLEZ, J., *Derecho Internacional Privado... [Vol. II], op. cit.*, págs. 860 a 863. RIBÓ LÓPEZ, A., «Artículo 7.1» *op. cit.*, p. 179 y 180.

lucren bienes inmateriales también pueden subsumirse en el concepto de contrato de compraventa de mercaderías[492]. En concreto, algunos autores afirman que un contrato de adquisición o venta de monedas virtuales [o criptomonedas] debe calificarse como una «compraventa de mercaderías»[493]. En dicho caso, naturalmente, resultará aplicable el art. 7.1.b) del Reglamento para determinar cuál es el lugar en el que se ha cumplido o debe cumplirse la obligación que sirve de base a la demanda; debiéndose determinar, en concreto, cuál es el lugar del EM en el que, según el contrato, han sido o deben ser entregadas las monedas virtuales[494].

Esta cuestión se analiza con mayor profundidad en el epígrafe dedicado al servicio de «canje de criptoactivos por fondos u otros criptoactivos» *[vid. infra]*, si bien cabe afirmar que estos contratos deben calificarse, a nuestro modo de ver, como compraventas de mercaderías a los efectos de la aplicación del art. 7.1.b) del Reglamento, dado que, como ha indicado el TJUE, la obligación característica de estos contratos es, a fin de cuentas, la entrega de un bien[495], con independencia de que este sea intangible o inmaterial. Con todo, estas consideraciones pueden resultar insatisfactorias para determinar la naturaleza jurídica de las transacciones que involucren otros tipos de *tokens* existentes[496], en cuyo caso habrá que analizar cada

492 MAGNUS, U. y MANKOWSKI, P., *European Commentaries on Private..., op. cit.*, p. 197. Los citados autores indican que el software y la información son bienes intangibles, pero el concepto de mercaderías previsto en el art. 7.1.b), guión primero, no puede restringirse a los bienes tangibles.

493 CORDERO ÁLVAREZ, C.I., «Lugar de cumplimiento...», *op. cit.*, p. 721. Como indica la citada autora, «en términos generales, tendrán la calificación de contrato de compraventa, a los efectos del art. 7.1.b), típicamente los contratos en los que, a cambio del pago de un precio [entre el que se incluye las representaciones digitales de valor, como son los vales o cupones electrónicos, y las monedas virtuales, en el ámbito de la contratación electrónica), la contraparte adquiera la propiedad de un bien [incluyendo bienes con elementos digitales]». Asimismo, *vid.*: PAREDES PÉREZ, J.I., «Contratos de suministro de contenidos y servicios digitales B2C: Problemas de calificación y tribunales competentes», *Revista Electrónica de Estudios Internacionales*, núm. 41, 2021, p. 20. Como indica el citado autor, «recibirán la calificación de contrato de compraventa, en el sentido del art. 7.1.b) de RBI bis, típicamente los contratos en los que, a cambio del pago de un precio [incluidas representaciones digitales de valor, como vales o cupones electrónicos, y monedas virtuales], el consumidor adquiera la propiedad de un bien con elementos digitales. Asimismo, recibirán tal calificación los contratos de adquisición de contenidos digitales suministrados en un soporte material, como DVD, CD, memorias USB y tarjetas de memoria, cuando los contenidos digitales hayan sido pre-generados por el proveedor».

494 STJUE de 25 de febrero de 2010, Car Trim, C-381/08, EU:C:2009:577, ap. 50, 51 y ss. STJUE de 3 de mayo de 2007, Color Drack, C-386/05, EU:C:2007:105, ap. 25-27 y 40.

495 STJUE de 25 de febrero de 2010, Car Trim, C-381/08, EU:C:2009:577, ap. 32; STJUE de 8 de marzo de 2018, Saey Home, C-64/17, EU:C:2018:173, ap. 37.

496 Para una visión global de los distintos tipos de tokens, entre los cuales están los utility tokens, los security tokens y los asset-backed tokens [entre los cuales se encuentran los

contrato de forma individual para concretar su calificación jurídica y cómo debe aplicarse el *forum contractus*. En todo caso, la última palabra sobre esta calificación corresponderá al juez que conozca del asunto atendiendo a las circunstancias concurrentes[497].

III. La determinación del lugar de prestación de los servicios de criptoactivos en atención a las condiciones generales de la contratación

Los próximos epígrafes tienen como objetivo determinar, para cada tipo de servicio de criptoactivos, dónde cabe situar el lugar de prestación principal de cada servicio [o el lugar de entrega en caso de que se califiquen como contratos de compraventa]. Siguiendo la jurisprudencia del TJUE, cabe, en primer lugar, fijarse en las CGC previstas por cada PC y, a falta de éstas, en el lugar de cumplimiento efectivo del contrato. Por ende, en el presente epígrafe se analizan las CGC de las principales PC con el fin de determinar si prevén cuál es el lugar de prestación de los servicios o el lugar de entrega de los criptoactivos. Cabe adelantar que, con carácter general, dichas PC no recogen estipulaciones al respecto, si bien recogen ciertas restricciones que prohíben a los usuarios ubicados en ciertos Estados acceder y utilizar sus servicios de criptoactivos. En este contexto, cabe analizar si estas restricciones resultan válidas.

En el segundo epígrafe se analizan las PC que prevén algún tipo de delimitación en el ámbito de prestación de sus servicios. En este escenario, la PC Kucoin prevé una cláusula que permite reflexionar acerca de si es posible que una PC delimite, de manera unilateral, el lugar de prestación del servicio. En concreto, Kucoin prevé una cláusula que indica que los servicios de dicha PC se prestan únicamente en Seychelles, si bien permite a los usuarios de otros países acceder y utilizar sus servicios. Ello permite analizar en qué circunstancias resultará válida la determinación del lugar de prestación del servicio de criptoactivos, por responder a los principios de previsibilidad, certeza y proximidad con el objeto del litigo; y en que ocasiones no resultará válida por contravenir los mencionados principios y resultar desproporcionada para los usuarios.

NFTs], *vid*.: Nasarre Aznar, S., «Naturaleza jurídica y régimen...», *op. cit.*, p. 78. Sobre la clasificación de los *tokens* a raíz de la propuesta MICA, *vid*.: PWC España: «El impacto regulatorio de la Propuesta MICA», págs. 1-24, p. 4 y ss. Para una visión general sobre los distintos criptoactivos, *vid*.: Menéndez Pastorelli, P., «NTFS [not fungible tokens] desde una perspectiva jurídica», *Biblioteca del Congreso Nacional de Chile*, 2022, págs. 1-15.

497 STJUE de 8 de marzo de 2018, Saey Home & Garden, C64/17, EU:C:2018:173, ap. 34; STJUE de 14 de julio de 2016, Granarolo, C196/15, EU:C:2016:559, ap. 30 y 36.

1. Plataformas que no delimitan el lugar de prestación

En este apartado se traen a colación varias PC que no prevén en sus CGC disposiciones relativas a la determinación del lugar donde se puede entender prestado el servicio de criptoactivos. No obstante, se realizan varias consideraciones que pueden resultar de cierto interés para determinar, con carácter general, dónde puede entenderse que dichas PC dirigen sus servicios de criptoactivos en atención a una serie de indicios o criterios objetivos.

1.1. Kraken

Esta PC recoge en sus CGC una serie de restricciones para los usuarios ubicados en ciertos Estados, pero no indica en qué lugar se pueden entender prestados los servicios de criptoactivos[498]. En concreto, se recoge una cláusula que dispone lo siguiente: «si usted es un particular, no debe estar ubicado o residente en, o, si es una entidad, no debe ser propiedad ni estar controlado directa o indirectamente por ninguna persona ubicada en, bajo el control de u organizada o residente en: cualquier jurisdicción sancionada o embargada [incluidas Crimea, Cuba, Donetsk, Irán, Luhansk, Corea del Norte, Rusia, Bielorrusia y Siria], o cualquier jurisdicción donde podamos tener restringido el uso de cualquier servicio». Asimismo, se indica lo siguiente: «si usted es un particular, no debe figurar en la lista [o, si es una entidad, no debe figurar en la lista ni ser propiedad o estar controlado directa o indirectamente por ninguna persona incluida en la lista] de la Oficina de Control de Activos Extranjeros del Departamento del Tesoro de los EE. UU [...]». La cláusula también recoge una serie de bloqueos a los sujetos que han sido designados por EE. UU., por el consejo de seguridad de la ONU y por los gobiernos regionales o extranjeros.

Naturalmente, las referidas cláusulas no permiten entender dónde se ubica el lugar de prestación de los servicios, aunque permiten delimitar hacia qué países o regiones no se dirigen. En este sentido, si un usuario domiciliado en uno de los Estados que cuentan con restricciones para operar con Kraken accede a dichos servicios [*v.g.* mediante una VPN o cualquier otro método que le permita el acceso a la plataforma], no podrá entenderse, en ningún caso, que la plataforma Kraken presta sus servicios en el territorio dónde está domiciliada dicho usuario. Y ello con independencia del tipo de servicio prestado, esto es, aunque se trate de un servicio cuya prestación, por regla general, quepa situar en Estado de residencia del usuario [*v.g.* servicio de transferencia de criptoactivos].

---

498 Las condiciones generales de la plataforma Kraken están disponibles en el siguiente enlace web: https://www.kraken.com/es-es/legal Su última actualización consta del 20 de marzo de 2024, habiendo sido consultadas por última vez el 26.03.2024.

Cuestión distinta sería que Kraken indicara en sus CGC que no se permite utilizar los servicios a los usuarios ubicados en dichos países y, aun así, dirigiera sus servicios a los usuarios situados en dichos Estados. A tal efecto, para determinar que la PC dirige sus servicios hacia uno de esos Estados no resulta suficiente que los usuarios ubicados en dichos países puedan acceder a los servicios de Kraken, sino que deben existir otros indicios que permitan afirmar que la PC dirige, de forma objetiva, los servicios hacia dicho territorio [*v.g.* página web redactada en su idioma oficial, la existencia de CGC para los usuarios ubicados en dichos países, consejos sobre cómo invertir en criptoactivos dirigidos a dichos usuarios, publicidad sobre criptoactivos y tokens dirigida a los usuarios de dichos países, la admisión de su moneda oficial, la existencia de un dominio de internet de ese concreto país, etc.][499]. En última instancia, corresponderá al tribunal competente decidir si, atendiendo a los indicios existentes[500], puede entenderse que los servicios de criptoactivos se dirigen hacia un determinado Estado.

1.2. Gate.io

Esta PC prevé en sus CGC varias restricciones muy relevantes que limitan, en gran medida, el lugar de prestación de los servicios de criptoactivos[501]. De esta forma, tras indicar que el usuario no debe encontrarse en ninguna lista de sanciones económicas previstas por los organismos internacionales o ciertos países, se recoge una cláusula que establece lo siguiente: «Usted reconoce que nos reservamos el derecho de hacer que todos o solo parte de los servicios estén disponibles solo en ciertos mercados y jurisdicciones, a nuestra absoluta discreción y de acuerdo con las leyes locales aplicables. Podemos restringir o prohibir el uso de todo o parte de los servicios desde las ubicaciones: a) que determinemos, a nuestro exclusivo y absoluto criterio, que no resulta apropiado o adecuado para nosotros proporcionar todos o una parte de los servicios; o b) cuando las leyes locales no nos permiten proporcionar todos o una parte de los servicios desde y/o hacia esa jurisdicción. Las ubicaciones restringidas incluyen, entre otras, los Estados Unidos

---

499 Aunque haga referencia al ámbito de los contratos de consumo, cabe aplicar de forma analógica la jurisprudencia del TJUE que determina si una actividad puede entenderse «dirigida» hacia un concreto Estado. Aun así, cabe tener presente que los indicios recogidos en dicha jurisprudencia no resultan plenamente aplicables al ámbito de las PC, por lo que habrá que combinar dichos indicios con otros específicos de este ámbito para determinar dónde dirige la PC sus servicios de forma objetiva. En este sentido, véase: STJUE de 7 de diciembre de 2010, Pammer y Hotel Alpenhof, C-585/08, EU:C:2010:740, ap. 80 a 84.

500 STJUE de 7 diciembre de 2010, Pammer y Hotel Alpenhof, C-585/08, EU:C:2010:740, ap. 90.

501 Las condiciones generales de la plataforma Gate.io están disponibles en el siguiente enlace web: https://www.gate.io/es/user-agreement La última consulta ha sido realizada el 26.03.2024, si bien no se dispone cuando ha sido la última modificación de las condiciones generales.

de América, China continental, Singapur, Canadá, Francia, Alemania, Hong Kong, Malasia, Malta, Cuba, Irán, Corea del Norte, Sudán, Siria, la región de Crimea, España, Luhansk, Donetsk, Países Bajos, Bolivia, Reino Unido, Myanmar, Venezuela, Uzbekistán, Austria, etc. Podemos, a nuestra absoluta discreción, actualizar la lista de ubicaciones restringidas sin previo aviso. Es su responsabilidad consultar con frecuencia los sitios para familiarizarse con la lista de Ubicaciones restringidas y dejar de acceder inmediatamente a nuestros sitios y utilizar nuestros servicios si se encuentra en cualquiera de las ubicaciones restringidas».

Una cláusula como la transcrita no resulta admisible desde el punto de vista de la validez de las CGC, tanto para los consumidores como para los profesionales. No cabe restringir el acceso a los usuarios de ciertos Estados a la vez que la PC dirige los servicios de criptoactivos hacia dichos países. La PC Gate.io pretende captar cliente y dirigir sus servicios hacia la UE, por lo que quedará sometida al Reglamento MICA y a las disposiciones del Reglamento núm. 1215/2012. En este contexto, cabe afirmar que está dirigiendo sus servicios hacia el mercado español, pues existen múltiples indicios que así lo corroboran: prevé un dominio de primer nivel en España [un dominio «.es»][502]; la página web está redactada en español; contiene todo un conjunto de preguntas frecuentes y guías de usuario redactadas en español[503]; permite comprar y vender criptomonedas, así como realizar cualquier transacción relacionada con criptoactivos a los usuarios ubicados en España; prevé mucha información en su web redactada en español; permite ponerse en contacto con los administradores mediante el envío de tickets en español; permite a los usuarios situados en España registrarse, verificar la cuenta y adquirir criptomonedas mediante un proceso rápido y sencillo; etc. La lista de indicios para determinar que, efectivamente, dirige sus servicios hacia el mercado español es amplísima, por lo que la posible restricción prevista en sus CGC no resulta vinculante para los consumidores y/o profesionales.

Y ello sin perjuicio de que, cuando el usuario pretende registrarte en la PC Gate.io, emerge una ventana flotante que contiene un breve mensaje en inglés [redactado con una letra de tamaño muy reducido], indicando al usuario que está accediendo desde una localización restringida, desde la cual la plataforma no puede proveer sus servicios o dónde existen restricciones a sus servicios [sin especificar en que supuesto se halla el usuario que pretende registrarse][504]. Esta advertencia pasa inadvertida porque el usuario

502 A tal efecto, véase: https://www.gate.io/es

503 A tal efecto, véase: https://www.gate.io/es/help/guide/common/25687/startup-faq

504 It seems that you are attempting to access our services from a Restricted Location where Gate.io is unable to provide or restricts its services. We apologize for any inconvenience this may cause. Currently the Restricted Locations include but not limited to: United States of America, Canada, Cuba, Iran, North Korea and so on. For more information regarding the Restricted Locations, please refer to the User Agreement

promedio no se detiene a analizar y leer todas las ventanas flotantes que aparecen y, además, porque si no se leen con esmero las CGC no pueden saber ante que restricción se encuentran[505]. En definitiva, esta limitación geográfica no resulta vinculante porque no va acompañada de una medida de seguridad real que impida a los usuarios ubicados en España registrarse y operar normalmente a través de la PC. A tal efecto, las restricciones previstas en las CGC no pueden servir para delimitar, de forma negativa, el lugar dónde se puede entender prestado el servicio de criptoactivos. Es decir, no se puede afirmar que un determinado servicio no se está prestando en España, a los efectos de la aplicación del art. 7.1.b) del Reglamento núm. 1215/2012, por el mero hecho de que se recoja en las CGC una serie de restricciones genéricas que no van acompañadas de medidas reales que impidan a los usuarios situados en España acceder a dichos servicios.

1.3. Binance España

La PC Binance España no fija en sus CGC el lugar dónde se consideran prestados los servicios de criptoactivos que ofrece dicha plataforma[506]. A tal efecto, lo único que estipulan sus CGC es lo siguiente: «Servicios de Binance o Servicio de Binance son los servicios que le proporciona Binance España, basados en las tecnologías de registro distribuido o *blockchain* y que se ofrecen a través del Sitio Web de España, la Aplicación Móvil y a través de otros medios, en su caso [incluidos los que se desarrollen en el futuro como consecuencia de avances tecnológicos]. El Usuario debe revisar estas Condiciones para conocer los términos bajo los que Binance España presta los Servicios de Binance y sus riesgos asociados antes de utilizar los Servicios de Binance [...]».

A lo sumo, teniendo en cuenta la citada cláusula, cabría preguntarse si resulta posible considerar que los servicios se prestan en España por ser el lugar dónde la empresa tiene su domicilio social y porque los servicios se ofrecen a través de la página web española. A nuestro parecer, la respuesta debe ser negativa, pues no existe una disposición específica en las CGC de Binance que establezca, de forma concreta, dónde se pueden considerar

505 En dicha ventana flotante [que aparece bajo el rótulo de *«important tip»*] sólo se indica que algunas de las localizaciones restringidas son los EE. UU, Canadá, Cuba, Irán, Corea del norte, entre otras; pero no se indica que España se encuentre entre dichos países restringidos. Sea como fuere, al pulsar el botón de «I Acknowledge» [lo comprendo] en la ventana flotante se permite al usuario registrarte normalmente, con independencia de que acceda desde el territorio español. Incluso, se pregunta al usuario desde qué país accede y si se indica desde España se contiene un enlace a los términos legales y las condiciones de privacidad redactadas en español.

506 Las CGC de la plataforma Binance España están disponibles en el siguiente enlace web: https://www.binance.com/es/compliance/spain-terms-and-conditions La última actualización consta del 12 de diciembre de 2022, si bien nuestra última consulta data del 24.03.2024.

prestados los servicios de criptoactivos; resultando irrelevante, a estos efectos, el lugar donde está domiciliada la PC o el lugar desde donde acceden los usuarios. Por consiguiente, a falta de tales previsiones, habrá que determinar el lugar de prestación principal del servicio a través del análisis de los aspectos fácticos del concreto servicio y de las circunstancias concurrentes, como se comenta en los siguientes epígrafes respecto de cada uno de los servicios de criptoactivos *[vid. infra]*.

1.4. Coinbase

Esta PC tampoco establece el lugar dónde se deben considerar prestados los servicios de criptoactivos que ofrece dicha plataforma[507]. En relación con las condiciones de accesibilidad a los servicios ofrecidos por Coinbase, se establece lo siguiente en los términos legales: «Para ser elegible para utilizar cualquiera de los servicios de Coinbase, debe tener al menos 18 años y residir en un país en el que se pueda acceder a los servicios de Coinbase correspondientes. Hay ciertos servicios o funciones de Coinbase que pueden o no estar disponibles para usted según su ubicación y otros criterios. Coinbase Europa puede proporcionarle los siguientes servicios: 1. Una o más billeteras alojadas que le permiten almacenar, rastrear, transferir y administrar activos digitales admitidos; 2. Un servicio de intercambio de activos digitales que le permite obtener información para sus compras y ventas de activos digitales y realizar dichas compras o ventas en el sitio».

Sin perjuicio de lo anterior, no se indica en las condiciones generales cuáles son los Estados que pueden tener restricciones de acceso a la plataforma de Coinbase ni cuáles son las posibles restricciones a las que hace referencia. Tampoco se indica qué servicios o funciones no están disponibles según la ubicación en la que esté situado el usuario. Si bien describe el servicio de custodia y administración de criptoactivos, no determina cuál es el lugar en el que debe entenderse prestado dicho servicio. A falta de tales consideraciones, habrá que determinar el lugar de prestación de los servicios de criptoactivos atendiendo al análisis de los aspectos fácticos del concreto servicio *[vid. infra]*.

1.5. Crypto.com

Entre las CGC de Crypto.com tampoco se delimita en qué lugar pueden entenderse prestados los servicios de criptoactivos. Únicamente se indica que los servicios de Crypto.com no se prestarán a los nacionales o residentes

507 Las CGC de la plataforma Coinbase están disponibles en el siguiente enlace web: https://www.coinbase.com/legal/user_agreement/ireland_europe La última consulta realizada data del 24.03.2024, si bien no se indica cuando se efectuó la última modificación de éstas.

de un país sancionado internacionalmente, ni a los que se ubiquen en algún país al que Estados Unidos haya embargado bienes o servicios[508]. Tampoco permite utilizar los servicios a los usuarios residentes en un país cuya ley aplicable prohíba hacerlo. Finalmente, esta PC recoge una estipulación que parece, cuanto menos, sorprendente, dado que indica que el usuario «utilizará nuestros servicios únicamente para su uso personal y no para fines comerciales». Ciertamente, los profesionales no pueden comercializar con dicha PC, por lo que no tiene mucho sentido determinar el lugar de prestación de los servicios para los usuarios residentes en la UE, pues el foro en materia contractual no resultará aplicable. A tal efecto, cabe recordar que los consumidores únicamente se rigen por las disposiciones recogidas en la sección de consumo [art. 17 y ss. del Reglamento núm. 1215/2012].

2. Plataformas que delimitan el lugar de prestación

Si bien son pocas las PC que prevén delimitaciones relativas a la prestación de los servicios de criptoactivos, cabe hacer extensibles las consideraciones realizadas en el presente epígrafe a otras PC que prevean o puedan prever cláusulas similares. En este contexto, se traen a colación dos plataformas con cláusulas contrapuestas: Kucoin y Robin Hood USA. La primera prevé en sus CGC una cláusula que delimita su ámbito de actuación a Seychelles, si bien permite de forma expresa a los usuarios residentes en otros países utilizar sus servicios. Por su parte, Robin Hood USA preveía hasta finales de 2023 una cláusula que determinaba que sus servicios estaban destinados únicamente a los usuarios residentes en los EE. UU., no permitiendo el registro a los usuarios ubicados en otros países [si bien en la actualización de 2024 se creó Robin Hood UE], lo cual permite comparar esta situación con la prevista por Kucoin.

2.1. La delimitación no vinculante de Kucoin

La PC Kucoin indica en sus CGC que no presta servicios fuera de la República de Seychelles, pero permite a los usuarios de otros países acceder y utilizar dichos servicios. La cláusula controvertida indica lo siguiente: «La plataforma no ofrece sus servicios fuera de la República de Seychelles. Sin embargo, no es necesario que un usuario resida en Seychelles para que pueda utilizar los servicios de la plataforma. Los propios usuarios extranjeros son totalmente responsables de cumplir con todas las leyes en sus respectivos países de residencia o desde donde pueden acceder a la plataforma y la plataforma no acepta responsabilidad por cualquier incumplimiento de las leyes locales».

---

508 Las CGC de la plataforma Crypto.com están disponibles en el siguiente enlace web: https://crypto.com/exchange/document/tnc

En primer lugar, parece incoherente que Kucoin indique en sus CGC que no ofrece sus servicios de criptoactivos fuera de Seychelles y, de forma simultánea, permita a los usuarios domiciliados en otros países utilizar dichos servicios a su propio riesgo. A nuestro parecer, como ya se ha indicado al analizar la cláusula de jurisdicción de esta PC, Kucoin pretende captar cliente y dirigir sus servicios hacia la UE, por lo que quedará sometida al Reglamento MICA y al Reglamento núm. 1215/2012. En segundo lugar, cabe determinar si Kucoin puede delimitar unilateralmente el ámbito de prestación de sus servicios mediante las CGC. Es decir, cabe determinar si los servicios de criptoactivos deben ubicarse en la República de Seychelles a los efectos de aplicar el artículo 7.1.b) del Reglamento núm. 1215/2012. Esto no es posible por dos razones: a) Primero, porque la cláusula descrita únicamente indica que «la plataforma no ofrece sus servicios fuera de la República de Seychelles», pero no indica, para el caso de que los usuarios residentes en otro país accedan a sus servicios, dónde se debe entender prestado el servicio en cuestión. b) Segundo, aunque se interprete que el servicio se presta siempre en Seychelles, con independencia del lugar de residencia del sujeto que accede a los servicios, dicha disposición tampoco resulta válida. Así es, dado que una cláusula de ese tipo dejaría al arbitrio de una de las partes la elección del lugar de prestación efectiva del servicio, lo cual conculcaría los objetivos de previsibilidad y certeza que imperan en la aplicación del art. 7.1.b) del Reglamento [lo cual resulta realmente evidente cuando dichos servicios se prestan, de forma efectiva, en otro país].

Además, esta cláusula determina como lugar de prestación del servicio un país totalmente alejado del lugar donde tiene su infraestructura informática la empresa proveedora del servició y del lugar dónde está ubicado el usuario. Por tanto, cabe calificarla como abusiva por provocar un desequilibrio injustificado entre los derechos y deberes de las partes, ya sea el usuario un consumidor o un profesional. Cuestión distinta sería que la PC estipulara que la prestación de servicios se debe ubicar en un lugar vinculado de forma real con el servicio de criptoactivo en cuestión. Esta conexión real debe basarse en cuestiones fácticas verificables, tales como el lugar dónde efectivamente se dirigen tales servicios, el lugar desde dónde los usuarios acceden a dichos servicios o dónde está ubicado el centro de actividad principal de la PC[509].

509 Cabe realizar una precisión respecto de la posibilidad de que la PC establezca como lugar de prestación de los servicios el lugar donde ésta tenga su establecimiento. Para evitar que exista una desconexión entre el lugar de prestación del servicio y el lugar de establecimiento de la PC, resulta conveniente interpretar que dicho lugar hace referencia al lugar dónde la PC tiene su centro de actividad principal. Es decir, cabe entender que dicho lugar se ubica dónde, de forma real y efectiva, la PC lleva a cabo la mayor parte de las operaciones que permiten prestar los servicios de criptoactivos en línea, sin perjuicio de que una parte de dichos servicios puedan prestarse desde otros territorios o centros [filiales, sucursales, etc.] situados en otros países.

En definitiva, si en las CGC se determina cuál es el lugar dónde se deben entender prestados los servicios de criptoactivos, dicho lugar debe resultar previsible para las partes, debe resultar próximo al objeto del litigio [debe guardar una relación real con el lugar dónde se prestan o reciben dichos servicios] y, finalmente, debe resultar determinable[510]. Si se cumplen estas tres condiciones resultará válida la determinación del lugar de prestación de los servicios de criptoactivos, aunque dicha concreción se haya previsto de forma unilateral en las CGC. En este contexto, si bien para el caso de que no sea posible identificar el lugar de prestación principal de los servicios en función de las cláusulas del propio contrato o de su cumplimiento efectivo, el TJUE ha indicado que «procede identificar este lugar de otra manera que respete, a la vez, los objetivos de previsibilidad y de proximidad perseguidos por el legislador»[511]. A nuestro parecer, estos criterios también deben respetarse cuando el servicio se delimita de forma unilateral a través de las CGC.

2.2. La delimitación vinculante de Robin Hood USA

La plataforma Robin Hood USA preveía hasta finales de 2023 una cláusula que determinaba que sus servicios estaban destinados únicamente a los usuarios residentes en los EE. UU., no permitiendo el registro a los usuarios ubicados en otros países. En la actualidad, permite la utilización de sus servicios a los residentes en la UE, pero sólo si acceden desde la plataforma Robin Hood EU. Sea como fuere, cabe comentar brevemente la situación en la que se encontraba la plataforma Robin Hood USA en 2023. De esta forma, se podrá comparar la situación prevista y descrita respecto de la plataforma Kucoin.

En 2023, cuando un usuario intentaba acceder a la PC de Robin Hood USA, salía un aviso con el siguiente contenido: «El Contenido y el Servicio están destinados únicamente a residentes de los Estados Unidos. No se considerarán una solicitud a ninguna persona en ninguna jurisdicción donde dicha solicitud sería ilegal». Este mensaje, redactado originalmente en inglés, avisaba al usuario de forma clara y contundente de que el contenido y los servicios

510 STJUE de 11 de marzo de 2010, Wood Floor Solutions Andreas Domberger, C-19/09, EU:C:2010:137, ap. 38 a 41. Como indica el TJUE, «en cuanto al objetivo de previsibilidad, expuesto por el legislador en el undécimo considerando del Reglamento, y habida cuenta del tenor del artículo 5, número 1, letra b) segundo guión, del Reglamento, según el cual será determinante el lugar del EM en el que, «según el contrato», hubieren sido o debieren ser prestados los servicios, el lugar de la prestación principal de los servicios debe deducirse, en la medida de lo posible, de las cláusulas del propio contrato [ap. 38]. Además, el TJUE indica que «la determinación del lugar de la prestación principal de los servicios en función de lo que elijan las partes responde al objetivo de proximidad, dado que dicho lugar presenta, por naturaleza, un vínculo con el fondo del litigio» [ap. 39].

511 A tal efecto, *vid.*: STJUE de 11 de marzo de 2010, Wood Floor Solutions Andreas Domberger, C-19/09, EU:C:2010:137, ap. 41.

de la PC no estaban operativos ni estaban dirigidos a los usuarios residentes fuera de los EE. UU. En consonancia con ello, cuando el usuario intentaba registrarse en la página web de Robin Hood USA, emergía una ventana que avisaba claramente que ello no era posible. Dicho mensaje iba acompañado de la imposibilidad real de registrarte fuera del territorio de los EE. UU, salvo que el usuario utilizara, a su propio riesgo y ventura, un programa para burlar dicho control [*v.g.* VPN].

Estas previsiones, junto a la imposibilidad real de registro, contrastan con la cláusula recogida por la PC Kucoin, la cual indica que no dirige sus servicios fuera de Seychelles, pero permite a cualquier usuario acceder y utilizar dichos servicios. Sea como fuera, cabe afirmar que las previsiones de Robin Hood USA resultan coherentes con las medidas adoptadas, por lo que cabe concluir que sus servicios de criptoactivos únicamente se prestan en los EE. UU. Por ende, un usuario que acceda a dichos servicios utilizando un programa informático no autorizado, no podrá alegar que dicha PC presta o dirige los servicios en el territorio dónde está domiciliado, a los efectos de aplicar, por lo que aquí interesa, el artículo 7.1.b) del Reglamento núm. 1215/2012.

IV. Custodia y administración de criptoactivos

1. Tipología contractual

Teniendo presente las consideraciones realizadas en los epígrafes anteriores, cabe calificar la actividad relativa a la «custodia y administración de criptoactivos por cuenta de clientes» como una «prestación de servicios» a la luz de lo dispuesto en el artículo 7.1.b) del Reglamento núm. 1215/2012. En efecto, la PC realiza una determinada actividad en favor del usuario por la cual recibe, como contrapartida, una determinada remuneración, normalmente en forma de comisión. En concreto, la actividad realizada por la PC se refiere a «la guarda o el control, por cuenta de clientes, de criptoactivos o de los medios de acceso a esos criptoactivos, en su caso en forma de claves criptográficas privadas» [art. 3.17 del Reglamento MICA][512]. Aunque no recibiera una compensación dineraria directa por dicho servicio, cabría entender que presta un servicio si obtiene una remuneración por la prestación de otros servicios conexos o íntimamente relacionados con dicho servicio de guarda y administración [*v.g.* canje de criptoactivos, colocación de criptoactivos, etc.]. En otras palabras, puede que el servicio de «guarda y administración de criptoactivos» sea complementario o secundario respecto de otro servicio prin-

512 Para una visión más extensa de este servicio, *vid. supra*, capítulo 1, epígrafe IV, apartado «1. Custodia y administración de criptoactivos».

cipal por el cual obtiene una determinada remuneración, en cuyo caso cabe entender que la remuneración del principal cubre la prestación del servicio secundario.

2. Determinación del lugar de prestación del servicio

En defecto de pacto entre las partes o estipulación expresa recogida en las CGC de la PC, cabe determinar dónde debe entenderse prestado el servicio relativo a la «guarda y administración de criptoactivos por cuenta de clientes». Un servicio de tales características debe entenderse prestado en el lugar dónde la PC tiene su centro de actividad principal. Y ello por una razón fundamental: los servicios de guarda y administración de criptoactivos requieren de una actividad que puede prolongarse indefinidamente en el tiempo por parte de la PC. A falta de otros datos relevantes, parece lógico situar dicha gestión en el lugar donde la PC tiene su centro de actividad principal, pues allí es donde, *de facto*, se están llevando a cabo todos los actos necesarios para prestar dicho servicio. En otras palabras, en dicho lugar se ubica la actividad de la PC consistente en la guarda, control y administración de los criptoactivos de los distintos clientes. Y ello con independencia de que algunas o todas las operaciones relativas a la prestación de este servicio puedan estar automatizadas a través de programas, bots o scripts informáticos, dado que, en dicho caso, los sujetos responsables de revisar, supervisar, corregir y actualizar los datos informáticos [del servicio en cuestión] estarán ubicados en el centro de actividad principal de la PC[513].

En todo caso, la posición y ubicación del usuario que se beneficia del servicio aludido no tiene suficiente relevancia para poder afirmar que en dicho EM se está prestando dicho servicio, dado que no se transfiere nada a su favor [*v.g.* transferencia de criptoactivos], no se realiza ninguna operación comercial a su nombre [*v.g.* ejecución de órdenes relacionadas con criptoactivos], ni se le ofrece asesoramiento directo sobre la materia de criptoactivos [*v.g.* asesoramiento en materia de criptoactivos]. Ello no significa que el usuario no se beneficie de un auténtico servicio prestado por la PC, sino que dicho servicio no tiene por objeto ninguna transmisión directa o indirecta [de activos o conocimientos] que permita entender que el EM del domicilio del usuario resulta relevante a los efectos de determinar el lugar dónde puede entenderse prestado el servicio. El lugar desde donde contrata el usuario puede resultar anecdótico en relación con el servicio prestado [*v.g.* se contrató el servicio mientras el usuario estaba de viaje] y/o estar totalmente des-

513 Sin perjuicio de lo anterior, cuando de las circunstancias concurrentes se infiera que existe un establecimiento distinto del indicado en el que se desarrollen, de forma efectiva y real, las distintas actividades que permiten prestar el servicio de guarda y administración de criptoactivos, habrá que concluir que dicho establecimiento es el lugar de prestación efectiva del servicio.

conectados del lugar donde efectivamente se presta el servicio. Por tanto, teniendo en cuenta los principios de previsibilidad, certeza en la aplicación de los foros y de proximidad con el objeto del litigio, cabe concluir que el servicio de guarda y administración de criptoactivos debe ubicarse, a falta de pacto en contra, en el EM del centro de administración principal de la PC.

La conclusión alcanzada se basa en el lugar de cumplimiento efectivo del contrato, dado que de las circunstancias concurrentes puede establecerse dicho lugar con seguridad y respetando los principios aludidos. Aun así, la conclusión alcanzada también coincide con la que el TJUE establece para los casos en los que no pueda determinarse el lugar de prestación del servicio según las cláusulas del contrato y para los casos en los que, a falta de tales cláusulas, sea imposible determinar el lugar de cumplimiento efectivo[514]. Por consiguiente, ya sea por una vía u otra se justifica que la prestación del servicio de criptoactivos se ubique, en el presente caso, en el domicilio del prestador del servicio, cuyo lugar coincidirá, normalmente, con el centro de actividad principal de la PC.

V. Gestión de una plataforma de negociación de criptoactivos

1. Tipología contractual

El servicio relativo a la «gestión de una plataforma de negociación de criptoactivos» consiste, según la definición recogida en el Reglamento MICA, en «la operación de uno o varios sistemas multilaterales que reúnen o permiten reunir, dentro del sistema y de conformidad con sus normas, intereses de adquisición y venta de criptoactivos de múltiples terceros para dar lugar a contratos, bien mediante el canje de criptoactivos por fondos o bien mediante el canje de criptoactivos por otros criptoactivos». Por consiguiente, este servicio hace referencia a la actividad realizada por una PC que actúa en calidad de *marketplace*, ofreciendo un canal dónde oferentes y adquirentes de criptoactivos pueden negociar libremente. Naturalmente, los oferentes y adquirentes deberán respetar las obligaciones y exigencias impuestas por la concreta PC.

En cuanto a su subsunción en un tipo contractual u otro, cabe afirmar que esta actividad debe calificarse como un contrato de prestación de servicios, tanto en relación con el oferente de criptoactivos como en relación con el demandante. A tal efecto, cabe tener presente que la PC realiza una función de intermediación que tiene por objeto, precisamente, favorecer las transacciones entre las partes, poniendo a disposición de éstas todo un conjunto de servicios conexos a través de su infraestructura. Los servicios conexos ofrecidos por una PC a través

514 STJUE de 8 de marzo de 2018, Saey Home, C-64/17, EU:C:2018:173, ap. 45.

de su plataforma de negociación son, entre otros, los siguientes: información detallada sobre el perfil de las partes[515]; garantías necesarias para dar confianza a las partes; la previsión de un centro de resolución de disputas; un centro de atención al cliente; la posibilidad de crear anuncios para vender criptoactivos o utilizar los anuncios preexistentes de la plataforma; la correspondiente pasarela de pago integrada en la plataforma; canales de comunicación entre las partes; entre otros. De esta forma, por ejemplo, la plataforma Binance prevé una plataforma denominada «Binance P2P» que permite a los usuarios, según indica en su página web, comprar y vender criptomonedas a otros vendedores, comerciantes y proveedores de forma directa, si bien con toda una serie de garantías[516].

Por todo ello, cabe concluir que este conjunto de servicios conexos ofrecidos por una determinada PC, forman parte y complementan el servicio principal de «gestión de una plataforma de negociación de criptoactivos», formando todo ello un conjunto indisoluble que debe calificarse como un «contrato de prestación de servicios» a los efectos del art. 7.1.b) del Reglamento núm. 1215/2012.

2. Determinación del lugar de prestación del servicio

En el presente apartado cabe determinar dónde debe entenderse prestado el servicio de «gestión de una plataforma de negociación de criptoactivos», teniendo presente que nada se ha establecido en las CGC. Pues bien, salvo

515 Aquí se incluyen las distintas valoraciones obtenidas, el porcentaje de comentarios positivos, el número de operaciones completadas, el tiempo promedio de liberación de los criptoactivos, el promedio de operaciones realizadas, la verificación de la identidad del usuario, entre otros.

516 Cabe traer a colación la descripción realizada en la página web de Binance sobre su plataforma de negociación de criptoactivos, denominada Binance P2P. En concreto, cómo se describe en su página web, Binance P2P es «una forma directa de comprar criptomonedas a otros vendedores, comerciantes y proveedores. [...] El comercio P2P, también conocido como peer-to-peer o comercio de persona a persona, es una de las primeras formas en que los usuarios pudieron comprar, vender y operar criptomonedas. El comercio P2P también está en línea con la idea del fundador de Bitcoin, Satoshi Nakamoto, de que Bitcoin fuese un sistema de dinero electrónico entre pares. En un principio, esta actividad te permitía comerciar directamente con otra persona sin utilizar exchanges centralizados. El intercambio podía producirse en persona o en comunidades en línea en las que se reunían compradores y vendedores. El P2P pronto se convirtió en un modo popular de comercio de criptomonedas debido a la falta de opciones de comercio durante los inicios del sector cripto. Sin embargo, los modelos P2P más antiguos también conllevaban riesgos. El comercio en persona y en línea a veces daba lugar a robos, amenazas y estafas. Para hacer que el comercio P2P fuera más seguro para los nuevos comerciantes potenciales, Binance creó Binance P2P. Lanzado en 2019, Binance P2P se creó para permitir transacciones de intercambio de divisas P2P con monedas locales. El servicio es un mercado entre pares que te permite intercambiar directamente criptomonedas con otros usuarios de Binance utilizando la moneda local, el precio y el método de pago preferido de cada usuario». A tal efecto, *vid*.: https://www.binance.com/es Página web consultada el 28.03.2024.

que de las circunstancias concurrentes se infiera otra conclusión, este servicio debe entenderse prestado donde la PC tiene su centro de actividad principal. A este respecto, cabe tener presente que este servicio requiere de toda una serie de actuaciones por parte de la PC que se deben ubicar donde tiene concentrados sus medios técnicos y personales dedicados a gestionar dicha plataforma. A falta de disposición en contrario, cabe entender que dicho establecimiento será su centro de actividad principal, coincidiendo con el lugar donde tiene su domicilio [cuando no exista otro establecimiento claramente identificable en las CGC].

Cabe subrayar que el conjunto de actividades y servicios que permiten mantener activa la plataforma de negociación se realizan y prestan con independencia de la actividad llevada a cabo por los usuarios que la utilizan. Es decir, la PC mantiene activo su *marketplace* [y todas las actividades y servicios conexos relacionados] con independencia de que uno o varios usuarios utilicen dicho servicio. Luego, como dicho servicio se presta con independencia del número de transacciones realizadas entre los usuarios [mediante negociaciones p2p], cabe concluir que la actividad relevante para ubicar el lugar de prestación del servicio es la realizada por la PC [donde realiza todas las operaciones necesarias para gestionar correctamente el *Marketplace*]. En todo caso, el lugar del centro de actividad principal de la PC resulta no sólo el más coherente con el tipo de servicio prestado, sino que también resulta el más adecuado en términos de previsibilidad para las partes, certeza y proximidad con el objeto del litigio[517].

VI. Canje de criptoactivos por fondos u otros criptoactivos

1. Tipología contractual

A diferencia de los dos servicios analizados en los apartados anteriores, en el presente caso la actividad desarrollada por la PC debe calificarse como un contrato de compraventa de mercaderías a los efectos de la aplicación del art. 7.1.b) del Reglamento núm. 1215/2012, si bien con algunos matices. En efecto, la actividad relativa al «canje de criptoactivos por fondos» y, aunque

517 STJUE de 8 marzo 2018, Saey Home, C-64/17, EU:C:2018:173, ap. 45 y 46. Si atendiéramos al lugar dónde está domiciliado o ubicado el usuario que utiliza la plataforma de negociación de criptoactivos podría llevarnos a un lugar anecdótico y totalmente desvinculado del objeto del litigio, por lo que resultaría imprevisible y no respetaría el criterio de proximidad exigido por el TJUE. Sea como fuere, en el presente caso la actividad desarrollada por el usuario tiene poca trascendencia para incidir en la determinación del lugar de prestación del servicio aludido, pues su inacción no comportaría cambio alguno en la forma en la que la PC gestiona su *marketplace*.

con algunas precisiones, la relativa al «canje de criptoactivos por otros criptoactivos», deben tratarse como contratos de compraventa de mercaderías.

Como se ha indicado al inicio del presente epígrafe, el TJUE calificó, a los efectos de la Directiva del IVA, la compraventa de criptomonedas como una prestación de servicios, pero esta conclusión no se puede compartir a los efectos del Reglamento núm. 1215/2012. Además, a nuestro parecer, no cabe argumentar que este contrato deba calificarse como un contrato de permuta cuando se trate de una compraventa de criptomonedas por otras criptomonedas. Tampoco cabe negar su calificación como compraventa de mercaderías por el hecho de que las criptodivisas no sean bienes tangibles[518]. Cabe analizar esta cuestión con detenimiento:

En primer lugar, cabe traer a colación la definición otorgada por el Reglamento MICA sobre lo que significa el «canje de criptoactivos por fondos»[519]. Pues bien, según dicha normativa, esta actividad implica «la celebración de contratos de compra o venta de criptoactivos con clientes, a cambio de fondos, utilizando capital propio» [art. 3.19]». Por su parte, el canje de criptoactivos por otros criptoactivos implica «la celebración de contratos de compra o venta de criptoactivos con clientes, a cambio de otros criptoactivos, utilizando capital propio» [art. 3.20]». De entrada, cabe advertir que el propio Reglamento MICA define a dichas operaciones como contratos de compraventa, lo cual resulta coherente con su contenido. Así es, dado que la actividad que subyace en dicho contrato es la adquisición o venta de criptomonedas a cambio de un precio determinado o determinable [dado que el precio puede variar en atención a las fluctuaciones del mercado], el cual puede pagarse en moneda fiat u otros criptoactivos. En este contexto, los criptoactivos pueden tener una doble función: a) pueden constituir el objeto del contrato, esto es, el bien que se adquiere mediante un precio; o b) pueden servir como moneda de cambio, esto es, como medio de pago válido [como seguidamente se indica].

En segundo lugar, y en consonancia con lo anterior, la obligación característica del contrato de «canje de criptoactivos por fondos u otros criptoactivos» está conformada por la entrega de uno o varios bienes [los criptoactivos]; no por la realización de una determinada actividad. La PC entrega un número determinado de criptoactivos a cambio de un precio, por lo que existe una traslación de la propiedad de unos bienes cuantificables, con inde-

518 En este escenario, como ya se ha comentado [*vid. supra*, epígrafe II.2] la doctrina entiende que los contratos que involucren bienes inmateriales también pueden subsumirse en la categoría de compraventa de mercaderías. A tal efecto, *vid.*: MAGNUS, U. y MANKOWSKI, P., *European Commentaries on Private..., op. cit.*, p. 197. Los citados autores indican que el software y la información son bienes intangibles, pero el concepto de mercaderías previsto en el art. 7.1.b), guión primero, no puede restringirse a los bienes tangibles.

519 Para una visión más detallada de este servicio, *vid. supra*, capítulo primero, epígrafe IV, apartado «3. Canje de criptoactivos por fondos u otros criptoactivos».

pendencia de que estos tengan naturaleza inmaterial o intangible[520]. En definitiva, la obligación característica del contrato es, por tanto, la entrega de dichos criptoactivos[521].

En línea con lo anterior, el TJUE ha indicado de forma reiterada que «un contrato cuya obligación característica sea la entrega de un bien habrá de ser calificado de "compraventa de mercaderías" en el sentido del primer guion del artículo 7, punto 1, letra b), del Reglamento n.º 1215/2012»[522]. La jurisprudencia no especifica cómo debe realizarse el pago, por lo que cabe entender que la remuneración puede hacerse efectiva a través de cualquier medio de pago válido. En este sentido, el TJUE ha indicado que algunas criptomonedas tienen la consideración de medios de pago, como ocurre con la divisa virtual «bitcoin»[523]. Parte de la doctrina también se manifiesta a favor de considerar a las criptodivisas como un medio de pago alternativo[524].

En tercer lugar, la doctrina entiende que un contrato de adquisición o venta de criptomonedas debe calificarse como un contrato de «compraventa de mercaderías»[525]. A nuestro modo de ver, cabe hacer extensible dicha conclusión a

---

520 En este sentido, DE MIGUEL ASENSIO indica que «típicamente los contratos relativos al acceso y utilización de contenidos digitales parecen susceptibles de ser calificados como contratos de prestación de servicios a los efectos del artículo 5.1.b) RBI, en general en aquellas situaciones que no resulten equivalentes a una transferencia de la propiedad del bien o el contenido como consecuencia de que la utilización permitida del bien es limitada». DE MIGUEL ASENSIO, P.A., «El lugar de ejecución...», *op. cit.*, p. 307.

521 En realidad, los criptoactivos no se mueven de la red DLT [*v.g.* bitcoin], sino que lo que cambia es su titularidad, que pasa de una cuenta a otra mediante la anotación en la red DLT. Lo que se guarda en la *wallet* es la clave que permite acceder a dichos criptoactivos y transferirlos a un tercero. Sin perjuicio de esto último, cabe entender que el cambio de titularidad [mediante la inscripción de la concreta transacción en la red DLT] equivale a la entrega de los criptoactivos a los efectos del presente estudio, pues con ella los criptoactivos pasan de un propietario a otro.

522 STJUE de 8 de marzo de 2018, Saey Home, C-64/17, EU:C:2018:173, ap. 37; STJUE de 14 de julio de 2016, Granarolo, C196/15, EU:C:2016:559, ap. 34; STJUE de 25 de febrero de 2010, Car Trim, C-381/08, EU:C:2009:577, ap. 32. En este sentido, cabe tener presente que la obligación característica de estos contratos es, a fin de cuentas, la entrega de uno o varios bienes, aunque estos sean intangibles o inmateriales.

523 STJUE de 22 de octubre de 2015, Hedqvist, C264/14, EU:C:2015:718, ap. 24 y 42.

524 Para una visión amplia sobre esta cuestión, véase: RUIZ RODRÍGUEZ, R., «Las criptodivisas como medio de pago...», *op. cit.*, págs. 749-753.

525 CORDERO ÁLVAREZ, C.I., «Lugar de cumplimiento...», *op. cit.*, p. 721. Como indica la autora, «tendrán la calificación de contrato de compraventa, a los efectos del art. 7.1.b), típicamente los contratos en los que, a cambio del pago de un precio [entre el que se incluye las representaciones digitales de valor, como son los vales o cupones electrónicos, y las monedas virtuales, en el ámbito de la contratación electrónica), la contraparte adquiera la propiedad de un bien [incluyendo bienes con elementos digitales]». PAREDES PÉREZ, J.I., «Contratos de suministro...», *op. cit.*, p. 20. Como indica el autor, «recibirán la calificación de contrato de compraventa, en el sentido del art. 7.1.b) de RBI bis, típicamente los contratos en los que, a cambio del pago de un precio [incluidas representaciones digitales de valor, como vales o cupones electrónicos,

todos los contratos de compraventa de criptoactivos, con independencia del medio de pago utilizado. A este respecto, cabe tener presente que los criptoactivos, aunque sean bienes intangibles, pueden ser cuantificados de forma muy precisa, es decir, se puede determinar con exactitud qué cantidad de criptoactivos serán objeto del contrato de compraventa. Ese concreto número de criptoactivos, cuantificables e identificables, constituirá el objeto del contrato descrito como «canje de criptoactivos por fondos u otros criptoactivos»[526].

En cuarto lugar, los criptoactivos —normalmente las criptomonedas— pueden almacenarse en discos duros portátiles, en una billetera conocida como *hardware wallet* o billetera en frío[527], por lo que pueden adquirirse en un soporte material. Ello constituye otro argumento para considerarlos mercaderías[528]. Por todo ello, cabe calificar el contrato de «canje de criptoactivos por otros criptoactivos o por fondos» como un contrato de compraventa de mercaderías a los efectos del art. 7.1.b) del Reglamento. Sin perjuicio de la conclusión alcanzada, la última palabra sobre esta calificación corresponderá al juez que conozca de la acción teniendo en cuenta las circunstancias concurrentes[529].

---

y monedas virtuales], el consumidor adquiera la propiedad de un bien con elementos digitales. Asimismo, recibirán tal calificación los contratos de adquisición de contenidos digitales suministrados en un soporte material, como DVD, CD, memorias USB y tarjetas de memoria, cuando los contenidos digitales hayan sido pre-generados por el proveedor».

526 Cada criptoactivo tiene sus propias características, si bien la mayoría utilizan la red DLT para registrar la información de las transacciones realizadas, lo cual asegura su trazabilidad y transparencia. Con ello se puede llegar a identificar al usuario propietario de los criptoactivos en cuestión y determinar las características de las operaciones que involucran criptoactivos, como el número de criptoactivos traspasados, la fecha de la operación, los detalles de la dirección de la cartera privada que ha recibido los criptoactivos, etc.

527 A tal efecto, *vid*.: González-Chaves, F.R., «El vacío legal en el ámbito de las criptomonedas», Diario La Ley, núm. 10252, 2023, págs. 1-10, p. 2. Como indica la citada autora, «la billetera puede ser una «cold wallet». Este tipo de monederos no se encuentran conectados a internet. Se encuentran en soportes físicos a los que se accede a través de una clave. Esta necesita una verificación externa para recibir la criptomoneda y depositar el dinero, siendo dispositivo físico que solo se utiliza cuando se realiza una transacción de envío. Las billeteras «cold wallet» cuentan con un nivel de seguridad más alto que las «hot wallet»».

528 Caamiña Domínguez, C., *Litigación internacional en…, op. cit.*, p. 303. Como indica la citada autora, «el concepto de "mercaderías" cubre los bienes muebles corporales y los bienes incorporales, —especialmente software y creaciones «descargadas» en Internet—, cuando tales bienes podrían haber sido adquiridos en "soporte material"». Asimismo, *vid*.: Calvo Caravaca A.L., y Carrascosa González, *J., Derecho Internacional Privado… [Vol. II], op. cit.*, p. 848. Ribó López, A., «Artículo 7.1» *op. cit*., p. 181. En contra de que pueda existir una distinción en la consideración de un bien inmaterial como una mercancía por el hecho de que dicho bien pueda entregarse mediante hardware, *vid*.: Magnus, U. y Mankowski, P., *European Commentaries on Private…, op. cit.*, p. 197. Estos autores entienden que los bienes inmateriales como el software o la información también pueden considerarse mercaderías, si bien habrá que estar a las circunstancias concurrentes para verificar que, ciertamente, pueden tener dicha consideración.

529 STJUE de 8 de marzo de 2018, Saey Home & Garden, C64/17, EU:C:2018:173, ap. 34; STJUE de 14 de julio de 2016, Granarolo, C196/15, EU:C:2016:559, ap. 30 y 36.

2. Determinación del lugar de entrega de los criptoactivos

En este apartado cabe determinar cuál es el lugar del EM en el que, según el contrato, han sido o deben ser entregados los criptoactivos[530]. Partiendo de la premisa de que las partes nada han convenido al respecto ni tampoco aparece estipulación alguna sobre esta cuestión en las CGC de la PC[531], cabe analizar dónde pueden entenderse entregadas las mercaderías en un contrato que tiene como objeto principal la entrega de unos determinados criptoactivos.

Para empezar, cabe puntualizar que concretar el lugar de entrega de los criptoactivos puede resultar una tarea difusa porque, si bien las claves de acceso a dichos criptoactivos se almacenan en billeteras virtuales privadas, la mayoría de las transacciones se registran y ejecutan en una red DLT [como *blockchain*] que es, por definición, descentralizada; lo que implica que haya cientos de miles o millones de ordenadores [los denominados «nodos»] interconectados en todo el mundo para verificar las transacciones realizadas. No obstante, la existencia de una red DLT no debe impedir afirmar que el contrato de canje de criptoactivos se realiza entre dos sujetos claramente diferenciados: la PC y el usuario. Además, en la transacción están implicadas dos billeteras privadas distintas que, asimismo, cuentan con una dirección única [de forma similar a un IBAN], sin perjuicio de que la transacción pueda ejecutarse y anotarse en la red DLT[532].

Partiendo de esta premisa, cabe analizar la jurisprudencia del TJUE sobre esta cuestión. Pues bien, el Alto Tribunal indicó, en el asunto *Car Trim*, lo siguiente: «En lo que atañe al lugar de cumplimiento de la obligación que sirviere de base a la demanda, el Reglamento define de manera autónoma, en su artículo 5, número 1, letra b) *[actual 7.1.b)]*, primer guión, el mencionado criterio de conexión para la compraventa de mercaderías, a fin de refor-

530 STJUE de 25 de febrero de 2010, Car Trim, C-381/08, EU:C:2009:577, ap. 50, 51 y ss. STJUE de 3 de mayo de 2007, Color Drack, C-386/05, EU:C:2007:105, ap. 25-27 y 40.

531 A tal efecto, el TJUE ha indicado que «en virtud del artículo 5, número 1, letra b), del Reglamento, las partes en un contrato disponen de autonomía de voluntad para determinar el lugar de entrega de las mercancías. En efecto, la expresión "salvo pacto en contrario"», que figura en el artículo 5, número 1, letra b), del Reglamento, indica que las partes podrán pactar qué deberá entenderse como lugar de cumplimiento a efectos de la aplicación de dicha disposición. Además, a tenor del primer guión del artículo 5, número 1, letra b), del Reglamento, que menciona la expresión «según el contrato», el lugar de entrega de las mercancías será, en principio, el que designen las partes en el contrato». STJUE de 25 de febrero de 2010, Car Trim, C-381/08, EU:C:2009:577, ap. 45 y 46.

532 Dicha anotación tiene como finalidad no sólo saber quién es el nuevo dueño de los criptoactivos [cuestión verificable por cualquier usuario], sino que dichas transacciones resulten más transparentes, seguras y cuenten con un plus de confianza para los usuarios involucrados.

zar el objetivo primordial de unificación de las reglas de competencia judicial en aras de la previsibilidad [...]. En el marco del Reglamento, esta regla de competencia especial en materia contractual consagra así el lugar de entrega como criterio de vinculación autónomo que debe aplicarse a todas las demandas basadas en el mismo contrato de compraventa de mercancías y no sólo a las basadas en la propia obligación de entrega [...]. Por lo demás, ninguna disposición del Reglamento define los conceptos de "entrega" y "lugar de entrega" a efectos del artículo 5, número 1, letra b), primer guión, del Reglamento»[533].

Como no se define en ningún lugar dicho concepto, el TJUE indica que se trata de un criterio puramente factual [ap. 52] y que no cabe recurrir a las normas de DIPr del Estado del foro ni a su derecho material para determinar el lugar de entrega [ap. 53]. El tribunal debe analizar si de las cláusulas contractuales se desprende cuál es el lugar de entrega [ap. 54], en cuyo caso deberá estar a dicho lugar [ap. 55]. Si no es posible determinarlo, debe concretarse mediante «otro criterio que se atenga a la génesis, los objetivos y el sistema del Reglamento» [ap. 57]; concluyendo que «el lugar en el que las mercaderías hubieren sido o debieren ser entregadas materialmente al comprador en su destino final es el que corresponde mejor a la génesis, los objetivos y el sistema del Reglamento, en tanto que "lugar de entrega" en el sentido del artículo 5, número 1, letra b), primer guión, del mismo» [ap. 60]. Concluye indicando que dicho criterio presenta un elevado grado de previsibilidad y responde a los objetivos de proximidad, dado que garantiza un vínculo real y estrecho entre el contrato y el tribunal que debe conocer de la demanda [ap. 61][534].

En este escenario, cabe preguntarse si puede aplicarse la citada jurisprudencia en relación con un contrato de canje de criptoactivos por otros criptoactivos, a lo que cabe responder afirmativamente. Naturalmente, la jurisprudencia citada está pensada en un contexto de entrega material de las mercaderías, pero nada obsta a que pueda aplicarse en un entorno digital. Así las cosas, el lugar de entrega de las mercaderías debe situarse en el territorio dónde el usuario adquiera los criptoactivos, cuyo lugar debe coincidir necesariamente con el lugar dónde tiene su domicilio. La principal razón para ello es que el usuario se registra en la PC desde un determinado domi-

533 STJUE de 25 de febrero de 2010, Car Trim, C-381/08, EU:C:2009:577, ap. 49 a 51.

534 STJUE de 25 de febrero de 2010, Car Trim, C-381/08, EU:C:2009:577, ap. 61. En concreto, el TJUE indica que «tal criterio presenta un elevado grado de previsibilidad. Responde asimismo al objetivo de proximidad, en la medida en que garantiza la existencia de un estrecho vínculo de conexión entre el contrato y el tribunal que debe conocer del mismo. En particular, cabe señalar que, en principio, las mercancías —que constituyen el objeto material del contrato— habrán de encontrarse en ese lugar tras la ejecución del propio contrato. Además, el objetivo fundamental de un contrato de compraventa de mercaderías es transmitir éstas del vendedor al comprador, operación que tan sólo culmina por completo cuando las mismas llegan a su destino final».

cilio, por lo que la PC se relaciona con dicho usuario teniendo en cuenta la ubicación proporcionada por éste. Es decir, la PC parte de la premisa de que el usuario está ubicado en un lugar cierto y determinado cuando realiza transacciones con éste. A tal efecto, cabe recordar que la PC aplica sus CGC atendiendo al lugar dónde el usuario está domiciliado, pudiendo, incluso, restringir el acceso a dichos servicios a los sujetos domiciliados en determinados países o regiones. Por tanto, aplicando los principios de previsibilidad, certeza y proximidad con el objeto del litigio, únicamente cabe determinar cómo lugar de entrega de los criptoactivos el lugar dónde está domiciliado el adquirente, por ser éste un lugar cierto, determinable e inmutable [salvo que se modifique, previo consentimiento de las partes]; con el que las partes se comprometieron a interactuar y transaccionar.

El principal problema de la citada tesis es determinar qué ocurre cuando la compraventa de criptoactivos se realiza utilizando otros criptoactivos. Cuando se intercambien por dinero fiat parece claro que el comprador será el que adquiera las criptomonedas, por ser el objeto característico del contrato[535]. No obstante, ¿quién es el comprador y quién el vendedor en la compraventa de criptoactivos por otros criptoactivos? Aquí se pueden argumentar dos soluciones: a) La primera es determinar que se trata de una permuta y, por consiguiente, no proceder aplicar el art. 7.1.b), sino el art. 7.1.a) del Reglamento. Aunque resulte una opción razonable, se ha descartado porque conlleva a una solución menos práctica, certera y previsible, dado que el lugar de cumplimiento de la obligación se deberá determinar conforme a la ley aplicable según las normas de conflicto del tribunal que conozca del asunto[536]. b) La segunda opción pasa por analizar si el criptoactivo que se utiliza para adquirir otros criptoactivos se utiliza como medio de pago. Así, por ejemplo, cuando se pretenda adquirir un NFT de *Bored Ape* utilizando bitcoins o ethers, parece claro que la criptodivisa bitcoin o ether se utiliza como un medio de pago de dicho criptoactivo, por lo que deberá entenderse que la mercadería [el NFT] se ha entregado en el domicilio del comprador. Dado que el criptoactivo puede constituir, según el caso, un medio de pago o una mercadería, habrá que estar a las circunstancias concurrentes para ver si puede aplicarse el art. 7.1.b) del Reglamento núm. 1215/2012.

En este orden de consideraciones, cabe preguntarse qué ocurre cuando se trata de una compraventa de criptodivisas utilizando otras criptodivisas, por el cual un usuario adquiera dichas criptodivisas de una PC. En ese caso concreto, aunque resulta ciertamente una cuestión debatible [seguramente

---

535 En dicho caso, puede resultar que el comprador sea la PC, en cuyo caso habrá que estar a su lugar de domiciliación para determinar dónde se han entregado las mercancías.

536 STJUE de 14 de marzo de 2013, Česká spořitelna, C-419/11, EU:C:2013:165, ap. 54. Magnus, U. y Mankowski, P., *European Commentaries on Private..., op. cit.*, págs. 250 a 255; Calvo Caravaca A.L., y Carrascosa González, J., *Derecho Internacional Privado... [Vol. II], op. cit.*, p. 860 a 863. Ribó López, A., «Artículo 7.1» *op. cit.*, p. 179 y 180.

lo más sencillo sería calificar dicha transacción como una permuta y aplicar el art. 7.1.a) del Reglamento], creemos que la actividad consistente en el canje de criptoactivos por otros criptoactivos, representa, para el usuario, una compraventa de criptomonedas utilizando como medio de pago otras criptomonedas. A tal efecto, desde la perspectiva del usuario, éste adquiere un conjunto de criptodivisas a cambio de un precio y una comisión que fija unilateralmente la PC. Por tanto, el usuario que adquiere las criptomonedas no está en una posición de igualdad frente a la PC, dado que esta última es la única que tiene la potestad de fijar el valor de los criptoactivos que pone a la venta [las criptomonedas, cuyo precio puede fluctuar[537]] y, además, es la que decide qué criptomoneda acepta [en caso de que decida aceptar alguna] como medio de pago válido. Por ende, desde el punto de vista del usuario se trata de la compra de un bien a cambio de un precio, mientras que para la PC, al haber fijado el precio del criptoactivo y determinado qué medios de pago acepta para esa concreta transacción, se trata de la venta de un bien a cambio de un precio. En consecuencia, al cumplirse las exigencias establecidas por el TJUE, el contrato puede calificarse como una compraventa de mercaderías al objeto de aplicar el art. 7.1.b) del Reglamento núm. 1215.

Cuestión distinta será que dos usuarios negocien el intercambio de criptoactivos en plano de igualdad, en cuyo caso cabe calificar dicha transacción como una permuta de criptoactivos, pues no resulta posible identificar la obligación característica del contrato. En cambio, cuando en un *marketplace* o mercado p2p de criptoactivos un usuario establece una oferta vinculante de criptoactivos a través de un anuncio y permite adquirir dichos criptoactivos a otro usuario a cambio de un precio, se trata de un contrato de compraventa de mercaderías por los argumentos esgrimidos anteriormente[538].

Sin perjuicio de esta última conclusión, cabe afirmar que la regla general sobre la determinación del lugar de entrega de las mercaderías, consistente en ubicar dicho lugar en el domicilio del adquirente, únicamente puede resultar aplicable cuando la transacción se realice en relación con la PC. En cambio, en las transacciones realizadas entre usuarios utilizando el *marketplace* de la PC dicho criterio no puede aplicarse por resultar imprevisible para las

537 El valor que estipula la PC para adquirir sus criptomonedas puede fluctuar en atención al precio de mercado o quedar al arbitrio de la PC. Además, dicho canje contiene una comisión adicional que también se fija de forma unilateral por la PC, que debe pagarse, normalmente, en la misma criptomoneda que la utilizada para adquirir las nuevas criptodivisas.

538 En efecto, para el usuario que ofrece sus criptoactivos la transacción implica una venta de sus criptodivisas a cambio de un precio fijo que ha estipulado de manera unilateral. Además, la entrega de las criptodivisas puede fijarse en un determinado lapso temporal que depende de la voluntad del oferente. Los métodos de pago aceptados, asimismo, dependen únicamente de su voluntad. En cambio, para el comprador supone la adquisición de unas criptomonedas a cambio de un precio fijo que deberá satisfacer en la forma y plazo estipulado por el vendedor y utilizando el concreto medio de pago permitido por éste.

partes. A tal efecto, cabe tener presente que un usuario que publica un anuncio de venta de criptoactivos no puede saber de antemano quién será el comprador, y, en principio, no resulta posible [aunque depende de la infraestructura de la PC] acotar el lugar de venta de los criptoactivos o los usuarios a los que va destinado el anuncio. Por tanto, si se aplicara la regla del domicilio del adquirente, dicho foro resultaría incierto e imprevisible para el oferente de criptoactivos. A falta de otro criterio coherente, en dicho caso resulta adecuado entender que el lugar de entrega de los criptoactivos se ubica en el domicilio del vendedor[539], dado que éste será el único lugar que resultará previsible para las partes [dado que el comprador tiene acceso a su perfil, dónde se recoge toda la información relativa al oferente], certero y próximo al objeto del litigio[540]. Otros criterios como el lugar dónde está ubicada la billetera digital o el servidor que aloja los datos de las partes y/o de las transaccione realizadas [incluida la red DLT] deben descartarse por resultar lugares imprevisibles e inciertos para las partes. Asimismo, cabe descartar la idea de que constituyan una pluralidad de lugares de entrega, por lo que la jurisprudencia sobre esta cuestión no resultará aplicable[541]. Con todo, corresponde al tribunal ante el que se presenta la demanda determinar su competencia a la luz de los elementos de prueba que se le aporten[542].

539 A tal efecto, aunque referido a la adquisición de contenidos digitales, *vid.*: DE MIGUEL ASENSIO, P.A., «El lugar de ejecución...», *op. cit.*, 307. Como indica el citado autor, «en relación con los contratos relativos a la adquisición de contenidos digitales, la incertidumbre inherente a la localización del lugar de transmisión al adquirente del control de los contenidos así como a la ubicación del propio adquirente en ese momento, podría favorecer una interpretación según la cual debe prevalecer en la aplicación del artículo 5.1.b) RBI el criterio según el cual el lugar de entrega de las mercaderías [contenidos digitales] es el lugar del establecimiento del vendedor en el momento de la celebración del contrato».

540 Aunque haga referencia al lugar de prestación de servicios, cabe aplicar al presente caso la jurisprudencia del TJUE que determina que, en caso de que no sea posible determinar el lugar de cumplimiento efectivo del contrato [en nuestro caso, la entrega de mercancías], debe acudirse al lugar del domicilio del prestador [en nuestro caso, el domicilio del vendedor]. STJUE de 8 de marzo de 2018, Saey Home, C-64/17, EU:C:2018:173, ap. 45; STJUE de 11 de marzo de 2010, Wood Floor Solutions Andreas Domberger, C-19/09, EU:C:2010:137, ap. 43. Esta aplicación analógica se fundamenta en que, como ha indicado el TJUE, «las reglas de competencia especial establecidas en el Reglamento en materia de contratos de compraventa de mercancías y de prestación de servicios tienen el mismo origen, persiguen la misma finalidad y ocupan el mismo lugar en el sistema establecido por dicho Reglamento». A tal efecto, *vid.*: STJUE de 11 de marzo de 2010, Wood Floor Solutions Andreas Domberger, C-19/09, EU:C:2010:137, ap. 26; STJUE de 9 de julio de 2009, Rehder, C204/08, EU:C:2009:439, ap. 36.

541 Sobre esta cuestión, *vid.*: STJUE de 11 de marzo de 2010, Wood Floor Solutions Andreas Domberger, C-19/09, EU:C:2010:137, ap. 24.

542 STJUE de 3 de mayo de 2007, Color Drack, C-386/05, EU:C:2007:105, ap. 41; STJUE de 11 marzo 2010, Wood Floor Solutions Andreas Domberger, C-19/09, EU:C:2010:137, ap. 40; STJUE 10 septiembre 2015, Holterman Ferho Exploitatie y otros, C-47/14, EU:C:2015:574, ap. 64.

VII. Ejecución de órdenes relacionadas con criptoactivos

1. Tipología contractual

En virtud del servicio de criptoactivos consistente en la «ejecución de órdenes relacionadas con criptoactivos por cuenta de clientes», una determinada PC se compromete a celebrar acuerdos para comprar o vender criptoactivos en nombre de sus clientes. La principal obligación que debe cumplir la PC durante la prestación de este servicio es la de obtener, al ejecutar las órdenes, el mejor resultado posible para sus clientes. En este sentido, el art. 78.1 del Reglamento establece que las PC que presten este tipo de servicios «tomarán todas las medidas necesarias para obtener, al ejecutar órdenes, el mejor resultado posible para sus clientes, teniendo en cuenta los factores de precio, costes, rapidez, probabilidad de ejecución y liquidación, volumen, naturaleza, las condiciones de custodia de los criptoactivos o cualquier otra consideración pertinente para la ejecución de la orden». Durante la ejecución de este servicio, la PC realiza una función de intermediación, intentando obtener el mejor resultado para su cliente. Por ende, la PC no transmite criptoactivos de su propiedad al cliente, sino que los adquiere de un tercero y los transmite a su cliente. En este sentido, el conjunto de actividades realizadas por la PC a cambio de un precio, normalmente una comisión, se deben calificar como una «prestación de servicios» a los efectos de la aplicación del art. 7.1.b) del Reglamento núm. 1215/2012[543].

2. Determinación del lugar de prestación del servicio

A falta de pacto entre las partes o estipulación prevista en las CGC, cabe determinar dónde debe entenderse prestado este servicio. A nuestro parecer, no resulta posible determinar un lugar de prestación efectivo del servicio que responda a los criterios de previsibilidad y certeza para las partes, dado que, en puridad, este servicio está compuesto por múltiples operaciones o transacciones que acaecen en múltiples lugares difícilmente localizables. A tal efecto, cabe tener presente que la PC adquiere los criptoactivos de un tercero que se encuentran ubicados y anotados en una red TRD, para luego traspasarlos al cliente en cuestión mediante la oportuna anotación en la red

543 STJUE de 14 de septiembre de 2023, EXTÉRIA, C-393/22, EU:C:2023:675, ap. 34. STJUE de 10 de septiembre de 2015, Holterman Ferho Exploitatie y otros, C-47/14, EU:C:2015:574, ap. 57; STJUE de 23 de abril de 2009, Falco Privatstiftung y Rabitsch, C- 533/07, EU:C:2009:257, ap. 29. STJUE de 8 de marzo de 2018, Saey Home, C-64/17, EU:C:2018:173, ap. 38. STJUE de 15 de junio de 2017, Kareda, C249/16, EU:C:2017:472, ap. 35.

TRD[544]. Por tanto, algunas transacciones que forman parte de este servicio se realizan en el ciberespacio, esto es, en un lugar que resulta indeterminado dada la naturaleza distribuida de las redes que utilizan la TRD.

En este caso se trata de un servicio que se ejecuta en una pluralidad de lugares. En este contexto, el TJUE ha indicado que, «en caso de que exista una pluralidad de lugares de ejecución de la obligación característica de un contrato de prestación de servicios, habrá de entenderse por lugar de ejecución, en el sentido del artículo 7, punto 1, letra b), segundo guion, del Reglamento n.º 1215/2012, el lugar que garantiza el vínculo de conexión más estrecho entre el contrato y el órgano jurisdiccional competente, vínculo que se encuentra, por regla general, en el lugar de prestación principal de los servicios»[545]. En dicho caso, «el órgano jurisdiccional competente, en virtud de dicha disposición, para conocer de las demandas basadas en un contrato de prestación de servicios, en caso de que esta se produzca en varios EE. MM, es el del EM en el que se encuentra el lugar de prestación principal de los servicios, según se desprenda de las cláusulas del contrato, o, a falta de tales cláusulas, el del cumplimiento efectivo del contrato o, cuando sea imposible determinarlo sobre tal base, el del domicilio del prestador»[546]. Teniendo presente esta jurisprudencia, habrá que determinar [a falta de pacto] cuál es el lugar de prestación principal de los servicios, teniendo en cuenta el lugar de cumplimiento efectivo del contrato. Pues bien, resulta difícil determinar dicho lugar por las razones expuestas, dado que múltiples transacciones se realizan en un espacio virtual descentralizado[547].

Como no es posible determinar de forma concreta el lugar dónde se presta dicho servicio, habrá que estar al último criterio establecido por el TJUE:

544 A este respecto, cabe esclarecer que la billetera privada *[wallet]* del usuario únicamente almacena la clave privada que permite acceder a las criptomonedas [*v.g.* bitcoin], no las monedas virtuales en sí. Estas criptodivisas se almacenan en la red TRD correspondiente [*v.g.* Blockchain], siendo dicha clave privada necesaria para autorizar transferencias de esas monedas a la billetera de otra persona. Para una visión amplia sobre esta cuestión, *vid.*: Guneet. K., «Billeteras de Bitcoin: Guía para principiantes sobre el almacenamiento de BTC», Entrada publicada el 24.02.2024 en Cointelegraph y disponible en línea:https://es.cointelegraph.com/learn/bitcoin-wallets-a-beginners-guide-to-storing-btc

545 STJUE de 8 de marzo 2018, Saey Home, C-64/17, EU:C:2018:173, ap. 44; STJUE de 11 de marzo 2010, Wood Floor Solutions Andreas Domberger, C-19/09, EU:C:2010:137, ap. 33 y 34.

546 STJUE de 8 de marzo de 2018, Saey Home, C-64/17, EU:C:2018:173, ap. 45; STJUE de 11 de marzo de 2010, Wood Floor Solutions Andreas Domberger, C-19/09, EU:C:2010:137, ap. 43.

547 En todo caso, dicho lugar podría situarse donde la PC está domiciliada porque allí es donde se desarrollan las principales operaciones que conforman este servicio. Allí se lleva a cabo la negociación con el usuario y el tercero, y es dónde el personal técnico de la PC realiza las transacciones necesarias para transmitir los criptoactivos adquiridos de un tercero a su cliente. Asimismo, dicho lugar es el que, a la postre, presenta un vínculo más estrecho entre el contrato y el tribunal competente.

«cuando sea imposible determinarlo sobre tal base, el del domicilio del prestador»[548]. Aquí entra en juego el criterio del domicilio del prestador del servicio, pero no en base al lugar de cumplimiento efectivo del servicio, sino porque los anteriores criterios no pueden ser aplicados. Sea como fuere, ya sea aplicando el segundo criterio [lugar de prestación efectiva del servicio] o el tercer criterio [domicilio del prestador], se llega a la conclusión de que el único lugar que guarda una conexión suficiente entre el contrato y el tribunal competente es el del domicilio del prestador del servicio [además, resulta previsible y certero para las partes]. El tribunal ubicado en dicho lugar será el competente en virtud del foro en materia contractual previsto en el art. 7.1.b) del Reglamento, coincidiendo en dicho caso con el *forum domicilii* del art. 4, lo cual desvirtuará su utilidad práctica [dado que debe aplicarse este último con preferencia]. No obstante, el foro del art. 7.1.b) seguirá siendo aplicable cuando el lugar de prestación del servicio no coincida con el lugar del domicilio de la PC [*v.g.* cuando se derive de las circunstancias concurrentes que este servicio se presta en un establecimiento distinto del domicilio de la PC], en la medida en que el *forum contractus* también determina la competencia territorial del órgano jurisdiccional competente[549].

Con todo, cabe advertir que la conclusión alcanzada parte de la premisa de que el servicio tiene por objeto la adquisición de criptodivisas de todo tipo por ser el tipo de transacción más común. Sin embargo, pueden existir supuestos relativos a la adquisición de otro tipo de criptoactivos [*v.g.* NFT] en los que la afirmación anterior deba ser matizada. En este sentido, puede ocurrir que, de las circunstancias concurrentes, se pueda determinar con certeza el lugar en el que se presta el servicio descrito en el presente apartado, en cuyo caso serán competentes los tribunales de dicho Estado [en virtud del art. 7.1.b)] por ser el lugar dónde se presta de forma efectiva el servicio en cuestión[550].

---

548 STJUE de 8 de marzo de 2018, Saey Home, C-64/17, EU:C:2018:173, ap. 45.

549 STJUE de 3 de mayo de 2007, Color Drack, C-386/05, EU:C:2007:105, ap. 30. Asimismo, *vid.*: CEBRIÁN SALVAT, M.A., «La competencia judicial internacional residual en materia contractual en España», *Cuadernos de Derecho Transnacional*, vol. 9, núm. 2, 2017, págs. 127-150, p. 144.

550 Así, por ejemplo, si la PC adquiere un determinado NFT para su cliente tras negociar con otra plataforma, podrá afirmarse que el servicio se presta en el domicilio de la PC por ser el lugar dónde se ha llevado a cabo la negociación con el usuario y la otra PC; y por ser el lugar dónde el personal técnico de la PC ha realizado las operaciones necesarias para transmitir el NFT a su cliente. Aunque se trate de otro tipo de operaciones y la fundamentación sea distinta, la conclusión alcanzada es idéntica a la prevista para las operaciones que implican criptomonedas, esto es, acudir al lugar dónde está domiciliada la PC por ser el lugar que mejor respeta los principios de previsibilidad, certeza y proximidad. Cabe matizar que se estará al lugar del domicilio de la PC por ser este, en principio, el lugar donde se llevan a cabo las transacciones descritas. No obstante, si de las circunstancias concurrentes se deriva que existe otro establecimiento que se encarga de efectuar tales gestiones, deberá situarse en dicho territorio el lugar de prestación del servicio, siempre que dicho lugar sea previsible para el usuario.

VIII. Colocación de criptoactivos

1. Tipología contractual

El servicio de colocación de criptoactivos tiene por objeto, según el Reglamento MICA, «la comercialización, en nombre o por cuenta del oferente o de una parte vinculada al oferente, de criptoactivos a compradores». Es decir, este servicio tiene por objeto la venta, a través de la PC, de criptoactivos creados por otra persona jurídica [el oferente], por lo que la PC realiza una verdadera función de intermediación, a la vez que publicita, promociona y comercializa los criptoactivos del oferente en su plataforma. Este conjunto de servicios realizados por la PC a cambio de un precio, deben subsumirse en la definición autónoma de «prestación de servicios» a los efectos de la aplicación del art. 7.1.b) del Reglamento núm. 1215/2012[551].

2. Determinación del lugar de prestación del servicio

Teniendo presente las características de este servicio, cabe afirmar que, en defecto de pacto entre las partes y de estipulación específica contenida en las CGC, el servicio debe entenderse prestado en el lugar donde la PC tenga su centro de actividad principal. De forma similar al servicio de «gestión de una plataforma de negociación de criptoactivos», este servicio requiere de un conjunto de actuaciones por parte de la PC que se deben ubicar en el territorio dónde se localizan sus medios técnicos y personales dedicados a prestar, gestionar, actualizar y supervisar dicho servicio. A falta de disposición en contra, dicho establecimiento será su centro de actividad principal, coincidiendo con el lugar donde tiene su domicilio, siempre que no exista otro establecimiento claramente identificable en las CGC al cual pueda atribuírsele dicha actividad.

IX. Recepción y transmisión de órdenes relacionadas con criptoactivos

1. Tipología contractual

El servicio consistente en la «recepción y transmisión de órdenes relacionadas con criptoactivos por cuenta de clientes» tiene por objeto, según el

551 STJUE de 14 de septiembre de 2023, EXTÉRIA, C-393/22, EU:C:2023:675, ap. 34. STJUE de 10 de septiembre de 2015, Holterman Ferho Exploitatie y otros, C-47/14, EU:C:2015:574, ap. 57; STJUE de 23 de abril de 2009, Falco Privatstiftung y Rabitsch, C- 533/07, EU:C:2009:257, ap. 29. STJUE de 8 de marzo de 2018, Saey Home, C-64/17, EU:C:2018:173, ap. 38.

Reglamento MICA, «la recepción de la orden de una persona de comprar o vender uno o varios criptoactivos, o de suscribir uno o varios criptoactivos, y la transmisión de esa orden a un tercero para su ejecución» [art. 3.23]. Por lo tanto, este servicio tiene como finalidad la transmisión de una orden de compraventa de un criptoactivo [de uno o varios clientes de la PC] a un tercero, que, naturalmente, será otra PC, con el propósito de que ésta última ejecute la orden del cliente inicial. El rol principal de la PC es, en este escenario, la de actuar como intermediaria en la ejecución de órdenes para la compraventa o suscripción de criptoactivos, con el fin de satisfacer las necesidades de su cliente.

Teniendo presente los argumentos expuestos en los epígrafes anteriores, cabe concluir que se trata de un contrato de «prestación de servicios» a los efectos de aplicar el foro en materia contractual, puesto que la PC realiza todo un conjunto de actividades a cambio de una remuneración[552]. En este contexto, la PC no transmite sus propios criptoactivos al cliente, sino que transmite dicha orden a un tercero, por lo que no puede catalogarse dicha operación como una compraventa de mercaderías. Así las cosas, la actividad realizada por la PC no consiste en la transmisión de un bien a cambio de un precio, sino en la realización de un conjunto de actividades a cambio de una remuneración. Más aun, desde el punto de vista del cliente tampoco se trata de un contrato de compraventa, dado que éste no está adquiriendo un bien —criptoactivo— de la PC, sino que contrata su servicio de intermediación para que transmita la orden de compra a un tercero [el cual será el que ejecutará la orden de compra solicitada].

2. Determinación del lugar de prestación del servicio

Teniendo en cuenta las consideraciones realizadas en los epígrafes anteriores, cabe aseverar que el servicio consistente en la «recepción y transmisión de órdenes relacionadas con criptoactivos por cuenta de clientes» se presta, salvo pacto en contra de las partes, en el territorio donde la PC tiene su centro de actividad principal. Y ello porque, al igual que en los servicios de «ejecución de órdenes relacionadas con criptoactivos por cuenta de clientes» y «colocación de criptoactivos», la PC realiza un conjunto de actividades —dónde destaca su papel de intermediación— que pueden ubicarse, en última instancia, en el territorio dónde la PC tiene su centro de actividad principal. En efecto, salvo que de las circunstancias concurrentes se derive lo contrario, en dicho territorio se localizan los medios técnicos y personales dedicados a transmitir las órdenes recibidas por sus clientes, realizar el opor-

552 STJUE de 14 de septiembre de 2023, EXTÉRIA, C-393/22, EU:C:2023:675, ap. 34. STJUE de 10 de septiembre 2015, Holterman Ferho Exploitatie y otros, C-47/14, EU:C:2015:574, ap. 57; STJUE de 23 de abril 2009, Falco Privatstiftung y Rabitsch, C- 533/07, EU:C:2009:257, ap. 29.

tuno seguimiento, gestionar las posibles incidencias que puedan producirse, supervisar dicho servicio y, en caso de que resulte necesario, actualizarlo o corregirlo. A falta de disposición en contrario, dicho establecimiento será su centro de actividad principal, coincidiendo con el lugar donde tiene su domicilio, siempre que no exista otro establecimiento claramente identificable en las condiciones generales de la contratación al cual pueda atribuírsele dicha actividad. Este criterio es conforme a los principios de previsibilidad, certeza y proximidad con el objeto del litigio.

En este contexto, cabe subrayar que no tiene relevancia el lugar dónde el tercero [esto es, el sujeto con el que contacta la PC con el fin de transmitirle las órdenes de criptoactivos de su cliente] ejecuta las correspondientes órdenes de criptoactivos o dónde se ubican las transacciones que éste realiza con el fin de remitirle a la PC los criptoactivos demandados. En otras palabras, el conjunto de actividades realizadas por el tercero no tienen relevancia para determinar el lugar de prestación del servicio de la PC[553].

X. Asesoramiento y gestión de carteras de criptoactivos

1. Tipología contractual

Tanto la actividad relativa a la «prestación de asesoramiento en materia de criptoactivos» como la tendente a la «gestión de carteras de criptoactivos» constituyen prestaciones de servicios a los efectos de la aplicación del art. 7 del Reglamento núm. 1215/2012, dado que en ambos casos la PC realiza, como mínimo, una actividad como contrapartida de una remuneración[554]. En cuanto a la actividad relativa a la prestación de asesoramiento en materia

553 Aunque es cierto que, en última instancia, para que el servicio se complete de forma exitosa se requiere de un tercero que reciba la orden, no es menos cierto que este servicio, por lo que se refiere a la PC principal, se completa con la transmisión de la orden, con independencia de que ésta no llegue a ejecutarse. Por tanto, depende del tercero obtener el correspondiente criptoactivo, por lo que dicha exigencia no entra dentro del objeto de la prestación del servicio de la PC principal, la cual se limita a recibir y transmitir la orden del cliente al tercero. En consecuencia, resulta irrelevante que las órdenes se ejecuten en una red descentralizada como Blockchain a los efectos de ubicar el presente servicio, pues todas las actividades relevantes para la prestación del se llevan a cabo en el domicilio de la PC.

554 STJUE de 14 de septiembre de 2023, EXTÉRIA, C-393/22, EU:C:2023:675, ap. 34. STJUE de 10 de septiembre de 2015, Holterman Ferho Exploitatie y otros, C-47/14, EU:C:2015:574, ap. 57; STJUE de 23 de abril de 2009, Falco Privatstiftung y Rabitsch, C- 533/07, EU:C:2009:257, ap. 29. STJUE de 8 de marzo de 2018, Saey Home, C-64/17, EU:C:2018:173, ap. 38. STJUE de 15 de junio de 2017, Kareda, C249/16, EU:C:2017:472, ap. 35.

de criptoactivos, ésta tiene por objeto, según indica el art. 3.24 del Reglamento MICA, «proponer, hacer o comprometerse a hacer recomendaciones personalizadas a un cliente, bien a petición de ese cliente, bien a iniciativa del proveedor de servicios de criptoactivos que preste el asesoramiento en relación con una o varias operaciones relativas a criptoactivos o con el uso de servicios de criptoactivos». Por su parte, la «gestión de carteras de criptoactivos» está conformada por «la gestión discrecional e individualizada de carteras según mandato de los clientes, cuando las carteras incluyan uno o más criptoactivos» [art. 3.25].

2. Determinación del lugar de prestación del servicio

En cuanto al servicio relativo a la «gestión de carteras de criptoactivos», debe seguirse la regla general descrita en epígrafes anteriores, esto es, debe entenderse prestado en el lugar dónde la PC tiene su centro de actividad principal. Salvo que de las circunstancias concurrentes se desprenda lo contrario, en dicho lugar están situados los medios técnicos y personales de la PC que, *de facto*, realizan todas las operaciones necesarias para prestar dicho servicio, incluidas: la gestión de los criptoactivos; el asesoramiento al cliente sobre nuevas oportunidades de inversión; la actualización de los programas informáticos de gestión y predicción de resultados; la revisión y actualización de sus políticas de gestión; la adquisición y/o venta de criptoactivos para beneficiar a su cliente; el envío de información periódica al cliente sobre las actividades efectuadas y el estado de sus cuentas; entre otras actuaciones que puedan resultar necesarias para la adecuada gestión de los criptoactivos. Todas estas actividades, a falta de pacto en contrario, deben ubicarse en el lugar dónde la PC tiene su centro de actividad principal, coincidiendo con el lugar donde tiene su domicilio, siempre que no exista otro establecimiento claramente identificable en las CGC al cual pueda atribuírsele dicha actividad. Este criterio es conforme a los principios de previsibilidad, certeza y proximidad con el objeto del litigio.

Por su parte, en cuanto al servicio relativo a la prestación de asesoramiento en materia de criptoactivos, no resulta tan sencillo determinar el lugar de prestación principal del servicio. A tal efecto, caben dos posibles soluciones: a) La primera pasa por entender que el servicio de asesoramiento se presta en el lugar dónde la PC tiene su centro de actividad principal, porque allí se encuentran los medios técnicos y personales que permiten a la plataforma prestar dicho servicio a través de internet. Esta teoría seguiría la regla general descrita en los epígrafes anteriores *[vid. supra]*. b) La segunda opción pasa por entender que el lugar de la prestación principal del servicio se localiza en el territorio donde el usuario tiene su domicilio, por ser el lugar donde la PC dirige su servicio de asesoramiento y dónde realmente lo recibe el cliente. A nuestro parecer, esta segunda tesis debe prevalecer por los motivos que seguidamente se exponen.

Cabe partir de la premisa de que el usuario, al registrare en una determinada PC, debe indicar en qué territorio está domiciliado, siendo dicho lugar el que la PC tiene en cuenta a la hora de relacionarse con el usuario. En este sentido, cabe recordar que la PC puede limitar o restringir sus servicios a los usuarios ubicados en determinados países. Por ende, la PC acepta transaccionar con el usuario teniendo en cuenta el lugar dónde éste está domiciliado. Dicho lugar puede resultar relevante por muchos motivos, como ocurre en materia de ley aplicable [*v.g.* allí se aplicarán unas determinadas normas imperativas]. En consecuencia, si el usuario realiza algún tipo de transacción con la PC desde otro país [*v.g.* contrata servicios estando de viaje en otro país], la transacción se deberá entender efectuada en el país donde el usuario está domiciliado; esto es, en el lugar indicado al registrarse en la PC. Aunque el usuario notifique a la PC que está situado en otro país, la transacción sólo se podría entender efectuada en la nueva ubicación cuando la PC acepte expresamente dicho cambio de circunstancias [pues podría ocurrir, por ejemplo, que la PC no prestara servicios en la nueva ubicación]. Por todo lo dicho, cabe considerar que la PC conoce de antemano el país en el que está domiciliado el usuario, por lo que es un lugar previsible para ambas partes y donde la PC acepta dirigir sus servicios.

Si bien es cierto que el servicio de asesoramiento se presta desde el establecimiento de la PC, en dicho lugar sólo se ubica el inicio de la prestación, la cual sólo se puede entender completada cuando se transmite al usuario, esto es, cuándo el usuario recibe el asesoramiento de forma real y efectiva[555]. Por tanto, la prestación del servicio está formada por un doble momento: el inicio de la prestación [desde donde se presta] y la recepción de dicha prestación [dónde se recibe]. A nuestro parecer, la consumación de la prestación sólo se puede entender realizada en el lugar de la recepción [dónde puede entenderse prestado en su totalidad], esto es, donde está ubicado el usuario. A diferencia de los otros servicios analizados, en este servicio tiene un mayor peso el lugar de destino, donde éste realmente se dirige, pues en dicho territorio se materializa o presta de forma efectiva el asesoramiento. Dicho lugar es previsible para las partes y también responde a los criterios de certeza y proximidad con el objeto del litigo. A tal efecto, el tribunal del lugar dónde esté domiciliado el usuario estará en inmejorables condiciones para valorar de primera mano si el asesoramiento se ha realizado de forma adecuada, si se ha transmitido al usuario toda la información requerida por el Reglamento MICA y, asimismo, si la PC ha respetado la legislación imperativa del lugar dónde está domiciliado el usuario.

555 El servicio se inicia desde el domicilio de la PC, si bien sólo se puede entender prestado en el lugar dónde se transmiten los conocimientos, pues en dicho lugar es donde, realmente, se materializa o completa la prestación del servicio. Si el usuario no recibe dicho asesoramiento no puede afirmarse que el servicio se ha prestado por completo [con independencia de que se trate de una obligación de medios, pues se requiere que el usuario, como mínimo, haya tenido la posibilidad real de adquirir los conocimientos que forman parte del asesoramiento]. En este sentido, cabe afirmar que se trata de un servicio que se dirige hacia un lugar concreto, el cual puede localizarse dónde el consumidor está domiciliado.

XI. Transferencia de criptoactivos

1. Tipología contractual

El servicio relativo a la «transferencia de criptoactivos» consiste, según el Reglamento MICA, en «la prestación de servicios de transferencia, por cuenta de una persona física o jurídica, de criptoactivos de una dirección o cuenta de registro distribuido a otra» [art. 3.26]. Por tanto, este servicio permite transferir criptoactivos de una cartera virtual a otra [si bien con las matizaciones que se realizan seguidamente, dado que los criptoactivos no se mueven de la red distributiva][556]. Cabe subrayar que la PC únicamente transfiere un criptoactivo que ya es de la propiedad de su cliente de una billetera virtual a otra. Por tanto, no se trata de una venta de criptoactivos, dado que únicamente se transfieren los criptoactivos desde la billetera de la PC a la billetera del usuario. En realidad, más que transmitir los criptoactivos de una billetera a otra, lo que se transmite es la información criptográfica necesaria para cambiar la titularidad del criptoactivo a la nueva billetera[557], dado que los criptoactivos se mantienen

---

556 Para una visión más amplia sobre el funcionamiento de los monederos virtuales o wallets [incluyendo una descripción detallada sobre su utilidad y los distintos tipos de wallets existentes], véase la página web de Binance: «Monedero o wallet de criptomonedas, ¿Qué es?». Disponible en el siguiente enlace web: https://www.binance.com/es/blog/ecosystem/monedero Como explica en la web citada, «los monederos de criptomonedas funcionan almacenando claves privadas y públicas e interactuando con varias blockchains que te permiten enviar y recibir moneda digital y controlar tu saldo. Las claves privadas se utilizan para autorizar transacciones y te permiten como propietario del monedero acceder a tus activos digitales. Cuando deseas enviar una criptomoneda a alguien, utiliza tu clave privada para crear una firma digital que verifica la transacción y la difunde a la red para su validación. Las claves públicas, por su parte, se utilizan para identificar la dirección del monedero y se comparten con otras personas para que puedan enviarle criptomonedas. Además de almacenar y gestionar claves, también te proporcionan una interfaz de usuario para que interactúes con la blockchain y realicen acciones como comprobar tu saldo y enviar y recibir moneda digital». Asimismo, para comprender cómo se transfieren los activos en la red blockchain, teniendo en cuenta el papel de las *wallet*, los nodos y los mineros, *vid*.: ARRUÑADA, B., «Limitaciones de «Blockchain» en contratos y propiedad», en: SÁNCHEZ RUIZ DE VALDIVIA, I., [Dir.], *Blockchain: impacto en los sistemas financiero, notarial, registral y judicial*, Aranzadi, Navarra, 2020, págs. 249-280, en especial, págs. 251 y 252.

557 Cabe tener presente que en el monedero virtual o wallet se guarda la información criptográfica necesaria para acceder a las direcciones del criptoactivo ubicadas en una red DLT y realizar transacciones que involucren dichos criptoactivos. Para permitir que los criptoactivos se anoten en otra dirección o cuenta [esto es, para entender que se transfieren de una billetera a otra) se requiere de una clave privada que actúa como una firma digital, permitiendo dicha transferencia. Para una visión más amplia sobre esta cuestión, *vid*.: GUNEET KAUR, «Billeteras de Bitcoin: Guía para principiantes sobre el almacenamiento de BTC», 24.02.2024, entrada publicada en: https://es.cointelegraph.com/learn/bitcoin-wallets-a-beginners-guide-to-storing-btc Asimismo, sobre el concepto de clave privada y su relación con la clave pública de un monedero virtual, *vid*.: Gómez, W., «¿Qué es una clave privada?», Entrada publicada el 27.05.2019 [actualizado el 28.03.2023] en Bit2me y publicada en: https://academy.bit2me.com/que-es-clave-privada/

almacenados en la red distribuida. Sea como fuere, las actuaciones realizadas por la PC que permiten la transferencia de criptoactivos de una dirección a otra deben calificarse de «prestación de servicios» a los efectos del art. 7 del Reglamento núm. 1215/2012, dado que suponen, como mínimo, la realización de una actividad a cambio de una remuneración.

2. Determinación del lugar de prestación del servicio

El lugar de prestación de este servicio seguirá las mismas reglas vistas respecto del servicio de asesoramiento en materia de criptoactivos[558]. Por tanto, caben dos opciones para ubicar el lugar de prestación del servicio: a) La primera pasa por entender que el servicio de transferencia se presta en el lugar dónde la PC tiene su centro de actividad principal, porque allí se encuentran los medios técnicos y personales que le permiten, a la postre, prestar dicho servicio a través de internet. b) La segunda opción pasa por entender que el lugar de la prestación principal del servicio se localiza en el territorio donde el usuario tiene su domicilio, por ser el lugar donde la PC dirige su servicio y dónde el usuario recibe la transferencia de criptoactivos. Como se comenta seguidamente, en el presente caso también resulta preferible la aplicación de este segundo criterio.

A tal efecto, cabe recordar que la PC conoce de antemano el lugar de domiciliación del usuario, por ser el lugar desde donde se registra para acceder al contenido y servicios ofrecidos por la PC. Por tanto, la PC se relaciona con el usuario teniendo en cuenta su lugar de domiciliación. Partiendo de esta premisa, cabe afirmar que la PC dirige sus servicios hacia el país donde está ubicado el usuario. A tal efecto, aunque el servicio de transferencia tenga su origen en el lugar dónde la PC está domiciliada, la transferencia no se completa hasta que no se traspasa la información criptográfica necesaria al usuario. Es decir, este servicio también está compuesto por un doble momento: el de inicio de la prestación [desde donde se inicia la transferencia] y el de finalización de la prestación, el cual coincide con la recepción por parte del usuario. A nuestro parecer, la consumación de la prestación sólo se puede entender realizada en el lugar de la recepción de la transferencia [dónde puede entenderse prestado de forma efectiva dicho servicio][559], esto es, donde está ubicado el usuario, si bien con los matices que seguidamente se comentan.

---

558 Para una visión más detallada de este servicio, *vid. supra*, capítulo primero, epígrafe IV, apartado «8. Transferencia de criptoactivos».

559 Hasta que no se produzca la transferencia no se puede afirmar que se haya prestado el servicio, más aún teniendo presente que este servicio constituye una obligación de resultado, por lo que la transferencia es una condición *sine qua non* para entender prestado dicho servicio. Por tanto, tiene un mayor peso el lugar dónde se transfieren los criptoactivos por el

En puridad, la transferencia de criptoactivos no se produce en el lugar dónde el usuario está domiciliado, sino en una billetera online que está alojada en un servidor cuya ubicación suele ser desconocida por las partes. Como el lugar dónde está ubicada la billetera virtual no resulta previsible para las partes [dado que el servidor puede estar ubicado en cualquier país del mundo], parece más razonable acudir al lugar de domiciliación del usuario por múltiples razones: la PC conoce dicho lugar; la PC aceptó transaccionar con el usuario admitiendo que estaba ubicado en dicho país; la PC dirige expresamente sus servicios de criptoactivos hacia dicho territorio [incluido el servicio de transferencia]; el usuario recibe la transferencia en dicho lugar[560] o, como mínimo, es esperable que desde dicho lugar sea accesible su billetera virtual con la información criptográfica necesaria para acceder a sus criptoactivos; el servicio no se completa hasta que la transferencia se ha materializado en favor del usuario; este criterio otorga una mayor seguridad jurídica a las partes. Dicho lugar será un lugar previsible y conocido por ambas partes antes de la realización de la transferencia. Además, será adecuado en términos de proximidad con el objeto del litigio, pues el tribunal del domiciliado del usuario está en inmejorables condiciones para determinar si la transferencia se ha realizado en los términos acordados y atendiendo a las exigencias del Reglamento MICA.

XII. Idoneidad del foro y propuesta de reforma

En el presente epígrafe se analiza si el foro en materia contractual previsto en el Reglamento núm. 1215/2012 resulta idóneo para determinar la competencia judicial internacional en el ámbito de los servicios de criptoactivos. La respuesta no resulta sencilla. Por una parte, puede defenderse que el *forum contractus*, con carácter general, puede adaptarse a las particularidades de

mero hecho de que, sin la transmisión efectuada en dicho territorio, no se puede entender prestado el servicio. Ello, unido al hecho de que la PC conoce de antemano dónde dirige su servicio y su voluntad de dirigir hacia dicho territorio dicho servicio, otorgan una mayor importancia al lugar de destino. Además, cabe tener presente que es en dicho lugar donde, realmente, el usuario espera que se preste el servicio de transferencia contratado. En este contexto, el Reglamento MICA se fija en el lugar de prestación efectiva y real de los servicios por parte de las PC para determinar su ámbito de aplicación [y no en el lugar donde están domiciliadas]. En este sentido, estarán vinculadas al Reglamento MICA si dirigen sus servicios hacia algún EM de la Unión, por lo que resulta adecuado que, en consonancia con ello, se puedan entender prestados los servicios de criptoactivos en el EM dónde las PC dirigen sus servicios, siempre que de las circunstancias concurrentes no se infiera lo contrario [como ocurre con otros servicios analizados].

560 En general, cuando se produce algún tipo de transferencia [ya sea la transmisión de un bien, la transferencia de conocimiento o información], debe primar el lugar dónde se ha producido de forma efectiva dicha transmisión, porque en dicho lugar es donde, en última instancia, se puede afirmar que se ha cumplido o debe cumplirse la obligación que sirve de base a la demanda.

los servicios de criptoactivos. En este sentido, en los anteriores epígrafes se ha podido comprobar como el art. 7.1 del Reglamento puede aplicarse atendiendo a las peculiares características de cada uno de los servicios de criptoactivos y que dicha aplicación cumple, con carácter general, los principios de previsibilidad, certeza y proximidad con el objeto del litigio.

No obstante, la aplicación del *forum contractus* no es la solución óptima en el ámbito de los servicios de criptoactivos. A nuestro parecer, resultaría preferible reformar el actual Reglamento núm. 1215/2012 o, incluso, adoptar un nuevo Reglamento en el ámbito de la competencia judicial internacional que se adaptara a esta nueva realidad tecnológica. Ya se escogiera una fórmula u otra, la regulación debería tener presente no sólo las características inherentes a la tecnología de los registros distribuidos [la conocida como tecnología *blockchain*], sino también otras realidades disruptivas como los *smart contracts*, la inteligencia artificial, el internet de las cosas e, incluso, la robótica. Además, esta reforma podría resultar una buena oportunidad para regular de forma adecuada y coherente el foro en materia contractual cuando la prestación de servicios o el contrato de compraventa se realice a través de internet; dado que, actualmente, este foro depende en exceso de los pronunciamientos del TJUE y de las circunstancias concurrentes para determinar dónde debe ubicarse el lugar en el que se ha cumplido o debe cumplirse la obligación que sirve de base a la demanda. Lo mismo puede afirmarse respecto del foro en materia delictual o cuasidelictual, dado que su aplicación en los ilícitos cometidos en línea depende en exceso de la casuística del TJUE. Incluso, la teoría de la «actividad dirigida» en materia de contratos de consumo sigue requiriendo de un análisis exhaustivo de las circunstancias concurrentes [mediante la teoría de los indicios], lo cual puede derivar en un alto grado de inseguridad jurídica.

Dicho lo anterior, cabe concretar cómo podría realizarse la mencionada reforma. Pues bien, en relación con el *forum contractus*, una opción razonable para adaptarse a las exigencias tecnológicas sería estipular, para los distintos tipos de contratos que pueden celebrarse en línea, dónde se ha cumplido o debe cumplirse la obligación que sirve de base a la demanda[561]. En su defecto, podrían estipularse unas reglas generales más claras para concretar dicho lugar. También deberían establecerse reglas claras para determinar dónde puede ubicarse el lugar de cumplimiento de la obligación que sirve de base a la demanda cuando el contrato celebrado en línea no pueda calificarse como una prestación de servicios o un contrato de mercancías.

Es cierto que, si se optara por la primera vía, la reforma propuesta requeriría un extenso precepto dedicado al *forum contractus* [o de varios preceptos

561 En otras palabras, resultaría adecuado que el Reglamento concretara dónde se han prestado los servicios o dónde deben considerarse entregadas las mercaderías cuando los contratos se celebran en línea o cuando interviene alguna de las tecnologías disruptivas antes comentadas [TRD, inteligencia artificial, *smart contracts*, etc.].

coordinados], pues tendrían que preverse un gran número de supuestos para detallar dónde se puede entender prestado el servicio o entregada la mercadería. Sin embargo, no es menos cierto que, actualmente, para concretar dicha cuestión deben analizarse múltiples sentencias del TJUE. En términos prácticos, la reforma del precepto podría suponer para los juristas una inversión menor de tiempo en el estudio de esta cuestión y, asimismo, podría redundar en una mayor previsibilidad y seguridad jurídica, pues su aplicación no estaría supeditada —de forma tan intensa— a las circunstancias concurrentes ni a las múltiples interpretaciones del TJUE. Si se optara por la segunda vía, la regulación podría prever preceptos lo suficientemente amplios para permitir encajar múltiples tipos de contratos en una misma categoría. Así, por ejemplo, la mayoría de los servicios de criptoactivos podrían regirse por una misma regla que estipulara que el servicio debe entenderse prestado en el lugar dónde el usuario se ha registrado y recibe normalmente el servicio de criptoactivos, coincidiendo, en caso de duda, con el domicilio del usuario.

En definitiva, la modificación del Reglamento núm. 1215/2012 no debería realizarse únicamente para adaptarse a los servicios de criptoactivos, sino que debería ser una oportunidad para regular y adaptar de forma coherente los distintos foros a las nuevas tecnologías. Ello permitiría que la aplicación de los criterios atributivos de jurisdicción no dependieran en exceso de la jurisprudencia del TJUE, cuyo organismo parece estar sustituyendo, paulatinamente, el papel que le corresponde al legislador europeo. Todo ello debería redundar, a la postre, en una mayor certeza en la aplicación de los foros previstos en el Reglamento. Ello implicaría, en consecuencia, un mayor grado de previsibilidad para las partes del proceso, lo cual se traduciría en un aumento de la seguridad jurídica, objetivo primordial del Reglamento núm. 1215/2012 [considerandos núm. 15 y 16].

CAPÍTULO SÉPTIMO

FORO EN MATERIA DE CONSUMO

I. Introducción

Los foros aplicables en materia de contratos celebrados por los consumidores están recogidos en la sección 4 del capítulo II del Reglamento núm. 1215/2012. En el presente epígrafe se analiza la aplicación del foro en materia de contratos con consumidores, teniendo presente que a lo largo del presente estudio ya se han abordado múltiples cuestiones relativas a la aplicación de este foro [*v.g.* la validez de las cláusulas de jurisdicción en relación con los contratos de consumo, la noción autónoma de consumidor en relación con los conceptos utilizados en el Reglamento MICA, etc.]. Con esta finalidad, se ha dividido el presente epígrafe en dos partes diferenciadas: la primera de ellas relativa a la conceptualización autónoma de «consumidor» a los efectos del Reglamento núm. 1215/2012, mientras que la segunda hace referencia a la aplicación concreta de dicho foro atendiendo a las particularidades derivadas de las PC.

II. Conceptualización autónoma de consumidor

En el presente epígrafe se dilucida qué sujetos tienen la condición de consumidor a los efectos de la aplicación del Reglamentos núm. 1215/2012. A tal efecto, el art. 17.1 indica lo siguiente: «1. En materia de contratos celebrados por una persona, el consumidor, para un uso que pueda considerarse ajeno a su actividad profesional, la competencia quedará determinada por la presente sección, sin perjuicio de lo dispuesto en el artículo 6 y en el artículo 7, punto 5: a) cuando se trate de una venta a plazos de mercaderías; b) cuando se trate de un préstamo a plazos [...] o c) en todos los demás casos, cuando la otra parte contratante ejerza actividades comerciales o profesionales en el EM del domicilio del consumidor o, por cualquier medio, dirija tales actividades a dicho EM o a varios EE. MM, incluido este último, y el contrato esté comprendido en el marco de dichas actividades. 2. Cuando el cocontratante del consumidor no esté domiciliado en un EM, pero posea una sucursal, agencia o cualquier otro establecimiento en un EM, se considerará para todos los litigios relativos a su explotación que está domiciliado en dicho EM».

A tal efecto, la jurisprudencia del TJUE indica que se trata de un consumidor cuando se cumplen de forma acumulativa los siguientes requisitos[562]: «una parte contractual tiene la condición de consumidor [cuando] actúa en un contexto que puede considerarse ajeno a su actividad profesional; en segundo lugar, se ha celebrado efectivamente el contrato entre dicho consumidor y el profesional, y, en tercer lugar, este contrato pertenece a una de las categorías incluidas en el apartado 1, letras a) a c), del referido artículo 17». La categoría que nos interesa analizar con detalle en el ámbito de las PC es la recogida en el art. 17.c) del Reglamento núm. 1215/2012, esto es, la que hace referencia a las actividades dirigidas por el comerciante o profesional al EM de residencia del consumidor.

En este contexto, el TJUE indica que «para que el contrato en cuestión pueda quedar comprendido en el ámbito de aplicación de dicha disposición [...] es necesario, por un lado, que el profesional ejerza actividades comerciales o profesionales en el EM del domicilio del consumidor o que, por cualquier medio, dirija tales actividades a dicho EM o a varios EE. MM, incluido este último, y, por otro lado, que el contrato de que se trate esté comprendido en el marco de dichas actividades»[563]. El TJUE ha analizado cuando una actividad puede entenderse dirigida hacia el EM del consumidor, indicando que el tribunal ante el que se presente la demanda deberá tomar en consideración toda una serie de indicios para verificar que, efectivamente, el profesional dirige sus servicios hacia dicho territorio, en cuyo caso podrá ser aplicable el foro en materia de consumo[564].

562 STJUE de 2 de abril de 2020, Reliantco Investment y Reliantco Investment Limassol Sucursala Bucureşti, C500/18, EU:C:2020:264, ap. 45; STJUE de 3 de octubre de 2019, Petruchová, C-208/18, EU:C:2019:825, ap. 39; STJUE de 23 de diciembre de 2015, Hobohm, C297/14, EU:C:2015:844, ap. 24; STJUE de 28 enero de 2015, Kolassa, C-375/13, EU:C:2015:37, ap. 23.

563 STJUE de 23 de diciembre de 2015, Hobohm, C297/14, EU:C:2015:844, ap. 27.

564 STJUE de 7 de diciembre de 2010, Pammer y Hotel Alpenhof, C-585/08, EU:C:2010:740 [ap. 80 a 84]. Entre los indicios que permiten afirmar que una actividad está dirigida hacia un determinado EM, cabe destacar los siguientes: las expresiones manifiestas de la voluntad de atraer a los consumidores en un determinado EM; el carácter internacional de la actividad en cuestión; la mención de números de teléfono con indicación del prefijo internacional; la utilización de un nombre de dominio de primer nivel distinto al del EM en que está establecido el vendedor o la utilización de nombres de dominio de primer nivel neutros; la descripción de itinerarios desde otro u otros EE. MM al lugar de la prestación del servicio; la mención de una clientela internacional formada por clientes domiciliados en diferentes EE. MM [mediante la presentación de testimonios de dichos clientes]; y, en su caso, la lengua y divisa utilizada cuando la página web permite a los consumidores utilizar una lengua o divisa distinta a la empleada habitualmente en el EM a partir del cual ejerce su actividad el vendedor.

En este orden de consideraciones, el TJUE ha señalado que «solo a los contratos celebrados fuera e independientemente de cualquier actividad o finalidad profesional, con el único objetivo de satisfacer las propias necesidades de consumo privado de un individuo, les es de aplicación el régimen específico establecido por dicho Reglamento para la protección del consumidor como parte considerada económicamente más débil»[565]. En concreto, a los efectos de calificar a un sujeto como consumidor que actúa en el ámbito de las finanzas, el TJUE ha recalcado que carecen de relevancia una serie de factores como el volumen y el valor de las operaciones efectuadas, los riesgos de pérdidas económicas que éstas puedan conllevar, los eventuales conocimientos o experiencia de una persona en el sector de los instrumentos financieros o, incluso, su comportamiento activo en la realización de tales operaciones[566].

Recientemente, el TJUE ha ratificado esta idea, indicando que «factores como el valor de las operaciones efectuadas en virtud de contratos CFD, la importancia de los riesgos de pérdidas económicas que conlleva suscribir tales contratos, los eventuales conocimientos o experiencia de una persona en el sector de los instrumentos financieros o incluso su comportamiento activo en la realización de tales operaciones carecen, en principio, de pertinencia [...]. Lo mismo puede decirse del hecho de que el consumidor haya realizado un elevado volumen de operaciones en un plazo de tiempo relativamente breve o de que haya invertido cuantiosas sumas en ellas»[567]. Incluso, el TJUE ha remarcado que el hecho de que un sujeto pueda calificarse de «cliente minorista» a la luz de otra disposición comunitaria [en concreto, de la Directiva 2004/39[568]] resulta irrelevante, por sí sola, a los efectos de cali-

565 STJUE de 2 de abril de 2020, C-500/18, Reliantco Investment y Reliantco Investment Limassol Sucursala Bucureşti, EU:C:2020:264, ap. 48.

566 STJUE de 3 de octubre de 2019, C-208/18, Petruchová, EU:C:2019:825, ap. 50 a 59 [en especial este último apartado]; STJUE de 2 de abril de 2020, Reliantco Investment y Reliantco Investment Limassol Sucursala Bucureşti, C500/18, EU:C:2020:264, ap. 53; STJUE de 25 de enero 2018, Schrems, C498/16, EU:C:2018:37, ap. 39; STJUE de 3 de septiembre de 2015, Costea, C110/14, EU:C:2015:538, ap. 21.

567 STJUE de 2 de abril de 2020, C-500/18, Reliantco Investment y Reliantco Investment Limassol Sucursala Bucureşti, EU:C:2020:264, ap. 53 y 54. En relación con los contratos con instrumentos financieros, el TJUE ha remarcado que, «por lo que atañe a contratos como los CFD celebrados entre una persona física y una sociedad financiera, el Tribunal de Justica ha declarado que tales instrumentos financieros están comprendidos en el ámbito de aplicación de los artículos 17 a 19 del Reglamento n.o 1215/2012» [ap. 51].

568 Directiva 2004/39/CE del Parlamento Europeo y del Consejo, de 21 de abril de 2004, relativa a los mercados de instrumentos financieros, por la que se modifican las Directivas 85/611/CEE y 93/6/CEE del Consejo y la Directiva 2000/12/CE del Parlamento Europeo y del Consejo y se deroga la Directiva 93/22/CEE del Consejo. DOUE núm. 145, de 30.04.2004 [derogada).

ficar a dicho sujeto como «consumidor» en el sentido del Reglamento núm. 1215/2012[569]. Esta conclusión puede extrapolarse al Reglamento MICA, por lo que un usuario calificado como «titular minorista» en virtud del citado Reglamento no tiene por qué ser considerado un «consumidor» a los efectos del Reglamento núm. 1215/2012 [ni viceversa], sin perjuicio de que los conceptos utilizados por ambos Reglamentos sean muy similares[570].

En el ámbito de las PC, el cumplimiento de alguna de estas características no implicará, por sí sola, que un sujeto pueda ser calificado como profesional. No obstante, aunque los factores aludidos no determinen, por sí solos, la consideración de un sujeto como profesional, el análisis minucioso del conjunto de ellos pueden coadyuvar a determinar, en la práctica, cuándo un sujeto actúa con fines relacionados con su actividad profesional, comercial o negocial. Sea como fuere, en última instancia corresponderá al tribunal ante el que se presente la demanda determinar, atendiendo a las circunstancias concurrentes [incluidas la pruebas aportadas y las alegaciones de las partes], si existen suficientes datos objetivos para afirmar que, efectivamente, se trata de un consumidor a los efectos de aplicar los criterios atributivos de jurisdicción del Reglamento o, si, por el contrario, puede considerarse que el sujeto actúa con un propósito relacionado con su actividad comercial o profesional, en cuyo caso no podrá beneficiarse de la aplicación de los foros en materia de contratos de consumo.

III. La aplicación del foro en materia de consumo en el ámbito de las plataformas de criptoactivos

1. La regla general del artículo 18 del Reglamento

Cuando un consumidor contrate algún servicio de criptoactivos ofrecido por una PC, serán aplicables los foros previstos en la sección de consumo del Reglamento núm. 1215/2012, con independencia de la naturaleza jurídica

569 STJUE de 2 de abril de 2020, C-500/18, Reliantco Investment y Reliantco Investment Limassol Sucursala Bucureşti, EU:C:2020:264, ap. 55. En concreto, el TJUE indica lo siguiente: «En cuanto a la pertinencia, a efectos de la calificación de una persona de «consumidor», en el sentido del artículo 17, apartado 1, del Reglamento n.o 1215/2012, del hecho de que dicha persona sea un «cliente minorista», en el sentido del artículo 4, apartado 1, punto 12, de la Directiva 2004/39, es preciso recodar que la circunstancia de que una persona sea calificada de «cliente minorista», en el sentido de la última disposición, es por sí sola irrelevante, en principio, a efectos de la calificación de esta como «consumidor», en el sentido de la primera disposición. Asimismo, *vid.*: STJUE de 3 de octubre de 2019, Petruchová, C-208/18, EU:C:2019:825, ap. 77.

570 Sobre la similitud entre ambos conceptos, *vid. supra*, capítulo primero, epígrafe III, ap. 3.

del contrato[571]. Esta afirmación resulta válida, aunque algunas transacciones que involucran criptoactivos tengan lugar en una red distribuida. En este sentido, el TJUE indica lo siguiente: «es oportuno señalar que el Tribunal de Justicia ya ha declarado que el ámbito de aplicación de las disposiciones de la sección 4 del capítulo II del Reglamento n.º 1215/2012, que tratan de la competencia en materia de contratos celebrados por los consumidores, se extiende a todos los tipos de contratos, a excepción del mencionado en el artículo 17, apartado 3, de ese Reglamento, a saber, el contrato de transporte, salvo el caso del que, por un precio global, ofrece una combinación de viaje y alojamiento»[572].

Esta última afirmación es válida con independencia de la cuantía del contrato, pues en caso contrario no se respetaría el principio de previsibilidad en la aplicación de este foro. Así, el TJUE ha indicado lo siguiente: «el Tribunal de Justicia también ha precisado que el ámbito de aplicación de las disposiciones de la misma sección 4 del capítulo II del Reglamento n.º 1215/2012 no está limitado a cuantías determinadas. [...] Si los artículos 17 a 19 del Reglamento n.º 1215/2012 se interpretaran en el sentido de que no son aplicables a las inversiones financieras importantes, el inversor no tendría manera de saber si podría acogerse a la protección conferida por esas disposiciones, al no haber fijado el citado Reglamento ningún importe por encima del cual se considere que una operación es importante en atención a su cuantía, lo que sería contrario a la voluntad del legislador de la Unión expresada en el considerando 15 de dicho Reglamento, según el cual las normas de competencia judicial deben presentar un alto grado de previsibilidad»[573]. En consonancia con esto último, el TJUE subraya que la única exigencia real es que el consumidor celebre un contrato para un uso ajeno a su actividad profesional, sin que el art. 17 imponga otros requisitos adicionales[574].

---

571 A tal efecto, *vid.*: STJUE de 3 octubre 2019, C-208/18, Petruchová, EU:C:2019:825, ap. 48.

572 STJUE de 3 de octubre de 2019, C-208/18, Petruchová, EU:C:2019:825, ap. 48; STJUE de 2 de mayo de 2019, Pillar Securitisation, C694/17, EU:C:2019:345, ap. 42.

573 STJUE de 2 de mayo de 2019, Pillar Securitisation, C694/17, EU:C:2019:345, ap. 42; STJUE de 3 de octubre de 2019, C-208/18, Petruchová, EU:C:2019:825, ap. 50 y 51. En esta última sentencia, el TJUE indica que «de ello se infiere, como corolario de las consideraciones que preceden y, en particular, del apartado 51 de la presente sentencia, que la circunstancia, a la que se hace referencia en la resolución de remisión, de que la celebración de un CFD puede entrañar para un inversor un riesgo importante de pérdidas económicas carece de pertinencia, como tal, para la calificación de dicho inversor de "consumidor" en el sentido del artículo 17, apartado 1, del citado Reglamento» [ap. 53].

574 En este sentido, el TJUE indica que «por lo que respecta a la problemática de si los conocimientos y la experiencia de una persona en la materia objeto del contrato que ha celebrado, como los que posee la Sra. Petruchová en relación con los CFD del asunto principal, pueden impedir que se la califique de "consumidor", a los efectos del artículo 17, apartado 1, del Reglamento n.o 1215/2012, procede señalar que, para que pueda reconocerse a una persona tal calidad, basta con que celebre un contrato para un uso ajeno a su actividad profesional. [...] En efecto, en la medida en que el concepto de "consumidor", en el sen-

Cuando concurran los requisitos exigibles para aplicar el foro en materia de consumo descritos en el art. 17 del Reglamento núm. 1215/2012, incluidos los derivados de la teoría de la «acción dirigida» [también conocida como «teoría de la focalización»][575], el consumidor podrá interponer la demanda ante los órganos jurisdiccionales del EM en qué esté domiciliada la PC o, con independencia del domicilio de la PC, ante el órgano jurisdiccional en que esté domiciliado el consumidor [art. 18.1]. En este último caso, quedará determinada tanto la competencia judicial internacional como la territorial[576]. El consumidor puede demandar a la PC atendiendo a la triple conceptualización de domicilio prevista en el artículo 63: «Dado que el mencionado artículo 63 no establece ninguna jerarquía entre esos tres criterios, corresponde al consumidor elegir entre ellos para determinar el órgano jurisdiccional competente de conformidad con el artículo 18, apartado 1, del Regla-

tido del artículo 17, apartado 1, del Reglamento n.o 1215/2012, se define por oposición al de "operador económico", tiene un carácter objetivo y es independiente de los conocimientos y de la información de que la persona de que se trate dispone realmente [...] A este respecto, la referida disposición no impone requisitos adicionales [ap. 54]. En efecto, en la medida en que el concepto de "consumidor", en el sentido del artículo 17, apartado 1, del Reglamento n.o 1215/2012, se define por oposición al de «operador económico», tiene un carácter objetivo y es independiente de los conocimientos y de la información de que la persona de que se trate dispone realmente». A tal efecto, *vid.*: STJUE de 3 de octubre de 2019, C-208/18, Petruchová, EU:C:2019:825, ap. 54, 55 y 56.

575 La teoría de la focalización [también conocida como «stream-of-commerce»] es, en puridad, la «teoría de los indicios» o de la «actividad dirigida» que se ha explicado a lo largo del presente estudio, nacida a partir de la STJUE de 7 de diciembre de 2010, Pammer y Hotel Alpenhof, C-585/08, EU:C:2010:740, en la cual el TJUE indica cuándo puede considerarse que una empresa dirige su actividad hacia un concreto EM. Para una visión amplia de esta teoría en el ámbito de los contratos con consumidores, *vid.*: MAGNUS, U. y MANKOWSKI, P., *European Commentaries on Private..., op. cit.*, págs. 497 a 499 [aunque la teoría empieza a detallarse a partir de la página 481 con gran detalle, si bien haciendo referencia al concepto de «actividad dirigida»]. Asimismo, *vid.*: CAAMIÑA DOMÍNGUEZ, C., *Litigación internacional en..., op. cit.*, págs. 420 a 426; CAAMIÑA DOMÍNGUEZ, C.M, «La noción de «consumidor» en internet: El asunto C-498/16, Maximilian Schrems y Facebook Ireland Limited», *Cuadernos de Derecho Trasnacional*, vol. 11, núm. 1, 2019, págs. 711-721, en especial, p. 720; CASTELLANOS RUIZ, E., «El concepto de actividad profesional «dirigida» al EM del consumidor: *stream-of-commerce»*, *Cuadernos de Derecho Transnacional,* vol. 4, núm. 2, 2012, págs. 70-92, en especial, págs. 80 y 81; CASTELLANOS RUIZ, M.J., «El foro de consumidores: comentarios a la Sentencia del TJUE de 23 de diciembre de 2015, *Rüdiger Hobohm c. Benedikt Kampik Ltd & Co. KG y otros*, C-297/14», *Cuadernos de Derecho Transnacional.CDT,* vol. 9, núm. 2, 2017, págs. 646-648, en especial, págs. 646-648. Lafuente Sánchez, R., «El criterio del *International Stream-of-Commerce* y los foros de competencia en materia de contratos electrónicos celebrados con consumidores», *Cuadernos de Derecho Transnacional,* vol. 4, núm. 2, 2012, págs. 194-197, en especial, págs. 187 a 193.

576 ARROYO APARICIO, A., «Artículo 18», en: BLANCO-MORALES, P., GARAU, F., LORENZO, M.L., MONTERO, F.J. [Coords.], *Comentario al Reglamento 1215/2012 relativo a la competencia judicial, el reconocimiento y la ejecución de resoluciones judiciales en materia civil y mercantil*, Aranzadi, Pamplona, 2016, págs. 458-465, p. 460.

mento Bruselas I *bis*»[577]. Por su parte, la PC únicamente podrá interponer la demanda ante los órganos jurisdiccionales del EM en que esté domiciliado el consumidor [art. 18.2]. Estos preceptos no afectarán al derecho de formular una reconvención ante el órgano jurisdiccional que conozca de la demanda inicial de conformidad con la sección dedicada a los contratos celebrados con consumidores [art. 18.3]. Sea como fuere, resulta irrelevante que la PC esté domiciliada en un tercer Estado para la aplicación de este foro, lo cual beneficia a los consumidores, dado que algunas de las grandes PC están domiciliadas en Estados alejados, cuyas legislaciones y sistemas judiciales suelen ser desconocidos por los consumidores de la UE.

En otro orden de consideraciones, el TJUE ha determinado que la expresión «otra parte contratante» utilizada en el art. 18.1 del Reglamento núm. 1215/2012 «debe entenderse referida únicamente a la persona, física o jurídica, parte en el contrato en cuestión y no a otras personas, ajenas a tal contrato, aun cuando estén vinculadas a esa persona»[578]. Esta aseveración puede tener cierta relevancia en el ámbito de la prestación del servicio relativo a la «recepción y transmisión de órdenes relacionadas con criptoactivos por cuenta de clientes». De esta forma, el consumidor únicamente podrá demandar, en virtud de este foro, a la PC con la que contrate dicho servicio; no así al tercero que se encargue de recibir y ejecutar la orden de criptoactivos inicial.

Por último, cabe tener presente las limitaciones relativas a la posibilidad de establecer pactos de jurisdicción en materia de contratos de consumo, cuestión que se ha abordado en el capítulo correspondiente. Baste recordar aquí que dichos pactos se reputarán válidos siempre que respeten las condiciones de admisibilidad recogidas en el art. 19 del Reglamento núm. 1215/2012[579]. De esta forma, serán válidos los acuerdos atributivos de jurisdicción posteriores al nacimiento de la controversia [art. 19.1], los cuales vincularán tanto al consumidor como a la PC. Asimismo, resultarán válidos aquellos acuerdos que, aun siendo anteriores a la controversia, permitan al consumidor for-

---

577 STJUE de 14 de septiembre de 2023, C-821/21, Club La Costa y otros, EU:C:2023:672, ap. 63. A este respecto, el TJUE ha afirmado que «en razón del objetivo perseguido por las reglas para determinar la competencia en materia de contratos celebrados por los consumidores previstas por dicho Reglamento, [...] consistente en garantizar una protección adecuada al consumidor en cuanto parte del contrato que se considera económicamente más débil y jurídicamente menos experta, no puede estimarse que la determinación del lugar del domicilio de las sociedades y de las personas jurídicas en virtud del artículo 63 del mencionado Reglamento constituya una limitación de los dos foros competentes ofrecidos al consumidor con arreglo al artículo 18, apartado 1, del mismo Reglamento» [ap. 64].

578 STJUE de 14 de septiembre 2023, C-821/21, Club La Costa y otros, EU:C:2023:672, ap. 58.

579 A tal efecto, *vid.*: Horrach Armo, J.G., «Las cláusulas de jurisdicción contenidas...», *op. cit.*, págs. 620-626. Para una visión más amplia sobre estas exigencias, *vid.*: Arroyo Aparicio, A., «Artículo 19» ..., *op. cit.*, págs. 472-474.

mular demandas ante tribunales distintos de los indicados en la sección de consumo, es decir, siempre que amplíen las posibilidades que tiene inicialmente reconocidas el consumidor [art. 19.2]. Por último, también resultarán válidos los acuerdos «que, habiéndose celebrado entre un consumidor y su cocontratante, ambos domiciliados o con residencia habitual en el mismo EM en el momento de la celebración del contrato, atribuyan competencia a los órganos jurisdiccionales de dicho EM, a no ser que la ley de este prohíba tales acuerdos» [art. 19.3].

2. La importancia del concepto de «actividad dirigida»

Para aplicar el foro en materia de contratos de consumo se debe cumplir la exigencia recogida en el art. 17.1.c), esto es, que la PC «ejerza actividades comerciales o profesionales en el EM del domicilio del consumidor o, por cualquier medio, dirija tales actividades a dicho EM [...] y el contrato esté comprendido en el marco de dichas actividades». Este precepto ha derivado en el concepto autónomo de «actividad dirigida» desarrollado por el TJUE[580], el cual tiene por objeto concretar cuándo puede entenderse que un profesional dirige sus actividades hacia un EM, en cuyo caso quedará vinculado por los foros recogidos en la sección de contratos celebrados por los consumidores.

En este contexto, la STJUE de 7 de diciembre de 2010 [asunto *Pammer y Hotel Alpenhof*] se encargó de aclarar, en su momento, que el mero hecho de que un sitio de internet sea accesible para el consumidor no resulta suficiente para aplicar el art. 17.1.c) del Reglamento, sino que es necesario que el vendedor haya manifestado su voluntad de establecer relaciones comerciales con los consumidores situados en dicho EM[581]. Para poder afirmar que la actividad está dirigida hacia dicho EM, debe determinarse si, antes de que se celebrara el contrato, existían indicios que demostraran que el vendedor tenía intención de comerciar con los consumidores situados en dicho EM[582]. Por lo que aquí interesa, no basta con el mero acceso para entender que la actividad está dirigida al EM del consumidor, sino que debe determinarse a

580 El concepto de «actividad dirigida» ha sido objeto de varias sentencias del TJUE. Entre otras, cabe citar las siguientes: STJUE de 7 de diciembre de 2010, Pammer y Hotel Alpenhof, C-585/08 EU:C:2010:740, ap. 76, 77, 80 a 84; STJUE de 12 de julio 2011, L'Oréal y otros, C-324/09, EU:C:2011:474, ap. 64 y 65; STJUE de 6 de septiembre de 2012, Mühlleitner, C-190/11, EU:C:2012:542, ap. 32 a 44; STJUE de 17 octubre de 2013, Emrek, C-218/12, EU:C:2013:666, ap. 27-29; STJUE de 23 de diciembre de 2015, Hobohm, C-297/14, EU:C:2015:844.

581 STJUE 7 diciembre 2010, Pammer y Hotel Alpenhof, C-585/08 EU:C:2010:740, ap. 74 y 75.

582 STJUE de 7 de diciembre 2010, Pammer y Hotel Alpenhof, C-585/08 EU:C:2010:740, ap. 76.

través de una serie de indicios si los servicios prestados por la PC están destinados a los consumidores situados en dicho EM[583]. Con todo, corresponde a los tribunales competentes apreciar, en cada caso, si existen indicios o factores relevantes que permitan concluir que una actividad está dirigida hacia un determinado EM[584].

2.1. Las plataformas de criptoactivos prestan sus servicios con vocación universal

Partiendo de la jurisprudencia del TJUE, cabe preguntarse cuáles son los indicios necesarios para considerar que una empresa dirige sus servicios hacia un determinado EM. Para ello, cabe traer a colación el estudio realizado por López-Tarruella Martínez, el cual recoge los distintos indicios de forma categorizada, diferenciando «entre indicios fuertes [que son por sí solos suficientes para probar esa voluntad del vendedor], débiles [que solo son indicativos si se relacionan con otros] o indicios irrelevantes»[585].

Entre los indicios fuertes cabe citar la mención expresa por parte de la empresa de comercializar sus servicios en un determinado EM[586]. Entre los indicios débiles que, eventualmente, pueden demostrar la existencia de una actividad dirigida al EM del domicilio del consumidor, cabe destacar el carácter internacional de la actividad; la mención de números de teléfono con prefijo internacional; la utilización de un nombre de dominio de primer nivel distinto al del EM en que está establecido el vendedor; la utilización de nombres de dominio de primer nivel neutros [*v.g.* «.com»], la descripción de itinerarios desde otro u otros EE. MM al lugar de la prestación del servicio y la mención de una clientela internacional formada por clientes domiciliados en diferentes EE. MM[587]. En cambio, otros elementos como la divisa o la lengua utilizada no tienen, en principio, relevancia a los efectos de determinar el

583 STJUE de 12 de julio 2011, L'Oréal y otros, C-324/09, EU:C:2011:474, ap. 64 y 65.

584 STJUE de 12 de julio 2011, L'Oréal y otros, C-324/09, EU:C:2011:474, ap. 65. La STJUE indica que, «corresponde a los órganos jurisdiccionales nacionales apreciar en cada caso si existen indicios relevantes que permitan concluir que una oferta de venta, presentada en un mercado electrónico al que se puede acceder desde el territorio cubierto por la marca, está destinada a consumidores situados en este territorio».

585 López-Tarruella Martínez, A., «El criterio de las actividades dirigidas como concepto autónomo de DIPr de la Unión Europea para la regulación de las actividades en Internet», *Revista Española de Derecho Internacional*, vol. 69, núm. 2, 2017, págs. 223-256, en especial, págs. 226-228.

586 STJUE de 7 de diciembre de 2010, Pammer y Hotel Alpenhof, C-585/08 EU:C:2010:740, ap. 80 y 81. Como indica el TJUE, «también demuestran la existencia de esa voluntad los gastos en un servicio de remisión a páginas web en Internet prestado por una empresa que explota un motor de búsqueda con el fin de facilitar el acceso al sitio del vendedor a consumidores domiciliados en diferentes EE. MM».

587 STJUE de 7 diciembre 2010, Pammer y Hotel Alpenhof, C-585/08 EU:C:2010:740, ap. 83.

concepto de «actividad dirigida»[588], salvo que la página web permita utilizar otra lengua o divisa distinta de la utilizada de forma habitual en el EM dónde ejerce su actividad, en cuyo caso «pueden tomarse en consideración y constituir un indicio que autoriza a considerar que la actividad del vendedor está dirigida a otros EE. MM»[589].

En el ámbito de las PC cabe aplicar esta teoría teniendo en cuenta sus peculiares características. En este sentido, cabe tener presente que tanto las PC como los servicios de criptoactivos tienen un marcado carácter transfronterizo y que, asimismo, una gran parte de las transacciones que involucran criptoactivos están basadas en la TRD, la cual es, por definición, ubicua y descentralizada [o, más bien, distribuida, lo que impide localizar en un determinado espacio físico las transacciones realizadas]. Por otra parte, las PC prestan los servicios de criptoactivos con vocación universal, esto es, con la finalidad de que lleguen, con carácter general, al máximo número de usuarios y territorios posibles. Todo ello dificulta de sobremanera el establecimiento de fronteras entre los sujetos que interactúan en este ámbito, a la vez que permite afirmar que existe, en relación con la mayoría de las PC, una clientela internacional formada por usuarios domiciliados en países de todo el mundo. Además, las PC suelen utilizar un dominio de primer nivel neutro [*v.g.* Crypto.com], permiten navegar en sus páginas web utilizando múltiples idiomas[590] y, por último, debido a que intentan atraer a la mayor cantidad de usuarios a nivel mundial, no resulta habitual que establezcan restricciones territoriales o personales que vayan más allá de las recogidas en las distintas legislaciones nacionales[591]. Sin perjuicio de esto último, cabe matizar que, en la práctica, algunas PC establecen restricciones para acceder a sus servicios desde ciertas regiones o en relación con determinados sujetos que han sido objeto de embargo por ciertos países u organizaciones internacionales. Sea como fuere, cabe afirmar que las PC tienen una vocación de crecimiento y

588 STJUE de 7 diciembre 2010, Pammer y Hotel Alpenhof, C-585/08 EU:C:2010:740, ap. 84.

589 STJUE de 7 diciembre 2010, Pammer y Hotel Alpenhof, C-585/08 EU:C:2010:740, ap. 84.

590 El hecho de que permitan utilizar distintas divisas no resulta un elemento relevante por cuanto que estas PC se dedican, precisamente, al intercambio de dinero fiat por otras monedas de curso legal o por criptomonedas, entre otras actividades relacionadas con las divisas.

591 En este sentido, la plataforma Binance [versión global] indica en su página web que algunos países pueden estipular restricciones relacionadas con la prestación de sus servicios y que, por lo tanto, será el usuario el encargado de analizar dichas restricciones y actuar conforme a ellas: «Existen requisitos legales en varios países que pueden restringir los productos y servicios que los Operadores de Binance pueden ofrecer legalmente. En consecuencia, es posible que algunos productos y servicios y determinadas funciones de la Plataforma de Binance no estén disponibles o estén restringidos en determinadas jurisdicciones o regiones o a determinados usuarios. Usted será responsable de informarse y respetar las restricciones y/o requisitos impuestos con respecto al acceso y uso de la Plataforma de Binance». Última consulta efectuada el 04.04.2024.

expansión constante, lo que, unido a las características señaladas sobre los mercados de criptoactivos, permite afirmar que, por regla general, tienen como objetivo principal dirigir sus servicios de criptoactivos al mayor número posible de territorios y sujetos de todo el mundo.

Por todo ello, cuando las PC permitan a los consumidores utilizar sus servicios y operar desde un determinado EM, sin restringir de forma expresa sus servicios de criptoactivos en dicho EM, cabrá entender que dirigen su actividad hacia dicho territorio a los efectos del art. 17.1.c) del Reglamento[592]. En todo caso, para que resulte válida la declaración expresa sobre la restricción territorial o personal del ámbito de actuación de la PC deberá ir unida al establecimiento de mecanismos eficaces que impidan el acceso a dichos usuarios. Excepcionalmente, cabrá concluir lo contrario cuando existan indicios o datos objetivos que determinen de forma clara y evidente que la PC no dirige sus servicios hacia un determinado EM [*v.g.* la página web de la PC está redactada íntegramente en japonés, utiliza un dominio web japonés y sólo permite comprar criptoactivos en yenes].

En definitiva, salvo que de las circunstancias concurrentes se deriven indicios objetivos que demuestren lo contrario, cabe concluir que las PC dirigen sus servicios de criptoactivos hacia todos los países de la UE. Por último, las consideraciones realizadas deben interpretarse a la luz de lo dispuesto en el Reglamento 2018/302 sobre medidas para evitar el bloqueo geográfico injustificado en el mercado interior[593], cuestión que supera con creces el objeto del presente estudio[594].

2.2. Relación entre el concepto de «actividad dirigida» del Reglamento núm. 1215/2012 y el de «servicios prestados en la Unión» del Reglamento MICA

Cabe tener presente que el criterio utilizado por el Reglamento MICA para extender su ámbito de aplicación territorial a las distintas PC no puede confundirse con el concepto de «actividad dirigida» utilizado en el Reglamento

---

592 Por consiguiente, el requisito de la actividad dirigida se cumplirá cuando el consumidor pueda acceder a los servicios prestados por la PC desde el EM de su residencia, siempre y cuando en las CGC de la PC no exista una cláusula que limite el ámbito geográfico de la prestación de sus servicios hacia dicho EM, unida a una medida real que evite el acceso a dichos servicios.

593 A tal efecto, véase el art. 1.6 del Reglamento 2018/302.

594 Sobre la interpretación del concepto de «actividad dirigida» en relación con el citado Reglamento, *vid.*: Paredes Pérez, J.J., «Medidas contra el bloqueo geográfico injustificado: el Reglamento [UE] 2018/302 y su incidencia sobre las normas europeas de Derecho Internacional Privado», *Revista electrónica de Estudios Internacionales*, núm. 35, 2018, págs. 1-26, p. 14 y ss. Asimismo, *vid.*: de Miguel Asensio, P.A., «El nuevo Reglamento de la Unión Europea sobre bloqueo geográfico y otras formas de discriminación», *La Ley Unión Europea*, núm. 59, 2018, págs. 1-10, en especial, p. 6 a 10.

núm. 1215/2012. Así, el Reglamento MICA indica cuándo puede entenderse que la prestación de servicios de criptoactivos de una PC domiciliada en un tercer país debe regirse por dicho Reglamento, utilizando la expresión «servicios prestados en la Unión». Como ya se ha analizado[595], puede entenderse que un servicio se ha prestado efectivamente en la UE «cuando una empresa de un tercer país preste servicios de criptoactivos por iniciativa de una persona establecida en la Unión» y, asimismo, «cuando una empresa de un tercer país capte clientes o potenciales clientes en la Unión, o anuncie o promocione servicios o actividades relacionados con criptoactivos en la Unión».

Sin embargo, aunque no sean conceptos coincidentes, las actividades descritas por el Reglamento MICA [la captación de clientes, el anuncio o promoción de servicios o actividades relacionadas con criptoactivos, etc.] tienen la suficiente entidad para aseverar que una actividad ha «sido dirigida» hacia un determinado EM a los efectos del Reglamento núm. 1215/2012. Por tanto, son indicios o datos objetivos que permiten confirmar que una PC dirige su actividad hacia un determinado territorio. Debido a las especiales características de las PC señaladas en el presente epígrafe *[vid. supra]*, no resulta suficiente que la PC no preste habitualmente sus servicios ni tenga la intención de captar clientes o promocionar sus servicios en la Unión para confirmar que «no dirige sus servicios hacia la Unión» a los efectos del art. 17.1.c) del Reglamento. Por tanto, aquí divergen los conceptos de «actividad dirigida» del Reglamento núm. 1215/2012 y el concepto de «servicio prestado en la Unión» del Reglamento MICA.

De esta forma, si la PC no excluye expresamente en sus CGC un determinado territorio o región [unido a los mecanismos eficaces que permitan dicha exclusión], deberá entenderse que dirige hacia dicho Estado sus servicios de criptoactivos; salvo que existan datos objetivos fundados que permitan afirmar lo contrario, lo cual deberá comprobar el tribunal competente en atención a las circunstancias concurrentes. Por lo tanto, aunque una PC no preste sus servicios de criptoactivos en un determinado EM a los efectos del Reglamento MICA, eso no implica que, necesariamente, también pueda afirmarse que no dirige sus servicios hacia dicho EM en el marco del Reglamento núm. 1215/2012, dado que el término «acción dirigida» es un concepto autónomo que debe interpretarse a la luz de los objetivos y principios del citado Reglamento[596].

La no prestación de servicios de criptoactivos en un determinado EM según los cánones del Reglamento MICA no resulta un indicio determinante, por sí sólo, para concluir que la PC no dirige sus servicios hacia dicho EM a los efectos del Reglamento núm. 1215. Desde el punto de vista del Regla-

595 Para una visión amplia de esta cuestión, *vid. supra*, capítulo primero, epígrafe II, apartado «2. Ámbito de aplicación del Reglamento MICA», punto 2.2: ámbito territorial.

596 A lo sumo, la no prestación de servicios de criptoactivos por parte de la PC en un EM según los cánones del Reglamento MICA puede considerarse un indicio objetivo de que tampoco tiene intención de dirigir sus servicios hacia dicho Estado a los efectos del Reglamento núm. 1215.

mento MICA, la «no prestación de un servicio de criptoactivos» en un determinado EM es compatible con el acceso de los usuarios a dichos servicios desde ese EM para realizar transacciones, siempre que éstas se realicen a iniciativa exclusiva del cliente. En ese caso, los usuarios son tratados como «consumidores activos», por lo que no están protegidos por las disposiciones del Reglamento MICA. Sin embargo, en el marco del art. 17 del Reglamento núm. 1215/2012, si una PC está operativa desde un determinado EM, permitiendo al usuario realizar transacciones [aunque sean a iniciativa de éste], dicha PC estará dirigiendo sus servicios de criptoactivos hacia dicho EM debido a las especiales características de este mercado ubicuo y distribuido.

En consecuencia, en el contexto del Reglamento núm. 1215/2012 no cabe hablar de consumidores activos que acceden a los servicios de la PC, salvo que la PC establezca en sus CGC, de forma clara y contundente, restricciones personales o territoriales, las cuales deben ir acompañadas de medidas reales y efectivas para evitar que los usuarios puedan acceder a dichos servicios. Únicamente cuando el usuario vulnere, bajo su propio riesgo y conocimiento, los mecanismos técnicos previstos por la PC [*v.g.* utilizando una VPN], cabrá afirmar que se trata de un «consumidor activo» a los efectos del art. 17.1.c), en cuyo caso no estará protegido por las disposiciones previstas en dicha sección[597]. Concluir lo contrario podría provocar que, mediante una

597 Caamiña Domínguez, C., *Litigación internacional en...*, *op. cit.*, p. 417. Como indica la referida autora, el art. 17.1.c) RBI bis deja sin protección jurisprudencial al «consumidor activo», esto es, al consumidor que se desplaza a otro EM para adquirir bienes o servicios [aunque esto es extensivo en el ámbito online], por lo que sólo se protege al «consumidor pasivo», es decir, el que ha sido «asaltado» [incitado a contratar] en el país de su domicilio por un profesional. Asimismo, *vid.*: Castellanos Ruiz, E., «El concepto de actividad profesional...», *op. cit.*, págs. 79 y 80. En este sentido, parece oportuno traer a colación la conclusión alcanzada por la autora sobre cuando es posible aplicar la teoría de la focalización [stream-of-commerce] a los consumidores que se desplazan a otros EE. MM y cuándo dichos sujetos no quedarán protegidos por los foros del Reglamento por considerarse consumidores activos: «El *Stream-of-Commerce* se produce cuando el empresario dirige mediante Internet un e-mail publicitario a un posible consumidor domiciliado en otro Estado o cuando el empresario dispone de una página web comercial por la que expresamente se pueden adquirir productos o servicios por parte de los consumidores domiciliados en un país concreto. Se trata del «mercado de conquista» del empresario. Este «mercado de conquista» en la contratación online, en principio, puede ser cualquier mercado estatal. No es necesario —como sí exigía el art. 13.3 del Convenio de Bruselas de 1968— que el consumidor haya realizado los actos necesarios para su celebración dentro del Estado de su domicilio; por lo que también quedarían protegidos los contratos en los que el consumidor se desplaza al extranjero y allí realiza el encargo, siempre que el viaje lo hubiera organizado el empresario desde el Estado de domicilio del consumidor con el objetivo de que el consumidor celebre un contrato. En definitiva, lo que no protege es a los consumidores que traspasan las fronteras de su Estado de residencia habitual para contratar con un profesional si la publicidad no se le ha enviado al EM de su domicilio, es decir, no protege a los consumidores activos» [p. 79 y 80]. Finalmente, *vid.*: Cámara Lapuente, «El concepto legal de «consumidor» en el Derecho privado europeo y en el Derecho español: aspectos controvertidos o no resueltos», *Cuadernos de Derecho Transnacional,* vol. 3, núm. 1, 2011, págs. 84-117, p. 113.

simple declaración de voluntad [*v.g.* se restringe el acceso a los usuarios de la UE], una determinada PC pudiera dejar sin efecto los foros protectores en materia de contratos de consumo en aquellas situaciones en las que resulta evidente que está dirigiendo sus servicios al ámbito de la UE[598]. Por ende, resulta necesario que la restricción personal o territorial recogida en las CGC venga acompañada de una medida real que evite la utilización de la PC desde un determinado EM. Únicamente así se podrá considerar que se trata de un verdadero «consumidor activo» a los efectos de no aplicar los criterios atributivos de jurisdicción previstos en la sección de contratos celebrados con consumidores del Reglamento núm. 1215/2012[599].

IV. Idoneidad del foro en materia de consumo

Por regla general, este foro resulta idóneo en el ámbito de los criptoactivos, dado que resulta previsible para las partes y se aplica sin atender a las conceptualizaciones previstas en el Reglamento MICA, pues sólo se toman en consideración los conceptos autónomos del Reglamento núm. 1215/2012. Aun así, resultaría adecuado que se abordara una reforma de este Reglamento con el objetivo de determinar, de forma coherente y precisa, dónde puede entenderse prestado el servicio de criptoactivos en cuestión y cuándo puede entenderse que dichos servicios se dirigen hacia un concreto EM. Es decir, se debería plasmar y acotar en el Reglamento la «teoría de los indicios» desarrollada por el TJUE, la cual permitiría determinar, en cada caso, cuándo un servicio prestado en línea se dirige hacia un concreto EM. Ello permitiría determinar, de antemano, cuando el sujeto es un verdadero «consumidor» a los efectos del Reglamento núm. 1215/2012 y en qué casos es un «consumidor activo», en cuyo caso no podrá beneficiarse de los foros protectores en materia de contratos celebrados por consumidores.

Por último, también resultaría adecuado que la detallada construcción jurisprudencial del TJUE sobre el concepto de «consumidor» estuviera plasmada en el Reglamento de forma amplia, estipulando, por ejemplo, que el

---

598 Además, esta conclusión es conforme a la finalidad de los foros protectores en materia de consumo, los cuales tienen como función «garantizar la adecuada protección del consumidor, en cuanto parte contratante a la que, en comparación con el profesional con quien contrata, se supone más débil desde el punto de vista económico y menos experimentada desde el punto de vista jurídico». A tal efecto, *vid.*: STJUE de 23 de diciembre de 2015, Hobohm, C- 297/14, EU:C:2015:844, ap. 31; STJUE de 14 de marzo de 2013, Česká spořitelna, C419/11, EU:C:2013:165, ap. 33; STJUE de 28 enero de 2015, Kolassa, C-375/13, EU:C:2015:37, ap. 21.

599 Para una visión general sobre el concepto de «consumidor activo» en el ámbito del Reglamento núm. 1215/2012, *vid.*: Carrizo Aguado, D., «La relación de causalidad como indicio justificativo de la «actividad dirigida» en el contrato internacional de consumo: análisis del foro de protección de la parte débil», *Cuadernos de Derecho Transnacional*, vol. 8, núm. 1, 2016, págs. 301-317.

volumen de negocio o los conocimientos previos del usuario no determinan su exclusión de dicha categoría jurídica. Ello otorgaría un plus de seguridad jurídica a los usuarios que contrataran a través de internet y realizaran operaciones, por lo que aquí interesa, en el ámbito de los criptoactivos.

CAPÍTULO OCTAVO

FORO EN MATERIA DELICTUAL O CUASIDELICTUAL

I. Objeto de la demanda

En el artículo 7.2 del Reglamento núm. 1215/2012 aparece recogida la expresión «materia delictual o cuasidelictual», un concepto autónomo que va referido a los casos de responsabilidad extracontractual[600] o, más en concreto, como ha precisado el TJUE, a aquellos casos en los que la responsabilidad no deriva de una relación contractual[601]. Debido a su carácter autó-

600 El TJUE ha afirmado en varias ocasiones que «los conceptos de «materia contractual» y de «materia delictual o cuasidelictual», que figuran en los números 1 y 3, respectivamente, del artículo 5 del Convenio de Bruselas, deben ser interpretados de una forma autónoma», lo cual es extrapolable al actual art. 7.2 RBI bis. *Vid*. STJUE de 1 de octubre de 2002, Henkel, C-167/00, EU:C:2002:555 [ap. 35]. Asimismo, *vid*. STJUE de 27 de septiembre de 1988, Kalfelis v Schröder and Others, C-189/87, EU:C:1988:459 [ap. 15 y 16]; STJUE de 26 de marzo de 1992, Reichert y Kockler v Dresdner Bank, C-261/90, EU:C:1992:149 [ap. 15]; STJUE de 16 de mayo de 2013, Melzer, C228/11, EU:C:2013:305 [ap. 22]; STJUE de 5 de junio de 2014, Coty Germany, C-360/12, EU:C:2014:1318 [ap. 43]; entre otras.

601 Esta definición negativa la realizó el TJUE por primera vez en la sentencia de 27 de septiembre 1988, Kalfelis v Schröder and Others, C-189/87, EU:C:1988:459, mediante la cual el TJUE aclara que «el concepto de en materia de delitos o cuasidelitos en el sentido del apartado 3 del artículo 5 del Convenio, debe considerarse como un concepto autónomo, que abarca todas las demandas dirigidas a exigir la responsabilidad de un demandado y que no están relacionadas con la «materia contractual» en el sentido del apartado 1 del artículo 5 [actual 7.2 RBI bis]» [ap. 18]. Asimismo, *vid*. Arenas García, R., «La distinción entre obligaciones contractuales y obligaciones extracontractuales en los instrumentos comunitarios de derecho internacional privado», *Anuario Español de Derecho Internacional Privado*, Tomo VI, 2006, págs. 393-415. Cebrián Salvat, M.A., «Estrategia procesal y litigación internacional en la Unión Europea: distinción entre materia contractual y extracontractual», *Cuadernos de Derecho Transnacional*, Vol. 6, núm. 2, 2014, págs.

nomo, no deben tenerse en cuenta las definiciones que puedan establecerse en la normativa interna de los EE. MM para concretar este concepto[602]. Así, este foro no será aplicable en aquellos supuestos en los que exista un compromiso libremente asumido por una parte frente a la otra, dado que, en ese caso, se trataría de un supuesto incardinable en la materia contractual[603].

El presente epígrafe tiene por objeto indicar cuál puede ser el objeto de la demanda que dé lugar a una acción en materia de responsabilidad extracontractual en el ámbito de las PC. Para ello, este epígrafe no sólo se centra en la responsabilidad derivada de las PC, sino también en los actos ilícitos cometidos por los usuarios de estas plataformas utilizando su infraestructura e, incluso, en los ilícitos que provengan de sujetos relacionados con la PC principal. Así, por ejemplo, este foro resulta muy útil para el usuario afectado por daños financieros[604] cuando la conducta ilícita no provenga de la PC con la que ha contratado directamente, sino de otro sujeto que interviene en la relación jurídica por indicación de la PC principal [otra PC o emisor de criptoactivos]; o cuando el usuario adquiere criptoactivos de un mercado secundario[605]. La intervención de un tercer sujeto ajeno a la relación contractual podría suceder, asimismo, en los casos de «recepción y transmisión de órdenes relacionadas con criptoactivos», dado que la PC principal transmite la orden de criptoactivos a otra PC, la cual no tiene una vinculación contractual con el usuario inicial. Sea como fuere, no cabe abarcar todos los posi-

315-329. Finalmente, cabe tener en cuenta la STJUE de 13 marzo 2014, Brogsitter, C-548/12, EU:C:2014:148 [ap. 20]. Sobre esta sentencia, *vid.*: Moreno Sánchez-Moraleda, A., «Interpretación autónoma de la naturaleza contractual o no de una acción. Comentario a la STJUE de 13 marzo 2014, as. C-548/12, Marc Brogsitter v. Fabrication de Montres Normandes», *Revista Electrónica de Direito [RED]*, núm. 1, 2016, págs. 1-23, p. 13 y ss.

602 En este sentido, *vid.*: STJUE de 21 de diciembre de 2016, Concurrence, C618/15, EU:C:2016:976 [ap. 25] y STJUE de 16 de junio de 2016, Universal Music International Holding, C-12/15, EU:C:2016:449 [ap. 25 a 27]. Asimismo, en este sentido, *vid.*: Leible, S., «Art 7 Brüssel Ia-VO».. *op. cit.*, p. 326.

603 Sobre el concepto de materia contractual, *vid.* la STJUE de 18 de julio de 2013, ÖFAB, C-147/12, EU:C:2013:490 [ap. 33 y 34], STJUE de 14 de marzo de 2013, Česká spořitelna, C419/11, EU:C:2013:165 [ap. 46 y 47]. STJUE de 17 de junio de 1992, Handte v TMCS, C-26/91, EU:C:1992:268 [ap. 15].

604 A tal efecto, *vid. infra*, en este capítulo, apartado «II.5. Daños financieros».

605 Ortolani, P., «The impact of blockchain technologies and smart contracts on dispute resolution: arbitration and court litigation at the crossroads», *Uniform Law Review*, Vol. 24, núm. 2, 2019, págs. 430-448, p. 445. El citado autor indica lo siguiente: «Therefore, if one were to apply the same rationale to ICOs, claimants may only invoke the protective head of consumer jurisdiction if they acquired the tokens [as non-professional investors] directly from the issuer [that is, the start-up company or the different legal entity conducting the ICO on its behalf). If, conversely, the tokens were purchased on the secondary market, as it often happens, a non-professional investor could not use Articles 17 and 18 to establish jurisdiction. For the same reasons, the establishment of jurisdiction in contractual matters under Article 7[1] of the Brussels I bis Regulation would likely be precluded, as the privity requirement [as entailed in Kolassa) may not be met in the case of a secondary market purchase».

bles ilícitos que son susceptibles de producir un daño en materia delictual o cuasidelictual. Pues bien, el presente capítulo se centra en algunas de las más comunes y verosímiles en el ámbito de las plataformas de criptoactivos. Entre ellas, se abordan los actos desleales, la vulneración de los derechos de la personalidad, la infracción en materia de propiedad intelectual, el enriquecimiento injusto y, finalmente, los daños financieros.

II. Teoría de la ubicuidad: disociación entre el lugar del hecho causal y el lugar de materialización del daño

Las controversias que surgen en relación con los mercados de criptoactivos tienen, por regla general, un marcado carácter transfronterizo[606]. Por ende, las acciones civiles o mercantiles ilícitas cometidas en este ámbito estarán relacionadas, a menudo, con varios mercados[607], es decir, se tratará de ilícitos plurilocalizados[608]. Esto tendrá como consecuencia que, en ocasiones, existirá una disociación entre el lugar dónde se cometió el acto ilícito y el lugar dónde se producen los efectos directos de esa acción. Así, el TJUE ha interpretado el artículo 7.2 del Reglamento núm. 1215/2012 en el sentido de que «el lugar donde se hubiere producido o pudiere producirse el hecho dañoso» se refiere tanto al lugar donde se realizó la acción que deriva en un daño [lugar del hecho causal] como el lugar dónde se producen los efectos directos de la acción ilícita [lugar de materialización

606 Sobre el carácter transfronterizo del mercado de criptoactivos, véase los considerandos núm. 5, 6, 8, 100 y 112.

607 Ruiz Rodríguez, R., «Blockchain y derecho internacional privado...», *op. cit*., p. 16. Como indica el autor, «lo habitual en el entorno *blockchain* [y, en general, cuando hablemos daños causados a través de Internet] será que se produzca este desdoble entre lugar del hecho dañoso y lugar de localización del daño». El autor ilustra la cuestión con un ejemplo que cabe traer a colación: «Piénsese, por ejemplo, en el robo de una cantidad concreta de bitcoines a un usuario residente en Italia por parte de otro residente griego. En supuestos de estas características, el lugar del hecho dañoso será aquel donde opera el presunto responsable del daño, es decir, serán competentes los tribunales griegos. Ahora bien, ¿cuál es el lugar de producción del daño? Conforme a la jurisprudencia del TJUE, en supuestos de perjuicios puramente financieros o económicos, los tribunales del domicilio del demandante serán competentes cuando el daño se produzca directamente en su cuenta bancaria en un banco establecido en el territorio de esos tribunales, siempre y cuando haya otras circunstancias específicas que apoyen la atribución de competencia a dichos tribunales. Pero ¿qué sucede con respecto de las criptodivisas? ¿Puede ser el robo de criptodivisas considerado un daño puramente financiero? ¿Cabe aplicar dicho criterio por analogía dada la inexistencia de una cuenta bancaria? ¿Qué otros elementos podrían ser empleados aquí para apoyar dicha opción?» [p. 16].

608 Garcimartín Alférez, F.J., *Derecho Internacional Privado..., op. cit.,* p. 116. Calvo Caravaca A.L., y Carrascosa González, J., *Derecho Internacional Privado... [Vol. II], op. cit.,* p. 1449.

del daño], pudiendo el demandante interponer la acción ante los tribunales de Estado de cualquiera de esos dos lugares[609], consagrando así la denominada «teoría de la ubicuidad»[610].

La primera sentencia que optó por esta interpretación fue la STJUE de 30 de noviembre de 1976, Handelskwekerij Bier/Mines de Potasse d'Alsace, C-21/76, EU:C:1976:166, a la cual le siguieron muchas otras. En este contexto, el TJUE ha precisado que debido a la estrecha relación existente entre los elementos constitutivos de toda responsabilidad no parece oportuno excluir uno de los puntos de conexión en favor de otro, «dado que cada uno de ellos puede, según las circunstancias, proporcionar indicaciones particularmente útiles desde el punto de vista de la prueba y de la sustanciación del proceso»[611]. Asimismo, ha indicado que el precepto dedicado a la materia delictual o cuasidelictual, debido a su formulación amplia, engloba gran diversidad de tipos de responsabilidad[612].

Si se hubiera considerado únicamente el lugar del hecho causante se confundiría el foro en materia delictual con el *forum domicilii* en un número apreciable de casos[613], mientras que, elegir únicamente el lugar de materialización del daño, cuando el hecho causante no coincida con el *forum domicilii*, significaría excluir una conexión apropiada con la competencia de un tribunal parti-

609 STJUE de 10 septiembre de 2015, Holterman Ferho Exploitatie y otros, C-47/14, EU:C:2015:574 [ap. 72]. STJUE 21 de diciembre 2016, Concurrence, C618/15, EU:C:2016:976 [ap. 25]. STJUE 5 de junio 2014, Coty Germany, C-360/12, EU:C:2014:1318 [ap. 46]; entre otras.

610 Para una visión amplia sobre la «teoría de la ubicuidad», *vid.*: PALAO MORENO, G., «La responsabilidad transfronteriza por productos defectuosos en la Unión Europea», Derecho PUCP: Revista de la Facultad de Derecho, núm. 74, 2015, págs. 333-352, en especial, págs. 340-342. Asimismo, *vid.*: MAGNUS, U. y MANKOWSKI, P., *European Commentaries on Private...*, *op. cit.*, p. 277. VON HEIN, J., «Protecting Victims of Cross-Border Torts under Article 7 No. 2 Brussels Ibis: Towards a more Differentiated and Balanced Approach», en: BONOMI, A. y PAOLO ROMANO, G., *Yearbook of Private International Law*, Vol. XVI, 2014/2015, Lausanne, Ottoschmidt, 2016, págs. 241-274, p. 244 a 246. CORDERO ÁLVAREZ, C.I., «Algunos problemas de aplicación del art. 5. 3.º del Reglamento 44/2001», *Anuario Español de Derecho Internacional Privado*, Tomo IX, 2009, págs. 411-428, p. 415. CAAMIÑA DOMÍNGUEZ, C., *Litigación internacional en...*, *op. cit.*, p. 349.

611 En este mismo sentido, *vid.*: STJUE de 5 de junio de 2014, Coty Germany, C-360/12, EU:C:2014:1318 [ap. 47] y STJUE de 16 de mayo de 2013, Melzer, C228/11, EU:C:2013:305 [ap. 26]. STJUE de 30 de noviembre de 1976, Handelskwekerij Bier/Mines de Potasse d'Alsace, C-21/76, EU:C:1976:166, ap. 17. Asimismo, *vid.*: LEIBLE, S., «Art 7 Brüssel la-VO».. *op. cit.*, p. 334. STJUE de 4 de julio de 2024, C-425/22, MOL, ECLI:EU:C:2024:578, ap. 26.

612 STJUE de 30 de noviembre de 1976, Handelskwekerij Bier/Mines de Potasse d'Alsace, C-21/76, EU:C:1976:166, ap. 18.

613 STJUE de 7 de marzo de 1995, Shevill and Others v Presse Alliance, C-68/93, EU:C:1995:61 [ap. 27]; STJUE de 30 de noviembre de 1976, Handelskwekerij Bier/Mines de Potasse d'Alsace, C-21/76, EU:C:1976:166, ap. 20.

cularmente próximo a la causa del daño[614]. Además, el TJUE apunta que en las legislaciones y jurisprudencias nacionales se daba cabida uno u otro criterio de conexión, incluso con carácter acumulativo, por lo que una interpretación en la que tengan cabida ambas soluciones significa una unificación que evita posibles desajustes en el marco de los distintos derechos nacionales[615].

Cabe recalcar que, para aplicar este foro, el daño alegado debe ser directo[616]. Para concretar el lugar del origen del daño cabe tener en cuenta, en primer lugar, donde se produjo el hecho causal que provocó el daño, es decir, el lugar del hecho causal es el lugar donde se localiza el hecho del que puede derivar una responsabilidad delictual o cuasidelictual[617]. A este respecto, la responsabilidad delictual o cuasidelictual sólo surge cuando pueda establecerse un nexo causal entre el daño y el hecho que lo origina[618], lo cual conlleva que la propia teoría de la ubicuidad requiera, para su aplicación, un nexo causal entre el hecho que origina el daño y la materialización de ese daño. Así, por ejemplo, en el ámbito de los productos defectuosos, «el lugar donde sobreviene el daño no puede confundirse con el lugar donde se realiza el hecho que ha perjudicado al propio producto, pues este lugar es, en efecto, aquel donde ocurrió el hecho causante. En cambio, el lugar de "materialización del daño" es aquel en que el hecho generador despliega sus efectos perjudiciales, es decir, aquel donde el perjuicio ocasionado por el producto defectuoso se manifiesta de forma concreta»[619].

Por otra parte, la teoría de la ubicuidad únicamente se puede aplicar cuando el lugar del hecho causal y el de materialización del daño no coinciden[620], pues en caso contrario resulta evidente que el foro en materia delic-

---

614 STJUE de 30 de noviembre de 1976, Handelskwekerij Bier/Mines de Potasse d'Alsace, C-21/76, EU:C:1976:166, ap. 21.

615 STJUE de 30 de noviembre de 1976, Handelskwekerij Bier/Mines de Potasse d'Alsace, C-21/76, EU:C:1976:166, ap. 23.

616 Sobre la necesidad de que el daño sea directo para aplicar el foro en materia delictual, véase la reciente STJUE de 4 de julio de 2024, C-425/22, MOL, ECLI:EU:C:2024:578, ap. 28-30.

617 Sabido Rodríguez, M., «Artículo 7.2», en: Blanco-Morales, P., Garau, F., Lorenzo, M.L., Montero, F.J. [Coords.], *Comentario al Reglamento 1215/2012 relativo a la competencia judicial, el reconocimiento y la ejecución de resoluciones judiciales en materia civil y mercantil*, Aranzadi, Pamplona, 2016, págs. 188-215, p. 190. Magnus, U. y Mankowski, P., *European Commentaries on Private..., op. cit.*, p. 276.

618 STJUE de 9 diciembre de 2021, HRVATSKE ŠUME, C-242/20, EU:C:2021:985, ap. 53. STJUE de 16 julio 2009, Zuid-Chemie, C-189/08, EU:C:2009:475 [ap. 28]; STJUE 30 noviembre 1976, Handelskwekerij Bier/Mines de Potasse d'Alsace, C-21/76, EU:C:1976:166 [ap. 16].

619 STJUE de 16 de julio de 2009, Zuid-Chemie, C-189/08, EU:C:2009:475 [ap. 27]; STJUE de 12 de septiembre de 2018, Löber, C304/17, EU:C:2018:701 [ap. 27]; STJUE de 21 de mayo de 2015, CDC Hydrogen Peroxide, C-352/13, EU:C:2015:335 [ap. 52]. Asimismo, *vid.* Garcimartín Alférez, F.J., *Derecho Internacional Privado..., op. cit.*, p. 117.

620 STJUE de 16 de enero de 2014, Kainz, C-45/13, EU:C:2014:7 [ap. 23].

tual o cuasidelictual otorga competencia judicial internacional a un único tribunal para conocer de la acción. En el ámbito de los criptoactivos resultará habitual que se deba aplicar la teoría de la ubicuidad debido a la naturaleza distribuida de la TRD, por lo que no resultará infrecuente que el daño se materialice o pueda materializarse en múltiples territorios. Finalmente, el foro basado en el lugar de materialización del daño puede variar en función de la naturaleza del derecho supuestamente vulnerado[621]. Por ello, resulta esencial determinar, para cada tipo de daño producido en el ámbito de las PC, dónde se puede entender ubicado el lugar del hecho causal y el lugar de producción del daño, como se detalla seguidamente.

1. Actos desleales cometidos en línea

Con carácter general, la competencia desleal tiene naturaleza extracontractual, por lo que será incardinable en el concepto de «materia delictual o cuasidelictual» del artículo 7.2 del Reglamento núm. 1215/2012 debido a la ausencia de relación contractual entre las partes. Esta cuestión puede resultar controvertida cuando exista una vinculación contractual entre las partes, por lo que se deberá analizar si la controversia se puede subsumir dentro de la materia delictual o cuasidelictual, siendo esencial determinar la fuente de la obligación que sirve de base a la demanda[622]. Cuando dos partes están vinculadas por un contrato, «la mera circunstancia de que una de las partes contratantes entable una acción de responsabilidad civil contra la otra no basta para considerar que tal acción está comprendida en la "materia contractual"» en el sentido del art. 7.1 del Reglamento núm. 1215/2012[623]. Para determinar la naturaleza jurídica se debe tener en cuenta el objeto del contrato. De esta forma, sólo cuando el comportamiento recriminado pueda considerarse un incumplimiento de las obligaciones contractuales, la pretensión tendrá naturaleza contractual[624].

---

621 STJUE de 21 de diciembre de 2016, Concurrence, C618/15, EU:C:2016:976 [ap. 30]; STJUE de 22 de enero de 2015, Hejduk, C441/13, EU:C:2015:28 [ap. 29]; STJUE de 3 de octubre de 2013, Pinckney, C-170/12, EU:C:2013:635 [ap. 32]; STJUE de 19 de abril de 2012, Wintersteiger, C-523/10, EU:C:2012:220 [ap. 21 a 24]. MAGNUS, U. y MANKOWSKI, P., *European Commentaries on Private..., op. cit.,* p. 305.

622 Como remarcan FERNÁNDEZ ROZAS y SÁNCHEZ LORENZO, «si la obligación litigiosa emana directamente del contrato, a la vista de su objeto, y de las obligaciones asumidas mediante un acuerdo, dicho litigio se englobará dentro de la materia contractual. En contrapartida, si la fuente de la obligación no se encuentra en el acuerdo de voluntades, sino en un hecho ilícito y, en consecuencia, de la infracción de una obligación legal, el litigio deberá ser calificado como materia extracontractual». FERNÁNDEZ ROZAS, J.C. y SÁNCHEZ LORENZO, S., *Derecho internacional privado..., op. cit.*, p. 639.

623 STJUE de 13 marzo 2014, Brogsitter, C- 548/12, EU:C:2014:148 [ap. 23].

624 En este sentido, *vid.*: STJUE de 13 marzo 2014, Brogsitter, C- 548/12, EU:C:2014:148 [ap. 23]. En esta sentencia aparecen dos partes unidas por una relación contractual, si bien se cometió una infracción de competencia desleal que fue calificada de naturaleza extracontractual. En este sentido, el *Landgericht Krefeld* alemán planteaba al TJUE si era posible acudir al foro

El foro en materia delictual o cuasidelictual, al igual que los demás foros especiales por razón de la materia, son de aplicación alternativa junto al foro general del domicilio del demandado. Por consiguiente, no hay jerarquía entre este y el *forum domicilii*, por lo que el demandante podrá elegir, según sus preferencias, interponer la demanda en atención al foro que más le convenga. Aun así, el TJUE ha remarcado en reiteradas ocasiones que las competencias especiales recogidas en el artículo 7 del Reglamento deben ser objeto de una interpretación restrictiva[625], sin que quepa una interpretación de estas que vayan más allá de los supuestos explícitamente contemplados en el Reglamento[626]. En otras palabras, la competencia judicial internacional

habilitado en el artículo 5.1 del Reglamento núm. 1215/2012 relativo a las obligaciones contractuales [actual 7.1 RBI bis] en un caso de responsabilidad extracontractual derivado de un acto de competencia desleal en el cual se alegaban, además, derechos comprendidos en materia contractual [si bien el fundamento último de la acción residía en la responsabilidad civil extracontractual]. Del pronunciamiento del TJUE se deriva que el simple hecho de que exista un contrato entre las partes confrontadas no puede suponer, en caso de conflicto, el nacimiento de la responsabilidad contractual y, por lo tanto, acudir al foro dispuesto en el artículo 7.1 RBI bis, sino que habrá que analizar si, con independencia de la vinculación contractual entre las partes, la acción por responsabilidad civil puede encuadrarse en materia contractual, esto es, «si puede considerarse que el comportamiento recriminado es un incumplimiento de las obligaciones contractuales, tal como pueden determinarse teniendo en cuenta el objeto del contrato», lo cual corresponderá al juez competente. Como indica el TJUE, «corresponde al órgano jurisdiccional remitente determinar si con las acciones entabladas por el demandante en el asunto principal se formula una pretensión de resarcimiento que pueda razonablemente considerarse motivada por la inobservancia de los derechos y obligaciones del contrato que vincula a las partes del procedimiento principal, de tal modo que resulte indispensable tener en cuenta el contrato para resolver el recurso», y continúa argumentando que, «de ser así, dichas acciones se refieren a la "materia contractual" en el sentido del artículo 5, punto 1, letra a), del Reglamento n.° 44/2001. De lo contrario, deben considerarse comprendidas en la "materia delictual o cuasidelictual"», en el sentido del artículo 5, punto 3, del Reglamento n.° 44/2001». STJUE de 13 marzo 2014, Brogsitter, C-548/12, EU:C:2014:148 [ap. 22 a 27]. Sobre esta cuestión, véase, asimismo: CEBRIÁN SALVAT, M.A., «Estrategia procesal y litigación...», *op. cit.*, p. 327.

625 STJUE de 5 de junio de 2014, Coty Germany, C-360/12, EU:C:2014:1318 [ap. 45]; STJUE de 16 de mayo de 2013, Melzer, C228/11, EU:C:2013:305 [ap. 24]; STJUE de 16 de enero de 2014, Kainz, C-45/13, EU:C:2014:7 [ap. 22]. Algunos autores consideran que una cosa es lo que el TJUE dice de forma reiterada en relación con la interpretación restrictiva de los foros especiales y otra muy distinta lo que realmente hace, esto es, una aplicación expansiva de estos foros. Ello se debe a que los foros especiales por razón de la materia deben presentar un «efecto útil», lo que significa que estos foros deben proporcional al demandante la posibilidad real de litigar ante los tribunales de un EM, o de varios, distintos al Estado del domicilio del demandado. A tal efecto, *vid.*: CALVO CARAVACA A.L., y CARRASCOSA GONZÁLEZ, J., *Derecho Internacional Privado... [Vol. II], op. cit.,* p. 288.

626 STJUE de 19 de enero de 1993, Shearson Lehman Hutton v TVB, C89/91, EU:C:1993:15 [ap. 14 y 16]; STJUE de 21 de junio de 1978, Ott, C-150/77, EU:C:1978:137 [ap. 17]; STJUE de 3 de julio de 1997, Benincasa v Dentalkit, C-269/95, EU:C:1997:337 [ap. 13]; STJUE de 15 de enero de 2004, Blijdenstein, C433/01, EU:C:2004:21 [ap. 25]; STJUE de 10 de junio de 2004, Kronhofer, C168/02, EU:C:2004:364 [ap. 14]; STJUE de 5 de junio de 2014, Coty Germany, C-360/12, EU:C:2014:1318.

del tribunal del Estado en cuyo territorio el demandado tiene su domicilio constituye el principio general, por lo que las reglas de la competencia que constituyen excepciones a ese principio general no pueden dar lugar a una interpretación que vaya más allá de los supuestos contemplados explícitamente en el Reglamento[627].

Dicho esto, cabe hacer una breve mención al concepto de mercado afectado, esencial en este ámbito. Si bien es cierto que debido al nivel de armonización y unificación en ciertos ámbitos normativos y a la desaparición de aranceles en el seno de la UE puede hablarse efectivamente de un mercado comunitario[628], en materia de competencia desleal no cabe hablar todavía de un mercado único, pues no existe una armonización legislativa en este ámbito[629]. Así, los bienes jurídicos protegidos y las conductas tipificadas pueden diferir atendiendo a los intereses de cada EM[630]. Por esa razón, el

---

627 *Vid*. en este sentido, la STJUE de 15 de enero de 2004, Blijdenstein, C433/01, EU:C:2004:21 [ap. 25]. Por su parte, el TJUE se ha referido expresamente a los casos de materia delictual o cuasidelictual indicando que, «en la medida en que la competencia de los órganos jurisdiccionales del lugar donde se hubiere producido o pudiere producirse el hecho dañoso es una regla de competencia especial, debe interpretarse de modo estricto, sin que quepa una interpretación de la misma que vaya más allá de los supuestos explícitamente contemplados en dicho Reglamento». En este sentido, *vid*.: STJUE de 16 de junio de 2016, Universal Music International Holding, C-12/15, EU:C:2016:449 [ap. 25].

628 A estos efectos, cabe tener en cuenta que uno de los objetivos fundamentales de la Unión Europea radica en establecer un mercado común, definido en el Tratado constitutivo de la Comunidad Económica Europea como «un espacio sin fronteras interiores, en el que la libre circulación de mercancías, personas, servicios y capitales estará garantizada» [artículos 4.2.a), 26, 27, 114 y 115 del TFUE]. En concreto, el art. 26 TFUE establece que «la Unión adoptará las medidas destinadas a establecer el mercado interior o a garantizar su funcionamiento, de conformidad con las disposiciones pertinentes de los Tratados».

629 Las razones que han impedido la armonización de la normativa en materia de competencia desleal derivan, básicamente, de las diferencias en la tradición legislativa en esta materia, las cuales han derivado en la falta de acuerdo entre los distintos países de la UE. Sobre esta cuestión, *vid*.: HENNING-BODEWIG, F., «Secondary Unfair Competition Law», en: HILTY, R.M., y HENNING-BODEWIG, F. [eds.], *Law Agains Unfair competition. Towards a New Paradigm in Europe?*, Munich, Springer. 2007, págs. 111-126, págs. 111 a 113. Asimismo, en sentido similar, vid.: ECHEBARRÍA SÁENZ, J.A., «Competencia desleal [Derecho Europeo]», en: Velasco San Pedro, L.A. [Dir.] *et al.*, *Diccionario de Derecho de la competencia*, Madrid, Iustel, 2006, págs. 219-224, p. 220. No obstante, en el ámbito comunitario existe un alto grado de armonización en ciertos sectores de la competencia desleal, como en materia de consumo o alimentación. En este sentido, *vid*.: CAMPBELL, D., «Unfair trading practices. The comparative law Yearbook of International business», *Alphen aan den Rijn,* Wolter Kluwer, 2016, p. 363 y ss. HENNING-BODEWIG, F. [ed.], *International Handbook on Unfair Competition*, C.H. Beck - Hart publishing - Nomos, Freiburg, 2013, págs. 41 y ss. Asimismo, sobre el nivel de armonización en materia de competencia desleal en la UE, *vid*.: HILTY, R.M., «The law against unfair competition and its interfaces», en: HILTY R.M., y HENNING-BODEWIG, F., [ed.], *Law Agains Unfair competition. Towards a New Paradigm in Europe?*, Munich, Springer. 2007, págs. 1-52, págs. 12-16.

630 Una de las pocas excepciones a esta regla viene establecida por la protección que los Estados puedan dispensar en el ámbito de la competencia desleal a la marca europea, dado que ésta ostenta una protección uniforme en todos los países de la Unión Europea.

mercado afectado hace referencia al mercado de ámbito estatal, pues el ámbito normativo de cada Estado protege los intereses concurrenciales de su propio mercado[631]. Partiendo de esta premisa, el concepto de mercado afectado en el ámbito de la competencia desleal hace referencia al lugar dónde se producen o son susceptibles de producirse los efectos perjudiciales derivados de un acto desleal[632]. Es decir, constituye el lugar dónde los bienes jurídicos resultan o pueden resultar afectados[633]. Por tanto, el mercado afectado se asimila al lugar de materialización del daño en materia de competencia desleal, si bien para poder aplicar el *forum delicti commissi* en virtud del lugar de materialización del daño, el efecto anticoncurrencial producido debe ser directo[634]. Así las cosas, no se aplicará dicho foro

631 Como indica Virgós Soriano, la LCD «no es aplicable para proteger la competencia den mercados extranjeros, fuera de España. No corresponde al Derecho español asegurar el funcionamiento concurrencial de sus economías, ni garantizar la libertad de acción económica de quienes operen en ellos». Virgós Soriano, M., *El comercio internacional en el nuevo derecho español de la competencia desleal. Un análisis del art. 4 de la Ley española de Competencia Desleal de 1991*, Madrid. Civitas, 1993, p. 57. Además, cabe mencionar la doctrina del principio de los efectos, la cual inspira nuestra tesis sobre el mercado afectado. A tal efecto, *vid*.: Virgós Soriano, M., *El comercio internacional*..., *op. cit.*, págs. 45 a 58.

632 Como indica Virgós Soriano, «efecto» es un verdadero concepto indeterminado: afectar es producir [como consecuencia de una acción o una omisión] un influjo, un cambio, una alteración». [...] La ley [de competencia desleal] no protege frente a cualquier efecto. [...] Para activar la aplicación del Derecho de la competencia no basta un efecto económico cualquiera, sino que es preciso un «efecto anticoncurrencial». [...] Existe un «efecto anticoncurrencial» cuando una acción competitiva lesiona o ponga en peligro alguno de los principios o valores-base que configuran ese «sistema de referencia». Así, por ejemplo, existirá un efecto anticompetitivo cuando se produzca una restricción a la libertad de acceso al mercado español, una alteración de la libertad de decisión del consumidor, una perturbación del funcionamiento del mercado, etc.». Virgós Soriano, M., *El comercio internacional*..., *op. cit.*, págs. 48-50.

633 Massaguer, J., *Comentario a la ley de competencia desleal*, Madrid, Civitas, 1999, p. 141. Como indica el referido autor, «los efectos relevantes no pueden ser otros que el perjuicio o amenaza de los intereses económicos de los que participan en el mercado, o si se prefiere: no pueden ser otros que una influencia real o potencial en la estructura y formación de las relaciones de mercado de una forma falseada, según las pautas diferentes de las propias del funcionamiento concurrencial del mercado».

634 En este sentido, *vid*.: Leible, S., «Art 7 Brüssel Ia-VO». *op. cit.*, p. 337. Como indica el citado autor, no todos los lugares en los que se producen las consecuencias perjudiciales de un evento dañoso son decisivos, sino que habrá que acudir al lugar del «primer daño», esto es, el lugar donde se infringió el derecho protegido, pero no al lugar o los lugares donde se produjo el daño consecuente/indirecto o donde se determinó el daño. De otra forma podría conllevar a que este foro se convirtiera en un *forum actoris*. Asimismo, *vid*.: Virgós Soriano, M., *El comercio internacional*..., *op. cit.*, p. 54; Calvo Caravaca A.L., y Carrascosa González, J., *Derecho Internacional Privado... [Vol. II], op. cit.*, p. 1505; Magnus, U. y Mankowski, P., *European Commentaries on Private*..., *op. cit.*, p. 305. Como indica Mankowski, únicamente el daño primario o inmediato es relevante a los efectos de ubicar el lugar de materialización del daño. Además, añade que el daño primario deriva del perjuicio irrogado al bien jurídico originalmente protegido [por el concreto tipo desleal, en el caso que estamos analizando], por lo que para ubicar el lugar de materialización del daño se debe acudir al lugar dónde el daño original se ha manifestado [p. 305].

cuando sólo se invoquen efectos económicos adversos producidos como consecuencia de la acción principal acaecida en otro mercado [«efecto o daño indirecto»][635].

Dicho esto, seguidamente se analizan algunos de los principales supuestos que pueden derivar en actos de competencia desleal en el ámbito de las PC. A tal efecto, se ha dividido el presente epígrafe en varios apartados, analizando cómo debe aplicarse el foro en materia delictual o cuasidelictual en atención a las características de la teoría de la ubicuidad.

2. Actos desleales de descrédito

Antes de abordar los aspectos teóricos de los ilícitos desleales, cabe poner un ejemplo para comprender qué tipo de responsabilidad extracontractual puede producir un acto desleal de descrédito en el ámbito de las PC.

Ejemplo: La PC BIN, domiciliada en Hong Kong y que dirige sus servicios de criptoactivos en todo el mundo, realiza manifestaciones de descrédito contra la PC COIN, la cual dirige sus actividades en toda la UE. Las manifestaciones denigratorias se dirigen especialmente hacia la actividad que COIN desarrolla en España, son accesibles para los usuarios de BIN España y están redactadas igualmente en español. En este contexto, cabe determinar dónde se ubica el hecho causal y la materialización del daño. Parece razonable sostener que el daño concurrencial se materializará en el mercado español, mientras que el hecho causal se situará en el lugar desde dónde la PC

---

635 STJUE de 19 de septiembre de 1995, Marinari/Lloyd's Bank, C364/93, EU:C:1995:289 [ap. 14]; STJUE de 10 de junio de 2004, Kronhofer, C168/02, EU:C:2004:364 [ap. 19 y 21]; STJUE de 16 de junio de 2016, Universal Music International Holding, C-12/15, EU:C:2016:449 [ap. 34 y 35]; STJUE de 28 de enero de 2015, Kolassa, C375/13, EU:C:2015:37 [ap. 49]; STJUE de 12 de septiembre de 2018, Löber, C304/17, EU:C:2018:701 [ap. 23]. En esta última sentencia, el TJUE resume la doctrina sobre esta cuestión, indicando que «el concepto de «lugar donde se hubiere producido el hecho dañoso» no puede interpretarse de una manera extensiva hasta el punto de englobar cualquier lugar donde puedan experimentarse las consecuencias perjudiciales de un hecho que haya causado ya un daño efectivamente sobrevenido en otro lugar y que dicho concepto no comprende el lugar del domicilio del demandante en el que se localice el centro de su patrimonio únicamente por el hecho de que el demandante haya sufrido en ese lugar un perjuicio económico como consecuencia de la pérdida de una parte de ese patrimonio acaecida y sufrida en otro EM» [ap. 23]; de tal forma que «las consecuencias económicas que afecten al demandante no justifican por sí solas la atribución de la competencia a los tribunales del domicilio de aquel si tanto el hecho causal del daño como la materialización del mismo están localizados en el territorio de otro EM» [ap. 24]. «En cambio, se justifica tal atribución de competencia en la medida en que el domicilio del demandante constituya efectivamente el lugar del hecho causal o el de la materialización del daño» [ap. 25]. Asimismo, *vid.*: Magnus, U. y Mankowski, P., *European Commentaries on Private..., op. cit.,* p. 305. Von Hein, J., «Protecting Victims...», *op. cit.*, p. 260 a 263. Leible, S., «Art 7 Brüssel Ia-VO». *op. cit.*, p. 340 y 341.

BIN sube el contenido ilícito [Hong Kong]. Por tanto, la empresa COIN podrá interponer la demanda contra BIN, en virtud del foro en materia delictual [art. 7.2 del Reglamento núm. 1215/2012], ante los tribunales españoles por ubicarse en dicho EM el lugar de materialización del daño. Dicho esto, cabe ver cómo se desarrolla esta cuestión.

A) Acciones desleales subsumibles

En este epígrafe se traen a colación los actos desleales de descrédito y de comparación ilícita, cuyas prácticas inciden o se dirigen directamente a dañar la reputación [fama, crédito, prestigio o buen nombre] de un agente concurrente, mermándola y dificultando así el desarrollo pleno de su actividad en el mercado. En el plano español, son susceptibles de subsumirse en esta categoría, sobre todo, los actos denigratorios tipificados en el artículo 9 LCD, cuyo precepto dispone que «se considera desleal la realización o difusión de manifestaciones sobre la actividad, las prestaciones, el establecimiento o las relaciones mercantiles de un tercero que sean aptas para menoscabar su crédito en el mercado, a no ser que sean exactas, verdaderas y pertinentes»[636]. Este ilícito supone una deslealtad frente al competidor, en cuanto que constituye un acto de obstaculización que dificulta el ejercicio de la actividad profesional del tercero privándole de las ventajas competitivas de que dispone[637]. No obstante, también supone un acto de deslealtad frente a los consumidores, por cuanto que constituye el medio adecuado para determinar o modular sus preferencias y así influir en sus decisiones de contratar las prestaciones ofrecidas en el mercado[638].

El bien jurídico protegido no es la reputación en sí misma considerada, sino la competencia económica[639]. Como indica Virgós Soriano, «el Derecho de la competencia desleal no se preocupa del ataque a la persona del

636 Asimismo, cabe mencionar los actos de comparación ilícita [art. 10], teniendo en cuenta que la comparación pública es lícita si cumple los parámetros establecidos, aunque «no podrá contravenir lo establecido por los artículos 5, 7, 9, 12 y 20 en materia de actos de engaño, denigración y explotación de la reputación ajena» [art. 10.e) LCD]. Existen otras conductas subsumibles en este bloque, dado que otras conductas también podrían resultar idóneas para producir un daño reputacional, tales como los actos de confusión [art. 6 LCD], los actos de imitación desleal [art. 11.2], la explotación de la reputación ajena [art. 12], la venta a pérdida cuando esta tenga como objetivo desacreditar la imagen de un producto o de un establecimiento ajenos [art. 17] e, incluso, la publicidad desleal [art. 18].

637 Massaguer, J., *Comentario a la ley..., op. cit.*, p. 291.

638 Massaguer, J., *Comentario a la ley..., op. cit.*, p. 291. Asimismo, *vid.*: A. Menéndez, *La competencia desleal*, Madrid, Civitas, 1988, p. 128-129.

639 Ávila de la Torre, A., «Comentario al art. 9 de la LCD. Actos de denigración», en: Bercovitz Rodríguez-Cano [Dir.], *Comentarios a la Ley de Competencia Desleal*, Navarra, Aranzadi, 2011, págs. 223-240, p. 2 [versión digital Thomson Reuters]. Massaguer, J., *Comentario a la ley..., op. cit.*, p. 294.

competidor. Esto podrá ser, en su caso, objeto de una acción de responsabilidad civil específica [por lesión de los derechos de la personalidad]. [...] Un acto de competencia desleal se comete, sin embargo, en el lugar [o mejor, en el mercado] donde las manifestaciones son susceptibles de afectar a la competición. [...]. Allí es donde se altera la confianza en el empresario o producto y se debilita su crédito en el mercado»[640]. Por último, también se ha defendido que los actos denigratorios pueden comprender cualquier tipo de manifestación que tenga finalidad concurrencial, al margen de si es personal o profesional[641].

B) Determinación del lugar del hecho causal

El hecho causal de los actos de descrédito y comparación ilícita que impliquen manifestaciones denigratorias, injuriosas, difamatorios o cualquier otra ofensa se ubicará, por regla general, en el lugar donde se realicen dichas expresiones[642]. Cuando estas manifestaciones se realicen a través de un medio telemático [radio, televisión o internet] se seguirá esta misma regla. En el ámbito de las PC, cuando un usuario realice manifestaciones de descrédito contra un agente concurrente en el mercado a través de otra PC o App, el hecho causal se ubicará en el lugar desde el cual el presunto autor realizó dichas manifestaciones, cuyo lugar coincidirá habitualmente con la residencia habitual o profesional del presunto infractor, o dónde esté ubicada su sede social o centro de gestión cuando se trate de expresiones realizadas en nombre de una persona jurídica.

Aunque no se refiera al ámbito de la competencia desleal, cabe traer a colación las conclusiones realizadas en el asunto *eDate*[643], el cual concreta el lugar del hecho causal respecto a la vulneración de los derechos de la personalidad por la publicación de contenidos en internet, cuyas consideraciones son trasladables a este ámbito. El TJUE aclara que el lugar del hecho causal de una acción dirigida a reparar el daño inmaterial causado por una publicación difamatoria cometida a través de internet se concreta en el lugar del establecimiento del emisor de la publicación difamatoria [ap. 42]. Los tribunales de dicho territorio son competentes para reparar la integridad de

640 VIRGÓS SORIANO, M., *El comercio internacional...*, *op. cit.*, p. 91 y 92.

641 ÁVILA DE LA TORRE, Á., «Comentario al art. 9 de la LCD», *op. cit.*, p. 4. En este mismo sentido se pronuncia MASSAGUER: «el factor para atraer un ataque a la reputación de las personas al enjuiciamiento de deslealtad es su finalidad concurrencial, y no su inserción en la esfera personal o profesional del sujeto afectado». MASSAGUER, J., *Comentario a la ley...*, *op. cit.*, p. 296.

642 ESPINIELLA MENÉNDEZ, Á., «Competencia judicial internacional respecto de actos desleales con los competidores», *Cuadernos de derecho transnacional*, Vol. 10, núm. 2, 2018, págs. 276-305, p. 290.

643 STJUE de 25 de octubre de 2011, eDate Advertising y otros, C-509/09, EU:C:2011:685.

los daños derivados de la difamación [ap. 42]. Por tanto, el TJUE aplica la misma doctrina sentada para el caso de difamación producida a través de un artículo de prensa difundido en varios Estados, la cual considera plenamente aplicables a otros medios y soportes de comunicación, a la vez que sirve para cubrir una amplia gama de violaciones de los derechos de la personalidad conocidos por los diferentes sistemas jurídicos [ap. 44]. El fundamento para fijar el lugar del hecho causal en el establecimiento del editor o emisor de la publicación difamatoria reside en que dicho sitio constituye «el lugar de origen del hecho dañoso, a partir del cual la difamación se ha manifestado y difundido»[644].

C) Determinación del lugar de materialización del daño

En un primer momento, cabría pensar que el mercado afectado por un acto de denigración es aquel hacía el que se dirija la manifestación que sea apta para producir un descrédito de un tercero en el mercado[645]. Sin embargo, el TJUE ha precisado que no es necesario que un acto publicado en internet «se dirija al» EM del órgano jurisdiccional ante el que se ha ejercitado la acción para aplicar el art. 7.2 del Reglamento[646], lo que equivale a afirmar que no se requiere que el contenido publicado se dirija hacia un concreto mercado para que se pueda materializar un daño en dicho Estado[647]. Aun así, no cabe afirmar que el daño se materializará en todos aquellos mercados desde los que se pueda acceder a la publicación que contenga las manifestaciones denigratorias[648], dado que la ubicuidad de este medio conllevaría a que, en

644 STJUE de 7 de marzo de 1995, Shevill and Others v Presse Alliance, C-68/93, EU:C:1995:61 [ap. 24].

645 En este punto seguimos los postulados de Virgós Soriano, si bien añadimos una serie de elementos para concretar el mercado afectado. Virgós Soriano, M., *El comercio internacional…, op. cit.*, p. 92. Asimismo, *vid*.: Espiniella Menéndez, Á., «Competencia judicial internacional…», *op. cit.*, p. 289.

646 STJUE de 3 de octubre de 2013, Pinckney, C-170/12, EU:C:2013:635 [ap. 42]. En concreto, el TJUE indica que «el artículo 5, punto 3, de dicho Reglamento no exige, en particular, que la actividad controvertida «se dirija al» EM del órgano jurisdiccional ante el que se ha ejercitado la acción». Asimismo, *vid*. STJUE de 22 de enero de 2015, Hejduk, C441/13, EU:C:2015:28 [ap. 32 y 33].

647 STJUE de 22 de enero de 2015, Hejduk, C441/13, EU:C:2015:28 [ap. 32 y 33].

648 De Miguel Asensio, P.A., «The private international law of intelectual property and of unfair commercial practices: Convergence or divergence?», en: S. Leible y A. Ohly [eds.], *Intellectual Property and Private International Law*, Tübingen, Mohr Siebeck, 2009, págs. 137-190, p. 9 [versión digital]. El citado autor señala, de forma acertada a nuestro parecer, que en los ilícitos desleales cometidos a través de medios digitales no es suficiente la mera accesibilidad a dicho contenido para otorgar jurisdicción a los tribunales del foro en virtud del *forum delicti commissi*. En sentido similar, si bien referido a los ilícitos contra la propiedad intelectual y la competencia, *vid*.: Leible, S., «Art 7 Brüssel Ia-VO». *op. cit.*, p. 346 y 347.

muchas ocasiones, el daño se pudiera materializar en todos los países del mundo[649], lo cual favorecería el *forum shopping*[650]. En este sentido, cabe restringir el criterio del acceso para que no puedan alegarse como afectados todos los mercados del mundo.

A este respecto, una opción razonable pasa por entender que el daño se materializa en el mercado dónde, de forma objetiva, las manifestaciones denigratorias han desplegado o pueden desplegar efectos anticoncurrenciales directos contra el competidor afectado. Este lugar será conforme a las exigencias de previsibilidad y seguridad jurídica[651]. Para concretar dicho lugar se pueden tomar en consideración una serie de indicios o elementos objetivos, algunos de ellos derivados de la jurisprudencia del TJUE y aplicados de forma analógica en el presente caso[652], y otros novedosos que pueden resultar de utilidad en atención a las circunstancias concurrentes: el medio de comunicación a través del cual se realizan las manifestaciones denigratorias [su ámbito de difusión, la especialización del medio, el público al que va dirigido...], la lengua utilizada[653], los usuarios que pueden acceder a la

649 En este sentido, *vid.*: Leible, S., «Art 7 Brüssel la-VO». *op. cit.*, p. 346. Magnus, U. y Mankowski, P., *European Commentaries on Private..., op. cit.*, p. 317 y 331. Según Mankowski, el mero recibimiento de un anuncio electrónico en un país donde la empresa de publicidad no vende o comercializa sus productos, no debe otorgar jurisdicción a los tribunales de dicho EM en virtud del lugar de materialización del daño, sino que se requieren otros indicios para entender que el daño se ha materializado en dicho EM. Como mínimo, indica el autor, se requiere que el demandado permita el acceso y dirija su página web al país en cuestión [p. 331]. Además, admite la teoría de la focalización según la cual el demandante debe dirigir su página web al mercado afectado, pues esta tesis provee la necesaria previsibilidad y evita que la responsabilidad se pueda predicar respecto de todos los Estados del mundo [p. 317].

650 Guiziou, G., «Conflits de juridictions - Conflits de juridictions. - Cyber-délits. - Article 5-3° du règlement «Bruxelles I». Conflits de lois. - Directive «commerce électronique». *Journal du Droit International*, Lexis Nexis, núm. 12, 2012, págs. 201-212, págs. 203 y 204.

651 STJUE de 17 de junio de 1992, Handte v TMCS, C-26/91, EU:C:1992:268 [ap. 18]; STJUE de 19 de febrero de 2002, Besix, C-256/00, EU:C:2002:99 [ap. 26 y 54]; STJUE de 28 de septiembre de 1999, GIE Groupe Concorde y otros, C-440/97, EU:C:1999:456 [ap. 24]; STJUE de 1 de marzo de 2005, Owusu, C-281/02, EU:C:2005:120 [ap. 40]. En esta última sentencia, el TJUE indica que «el principio de seguridad jurídica exige, en particular, que las reglas de competencia que establecen excepciones al principio general enunciado en el artículo 2 del Convenio de Bruselas se interpreten de modo que permitan al demandado normalmente informado prever razonablemente cuál es el órgano jurisdiccional distinto al del Estado de su domicilio ante el que pudiera ser demandado» [ap. 40].

652 STJUE de 7 de diciembre de 2010, Pammer y Hotel Alpenhof, C-585/08, EU:C:2010:740 [ap. 80 a 84]. Peter Mankowski entiende que los indicios detallados en la STJUE del asunto Pammer pueden utilizarse para concretar el lugar de materialización del daño respecto de los ilícitos desleales. Magnus, U. y Mankowski, P., *European Commentaries on Private..., op. cit.*, p. 332.

653 Este factor puede resultar un indicador importante, pero no puede resultar, *per se*, decisivo. Así, *vid.*: Magnus, U. y Mankowski, P., *European Commentaries on Private..., op. cit.*, p. 318.

publicación, el contenido de las manifestaciones, el mercado al que hace referencia el contenido; el carácter internacional de la actividad; la mención de números de teléfono con indicación del prefijo internacional; la utilización de un nombre de dominio de primer nivel distinto al del EM en que está establecido el vendedor o la utilización de nombres de dominio de primer nivel neutros [.com, .org o .eur]; el nombre del infractor [*v.g.* si empieza por Deutsche o Deutscher puede inferirse que la empresa se dirige, como mínimo, al mercado alemán] o la presentación de símbolos nacionales en su página web [*v.g.* banderas]; la presencia de subpáginas web para cada país seleccionado; entre otros criterios[654].

En el ámbito de las PC, habrá que determinar cuál es el lugar de materialización del daño analizando todos esos datos objetivos, muchos de los cuales están presentes debido al marcado carácter internacional y descentralizado del mercado de criptoactivos. Del análisis de estos indicios se podrá inferir cuál es el mercado afectado de entre todos aquellos en los que la publicación es o ha sido accesible, esto es, el territorio dónde las manifestaciones de descrédito son susceptibles de producir un perjuicio concurrencial al empresario o profesional.

D) La teoría del centro de intereses

Para determinados ilícitos civiles contra la personalidad o reputación de una persona física y/o jurídica, el TJUE ha acogido la denominada «teoría del centro de intereses». En virtud de esta tesis, una persona que ha sufrido un daño como consecuencia de la vulneración de un derecho de la personalidad a través de internet puede interponer una demanda ante el tribunal del lugar donde tuviera su «centro de intereses» [cuyo lugar se ubica, normalmente, dónde tiene su domicilio], el cual será competente para conocer de la totalidad del daño

---

654 Así, por ejemplo, podrían constituir otros criterios para tener en cuenta: la visibilidad de la página web y el ranking que ocupan en el buscador accesible desde un determinado país; si las manifestaciones denigratorias se insertan en los anuncios patrocinados de un determinado buscador; las características de la página web en las que se inserta las manifestaciones denigratorias; la conduta offline del presunto infractor; la estructura empresarial del presunto infractor; etc. En este sentido, *vid.*: MAGNUS, U. y MANKOWSKI, P., *European Commentaries on Private..., op. cit.,* p. 319 y 331. Asimismo, sobre los criterios que pueden limitar la jurisdicción sobre la base del criterio de la mera accesibilidad, si bien referidas al ámbito de la propiedad intelectual y el derecho de competencia, *vid.*: LEIBLE, S., «Art 7 Brüssel Ia-VO». *op. cit.*, p. 347. A tal efecto, el citado autor indica que también se pueden tomar en consideración las renuncias de responsabilidad del anunciante mediante las cuales se indica que no suministrará a los destinatarios de un determinado país [como un indicio negativo], siempre y cuando estas renuncias estén presentes de forma clara e inequívoca en su página web. Asimismo, añade el autor, estas renuncias de responsabilidad se pueden complementar con medidas técnicas de protección, tales como barreras de acceso, software de geolocalización, etc.

causado hacia dicha persona[655]. Por su parte, el TJUE ha indicado que el centro de intereses de una persona jurídica que desarrolla una actividad económica se corresponde con el lugar en que su reputación comercial es mayor, lo cual debe determinarse en función del lugar en el que ejerce la parte esencial de su actividad económica, la cual puede no coincidir con el lugar de su domicilio. Así, podría suceder que una PC estuviera domiciliada en un paraíso fiscal [*v.g.* Maldivas] y que su centro de intereses estuviera ubicado en la UE o en EE. UU.

La teoría del centro de intereses está basada en la idea de que en dicho territorio se ha materializado el daño contra la personalidad de forma intensa, idea que no ha estado exenta de crítica, dado que en ocasiones ni siquiera se materializará el daño en dicho lugar[656]. No obstante, el TJUE considera que los tribunales del lugar del centro de intereses son los mejor situados para conocer de la existencia y el alcance de los daños contra la personalidad[657]. De esta forma, se evita que la persona jurídica afectada por los actos de denigración tenga que litigar en cada uno de los Estados dónde haya sufrido un daño concurrencial. A este respecto, el tribunal competente en virtud del centro de intereses está en una posición óptima para evaluar el alcance de los daños reputacionales y la proximidad con el litigo le facilitará las labores tendentes a la obtención de pruebas. Además, este criterio es conforme con el principio de previsibilidad, pues permite al demandante identificar fácilmente el tribunal competente y al demandado prever razonablemente ante qué tribunal puede ser demandado[658].

---

655 STJUE de 25 de octubre de 2011, eDate Advertising y otros, C-509/09, EU:C:2011:685 [ap. 52]. Sobre esta sentencia, *vid.* BOGDAN, B., «Jurisdiction in disputes about infringements of intellectual property rights on the internet in view of recent ECJ Case law», *Masaryk University Journal of Law and* Technology, vol. 7, núm. 2, 2013, págs. 193-200. Asimismo, *vid.* LEIBLE, S., «Art 7 Brüssel la-VO». *op. cit.*, p. 345. Como indica el citado autor, la jurisdicción basada en el centro de intereses no constituye una jurisdicción adicional, sino que conforma una especie de mejora de la jurisdicción basada en la mera accesibilidad de los ilícitos producidos en internet. En todo caso, indica el autor que, en vista de la relevancia objetiva y la creciente convergencia de los medios, sería preferible una solución neutral en materia de tecnología que no distinguiera entre la distribución *online* y *offline*. Recientemente, *vid.* STJUE de 21 de diciembre de 2021, *Gtflix Tv,* C-251/20, EU:C:2021:1036, apdos. 30 y ss.

656 En este sentido, Michel REYMOND indica que, en ocasiones, el causante de un daño contra la personalidad no actuará en el territorio en el que la víctima tiene su centro de intereses e, incluso, afirma que en dicho lugar tampoco se materializará un daño contra la personalidad. Por esa razón, recuerda que el abogado general en el caso *eDate* formuló una teoría alternativa a la del centro de intereses, basada en el «lugar del centro de gravedad» del daño, teniendo presente el alcance de la página web donde se publican las manifestaciones denigratorias [ap. 58]. REYMOND, R., «The ECJ *eDate* decision: A case comment», en: BONOMI, A. y PAOLO ROMANO, G., *Yearbook of private international law,* vol. XIII, Lausana, Sellier European law publishers, 2012, págs. 493-506, esp. págs. 500 y 501.

657 STJUE de 17 octubre 2017, Bolagsupplysningen y Ilsjan, C-194/16, EU:C:2017:766 [ap. 42].

658 SSTJUE de 17 de octubre de 2017, Bolagsupplysningen y Ilsjan, C-194/16, EU:C:2017:766 [ap. 35], de 25 de octubre de 2011, eDate Advertising y otros, C-509/09, EU:C:2011:685 [ap. 50], y de 19 de abril de 2012, Wintersteiger, C-523/10, EU:C:2012:220 [ap. 23].

Recientemente, el TJUE se ha pronunciado sobre la posibilidad de aplicar esta teoría en el ámbito de la competencia desleal, indicando que se puede aplicar a los actos de competencia desleal derivados de una manifestación denigratoria realizada en internet[659], si bien con limitaciones. En este sentido, indica que es aplicable únicamente respecto de las acciones de rectificación y supresión de información inexacta, pero no respecto de una demanda de reparación del daño. Según el TJUE, «a diferencia de una demanda de rectificación de información y de supresión de contenidos, que es única e indivisible, una demanda relativa a la reparación del daño puede tener por objeto una indemnización íntegra o una indemnización parcial. Pues bien, aunque el hecho de no poder presentar una demanda de rectificación de información y de supresión de contenidos publicados en línea ante un tribunal distinto del competente para conocer de la totalidad de una demanda de reparación del daño está justificado por el hecho de que aquella demanda es única e indivisible, no estaría justificado, en cambio, excluir, por el mismo motivo, la facultad del demandante de presentar una demanda de indemnización parcial ante cualquier otro tribunal en cuya circunscripción territorial considere haber sufrido un daño»[660].

3. Actos desleales contra el aprovechamiento y la utilización indebida de signos distintivos y de la reputación ajena

Ejemplo: La empresa *Coinever*, domiciliada en Italia y propietaria de una PC que dirige sus servicios de criptoactivos a los usuarios ubicados en toda la UE, pretende demandar a la empresa *Coinforever*, domiciliada en Francia y que dirige sus servicios de criptoactivos únicamente al mercado galo e italiano. La demanda se basa en que esta última ha creado una PC utilizando un signo distintivo y un nombre comercial prácticamente idéntico al utilizado y registrado por *Coinever* y, asimismo, ha diseñado su PC copiando la interfaz de esta última. En este contexto, cabe ubicar el lugar del hecho causal y de producción del daño. En cuanto al hecho causal, se ubicará dónde la PC *Coinforever* ha creado y subido a Internet el contenido presuntamente desleal, esto es, donde tiene su domicilio [Francia]. Al coincidir con el lugar de

659 En este sentido, el TJUE da respuesta a un caso en el que se produce un acto desleal por comentarios denigratorios en Internet, sin negar la posibilidad de aplicar la teoría del centro de intereses en dicho supuesto [aunque sí niega la posibilidad de aplicar dicha teoría a una acción de reparación del daño íntegra). Aun así, cabe indicar que el TJUE no se pronuncia sobre la calificación como desleal de los actos de denigración vertidos y su posible incidencia en la aplicación del art. 7.2 RBI bis. En cambio, el Abogado general aborda esta cuestión de forma más extensa. En este sentido, *vid.* Conclusiones del Abogado general Sr. Gerard Hogan, *Gtflix Tv,* C-251/20, EU:C:2021:745.

660 STJUE de 21 de diciembre de 2021, *Gtflix Tv,* C-251/20, EU:C:2021:1036 [ap. 35].

su domicilio, sólo podrá demandar ante los tribunales franceses en virtud del *forum domicilii* [art. 4]. No obstante, podrá interponer la demanda ante los tribunales de Italia en virtud del lugar de materialización del daño [art. 7.2], por ser el lugar [junto al mercado francés] dónde se han manifestado los efectos directos del acto desleal.

A) Acciones desleales subsumibles

Este conjunto de ilícitos desleales está conformado por aquellas conductas que se aprovechan de la reputación de una empresa [o de cualquier otro agente actuante en el mercado], ya sea recurriendo a signos de identificación parecidos a ese otro competidor [*v.g.* marcas, patentes, diseños, signos, nombres comerciales, etc.] o dando una apariencia semejante a sus productos[661]. Estas conductas se aprovechan del esfuerzo ajeno, utilizando un signo distintivo de forma ilícita o la reputación de otro competidor para obtener una posición privilegiada en el mercado. Entre los ilícitos desleales subsumibles en este bloque están los actos de confusión [art. 6 LCD], la imitación desleal [art. 11] y la explotación de la reputación ajena [art. 12]. Estos ilícitos se centran en el derecho del competidor a no sufrir un aprovechamiento ilícito de su esfuerzo o reputación mediante la imitación o explotación indebida de sus signos distintivos, productos u otros derechos protegidos. Cabe advertir que la frontera entre los ilícitos desleales y la normativa en materia de propiedad intelectual puede resultar muy difusa[662], como ha reconocido el TS[663]. Tanto es así que una gran parte de las consideraciones realizadas por el TJUE respecto del lugar del hecho causal y de materialización del daño en materia de propiedad intelectual pueden ser aplicables en el ámbito de la competencia desleal.

B) Lugar del hecho causal

Para determinar el lugar del hecho causal en los ilícitos a distancia cometidos en línea cabe tomar en consideración, principalmente, la actividad realizada por el sujeto activo. Por el momento, el TJUE no se ha pronunciado sobre la determinación del hecho causal en materia de competencia desleal en los ilícitos cometidos a través de internet que tengan por objeto el aprovechamiento y la utilización indebida de signos distintivos y de la reputación

661 VIRGÓS SORIANO, M., *El comercio internacional...*, *op. cit.*, p. 85.

662 CAMPUZANO LAGUILLO, A.B., *et al.*, *El Derecho de la competencia*, Valencia, Tirant lo Blanch, 2015, p. 380; BERCOVITZ RODRÍGUEZ-CANO, A., «Algunas nociones sobre la relación de las marcas y la competencia desleal», en: MOURA VICENTE, D., *et al.* [Coords.], *Estudos de Direito Intelectual. Em Homenagem ao Prof. Doutor José de Oliveira Ascensao. 50 anos de Vida Universitária, Almedina*, Coimbra, 2015, págs. 629-635.

663 SSTS núm. 72, de 4 de marzo de 2010, ES:TS:2010:783 [FJ 8.°], y núm. 418, de 22 de junio de 2011, ES:TS:2011:4257 [FJ 5.°].

ajena. No obstante, el TJUE ha tenido ocasión de pronunciarse acerca del hecho generador del daño en los ilícitos a distancia en materia de propiedad intelectual e industrial, cuyas consideraciones son extrapolables en el presente ámbito[664].

En materia de propiedad intelectual cabe traer a colación la sentencia del TJUE de 22 de enero de 2015[665], la cual trata un caso sobre una supuesta infracción consistente en la vulneración de los derechos de autor por la puesta en línea de unas fotografías sin el consentimiento de su autor. Así, el TJUE considera que el hecho causal del daño producido es «el desencadenamiento del proceso técnico consistente en exhibir las fotografías en el citado sitio de Internet. Por lo tanto, el hecho que genera una eventual vulneración de los derechos de autor reside en la conducta del propietario de dicho sitio»[666]. En concreto, el TJUE considera que los actos u omisiones que pueden constituir la mencionada infracción sólo pueden localizarse en el lugar donde se encuentra la sede de la persona jurídica que decidió publicar esas fotografías, dado que ese es el lugar donde se tomó y ejecutó la decisión de poner en línea las fotografías [ap. 25]. Por tanto, aquí se concreta el lugar del hecho causal en el sitio desde donde se decide y ejecuta la acción de poner en internet el material [en este caso las fotos] que provocan un daño a la propiedad intelectual de un determinado sujeto.

La conclusión anterior es extrapolable también a los casos en los que se produce una vulneración de signos distintivos en materia de competencia desleal. A tal efecto, la STJUE de 19 de abril de 2012 dilucida un caso basado en la vulneración de una marca nacional registrada en un EM como consecuencia de la exhibición, en el sitio de Internet de un motor de búsqueda, de un anuncio publicitario gracias a la utilización de una palabra clave idéntica a dicha marca[667]. En esta sentencia se indica que el lugar del hecho causal no lo determina la exhibición de la publicidad en sí misma, «sino el desencadenamiento, por el anunciante, del proceso técnico de exhibición, con arreglo

---

664 Para una visión más amplia sobre esta cuestión, *vid.*: Horrach Armo, J.G., *Jurisdicción y ley aplicable en materia de competencia desleal en el marco de la economía de las plataformas virtuales*, Marcial Pons, Madrid, 2022, págs. 103-123.

665 STJUE de 22 de enero de 2015, Hejduk, C441/13, EU:C:2015:28.

666 STJUE de 22 de enero de 2015, Hejduk, C441/13, EU:C:2015:28 [ap. 24]. El TJUE considera que los actos u omisiones que pueden constituir la mencionada infracción sólo pueden localizarse en el lugar donde se encuentra la sede de la persona jurídica que decidió publicar esas fotografías, dado que ese es el lugar donde se tomó y ejecutó la decisión de poner en línea las fotos en un determinado sitio en Internet [ap. 25]. Por tanto, aquí se concreta el lugar del hecho causal en el sitio desde donde se decide y ejecuta la acción de poner en Internet el material [en este caso las fotos] que provocan un daño a la propiedad intelectual de un determinado sujeto. Ese lugar dependerá del caso concreto, si bien es muy probable que sea el lugar donde la empresa infractora tenga su sede social o centro de administración principal

667 STJUE de 19 de abril de 2012, Wintersteiger, C-523/10, EU:C:2012:220.

a parámetros predeterminados, del anuncio que éste creó para su propia comunicación comercial» [ap. 34]. En concreto, el TJUE afirma que «el hecho generador de la eventual vulneración del derecho de marca reside, pues, en la conducta del anunciante que recurre al servicio de referenciación para su propia comunicación comercial» [ap. 35]. Tras descartar el lugar dónde se ubica el servidor como lugar del hecho causal [por resultar imprevisible], el TJUE determina que, por tratarse de un lugar cierto e identificable, el lugar de establecimiento del anunciante «es el lugar donde se decide el desencadenamiento del proceso de exhibición del anuncio» [ap. 37], dado que dicho lugar permite una mayor administración de la prueba y sustanciación del procedimiento. De entrada, parece derivarse de la sentencia que el lugar donde se origina el hecho causal es dónde se «decide» empezar el procedimiento técnico de subida del contenido ilícito a la red, no donde se «ejecuta» dicha acción[668]. Sin embargo, esa no fue la finalidad del TJUE al dictar la sentencia y así se corrobora si se leen con detenimiento los ap. 34 y 35, en los cuales se destaca que para determinar el lugar del hecho causal debe tenerse en cuenta el lugar donde se produjo el desencadenamiento, activación o puesta en marcha del proceso técnico de exhibición del anuncio[669]. Lo dicho se corrobora en la STJUE de 22 de enero de 2015[670], en la cual, haciendo referencia al lugar de desencadenamiento del proceso técnico de exhibir un determinado contenido en internet, se concluye que ese lugar será donde se tomó y ejecutó la decisión de poner en línea dicho contenido[671].

Por todo ello, cabe concluir que el lugar del hecho causal, tanto en los daños en materia de propiedad intelectual/industrial como en el ámbito de los ilícitos concurrenciales en los que se ven afectados los signos distintivos o la reputación de un competidor, debe ubicarse en el lugar dónde se tomó y ejecutó la decisión de poner en línea el contenido ilícito que provoca el concreto daño concurrencial.

---

668 En este sentido, *vid.*: Calvo Caravaca A.L., y Carrascosa González, J., *Derecho Internacional Privado... [Vol. II], op. cit.*, p. 1445.

669 Se ha utilizado la versión española, inglesa e italiana respectivamente de la citada sentencia para dilucidar la palabra clave de este apartado. En estos apartados no se hace referencia, para determinar el hecho causal, a la simple decisión por parte de la empresa de anunciar en internet un determinado contenido presuntamente ilícito. En cambio, hacen alusión a un proceso complejo que, lejos de reducirse a una simple decisión, debe ir acompañado de algún acto material de ejecución que de iniciación al proceso de publicación del contenido a la red.

670 STJUE de 22 de enero de 2015, Hejduk, C441/13, EU:C:2015:28 [ap. 25].

671 Además, esta tesis está en línea con los daños producidos a la personalidad a través de Internet, donde se parte del lugar desde donde se ha introducido el contenido supuestamente ilícito o lesivo, no desde donde se ha decido publicar dicho contenido. En este sentido, véase la STJUE de 25 de octubre de 2011, eDate Advertising y otros, C-509/09, EU:C:2011:685 [ap. 52] y STJUE de 7 de marzo de 1995, Shevill and Others v Presse Alliance, C-68/93, EU:C:1995:61 [ap. 24, 32 y 33].

C) Lugar de materialización del daño

Para la aplicación del foro del art. 7.2 del Reglamento núm. 1215/2012 en virtud del lugar de materialización del daño, el tribunal que conozca de la acción podrá ser competente basándose en el lugar dónde efectivamente se ha producido el daño, así como atendiendo al lugar donde exista un riesgo de que se materialice un daño concurrencial, por lo que el tribunal podrá valorar, en atención a todos los elementos de que disponga[672], si existe el riesgo de que un daño se materialice en su circunscripción territorial. Sin embargo, el tribunal que conozca de la acción no puede supeditar la identificación del punto de conexión a criterios procedentes del Derecho nacional aplicable, pues esta opción iría en contra del objetivo de seguridad jurídica y previsibilidad del Reglamento[673].

Los derechos protegidos por los actos de imitación desleal y los actos de confusión [los principales actos desleales subsumibles en este epígrafe] pueden ser objeto de inscripción registral o pueden ostentar otro tipo de protección y reconocimiento específicos. Para evitar la formulación de una tesis basada en las exigencias de nuestra normativa interna, se parte de la premisa de que ambos actos desleales pueden basarse en: a) supuestos en los que se invoca la utilización indebida de un derecho que requiere ser inscrito para desplegar efectos *erga omnes;* b) supuestos en los que no se requieren dicha inscripción para que los derechos protegidos desplieguen efectos *erga omnes*[674].

Respecto de los primeros, basados normalmente en la infracción de un derecho de propiedad intelectual o industrial [derechos de exclusiva en sentido amplio], el mercado afectado por la imitación desleal se ubicará en el territorio dónde éstos gocen de protección registral, siempre que en dicho Estado se manifieste o pueda manifestarse alguno de los efectos perjudiciales que se derivan del acto desleal respecto del competidor afectado[675].

672 STJUE de 16 de junio de 2016, Universal Music International Holding, C-12/15 [ap. 44 a 46]; STJUE de 3 de abril de 2014, Hi Hotel HCF, C387/12, EU:C:2014:215 [ap. 20]; STJUE de 25 de octubre de 2012, Folien Fischer y Fofitec, C133/11, EU:C:2012:664 [ap. 50]; STJUE de 28 de enero de 2015, Kolassa, C375/13, EU:C:2015:37 [ap. 61 y 62]; STJUE de 3 de julio de 1997, Benincasa v Dentalkit, C-269/95, EU:C:1997:337 [ap. 27]; STJUE de 5 de junio de 2014, Coty Germany, C-360/12, EU:C:2014:1318 [ap. 58].

673 STJUE de 23 octubre 2014, flyLAL-Lithuanian Airlines, C-302/13, EU:C:2014:2319 [ap. 55].

674 Para una visión más amplia sobre esta categorización y sus repercusiones prácticas, véase: Horrach Armo, J.G., *Jurisdicción y ley aplicable en materia de competencia desleal en el marco de la economía de las plataformas virtuales*, Marcial Pons, Madrid, 2022, págs. 103-123.

675 STJUE de 5 de junio de 2014, Coty Germany, C-360/12, EU:C:2014:1318 [ap. 55 y 56]; STJUE de 19 de abril de 2012, Wintersteiger, C-523/10, EU:C:2012:220 [ap. 25]; STJUE de 3 de octubre de 2013, Pinckney, C-170/12, EU:C:2013:635 [ap. 33]. Asimismo, *vid.*: Magnus, U. y Mankowski, P., *European Commentaries on Private..., op. cit.,* p. 316. Este autor indica que la infracción de marcas comerciales, patentes o derechos de autor que tienen lugar en Internet se materializarán en el territorio dónde se produce la infracción, siempre que el derecho esté protegido en dicho país. Considera que se aplicará el mismo enfoque cuando la vulneración derive de una práctica en materia de competencia desleal.

Por tanto, no es suficiente con la mera protección del derecho de exclusiva en un determinado Estado para que el tribunal sea competente en virtud del lugar de materialización del daño, sino que, además, el hecho cometido debe generar o poder generar un daño en la circunscripción territorial del tribunal que conoce del asunto, con independencia del territorio en el que éste haya sido cometido[676]. El daño generado o que se pueda generar deberá tener naturaleza anticoncurrencial, es decir, no podrá ser una simple vulneración de la propiedad intelectual o industrial, sino que deberá tener algún tipo de incidencia sobre la concurrencia en el mercado[677]. Esto no significa que el tribunal deba realizar un análisis exhaustivo sobre el ilícito cometido, sino que deberá realizar un examen *prima facie* de las circunstancias concurrentes [sin entrar en el examen del fondo][678], para determinar si existen indicios para afirmar que en su circunscripción territorial se ha materializado un daño como consecuencia del ilícito desleal cometido. Para realizar este juicio previo podrá valerse de todos los elementos de juicio de que disponga[679].

Respecto de los segundos, la determinación del lugar de materialización del daño no está supeditada al requisito de la protección específica en forma de registro en el mercado afectado [pues esta protección específica no está prevista legalmente]. El mercado afectado por la imitación desleal o acto de confusión se ubicará dónde se genere o pueda generar un daño concurrencial[680], lo cual debe valorar el tribunal que conozca de la acción en virtud de los elementos de que disponga[681]. Este lugar coincidirá normalmente con el territorio dónde el presunto infractor desarrolle o dirija su actividad profesional

676 *Vid.*: STJUE de 5 de junio de 2014, Coty Germany, C-360/12, EU:C:2014:1318 [ap. 57].

677 El análisis exhaustivo y la concreción de estos efectos anticoncurrenciales y, asimismo, la determinación de las condiciones en las que puede considerarse vulnerado el tipo desleal alegado y si dicha vulneración es imputable al demandado deberá realizarse en el seno del proceso como una cuestión de fondo que corresponderá dilucidar al tribunal competente. STJUE de 19 de abril de 2012, Wintersteiger, C-523/10, EU:C:2012:220 [ap. 26], STJUE de 3 de octubre de 2013, Pinckney, C-170/12, EU:C:2013:635 [ap. 40]; STJUE de 23 de octubre de 2014, flyLAL-Lithuanian Airlines, C-302/13, EU:C:2014:2319 [ap. 54].

678 Si bien referido a la determinación del hecho causal, *vid.*: STJUE de 23 de octubre de 2014, flyLAL-Lithuanian Airlines, C-302/13, EU:C:2014:2319 [ap. 53 y 54].

679 STJUE de 3 de abril de 2014, Hi Hotel HCF, C387/12, EU:C:2014:215 [ap. 20]; STJUE de 16 de junio de 2016, Universal Music International Holding, C-12/15 [ap. 44]; STJUE de 25 de octubre de 2012, Folien Fischer y Fofitec, C133/11, EU:C:2012:664 [ap. 50]; STJUE de 28 de enero de 2015, Kolassa, C375/13, EU:C:2015:37 [ap. 61 y 62]; STJUE de 3 de julio de 1997, Benincasa v Dentalkit, C-269/95, EU:C:1997:337 [ap. 27]; STJUE de 5 de junio de 2014, Coty Germany, C-360/12, EU:C:2014:1318 [ap. 57 y 58].

680 *Vid.*: STJUE de 5 de junio de 2014, Coty Germany, C-360/12, EU:C:2014:1318 [ap. 57].

681 STJUE de 3 de abril de 2014, Hi Hotel HCF, C387/12, EU:C:2014:215 [ap. 20]; STJUE de 16 de junio de 2016, Universal Music International Holding, C-12/15 [ap. 44]; STJUE de 25 de octubre de 2012, Folien Fischer y Fofitec, C133/11, EU:C:2012:664 [ap. 50]; STJUE de 28 de enero de 2015, Kolassa, C375/13, EU:C:2015:37 [ap. 61 y 62]; STJUE de 3 de julio de 1997, Benincasa v Dentalkit, C-269/95, EU:C:1997:337 [ap. 27].

utilizando indebidamente la estrategia empresarial o signo de identificación de otro competidor, si bien nada obsta a que puedan producirse los efectos anticoncurrenciales en otro mercado, normalmente donde actúe o dirija su actividad el presunto perjudicado. En todo caso, habrá que analizar los elementos del caso para determinar en qué mercado se ha podido materializar el daño.

4. Actos desleales contra los consumidores

Ejemplo: La empresa ABC, domiciliada en Madrid, oferta una serie de NFTs denominados *ABCoins* a través de la PC Cryptobitcoin, la cual dirige sus servicios en prácticamente todos los países del mundo. Sin embargo, la empresa ABC pretende dirigir sus NFTs únicamente a los usuarios ubicados en España, Francia y Alemania, opción que permite Cryptobitcoin a través de una serie de restricciones aplicables en su plataforma. Las ofertas se publican en español, francés y alemán y, asimismo, únicamente están operativas para los usuarios ubicados en dichos países. En este escenario, la empresa ABC comete actos u omisiones engañosas derivadas de la publicación del anuncio. Así, por ejemplo, imaginemos que indica que los NFTs puestos a la venta han sido creados por artistas de reconocido prestigio en el mundo de las bellas artes, cuando en realidad han sido creados de forma automática mediante programas de inteligencia artificial. En este caso, hay que determinar el lugar del hecho causal y de materialización del daño. Brevemente, cabe indicar que el hecho causal se ubicará en el lugar dónde se publicó la oferta o anuncio del cual se deriva un daño concurrencial directo en forma de acto u omisión engañosa, por lo que se ubicará en el mercado español [lugar del domicilio de ABC]. Por su parte, el daño se materializará en el mercado español, francés y alemán, dado que los NFTs y el anuncio se dirigen hacia los usuarios de dichos países.

A) Conductas desleales subsumibles

En este apartado se analizan las conductas desleales que van dirigidas contra los consumidores y usuarios, sin perjuicio de que también puedan afectar a los derechos de los competidores o al mercado en general. Los actos en materia de competencia desleal que pueden subsumirse esta categoría son, como mínimo: los actos de engaño [art. 5], los actos de confusión [art. 6], las omisiones engañosas [art. 7], las prácticas agresivas [art. 8] y los actos de discriminación [art. 16][682]. Los distintos bienes jurídicos protegidos

682 No obstante, cabe tener presente que prácticamente todos los ilícitos concurrenciales recogidos en la LCD pueden tener incidencia sobre los derechos de los consumidores, afectando a su comportamiento en el mercado, pero que no van dirigidos directamente frente a ellos, entre los cuales cabe destacar los siguientes: los actos de denigración [art. 9], los actos de comparación [art. 10], imitación [art. 11], explotación de la reputación ajena [art. 12], la venta a pérdida [art. 17] y la publicidad ilícita [art. 18].

por estos ilícitos justifican que no sólo los consumidores ostenten legitimación activa para interponer las acciones correspondientes, sino también los competidores afectados, así como las asociaciones, corporaciones profesionales o representativas de intereses económicos, cuando resulten afectados los intereses de sus miembros; y cualquier otra persona legítimamente prevista en la ley aplicable[683].

En este sentido, el art. artículo 5 LCD dispone que «se considera desleal por engañosa cualquier conducta que contenga información falsa o información que, aun siendo veraz, por su contenido o presentación induzca o pueda inducir a error a los destinatarios, siendo susceptible de alterar su comportamiento económico, siempre que incida sobre alguno de los siguientes aspectos[684]». Por su parte, el art. 7.1 LCD indica que «se considera desleal la omisión u ocultación de la información necesaria para que el destinatario adopte o pueda adoptar una decisión relativa a su comportamiento económico con el debido conocimiento de causa. Es también desleal si la información que se ofrece es poco clara, ininteligible, ambigua, no se ofrece en el momento adecuado, o no se da a conocer el propósito comercial de esa práctica, cuando no resulte evidente por el contexto». Por su parte, los actos de confusión están recogidos en el art. 6 LCD, el cual establece que «se considera desleal todo comportamiento que resulte idóneo para crear confusión con la actividad, las prestaciones o el establecimiento ajenos. El riesgo de asociación por parte de los consumidores respecto de la procedencia de la prestación es suficiente para fundamentar la deslealtad de una práctica». Por último, la publicidad desleal es aquella que se reputa ilícita según la Ley general de publicidad [art. 18], la cual también es susceptible de afectar de manera directa a los derechos de los consumidores.

El bien jurídico protegido mediante las citadas normas es la libre voluntad del consumidor, asegurando que sus preferencias y decisiones se mantengan inalteradas y que, de esta forma, respondan a una representación correcta de la realidad. En cuanto a los actos de confusión, «el reproche de deslealtad se asienta en la reacción de los consumidores ante el suministro de una información que no se corresponde con la realidad»[685]. En cuanto a la

683 Espiniella Menéndez, Á., *Abogacía internacional. Volumen II. La protección de los consumidores*, Madrid, Rasche, 2016, págs. 40 y 41.

684 Entre los aspectos que debe incidir la actuación engañosa, según el propio artículo 5 LCD, están los siguientes: la existencia o la naturaleza del bien o servicio; las características principales del bien o servicio; la asistencia posventa al cliente y el tratamiento de las reclamaciones; el alcance de los compromisos del empresario o profesional; el precio o su modo de fijación; etcétera.

685 Massaguer, J., *Comentario a la ley..., op. cit.*, p. 167. Como indica el referido autor, la deslealtad de la confusión deriva «de la introducción en el proceso de comunicación con la clientela de elementos que son adecuados para provocar preferencias o decisiones de mercado fundadas en una falsa o incorrecta representación de la realidad acerca de la identidad o procedencia empresarial o profesional de la actividad, prestaciones o establecimientos considerados».

publicidad desleal, esta tiene como finalidad mermar o influir en la libertad decisoria de los consumidores, provocándoles una falsa representación de la realidad, así como en la capacidad de influir en la imagen de las prestaciones y establecimientos propios y de terceros; por lo que también cabe concluir que el bien jurídico protegido es la voluntad decisoria del consumidor.

B) Determinación del lugar del hecho causal

Tomando como referencia las conductas más características de este ámbito, a saber, los actos y omisiones engañosas, cabe determinar dónde debe situarse el lugar del hecho causal. Pues bien, el hecho causal respecto de los actos de engaño cometidos a distancia a través de internet se ubicará en el lugar desde dónde el presunto infractor publique un determinado contenido a la red que sea susceptible de alterar el comportamiento económico del consumidor en el mercado, provocándole un engaño. Cabe tener presente que este acto desleal está constituido por la transmisión de información falsa y la difusión de información veraz susceptible de inducir a error a sus destinatarios, por lo que cuando dicha información se difunda a través de un medio telemático, el hecho generador del daño se localizará en el lugar desde dónde el presunto infractor difunda dicha información. En el ámbito de las PC, la determinación del hecho causal seguirá estas mismas reglas, por lo que el hecho causal se ubicará en el lugar desde donde el titular de la PC o un usuario que utilice su infraestructura informática publiquen la información presuntamente ilícita.

Respecto de las omisiones engañosas y los actos de confusión, se seguirán prácticamente las mismas reglas descritas respecto de los actos de engaño, pues todos ellos protegen la esfera decisional del consumidor. En cuanto a las omisiones engañosas, el hecho causal puede derivar de la inacción del infractor, ocultando la información necesaria para que el destinatario pueda adoptar una decisión relativa a su comportamiento económico con el debido conocimiento de causa. El hecho causal también puede derivar de una información poco clara, ambigua, ininteligible u otorgada en el momento inadecuado, la cual pueda provocar una merma en la esfera decisional del consumidor. Así, por ejemplo, en el ámbito de las PC, la omisión engañosa puede derivar de la ocultación de información relevante sobre el criptoactivo puesto en circulación, la cual sea susceptible de modificar la decisión original del consumidor. Así, en relación con el servicio de «colocación de criptoactivos», cabe tener presente que todo criptoactivo admitido a negociación en una PC debe contar con el preceptivo «libro blanco de criptoactivos» en el que se debe incorporar toda una serie de información detallada sobre: el oferente, el emisor, el proyecto al que da soporte, los caracteres el propio criptoactivo [precio, rentabilidad,...], los derechos y obligaciones vinculados al criptoactivo, la tecnología subyacente, los riesgos, los principales efectos adversos sobre el clima, etcétera. Pues bien, cuando el emisor del criptoactivo o la PC no detallen algún aspecto relevante sobre la oferta, podrán incurrir en un acto u omisión engañosa.

Debido a que el consumidor no está ligado al emisor originario del criptoactivo mediante un acuerdo libremente asumido [dado que éste contrata directamente con la PC, la cual oferta el criptoactivo del emisor originario][686], no tendrá la consideración de consumidor respecto de éste, por lo que podrá utilizar el foro del art. 7.2 del Reglamento en caso de que lo pretenda demandar. En cambio, si decide reclamar contra la PC, deberá hacerlo mediante el foro en materia de consumo. Sea como fuere, el hecho causal se ubicará en el lugar desde dónde se publicó el anuncio u oferta del criptoactivo omitiendo un dato esencial para que el usuario pudiera adoptar una decisión libre y con el debido conocimiento de causa. Así, si el emisor originario pone en circulación el criptoactivo desde su centro de actividad principal, ubicado en París, el perjudicado podrá interponer la demanda ante los tribunales de la capital gala en virtud del lugar del hecho causal [salvo que coincida con el *forum domicilii* del emisor, en cuyo caso tendrá que interponer su acción en virtud del foro general del art. 4 del Reglamento].

C) Determinación del lugar de materialización del daño

El mercado afectado por estos ilícitos desleales se localizará dónde la conducta del presunto infractor sea susceptible de inducir a error y modificar así las preferencias y deseos originarios de los consumidores y usuarios. Normalmente, este mercado se localizará dónde los usuarios adquieran o puedan adquirir los criptoactivos ofertados, teniendo en cuenta los mercados dónde la PC dirige sus servicios. Este lugar coincidirá, por regla general, con el lugar indicado por el usuario al realizar el correspondiente registro en la PC o, en caso de que se produzca un daño anticoncurrencial y no exista un previo registro, dónde el usuario pueda acceder y contratar los servicios afectados por la deslealtad. Este último lugar coincidirá, normalmente, con el domicilio del usuario, aunque no siempre será así. Así, imaginemos que un usuario español que está de viaje en Francia está siendo objeto de publicidad ilícita, agresiva y engañosa dirigida a los usuarios franceses para la adquisición de criptoactivos[687]. Al conectarse al ordenador del hotel, le llega la publi-

686 Por consiguiente, en relación con el emisor originario del criptoactivo el usuario no tiene, a los efectos del Reglamento núm. 1215/2012, la consideración de consumidor.

687 Para una visión amplia sobre la publicidad engañosa en materia de criptoactivos, *vid*.: CRIADO ENGUIX, J., «Protección de los derechos de los consumidores frente a la publicidad engañosa de las criptomonedas», *La Ley*, núm. 12, 2022, págs. 1-27, en especial, págs. 10-14. Asimismo, sobre el régimen aplicable a la publicidad en materia de criptoactivos, *vid*.: ARRIBAS RUIZ, J.A., «Publicidad sobre criptoactivos: situación actual y qué se espera», *Comunicaciones en propiedad industrial y Derecho de la competencia*, núm. 97, 2022, págs. 123-154, en especial, págs. 132 y ss. DE MIGUEL ASENSIO, P.A., «Condicionantes de la aplicación de la Circular de la CNMV sobre publicidad de criptoactivos a las actividades transfronterizas», *La Ley Unión Europea*, núm. 101, 2022, págs. 1-6. Cabe tener presente, además, como afirma el autor, que los requisitos publicitarios forman parte del ámbito coordinado de la DCE [p. 4].

cidad ilícita y decide adquirir varios criptoactivos, resultando que la oferta omite varios datos esenciales del emisor originario. Pues bien, el mercado afectado por estas prácticas desleales será el francés, con independencia de que el usuario resida en el España.

La regla descrita no significa que el mero acceso desde un determinado mercado a la oferta de un criptoactivo [o servicio de criptoactivos] publicado en un medio digital conlleve necesariamente que se pueda materializar un daño concurrencial en dicho mercado. Si bien es cierto que el TJUE no exige que la actividad controvertida «se dirija al» EM del tribunal ante el que se ha ejercitado la acción para que este tenga competencia en virtud del lugar de materialización del daño[688], esta tesis no permite afirmar que el mero acceso a la página web [u otro medio digital] sea susceptible de generar un daño concurrencial en el mercado desde el cual la oferta es visible. Por regla general, de entre todos los mercados dónde la oferta es susceptible de mermar la voluntad decisional de los consumidores sea visible, el daño concurrencial únicamente se generará o podrá generarse en el mercado desde el cual se puedan adquirir de forma efectiva los criptoactivos ofertados o contratar los servicios de criptoactivos.

Puede suceder que la oferta de criptoactivos únicamente se dirija a los usuarios ubicados en ciertos Estados y, sin embargo, resulte visible desde todo el mundo. En estos casos, serán las circunstancias concurrentes las que determinen si se puede materializar un daño concurrencial para los consumidores ubicados en un mercado desde el cual la oferta de criptoactivos es accesible, pero cuyos usuarios no son los destinatarios finales de la oferta. Corresponderá al juez que conozca del asunto determinar si, en dicho mercado, se ha materializado el daño [en atención a todos los elementos de que disponga][689]. En todo caso, se podrán tener presente elementos tales como el idioma utilizado en la oferta, la descripción de los criptoactivos ofertados, los requisitos exigidos por la PC para contratar los servicios o criptoactivos ofertados, las restricciones previstas en las CGC, los mecanismos de control previstos para evitar que los usuarios ubicados en ciertos países puedan acceder a la oferta de dichos criptoactivos, entre otros. Cuando no pueda concretarse de forma sencilla en qué mercados se pueden adquirir los criptoactivos o servicios de criptoactivos [susceptibles de incurrir en un ilícito desleal contra los consumidores], estará justificada la aplicación de la teoría de los indicios para determinar dónde se ha generado o puede generarse el

688 STJUE de 3 de octubre de 2013, Pinckney, C-170/12, EU:C:2013:635 [ap. 42]. STJUE de 22 de enero de 2015, Hejduk, C441/13, EU:C:2015:28 [ap. 32 y 33].

689 STJUE de 16 de junio de 2016, Universal Music International Holding, C-12/15 [ap. 44 a 46]; STJUE de 3 de abril de 2014, Hi Hotel HCF, C387/12, EU:C:2014:215 [ap. 20]; STJUE de 25 de octubre de 2012, Folien Fischer y Fofitec, C133/11, EU:C:2012:664 [ap. 50]; STJUE de 28 de enero de 2015, Kolassa, C375/13, EU:C:2015:37 [ap. 61 y 62]; STJUE de 3 de julio de 1997, Benincasa v Dentalkit, C-269/95, EU:C:1997:337 [ap. 27]; STJUE de 5 de junio de 2014, Coty Germany, C-360/12, EU:C:2014:1318 [ap. 58].

daño concurrencial[690]. En concreto, habrá que determinar si la actividad del presunto infractor está dirigida hacia dicho mercado de forma objetiva, tal como se ha comentado en relación con los actos desleales de descrédito *[vid. supra]*.

5. Otros ilícitos desleales

Existen otro tipo de actos desleales que, por razones de extensión, no serán objeto de análisis en el presente estudio. Así, por ejemplo, teniendo en cuenta las particularidades del mercado de criptoactivos, cabría analizar dónde cabe situar el lugar del hecho causal y el lugar de materialización del daño de los siguientes ilícitos desleales: actos contra la dependencia económica, inducción a la infracción contractual, la violación de secretos, la venta a pérdida, la vulneración de normas concurrenciales y no concurrenciales, las prácticas agresivas, entre otras. Sea como fuere, estas cuestiones han sido abordadas en otro estudio de forma amplia, al cual cabe remitirse[691].

III. Actos contra los derechos de la personalidad

1. Supuesto de hecho

Son incardinables en este supuesto todos los actos que atenten contra los derechos de la personalidad acaecidos en Internet, tales como las vulneraciones al derecho al honor, intimidad, propia imagen, así como los supuestos de injurias y calumnias en su vertiente civil. Cabe diferenciar este supuesto del relativo a los daños reputaciones contra la PC [actos desleales de descrédito]. Sea como fuere, la verdad es que tanto los ilícitos desleales de descrédito como los daños contra la personalidad cometidos en línea siguen un mismo criterio para ubicar el lugar del hecho causal y el lugar de materialización del daño a los efectos de aplicar el art. 7.2 del Reglamento núm. 1215/2012.

Ejemplo: Juan, domiciliado en Palma, publica en una determinada página web española especializada en inversiones, un análisis exhaustivo sobre la PC *Cryptocoin*, domiciliada en Berlín, la cual ofrece servicios en todo el mundo. Juan señala que esta PC ofrece criptoactivos de terceros que no res-

690 STJUE de 7 de diciembre 2010, Pammer y Hotel Alpenhof, C-585/08, EU:C:2010:740 [ap. 76, 77, 80 a 84] y STJUE de 12 julio 2011, L'Oréal y otros, C-324/09, EU:C:2011:474 [ap. 64 y 65].

691 A tal efecto, véase: HORRACH ARMO, J.G., *Jurisdicción y ley aplicable en materia de competencia desleal..., op. cit., in fine.*

paldan ningún proyecto real, por lo que califica a la mayoría de criptoactivos ofrecidos como meras especulaciones y estafas. Además, profiere diversos insultos hacia los administradores de la PC debido a una mala experiencia personal con la PC. En este escenario, *Cryptocoin* pretende demandar a Juan por considerar que ha cometido varios ilícitos en materia de derechos contra la personalidad. Así, cabe determinar dónde se ubicará el hecho causal y el lugar de materialización del daño, teniendo en cuenta que el análisis se ha publicado en una página web española que puede consultarse desde cualquier país de la UE y que está disponible en todos los idiomas oficiales de la UE y que, según el contenido de la publicación, tiene como finalidad advertir a los usuarios de la UE acerca de la actividad de esta PC. Pues bien, el hecho causal se ubicará en el territorio español, por ser el lugar desde donde se publica la información presuntamente ilícita, mientras que la materialización del daño se produce en el mercado de la UE. La PC podrá acudir a cada uno de los EE. MM dónde se ha materializado el daño, exigiendo una compensación por el daño acaecido en dicho territorio, o podrá acudir al lugar donde tiene su centro de intereses y reclamar por todo el daño sufrido [aplicando la teoría del centro de intereses]. Finalmente, podrá acudir ante los tribunales españoles y reclamar por todo el daño sufrido, si bien en virtud del *forum domicilii* [al coincidir con el lugar del hecho causal].

2. Determinación del lugar del hecho causal

El TJUE se ha pronunciado de forma expresa sobre la determinación del lugar del hecho causal y la materialización del daño respecto de los ilícitos contra la personalidad[692]. A tal efecto, cabe traer a colación las conclusiones realizadas en la STJUE de 25 de octubre de 2011 [asunto eDate][693], la cual determina el lugar del hecho causal respecto a la vulneración de los derechos de la personalidad por la publicación de contenidos en un sitio de Internet. El TJUE aclara en esta sentencia que el lugar del hecho causal de una acción dirigida a reparar el daño inmaterial supuestamente causado por una publicación difamatoria cometida a través de Internet se concreta en el lugar del establecimiento del emisor de la publicación difamatoria [ap. 42]. Los tribunales de dicho territorio serán competentes para reparar la integridad de los daños derivados de la difamación [ap. 42].

En realidad, el TJUE aplica en este caso la misma doctrina sentada para el caso de difamación producida a través de un artículo de prensa difundido en varios Estados, la cual considera plenamente aplicables a otros medios y soportes de comunicación, a la vez que sirve para cubrir una amplia gama de violaciones de

692 Para una visión amplia sobre esta cuestión, *vid.*: CASTELLÓ PASTOR, J.J., *Daños digitales y derechos de la personalidad..., op. cit.*, págs. 84-104.

693 STJUE de 25 de octubre de 2011, eDate Advertising y otros, C-509/09, EU:C:2011:685.

los derechos de la personalidad conocidos por los diferentes sistemas jurídicos [ap. 44]. El fundamento para fijar el lugar del hecho causal en el establecimiento del editor o emisor de la publicación difamatoria reside en que dicho sitio constituye «el lugar de origen del hecho dañoso, a partir del cual la difamación se ha manifestado y difundido»[694]. A tal efecto, serán competentes los tribunales del establecimiento del emisor de esos contenidos, por ser el lugar desde dónde se publican los contenidos ilícitos que son susceptibles de producir un daño contra los derechos de la personalidad. En ocasiones, no obstante, el daño puede ubicarse en el lugar de establecimiento del editor de la publicación[695].

En definitiva, «por lo que se refiere específicamente a las alegaciones de vulneración de los derechos de la personalidad mediante contenidos publicados en línea en un sitio de Internet, el Tribunal de Justicia ha declarado que, con arreglo al artículo 7, punto 2, del Reglamento n.º 1215/2012, la persona que se considera perjudicada puede ejercitar una acción de responsabilidad por la totalidad del daño causado, bien ante los tribunales del lugar de establecimiento del emisor de esos contenidos, en virtud del vínculo del hecho causal, bien ante los tribunales del EM en el que se encuentra su centro de intereses, en virtud de la materialización del daño»[696].

3. Determinación del lugar de materialización del daño

Según lo indicado en el apartado anterior, el TJUE ha determinado que la persona que ha sufrido una vulneración de los derechos de la personalidad puede, «en vez de ejercitar una acción de responsabilidad por la totalidad del daño causado, ejercitar una acción ante los tribunales de cada EM en cuyo territorio el contenido publicado en línea sea o haya sido accesible. Estos últimos tribunales son competentes únicamente para conocer del daño causado en el territorio del EM del órgano jurisdiccional ante el que se haya entablado el litigio»[697]. La limitación para conocer de los daños acaecidos únicamente en el territorio del EM del tribunal competente se conoce por la doctrina como «teoría del mosaico», la cual pretende evitar que los tribunales de cada EM tengan una suerte de «jurisdicción universal ilimitada»[698]. Las

694 STJUE de 7 de marzo de 1995, Shevill and Others, C-68/93, EU:C:1995:61 [ap. 24].

695 STJUE 25 octubre 2011, eDate Advertising y otros, C-509/09, EU:C:2011:685 [ap. 43]; STJUE 7 marzo 1995, Shevill and Others v Presse Alliance, C-68/93, EU:C:1995:61 [ap. 24, 32 y 33].

696 STJUE de 21 de diciembre de 2021, *Gtflix Tv,* C-251/20, EU:C:2021:1036, ap. 30.

697 STJUE de 21 de diciembre de 2021, *Gtflix Tv,* C-251/20, EU:C:2021:1036, ap. 30; STJUE de 25 de octubre de 2011, eDate Advertising y otros, C-509/09, EU:C:2011:685, ap. 52.

698 Castelló Pastor, J.J., *Daños digitales y derechos de la personalidad..., op. cit.*, p. 88. Magnus, U. y Mankowski, P., *European Commentaries on Private..., op. cit.,* págs. 278-281.

personas jurídicas también pueden utilizar las vías antes descritas. Así, el TJUE ha recalcado que «también disfrutan de estas opciones para el ejercicio de la acción las personas jurídicas que desarrollan una actividad económica y solicitan la reparación del perjuicio resultante de los ataques sufridos por su reputación comercial mediante la publicación de información inexacta sobre ellas en Internet y la no supresión de comentarios que las afectan»[699].

Otra opción que tiene el presunto perjudicado es la derivada de la «teoría del centro de intereses»[700], pudiendo reclamar ante los tribunales del EM en el que se encuentra su centro de intereses por el daño producido en todo el mundo[701]. Dicho territorio coincidirá, normalmente, con el lugar donde tiene su residencia habitual, aunque «puede tener su centro de intereses también en un EM en el que no resida habitualmente, en la medida en que otros indicios, como el ejercicio de una actividad profesional, permitan establecer la existencia de un vínculo particularmente estrecho con ese Estado»[702]. Por lo que se refiere al centro de intereses de una determinada PC, cabe considerar que dicho lugar coincidirá, habitualmente, con el lugar dónde se encuentre su centro de administración central, el cual se ubicará, con carácter general, dónde tenga su domicilio. Por tanto, en virtud del lugar de materialización del daño, la PC podrá reclamar de forma íntegra por todos los daños sufridos [por la vulneración de sus derechos de la personalidad] ante los tribunales del EM donde esté domiciliada o, en su caso, en cada uno de los EM en los que haya sufrido un daño, los cuales sólo serán competentes para conocer del daño irrogado en su jurisdicción.

---

699 STJUE de 17 de octubre de 2017, Bolagsupplysningen e Ilsjan, C194/16, EU:C:2017:766, ap. 44. STJUE de 21 de diciembre de 2021, *Gtflix Tv,* C-251/20, EU:C:2021:1036, ap. 31.

700 Horrach Armo, J.G., *Jurisdicción y ley aplicable en materia de competencia desleal..., op. cit.*, págs. 137-140. Castelló Pastor, J.J., *Daños digitales y derechos de la personalidad..., op. cit.*, págs. 91 y 92.

701 STJUE de 17 de octubre de 2017, Bolagsupplysningen e Ilsjan, C194/16, EU:C:2017:766, ap. 32. Como indica en esta sentencia, «la vulneración alegada incide generalmente con mayor intensidad en el centro de intereses de la persona afectada, habida cuenta de la reputación de la que ésta goza en tal lugar. De este modo, el criterio del «centro de intereses de la víctima» refleja el lugar en el que, en principio, el daño causado por un contenido en línea se materializa, en el sentido del artículo 7, punto 2, del Reglamento n.o 1215/2015, de manera más significativa. En consecuencia, los tribunales del EM en que se halla el centro de intereses de la persona afectada son los mejor situados para apreciar el impacto de tales contenidos en los derechos de la persona afectada. A mayor abundamiento, el criterio del centro de intereses es conforme con el objetivo de la previsibilidad de las reglas para determinar la competencia, ya que permite, al mismo tiempo, al demandante identificar fácilmente el órgano jurisdiccional ante el cual puede ejercitar una acción y al demandado prever razonablemente ante qué órgano jurisdiccional puede ser demandado» [ap. 33, 34 y 35].

702 STJUE de 17 octubre 2017, Bolagsupplysningen e Ilsjan, C194/16, EU:C:2017:766, ap. 40. STJUE de 25 de octubre de 2011, eDate Advertising y otros, C-509/09, EU:C:2011:685, ap. 49.

IV. Ilícitos en materia de propiedad intelectual e industrial

1. Supuesto de hecho

En este epígrafe son subsumibles todas las conductas que son susceptibles de producir un daño en materia de propiedad intelectual y/o industrial, ya sean signos distintivos que gocen de protección registral o creaciones que no requieran de registro para ostentar la oportuna protección. Debido a la semejanza con los «ilícitos desleales contra el aprovechamiento y la utilización indebida de signos distintivos y de la reputación ajena», las consideraciones realizadas en aquél apartado sobre la determinación del lugar del hecho causal y la materialización del daño son plenamente aplicables en el presente caso.

Ejemplo: La empresa ABC, domiciliada en Roma, crea una PC denominada Binanced, utilizando una interfaz prácticamente idéntica a la PC Binance, así como un logo muy similar. La plataforma Binanced tiene por objeto prestar servicios de criptoactivos en Italia, Grecia y Francia, mientras que Binance presta servicios de criptoactivos en todo el mundo. Así las cosas, esta PC quiere demandar por vulneración de los derechos de propiedad intelectual a la empresa ABC. En este escenario, el hecho dañoso se ubicará dónde se tomó y ejecutó la decisión de poner en línea el contenido que vulnera los derechos en materia de propiedad intelectual, cuyo lugar coincidirá, normalmente, con el domicilio de ABC. En cuanto al lugar de producción del daño, este se ubicará en los mercados dónde se puedan producir los efectos perjudiciales directos del ilícito en cuestión, siempre que el derecho se halle protegido en dicho país [*v.g.* en forma de registro], como se detalla en el presente epígrafe *[vid. infra]*.

2. Determinación del lugar del hecho causal

Cuando se infringe un derecho de propiedad intelectual, el hecho causal está producido por el desencadenamiento del proceso técnico consistente en subir el contenido ilícito en internet[703]. Así, el TJUE considera que los actos u omisiones que pueden constituir una infracción en materia de propiedad intelectual sólo pueden localizarse en el lugar donde se encuentra la sede de la persona jurídica que decidió publicar o subir la información ilícita a la red, dado que ese es el lugar donde se tomó y ejecutó la decisión de poner en línea el contenido ilícito[704].

703 STJUE de 22 de enero de 2015, Hejduk, C441/13, EU:C:2015:28 [ap. 24].

704 STJUE de 22 de enero de 2015, Hejduk, C441/13, EU:C:2015:28 [ap. 24].

En cuanto a la vulneración de los signos distintivos, el TJUE ha concretado que el hecho generador de la eventual vulneración del derecho de marca reside en la conducta del anunciante que recurre al servicio de referenciación para su propia comunicación comercial»[705]. Tras descartar el lugar dónde se ubica el servidor como lugar del hecho causal por resultar imprevisible, el TJUE determina que, por tratarse de un lugar cierto e identificable, el lugar de establecimiento del anunciante «es el lugar donde se decide el desencadenamiento del proceso de exhibición del anuncio»[706], pues este lugar permite una mayor administración de la prueba y sustanciación del proceso. En consecuencia, en ambos casos el lugar del hecho causal cabe ubicarlo en el lugar dónde se toma y ejecuta la decisión de poner en línea el contenido ilícito que provoca el daño en materia de propiedad intelectual e industrial, cuyo lugar suele coincidir con el sitio dónde el infractor tiene su domicilio.

3. Determinación del lugar de materialización del daño

En principio, el mercado afectado por la vulneración de un derecho de propiedad intelectual realizada en Internet, tales como marcas comerciales, patentes o derechos de autor, se materializarán en el territorio dónde se produzca la infracción, siempre que el derecho esté protegido en dicho país [normalmente en forma de registro]. En concreto, el TJUE ha indicado que, «en relación con los daños que resultan de violaciones del derecho de propiedad intelectual y comercial, el Tribunal de Justicia ha precisado que la materialización del daño en un EM determinado está supeditada a que el derecho cuya vulneración se alega esté protegido en dicho EM»[707]. Por tanto, cabe recalcar que no es suficiente con la mera protección del derecho de exclusiva en un determinado Estado para que el tribunal sea competente en virtud del lugar de materialización del daño, sino que, además, el hecho cometido debe generar o poder generar un daño en la circunscripción territorial del tribunal que conoce del asunto, con independencia del territorio en el que éste haya sido cometido[708]. En este contexto, el TJUE aclara que si se alega la vulneración de un derecho de propiedad intelectual o industrial «cuya protección concedida por un acto de registro está limitada al territorio

705 STJUE de 19 de abril de 2012, Wintersteiger, C-523/10, EU:C:2012:220, ap. 35.

706 STJUE de 19 de abril de 2012, Wintersteiger, C-523/10, EU:C:2012:220, ap. 37.

707 STJUE de 5 de junio de 2014, Coty Germany, C-360/12, EU:C:2014:1318 [ap. 55 y 56]; STJUE de 3 de octubre de 2013, Pinckney, C-170/12, EU:C:2013:635 [ap. 33]. Asimismo, *vid*.: MAGNUS, U. y MANKOWSKI, P., *European Commentaries on Private..., op. cit.,* p. 316. Este autor indica que la infracción de marcas comerciales, patentes o derechos de autor que tienen lugar en Internet se materializarán en el territorio dónde se produce la infracción, siempre que el derecho esté protegido en dicho país.

708 *Vid*.: STJUE de 5 de junio de 2014, Coty Germany, C-360/12, EU:C:2014:1318 [ap. 57].

del Estado miembro de registro, debe formularse ante los tribunales de dicho Estado miembro. En efecto, los órganos jurisdiccionales del Estado miembro de registro son los que mejor pueden apreciar si efectivamente se ha vulnerado el derecho de que se trate»[709].

V. Enriquecimiento injusto

1. Supuesto de hecho y posible aplicación del foro en materia delictual o cuasidelictual

Debido al elevadísimo número de transacciones realizadas en el ámbito de los criptoactivos a diario, no resulta extraño que se produzcan supuestos en los que las PC entregan criptoactivos o dinero fiat de manera errónea a algunos usuarios[710]. Ello provoca que se produzca un enriquecimiento injusto [o enriquecimiento sin causa] que debe ser restaurado[711], por lo que la PC podrá demandar al usuario en caso de que no reintegre los fondos entregados de forma errónea[712]. Así, cabe analizar qué foro puede utilizar para pedir

709 STJUE de 3 de octubre de 2013, Pinckney, C-170/12, EU:C:2013:635 [ap. 37] y STJUE de 19 de abril de 2012, Wintersteiger, C-523/10, EU:C:2012:220, ap. 25 y 28.

710 Véase, por ejemplo: Infobae, «Criptomillonarios por error: un portal regaló hasta 32 millones de dólares en Bitcoin a sus clientes por accidente», Noticia publicada el 20.05.2021 en Infobae y disponible en línea: https://www.infobae.com/economia/2021/05/20/criptomillonarios-por-error-un-portal-regalo-hasta-32-millones-de-dolares-en-bitcoin-a-sus-clientes-por-accidente/ Asimismo, véase: Ámbito, «Recibió por error u$ 10,5 millones de Crypto.com, compró una casa y se niega a devolverlos», Noticia publicada el 1.09.2022 en Ámbito y disponible en línea: https://www.ambito.com/tecnologia/criptomoneda/recibio-error-us105-millones-cryptocom-compro-una-casa-y-se-niega-devolverlos-n5524875 Finalmente, *vid.*: Hannah, P., «Hombre huye luego de recibir por error USD $650.000 en cripto de un exchange australiano», Publicado el 26.02.2024 en Diario Bitcoin y disponible en el siguiente enlace web: https://www.diariobitcoin.com/mercados/exchanges/hombre-en-australia-huye-luego-de-recibir-usd-650-000-en-cripto-de-un-exchange-por-error/

711 Para Matthias Lehman, los casos en los que se produzcan errores de transferencia se deben resolver mediante la institución del enriquecimiento injusto, en cuyo caso entiende aplicable las normas de conflicto previstas con carácter general en el Reglamento núm. 864/2007 [Roma II], esto es, se deberá aplicar la ley del lugar dónde se ha producido el enriquecimiento [p. 132], *ex* art. 10.3 del RRII. Lehman, M., «Who owns bitcoin? Private Law Facing the Blockchain», *Minnesota Journal of Law, Science & Technology*, vol. 21, issue 1, 2020, págs. 93-136, p. 132.

712 Ruiz Rodríguez, R., «Blockchain y derecho internacional privado...», *op. cit.*, p. 15. Como indica el citado autor, «es muy probable que en el entorno *blockchain* tengamos que hacer frente también a incertidumbres legales derivadas de supuestos de responsabilidad extracontractual. Imagínese, por ejemplo, un error de programación a causa del cual se transfiere una cantidad determinada de bitcoines a una *wallet* distinta a la pactada. Surgiría aquí, en favor de la parte perjudicada, el derecho a ejercitar una acción extracontractual basada en el enriquecimiento injusto de la persona que recibió dichos bitcoines».

la reintegración de los fondos, teniendo en cuenta que, como indica Otero García-Castrillón, «la calificación de una concreta demanda por enriquecimiento injusto se determinará atendiendo al objeto y causa de la acción»[713].

Ejemplo: Una PC transfiere por error un exceso de criptoactivos a un usuario registrado en su plataforma. Así, por ejemplo, imaginemos que transfiere 60 bitcoins a la billetera privada de la empresa Star S.L., domiciliada en España, cuando en realidad tenía que transferirle sólo 6. En dicho caso se producirá un enriquecimiento sin causa o injusto, por lo que habrá que determinar si es posible aplicar el foro en materia delictual o cuasidelictual para reclamar la devolución del importe abonado de forma errónea.

El TJUE ha negado la posibilidad de interponer una demanda de restitución por enriquecimiento injusto en virtud del foro en materia delictual o cuasidelictual, precisando que «para determinar si una acción de restitución por razón de enriquecimiento injusto está comprendida en la materia delictual o cuasidelictual [...] resulta preciso comprobar si se cumplen dos requisitos, a saber, por una parte, que dicha acción no esté relacionada con la materia contractual, en el sentido del artículo 5, punto 1, letra a), de dicho Reglamento, y, por otra parte, que tenga por objeto exigir la responsabilidad de un demandado»[714]. El TJUE aclara que el primer requisito no se cumple porque el enriquecimiento injusto «no suele resultar de un compromiso voluntario asumido por el demandado frente a él, sino que nace con independencia de la voluntad de este. De ello se deduce que tal acción de restitución no está comprendida, en principio, en la materia contractual [...]»[715]. En cuanto al segundo requisito, el TJUE indica que «hay que comprobar si la acción de restitución por razón de enriquecimiento injusto tiene por objeto exigir la responsabilidad de un demandado. A este respecto, el Tribunal de Justicia ha declarado que así ocurre cuando pueda imputarse al demandado un hecho dañoso, en el sentido del artículo 5, punto 3, del Reglamento n.º 44/2001, reprochándosele un acto u omisión contrarios a una obligación o una prohibición impuesta por la ley. En efecto, la responsabilidad delictual o cuasi-

713 Otero García-Castrillón, C., «Auto 00153/2019 del Juzgado de Primera Instancia núm. 24 de Palma de Mallorca, de 2 de septiembre. Una visión desde el derecho internacional privado», *Revista Española de Derecho Internacional*, vol. 72, núm.1, 2020, págs. 223-229, p. 227. Cabe tener presente que cuando se elaboró el citado estudio, el TJUE todavía no había dictado la sentencia que viene a ratificar dicha afirmación en materia de enriquecimiento injusto [STJUE de 9 de diciembre de 2021, HRVATSKE ŠUME, C-242/20, EU:C:2021:985].

714 STJUE de 9 de diciembre de 2021, HRVATSKE ŠUME, C-242/20, EU:C:2021:985, ap. 43. Para una visión detallada sobre esta sentencia, *vid*.: Orozco Hermoso, M., «Acciones por enriquecimiento injusto y competencia judicial Internacional Sentencia del Tribunal de Justicia de 9 de diciembre de 2021», C-242/20, Hrvatske Šume, *La Ley UE*, núm. 102, 2022.

715 STJUE de 9 de diciembre de 2021, HRVATSKE ŠUME, C-242/20, EU:C:2021:985, ap. 44.

delictual solo puede exigirse cuando se pruebe un nexo causal entre el daño y el hecho ilícito que lo origina»[716]. En este sentido, el TJUE concluye que «una acción de restitución por razón de enriquecimiento injusto se basa en una obligación que no tiene su origen en un hecho dañoso. En efecto, esta obligación nace independientemente del comportamiento del demandado, de modo que no existe una relación de causalidad que pueda establecerse entre el daño y un posible acto u omisión ilícitos cometidos por este. Por lo tanto, una acción de restitución por razón de enriquecimiento injusto no puede estar comprendida en la materia delictual o cuasidelictual»[717].

2. Aplicación del foro en materia contractual

El TJUE ha indicado que, por regla general, el enriquecimiento injusto no deriva de un compromiso voluntario asumido por las partes, por lo que, en principio, no está comprendida en la materia contractual del Reglamento núm. 1215/2012. No obstante, también ha dilucidado que caben excepciones a esta regla general, lo cual sucederá cuando las acciones de restitución derivadas del enriquecimiento injusto presenten una estrecha vinculación con una relación contractual existente entre las partes del litigio[718]. Por tanto, podrá aplicarse el foro en materia contractual «cuando el demandante invoca un enriquecimiento injusto estrechamente relacionado con una obligación contractual que, en su opinión, es inválida o no ha sido cumplida por el demandado, o ha sido «cumplida en exceso», para justificar su derecho a restitución»[719]. En este sentido, el TJUE ya ha determinado «que una acción de restitución de prestaciones efectuadas en virtud de un contrato inválido se incluye en esa materia»[720].

De lo anterior se deriva que, para aplicar el foro en materia contractual, no es suficiente con la mera existencia de una relación contractual entre las partes, sino que la acción de restitución por enriquecimiento injusto debe presentar una estrecha vinculación con la referida relación contractual. En este sentido, el TJUE ya ha advertido que cuando dos partes están vinculadas por un contrato, «la mera circunstancia de que una de las partes contratantes entable una acción de responsabilidad civil contra la otra no basta para

716 STJUE de 21 de abril de 2016, Austro-Mechana, C572/14, EU:C:2016:286, ap. 40, 41 y 50; STJUE de 9 de diciembre de 2021, HRVATSKE ŠUME, C-242/20, EU:C:2021:985, ap. 53 y 54.

717 STJUE de 9 de diciembre 2021, HRVATSKE ŠUME, C-242/20, EU:C:2021:985, ap. 55 y 56.

718 STJUE de 9 de diciembre de 2021, HRVATSKE ŠUME, C-242/20, EU:C:2021:985, ap. 44 y 47.

719 STJUE de 9 de diciembre de 2021, HRVATSKE ŠUME, C-242/20, EU:C:2021:985, ap. 48.

720 A tal efecto, *vid.*: STJUE de 20 de abril de 2016, Profit Investment SIM, C366/13, EU:C:2016:282, ap. 55 y 58.

considerar que tal acción está comprendida en la "materia contractual"» en el sentido del art. 7.1 RBI bis[721]. Sea como fuere, cuando exista una estrecha vinculación que permita acudir al foro en materia contractual, la aplicación de este foro «resulta conforme con los objetivos de proximidad y de buena administración de la justicia [...] que implican que el juez del contrato pueda pronunciarse sobre las consecuencias de su invalidez, su incumplimiento o su "cumplimiento en exceso" y, por tanto, sobre las posibles restituciones que se deriven de ello, puesto que existe un vínculo de conexión particularmente estrecho entre la demanda y el tribunal del lugar en el que se ha cumplido o debe cumplirse la obligación que sirve de base a dicha demanda, en el sentido de esa disposición»[722].

3. Aplicación del foro del domicilio del demandado

En la mayoría de los casos sucederá que la acción de restitución por razón del enriquecimiento injusto no esté comprendida en la materia contractual ni en la materia delictual o cuasidelictual del Reglamento núm. 1215/2012. «En tal situación, una acción de restitución por razón de enriquecimiento injusto es competencia de los órganos jurisdiccionales del EM del domicilio del demandado, conforme a la regla general [...] del Reglamento núm. 44/2001»[723]. Por consiguiente, en estos supuestos resultará aplicable el *forum domicilii* recogido en el artículo 4 del Reglamento núm. 1215/2012.

VI. Daños financieros

1. Supuesto de hecho

Se conoce como ilícito financiero «todo un conjunto de prácticas que se verifican en los mercados financieros, cuya intención es alterar el juego transparente de la oferta y demanda de los productos financieros y que comportan un perjuicio para el patrimonio de una persona, no un daño mismo o a la propiedad»[724]. Los supuestos incardinables en esta institución jurídica suelen ser las operaciones con información privilegiada y la manipulación o abuso

721 STJUE de 13 marzo 2014, Brogsitter, C- 548/12, EU:C:2014:148 [ap. 23].

722 STJUE de 9 de diciembre de 2021, HRVATSKE ŠUME, C-242/20, EU:C:2021:985, ap. 50.

723 STJUE de 9 de diciembre de 2021, HRVATSKE ŠUME, C-242/20, EU:C:2021:985, ap. 59.

724 Citando a M. Lehman, *vid*.: Caamiña Domínguez, C., *Litigación internacional en..., op. cit.*, p. 388. Como indica la citada autora, entre los ilícitos financieros nos encontramos con conductas tales como la información privilegiada, falsedad de los folletos informativos de inversiones, abuso del mercado o la manipulación de éste, etc.

de mercado, cuyos supuestos están regulados y definidos por la Directiva 2003/6/CE[725]. Según el artículo 1.2 de la Directiva, se entiende por «manipulación de mercado»: «a) transacciones u órdenes para realizar operaciones, —que proporcionen o puedan proporcionar indicios falsos o engañosos en cuanto a la oferta, la demanda o el precio de instrumentos financieros, o— que aseguren, por medio de una persona o de varias personas que actúen de manera concertada, el precio de uno o varios instrumentos financieros en un nivel anormal o artificial; b) transacciones u órdenes de realizar operaciones que empleen dispositivos ficticios o cualquier otra forma de engaño o maquinación; c) difusión de información a través de los medios de comunicación, incluido Internet, o a través de cualquier otro medio, que proporcione o pueda proporcionar indicios falsos o engañosos en cuanto a los instrumentos financieros, incluida la propagación de rumores y noticias falsas o engañosas, cuando la persona que las divulgó supiera o hubiera debido saber que la información era falsa o engañosa».

Por su parte, se entiende por «información privilegiada», según el art. 1.1 de la Directiva, «la información de carácter concreto, que no se haya hecho pública, y que se refiere directa o indirectamente a uno o varios emisores de instrumentos financieros o a uno o varios instrumentos financieros, y que, de hacerse pública, podría influir de manera apreciable sobre la cotización de esos instrumentos financieros o sobre la cotización de instrumentos financieros derivados relacionados con ellos». Aunque muchos de los criptoactivos no tengan la consideración de instrumentos financieros a los efectos de la presente Directiva, las definiciones recogidas en ella nos permiten visualizar el tipo de conductas ilícitas que podría llevar a cabo un agente económico en el ámbito de las PC con el fin de manipular el mercado de los criptoactivos en beneficio propio y correlativo perjuicio de los inversores [ya sean estos consumidores o profesionales] o utilizar cualquier tipo de información privilegiada con dicho fin.

Debido al concepto autónomo de materia delictual o cuasidelictual utilizado por el Reglamento núm. 1215/2012, resulta irrelevante que los criptoactivos puedan calificarse como instrumentos financieros a los efectos de aplicar el foro previsto en el art. 7.2. No obstante, las reglas utilizadas por el TJUE para ubicar el lugar del hecho causal y el lugar de materialización del daño respecto de los ilícitos financieros serán aplicables, por lo que aquí interesa, a los ilícitos equivalentes en materia de criptoactivos. Por tanto, cuando se produzca una manipulación de mercado en el ámbito de los criptoactivos o la utilización de información privilegiada en dicho ámbito, resultarán aplicables las reglas previstas por el TJUE respecto de los ilícitos financieros para determinar el lugar del hecho causal y el lugar de materialización del daño [a los efectos de aplicar el foro del art. 7.2 del Reglamento].

725 Directiva 2003/6/CE del Parlamento Europeo y del Consejo, de 28 de enero de 2003, sobre las operaciones con información privilegiada y la manipulación del mercado [abuso del mercado]. DOUE núm. L 96 de 12.04.2003.

Resulta habitual en el ámbito financiero que existan varios entes o sociedades que intervengan en la operación de inversión internacional. En el ámbito de los instrumentos financieros las sociedades pueden ser muy variadas, dado que pueden intervenir sociedades de valores, agencias de valores, sociedades gestoras de carteras, empresas de asesoramiento financiero[726], entre otras. Por lo que aquí interesa, en el ámbito de los criptoactivos pueden intervenir, básicamente, los emisores de criptoactivos y las PC. En este contexto, una empresa puede emitir un criptoactivo a través de una determinada PC, por lo que los usuarios que adquieran dichos criptoactivos no estarán vinculados con dicho emisor inicial mediante una relación contractual, dado que sólo habrán asumido el compromiso de adquisición frente a la PC. De ahí la importancia del foro en materia extracontractual[727], el cual permitirá que el usuario afectado [por una manipulación de mercado o por la utilización de información privilegiada] pueda demandar al emisor inicial del criptoactivo[728]. No obstante, cuando el usuario pretenda demandar conjuntamente a la PC y al emisor inicial deberá acudir a otro foro idóneo que permita dicha acumulación subjetiva de acciones, como podría ser el foro por conexidad procesal previsto en el art. 8.1 *[vid. infra]*.

Ejemplo: El emisor de criptoactivos *Starcoin* oferta varios de sus criptoactivos a través de la PC Cryptocoin [utilizando el servicio de colocación de criptoactivos]. En este contexto, *Starcoin* no informa a la PC sobre una serie de características relevantes acerca de su criptoactivos que pueden incidir en la decisión de compra de los destinatarios finales [dicha información tampoco llega a los potenciales compradores]. Es decir, *Starcoin* se reserva información privilegiada para sacar un mayor rendimiento de sus criptoactivos. Además, difunde a través de la página web de la PC Cryptocoin una serie de

726 Para una visión amplia sobre esta cuestión, *vid.*: CAAMIÑA DOMÍNGUEZ, C., *Litigación internacional en..., op. cit.*, p. 391.

727 A tal efecto, el TJUE ha declarado que «el concepto de «materia delictual o cuasi delictual», en el sentido del artículo 7, punto 2, del Reglamento n.o 1215/2012, abarca toda pretensión por la que se exija la responsabilidad de un demandado y que no esté relacionada con la «materia contractual», en el sentido del artículo 7, punto 1, letra a), de ese Reglamento, en la medida en que no se base en una obligación jurídica libremente consentida por una persona respecto a otra». STJUE de 25 de marzo de 2021, Obala i lučice, C- 307/19, EU:C:2021:236, ap. 83; STJUE de 24 de noviembre de 2020, Wikingerhof, C59/19, EU:C:2020:950, ap. 23.

728 En este sentido, cabe tener presente que si el consumidor estuviera unido al emisor por una relación contractual, la posible acción de responsabilidad civil debería interponerse en virtud de los foros en materia de sección de consumo. A este respecto, el TJUE ha indicado que «el Reglamento n.o 1215/2012 debe interpretarse en el sentido de que, a efectos de la determinación del órgano jurisdiccional competente, una acción de responsabilidad civil delictual ejercitada por un consumidor está comprendida en el capítulo II, sección 4, de ese Reglamento si está vinculada indisociablemente a un contrato efectivamente celebrado entre tal consumidor y el profesional, circunstancia que corresponde comprobar al órgano jurisdiccional nacional». STJUE de 2 de abril de 2020, Reliantco Investment y Reliantco Investment Limassol Sucursala Bucureşti, C-500/18, EU:C:2020:264, ap. 73.

datos falsos sobre la rentabilidad de sus criptoactivos y sobre la forma en que éstos tienen asegurado un valor estable [puede constituir una manipulación de mercado]. La conducta puede calificarse como un ilícito financiero en el ámbito de los criptoactivos, por lo que habrá que determinar ante qué tribunales pueden demandar los usuarios afectados. En este contexto, el usuario afectado no tendrá la consideración de consumidor respecto del emisor inicial, por lo que, en defecto de pacto, podrá interponer la demanda en virtud del *forum domicilii* o del foro en materia delictual. Seguidamente se indica dónde se ubicará el lugar del hecho causal y el lugar de materialización del daño en dicho caso.

2. Determinación del lugar del hecho causal

El hecho causal debe situarse en el lugar dónde el emisor de criptoactivos ha llevado a cabo las acciones u omisiones idóneas para cometer una manipulación de mercado debido a la utilización de información privilegiada. Dicha acción es la que provoca, a la postre, un daño financiero para el usuario que adquiera los criptoactivos. En puridad, se trata de una concatenación de hechos causales, por lo que hay que determinar cuál de ellos es el que tiene una mayor relevancia para generar el daño[729]. Pues bien, lo realmente relevante para producir un daño en materia financiera es la actuación u omisión del emisor que provoca una manipulación de mercado; por lo que la adquisición de los criptoactivos sólo se produce como consecuencia de ese hecho causal inicial.

El TJUE viene a corroborar esta idea, toda vez que descarta que en el lugar del domicilio del inversor pueda ubicarse el hecho causal[730]. En concreto, el TJUE señaló en el asunto *Kolassa* lo siguiente: «Respecto del hecho causal del daño alegado, es decir, el supuesto incumplimiento, por parte de Barclays Bank, de sus obligaciones legales relativas al folleto y a la información de los inversores, ha lugar a señalar que no es posible localizar en el domicilio del inversor presuntamente perjudicado las acciones o las omisiones que pueden constituir este incumplimiento, dado que ningún elemento obrante en autos indica que las decisiones relativas a las modalidades de inversión propuestas por dicho banco y a los contenidos de los folletos relacionados con éstas hayan sido adoptadas en el EM del domicilio del inversor, ni que dichos folletos hayan sido redactados y distribuidos al inicio en lugar distinto del EM del domicilio social del banco»[731].

---

729 Si bien es cierto que es necesaria la adquisición de los criptoactivos por parte de los usuarios para que se produzca un daño financiero, no es menos cierto que, a la postre, el hecho relevante que provoca el daño en materia financiera, es la acción u omisión del emisor de criptoactivos.

730 STJUE de 28 de enero de 2015, Kolassa, C-375/13, EU:C:2015:37, ap. 50.

731 STJUE de 28 de enero de 2015, Kolassa, C-375/13, EU:C:2015:37, ap. 53.

De ello se deriva que lo importante para determinar el lugar del hecho causal es identificar dónde se producen las acciones u omisiones que pueden constituir el incumplimiento que deriva en un daño financiero. De ahí que en el ámbito de los criptoactivos dicho lugar deba situarse dónde el emisor tomó y ejecutó la decisión de poner en circulación los criptoactivos de forma ilícita, provocando una manipulación de mercado o beneficiándose de información privilegiada que, a la postre, perjudica a los usuarios que adquieren dichos criptoactivos. Ese lugar coincidirá, normalmente, con el centro de actividad principal del emisor, cuyo lugar se ubicará, por regla general, donde éste tenga su domicilio.

3. Determinación del lugar de materialización del daño

En cuanto a la determinación del lugar de materialización del daño respecto a los daños financieros, ha habido cierta evolución en la jurisprudencia del TJUE. Así, en un primer momento, el TJUE concretó en el asunto *Kolassa* que «los tribunales del domicilio del demandante son competentes, en razón de la materialización del daño, para conocer de tal acción, en particular, cuando el mencionado daño se produce directamente en una cuenta bancaria del demandante en un banco establecido en el territorio de esos tribunales»[732]. Por consiguiente, esta sentencia sigue la tesis de que el daño se materializa en el lugar dónde se encuentra el patrimonio del perjudicado[733].

Esta tesis se matizó en el asunto *Universal Music*, en la cual el TJUE indicó que la declaración de que el daño se materializa directamente en la cuenta bancaria del demandante «se inscribe en el contexto particular del asunto que dio lugar a dicha sentencia, caracterizado por una serie de circunstancias que contribuían a la atribución de competencia a dichos tribunales»[734].

---

732 STJUE de 28 de enero de 2015, Kolassa, C-375/13, EU:C:2015:37, ap. 55. A mayor abundamiento, el TJUE indica que «el lugar de materialización del daño así identificado responde, en circunstancias como las recogidas en el apartado 51 de la presente sentencia, al objetivo del Reglamento n.° 44/2001 dirigido a reforzar la protección jurídica de las personas establecidas en la Unión, permitiendo a la vez al demandante identificar fácilmente el tribunal al que puede acudir y al demandado prever razonablemente aquel ante el que puede ser demandado [véase, en este sentido, la sentencia Kronhofer, EU:C:2004:364, apartado 20], dado que el emisor de un certificado que no cumple sus obligaciones legales relativas al folleto, cuando decide que se difunda el folleto relativo a este certificado en otros EE. MM, debe esperar que inversores insuficientemente informados, domiciliados en otros EE. MM, inviertan en este certificado y sufran el daño» [ap. 56]. Asimismo, vid.: STJUE de 16 de junio de 2016, Universal Music International Holding, C-12/15, EU:C:2016:449, ap. 36.

733 Caamiña Domínguez, C., *Litigación internacional en…*, *op. cit.*, p. 396.

734 STJUE de 16 de junio de 2016, Universal Music International Holding, C-12/15, EU:C:2016:449, ap. 37; STJUE de 12 de septiembre de 2018, Löber, C304/17, EU:C:2018:701, ap. 29.

En esta sentencia, el TJUE indica que «un daño meramente económico que se materializa directamente en la cuenta bancaria del demandante no puede, por sí solo, ser calificado de "punto de conexión pertinente" [...]», añadiendo que «sólo en el supuesto de que las demás circunstancias particulares del asunto contribuyan también a atribuir la competencia al tribunal del lugar donde se haya materializado un daño meramente económico, ese daño podría permitir al demandante, de manera justificada, interponer la demanda ante dicho tribunal»[735]. Esta conclusión se ratificó en el asunto Löber[736], al indicarse que «el concepto de "lugar donde se hubiere producido el hecho dañoso" no puede interpretarse de una manera extensiva hasta el punto de englobar cualquier lugar donde puedan experimentarse las consecuencias perjudiciales de un hecho que haya causado ya un daño efectivamente sobrevenido en otro lugar [...] y que dicho concepto no comprende el lugar del domicilio del demandante en el que se localice el centro de su patrimonio únicamente por el hecho de que el demandante haya sufrido en ese lugar un perjuicio económico como consecuencia de la pérdida de una parte de ese patrimonio acaecida y sufrida en otro EM»[737].

No obstante, también en el asunto Löber, el TJUE vino a corroborar la tesis de que el daño se materializa en el lugar dónde se encuentra el patrimonio del perjudicado, siempre que existan otras circunstancias que permitan concluir que el perjuicio alegado se ha manifestado en dicho Estado de forma concreta[738]. En concreto, el TJUE concluye que «los tribunales del domicilio del inversor en cuestión, en tanto que tribunales del lugar donde se ha producido el hecho dañoso a efectos de la citada disposición, son competentes para conocer de tal acción de responsabilidad por acto ilícito, cuando el daño alegado consista en un perjuicio económico que se produce directamente en una cuenta bancaria del inversor abierta en un banco establecido en el territorio de los referidos tribunales y cuando las restantes circunstancias particulares de tal situación concurran igualmente a atribuir la competencia a esos mismos tribunales» [ap. 36][739].

---

735 STJUE de 16 de junio de 2016, Universal Music International Holding, C-12/15, EU:C:2016:449, ap. 38 y 39.

736 Para una visión amplia sobre la evolución jurisprudencial del TJUE sobre la determinación del lugar de materialización del daño en el ámbito de los daños financieros, *vid.*: Sánchez Fernández, S., «Información engañosa al inversor. De nuevo sobre la localización del daño puramente financiero», *Cuadernos de Derecho Transnacional,* Vol. 15, núm. 1, 2023, págs. 806-826, en especial, págs. 813 a 816.

737 STJUE de 12 de septiembre de 2018, Löber, C304/17, EU:C:2018:701, ap. 23.

738 STJUE de 12 de septiembre de 2018, Löber, C304/17, EU:C:2018:701, ap. 36.

739 En el asunto Löber, el TJUE describe todo un conjunto de circunstancias que le permiten confirmar que el daño se ha materializado en el EM del domicilio del inversor: «31. En el caso de autos, consta que las circunstancias particulares del litigio principal concurren en conjunto a atribuir la competencia a los tribunales austriacos. 32. En efecto, según resulta de la resolución de remisión, la Sra. Löber tiene su domicilio en Austria y los pagos

En el asunto *Vereniging van Effectenbezitters* el TJUE ha concretado aún más la jurisprudencia anterior en el caso de los daños financieros, si bien en relación con los títulos cotizados en bolsa. En primer lugar, recalca que «el lugar de la materialización del daño es el lugar donde el perjuicio alegado se manifiesta de forma concreta»[740]. Partiendo de esta premisa, el TJUE entiende que la jurisprudencia del asunto *Kolassa* y *Löber* no puede aplicarse, sin más, en relación con la compra de los títulos cotizados en bolsa en otro Estado, cuando el emisor de dichos títulos no está sujeto a las obligaciones legales de publicidad. En concreto, el TJUE indica que «en el caso de una sociedad cotizada en bolsa, como la que es objeto del litigio principal, en razón de la materialización del daño únicamente puede establecerse la competencia de los órganos jurisdiccionales de los EE. MM en los que dicha sociedad haya cumplido, a los efectos de su cotización en bolsa, las obligaciones legales de publicidad. Solo en esos EE. MM dicha sociedad puede prever razonablemente la existencia de un mercado de inversión y la generación de responsabilidad»[741]. Por tanto, en dicho caso

---

relativos a la inversión sobre la que versa el litigio principal se efectuaron en su totalidad a partir de cuentas bancarias austriacas, a saber, la cuenta bancaria personal de la propia Sra. Löber y las cuentas de compensación destinadas específicamente a la ejecución de la referida inversión. 33. Por otra parte, además del hecho de que, en el marco de la inversión de que se trata, la Sra. Löber únicamente tuvo tratos con bancos austriacos, de la resolución de remisión resulta asimismo que aquella adquirió los certificados en el mercado secundario austriaco, que la información que se le facilitó en relación con los certificados es la que figura en el folleto correspondiente a los mismos —tal como fue notificada al österreichische Kontrollbank [banco supervisor austriaco]— y que fue en Austria donde, basándose en tal información, contrajo la obligación de invertir, obligación que afectó con carácter definitivo a su patrimonio. 34. Por otra parte, atribuir la competencia a los tribunales austriacos en circunstancias como las que concurren en el litigio principal resulta conforme con los objetivos de previsibilidad de las reglas para determinar la competencia establecidas en el Reglamento n.o 44/2001, de proximidad entre los tribunales designados por dichas reglas y los correspondientes litigios, así como de recta administración de la justicia, objetivos enunciados en los considerandos 11 y 12 de dicho Reglamento».

740 STJUE de 12 de mayo de 2021, Vereniging van Effectenbezitters, C- 709/19, EU:C:2021:377, ap. 31. Asimismo, *vid*.: STJUE 12 de septiembre de 2018, Löber, C304/17, EU:C:2018:701, ap. 27; STJUE de 21 mayo de 2015, CDC Hydrogen Peroxide, C352/13, EU:C:2015:335, ap. 52.

741 STJUE de 12 de mayo de 2021, Vereniging van Effectenbezitters, C- 709/19, EU:C:2021:377, ap. 35. Como indica el TJUE, «procede observar que este objetivo de previsibilidad no es garantizado de la misma manera cuando, en el EM en el que se ubica la cuenta de inversión que sirvió para la compra de los títulos cotizados en bolsa en otro Estado, el emisor de dichos títulos no está sujeto a obligaciones legales de publicidad. En efecto, como ha señalado el Abogado general en el punto 29 de sus conclusiones, los criterios relativos al domicilio y a la situación de las cuentas de los accionistas no permiten que la sociedad emisora efectúe una previsión sobre la determinación de los órganos judiciales internacionalmente competentes ante los que podría ser demandada, lo que sería contrario al objetivo, contemplado en el considerando 16 del Reglamento n.o 1215/2012, de evitar, a fin de garantizar el principio de seguridad jurídica, la posibilidad de que una persona sea demandada ante un órgano jurisdiccional de un EM que no hubiera podido prever razonablemente» [ap. 34].

no es suficiente que se haya producido un daño en el domicilio de los inversores para aplicar el foro basado en el lugar de materialización del daño[742].

Por todo lo dicho, cabe concluir que el lugar de materialización del daño financiero se ubicará dónde se produzcan los efectos directos en el patrimonio del inversor, siempre que existan otras circunstancias que permitan concluir que el perjuicio alegado se ha manifestado en dicho Estado de forma concreta. No obstante, cuando el perjuicio esté provocado por una publicidad engañosa o por la falta de información relevante, deberá tenerse en cuenta, además, si el presunto infractor estaba obligado a cumplir con la normativa sobre publicidad e información relevante en dicho mercado. Cuando no le sea exigible cumplir con las referidas obligaciones sobre publicidad en un determinado mercado, no podrá ser competente el tribunal de dicho mercado [esto es, el lugar dónde el inversor sufrió un daño patrimonial] en virtud del lugar de materialización del daño porque, según el TJUE, no resultará previsible para las partes.

Trasladando lo dicho al ámbito de los criptoactivos, cabe afirmar que el daño causado por actos de manipulación de mercado o por la ocultación de información privilegiada se ubicará en el EM desde dónde el usuario adquiera los criptoactivos emitidos por el emisor inicial, teniendo en cuenta el lugar que indicó al registrarse en la PC [el cual coincidirá, normalmente, con el lugar donde está domiciliado]. El daño financiero en un mercado distribuido como el de los criptoactivos es muy difícil de ubicar, dado que los criptoactivos de almacenan en una red distribuida como Blockchain y las claves de acceso se almacenan en billeteras que están ubicadas servidores en línea que resultan imprevisibles para las partes. Por consiguiente, el daño financiero cabe ubicarlo en el EM dónde el usuario se registró y accedió a la PC para adquirir dichos criptoactivos, pues es en ese lugar dónde sufrirá el perjuicio por la pérdida de valor de los criptoactivos obtenidos como consecuencia de actos de manipulación de mercado o por la ocultación de información privilegiada. Además, cabe tener presente que las PC y los emisores que operan en la UE tienen la obligación de informar, en virtud del Reglamento MICA, sobre las características que reúnen los criptoactivos ofrecidos. Por tanto, ni los emisores ni las PC podrán alegar que el daño no se ha materializado en un concreto EM argumentando que no estaban obligadas a informar sobre las características particulares de los criptoactivos ofrecidos en dicho mercado [atendiendo al razonamiento del TJUE en el asunto *Vereniging*].

---

742 En este sentido, el TJUE indica lo siguiente: «El artículo 7, punto 2, del Reglamento n.o 1215/2012 debe interpretarse en el sentido de que la materialización directa en una cuenta de inversión de un daño puramente económico como consecuencia de las decisiones de inversión adoptadas bajo la influencia de información fácilmente accesible a nivel mundial pero inexacta, incompleta o engañosa de una sociedad internacional cotizada en bolsa no permite atribuir, por razón de la materialización del daño, la competencia internacional a un órgano jurisdiccional del EM en el que estén establecidos el banco o la empresa de inversión en cuyo registro se encuentra inscrita la cuenta cuando dicha sociedad no hubiera estado sometida a obligaciones legales de publicidad en ese EM». STJUE de 12 de mayo de 2021, Vereniging van Effectenbezitters, C- 709/19, EU:C:2021:377, ap. 37.

En definitiva, un usuario que ha sufrido un daño patrimonial como consecuencia de una práctica engañosa o abusiva de un emisor de criptoactivos [el cual oferta sus activos a través de una PC mediante el servicio de «colocación de criptoactivos»], lo que incluye los actos de manipulación de mercado y la ocultación de información privilegiada, puede interponer la demanda ante los tribunales del lugar de su domicilio en virtud del lugar de materialización del daño del art. 7.2 del Reglamento núm. 1215/2012, siempre que la PC dirija sus servicios de criptoactivos hacia dicho EM. En cambio, no resulta necesario que el emisor dirija expresamente sus criptoactivos a dicho mercado, pues la oferta de criptoactivos se canaliza a través de la PC, por lo que es suficiente con que esta última permita a los usuarios ubicados en dicho EM acceder a sus servicios y adquirir los criptoactivos viciados por la información incompleta o incorrecta.

VII. Idoneidad del foro en materia delictual o cuasidelictual

En cuanto al lugar del hecho causal, cabe tener presente que la competencia del tribunal basado en el lugar de generación del daño puede resultar muy útil respecto de las acciones preventivas, de rectificación o de cesación[743], debido a la proximidad entre el objeto del litigio y el tribunal que conocerá de la correlativa acción. De esta forma, dicho órgano jurisdiccional sería el más adecuado en términos de proximidad y facilidad para la práctica de la prueba [criterio fundamental en materia delictual o cuasidelictual por razones de una buena administración de la justicia y de una sustanciación adecuada del proceso[744]] y para poder ordenar una posible cesación de la actividad ilícita[745]. Por su parte, el tribunal que

743 Espiniella Menéndez, Á., «Competencia judicial internacional...», *op. cit.*, p. 291.

744 STJUE de 17 de octubre de 2017, Bolagsupplysningen y Ilsjan, C-194/16, EU:C:2017:766 [ap. 27]; STJUE de 16 de mayo de 2013, Melzer, C228/11, EU:C:2013:305 [ap. 27]; STJUE de 21 de mayo de 2015, CDC Hydrogen Peroxide, C-352/13, EU:C:2015:335 [ap. 40]; STJUE de 16 de julio de 2009, Zuid-Chemie, C-189/08, EU:C:2009:475 [ap. 24]; STJUE de 1 de enero de 1990, Dumez France y otros/Hessische Landesbank y otros, C220/88, EU:C:1990:8 [ap. 17]; STJUE de 1 de octubre de 2002, Henkel, C-167/00, EU:C:2002:555 [ap. 46]; STJUE de 19 de septiembre de 1995, Marinari/Lloyd's Bank, C364/93, EU:C:1995:289 [ap. 10]; Sentencia de 7 de marzo de 1995, Shevill and Others v Presse Alliance, C-68/93, EU:C:1995:61 [ap. 19].

745 Como indica el TJUE, «el órgano jurisdiccional del lugar donde se ha producido el hecho dañoso es normalmente el más adecuado para conocer del asunto, sobre todo por motivos de proximidad del litigio y de facilidad para la práctica de la prueba. Pues bien, estas consideraciones son igualmente válidas tanto si el litigio tiene por objeto la reparación de un perjuicio que ya se ha producido como si el objeto de la acción se dirige a impedir que se produzca el daño. [...] Por tanto, no puede acogerse la interpretación del artículo 5, número 3, del Convenio de Bruselas según la cual la aplicación de dicha disposición está subordinada a que se produzca efectivamente el daño. Además, resultaría contradictorio

conozca del asunto en virtud del lugar del hecho causal será competente para reparar la integridad de los daños que se puedan originar[746].

Por su parte, los tribunales competentes en virtud del lugar de materialización en los ilícitos a distancia únicamente pueden conocer del daño producido en su circunscripción territorial[747], tal como ha dilucidado el TJUE en relación con los daños a la personalidad[748] y la vulneración de los derechos de autor[749]. El hecho de que el tribunal de un concreto EM sólo pueda conocer del daño irrogado en dicho territorio se justifica, según el TJUE, en que «si dicho órgano jurisdiccional fuera también competente para conocer del daño causado en el territorio de otros EE. MM, sustituiría a los tribunales de dichos Estados, mientras que éstos son, en principio, competentes, en virtud del artículo 5, punto 3 [actual 7.2 RBI bis] del Reglamento y del principio de territorialidad, para conocer del daño causado en el territorio de su respectivo EM y están en mejores condiciones de valorar, por una parte, si efectivamente se han vulnerado los derechos patrimoniales de autor garantizados por el EM de que se trate y, por otra parte, para determinar la naturaleza del daño

exigir que una acción de cesación de un comportamiento que se considera ilícito, como la que se ha ejercitado en el litigio principal, cuyo objeto consiste precisamente en evitar el perjuicio, pueda entablarse únicamente después de que éste se haya producido». *Cf.* STJUE de 1 de octubre de 2002, Henkel, C-167/00, EU:C:2002:555 [ap. 46 a 49].

746 STJUE de 25 de octubre de 2011, eDate Advertising y otros, C-509/09, EU:C:2011:685 [ap. 42]; STJUE de 7 de marzo de 1995, Shevill and Others v Presse Alliance, C-68/93, EU:C:1995:61 [ap. 33].

747 Como indica Otero García-Castrillón, «el fuero del *locus delicti* [art. 5.3], tal y como ha sido interpretado por el TJUE en el asunto *Beier*, permite establecer la competencia de los tribunales del lugar en el que se produce el daño directo [*locus damni*] respecto de los daños sufridos en dicho territorio, o de los tribunales del lugar en el que se materializó su causa *[locus causae]*, para las demandas relativas a todos los daños provocados, con independencia de dónde fueran sufridos». A tal efecto, *vid*.: Otero García-Castrillón, C., «El Derecho Internacional privado de la Unión Europea en la determinación de la responsabilidad civil por daños al medio ambiente», *Anuario Hispano-Luso-Americano de derecho internacional*, núm. 21, 2013, págs. 367-400, en especial, págs. 319 y 380. Asimismo, *vid*.: Leible, S., «Art 7 Brüssel la-VO». *op. cit.*, p. 343. El citado autor indica que la teoría del mosaico instaurada en el asunto Shevill no sólo se aplica a los ilícitos difamatorios, sino también a los ilícitos derivados de la vulneración de los derechos de autor, marcas [nacionales], patentes, competencia o cárteles, así como los daños producidos en el marco del Cloud Computing.

748 STJUE de 25 de octubre de 2011, eDate Advertising y otros, C-509/09, EU:C:2011:685 [ap. 42 y 52]; STJUE de 7 de marzo de 1995, Shevill and Others v Presse Alliance, C-68/93, EU:C:1995:61 [ap. 33]. Asimismo, *vid*.: STJUE de 3 de octubre de 2013, Pinckney, C-170/12, EU:C:2013:635 [ap. 36]; STJUE de 17 de octubre de 2017, Bolagsupplysningen y Ilsjan, C-194/16, EU:C:2017:766 [ap. 47].

749 STJUE de 3 de octubre de 2013, Pinckney, C-170/12, EU:C:2013:635 [ap. 45]; STJUE de 3 de abril de 2014, Hi Hotel HCF, C387/12, EU:C:2014:215 [ap. 40]; STJUE de 22 de enero de 2015, Hejduk, C441/13, EU:C:2015:28 [ap. 36].

causado»[750]. Cabe tener presente que los tribunales competentes en virtud de este foro tienen una vinculación suficiente con el objeto del proceso y su competencia resulta previsible para el demandado[751].

Por otra parte, cabe preguntarse si el foro en materia delictual y cuasidelictual resulta adecuado cuando el ilícito se ha cometido a través de una cadena de bloques como blockchain o cuando el daño se ha materializado supuestamente en dicha red distribuida. Pues bien, como indica la doctrina, resulta muy difícil aplicar en dichos casos el foro en materia extracontractual del art. 7.2 del Reglamento núm. 1215/2012, dado que «resulta prácticamente imposible conectar el ilícito con un lugar concreto cuando este se haya cometido a través de la cadena de bloques»[752]. Las características inherentes a la tecnología de los registros distribuidos dificultan la determinación del lugar del hecho causal y, más aún, el lugar de materialización del daño. Por esa razón, en este ámbito resultaría adecuada una reforma del foro en materia delictual o cuasidelictual que tuviera en cuenta las especiales características de la tecnología de los registros distribuidos[753], siendo una opción razonable el establecimiento de un criterio para determinar, de forma previsible y certera, dónde puede ubicarse el hecho causal y la producción del daño en los ilícitos cometidos a través de una determinada red blockchain. Mientras no se produzca la referida reforma, los ilícitos a distancia cometidos a través de redes distribuidas no podrán ser objeto del foro en materia delictual del artículo por vulnerar el principio de previsibilidad exigido por el Reglamento núm. 1215/2012.

---

750 STJUE de 3 de octubre de 2013, Pinckney, C-170/12, EU:C:2013:635 [ap. 46] y STJUE de 22 de enero de 2015, Hejduk, C441/13, EU:C:2015:28 [ap. 37].

751 En este sentido, el propio TJUE ha manifestado que el foro recogido en el art. 7.2 RBI bis se basa, sin distinguir entre el hecho causal o la materialización del daño, en la existencia de un vínculo de conexión particularmente estrecho entre la controversia y el órgano jurisdiccional del lugar en que se ha producido o puede producirse el hecho dañoso, que justifica una atribución de competencia a dicho órgano jurisdiccional por razones de buena administración de la justicia y de una sustanciación adecuada del proceso. STJUE de 5 junio 2014, Coty Germany, C-360/12, EU:C:2014:1318 [ap. 47]; STJUE 16 de mayo de 2013, Melzer, C228/11, EU:C:2013:305 [ap. 26]; STJUE de 19 de abril de 2012, Wintersteiger, C-523/10, EU:C:2012:220 [ap. 31].

752 Ruiz Rodríguez, R., «Blockchain y derecho internacional privado...», *op. cit.*, p. 16. Como indica el citado autor, «su inherente internacionalidad, unida a la desmaterialización de bienes y servicios que se ha producido como consecuencia de Internet y las nuevas tecnologías, resulta en una gran complejidad a la hora de fijar el lugar de producción del hecho dañoso y, sobre todo, el lugar de producción del daño». Asimismo, véase: Guillaume, F., «Aspects of private international law related to blockchain transactions», en: Kraus, D., Obrist, T. y Hari, O. [eds.], *Blockchains, Smart Contracts, Decentralised Autonomous Organisations and the Law*, Edward Elgar Publishing, Cheltenham, 2019, págs. 49-82, p. 64. Como indica la citada autora, «it is therefore impossible to establish a specific connection with a precise place in the case of tort committed on the blockchain». Finalmente, *vid.*: Ortolani, P., «The impact of blockchain...», *op. cit.*, págs. 445 y 446.

753 Ruiz Rodríguez, R., «Blockchain y derecho internacional privado...», *op. cit.*, p. 16.

Sin perjuicio de lo anterior, cabe aclarar que la mayoría de ilícitos analizados en el presente estudio no se realizan a través de una red distribuida, sino que tienen lugar a través de la infraestructura informática de una determinada PC o, simplemente, se realizan en línea y tienen por objeto una determinada PC. En este sentido, pueden aplicarse las reglas generales establecidas por el TJUE para determinar el lugar del hecho causal y el lugar de materialización del daño para los ilícitos cometidos a través de internet sin mayores obstáculos, aunque teniendo en cuenta las especiales características derivadas del ámbito de las PC. La aplicación de este foro en dichos supuestos respetará los principios de previsibilidad, certeza y proximidad con el objeto del litigio, como se ha justificado al principio del presente epígrafe.

CAPÍTULO NOVENO

FORO GENERAL DEL DOMICILIO DEL DEMANDADO

I. Introducción

En el presente epígrafe se analiza el foro general del domicilio del demandado haciendo hincapié en las cuestiones relacionadas con el ámbito de las PC. En este sentido, un usuario o sujeto afectado que pretenda reclamar cualquier tipo de responsabilidad en materia civil o mercantil frente a una PC podrá interponer la acción ante el foro del domicilio del demandado, en virtud de lo dispuesto en el artículo 4 del Reglamento núm. 1215/2012. Este precepto recoge la regla general del *forum domicilii*, al disponer que, «salvo lo dispuesto en el presente Reglamento, las personas domiciliadas en un EM estarán sometidas, sea cual sea su nacionalidad, a los órganos jurisdiccionales de dicho Estado».

El foro general del domicilio del demandado está vigente desde el Convenio de Bruselas de 1968, donde se vino a cambiar el tradicional criterio de la nacionalidad, el cual venía recogido en los tratados anteriores[754]. En

754 Este cambio se realizó por varios motivos, plasmados la mayoría de ellos en el Informe *Jenard*: a) el punto de referencia utilizado actualmente en derecho internacional privado es, en la mayoría de los casos, el domicilio o la residencia de las partes; b) esta solución permite ampliar el ámbito de aplicación efectiva del Convenio de Bruselas, dado que permite demandar a los extranjeros en el EM en el que estén residenciados, opción que no sería válida si se aplicara el criterio de la nacionalidad; c) evita la creación de reglas dispersas según que los litigios hubieran opuesto a nacionales de un EM, o a un nacional de un EM y un extranjero, o a dos extranjeros; d) asimismo, evita que el juez tenga que examinar de oficio la nacionalidad de las partes, lo cual resultaría ciertamente complicado en los casos de rebeldía; e) también impide que puedan producirse problemas en los casos frecuentes de doble nacionalidad. *Vid*.: *Informe del Sr. P. Jenard sobre el Convenio relativo a la competencia judicial y a la ejecución de resoluciones judiciales en materia civil y mercantil* [firmado en Bruselas el 27 de septiembre de 1968], DOCE 28.7.90 [C- 189/123], p. 12.

este sentido, el considerando núm. 15 del RBI bis fundamenta la utilización de este criterio general en que «las normas de competencia judicial deben presentar un alto grado de previsibilidad y deben fundamentarse en el principio de que la competencia judicial se basa generalmente en el domicilio del demandado. La competencia judicial debe regirse siempre por este principio, excepto en algunos casos muy concretos en los que el objeto del litigio o la autonomía de las partes justifique otro criterio de conexión. Respecto de las personas jurídicas, debe definirse el domicilio de manera autónoma para incrementar la transparencia de las normas comunes y evitar los conflictos de jurisdicción»[755].

Por otra parte, cabe indicar que el foro general del domicilio del demandado, aunque no siempre sea aplicable, tiene carácter imperativo, tal como tuvo ocasión de esclarecer el TJUE en el asunto *Owusu*[756]. En este contexto, el término «imperativo» significa que las únicas excepciones a este foro son las expresamente previstas en el mismo Reglamento [en forma de competencias especiales, exclusivas o cláusulas de sumisión] y que diversas excepciones previstas en los ordenamientos internos son incompatibles con su aplicación[757], como podría ser el *forum non conveniens*[758]. Sin perjuicio de la consolidación del *forum domicilii*, algunos autores han puesto en duda la clásica regla *actor sequitur forum rei*[759]. En este sentido, se ha dicho que el foro del domicilio del demandado sólo es eficiente cuando en ese mismo EM

---

755 Asimismo, cabe tener en cuenta lo establecido en el considerando núm. 16 RBI bis, el cual dispone que «el foro del domicilio del demandado debe completarse con otros foros alternativos a causa de la estrecha conexión existente entre el órgano jurisdiccional y el litigio o para facilitar una buena administración de justicia. La existencia de una estrecha conexión debe garantizar la seguridad jurídica y evitar la posibilidad de que una persona sea demandada ante un órgano jurisdiccional de un EM que no hubiera podido prever razonablemente».

756 STJUE de 1 de marzo de 2005, Owusu, C-281/02, EU:C:2005:120 [ap. 20, 37 y 45].

757 A.P. Abarca Junco *et al.*, «Derecho Internacional Privado...», *op. cit.*, p. 128.

758 Una de estas excepciones es la teoría del *forum non conveniens*, la cual fue rechazada por la STJUE de 1 de marzo de 2005, Owusu, C-281/02, EU:C:2005:120 [ap. 37 a 45]. El TJUE determinó que esta institución, aunque en su momento fue debatida para su posible incorporación, finalmente no se recogió en el articulado del Convenio de Bruselas por considerarse contraria al principio de seguridad jurídica, por afectar a la previsibilidad de las reglas de competencia establecidas en el Convenio de Bruselas. Por consiguiente, concluye que no cabe aplicar la excepción del *forum non conveniens*, la cual permite a los tribunales anglosajones rechazar su jurisdicción cuando consideren que un determinado tribunal está en mejor posición para conocer del asunto. En este ámbito, cabe destacar el comentario realizado por Palao Moreno sobre esta sentencia: Palao Moreno, G., «El *forum non conveniens* es incompatible con el Convenio de Bruselas», *La Ley: Revista jurídica española de doctrina, jurisprudencia y bibliografía*, núm. 4, 2005, págs. 1425-1433.

759 Esta regla, de origen medieval, otorga competencia al juez natural del demandado y tiene una triple fundamentación jurídico-política. En este sentido *vid.:* Calvo Caravaca A.L., y Carrascosa González, J., *Derecho Internacional Privado... [Vol. I], op. cit.,* p. 280 y 281. Virgós Soriano, M. y Garcimartín Alférez, F.J., *Derecho Procesal Civil Internacional. Litigación Internacional*, Navarra, Thomson Civitas, 2007.

se ubican los bienes litigiosos, pues en caso contrario sólo será ventajoso para el demandado, mientras que resultará sumamente ineficiente para el demandante[760]. No obstante, parte de la doctrina considera que dichas críticas resultan infundadas por varios motivos, siendo la principal razón que resulta habitual que el domicilio del demandado coincida con el lugar donde radican los bienes litigiosos, dado que en ese lugar se suele concentrar su centro de intereses, con vocación de permanencia y estabilidad[761].

Seguidamente se analiza el *forum domicilii* atendiendo a las características de las PC. A este respecto, se ha dividido el presente epígrafe en tres partes diferenciadas: a) en la primera parte se indica el marco general aplicable para determinar el domicilio de las personas jurídicas; b) en la segunda parte se analiza cómo deben aplicarse dichos criterios en el ámbito de las PC; c) finalmente, en la tercera parte se hace alusión a la idoneidad de este foro.

II. Marco general: el domicilio de las personas jurídicas

En el presente epígrafe únicamente se hace alusión al domicilio de las personas jurídicas porque el Reglamento MICA impone la obligación a las PC de constituirse como personas jurídicas [art. 3.15][762]. Además, los emisores de fichas referenciadas a activos o fichas de dinero electrónico

---

760 Calvo Caravaca A.L., y Carrascosa González, J., *Derecho Internacional Privado... [Vol. I], op. cit.,* p. 280. Estos autores entienden que «en la regla *actor sequitur*, lo que gana un litigante [el demandado], es igual a lo que pierde el otro litigante [el demandante] y viceversa. De este modo, si está prohibido el llamado *forum actoris* debido a su ineficacia y deslealtad con el demandado, por la misma razón debería estar prohibido el foro del domicilio del demandado, por su ineficacia y deslealtad con el demandante».

761 Lorenzo Guillén, M.L., «Artículo 4» ... *op. cit.*, p. 117. No parece coherente argumentar que el *forum domicilii* no es eficiente para el demandante, dado que en la gran mayoría de los casos el patrimonio del demandado estará en el lugar donde radique su domicilio. Además, este supuesto desequilibrio inicial entre las partes litigantes puede compensar otros desequilibrios existentes en las partes procesales. Así, baste pensar que la parte actora tiene un mayor margen de maniobra a la hora de decidir si interponer la demanda y el tiempo que le dedica a la misma, mientras que el plazo para contestar a la misma suele ser muy escueto [20 días en el derecho español por norma general]. Asimismo, cabe tener en cuenta que en la mayoría de los EE. MM el domicilio del demandado es el foro general utilizado. Para finalizar, parece oportuno añadir a estos argumentos otro que quizás no se suele tener en consideración, pero que a la postre es fundamental: la alternativa a este foro general. Quizás el *forum domicilii* no sea perfecto, pero sigue siendo, por el momento y desde nuestro punto de vista, la mejor alternativa para favorecer los principios de seguridad jurídica y previsibilidad exigidos por el Reglamento.

762 En este sentido, el art. 3.15 del Reglamento MICA define a la PC como «una persona jurídica u otra empresa cuya actividad o negocio consiste en la prestación profesional de uno o varios servicios de criptoactivos a clientes y que está autorizada a prestar servicios de criptoactivos de conformidad con el artículo 59».

también deberán ser personas jurídicas [art. 4.1.a). Lo mismo ocurre con los sujetos que oferten o soliciten su admisión a negociación de fichas referenciadas a activos [art. 16.1.a), fichas de dinero electrónico [art. 48.1: este precepto hace referencia a la necesidad de que el sujeto que oferte o negocie con fichas de dinero electrónico debe estar autorizada como una entidad de crédito o de dinero electrónico] o fichas que no sean de los dos tipos anteriores [art. 5.1.a)].

Aunque es cierto que los oferentes y emisores de criptoactivos pueden ser personas físicas o jurídicas [art. 3.10 y 3.13], esta opción no resulta posible en el caso de las PC que ofrecen servicios de criptoactivos. A tal efecto, el art. 59.1 del Reglamento MICA dispone que «no se prestarán servicios de criptoactivos en la Unión a menos que quien los preste sea: a) una persona jurídica u otra empresa que haya sido autorizada como proveedora de servicios de criptoactivos de conformidad con el artículo 63». Además, el art. 59.2 les impone la obligación de contar con un domicilio social en la UE, así como una gestión real en un lugar dentro de la UE: «Los proveedores de servicios de criptoactivos autorizados de conformidad con el artículo 63 dispondrán de un domicilio social en un EM en el que presten al menos parte de sus servicios de criptoactivos. Deben llevar a cabo su gestión real en un lugar dentro de la Unión, y al menos uno de los directores debe ser residente en la Unión».

Esta afirmación no queda desvirtuada por el hecho de que en el art. 59.7 del Reglamento MICA se indique que «los proveedores de servicios de criptoactivos que presten servicios de criptoactivos a escala transfronteriza no estarán obligados a contar con una presencia física en el territorio de un EM de acogida»[763]. Esta exigencia significa que las PC que actúen en la UE y que ya cuentan con un establecimiento en la Unión, no deberán contar con presencia física en cada uno de los Estados dónde presten sus servicios de criptoactivos. Ello queda corroborado por el primer inciso del art. 59.7, el cual afirma que «los proveedores de servicios de criptoactivos estarán autorizados a prestar servicios de criptoactivos en toda la Unión, ya sea al amparo del derecho de establecimiento, en su caso a través de una sucursal, o mediante la libre prestación de servicios».

Partiendo de esta premisa, en el ámbito de la competencia judicial internacional la determinación del domicilio de las personas jurídicas viene regulado en el artículo 63 del Reglamento núm. 1215/2012, manteniendo la redacción del art. 60 del Reglamento núm. 44/2001 e inspirándose claramente en

763 En este sentido, el art. 3.34] define al «EM de acogida» como «el EM en el que un emisor, un oferente o una persona que solicite la admisión a negociación de criptoactivos haya presentado una oferta pública de criptoactivos o en el que haya solicitado la admisión a negociación, o en el que un proveedor de servicios de criptoactivos preste servicios de criptoactivos, cuando sea diferente del EM de origen».

la utilizada en el artículo 54 del TFUE[764]. En este sentido, el artículo 63 del Reglamento dispone lo siguiente: «1. A efectos del presente Reglamento, se entenderá que una sociedad u otra persona jurídica está domiciliada en el lugar en que se encuentra: a) su sede estatutaria; b) su administración central, o c) su centro de actividad principal»[765]. Por consiguiente, a diferencia de la determinación del domicilio de las personas físicas, la cual se remitía al ordenamiento jurídico interno, el artículo 63 del Reglamento contiene un concepto autónomo de domicilio[766]. Este triple criterio de determinación del domicilio permite que se acrecienten las probabilidades del demandante de poder accionar contra una sociedad en virtud del foro general y evita la tentación de los tribunales anglosajones de aplicar el *forum non conveniens*[767]. Todo ello redunda en un mayor grado de eficacia y utilidad del foro general y de seguridad jurídica para el demandante[768].

Cabe tener en cuenta que el precepto dedicado a la determinación del domicilio de las personas jurídicas se refiere tanto a las sociedades como a las demás personas jurídicas. Esto tiene su justificación, tal como explica el informe *Jenard*, en la necesidad de incluir a sociedades que no son personas jurídicas, como la sociedad de nombre colectivo del derecho alemán, así como a diversas personas jurídicas que no son sociedades, como las asociaciones o fundaciones[769]. En el ámbito de las PC, el Reglamento MICA indica que los proveedores de servicios de criptoactivos pueden revestir la forma de personas jurídicas u otro tipo de empresa que haya sido autorizada para pres-

---

764 En este sentido, el artículo 54 TFUE dispone que «las sociedades constituidas de conformidad con la legislación de un EM y cuya sede social, administración central o centro de actividad principal se encuentre dentro de la Unión quedarán equiparadas, a efectos de aplicación de las disposiciones del presente capítulo, a las personas físicas nacionales de los EE. MM».

765 El apartado segundo del citado artículo se refiere a la equiparación del concepto de «sede estatutaria» a ciertos términos para los países de Irlanda, Chipre y Reino Unido. Por su parte, el apartado tercero se refiere a la determinación del domicilio de los *trust*: «3. Para determinar si un trust está domiciliado en el EM cuyos órganos jurisdiccionales conocen del asunto, el órgano jurisdiccional aplicará sus normas de Derecho internacional privado».

766 En relación con la noción autónoma de domicilio, el considerando núm. 15 dispone lo siguiente: «Respecto de las personas jurídicas, debe definirse el domicilio de manera autónoma para incrementar la transparencia de las normas comunes y evitar los conflictos de jurisdicción».

767 Lorenzo Guillén, M.L., «Artículo 63», en: Blanco-Morales, P., Garau, F., Lorenzo, M.L., Montero, F.J. [Coords.], *Comentario al Reglamento 1215/2012 relativo a la competencia judicial, el reconocimiento y la ejecución de resoluciones judiciales en materia civil y mercantil*, Aranzadi, Pamplona, 2016, págs. 1007-1020, p. 1012.

768 Como consecuencia de ello, se incentiva el crecimiento del comercio internacional debido a que las partes que contraten con las personas jurídicas no verán mermada su tutela judicial efectiva en caso de que la empresa incumpla con las obligaciones contraídas. Lorenzo Guillén, M.L., «Artículo 63» *op. cit.*, p. 1009. Asimismo, *vid*.: Calvo Caravaca A.L., y Carrascosa González, J., *Derecho Internacional Privado... [Vol. I], op. cit.*, p. 283.

769 Informe Jenard, *loc. cit.*, p. 173.

tar dichos servicios [de acuerdo con los arts. 59.1 y 63]. Por consiguiente, cualquier tipo de empresa que se constituya como una PC quedará sometida a la noción autónoma de domicilio recogida en el art. 63 del Reglamento núm. 1215/2012.

Cabe tener presente que el demandante puede elegir, a su conveniencia, interponer la demanda en el lugar en el que se encuentre la sede estatutaria de la persona jurídica, su administración central o su centro de actividad principal. Por tanto, no existe un orden de prelación entre los criterios mencionados, por lo que el demandante puede presentar la demanda dónde le sea más favorable a sus intereses. Ahora bien, ¿cómo se concretan los criterios recogidos en el artículo 63 del Reglamento? Pues bien, siguiendo la doctrina autorizada[770], cabe indicar que la sede estatutaria equivale al lugar fijado por los estatutos sociales o documentos anejos [o los que vengan determinados por la *lex societatis]*. Por su parte, la administración central se identifica con el lugar desde donde se administra y gestiona la sociedad [su centro administrativo principal]. En tercer lugar, el centro de actividad principal se corresponde con el lugar donde se concentra la actividad productiva de la persona jurídica. Para determinar el domicilio de la persona jurídica no se tendrá en consideración el lugar donde radiquen sus sucursales, agencias o cualquiera otro establecimiento[771].

III. El domicilio de las plataformas de criptoactivos

En el presente epígrafe se analiza cómo cabe interpretar el triple concepto de domicilio de las personas jurídicas, haciendo especial alusión a los caracteres de las PC, con el objetivo de dilucidar si, entre otras cuestiones, la actividad llevada a cabo por la plataforma tiene repercusión a los efectos de concretar dónde está domiciliada. Cabe advertir, de antemano, que el momento relevante para la determinación del domicilio es el de la presentación de la demanda[772], por lo que posteriores modificaciones del domicilio por parte de la persona jurídica no influirán en la aplicación del *forum domicilii* ni, en consecuencia, en la jurisdicción del tribunal inicialmente competente para conocer de la demanda.

a) **La sede estatutaria.** El primer concepto que aparece en el artículo 63 del Reglamento es el de «sede estatutaria», esto es, el domicilio formal de la persona jurídica, el lugar fijado por los estatutos sociales o

770 En este sentido, *vid*.: Virgós Soriano, M. y Garcimartín Alférez, F.J., *Derecho Procesal Civil..., op. cit.,* p. 127. Garcimartín Alférez, F.J., *Derecho Internacional Privado..., op. cit.,* p. 95. Lorenzo Guillén, M.L., «Artículo 63» *op. cit.*, págs. 1010 y 1011.

771 En estos casos resultará de aplicación el art. 7.5 del RBI bis, el cual dispone que «una persona domiciliada en un EM podrá ser demandada en otro EM: si se trata de litigios relativos a la explotación de sucursales, agencias o cualquier otro establecimiento, ante el órgano jurisdiccional en que se hallen sitos».

772 Lorenzo Guillén, M.L., «Artículo 63» ... *op. cit.*, p. 1013. Asimismo, *vid*.: Calvo Caravaca A.L., y Carrascosa González, J., *Derecho Internacional Privado... [Vol. I], op. cit.,* p. 283.

por la *lex societatis*. A diferencia de los otros dos, este primer criterio no tiene en cuenta la actividad que pueda desempeñar la sociedad o persona jurídica[773], por lo que tampoco tendrá relevancia la actuación que pueda realizar la PC. En el ámbito de los criptoactivos, no resulta infrecuente que una PC tenga distintas sedes sociales o domicilios dependiendo del territorio desde el cual el usuario contrata el servicio de criptoactivos. Así, por ejemplo, en el caso de la PC Coinbase [2025], los usuarios que residan en España u otro país de la UE estarán contratando con Coinbase Europa [o Coinbase Ireland, dependiendo del tipo de servicio contratado], mientras que los que contraten desde un país que no esté en la Unión contratarán con Coinbase global, la cual tiene su domicilio social en Japón.

b) **La administración central.** En segundo lugar, aparece recogido el criterio de la administración central, el cual se identifica con el lugar donde se gestiona o administra principalmente la sociedad. El hecho de que una PC dirija sus servicios de intermediación hacia varios países o tenga centros de administración secundarios en otros Estados no desvirtúa el hecho de que únicamente pueda hablarse de una única administración central a los efectos de aplicar el *forum domicilii*[774]. Así, por ejemplo, la administración central de Coinbase Europa se ubica en Dublín [Irlanda], lugar donde administra, gestiona y controla todos los aspectos de los servicios de criptoactivos ofrecidos en la UE. En caso de que Coinbase tuviera un centro de gestión para controlar algún aspecto de sus servicios de criptoactivos en otro EM no desvirtuaría la regla general descrita, pues existe una única administración central.

c) **Centro de actividad principal.** Este criterio hace alusión al lugar donde se concentra la actividad productiva de la persona jurídica. El «centro de actividad principal» no se refiere al lugar donde la persona jurídica proyecta o dirige su actividad, sino al espacio físico donde la empresa tiene su establecimiento principal. Por lo tanto, el vocablo «centro» recogido en la redacción española no equivale a «núcleo» o «epicentro», esto es, donde la empresa pudiera proyectar su actividad, sino a la sede central física en la que desarrolla su proceso de producción

773 Garcimartín Alférez, F.J., *Derecho Internacional Privado…, op. cit.*, p. 95.

774 Lorenzo Guillén, M.L., «Artículo 63» … *op. cit.*, p. 1015. En este mismo sentido se pronuncia el TJUE, el cual determina que las obligaciones contraídas por el establecimiento no principal se regirán por el foro establecido el art. 7.2 RBI bis [anterior 5.5 CB], el cual «comprende también los litigios relativos a las obligaciones contraídas […] en nombre de la empresa principal, así como los referentes a las obligaciones extracontractuales derivadas de las actividades que la sucursal, la agencia o cualquier otro establecimiento, […] haya realizado por cuenta de la empresa principal en el lugar donde se encuentre establecido». A tal efecto, *vid*.: STJUE de 22 de noviembre de 1978, Somafer SA/Saar-Ferngas AG, C-33/78, EU:C:1978:205 [ap. 13].

principal. Esta argumentación viene reafirmada por lo dispuesto en la versión francesa del Reglamento, la cual habla del «establecimiento principal»[775]. En el ámbito de la PC, el centro de actividad principal se ubicará donde se localicen los medios técnicos y personales dedicados a prestar, gestionar, supervisar, actualizar y revisar los servicios de criptoactivos. Además, en dicho centro se gestionarán las posibles incidencias que puedan producirse y, en caso de que sea necesario, se actualizarán los servicios de criptoactivos, se revisarán o se corregirán. Incluso, en dicho lugar se ubicarán las personas encargadas de prestar algunos servicios de forma directa y mediata, tales como los servicios de atención al cliente, los servicios de asesoramiento en materia de inversión y la gestión de carteras de criptoactivos.

d) **Existencia de varios centros:** Cuando la PC tenga varios centros de gestión y sus funciones y su ámbito de actuación no estén delimitados de forma precisa en sus CGC, el demandante podrá accionar ante los tribunales dónde radique cualquiera de ellos en virtud del *forum domicilii*, siempre que de las circunstancias concurrentes pueda afirmarse que la demanda se interpone ante un centro de actividad principal o ante la administración central de la empresa. Finalmente, cuando el litigio haga referencia a la explotación de sucursales, agencias o cualquier otro establecimiento, el demandante podrá interponer la demanda ante el órgano jurisdiccional dónde estos se hallen sitos en virtud del artículo 7.5 RBI bis[776]. En consecuencia, aunque estos establecimientos secundarios respecto a la matriz puedan considerarse principales en relación con la gestión de un concreto servicio de criptoactivos, el demandante no podrá interponer su demanda ante los tribunales del lugar donde radique dicho establecimiento en virtud del *forum domicilii*[777], sino que deberá acudir al foro especial recogido en el art. 7.5 RBI bis.

---

775 En este sentido, *vid*.: Vlas, P., «Article 63», en: Magnus, U. y Mankowski, P., *European Commentaries on Private International Law, Brussels Ibis Regulation*, Vol. 1, Köln, Ottoschmidt, 2016, págs. 993-997, p. 995. Además, cabe tener en cuenta que el TJUE ha aclarado que para interpretar un precepto no cabe tomar como referencia una única versión del Reglamento en cuestión. A tal efecto, *vid*.: STJUE de 28 de junio 2012, Geltl, C-19/11, EU:C:2012:397 [ap. 43] y STJUE de 28 julio 2011, Pacific World y FDD International, C-215/10, EU:C:2011:528 [ap. 48].

776 Espiniella Menéndez, Á., «Competencia judicial internacional...», *op. cit*., p. 282. Asimismo, *vid*.: Gutiérrez Gilsanz, J., «Artículo 7.5», en: Blanco-Morales, P., Garau, F., Lorenzo, M.L., Montero, F.J. [Coords.], *Comentario al Reglamento 1215/2012 relativo a la competencia judicial, el reconocimiento y la ejecución de resoluciones judiciales en materia civil y mercantil*, Aranzadi, Pamplona, 2016, págs. 234-249. A tal efecto, *vid*.: STJUE de 22 de noviembre de 1978, Somafer SA/Saar-Ferngas AG, C-33/78, EU:C:1978:205 [ap. 13]. Finalmente, *vid*.: Leible, S., «Art 7 Brüssel la-VO». *op. cit*., p. 361.

777 Ello no obsta a que, como indica Leible, si la sucursal tiene capacidad de actuar como una parte independiente [lo cual deberá valorar el juez en atención a las circunstancias concurrentes], su domicilio social constituirá su lugar de jurisdicción a los efectos de aplicar el foro general del art. 4 Reglamento núm. 1215/2012. Leible, S., «Art 7 Brüssel la-VO». *op. cit*., p. 358.

IV. Idoneidad del *forum domicilii*

Tomando en consideración las características de las PC, cabe concluir que el *forum domicilii* puede resultar especialmente útil cuando el sujeto perjudicado pretenda interponer medidas cautelares tendentes a evitar un riesgo inminente derivado de una posible conducta ilícita [*v.g.* daño financiero, ilícito en materia de propiedad intelectual o industrial, acto en materia de competencia desleal, etc.]; así como para las acciones preventivas, de cesación o de prohibición de su reiteración futura. Estas medidas resultarán especialmente idóneas cuando se pretendan hacer efectivas frente a la PC, debido a la proximidad entre el objeto del litigio y el tribunal que deba conocer de la demanda. A tal efecto, cabe recordar que las PC deben tener un domicilio social en la UE para poder prestar servicios de criptoactivos [art. 59.1 Reglamento MICA] y, además, deben llevar a cabo una gestión real en el seno de la Unión [art. 59.2]. Por consiguiente, el tribunal del EM del domicilio de la PC estará en una inmejorable posición para recabar los medios de prueba oportunos de forma ágil y directa, y, asimismo, podrá contar con la cooperación de la PC cuando resulte necesario. Finalmente, dicho órgano jurisdiccional también estará en una posición privilegiada para hacer cumplir las medidas cautelares contra la PC.

CAPÍTULO DÉCIMO

OTROS FOROS APLICABLES

I. Foros de vinculación procesal

En el presente epígrafe se analiza qué foros puede utilizar el demandante en caso de que pretenda demandar a una pluralidad de sujetos en el ámbito de las PC, ya sea porque voluntariamente quiere llevar a cabo una acumulación subjetiva de acciones o porque, en atención a las circunstancias concurrentes, la *lex fori* requiera la constitución del preceptivo litisconsorcio pasivo necesario. Específicamente, este estudio se centra en el análisis de los foros de vinculación procesal [art. 8 RBI bis], los cuales permiten otorgar jurisdicción al tribunal ante el que se realiza una acumulación subjetiva de acciones [art. 8.1] y en los supuestos de reconvención [art. 8.3]. Con carácter previo, cabe matizar que en el ámbito de las PC no existe una regla general para determinar cuándo resultará necesario constituir el litisconsorcio pasivo necesario o cuando resultará adecuado proceder a la acumulación subjetiva de acciones [litisconsorcio voluntario]. En concreto, la existencia de litisconsorcio pasivo necesario dependerá de las circunstancias concurrentes, atendiendo a la normativa material aplicable *[lex causae]*[778], sin perjuicio de que sea la *lex fori* la que establezca los requisitos de su constitución[779]. En el ordenamiento español

778 Heredia Cervantes, I. «Artículo 8.1», en: Blanco-Morales, P., Garau, F., Lorenzo, M.L., Montero, F.J. [Coords.], *Comentario al Reglamento 1215/2012 relativo a la competencia judicial, el reconocimiento y la ejecución de resoluciones judiciales en materia civil y mercantil*, Aranzadi, Pamplona, 2016, págs. 284-300, p. 298. El citado autor indica que «aunque la cuestión plantea ciertas dudas, en el caso del ordenamiento español la interpretación más extendida hace reposar el litisconsorcio pasivo necesario en un fundamento material: en concreto, el carácter inescindible de la relación jurídica objeto del proceso, por lo que la ley que informará al juez español en un supuesto internacional de la existencia de un supuesto de litisconsorcio pasivo necesario será la ley aplicable al fondo o *lex causae*. Asimismo, *vid*.: Heredia Cervantes, I., *Proceso Internacional y pluralidad de partes*, Granada, Comares, 2002, p. 343.

779 Garcimartín Alférez, F.J., *Derecho Internacional Privado..., op. cit.,* p. 142. Como indica autor, «el Derecho nacional determinará si se trata de un litisconsorcio pasivo necesario o voluntario, el momento procesal para fijar la pluralidad o las formas de comparecencia y contestación de los codemandados».

se diferencia entre litisconsorcio pasivo necesario propio o impropio, dependiendo de si su constitución viene impuesta por una norma legal [propio] o cuando, sin imponerlo expresamente una norma, la propia naturaleza de la relación jurídico material exige la presencia de todos los implicados [impropio][780]. En último término, será el tribunal competente el que resuelva sobre la necesidad de constituir el litisconsorcio para la válida constitución de la litis. Sea como fuere, acudir a la acumulación subjetiva de acciones dependerá de la estrategia procesal del demandante y de las circunstancias concurrentes, dado que, en ocasiones, resultará más sencillo obtener la tutela judicial efectiva demandando únicamente a unas de las partes implicadas.

1. El *forum conexitatis*

El *forum conexitatis* está regulado en el artículo 8.1 del Reglamento núm. 1215/2012, el cual dispone que «una persona domiciliada en un EM también podrá ser demandada: 1) Si hay varios demandados, ante el órgano jurisdiccional del domicilio de cualquiera de ellos, siempre que las demandas estén vinculadas entre sí por una relación tan estrecha que resulte oportuno tramitarlas y juzgarlas al mismo tiempo a fin de evitar resoluciones que podrían ser contradictorias si se juzgasen los asuntos separadamente»[781]. En este sentido, cabe recalcar que el *forum connexitatis* constituye, al mismo tiempo, un foro de competencia judicial internacional y de competencia territorial[782] y, asimismo, es facultativo por parte del demandante[783]. Este foro puede resultarle especialmente útil al demandante cuando deba constituir un litisconsorcio pasivo

780 López Simó, F. y Tapia Fernández, I., *Lecciones de Derecho procesal Civil I. El proceso de declaración*, Palma de Mallorca, Ediciones UIB, 2012, págs. 74 a 76; de la Oliva Santos, A., Díez-Picazo Giménez, I. y Vegas Torres J., *Curso de Derecho Procesal Civil II. Parte General,* 3.ª ed., Madrid, Centro de Estudios Ramón Areces, 2016, págs. 504 a 506; Armenta Deu, T., *Lecciones de Derecho procesal civil. Proceso de Declaración. Proceso de Ejecución. Procedimientos especiales. Arbitraje y mediación*, 10.ª ed., Madrid, Marcial Pons, 2017, p. 105 y 106.

781 La única diferencia entre ambos artículos reside en que el encabezado del art. 6 del Convenio de Lugano se remite a los sujetos contenidos en el art. 5 [aunque también se refiere a la posibilidad de demandar a un sujeto ante los tribunales de un Estado distinto del lugar donde tiene su domicilio, siempre que forme parte del convenio] y en vez de hacer referencia a evitar las resoluciones «contradictorias», se refiere a las resoluciones que podrían ser «incompatibles».

782 Leible, S., «Art 8 Brüssel Ia-VO», en: Rauscher. T, *Europäisches Zivilprozess- und Kollisionsrecht. Kommentar. Brüssel Ia-VO*, 4.ª ed., Köln, Ottoschmidt, 2016, págs. 375-403, p. 380. Calvo Caravaca A.L., y Carrascosa González, J., *Derecho Internacional Privado... [Vol. I], op. cit.*, p. 290. Heredia Cervantes, I. «Artículo 8.1», *op. cit.*, p. 286.

783 En este sentido, *vid*.: Antón Juárez, I., «El litisconsorcio pasivo, la validez de la sumisión expresa y la noción de materia contractual en el sector financiero: nota a la STJUE de 20 de abril de 2016», *Cuadernos de Derecho Transnacional*, Vol. 8, núm. 2, 2016, págs. 349-362. La citada autora indica que «la elección de agrupación de demandas ante un único tribunal no es una obligación para el demandante, es una alternativa más que ofrece el Reglamento. El hecho de que puedan existir resoluciones inconciliables es el precio a pagar debido a las diferencias que existen entre los derechos materiales de los EE. MM».

necesario, dado que, en virtud del art. 8.1, el tribunal ante el que se presente la acumulación subjetiva de acciones podrá tener jurisdicción para conocer de todas las demandas, siempre que se cumplan los requisitos exigidos.

En el ámbito de los criptoactivos, este foro puede resultar especialmente útil cuando se pretenda realizar una acumulación subjetiva de acciones. A tal efecto, el litisconsorcio pasivo voluntario resultará oportuno en aquellos casos en los que el presunto afectado por un acto ilícito [*v.g.* daño financiero] pretenda depurar responsabilidades en un único proceso respecto de la PC y el emisor u oferente inicial de los criptoactivos. Esto podrá suceder, por ejemplo, cuando un usuario entienda que la PC ha permitido, con su aquiescencia o su falta de supervisión, la puesta en circulación de criptoactivos que no cumplen con las exigencias legales previstas en el Reglamento MICA. También podrá suceder cuando el usuario entienda que el emisor u oferente de criptoactivos cuentan con información privilegiada que, asimismo, conocía la PC a la hora de ofrecer dichos criptoactivos a través de su plataforma, sin que ninguno de estos sujetos advirtiera de ello a los adquirentes. Por otra parte, la acumulación subjetiva también puede resultar útil cuando un usuario que realiza transacciones en un *marketplace* de criptoactivos pretende interponer una acción conjunta contra el usuario que le compró o vendió criptoactivos [por haber cometido un acto ilícito del cual se derive un daño] y la PC que gestiona dicho mercado [por no prevenir o impedir la comisión de la acción ilícita y la producción del daño].

Dicho esto, seguidamente se analizan los requisitos necesarios para que el tribunal pueda conocer de la demanda en virtud del *forum conexitatis*.

a) Interposición de la demanda ante el domicilio de un codemandado: En primer lugar, la demanda debe haberse presentado ante el tribunal del domicilio de alguno de los codemandados [ya sea la PC o el emisor de criptoactivos], en cuyo caso dicho tribunal será competente respecto de los demás codemandados. Como se ha indicado, este precepto no fija únicamente la competencia internacional, sino también la territorial, por lo que la demanda se tendrá que interponer ante el órgano jurisdiccional de la circunscripción territorial de alguno de los codemandados. En principio, el art. 8.1 permite la interposición de la demanda simultáneamente contra sujetos domiciliados en un mismo EM y sujetos domiciliados en otro EM [*v.g.* frente a un sujeto domiciliado en Berlín, otro en Hamburgo y otro en Madrid], determinando en dichos casos también la competencia territorial. Sin embargo, existe cierta controversia en la aplicación de este precepto únicamente frente a sujetos domiciliados en un mismo EM[784].

784 De una parte, Leible entiende que cuando todos los sujetos estén domiciliados en un mismo EM, se deberá aplicar el foro general del art. 4 RBI bis. En este sentido, *vid*.: Leible, S., «Art 8 Brüssel la-VO». *op. cit*., p. 381. Sin embargo, Heredia Cervantes entiende que el art. 8.1 RBI bis también puede aplicarse para otorgar jurisdicción respecto de varios codemandados domiciliados en un mismo EM, siempre que su domicilio no sea coincidente, sin perjuicio de que el demandante también pueda interponer la demanda en virtud del *forum domicilii*. *Vid*.: Heredia Cervantes, I. «Artículo 8.1», *op. cit*., p. 288.

b) Conexión entre las demandas: Las demandas deben estar «vinculadas entre sí por una relación tan estrecha que resulte oportuno tramitarlas y juzgarlas al mismo tiempo a fin de evitar resoluciones que podrían ser contradictorias si se juzgasen los asuntos separadamente» [art. 8.1], es decir, las demandas deben ser conexas. En puridad, la exigencia recogida en el art. 8.1 es plenamente coincidente con el concepto de demandas conexas recogido en el art. 30.3 del propio Reglamento, lo cual no es coincidencia, dado que el propio TJUE interpretó desde sus inicios el *forum connexitatis* del art. 8.1 tomando en consideración la formulación de demandas conexas contenida en el precepto dedicado a la conexidad[785]. En este sentido, ha precisado que «para que haya conexidad entre dos demandas, basta que el hecho de que se tramiten y se juzguen de manera separada implique el riesgo de resoluciones contradictorias, sin que sea necesario que implique el riesgo de dar lugar a consecuencias jurídicas mutuamente excluyentes»[786]. Esta exigencia se vio reforzada por vía jurisprudencial a partir del asunto *Roche Nederland*, en la cual se indica que para apreciar una contradicción entre resoluciones no basta que exista una mera divergencia en la solución del litigio, sino que se requiere que tal divergencia se inscriba «en el marco de una misma situación de Derecho y de hecho»[787].

---

785 STJUE de 27 de septiembre de 1988, Kalfelis v Schröder and Others, C-189/87, EU:C:1988:459 [ap. 11 y 12]; STJUE de 27 de octubre de 1998, Réunion européenne y otros, C-51/97, EU:C:1998:509 [ap. 48]; STJUE de 13 de julio de 2006, Roche Nederland y otros, C-539/03, EU:C:2006:458 [ap. 21 y 22]. Asimismo, *vid.*: F. Garau Sobrino, F., «Artículo 6», en: Calvo Caravaca, A.L. y Garau Sobrino, F. [Coords.], *Comentario al Convenio de Bruselas relativo a la competencia judicial y a la ejecución de resoluciones judiciales en materia civil y mercantil*, Universidad Carlos III, Madrid, 1995, págs. 166-191, p. 175. Finalmente, *vid.*: Leible, S., «Art 8 Brüssel Ia-VO». *op. cit.*, p. 383.

786 STJUE de 13 de julio de 2006, Roche Nederland y otros, C-539/03, EU:C:2006:458 [ap. 22]; STJUE de 6 de diciembre de 1994, Tatry/Maciej Rataj, C-406/92, EU:C:1994:400 [ap. 58]; STJUE de 27 de septiembre de 1988, Kalfelis v Schröder and Others, C-189/87, EU:C:1988:459 [ap. 13]; STJUE de 11 de octubre de 2007, Freeport, C-98/06, EU:C:2007:595 [ap. 39]; STJUE de 1 de diciembre de 2011, Painer, C-145/10, EU:C:2011:798 [ap. 77]; STJUE de 12 de julio de 2012, Solvay, C-616/10, EU:C:2012:445 [ap. 19]; STJUE de 11 de abril de 2013, Sapir y otros, C-645/11, EU:C:2013:228 [ap. 42]; STJUE de 21 de mayo de 2015, CDC Hydrogen Peroxide, C-352/13, EU:C:2015:335 [ap. 20]; STJUE de 20 de abril de 2016, Profit Investment SIM, C-366/13, EU:C:2016:282 [ap. 66].

787 STJUE de 13 de julio de 2006, Roche Nederland y otros, C-539/03, EU:C:2006:458 [ap. 26]. Esta conclusión se basa en las conclusiones del abogado general Philippe Léger [ap. 113], el cual sostuvo en su momento que «no puedo entender que una resolución pueda considerarse contraria a otra por la única razón de que exista una mera divergencia en la solución del litigio, es decir, en el resultado del procedimiento. Para que exista contradicción de resoluciones, haría falta también, a mi juicio, que tal divergencia se inscribiera en el marco de una misma situación de Derecho y de hecho. Únicamente en este supuesto cabe entender la existencia de una contradicción de resoluciones, ya que, a partir de una misma situación de Derecho y, de hecho, los jueces han adoptado soluciones divergentes, o incluso diametralmente opuestas». Asimismo, *vid.* STJUE de 11 de octubre de 2007, Freeport, C-98/06, EU:C:2007:595 [ap. 40]; STJUE de 1 de diciembre de 2011, Painer, C-145/10,

Esta exigencia ha ido suavizándose en las posteriores sentencias del TJUE. De esta forma, en la STJUE de 11 de octubre de 2007 se indica que el art. 6.1 RBI no exige «que las acciones ejercitadas contra distintos demandados tengan fundamentos jurídicos idénticos», permitiendo la acumulación de pretensiones de naturaleza contractual y extracontractual contra diferentes codemandados[788]. Esto último tiene relevancia en el ámbito de las PC, dado que los usuarios que sufran un daño en su patrimonio tendrán una relación contractual con la PC, pero no así con el emisor u oferente inicial de criptoactivos, con el cual tendrán una relación extracontractual [como consecuencia del posible daño patrimonial sufrido]. Por ende, aunque se trate de acciones que tengan una distinta naturaleza jurídica y los fundamentos para litigar no sean idénticos, existirá conexidad cuando las demandas acumuladas tengan un mismo interés, lo cual se dará cuando, por ejemplo, un usuario demande a la PC y al emisor/oferente de criptoactivos por una misma oferta pública de criptoactivos [*v.g.* por resultar engañosa o fraudulenta], pues en ese caso existirá una relación estrecha entre ambas demandas que derivan de una misma situación de hecho y de derecho. Lo mismo cabe afirmar cuando un usuario que realiza transacciones a través de un *marketplace* de criptoactivos [*v.g.* Binance p2p] pretende demandar de forma conjunta al usuario que le ha comprado/vendido criptoactivos actuando de forma fraudulenta y, de forma conjunta, a la PC que gestiona dicho *marketplace*.

En este sentido, el TJUE ha indicado que existirá conexidad [aunque utiliza el vocablo «unicidad»] aun cuando las pretensiones ejercitadas frente a diferentes codemandados tengan fundamentos jurídicos distintos, lo cual se verificará cuando las demandas persigan, en última instancia, un mismo interés[789]. Incluso, ha recalcado que la diferencia en los fundamentos jurídi-

---

EU:C:2011:798 [ap. 79]; STJUE de 12 de julio de 2012, Solvay, C-616/10, EU:C:2012:445 [ap. 24]; STJUE de 11 de abril de 2013, Sapir y otros, C-645/11, EU:C:2013:228 [ap. 43]; STJUE de 21 de mayo de 2015, CDC Hydrogen Peroxide, C-352/13, EU:C:2015:335 [ap. 20 y 21]; STJUE de 20 de abril de 2016, Profit Investment SIM, C-366/13, EU:C:2016:282 [ap. 65 y 66].

788 STJUE de 11 de octubre de 2007, Freeport, C-98/06, EU:C:2007:595 [ap. 38 y 46]. Para una visión más completa sobre esta sentencia, *vid.*: ARENAS GARCÍA, R., «El foro de la pluralidad de demandados ante el TJCE: comentario a la STJCE [sala tercera) de 11 de octubre de 2007», *Anuario español de derecho internacional privado*, Tomo VII, 2007, págs. 627-642, en especial, p. 638. Asimismo, *vid.*: ZOGG, S., «Accumulation of contractual and tortious causes of action under the judgments regulation», *Journal of Private International Law*, vol. 9, núm. 1, 2013, págs. 39-76, p. 66.

789 STJUE de 11 de abril de 2013, Sapir y otros, C-645/11, EU:C:2013:228 [ap. 47]; STJUE de 21 de mayo de 2015, CDC Hydrogen Peroxide, C-352/13, EU:C:2015:335 [ap. 23]; STJUE de 1 de diciembre de 2011, Painer, C-145/10, EU:C:2011:798 [ap. 84]. El TJUE ha afirmado, incluso, que puede existir el riesgo de contradicción entre resoluciones cuando «las demandas presentadas contra varios demandados por violaciones sustancialmente idénticas de derechos de autor se basen en legislaciones nacionales diferentes». A tal

cos derivada de la aplicación de distintas leyes no impide, por sí misma, la aplicación del *forum connexitatis*[790]. Por consiguiente, aunque el TJUE siga exigiendo que las demandas se ejerzan en el marco de una «misma situación de derecho y de hecho»[791], lo cierto es que esta exigencia no tiene demasiada virtualidad práctica en la actualidad[792]. Sea como fuere, los supuestos descritos en el ámbito de las PC también cumplirían con este requisito.

Con todo, la aplicación del art. 8.1 no puede supeditarse a las disposiciones internas de los EE. MM[793], por lo que la alegación por el demandante de la necesidad de constituir el litisconsorcio pasivo para la correcta constitución de la litis no conllevará consigo de forma automática la aplicación del *forum connexitatis* por parte del tribunal que conozca de la acción. De esta forma, el tribunal no se declarará competente en virtud del art. 8.1 si entiende que entre las demandas acumuladas subjetivamente no existe la

efecto, *vid.*: STJUE de 1 de diciembre de 2011, Painer, C-145/10, EU:C:2011:798 [ap. 84]. En este sentido, *vid.*: Campuzano Díaz, B., «El TJUE de nuevo con el foro de la pluralidad de demandados. Nota a la sentencia de 1 de diciembre de 2011 en el asunto Painer», *Cuadernos de Derecho Transnacional*, vol. 4, núm. 1, 2012, págs. 245-255. Como explica la referida autora, «en la evolución de la jurisprudencia del TJUE sobre el interpretación que debe darse al art. 6.1, la Sentencia Painer nos deja en la siguiente situación: la aplicación de este precepto debe estar orientada a evitar que se produzcan soluciones inconciliables en el marco de una misma situación de derecho y de hecho; para entender que estamos ante una misma situación de derecho no se requiere una identidad de bases jurídicas, siendo un importante factor a tener en cuenta que exista un grado sustancial de armonización; para entender que estamos ante una misma situación de hecho se precisa el factor de previsibilidad para los demandados, que podrá determinarse en función de si han actuado o no de forma independiente» [p. 255]. Para una visión crítica de esta sentencia, *vid.*: Oró Martínez, C., «Sentencia del Tribunal de Justicia de la Unión Europea [Sala 3.ª], de 1 de diciembre de 2011, asunto C-145/10, *Eva-Maria Painer c. Standard VerlagsGmbH y otros*», *Revista Española de Derecho Internacional, Sección jurisprudencia*, vol. 49, núm. 2, 2012, págs. 218-220.

790 STJUE de 21 de mayo de 2015, CDC Hydrogen Peroxide, C-352/13, EU:C:2015:335. En esta sentencia, el TJUE indica que «incluso en el supuesto de que fueran aplicables diferentes leyes a las acciones de indemnización ejercidas por el demandante contra las demandadas en el litigio principal en virtud de las reglas de Derecho internacional privado del tribunal que conozca del asunto, esa diferencia en los fundamentos jurídicos no impide, por sí misma, la aplicación del artículo 6, punto 1, del Reglamento n.º 44/2001, siempre que fuera previsible para los demandados que podían ser demandados en el EM en el que al menos uno de ellos tuviera su domicilio» [ap. 23].

791 STJUE de 13 de julio de 2006, Roche Nederland y otros, C-539/03, EU:C:2006:458 [ap. 26]; STJUE de 11 de octubre de 2007, Freeport, C-98/06, EU:C:2007:595 [ap. 40]; STJUE de 1 de diciembre de 2011, Painer, C-145/10, EU:C:2011:798 [ap. 79]; STJUE de 12 de julio de 2012, Solvay, C-616/10, EU:C:2012:445 [ap. 24]; STJUE de 11 de abril de 2013, Sapir y otros, C-645/11, EU:C:2013:228 [ap. 43]; STJUE de 21 de mayo de 2015, CDC Hydrogen Peroxide, C-352/13, EU:C:2015:335 [ap. 20 y 21]; STJUE de 20 de abril de 2016, Profit Investment SIM, C-366/13, EU:C:2016:282 [ap. 65 y 66].

792 Heredia Cervantes, I. «Artículo 8.1», *op. cit.*, p. 294.

793 STJUE de 13 julio 2006, Reisch Montage, C-103/05, EU:C:2006:471 [ap. 30].

conexidad exigible, con independencia de las exigencias impuestas por la *lex causae* o la *lex fori* para la válida constitución del proceso; o, cuando, por diferentes circunstancias, no sea posible la acumulación respecto de todos los codemandados[794]. Sea como fuere, corresponde al tribunal que conoce de la acción determinar, en virtud de todos los elementos de juicio de que dispone, «si existe un punto de conexión entre las distintas demandas presentadas ante él, es decir, si existe un riesgo de que se dicten resoluciones inconciliables si dichas demandas fueran juzgadas por separado»[795]. Con esta finalidad puede, incluso, tomar en consideración las bases jurídicas de las acciones ejercitadas ante dicho órgano jurisdiccional[796].

c) Previsibilidad: El TJUE ha indicado que el art. 8.1, al constituir una excepción al principio de competencia judicial del foro del domicilio del demandado, debe interpretarse de forma restrictiva[797] y, además, debe respetar, en todo caso, el principio de previsibilidad[798], el cual impone que «las reglas de competencia judicial deben presentar un alto grado de previsibilidad y deben fundamentarse en el principio de que la competencia judicial se basa generalmente en el domicilio del demandado y esta competencia debe regir siempre, excepto en algunos casos muy concretos en los que la materia en litigio o la autonomía de las partes justifique otro criterio de vinculación»[799]. En concreto, el TJUE exige que este foro «fuera previsible para los demandados que podían ser demandados en el EM en el que al menos uno de ellos tuviera su domicilio»[800].

A nuestro parecer, el requisito de previsibilidad se cumple cuando, al realizar una acumulación subjetiva de acciones ante una PC y el emisor/oferente inicial de criptoactivos, el usuario interpone la demanda ante el tribunal del

794 En este sentido, *vid*.: Heredia Cervantes, I. «Artículo 8.1»..., *op. cit*., p. 298. Garcimartín Alférez, F.J., *Derecho Internacional Privado*..., *op. cit.*, p. 143.

795 STJUE de 11 de octubre de 2007, Freeport, C-98/06, EU:C:2007:595 [ap. 41]; STJUE de 1 de diciembre de 2011, Painer, C-145/10, EU:C:2011:798 [ap. 83]; STJUE de 12 de julio de 2012, Solvay, C-616/10, EU:C:2012:445 [ap. 23]; STJUE de 20 de abril de 2016, Profit Investment SIM, C-366/13, EU:C:2016:282 [ap. 64].

796 STJUE de 11 de octubre de 2007, Freeport, C-98/06, EU:C:2007:595 [ap. 41].

797 STJUE de 20 de abril de 2016, Profit Investment SIM, C-366/13, EU:C:2016:282 [ap. 63]; STJUE de 1 de diciembre 2011, Painer, C-145/10, EU:C:2011:798 [ap. 74]; STJUE de 12 de julio de 2012, Solvay, C-616/10, EU:C:2012:445 [ap. 21].

798 STJUE de 11 de octubre de 2007, Freeport, C-98/06, EU:C:2007:595 [ap. 36]; STJUE de 12 de julio de 2012, Solvay, C-616/10, EU:C:2012:445 [ap. 20].

799 STJUE de 20 de abril de 2016, Profit Investment SIM, C-366/13, EU:C:2016:282 [ap. 62]; STJUE de 11 de octubre 2007, Freeport, C-98/06, EU:C:2007:595 [ap. 36]; STJUE de 12 de julio de 2012, Solvay, C-616/10, EU:C:2012:445 [ap. 20]; STJUE de 1 diciembre de 2011, Painer, C-145/10, EU:C:2011:798 [ap. 75]. Asimismo, *vid*.: el considerando 15.º del Reglamento 1215/2012.

800 STJUE de 21 de mayo de 2015, CDC Hydrogen Peroxide, C-352/13, EU:C:2015:335 [ap. 23]; STJUE de 1 de diciembre de 2011, Painer, C-145/10, EU:C:2011:798 [ap. 81]

domicilio de cualquiera de ellos. En cuanto al domicilio de la PC, dicho lugar resulta previsible para el usuario y la propia PC porque ambas partes conocen de antemano dicho lugar y porque la PC acepta que pueda ser demandada en dicho lugar en caso de incurrir en responsabilidad contractual. Dicho lugar también es previsible para el emisor/oferente de criptoactivos, dado que este último conoce de antemano dónde se ubica el domicilio de la PC [dado que, normalmente, debe haberse registrado en la plataforma para utilizar el correspondiente servicio de colocación de criptoactivos o, en su caso, debe haber realizado un contrato formal con la PC para ofrecer dichos criptoactivos a través de su plataforma]. En cuanto al domicilio del emisor, también constituye un lugar conocido y previsible por la PC y el usuario [por las mismas razones]. Con todo, el art. 8.1 no puede ser aplicado «de manera que permita al demandante formular una demanda dirigida contra varios demandados con el solo fin de que uno de ellos se sustraiga a la competencia de los tribunales del Estado donde se encuentra su domicilio»[801].

d) Codemandados domiciliados en terceros Estados: Otro aspecto que cabe tener en cuenta en relación con el art. 8 es que sólo se puede aplicar frente a sujetos domiciliados en un EM [art. 6 RBI bis][802], si bien no hay jerarquía entre los domicilios, por lo que se puede elegir, en principio, cualquiera de ellos[803]. En consecuencia, no se puede otorgar jurisdicción a un tribunal de un EM respecto a sujetos domiciliados en terceros países[804]. En este sentido, cuando se requiera demandar conjuntamente a una parte que esté domiciliada en un tercer Estado y una parte que está domiciliada en la UE, no podrá otorgarse jurisdicción al tribunal de un EM en virtud del art. 8.1, sino que respecto de la parte domiciliada en el tercer Estado tendrán que aplicarse las disposiciones nacionales del concreto EM ante el que se interponga

801 STJUE de 1 de diciembre de 2011, Painer, C-145/10, EU:C:2011:798 [ap. 78]; STJUE de 27 de septiembre de 1988, Kalfelis v Schröder and Others, C-189/87, EU:C:1988:459 [ap. 8 y 9]; STJUE de 27 de octubre de 1998, Réunion européenne y otros, C-51/97, EU:C:1998:509 [ap. 47]; STJUE de 12 de julio de 2012, Solvay, C-616/10, EU:C:2012:445 [ap. 22].

802 Sobre esta cuestión, *vid*.: Heredia Cervantes, I., *Proceso Internacional..., op. cit.,* p. 162-166.

803 Para Muir Watt, que no haya diferencias entre los domicilios podría dar lugar a fraudes, ya que se podría atraer a una jurisdicción basada en «asuntos menores» demandas que no interesa que sean juzgadas en determinados Estados, que es en realidad donde deberían sustanciarse. En este sentido, véase: Muir Watt, H., «Article 8», en: Magnus, U. y Mankowski, P., *European Commentaries on Private International Law, Brussels Ibis Regulation*, Vol. 1, Köln, Ottoschmidt, 2016, págs. 369-405, p. 383.

804 STJUE de 11 de abril de 2013, Sapir y otros, C-645/11, EU:C:2013:228 [ap. 52 a 57]. El TJUE justifica su fundamentación en los siguientes argumentos: a) la interpretación restrictiva que debe hacerse del art. 6 RBI [actual 8.1 RBI bis]; b) la mención expresa del art. 5 RBI, al cual se remitía al art. 6 —actual 8—, el cual dispone que ese artículo sólo se aplica a las personas domiciliadas en un EM; c) los domiciliados en un tercer Estado se les aplica un artículo específico: el art. 4 [actual 6], el cual remite a la normativa interna del EM que conociera del asunto respecto a ese demandado, con excepción de las competencias exclusivas y la sumisión expresa [actuales arts. 24 y 25 RBI bis]. Asimismo, *vid*.: Leible, S., «Art 8 Brüssel Ia-VO». *op. cit*., p. 381.

la demanda; salvo que dicha parte se someta expresamente a los tribunales de ese EM o se de alguna otra excepción de las contempladas en el art. 6 del Reglamento núm. 1215/2012. Cuando la acumulación se pretenda realizar ante los tribunales españoles, se tendrá que acudir al art. 22.ter de la LOPJ, apartado tercero, el cual señala que «en caso de pluralidad de demandados, serán competentes los Tribunales españoles cuando al menos uno de ellos tenga su domicilio en España, siempre que se ejercite una sola acción o varias entre las que exista un nexo por razón del título o causa de pedir que aconsejen su acumulación».

e) El *forum conexitatis* no permie, *per se*, la acumulación de acciones: Cabe recalcar que el *forum connexitatis* no permite, per se, la acumulación subjetiva de acciones[805] ni, naturalmente, constituir un litisconsorcio pasivo necesario, dado que estas cuestiones deben realizarse en virtud de la *lex fori*[806]. Además, la defectuosa constitución del litisconsorcio pasivo necesario se analizará en el seno del proceso en función del procedimiento estipulado en la *lex fori*[807], por lo que no tendrá ninguna repercusión en el plano de la competencia judicial internacional. Por último, el momento para invocar el art. 8.1 es cualquiera que permita la *lex fori*, no sólo el de la presentación de la demanda[808].

---

805 En el ordenamiento jurídico español habrá que acudir a los artículos 71 a 73 LEC.

806 GARCIMARTÍN ALFÉREZ, F.J., *Derecho Internacional Privado..., op. cit.,* p. 142. Tal como indica el referido autor, «el artículo 8.1 del Reglamento lo único que determina es la CJI [e implícitamente, la territorial y la material]. El resto de los elementos procesales y sustantivos quedan sometidos al Derecho procesal interno [lex fori] siempre que no frustren el «efecto útil» del Reglamento».

807 Teniendo en consideración la normativa española, el mecanismo procesal oportuno para poner de manifiesto esta carencia sería a través de la contestación a la demanda, si bien dicha cuestión se ventilaría en la audiencia previa en el caso del proceso ordinario [art. 416.3 LEC). En esta fase del proceso se examinan las excepciones procesales alegadas por la/s contraparte/s, entre las cuales destaca, por lo que aquí interesa, la válida constitución de las partes por falta de litisconsorcio pasivo necesario. En caso de que el tribunal apreciara la excepción procesal por falta del oportuno litisconsorcio pasivo necesario, previo otorgamiento de un plazo razonable al demandante para su constitución procedería al archivo definitivo de las actuaciones. Por su parte, en el art. 420 LEC se recoge el procedimiento para alegar la falta de litisconsorcio pasivo necesario, el cual se pondrá de manifiesto en la audiencia previa [en el procedimiento ordinario], y cómo se puede subsanar. En caso de que el tribunal considere que es preceptivo y no se constituya en el plazo que este estipule, este dará por finalizado el proceso y se procederá al archivo definitivo de las actuaciones.

808 En este sentido, *vid.*: GARCIMARTÍN ALFÉREZ, F.J., *Derecho Internacional Privado..., op. cit.,* p. 142. GARAU SOBRINO, F., «Artículo 6», *op. cit.*, p. 170; VIRGÓS SORIANO, M. y GARCIMARTÍN ALFÉREZ, F.J., *Derecho Procesal Civil Internacional..., op. cit.*, p. 216. HEREDIA CERVANTES, I. «Artículo 8.1», *op. cit.*, p. 287. Como indica este último autor, «a la hora de aplicar el art. 8.1 lo relevante no es el momento de interposición de la demanda sino el hecho de que el proceso tenga una «estructura triangular» y cuenta con una pluralidad de sujetos en la posición de demandado».

2. El *forum reconventionis*

En este epígrafe se analiza el *forum reconventionis* previsto en el art. 8.3 del Reglamento núm. 1215/2012, el cual permite que el tribunal que conoce de la demanda principal también ostente jurisdicción para conocer de la reconvención. Una vez acumuladas subjetivamente las acciones en virtud del artículo 8.1 por el presunto afectado por un ilícito civil [*v.g.* utilización indebida de información privilegiada], alguna de las contrapartes, ya sea la PC o el emisor/oferente de criptoactivos, pueden decidir reconvenir contra el demandante, evitando así la multiplicación de procedimientos superfluos[809]. En ese caso será de aplicación, naturalmente, el *forum reconventionis* recogido en el artículo 8.3 del Reglamento núm. 1215/2012, el cual dispone que «una persona domiciliada en un EM también podrá ser demandada: si se trata de una reconvención derivada del contrato o hecho en que se fundamente la demanda inicial, ante el órgano jurisdiccional que esté conociendo de esta última».

Cabe precisar que el tribunal que está conociendo del litigio principal podrá conocer de la reconvención siempre que ésta se ajuste a las exigencias procesales derivadas de la *lex fori*[810]. En principio, este foro está previsto para la reconvención auténtica, es decir, la que el demandado puede interponer contra el demandante inicial[811], tal como ha confirmado la jurisprudencia del

---

809 STJUE de 31 de mayo de 2018, Nothartová, C-306/17, EU:C:2018:360 [ap. 22]; STJUE de 12 de octubre de 2016, Kostanjevec, C-185/15, EU:C:2016:763 [ap. 37]; STJUE de 21 de junio de 2018, Petronas Lubricants Italy, C-1/17, EU:C:2018:478 [ap. 29].

810 En relación con los requisitos generales para que el tribunal pueda conocer de la reconvención, *vid.*: De la Oliva, A. y Ángel Fernández, M., *Derecho procesal Civil*, 4.ª ed., Madrid, Centro de Estudios Ramón Areces, 1995, p. 107 y 108.

811 El primero en hacerse eco de esta afirmación fue el abogado general Philippe Léger a través de sus conclusiones de 17 de mayo de 1995, C-341/93, Danværn Production v Schuhfabriken Otterbeck, EU:C:1995:139 [ap. 24 a 26], el cual interpretó de forma autónoma este concepto teniendo en cuenta sus antecedentes e indicando que la reconvención «pretende la condena del demandante» [ap. 25]. Asimismo, *vid.*: Leible, S., «Art 8 Brüssel la-VO». *op. cit.*, p. 396. Virgós Soriano, M. y Garcimartín Alférez, F.J., *Derecho Procesal Civil Internacional..., op. cit.*, p. 224. Heredia Cervantes, I. «Artículo 8.3», en: Blanco-Morales, P., Garau, F., Lorenzo, M.L., Montero, F.J. [Coords.], *Comentario al Reglamento 1215/2012 relativo a la competencia judicial, el reconocimiento y la ejecución de resoluciones judiciales en materia civil y mercantil*, Aranzadi, Pamplona, 2016, págs. 321-326, p. 323. Muir Watt, H., «Article 8», en: Magnus, U. y Mankowski, P., *European Commentaries on Private..., op. cit.*, p. 400; Dickinson, A y Lein, E., *The Brussels I Regulation..., op. cit.*, p. 193. Estos autores indican que el *forum reconventionis* únicamente es aplicable cuando se trata de una reconvención entre las mismas partes que la demanda inicial. Asimismo, *vid.*: Campuzano Díaz, B., «El forum reconventionis. Nota a la sentencia del TJUE de 12 de octubre de 2016, Kostanjevec, As. 185/15», *Cuadernos de Derecho Transnacional*, Vol. 9, núm. 1, 2017, págs. 396-405, p. 400. Para la citada autora, «la reconvención debe implicar a las mismas partes que en la demanda inicial, tal como sucede en este caso, considerando que estamos ante un foro especial por razón de conexidad». Asimismo, cabe tomar en consideración las Conclusiones de la Abogada General Juliane Kokott presentadas el 2 de junio de 2016, Kostanjevec, C-185/15, EU:C:2016:397 [ap. 38 y 44], de las cuales se deriva que la reconvención tiene que tener lugar entre el demandante inicial y el demandado.

TJUE[812]. A tal efecto, cabe tener presente que el concepto de reconvención debe interpretarse de forma autónoma[813], por lo que, en principio, no cabe subsumir en este precepto otra tipología de reconvenciones previstas en las normativas procesales nacionales [como podría ser la reconvención colateral o la reconvención litisconsorcial][814]. Las condiciones en las que debe realizarse la reconvención y frente a que sujetos cabe es una cuestión que pertenece al ámbito de la autonomía procesal de los EE. MM[815].

En el ámbito de los criptoactivos, la reconvención puede resultar útil cuando se discuta sobre cuestiones que tengan relación con la reclamación de cantidades de criptomonedas o dinero fiat como consecuencia de la defectuosa prestación de algún servicio de criptoactivo. Así, por ejemplo, podría suceder que un usuario reclame a la PC varias criptomonedas [*v.g.* bitcoins o ethers] como consecuencia de la defectuosa prestación de un servicio de transferencia de criptomonedas. A tal efecto, imaginemos que, según el usuario, la PC se equivocó al enviar la orden de transferencia, por lo que las criptodivisas no se entregaron a la billetera virtual correspondiente. En este contexto, cabría que la PC reconviniera frente al usuario por considerar que fue éste quien no facilitó la información correcta a la plataforma [se equivocó al escribir la dirección de la billetera virtual] y que, además, le debe «X» cantidad de criptoactivos que se comprometió a entregarle por llevar a cabo dicho servicio de transferencia y otros servicios adicionales. En definitiva, sin perjuicio de cuál sea el objeto del litigio, las múltiples relaciones jurídicas existentes en el ámbito de los criptoactivos pueden provocar demandas cruzadas que, gracias a la existencia de este foro reconvencional, podrán ser analizadas y resueltas por un mismo órgano jurisdiccional [favoreciendo así la economía y celeridad procesal].

3. Idoneidad de los foros de vinculación procesal

El *forum connexitatis* previsto en el art. 8.1 del Reglamento núm. 1215/2012 resulta especialmente útil cuando el demandante pretende accionar contra varios

812 *Vid.*, en este sentido, la STJUE de 12 de octubre de 2016, Kostanjevec, C-185/15, EU:C:2016:763 [ap. 32]. Esta idea se recalca en sentencia citada cuando el TJUE hace referencia al hecho de que las partes del procedimiento pueden resolver en un mismo procedimiento y ante el mismo juez todas las pretensiones recíprocas que tengan un origen común [ap. 37]. STJUE de 13 de julio de 1995, Danværn Production v Schuhfabriken Otterbeck, C-341/93, EU:C:1995:239 [ap. 12].

813 STJUE de 12 de octubre de 2016, Kostanjevec, C-185/15, EU:C:2016:763 [ap. 36].

814 Sobre los distintos tipos de reconvención recogidos en las distintas legislaciones de los EE. MM y sobre la necesidad de un concepto autónomo de reconvención, *vid.*: MICHINEL ÁLVAREZ, M.Á., «Sobre la interpretación del artículo 6.3 del Convenio de Bruselas de 27 de septiembre de 1968», *Revista Española de Derecho Internacional [REDI]*, vol. 49, núm. 2, 1997, págs. 47-76, en especial, págs. 48-53.

815 STJUE de 31 de mayo de 2018, Nothartová, C-306/17, EU:C:2018:360 [ap. 28]. Por analogía, *vid.*: STJUE de 15 de marzo de 2012, G, C292/10, EU:C:2012:142 [ap. 45].

sujetos a la vez, siempre que exista una conexión suficiente entre las demandas interpuestas, pues de otro modo no resultará de aplicación el citado foro. Específicamente, en el ámbito de los criptoactivos, debido a la relación triangular formada por el usuario, la PC y el emisor/oferente de criptoactivos, el *forum conexitatis* puede resultar especialmente útil para depurar responsabilidades en un mismo proceso frente a todos los sujetos implicados en un supuesto de manipulación de mercado o de indebida utilización de información privilegiada.

En este escenario, aunque únicamente cometa el ilícito civil [*v.g.* manipulación de mercado] el emisor/oferente de criptoactivos a través de una PC [mediante el servicio de «colocación de criptoactivos»], el usuario puede decidir demandar a ambos sujetos mediante este foro: el emisor/oferente por ser responsable directo de la manipulación de mercado que ha causado un perjuicio económico al adquirente de criptoactivos y a la PC por no haber impedido o prevenido dicha manipulación a través de su plataforma [o por haber permitido actuar al emisor]. Incluso, este foro puede permitir a un usuario que haya comerciado en un *marketplace* de criptoactivos demandar a otro usuario que le compró/vendió criptoactivos [por haber cometido, durante la transacción, una conducta ilícita que le provoque un perjuicio económico] y, de forma simultánea, a la PC [*v.g.* por no establecer las medidas adecuadas para evitar dichas conductas].

En el ámbito de una relación extracontractual que involucre a varios sujetos, el *forum conexitatis* puede resultar especialmente idóneo cuando se pretenda reclamar responsabilidad a todos los sujetos de forma simultánea, sobre todo cuando se trata de daños plurilocalizados. Así, imaginemos que una empresa ofrece sus criptoactivos a través de una PC y, asimismo, utiliza dicha plataforma para realizar actos de competencia desleal con la aquiescencia o el beneplácito de la PC. Estos actos desleales podrían ser, por ejemplo, acciones u omisiones engañosas que afecten a los consumidores o actos de imitación desleal que afecten a un competidor en particular. En este contexto, el *forum conexitatis* permitirá acumular subjetivamente las acciones ante un mismo tribunal, el cual tendrá competencia para conocer de todos los daños que se hayan producido.

A mayor abundamiento, el *forum connexitatis* recogido en el art. 8.1 constituye una pieza fundamental para demandar a sujetos domiciliados en EE. MM distintos cuando se entremezclen acciones de responsabilidad contractual y extracontractual. En este sentido, cabe recordar que los usuarios que sufran un daño en su patrimonio tendrán una relación contractual con la PC, pero no así con el emisor u oferente inicial de criptoactivos, pues respecto de estos últimos la relación tendrá naturaleza extracontractual. Por consiguiente, el usuario no podrá utilizar el foro en materia contractual ni el foro en materia delictual o cuasidelictual para acumular ambas acciones ante un mismo tribunal [salvo que coincidan el lugar dónde deba ejecutarse la obligación que sirve de base a la demanda y el lugar del hecho causal o materialización del daño], por lo que la única via factible en este escenario es acudir al *forum connexitatis* del art. 8.1.

Sin perjuicio de lo anterior, cuando el afectado pretenda demandar al usuario de un *marketplace* y a la PC que lo gestiona de forma conjunta podrá intentar realizar una acumulación subjetiva de acciones en virtud del foro en materia contractual. No obstante, dicha acumulación no siempre será posible debido a que el lugar dónde se debe entender cumplida la obligación que sirve de base a la demanda puede que no sea el mismo respecto de ambas situaciones jurídicas. Así, por ejemplo, a la PC se le puede imputar responsabilidad contractual por la prestación defectuosa de su servicio de criptoactivos relativo a la «gestión de una plataforma de negociación de criptoactivos», cuya prestación se ubicará, en principio, donde tenga su centro de actividad principal; mientras que el usuario que venda criptoactivos normalmente lo hará mediante un contrato de compraventa de mercancías, en cuyo caso el lugar de cumplimiento se ubicará donde el comprador reciba dichas mercancías de forma efectiva. Por tanto, cuando dichos lugares no coincidan, también resultará idóneo acudir al *forum conexitatis* del art. 8.1 para otorgar jurisdicción internacional a un mismo tribunal.

Finalmente, en cuanto al *forum reconventionis*, cabe concluir que resulta especialmente útil en el contexto de los criptoactivos debido a la ingente cantidad de relaciones bilaterales existentes en este ámbito. De esta forma, pueden existir relaciones bilaterales entre los usuarios y la PC, entre múltiples usuarios de un marketplace gestionado por la PC, entre varias PC, y, asimismo, entre la PC y los sujetos que pretendan ofrecer criptoactivos a través de su plataforma [emisores y oferentes]. Todas estas relaciones son susceptibles de provocar múltiples demandas cruzadas que podrán ser analizadas y resueltas por un mismo órgano jurisdiccional gracias a la existencia del *forum reconventionis*. En este sentido, podría suceder, por ejemplo, que un usuario le reclamara a una PC varias criptomonedas como consecuencia de la defectuosa prestación de un servicio de transferencia de criptomonedas y ésta, a su vez, al determinar que el error no le es imputable, decidiera reconvenir contra dicho usuario por no abonarle el precio correspondiente por la transferencia realizada en tiempo y forma [o por otros servicios efectivamente prestados y no remunerados].

II. Sumisión tácita

El artículo 26 del Reglamento núm. 1215/2012 recoge el foro relativo a la sumisión tácita con la siguiente redacción: «1. Con independencia de los casos en los que su competencia resulte de otras disposiciones del presente Reglamento, será competente el órgano jurisdiccional de un EM ante el que comparezca el demandado. Esta regla no será de aplicación si la comparecencia tiene por objeto impugnar la competencia o si existe otra jurisdicción exclusivamente competente en virtud del artículo 24». Por consiguiente, la sumisión tácita se basa en la comparecencia del demandado ante los órganos jurisdiccionales en los que el actor interpuso su demanda[816], siempre que dicha comparecencia no tenga por objeto impugnar la competencia[817]. En este sentido, se debe atender a la *lex fori* para concretar los actos que debe realizar el demandado para entender que se ha constituido en parte del proceso[818].

El TJUE ha indicado que la sumisión tácita resulta aplicable con independencia del domicilio de las partes, incluso aunque estén domiciliadas en un tercer Estado[819]. Además, ha dilucidado que ésta sólo opera para otorgar competencia a los tribunales de un EM que carecía de ella, puesto que, en caso contrario, serían de aplicación los demás criterios recogidos en el propio Reglamento[820]. Como excepción, cabe subrayar que la sumisión tácita se aplica con preferencia sobre la sumisión expresa[821]. En este sentido, cabe recordar que el fundamento de ambas reside en la autonomía de la voluntad, siendo la sumisión tácita, en estos casos, una manifestación posterior a la expresa.

El TJUE ha indicado que la sumisión tácita resulta aplicable cuando se ha sometido un litigio a un tribunal vulnerando las disposiciones del Reglamento, en cuyo caso la comparecencia del demandado subsana esa contravención, por lo que el tribunal ante el que se ha presentado la demanda

---

816 En cuanto al término «comparecencia», este ha sido interpretado por la doctrina entendiendo que se requerirá la presencia legal del demandado en el proceso para que pueda realizar actos procesales válidos que le corresponderían conforme a su condición de parte en el proceso. En este sentido, *vid.*: Rodríguez Benot, A. «Artículo 26», en: Blanco-Morales, P., Garau, F., Lorenzo, M.L., Montero, F.J. [Coords.], *Comentario al Reglamento 1215/2012 relativo a la competencia judicial, el reconocimiento y la ejecución de resoluciones judiciales en materia civil y mercantil*, Navarra, Aranzadi, 2016, págs. 579-590, p. 584. Calvo Caravaca A.L., y Carrascosa González, J., *Derecho Internacional Privado... [Vol. II], op. cit.,* p. 277.

817 También cabe la posibilidad de que el demandado impugne la competencia y, a su vez, realice una defensa de forma subsidiaria. STJUE de 27 febrero 2014, Cartier parfums-lunettes y Axa Corporate Solutions assurances, C-1/13, EU:C:2014:109 [ap. 37].

818 Rodríguez Benot, A. «Artículo 26»..., *op. cit.*, p. 584.

819 STJUE de 13 de julio de 2000, Group Josi, C-412/98, EU:C:2000:399 [ap. 44 y 45]. En este sentido, vid.: Rodríguez Benot, A. «Artículo 26»..., *op. cit.*, p. 582.

820 En la citada STJUE de 27 febrero 2014, Cartier parfums-lunettes y Axa Corporate Solutions assurances, C-1/13, EU:C:2014:109, el TJUE indica que «la primera frase del artículo 24 [actual art. 26] de dicho Reglamento establece una regla para determinar la competencia basada en la comparecencia del demandado, aplicable a todos los litigios en los que la competencia del tribunal que conoce del asunto no resulte de otras disposiciones del propio Reglamento» [ap. 34].

821 En este sentido, vid.: STJUE de 20 de mayo de 2010, ČPP Vienna Insurance Group, C-111/09, EU:C:2010:290 [ap. 25]; STJUE de 24 de junio de 1981, Elefanten Schuh GmbH v Jacqmain, C-150/80, EU:C:1981:148 [ap. 10]; STJUE de 7 marzo de 1985, Spitzley v Sommer Exploitation, C-48/84, EU:C:1985:105 [ap. 24 a 26].

devendrá competente[822]. No obstante, esta regla no puede aplicarse, sin más, respecto de las materias contempladas en las secciones 3, 4 o 5 del Reglamento núm. 1215/2012, tal como indica el art. 26.2. Este precepto tiene como objetivo fundamental salvaguardar los intereses de las partes más débiles y resulta trascendental en el ámbito de los criptoactivos, dado que permitirá al tribunal que conozca del caso determinar si el consumidor/usuario de la PC acepta de forma consciente la jurisdicción del tribunal ante el que haya sido demandado por parte de la PC. A tal efecto, como se ha indicado al analizar las cláusulas de jurisdicción de las PC *[vid. supra]*, el tribunal debe apreciar de oficio aquellas que resulten abusivas. Por tanto, el órgano jurisdiccional debe advertir al consumidor de que la cláusula de jurisdicción resulta inválida por ser abusiva y que, por tanto, al tratarse de un supuesto de sumisión táctica, tiene derecho a impugnar la competencia mediante la oportuna declinatoria.

III. Foro aplicable en materia de insolvencia

En el ámbito de los criptoactivos no resulta infrecuente encontrar supuestos en los que se producen quiebras repentidas o casos de insolvencia por parte de grandes PC [*v.g.* FTX, Celsius, Voyager, Coin FLEX o Thrre Arrows], así como de otros operadores actuantes en este mercado [*v.g.* emisores, oferentes, intermediarios, etc.]. Lo mismo ocurre respecto de los criptoactivos debido a la alta volatilidad que experimenta este mercado [*v.g.* Terra USD o Luna]. Por esa razón, el estudio del foro previsto para casos de insolvencia o concurso de acreedores resulta imprescindible en el ámbito de los criptoactivos, el cual permite a los afectados reclamar con el fin de que, en la medida de lo posible, obtengan una respuesta que satisfaga sus pretensiones como acreedores.

Cabe partir de la premisa de que el Reglamento núm. 1215/2012 excluye de su ámbito de aplicación material «la quiebra, los convenios entre quebrado y acreedores, y demás procedimientos análogos» [*ex* art. 1.2.b)], por lo que para determinar qué tribunales ostentan competencia judicial internacional en relación con los procedimientos de insolvencia se debe acudir al Reglamento núm. 848/2015 sobre procedimientos de insolvencia[823], cuyo considerando núm. 7 aclara lo siguiente: «La quiebra, los convenios entre quebrado y acreedores y demás procedimientos análogos, así como las acciones relacionadas con esos procedimientos, están excluidos del ámbito de aplicación del Reglamento [UE] núm. 1215/2012 del Parlamento Europeo y del Consejo.

822 STJUE de 20 de mayo de 2010, ČPP Vienna Insurance, C-111/09, EU:C:2010:290 [ap. 21 y ss.].

823 Reglamento [UE] núm. 848/2015 del Parlamento europeo y del consejo de 20 de mayo de 2015 sobre procedimientos de insolvencia [texto refundido]. DOUE núm. 141 de 05.06.2015.

Dichos procedimientos deben quedar sujetos al presente Reglamento. En la mayor medida posible, la interpretación del presente Reglamento debe evitar resquicios normativos entre ambos instrumentos. Sin embargo, el mero hecho de que un procedimiento nacional no figure en la lista del anexo A del presente Reglamento no ha de significar que esté sujeto al Reglamento [UE] núm. 1215/2012».

El ámbito de aplicación material del Reglamento núm. 848/2015 está recogido en el artículo 1.1, el cual indica que «el presente Reglamento se aplicará a los procedimientos colectivos públicos, incluidos los procedimientos provisionales, regulados en la legislación en materia de insolvencia y en los que, a efectos de rescate, reestructuración de la deuda, reorganización o liquidación, a) se desapodere a un deudor total o parcialmente de sus bienes y se nombre a un administrador concursal; b) los bienes y negocios de un deudor se sometan a control o supervisión judicial, c) un órgano jurisdiccional acuerde, o se establezca por ministerio de la ley, una suspensión temporal de los procedimientos de ejecución individual para facilitar las negociaciones entre el deudor y sus acreedores [...]». En cuanto a su ámbito de aplicación territorial y temporal, el Reglamento es aplicable desde el 26 de junio de 2017 [art. 92] por todos los EE. MM de la Unión Europea, a excepción de Dinamarca [considerando núm. 88].

La competencia judicial internacional está regulada en los artículos 3 y siguientes del Reglamento. En concreto, el art. 3.1 recoge el foro general en este ámbito, al indicar que «tendrán competencia para abrir el procedimiento de insolvencia los órganos jurisdiccionales del EM en cuyo territorio se sitúe el centro de intereses principales del deudor ["procedimiento de insolvencia principal"]. El centro de intereses principales será el lugar en el que el deudor lleve a cabo de manera habitual y reconocible por terceros la administración de sus intereses». Por consiguiente, la regla general es la aplicación del foro del centro de intereses del deudor, esto es, por lo que aquí interesa, el de la PC. Para determinar dónde se ubica el centro de intereses, el art. 3.1. 2.° establece una presunción que admite prueba en contrario, al estipular que «respecto de las sociedades y personas jurídicas, se presumirá que el centro de sus intereses principales es, salvo prueba en contrario, el lugar de su domicilio social. Esta presunción solo será aplicable si el domicilio social no ha sido trasladado a otro EM en los tres meses anteriores a la solicitud de apertura de un procedimiento de insolvencia».

En relación con el concepto de «centro de intereses principal» del art. 3 del Reglamento, el TJUE ha declarado que dicho lugar «debe identificarse, según se desprende de la citada definición, con arreglo a criterios objetivos que, al mismo tiempo, puedan ser comprobados por terceros. Esta objetividad y esta posibilidad de comprobación por parte de terceros son necesarias para garantizar la seguridad jurídica y la previsibilidad en relación con la determinación del órgano jurisdiccional competente para abrir un procedimiento principal de insolvencia»[824]. Aunque esta jurisprudencia hace referencia al Reglamento núm. 1346/2000 ya derogado, el TJUE ha indicado que la referida interpretación se debe utilizar para interpretar el sentido y el alcance del concepto de «centro de intereses principales» del nuevo Reglamento núm. 848/2015[825].

En este contexto, el TJUE considera que «el centro de principales intereses de un deudor debe determinarse tras una valoración conjunta de todos los criterios objetivos reconocibles por terceros, en particular por los acreedores, que puedan determinar el lugar efectivo en el que el deudor lleva a cabo de manera habitual la administración de sus intereses»[826]. Esta conclusión es válida con independencia del tipo de deudor, ya sea este una sociedad, una persona jurídica o un particular[827]. En efecto, este foro también puede ser utilizado para demandar a un particular en caso de insolvencia, aunque este no ejerza una actividad mercantil o profesional independiente, en cuyo caso su centro de intereses se situará, por regla general, «en el lugar de su residencia habitual, ya que es muy probable que ese lugar sea el centro de sus principales intereses económicos»[828]. Dicho lugar suele coincidir, en la práctica, con

---

824 STJUE de 16 de julio de 2020, Novo Banco, C-253/19, EU:C:2020:585, ap. 19. En este mismo sentido, *vid.*: STJUE de 2 de mayo de 2006, Eurofood IFSC, C341/04, EU:C:2006:281, ap. 32 y 33. Auto del TJUE de 24 de mayo de 2016, Leonmobili y Leone, C353/15, EU:C:2016:374, ap. 33. STJUE de 21 de enero de 2010, MG Probud Gdynia, C444/07, EU:C:2010:24, ap. 37. STJUE de 20 de octubre de 2011, Interdil, C396/09, EU:C:2011:671, ap. 47 y 49. STJUE de 15 de diciembre de 2011, Rastelli Davide e C., C191/10, EU:C:2011:838, ap. 31 y 33.

825 STJUE de 16 de julio de 2020, Novo Banco, C-253/19, EU:C:2020:585, ap. 20.

826 STJUE de 16 de julio de 2020, Novo Banco, C-253/19, EU:C:2020:585, ap. 22. En este contexto, el TJUE indica que «el considerando 28 de dicho Reglamento también aporta precisiones útiles al respecto cuando dispone que, al determinar si el centro de intereses principales del deudor puede ser reconocible por terceros, debe prestarse una especial atención a los acreedores y a su percepción del lugar en el que el deudor lleva a cabo la gestión de sus intereses. En efecto, recurrir a criterios objetivos que puedan ser reconocibles por terceros para determinar el centro de intereses principales del deudor debe permitir determinar el foro con el que el deudor tiene un verdadero vínculo y satisfacer así las legítimas expectativas de los acreedores». STJUE de 16 de julio de 2020, Novo Banco, C-253/19, EU:C:2020:585, ap. 21.

827 STJUE de 16 de julio de 2020, Novo Banco, C-253/19, EU:C:2020:585, 23.

828 STJUE de 16 de julio de 2020, Novo Banco, C-253/19, EU:C:2020:585, ap. 24 y 25. En este contexto, el TJUE señala que «mientras no se destruya esa presunción, los tribunales del EM en el que radique esa residencia son internacionalmente competentes para abrir un procedimiento de insolvencia contra dicho particular. Sin embargo, el artículo 3, apartado 1, párrafo cuarto, del Reglamento 2015/848 establece que esa presunción únicamente es válida salvo prueba en contrario y el considerando 30 de ese Reglamento precisa que debe ser posible destruir dicha presunción, por ejemplo, en el supuesto de que la mayor parte de los bienes del deudor esté situada fuera del EM en el que reside habitualmente, o cuando pueda establecerse que la principal razón de su traslado haya sido tramitar los procedimientos de insolvencia en la nueva jurisdicción y ello perjudicase materialmente los intereses de los acreedores cuyos créditos con el deudor hayan nacido antes del tras-

el lugar dónde los deudores particulares «llevan a cabo de manera habitual la administración de sus intereses económicos y en el que se perciben y gastan la mayoría de sus ingresos o en el lugar en el que se sitúa la mayor parte de sus activos»[829].

Por otra parte, el TJUE ha determinado que el art. 3.1 del Reglamento núm. 848/2015 debe interpretarse en el sentido de que «el tribunal de un EM ante el que se haya presentado una solicitud de apertura de un procedimiento de insolvencia principal conserva la competencia exclusiva para incoar tal procedimiento cuando el centro de intereses principales del deudor se haya trasladado a otro EM con posterioridad a la presentación de tal solicitud, pero antes de que dicho tribunal se haya pronunciado sobre ella»[830]. Asimismo, cabe tener presente que el art. 4 del Reglamento indica que el tribunal que reciba una solicitud de apertura de un procedimiento de insolvencia debe examinar, de oficio, si es competente para conocer del caso conforme al art. 3[831]; sin perjuicio de la posibilidad del deudor o de cualquiera de los acreedores de impugnar la competencia internacional en virtud del art. 5.1 del Reglamento.

Cabe tener presente que los órganos jurisdiccionales que ostenten jurisdicción en virtud del art. 3 del Reglamento serán competentes para conocer de cualquier acción que se derive directamente del procedimiento de insolvencia, siempre que guarde una estrecha relación con éste [art. 6.1]. Además, cabe tener en cuenta la previsión recogida en el art. 6.2 del Reglamento, el cual indica que «cuando una acción como la mencionada en el apartado 1 sea una acción conexa con una acción en materia civil y mercantil interpuesta contra el mismo demandado, el administrador concursal podrá promover ambas acciones ante los órganos jurisdiccionales del Estado miembro en cuyo territorio esté domiciliado el demandado o, en caso de que la acción se interpusiera contra varios demandados, ante los órganos jurisdiccionales del Estado miembro en cuyo territorio esté domiciliado alguno

lado» [ap. 25 y 26]. En este contexto, el TJUE ha indicado que «el hecho de que el único bien inmueble de un particular que no ejerce una actividad mercantil o profesional independiente esté situado fuera del EM en el que reside habitualmente no basta por sí solo para destruir dicha presunción» [ap. 28].

829 STJUE de 16 de julio de 2020, Novo Banco, C-253/19, EU:C:2020:585, ap. 30.

830 STJUE de 24 de marzo de 2022, Galapagos BidCo., C- 723/20, EU:C:2022:209, ap. 40. En consecuencia, como indica el TJUE, «el tribunal de otro EM ante el que posteriormente se haya presentado una solicitud con el mismo objeto no puede, en principio, declararse competente para incoar un procedimiento de insolvencia principal mientras el primer órgano jurisdiccional no se haya pronunciado y haya declinado su competencia» [ap. 40 *in fine]*.

831 En concreto, el artículo 4.1 del Reglamento dispone lo siguiente: El órgano jurisdiccional que reciba una solicitud de apertura de un procedimiento de insolvencia examinará de oficio si es competente de conformidad con el artículo 3. La resolución de apertura del procedimiento de insolvencia especificará los motivos en los que se basa la competencia del órgano jurisdiccional y, en particular, si se basa en el apartado 1 o en el apartado 2 del artículo 3.

de ellos, siempre que esos órganos jurisdiccionales sean competentes con arreglo a las normas establecidas por el Reglamento [UE] no 1215/2012»[832].

Finalmente, cabe recalcar que, conforme a lo dispuesto en el artículo 19 del Reglamento, «toda resolución de apertura de un procedimiento de insolvencia, adoptada por el tribunal competente de un EM en virtud del artículo 3 de dicho Reglamento, será reconocida en todos los demás EE. MM desde el momento en que produzca efectos en el EM de apertura del procedimiento». En este contexto, como ha indicado el TJUE, «este reconocimiento se basa, como señala el considerando 65 de dicho Reglamento, en el principio de confianza mutua, que exige que los tribunales de los demás EE. MM reconozcan la resolución de apertura del procedimiento, sin que puedan controlar la apreciación que sobre su competencia ha efectuado el primer órgano jurisdiccional»[833].

832 Para determinar cuándo una acción debe considerarse conexa se debe acudir a la definición autónoma recogida en el artículo 6.3 del Reglamento, la cual es idéntica a la recogida en el Reglamento núm. 1215/2012.

833 STJUE de 24 de marzo de 2022, Galapagos BidCo., C- 723/20, EU:C:2022:209, ap. 35. STJUE de 2 de mayo de 2006, Eurofood IFSC, C341/04, EU:C:2006:281, ap. 42.

BIBLIOGRAFÍA

I. Publicaciones: libros, capítulos de libro y artículos de revista

ALVARADO HERRERA, L., «Autorización de los proveedores de servicios de criptoactivos. Título V. Capítulo 1», en *Guía de criptoactivos MICA*. Obra colectiva, directores Madrid PARRA, A. y PASTOR SEMPERE, C. Aranzadi, Navarra, 2021, págs. 245-260.

ALVARADO HERRERA, L., «Los criptoactivos con función de pago: criptomonedas estables y sistemas de pago a la luz de la propuesta de Reglamento relativo a los mercados de criptoactivos [MICA]», en *Guía de criptoactivos MICA. Obra colectiva,* directores MADRID PARRA, A. y PASTOR SEMPERE, *C.* Aranzadi, Navarra, 2021, págs. 857-888.

ÁLVAREZ ROYO-VILLANOVA, S., «ICO y Crowdfunding. Alternativas de regulación y el anteproyecto de regulatory Sandbox», en *Revolución digital, derecho mercantil y token economía*, director MUÑOZ PÉREZ, A.F., Tecnos, Madrid, 2019, págs. 387-408.

ANTÓN JUÁREZ, I., «El litisconsorcio pasivo, la validez de la sumisión expresa y la noción de materia contractual en el sector financiero: nota a la STJUE de 20 de abril de 2016», en *Cuadernos de Derecho Transnacional*, Vol. 8, núm. 2, 2016, págs. 349-362.

ANDREEVA, V., «Conflicto de leyes en las transacciones de cryptomonedas», en *Anuario Español de Derecho Internacional Privado*, Tomo XXII, 2022, págs. 21-47.

ARENAS GARCÍA, R., «Competencia territorial y competencia judicial internacional en el marco de la competencia desleal», en *Derecho de los negocios*, núm. 103, 1999, págs. 16-23.

ARENAS GARCÍA, R., «La distinción entre obligaciones contractuales y obligaciones extracontractuales en los instrumentos comunitarios de derecho internacional privado», en *Anuario Español de Derecho Internacional Privado*, Tomo VI, 2006, págs. 393-415.

Arenas García, R., «El foro de la pluralidad de demandados ante el TJCE: comentario a la STJCE [sala tercera] de 11 de octubre de 2007», en *Anuario español de derecho internacional privado*, Tomo VII, 2007, págs. 627-642.

Arenas García, R., «Competencia judicial internacional y acuerdos de sumisión en la contratación electrónica internacional», en *Estudios sobre Consumo, núm.* 85, 2008, págs. 45-60.

Arenas García, R., «Competencia judicial internacional y demandas por competencia desleal. El retorno del imperialismo jurisdiccional», en *Anuario Español de Derecho Internacional Privado*, Tomo XIII, 2013, págs. 1001-1009.

Arenas García, R., «La aprobación por la UE del Convenio de la Haya sobre acuerdos de elección de foro: Un cruce de caminos», en *La Ley Unión Europea*, núm. 22, 2015, págs. 35-45.

Armenta Deu, T., *Lecciones de Derecho procesal civil. Proceso de Declaración. Proceso de Ejecución. Procedimientos especiales. Arbitraje y mediación*, 10. ª ed., Marcial Pons, Madrid, 2017.

Arribas Ruiz, J.A., «Publicidad sobre criptoactivos: situación actual y qué se espera», en *Comunicaciones en propiedad industrial y Derecho de la competencia*, núm. 97, 2022, págs. 123-154.

Arroyo Aparicio, A., «Artículo 18», en *Comentario al Reglamento 1215/2012 relativo a la competencia judicial, el reconocimiento y la ejecución de resoluciones judiciales en materia civil y mercantil*. Obra colectiva, coordinadores Blanco-Morales, P., Garau, F., Lorenzo, M.L., Montero, F.J., Aranzadi, Pamplona, 2016, págs. 458-465.

Arroyo Aparicio, A., «Artículo 19», en *Comentario al Reglamento 1215/2012 relativo a la competencia judicial, el reconocimiento y la ejecución de resoluciones judiciales en materia civil y mercantil*. Obra colectiva, coordinadores Blanco-Morales, P., Garau, F., Lorenzo, M.L., Montero, F.J., Aranzadi, Pamplona, 2016, págs. 466-474.

Arruñada, B., «Limitaciones de "Blockchain" en contratos y propiedad», en *Blockchain: impacto en los sistemas financiero, notarial, registral y judicial*. Obra colectiva, directora Sánchez Ruiz De Valdivia, I., Aranzadi, Navarra, 2020, págs. 249-280.

Azparren Lucas, A., «Intervención judicial en el arbitraje: la apreciación de oficio de cláusulas abusivas y de la nulidad del convenio arbitral [Consecuencias de la Sentencia del Tribunal de Justicia de las Comunidades de 26 de octubre de 2006]», en *Diario La Ley*, 2007, núm. 6789, págs. 1-10.

Ávila De La Torre, A., «Comentario al art. 9 de la LCD. Actos de denigración», en *Comentarios a la Ley de Competencia Desleal*. Obra colectiva, director Bercovitz Rodríguez-Cano, A., Aranzadi, Navarra, 2011, págs. 223-240.

Barrio Andrés, M., «La nueva regulación de los criptoactivos en España», en *Diario La Ley*, núm. 10010, 2022, págs. 1-5.

Barrio Andrés, M., «Concepto y clases de criptoactivos», en *Criptoactivos. Retos y desafíos normativos*. Obra colectiva, director Barrio Andrés, M., La Ley, Madrid, 2021, págs. 37-62.

Beltrán De Lubiano Sáez, J., «Controlando al litigante rebelde: las anti-suit injunctions en los tribunales españoles», en *Revista Jurídica Universidad Autónoma de Madrid*, 2015, núm. 32, págs. 75-98.

Bercovitz Rodríguez-Cano, A., «La experiencia del arbitraje de consumo», en *El futuro de la protección jurídica de los consumidores [actas del I Congreso Euroamericano de Protección Jurídica de los Consumidores]*. Obra colectiva, director Tomillo Urbina, J., Aranzadi, Navarra, 2008, págs. 379-388.

Bercovitz Rodríguez-Cano, A., «Arbitraje de consumo», en *Aranzadi civil*, núm. 3, 2007, págs. 2571-2574.

Bercovitz Rodríguez-Cano, A., «Algunas nociones sobre la relación de las marcas y la competencia desleal», en *Estudos de Direito Intelectual. Em Homenagem ao Prof. Doutor José de Oliveira Ascensao. 50 anos de Vida Universitária, Almedina*. Obra colectiva, coordinador Moura Vicente, D., Coimbra, 2015, págs. 629-635.

Blanco Sánchez, M.J., «Ejercicio de la actividad por prestadores de servicios de criptoactivos y adquisición de proveedores», en *Guía de criptoactivos MICA*. Obra colectiva, directores Madrid Parra, A. y Pastor Sempere, C. Aranzadi, Navarra, 2021, págs. 281-296.

Blanco Sánchez, M.J., «El tratamiento de los prestadores de servicios de criptoactivos en MICA como mecanismo protector del mercado y del consumidor», en *Derecho digital y nuevas tecnologías*. Obra colectiva, directores Madrid Parra, A. y Alvarado Herrera, L. Aranzadi, Navarra, 2022, págs. 919-936.

Bogdan, B., «Jurisdiction in disputes about infringements of intellectual property rights on the internet in view of recent ECJ Case law», en *Masaryk University Journal of Law and* Technology, vol. 7, núm. 2, 2013, págs. 193-200.

Bonachera Villegas, R., «El Real Decreto 231/2008, la anhelada modificación del sistema arbitral de consumo», en *Diario La Ley*, núm. 7045, 2008.

Caamiña Domínguez, C.M, *Litigación internacional en la Unión Europea I, Competencia judicial y validez de resoluciones en materia civil y mercantil en la Unión Europea. Comentario al Reglamento Bruselas I bis*, Aranzadi, Navarra, 2017.

Caamiña Domínguez, C.M, «La noción de «consumidor» en internet: El asunto C-498/16, Maximilian Schrems y Facebook Ireland Limited», en *Cuadernos de Derecho Trasnacional*, 2019, vol. 11, núm. 1, págs. 711-721, p. 720.

Calvo Caravaca A.L., y **Carrascosa González**, J., *Derecho Internacional Privado,* Vol. I, 17. ª ed., Comares, Granada, 2017.

Calvo Caravaca A.L., y **Carrascosa González**, J., *Derecho Internacional Privado,* Vol. II, 17. ª ed., Comares, Granada, 2017.

Cámara Lapuente, S. «El concepto legal de «consumidor» en el Derecho privado europeo y en el Derecho español: aspectos controvertidos o no resueltos», en *Cuadernos de Derecho Transnacional,* vol. 3, núm. 1, 2011, págs. 84-117.

Camilleri, S.P., «Anti–suit injunctions en el régimen de Bruselas I: ¿una cuestión de principios?», en *Arbitraje: Revista de arbitraje comercial y de inversiones*, 2014, vol. 7, núm. 2, págs. 421-438.

Camilleri, S.P., «Recital 12 of the Recast Regulation: a new hope?», en *The International and Comparative Law Quarterly*, 2013, Vol. 62, núm. 4, págs. 899-916.

Campbell, D., «Unfair trading practices. The comparative law Yearbook of International business», Wolter Kluwer, *Alphen aan den Rijn,* 2016.

Campos Saenz De Santa María, V., «2030: la era Token», en *Revista de derecho y economía,* núm. 57, 2022, págs. 101-126, p. 108.

Campuzano Díaz, B., «El Convenio de La Haya de 2005 y los acuerdos de elección de foro en las relaciones comerciales entre México y los EE. MM de la Unión Europea», en *Boletín Mexicano de Derecho Comparado*, núm. 165, 2022, págs. 3-31.

Campuzano Díaz, B., «El TJUE de nuevo con el foro de la pluralidad de demandados. Nota a la sentencia de 1 de diciembre de 2011 en el asunto Painer», en *Cuadernos de Derecho Transnacional*, vol. 4, núm. 1, 2012, págs. 245-255.

Campuzano Díaz, B., «El forum reconventionis. Nota a la sentencia del TJUE de 12 de octubre de 2016, Kostanjevec, As. 185/15», en *Cuadernos de Derecho Transnacional*, Vol. 9, núm. 1, 2017, págs. 396-405.

CAMPUZANO LAGUILLO, A.B., *et al., El Derecho de la competencia*, Tirant lo Blanch, Valencia, 2015.

CANALEJAS MERÍN, J.F., «Algunas cuestiones en torno a la propuesta de la Comisión europea sobre los mercados de criptoactivos [MICA]», en *Revista de derecho del mercado de valores*, ISSN 1888-4113, núm. 27, 2020, págs. 386-418.

CARRIZO AGUADO, D. Y **ÁLVAREZ RODRÍGUEZ, A.**, «Determinación de la competencia judicial internacional en aquellos contratos con condiciones generales celebrados vía *on line*: Análisis de la validez formal del pacto de sumisión expresa materializado con un «clic» en página web», en *Revista Aranzadi Unión Europea*, núm. 7, 2015, págs. 73-88.

CARRIZO AGUADO, D., «La relación de causalidad como indicio justificativo de la «actividad dirigida» en el contrato internacional de consumo: análisis del foro de protección de la parte débil», en *Cuadernos de Derecho Transnacional*, vol. 8, núm. 1, 2016, págs. 301-317.

CASTELLANOS RUIZ, E., «El concepto de actividad profesional «dirigida» al EM del consumidor: *stream-of-commerce*», en *Cuadernos de Derecho Transnacional,* vol. 4, núm. 2, 2012, págs. 70-92.

CASTELLANOS RUIZ, M.J., «El foro de consumidores: comentarios a la Sentencia del TJUE de 23 de diciembre de 2015, RÜDIGER HOBOHM. C. BENEDIKT KAMPIK LTD & CO. KG y otros, C-297/14», en *Cuadernos de Derecho Transnacional.CDT,* vol. 9, núm. 2, 2017, págs. 646-648.

CASTELLÓ PASTOR, J.J., *Daños digitales y derechos de la personalidad: determinación del tribunal competente en conflictos internacionales originados en la red*, Aranzadi, Navarra, 2022.

CEBRIÁN SALVAT, M.A., «Estrategia procesal y litigación internacional en la Unión Europea: distinción entre materia contractual y extracontractual», en *Cuadernos de Derecho Transnacional*, Vol. 6, núm. 2, 2014, págs. 315-329.

CEBRIÁN SALVAT, M.A., «La competencia judicial internacional residual en materia contractual en España», en *Cuadernos de Derecho Transnacional*, vol. 9, núm. 2, 2017, págs. 127-150, p. 144.

CORDERO ÁLVAREZ, C.I., «Lugar de cumplimiento de la prestación que sirve de base a la demanda en los contratos de compraventa internacional de mercaderías como criterio de competencia en el sistema Bruselas [AAP Barcelona 17 noviembre 2020]», en *Cuadernos de Derecho Trasnacional*, 2021, vol. 13, núm. 2, págs. 614-723.

Cordero Álvarez, C.I., «Algunos problemas de aplicación del art. 5. 3.° del Reglamento 44/2001», en *Anuario Español de Derecho Internacional Privado*, Tomo IX, 2009, págs. 411-428.

Criado Enguix, J., «Protección de los derechos de los consumidores frente a la publicidad engañosa de las criptomonedas», en La Ley, núm. 12, 2022, págs. 1-27.

De la Oliva, A. y **Ángel Fernández, M.**, *Derecho procesal Civil*, 4. ª ed., Centro de Estudios Ramón Areces, Madrid, 1995.

De la Oliva Santos, A., **Díez-Picazo Giménez, I.** y **Vegas Torres J.**, *Curso de Derecho Procesal Civil II. Parte General,* 3. ª ed., Centro de Estudios Ramón Areces, Madrid, 2016.

De Miguel Asensio, P.A., «Propuesta de Reglamento sobre los mercados de criptoactivos en la Unión Europea», en *La Ley Unión Europea*, núm. 85, 2020, págs. 1-7.

De Miguel Asensio, P.A., «Blockchain and Smart contracts relating to copyright: jurisdiction and Applicable law», en *La tecnologia blockchain e il diritto d'autore: miraggio o realtà?. Obra colectiva,* editor Coltellacci, V., Aracne, 2021.

De Miguel Asensio, P.A., «El lugar de ejecución de los contratos de prestación de servicios como criterio atributivo de competencia», en *Entre Bruselas y La Haya. Estudios sobre la unificación internacional y regional del Derecho internacional privado - Liber amicorum Alegría Borrás. Obra colectiva*, coordinador Joan Forner, J. Marcial Pons, Madrid, 2013, págs. 291-307.

De Miguel Asensio, P.A., «Condicionantes de la aplicación de la Circular de la CNMV sobre publicidad de criptoactivos a las actividades transfronterizas», en *La Ley Unión Europea*, núm. 101, 2022, págs. 1-6.

De Miguel Asensio, P.A., «El nuevo Reglamento de la Unión Europea sobre bloqueo geográfico y otras formas de discriminación», en *La Ley Unión Europea*, núm. 59, 2018, págs. 1-10.

De Miguel Asensio, P., *Derecho privado de Internet*, 5. ª ed., Civitas, Madrid, 2015.

De Miguel Asensio, P.A., «The private international law of intelectual property and of unfair commercial practices: Convergence or divergence?», en *Intellectual Property and Private International Law*. Obra colectiva, editores Leible, S. y Ohly, A. Mohr Siebeck, Tübingen, 2009, págs. 137-190.

De Miguel Asensio, P.A., «The Rome I and Rome II Regulations in international comercial arbitration», en *The Impact of EU Law on International Commercial Arbitration*. Obra colectiva, *editor* Ferrari F. Juris, New York, 2017, págs. 177-243.

De Miguel Asensio, P.A., «El lugar del daño como fundamento de la competencia internacional en los litigios sobre derechos de autor», en *Estudos de Direito Intelectual. Em Homenagem ao Prof. Doutor José de Oliveira Ascensao. 50 anos de Vida Universitária. Obra colectiva*, coordinador Moura Vicente D., Almedina, Coimbra, 2015, págs. 511-530.

Desantes Real, M. «Sentencia del Tribunal de Justicia [Sala Cuarta], de 5 de junio de 2014, asunto C-360/12, *Coty Germany GmbH vs. First Note Perfumes* NV», en *Revista Española de Derecho Internacional*, vol. 46, 2014, págs. 259-262.

Diago Diago, P., «Ciberactivismo, lex informática, Blockchain y oráculos: desafíos en la era digital», en *Desafíos jurídicos ante la integración digital: aspectos europeos e internacionales*, director Castelló Pastor, J.J., Aranzadi, 2021, págs. 443-467.

Dickinson, A. y Lein, E., *The Brussels I Regulation Recast*, Oxford University Press, Reino Unido, 2015.

Dickinson, A., *The Rome II Regulation. The law applicable to non-contractual obligations*, Oxford University Press, Reino Unido, 2008.

Domínguez Pérez, E.M, *Competencia desleal a través de actos de imitación sistemática*, Aranzadi, Navarra, 2003.

Domínguez Pérez, E.M., «Artículo 11. Actos de imitación», en *Comentarios a la Ley de Competencia Desleal*. Obra colectiva, director Bercovitz Rodríguez-Cano, R. Aranzadi, Navarra, 2011, págs. 279-316.

Dowers, N. y Sophia Tang, Z., «Arbitration in EU jurisdiction Regulation: Brussels I Recast and a New Proposal», en *Groningen Journal of International Law*, 2015, vol 3, núm. 1. págs. 125-146.

Echebarría Sáenz, J.A., «Competencia desleal [aspectos generales]», en *Diccionario de Derecho de la competencia*. Obra colectiva, director Velasco San Pedro, L.A. Iustel, Madrid, 2006, págs. 210-219.

Echebarría Sáenz, J.A., «Competencia desleal [Derecho Europeo]», en *Diccionario de Derecho de la competencia*. Obra colectiva, director Velasco San Pedro, L.A. Iustel, Madrid, 2006, págs. 219-224.

Echebarría Sáenz, M., «Contratos electrónicos autoejecutables [Smart contract] y pagos con tecnología Blockchain», en *Revista de Estudios Europeos*, núm. 70, 2017, págs. 60-97.

Elvira Benayas, M.J., «¿Existe alguna posibilidad, por pequeña que sea, de salvar lo nuestro? Las antisuit injunction y el Convenio de Bruselas. A propósito de la STCE de 27 de abril de 2004 [C-159/02]», en *Revista electrónica de estudios internacionales*, 2005, núm. 9, págs. 1-32.

Espiniella Menéndez, Á., «Competencia judicial internacional respecto de actos desleales con los competidores», en *Cuadernos de derecho transnacional*, Vol. 10, núm. 2, 2018, págs. 276-305.

Espiniella Menéndez, Á., *Abogacía internacional. Volumen II. La protección de los consumidores*, Rasche, Madrid, 2016.

Esplugues Mota, C., *et al.*, *Derecho Internacional Privado*, 9. ª ed., Tirant lo Blanch, Valencia, 2015.

Espuga Torné, G., «Régimen jurídico de los tokens no fungibles [NFT]. Breve referencia a su posible consideración como valores negociables», en *Derecho Digital e Innovación*, núm. 12, 2022, págs. 1-10.

Feliu Álvarez de Sotomayor, S., «Nulidad de las cláusulas de jurisdicción y la ley aplicable a la luz de la ley 3/2014 por la que se modifica el texto refundido de la Ley General para la defensa de los consumidores y usuarios», en *Revista Electrónica de Estudios Internacionales [REEI]*, núm. 29, 2015, págs. 1-36, págs. 5 y 6.

Feraci, O., «Diffamazione internazionale a mezzo di Internet: quale foro competente? Alcune considerazioni sulla sentenza *eDate*», en *Rivista di diritto internazionale*, Vol. 95, núm. 2, 2012, págs. 461-469.

Fernández Carballo-Calero y **E. Salgado André, P.**, «Actos de engaño y omisiones engañosas en la ley de competencia desleal [análisis de los arts. 5 y 7 LCD]», en *Actas de derecho industrial y derecho de autor*, tomo 30, 2010, págs. 225-244.

Fernández López, J.M., «Supuestos de competencia desleal de la Ley 3/1991», en *Tratado de Derecho Industrial: propiedad industrial, propiedad intelectual, derecho de la competencia económica, disciplina de la competencia desleal*. Obra colectiva, 3. ª ed. Civitas, Madrid, 2009, págs. 1-7 [versión digital].

Fernández Martínez, B., «Blockchain: La revolución de las redes», en *Revolución digital, derecho mercantil y token economía*. Obra colectiva, directora Muñoz Pérez, A.F. Tecnos, Madrid, 2019, págs. 67-78.

Fernández-Nóvoa Rodríguez, C., «La Directiva comunitaria sobre prácticas comerciales desleales», en *La Ley: Revista jurídica española de doctrina, jurisprudencia y bibliografía*, núm. 1, 2006, págs. 1335-1340.

Fernández Rozas, J.C. y **Sánchez Lorenzo, S.**, *Derecho internacional privado*, 9. ª ed., Civitas, Madrid, 2016.

Fernández Rozas, J.C., «El Reglamento Bruselas I revisado y el arbitraje: crónica de un desencuentro», en *La Ley UE*, 2013, núm. 9, págs. 1-26.

Fernández Rozas, J.C., «Anti-suit injunctions issued by National Courts Measures Addressed to the Parties or to the Arbitrators», en *Anti-suit injunctions in international arbitration - IAI series no. 2*. Obra colectiva, editor Gaillard, E. Juris Net, 2005, págs. 73-85.

Font i Segura, A., «La disociación y los daños indirectos en la aplicación del artículo 5.3 del Convenio de 1968 de Bruselas», en *Noticias de la Unión Europea*, núm. 66, 1990, págs. 131-136.

Font i Segura, A., *La protección internacional del secreto empresarial*, Eurolex, Madrid, 1999.

Garau Juaneda, L., «El ámbito de vigencia, el ámbito de aplicación y el ámbito de eficacia de los derechos civiles autonómicos: al hilo del caso particular del art. 50 de la Compilación del Derecho Civil de las Islas Baleares», en *Revista Jurídica de les Illes Balears*, núm. 21, 2020, págs. 11–42.

Garau Juaneda, L., «La integración del Reglamento Europeo en materia sucesoria en el Derecho interregional español», en *Bitácora Millennium DIPr*, núm. 2, 2015, págs. 1–14.

Garau Juaneda, L., «Los conflictos de leyes entre las diferentes regulaciones en materia de régimen económico matrimonial vigentes en España y cuestiones de derecho intertemporal asociadas a los mismos», en *Las relaciones patrimoniales entre cónyuges y parejas convivientes en los derechos civiles autonómicos*. Obra colectiva, directores Lledó Yagüe F., Ferrer Vanrell M.P. y Monje Balmaseda O. Dykinson, Madrid, 2021, págs. 1-35.

Garau Juaneda, L., «Sobre las diferentes relaciones entre norma jurídica y territorio», en *Aufbruch nach Europa, 75 Jahre Max-Planck-Institut für Privatrecht*. Obra colectiva, coordinador Basedow J. *et al*. Mohr Siebeck, 2001, págs. 415–428.

Garau Juaneda, L., «Espacio y tiempo en el Derecho», en *Nuevas fronteras del derecho de la Unión Europea. Liber amicorum: José Luis Iglesias Buhigues*. Obra colectiva, coordinador Esplugues Mota, C. Tirant lo Blanch, Valencia, 2012, págs. 101–116.

Garau Juaneda, L., «La aplicación de los Reglamentos de la UE a los llamados «conflictos internos» y el necesario cambio de paradigma sobre la función de las normas de conflicto», en *Bitácora Millennium DIPr*, núm. 10, 2019, págs. 1–14, págs. 9–11.

Garau Juaneda, L., *Algunas reflexiones interdisciplinares e incluso heterodoxas sobre el Derecho interregional*. Edicions UIB, Palma, 2023.

Garau Sobrino, F., «El Derecho Internacional privado que viene: el futuro ya está aquí», en *Anuario español de Derecho Internacional Privado*, T. XVII, 2017, págs. 303-332.

Garau Sobrino, F., *Los acuerdos internacionales de elección de foro*. Colex, Madrid, 2008.

Garau Sobrino, F., «Los acuerdos atributivos de jurisdicción en derecho procesal civil internacional español», en *Cuadernos de Derecho Transnacional*, Vol. 2, núm. 2, 2010, págs. 52-91.

Garau Sobrino, F., «Artículo 6», en *Comentario al Convenio de Bruselas relativo a la competencia judicial y a la ejecución de resoluciones judiciales en materia civil y mercantil*, Universidad Carlos III. Por en: Calvo Caravaca, A.L. y Garau Sobrino, F. [Coords.]. Madrid, 1995, págs. 166-191.

Garau Sobrino, F., *Lecciones de Derecho Procesal Civil Internacional*, 2. ª ed., Ediciones UIB, Palma, 2008.

García del Pozo, R., «Algunos casos de uso», en *Criptoactivos. Retos y desafíos normativos*. Obra colectiva, director Barrio Andrés, M. La Ley, Madrid, 2021, págs. 79-98.

García Pérez, R., *Ley de Competencia Desleal*. Thomson Aranzadi, Navarra, 2008.

García Pérez, C.L., «Cláusulas abusivas. Artículo 90. Cláusulas abusivas sobre competencias y Derecho aplicable», en *Comentario del texto refundido de la ley general para la defensa de los consumidores y usuarios y otras leyes complementarias [Real Decreto Legislativo 1/2007]*. Obra colectiva, coordinador Bercovitz Rodríguez-Cano, A. 2. ª ed., Aranzadi, Navarra, 2015, págs. 1361-1389.

Garcia Teruel, R.M., «Introducción al fenómeno de la "tokenización: estudio de casos"», en *La tokenización de bienes en blockchain. Cuestiones civiles y tributarias*. Obra colectiva, coordinador García Teruel, R.M. Aranzadi, 2020, págs. 29-60.

Garcimartín Alférez, F.J., «El Convenio de La Haya sobre Acuerdos de Elección de Foro: autonomía privada y competencia judicial internacional», en *Diario La Ley*, núm. 8423, 2014, págs. 1-13.

Garcimartín Alférez, F.J., «La competencia judicial internacional en la reforma de la Ley Orgánica del Poder Judicial», en *La Ley*, núm. 5704 [Diario La Ley núm. 8614], 2015, págs. 1-7.

Garcimartín Alférez, F.J., *Derecho Internacional Privado*, 4. ª ed., Navarra. Aranzadi, 2017.

GARNETT R. Y **RICHARDSON, M.**, «Libel Tourism or Just Redress? Reconciling the [English] Right to Reputation With the [American] Right to Free Speech in Cross-Border Libel Cases», *Journal of Private International Law*, págs. 471-490, 2015.

GLÖCKNER, J., «The ECJ's Case Law on Unfair competition», en *Law Agains Unfair competition. Towards a New Paradigm in Europe?*. Obra colectiva, editores HILTY R.M. y HENNING-BODEWIG F. Springer. Munich, 2007, págs. 101-110.

GLÖCKNER, J., «The law against unfair competition and the EC Traty», en *Law Agains Unfair competition. Towards a New Paradigm in Europe?*. Obra colectiva, editores HILTY R.M. y HENNING-BODEWIG F. Springer. Munich, 2007, págs. 77-101.

GÓMEZ JENE, M., *Arbitraje comercial internacional*, Thomson Reuters Civitas, Navarra, 2018.

GÓMEZ JENE, M., «El convenio arbitral: statu quo», en *Cuadernos de Derecho Transnacional,* vol. 9, núm. 2, 2017, págs. 7-38.

GÓMEZ JENE, M, «Arbitraje internacional y Reglamento Bruselas I Refundido», en *Arbitraje: Revista de arbitraje comercial y de inversiones*, 2015, vol. VIII. núm. 1, págs. 15-48

GÓMEZ JENE, M., «Anti-suit injunction en forma de laudo arbitral [a propósito de la sentencia Gazprom del TJUE]», en *Cuadernos de Derecho Transnacional*, 2015, Vol. 7, núm. 2, págs. 440-447.

GONZÁLEZ-CHAVES, F.R., «El vacío legal en el ámbito de las criptomonedas», en Diario La Ley, núm. 10252, 2023, págs. 1-10.

GONZÁLEZ DEL CASTILLO, N., «El futuro Reglamento Europeo para un mercado de criptoactivos [Propuesta MICA]», en *Criptoactivos. Retos y desafíos normativos*. Obra colectiva, director BARRIO ANDRÉS, M. La Ley, Madrid, 2021, págs. 117-134.

GONZALO QUIROGA, M., *Arbitrabilidad de la controversia internacional: en derecho de la competencia y condiciones generales de contratación: arbitraje internacional de consumo, seguros y trabajo*, Alhulia, Granada, 2003.

GOÑI URRIZA, N., «La concreción del lugar donde se ha producido el hecho dañoso en el art. 5.3 del Reglamento 44/2001: Nota a la STJCE de 16 de julio de 2009», en *Cuadernos de Derecho Transnacional*, vol. 3, núm. 1, 2011, págs. 290-295.

GUILLAUME, F., «Aspects of private international law related to blockchain transactions», en *Blockchains, Smart Contracts, Decentralised Autonomous Organisations and the Law*. Obra colectiva, editores KRAUS, D., OBRIST, T. Y HARI, O. Edward Elgar Publishing, Cheltenham, 2019, págs. 49-82.

Guiziou, G., «Conflits de juridictions — Conflits de juridictions. — Cyber-délits. — Article 5-3 du règlement «Bruxelles I». Conflits de lois. — Directive «commerce électronique"», en *Journal du Droit International*. Lexis Nexis, núm. 12, 2012, págs. 201-212.

Gutiérrez Gilsanz, J., «Artículo 7.5», en *Comentario al Reglamento 1215/2012 relativo a la competencia judicial, el reconocimiento y la ejecución de resoluciones judiciales en materia civil y mercantil*. Obra colectiva, coordinadores Blanco-Morales, P., Garau, F., Lorenzo, M.L., Montero, F.J. Aranzadi, Pamplona, 2016, págs. 234-249.

Henning-Bodewig, F., «Secondary Unfair Competition Law», en *Law Agains Unfair competition. Towards a New Paradigm in Europe?*. Obra colectiva, editores Hilty R.M. y Henning-Bodewig F. Springer. Munich, 2007, págs. 111-126.

Henning-Bodewig, F. [ed.], *International Handbook on Unfair Competition*, C.H. Beck — Hart publishing — Nomos, Freiburg, 2013.

Herencia Andrés, J., «Fundamentos tecnológicos de los criptoactivos», en *Criptoactivos. Retos y desafíos normativos*. Obra colectiva, director Barrio Andrés, M. La Ley, Madrid, 2021, págs. 63-78.

Heredia Cervantes, I. «Artículo 8.1», en *Comentario al Reglamento 1215/2012 relativo a la competencia judicial, el reconocimiento y la ejecución de resoluciones judiciales en materia civil y mercantil*. Obra colectiva, coordinadores Blanco-Morales, P., Garau, F., Lorenzo, M.L., Montero, F.J. Aranzadi, Pamplona, 2016, págs. 284-300.

Heredia Cervantes, I. «Artículo 8.3», en *Comentario al Reglamento 1215/2012 relativo a la competencia judicial, el reconocimiento y la ejecución de resoluciones judiciales en materia civil y mercantil*. Obra colectiva, coordinadores Blanco-Morales, P., Garau, F., Lorenzo, M.L., Montero, F.J. Aranzadi, Pamplona, 2016, págs. 321-326.

Heredia Cervantes, I., *Proceso Internacional y pluralidad de partes*. Comares, Granada, 2002.

Hilty, R.M., «The law against unfair competition and its interfaces», en *Law Agains Unfair competition. Towards a New Paradigm in Europe?*. Obra colectiva, editores Hilty R.M. y Henning-Bodewig F. Springer. Munich, 2007, págs. 2007.

Horrach Armo, J.G, «Los smart contracts y la tecnología «blockchain» en el ámbito del derecho internacional privado», en *Nuevos escenarios del derecho internacional privado de la contratación*. Obra colectiva, directores Jiménez Blanco, P. y Espiniella Menéndez, Á. Tirant Lo Blanch, 2021, págs. 683-708.

Horrach Armo, J.G., «La aplicación de la legislación civil foral o especial a los extranjeros en virtud del Reglamento [UE] n.º 650/2012. Especial referencia al pacto sucesorio de definición contemplado en la Compilación de Derecho civil de las Illes Balears», en *Anuario español de Derecho Internacional Privado*, núm. 22, 2022, págs. 389-411.

Horrach Armo, J.G., *Jurisdicción y ley aplicable en materia de competencia desleal en el marco de la economía de las plataformas virtuales*. Marcial Pons, Madrid, 2022.

Horrach Armo, J.G., «Análisis de las cláusulas de ley aplicable insertas en las condiciones generales de las plataformas de alojamiento vacacional y su incidencia sobre los consumidores», en *Plataformas digitales: aspectos jurídicos*. Obra colectiva, directora Martínez Nadal, A. Aranzadi, Navarra, 2021, págs. 193-214.

Horrach Armo, J.G., «Los acuerdos atributivos de jurisdicción en el ámbito de los *smart contracts* y la tecnología blockchain», en *Revista Electrónica de Estudios Internacionales [REEI]*, núm. 42, 2021, págs. 1-38.

Horrach Armo, J.G., «Las cláusulas de jurisdicción contenidas en las condiciones generales de las plataformas virtuales. Especial referencia a los sectores de alojamiento vacacional y comercio electrónico», *Derecho digital y nuevas tecnologías*. Obra colectiva, directores Madrid Parra, A. y Alvarado Herrera, L. Aranzadi, Navarra, 2022, págs. 615-635.

Horrach Armo, J.G., «Las plataformas de criptoactivos en el ámbito del Derecho Internacional Privado: foros aplicables en materia de responsabilidad contractual», en *Aportaciones jurídicas a la economía de plataformas*. Obra colectiva, directora Martínez Nadal, A. Aranzadi, Navarra, 2022, págs. 263-284.

Horrach Armo, J.G., «Las cláusulas atributivas de jurisdicción y los convenios arbitrales en el ámbito de las plataformas de criptoactivos», estudio aceptado para su próxima publicación en el libro de actas derivado de las XXX Jornadas Ordinarias de la Asociación Española de Profesores de Derecho Internacional y Relaciones Internacionales, págs. 1-13.

Ibáñez Jiménez, J.W., «Cuestiones jurídicas en torno a la cadena de bloques [blockchain] y a los contratos inteligentes [smart contracts]», en *Revista de las Facultades de Derecho y Ciencias Económicas y Empresariales*, núm. 101, 2017, págs. 1-8.

Ibáñez Jiménez, J.W., *Blockchain, Primeras cuestiones en el ordenamiento español*, Dykinson, Madrid, 2018.

Ibañez Jiménez, J.W, «Emisión, representación y gestión de criptoactivos», en *Criptoactivos. Retos y desafíos normativos*. Obra colectiva, director Barrio Andrés, M., La Ley, Madrid, 2021, págs. 209-230.

Jiménez Linares, M.J., «De los contratos inteligentes [smart contracts] a los contratos legales inteligentes: problemática técnico-jurídica. El contrato blockchain», en *Blockchain: impacto en los sistemas financiero, notarial, registral y judicial*. Obra colectiva, directora Sánchez Ruiz De Valdivia, I. Aranzadi, Navarra, 2020, págs. 325-358.

Lafuente Sánchez, R., «El criterio del *International Stream-of-Commerce* y los foros de competencia en materia de contratos electrónicos celebrados con consumidores», en *Cuadernos de Derecho Transnacional,* vol. 4, núm. 2, 2012, págs. 194-197.

Lastiri Santiago, M., «El metaverso: origen, evolución y retos actuales», en *La ley mercantil*, núm. 99, 2023, págs. 1-23.

Legerén Molina, A., «Smart contracts que se ejecutan en "blockchain"», en *Blockchain: impacto en los sistemas financiero, notarial, registral y judicial*. Obra colectiva, directora Sánchez Ruiz de Valdivia, I., Aranzadi, Navarra, 2020, págs. 281-323.

Legerén Molina, A., «Los contratos inteligentes en España, La disciplina de los *smart contracts*», *Revista de Derecho Civil*, vol. V, núm. 2, 2018, págs. 193-241.

Lehmann, M. «Who owns bitcoin? Private Law Facing the Blockchain», en *Journal of Law, Science & Technology*, vol. 21, issue 1, 2020, págs. 93-136. Minesota.

Leible, S., «Art 7 Brüssel Ia-VO», en *Europäisches Zivilprozess- und Kollisionsrecht. Kommentar. Brüssel Ia-VO*. Obra colectiva, coordinador Rauscher T., 4. ª ed., Ottoschmidt, Köln, 2016, págs. 260-374.

Leible, S., «Art 8 Brüssel Ia-VO», en *Europäisches Zivilprozess- und Kollisionsrecht. Kommentar. Brüssel Ia-VO*. Obra colectiva, coordinador Rauscher T., 4. ª ed., Ottoschmidt, Köln, 2016, págs. 375-403.

Leible, S., «Competencia desleal y derecho de la Unión Europea. ¿Hacia dónde nos dirigimos?», en *Actas de derecho industrial y derecho de autor*, Tomo 16, 1995, págs. 345-372.

Leible S., y **Ohly A**. [eds.], *Intellectual Property and Private International Law*. Mohr Siebeck, Tübingen, 2009.

Lois Caballé, A.I., «Mecanismos de protección del consumidor en la propuesta de Reglamento relativo a los mercados de criptoactivos», en *Guía de criptoactivos MICA*. Obra colectiva, directores Madrid Parra, A. y Pastor Sempere, C. Aranzadi, Navarra, 2021, págs. 25-40.

López Rodríguez, A.M., «Smart contracts y acuerdos restrictivos de la competencia», en Olmedo Peralta, E. [Dir.], *La aplicación del Derecho de la competencia en la economía de los datos*, Aranzadi, Navarra, 2021, págs. 171-198.

López Rodríguez, A.M., «Ley aplicable a los smart contracts y lex cryptographia», en *Cuadernos de Derecho Transnacional*, Vol. 13, núm. 1, 2021, págs. 441-459.

López Rodríguez, A.M., «Competencia judicial internacional en controversias relativas a tokens no fungibles [NFTS]», en *Revista española de Derecho Internacional*, vol. 74, núm. 2, 2022, págs. 299-321.

López Simó, F. y Tapia Fernández, I., *Lecciones de Derecho procesal Civil I. El proceso de declaración*, Ediciones UIB, Palma, 2012.

López-Tarruella Martínez, A., «El criterio de las actividades dirigidas como concepto autónomo de DIPr de la Unión Europea para la regulación de las actividades en Internet», en *Revista Española de Derecho Internacional*, vol. 69, núm. 2, 2017, págs. 223-256.

Lorenzo Guillén, M.L., «Artículo 4», en *Comentario al Reglamento 1215/2012 relativo a la competencia judicial, el reconocimiento y la ejecución de resoluciones judiciales en materia civil y mercantil*. Obra colectiva, coordinadores Blanco-Morales, P., Garau, F., Lorenzo, M.L., Montero, F.J. Aranzadi, Pamplona, 2016, pp. 111-139.

Lorenzo Guillén, M.L., «Artículo 63», en *Comentario al Reglamento 1215/2012 relativo a la competencia judicial, el reconocimiento y la ejecución de resoluciones judiciales en materia civil y mercantil*. Obra colectiva, coordinadores Blanco-Morales, P., Garau, F., Lorenzo, M.L., Montero, F.J. Aranzadi, Pamplona, 2016, pp. 1007-1020.

Lorente Martínez, I., «Compraventas especiales excluidas del foro especial por razón de la materia del artículo 7.1 b) del Reglamento Bruselas I bis», en *InDret*, núm. 3, 2019, págs. 1-44.

Lorente Martínez, I., «La fundamentación económica del foro especial en materia contractual contenido en el artículo 7.1.b) guion primero del Reglamento Bruselas I bis», en *Cuadernos de Derecho Transnacional*, Vol. 8, núm. 2, 2016, págs. 278-291.

Madrid Parra, A., «Criptoactivos: de nuevo el "viejo" dinero electrónico», en *Derecho digital y nuevas tecnologías*. Obra colectiva, directores Madrid Parra, A. y Alvarado Herrera, L. Aranzadi, Navarra, 2022, págs. 801-856.

Madrid Parra, A., «Fichas de dinero electrónico. Del dinero electrónico al "viejo" dinero digital», en *Guía de criptoactivos MICA*. Obra colectiva, directores Madrid Parra, A. y Pastor Sempere, C. Aranzadi, Navarra, 2021, págs. 219-243.

MAGNUS, U. Y **MANKOWSKI, P.**, *European Commentaries on Private International Law, Brussels Ibis Regulation*, Vol. 1, Ottoschmidt, Köln, 2016.

MARCOS FRANCISCO, D., «El arbitraje de consumo como medio extrajudicial de resolución de conflictos en la normativa española», en *Revista De Derecho Universidad Católica del Norte*, núm. 18, 2011, págs. 241-266.

MARCOS FRANCISCO, D., «Nueva perspectiva del arbitraje de consumo a la luz del Real Decreto 231/2008, de 15 de febrero, regulador del Sistema Arbitral de Consumo», *Revista General de Derecho Procesal*, núm. 16, 2008, págs. 1-58.

MARÍN LÓPEZ, M.J., «Consumidores y medios alternativos de resolución de conflictos», en *Anuario de la Facultad de Derecho de la Universidad Autónoma de Madrid*, núm. 11, 2007, págs. 122-150.

MARTÍ MIRAVALLS, J., «Criptoactivos y regulación: nueva normativa española y propuesta europea sobre *Markets in Crypto-assets* [MICA]», en *Revista Española de Capital Riesgo*, núm. 3, 2021, págs. 41-60.

MARTÍNEZ-ECHEVARRÍA Y **GARCÍA DE DUEÑAS, A.** Y **DEL CASTILLO IONOV, R.**, «Las fichas de servicio [utility tokens] en el mercado de los criptoactivos», en *Guía de criptoactivos MICA*. Obra colectiva, directores MADRID PARRA, A. y PASTOR SEMPERE, C. Aranzadi, Navarra, 2021, págs. 85-96.

MARTÍNEZ NADAL, A., «Ámbito de aplicación y conceptos esenciales de la propuesta de Reglamento relativo a los mercados de criptoactivos: la noción de criptoactivo y sus subcategorías [arts. 2 y 3]», en *Guía de criptoactivos MICA*. Obra colectiva, directores MADRID PARRA, A. y PASTOR SEMPERE, C. Aranzadi, Navarra, 2021, págs. 41-62.

MASSAGUER, J., *Comentario a la ley de competencia desleal*, Madrid, Civitas, 1999.

MENÉNDEZ PASTORELLI, P., «NTFS [not fungible tokens] desde una perspectiva jurídica», en *Biblioteca del Congreso Nacional de Chile*, 2022, págs. 1-15.

MENÉNDEZ, A., *La competencia desleal*, Civitas, Madrid,1988.

MICHINEL ÁLVAREZ, M.Á., «Sobre la interpretación del artículo 6.3 del Convenio de Bruselas de 27 de septiembre de 1968», en *Revista Española de Derecho Internacional [REDI]*, vol. 49, núm. 2, 1997, págs. 47-76.

MORENO NAVARRETE, M.A., «Las plataformas blockchain. Elementos y retos jurídicos», en *Plataformas digitales: aspectos jurídicos*. Obra colectiva, directora MARTÍNEZ NADAL, A. Aranzadi, Navarra, 2021, págs. 371-389.

Moreno Sánchez-Moraleda, A., «Interpretación autónoma de la naturaleza contractual o no de una acción. Comentario a la STJUE de 13 marzo 2014, as. C-548/12, Marc Brogsitter v. Fabrication de Montres Normandes», en *Revista Electrónica de Direito [RED]*, núm. 1, 2016, págs. 1-23.

Muñoz Pérez, A.F., «Criptoactivo, oferta y admisión a negociación», en: Madrid Parra, A. y Pastor Sempere, C., en *Guía de criptoactivos MICA*. Obra colectiva, directores Madrid Parra, A. y Pastor Sempere, C., Aranzadi, Navarra, 2021, págs. 63-84.

Muir Watt, H., «Article 8», en *European Commentaries on Private International Law, Brussels Ibis Regulation*. Obra colectiva, coordinadores Magnus, U. y Mankowski, P., Vol. 1, Ottoschmidt, Köln, 2016, págs. 369-405.

Nadal Gómez, I., «Ejecución forzosa y blockchain. Panorámica general con especial atención a las monedas virtuales», en *Revista Jurídica del Notariado*, núm. 112, 2021, págs. 313-374.

Nasare Aznar, S., «Naturaleza jurídica y régimen civil de los «tokens» en «blockchain», en *La tokenización de bienes en blockchain. Cuestiones civiles y tributarias*. Obra colectiva, coordinador García Teruel, R.M., Aranzadi, 2020, págs. 61-107.

Noriega Linares, M.C., «La existencia de la cláusula arbitral y la voluntad de las partes», en *Cuadernos de Derecho Transnacional*, vol. 13, núm. 1, 2021, págs. 995-1005.

Ortega Giménez, A., *«Smart contracts» y derecho Internacional privado*, Aranzadi, Navarra, 2019.

Ortolani, P., «Los efectos de una orden *anti-suit* dictada por un órgano arbitral sobre el Reglamento Bruselas I. Nota crítica a la STJUE en el as. Gazprom», en *La Ley Unión Europea*, 2015, núm. 29, págs. 1-14.

Ortolani, P., «The impact of blockchain technologies and smart contracts on dispute resolution: arbitration and court litigation at the crossroads», en *Uniform Law Review*, Vol. 24, núm. 2, 2019, págs. 430-448. .

Orozco Hermoso, M., «Acciones por enriquecimiento injusto y competencia judicial Internacional Sentencia del Tribunal de Justicia de 9 de diciembre de 2021, C-242/20, Hrvatske Šume», en La Ley UE, núm. 102, 2022.

Oró Martínez, C., «Sentencia del Tribunal de Justicia de la Unión Europea [Sala 3. ª], de 1 de diciembre de 2011, asunto C-145/10, *Eva-Maria Painer c. Standard VerlagsGmbH y otros*», en *Revista Española de Derecho Internacional, Sección jurisprudencia*, vol. 49, núm. 2, 2012, págs. 218-220.

Oró Martínez, C., «El artículo 5.1.b) del Reglamento Bruselas I: examen crítico de la jurisprudencia reciente del Tribunal de Justicia», en *InDret*, núm. 2, 2013, págs. 1-24.

Otero García-Castrillón, C., «El Derecho Internacional privado de la Unión Europea en la determinación de la responsabilidad civil por daños al medio ambiente», en *Anuario Hispano-Luso-Americano de derecho internacional*, núm. 21, 2013, págs. 367-400.

Otero García-Castrillón, C., «Auto 00153/2019 del Juzgado de Primera Instancia núm. 24 de Palma de Mallorca, de 2 de septiembre. Una visión desde el derecho internacional privado», en *Revista Española de Derecho Internacional*, vol. 72, núm.1, 2020, págs. 223-229.

Palao Moreno, G., «El lugar de arbitraje y la "deslocalización" del arbitraje comercial internacional», en *Boletín Mexicano de Derecho Comparado*, año XLIV, núm. 130, 2011, págs. 171-205.

Palao Moreno, G., «La responsabilidad transfronteriza por productos defectuosos en la Unión Europea», en *Derecho PUCP: Revista de la Facultad de Derecho*, núm. 74, 2015, págs. 333-352.

Palao Moreno, G., «El *forum non conveniens* es incompatible con el Convenio de Bruselas», en *La Ley: Revista jurídica española de doctrina, jurisprudencia y bibliografía*, núm. 4, 2005, págs. 1425-1433.

Pastor Sempere, C., «Fichas con referencias a activos [stablecoin]», en *Guía de criptoactivos MICA*. Obra colectiva, directores Madrid Parra, A. y Pastor Sempere, C., Aranzadi, Navarra, 2021, págs. 157-188.

Paredes Pérez, J.J., «Medidas contra el bloqueo geográfico injustificado: el Reglamento [UE] 2018/302 y su incidencia sobre las normas europeas de Derecho Internacional Privado», en *Revista electrónica de Estudios Internacionales*, núm. 35, 2018, págs. 1-26.

Paredes Pérez, J.I., «Contratos de suministro de contenidos y servicios digitales B2C: Problemas de calificación y tribunales competentes», en *Revista Electrónica de Estudios Internacionales*, núm. 41, 2021.

Pastor Sempere, C., *Economía Digital Sostenible*, núm. 18, Aranzadi, Navarra, 2020.

Pastor Sempere, C., «Nuevos retos regulatorios en los mercados de criptoactivos: metaversos, "play-to-earn" y "descentralized autonomous organization"», en *Derecho digital y nuevas tecnologías*. Obra colectiva, directores Madrid Parra, A. y Alvarado Herrera, L., Aranzadi, Navarra, 2022, págs. 709-748.

Pwc España: «El impacto regulatorio de la Propuesta MICA», *Proposal for a Regulation of the European Parliament and of the Council on Markets in Crypto-assets and amending Directive [EU] 2019/1937COM/2020/593,* págs. 1-24.

Quiroz-Ruiz, A.I., «Cuestiones jurídicas del comercio electrónico en blockchain», en *Blockchain: impacto en los sistemas financiero, notarial, registral y judicial*. Obra colectiva, directora Sánchez Ruiz de Valdivia, I. Aranzadi, Navarra, 2020, págs. 871-902.

Radicati de Brozolo, L.G., «Arbitration and the Draft Revised Brussels I Regulation: Sedes of Home Country Control and of Harmonisation», en *Journal of Private International Law*, 2011, vol. 7, núm. 3, págs. 423-460.

Ramos Gil de la Haza, A. [coord.], «La web3: una aproximación jurídica», en *Revista Jurídica Pérez-Llorca*, 2022, págs. 36-59.

Reinhart Schuller, R., «Criptoactivos: Categorización jurídica de los criptoactivos e introducción a la tecnología DLT/Blockchain», en *Cuadernos de Derecho Transnacional*, Vol. 14, núm. 2, 2022, págs. 737-769.

Requejo Isidro, M., *Proceso en el extranjero y medidas antiproceso [antisuit injunctions]*, Servicio de Publicaciones e Intercambio Científico de la Universidad de Santiago de Compostela, 2000.

Requejo Isidro, M., «Las medidas con efectos *anti-suit* en el Derecho de familia de la UE», en *La Ley Derecho de familia*, 2020, núm. 26, págs. 1-28.

Reymond, R., «The ECJ *eDate* decision: A case comment», en *Yearbook of private international law. Obra colectiva*, Bonomi, A. y Paolo Romano, G., vol. XIII, Lausana. Sellier European law publishers, 2012, págs. 493-506.

Ribó López, A., «Artículo 7.1», en *Comentario al Reglamento 1215/2012 relativo a la competencia judicial, el reconocimiento y la ejecución de resoluciones judiciales en materia civil y mercantil*. Obra colectiva, coordinadores Blanco-Morales, P., Garau, F., Lorenzo, M.L., Montero, F.J. Aranzadi, Pamplona, 2016, pp. 157-187.

Rodríguez Benot, A. «Artículo 25», en *Comentario al Reglamento 1215/2012 relativo a la competencia judicial, el reconocimiento y la ejecución de resoluciones judiciales en materia civil y mercantil*. Obra colectiva, coordinadores Blanco-Morales, P., Garau, F., Lorenzo, M.L., Montero, F.J. Aranzadi, Pamplona, 2016, 545-578.

Rodríguez Benot, A. «Artículo 26», en *Comentario al Reglamento 1215/2012 relativo a la competencia judicial, el reconocimiento y la ejecución de resoluciones judiciales en materia civil y mercantil*. Obra colectiva, coordinadores Blanco-Morales, P., Garau, F., Lorenzo, M.L., Montero, F.J. Aranzadi, Pamplona, 2016, 579-590.

Rodríguez Rodrigo, J., «Reglamento 1215/2012: foro de sumisión del artículo 25 y foro especial por razón de la materia del artículo 7.1, en relación con un contrato verbal de concesión mercantil internacional. Comentario a la sentencia del tribunal de Justicia de la Unión Europea, 8 marzo 2018, Saey Home, C-64/17», en *Cuadernos de Derecho Transnacional*, Vol. 10, núm. 2, 2018, págs. 906-914.

Roselló Rubert, F.M., «Activos digitales en *non fungibles tokens* [NFT]: plataformas comercializadoras, propiedad intelectual y límites al uso y disfrute», en *Aportaciones jurídicas a la economía de plataformas*. Obra colectiva, directora Martínez Nadal, A. Aranzadi, Navarra, 2022, págs. 107-127.

Rühl, G., «Smart [legal] contracts, or: Which [contract] law for smart contracts», en *Blockchain, Law and Governance.* Obra colectiva, editores Benedetta C. y Gherardo C. Springer. 2020.

Ruiz Rodríguez, R., «Las criptodivisas como medio de pago y el derecho internacional privado», en *Cuadernos de Derecho Transnacional*, Vol. 12, núm. 2, 2020, págs. 740-757.

Ruiz Rodríguez, R., «Blockchain y derecho internacional privado», en *Revista electrónica de estudios internacionales*, núm. 43, 2022, págs. 1-30.

Rutledge, P.B., *International civil litigation in United States Courts*, 5. ª ed. Wolter Kluwer, Frederick, 2011.

Sabido Rodríguez, M., «Artículo 7.2», en *Comentario al Reglamento 1215/2012 relativo a la competencia judicial, el reconocimiento y la ejecución de resoluciones judiciales en materia civil y mercantil*. Obra colectiva, coordinadores Blanco-Morales, P., Garau, F., Lorenzo, M.L., Montero, F.J. Aranzadi, Pamplona, 2016, págs. 188-215.

Sánchez Lorenzo, S., «Derecho aplicable al fondo de la controversia en el arbitraje internacional», en *REDI*, vol. LXI, núm. 1, 2009, págs. 39-74.

Sánchez Lorenzo, S., «Cláusulas compromisorias en los contratos internacionales: una aproximación comparada», en *Anuario hispano-luso-americano de Derecho Internacional*, núm. 23, 2017, págs. 199-222.

Sánchez Ruiz de Valdivia, I., «Blockchain e inteligencia artificial: dos tecnologías que convergen e impactan en la economía y el derecho», en *Blockchain: impacto en los sistemas financiero, notarial, registral y judicial*. Obra colectiva, directora Sánchez Ruiz de Valdivia, I. Aranzadi, Navarra, 2020, págs. 55-157.

Sanjuán Muñoz, E., «Aplicación de la tecnología Blockchain al funcionamiento de las sociedades de capital y los medios judiciales de control», en *Estudios sobre Derecho Digital*. Obra colectiva, directora Perea Ortega, R.. Aranzadi, Navarra, 2021, págs. 575-616.

SÁNCHEZ FERNÁNDEZ, S., «Información engañosa al inversor. De nuevo sobre la localización del daño puramente financiero», en *Cuadernos de Derecho Transnacional,* Vol. 15, núm. 1, 2023, págs. 806-826.

SIEIRA GIL, J. Y **CAMPUZANO GÓMEZ-ACEBO, J.**, «Tokenización de activos», en *Criptoactivos. Retos y desafíos normativos*. Obra colectiva, director BARRIO ANDRÉS, M., La Ley, Madrid, 2021, págs. 185-208.

TAPIA FRADE, A., «Las ofertas públicas de criptoactivos distintos de fichas referenciadas a activos o fichas de dinero electrónico como medio alternativo de financiación en la propuesta de Reglamento MICA», en *La Ley mercantil*, núm. 99, págs. 1-23.

VARGAS GÓMEZ-URRUTIA, M., «Cláusulas de elección de foro y protección de su efectividad en el Convenio de La Haya de 2005», en *Revista Perspectiva Jurídica*, Universidad Panamericana, núm. 6, 2016, págs. 1-18.

VIEDMA CABRERA, P., «La disrupción del Blockchain en los mercados financieros y tokenización de activos», en *Estudios sobre Derecho Digital*. Obra colectiva, directora PEREA ORTEGA, R. Aranzadi, Navarra, 2021, págs. 617-662.

VILALTA NICUESA, A.E., *Smart legal contracts y blockchain. La contratación inteligente a través de la tecnología Blockchain*. Wolters Kluwer, Madrid, 2019.

VIRGÓS SORIANO, M., *El comercio internacional en el nuevo derecho español de la competencia desleal. Un análisis del art. 4 de la Ley española de Competencia Desleal de 1991*, Civitas, Madrid, 1993.

VIRGÓS SORIANO, M., «El Convenio arbitral en el arbitraje internacional», en *Actualidad Jurídica Uría Menéndez*, núm. 14, 2006, págs. 13-28.

VIRGÓS SORIANO, M. Y **GARCIMARTÍN ALFÉREZ, F.J.,** *Derecho Procesal Civil Internacional. Litigación Internacional*. Thomson Civitas, Navarra, 2007.

VLAS, P., «Article 63», en *European Commentaries on Private International Law, Brussels Ibis Regulation*. Obra colectiva, coordinadores MAGNUS, U. y MANKOWSKI, P., Vol. 1. Ottoschmidt, Köln, 2016, págs. 993-997.

VON HEIN, J., «Protecting Victims of Cross-Border Torts under Article 7 No. 2 Brussels Ibis: Towards a more Differentiated and Balanced Approach», en *Yearbook of Private International Law*. Obra colectiva, BONOMI, A. y PAOLO ROMANO, G., Vol. XVI, 2014/2015, Ottoschmidt, Lausanne, 2016, págs. 241-274.

ZETZSCHE, D., **ANNUNZIATA, F.**, **ARNER, D.**, **BUCKLEY, R.**, «The Markets in Crypto-Assets Regulation [MICA] and the EU Digital Finance Strategy», en *EBI Working Paper Series*, núm. 77, 2020, págs. 1 -28.

Zogg, S. «Accumulation of contractual and tortious causes of action under the judgments regulation», en *Journal of Private International Law*, vol. 9, núm. 1, 2013, págs. 39-76

II. Documentos de organismos nacionales e internacionales

Autoridad Bancaria Europea [ABE], «Advertencia a los consumidores sobre las monedas virtuales», EBA/WRG/2013/01, 2013.

Autoridad Bancaria Europea [ABE], «Dictamen de la ABE sobre las monedas virtuales», EBA/Op/2014/08, 2014.

Autoridad Europea de Valores Y Mercados [ESMA], «ESMA alerta a los inversores sobre los altos riesgos de las ofertas iniciales de monedas [ICO]», ESMA50-157-829, 2017.

Autoridad Europea de Valores Y Mercados [ESMA], «La AEVM alerta a las empresas que recurren a ofertas iniciales de criptomonedas [«ICO»] de la necesidad de cumplir los requisitos normativos aplicables», ESMA50-157-828, 2017.

Autoridad Europea de Valores Y Mercados [ESMA] y Autoridad Bancaria Europea [ABE], «La AEVM, ABE y AESPJ advierten a los consumidores de los riesgos de las monedas virtuales», 2018.

Banco Central Europeo [BCE], «Dictamen del Banco Central Europeo de 19 de febrero de 2021 sobre una propuesta de reglamento relativo a los mercados de criptoactivos y por el que se modifica la Directiva [UE] 2019/1937», [CON/2021/4], 2021/C 152/01, DOUE núm. C 152, de 29.04.2021.

Banco Central Europeo [BCE], «Crypto-Assets: Implications for financial stability, monetary policy, and payments and market infrastructures», Occasional Paper Series, núm. 223, 2019.

Comisión Europea, «Plan de acción en materia de tecnología financiera», COM [2018] 109 final.

Consejo de la UE y **Comisión de la UE**, «Declaración conjunta del Consejo y la Comisión sobre las criptomonedas estables», Comunicado de prensa núm. 719/19, 2019.

Dictamen del Comité Económico y Social Europeo sobre: Propuesta de Reglamento del Parlamento Europeo y del Consejo relativo a los mercados de criptoactivos y por el que se modifica la Directiva [UE] 2019/1937, [COM (2020) 593 final - 2020/0265 [COD)], DOUE núm. C 155/31.

Dictamen del Comité Económico y Social Europeo sobre: «Propuesta de Reglamento del Parlamento Europeo y del Consejo relativo a los mercados de criptoactivos y por el que se modifica la Directiva [UE] 2019/1937» — «Propuesta de Reglamento del Parlamento Europeo y del Consejo sobre un régimen piloto de las infraestructuras del mercado basadas en la tecnología de registro descentralizado» [COM (2020) 594 final — 2020/0267 (COD)], DOUE núm. C 155, 30.04.2021.

Dictamen 1/03 del Tribunal de Justicia de la Unión Europea [Pleno], de 7 de febrero de 2006, Avis 1/03, EU:C:2006:81.

Informe explicativo del Convenio de 30 de junio de 2005 sobre acuerdos de elección de foro adoptado por Trevor Hartley y Masato Dogauchi. Editado por la Oficina Permanente de la Conferencia y disponible en línea: https://assets.hcch.net/docs/cf11c369-53a1-4cee-95b0-01c509ca1945.pdf

Informe del Sr. P. Jenard sobre el Convenio relativo a la competencia judicial y a la ejecución de resoluciones judiciales en materia civil y mercantil [firmado en Bruselas el 27 de septiembre de 1968], DOCE 28.7.90 [C-189/123], p. 12

Informe explicativo del Convenio de Lugano realizado por Fausto Pocar, DOUE núm. 319 de 23.12.2009.

Parlamento Europeo, «Informe con recomendaciones destinadas a la Comisión sobre finanzas digitales: riesgos emergentes en los criptoactivos — Retos en materia de regulación y supervisión en el ámbito de los servicios, las instituciones y los mercados financieros», 2020/2034[INL], 2020.

Protocolo núm. 2, relativo a la interpretación judicial uniforme del Convenio y al Comité permanente, DOUE L 339, 2007.

Recomendación 98/257/CE, de la Comisión de 30 de marzo de 1998 relativa a los principios aplicables a los órganos responsables de la solución extrajudicial de los litigios en materia de consumo. DOUE núm. L 115, 17.4.1998.

Recomendación de la Comisión, de 4 de abril de 2001, relativa a los principios aplicables a los órganos extrajudiciales de resolución consensual de litigios en materia de consumo. DOUE núm. 109, de 19 de abril de 2001

Resolución legislativa del Parlamento Europeo, de 20 de abril de 2023, sobre la propuesta de Reglamento del Parlamento Europeo y del Consejo relativo a los mercados de criptoactivos y por el que se modifica la Directiva [UE] 2019/1937 [COM (2020) 0593].

Resolución legislativa del Parlamento Europeo, de 20 de abril de 2023, sobre la propuesta de Reglamento del Parlamento Europeo y del Consejo relativo a los mercados de criptoactivos y por el que se modifica la Directiva [UE] 2019/1937 [COM (2020) 0593].

Resumen del Dictamen del Supervisor Europeo de Protección de Datos sobre la propuesta de un Reglamento relativo a los mercados de criptoactivos y por el que se modifica la Directiva [UE] 2019/1937, [2021/C, 337/03], DOUE núm. C 337, de 23.08.2021.

III. Páginas webs citadas

Binance Academy: «Todo lo que necesitas saber sobre Initial Coin Offerings [ICOs]», entrada publicada en *Binance Academy* el 30.01.2019 [actualizado el 12.12.2022] y disponible en línea: https://academy.binance.com/es/articles/what-is-an-ico#what-is-an-ico

D'Agostino, A., «Cómo ganar por partida doble con los "reward tokens": el ABC para invertir en este instrumento que suma adeptos», 2023, Publicado en *IproUP* y disponible en línea: https://www.iproup.com/finanzas/40964-criptomonedas-como-ganar-doble-con-los-token-rewards

Fernández Espinosa, L., «Qué son los *smart contracts* o contratos inteligentes», Entrada publicada en la página web de BBVA. Accesible en: https://www.bbva.com/es/smart-contracts-los-contratos-basados-blockchain-no-necesitan-abogados/

Fernández, M., «Cómo invertir 100 euros en una planta solar. La empresa Crowmie convierte en tokens participaciones en proyectos de energía renovable para consumo industrial», El País, Entrada publicada el 02.03.2023 y disponible en línea: https://elpais.com/economia/negocios/2023-03-02/como-invertir-100-euros-en-una-planta-solar.html

Garcimartín Alférez, F., «Cláusulas de ley aplicable en instrumentos financieros, A propósito de la Sentencia del Tribunal Supremo de 20 de julio de 2017», Publicado el 30.08.2017 en el *Almacén de Derecho* y disponible en línea: https://almacendederecho.org/clausulas-ley-aplicable-instrumentos-financieros

Gómez, B., «Necesito un Smart Contract, ¿cómo lo hago?», Entrada publicada en *Paradigma digital*. Accesible en: https://www.paradigmadigital.com/dev/necesito-un-smart-contract-como-lo-hago/

Gómez, W., «¿Qué es una clave privada?», Entrada publicada el 27.05.2019 [actualizado el 28.03.2023] en *Bit2me* y publicada en: https://academy.bit2me.com/que-es-clave-privada/

González G., «¿Qué significa para los proveedores de servicios de criptomonedas e inversionistas? Publicado el 26 de mayo de 2023 en *Criptopedia MiCA* y disponible en línea: https://www.criptonoticias.com/criptopedia/ley-mica-que-significa-proveedores-servicios-criptomonedas-inversores/

Guneet K., «Billeteras de Bitcoin: Guía para principiantes sobre el almacenamiento de BTC», Entrada publicada el 24.02.2024 en *Cointelegraph* y disponible en línea:https://es.cointelegraph.com/learn/bitcoin-wallets-a-beginners-guide-to-storing-btc

Hannah, P., «Hombre huye luego de recibir por error USD $650.000 en cripto de un exchange australiano», Publicado el 26.02.2024 en *Diario Bitcoin* y disponible en el siguiente enlace web: https://www.diariobitcoin.com/mercados/exchanges/hombre-en-australia-huye-luego-de-recibir-usd-650-000-en-cripto-de-un-exchange-por-error/

Investing, «Los Mejores Tokens de Utilidad en los que Invertir Durante 2023», Publicado el 30.03.2023 en *Investing.com* y disponible en línea: Https://Es.Investing.Com/News/Cryptocurrency-News/Los-Mejores-Tokens-De-Utilidad-En-Los-Que-Invertir-Durante-2023-2379081

Infobae, «Criptomillonarios por error: un portal regaló hasta 32 millones de dólares en Bitcoin a sus clientes por accidente», Noticia publicada el 20.05.2021 en *Infobae* y disponible en línea: https://www.infobae.com/economia/2021/05/20/criptomillonarios-por-error-un-portal-regalo-hasta-32-millones-de-dolares-en-bitcoin-a-sus-clientes-por-accidente/

Luis Pascual, J., «¿Qué es una dirección Bitcoin?» Publicado el 22 de noviembre de 2018. Disponible en el portal web *Bit2me Academy*: https://academy.bit2me.com/que-es-una-direccion-bitcoin/

Ortega Giménez, A.: «Los "contratos inteligentes" [Smart Contracts]... ni son "contratos" ni son "inteligentes"». Entrada publicada en el portal del *Derecho.com* el 24.06.2020. Accesible en: https://elderecho.com/los-contratos-inteligentes-smart-contracts-contratos-inteligentes

Morell Ramos, J., «Smart contracts: teoría, práctica y cuestiones legales». Publicado el 21.09.2016 en el blog términos y condiciones. Página web disponible en el siguiente enlace: https://terminosycondiciones.es/2016/09/21/como-crear-smart-contract-mediante-terminos-condiciones/

Ndweni, B., «¿Qué son las DeFi y cómo funcionan?», Disponible en línea en el portal de IG: https://www.ig.com/es/estrategias-de-trading/-que-son-las-defi-y-como-funcionan--221031

Rodríguez Abril, R., «Utility tokens - todo lo que tienes que saber», *Vicox Legal*, 2022, Publicado el 04.11.2022 y disponible en línea: https://vicox.legal/utility-tokens-todo-lo-que-tienes-que-saber/

Roose, K., «La guía critpo para despistados. ¿Qué es una DAO?», Publicado en *The New York Times* el 29 de marzo de 2022. Disponible en línea: https://www.nytimes.com/es/interactive/2022/03/29/espanol/dao-que-es.html

Tirado, J.: «¿Cuántas leyes son de aplicación en el arbitraje internacional?», Publicado el 23.09.2019 en *Garrigues*: https://www.garrigues.com/es_ES/noticia/cuantas-leyes-son-de-aplicacion-en-el-arbitraje-internacional

IV. Jurisprudencia citada

Sentencias del Tribunal de Justicia de la Unión Europea [TJUE]

- STJUE de 14 de octubre de 1976, LTU v Eurocontrol, C-29/76, EU:C:1976:137
- STJUE de 30 de noviembre de 1976, Handelskwekerij Bier/Mines de Potasse d'Alsace, C-21/76, EU:C:1976:166
- STJUE de 22 de noviembre de 1978, Somafer SA/Saar-Ferngas AG, C-33/78, EU:C:1978:205
- STJUE de 9 de noviembre de 1978, C-23/78, Meeth/Glacetal, EU:C:1978:198
- STJUE de 21 de junio de 1978, Ott, C-150/77, EU:C:1978:137
- STJUE de 24 de junio de 1981, Elefanten Schuh GmbH v Jacqmain, C-150/80, EU:C:1981:148
- STJUE de 7 marzo de 1985, Spitzley v Sommer Exploitation, C-48/84, EU:C:1985:105
- STJUE de 27 de septiembre de 1988, Kalfelis v Schröder and Others, C-189/87, EU:C:1988:459
- STJUE de 1 de enero de 1990, Dumez France y otros/Hessische Landesbank y otros, C220/88, EU:C:1990:8
- STJUE de 25 de julio de 1991, Rich/Società Italiana Impianti, C190/89, EU:C:1991:58
- STJUE de 17 de junio de 1992, Handte v TMCS, C-26/91, EU:C:1992:268

- STJUE de 26 de marzo de 1992, Reichert y Kockler v Dresdner Bank, C-261/90, EU:C:1992:149
- STJUE de 19 de enero de 1993, Shearson Lehman Hutton v TVB, C89/91, EU:C:1993:15
- STJUE de 6 de diciembre de 1994, Tatry/Maciej Rataj, C-406/92, EU:C:1994:400
- STJUE de 7 de marzo de 1995, Shevill and Others v Presse Alliance, C-68/93, EU:C:1995:61
- STJUE de 13 de julio de 1995, Danværn Production v Schuhfabriken Otterbeck, C-341/93, EU:C:1995:239
- STJUE de 19 de septiembre de 1995, Marinari/Lloyd's Bank, C364/93, EU:C:1995:289
- STJUE de 3 de julio de 1997, Benincasa v Dentalkit, C-269/95, EU:C:1997:337
- STJUE de 17 de noviembre de 1998, Van Uden Maritime, C-391/95, EU:C:1998:543
- STJUE de 27 de octubre de 1998, Réunion européenne y otros, C-51/97, EU:C:1998:509
- STJUE de 28 de septiembre de 1999, GIE Groupe Concorde y otros, C-440/97, EU:C:1999:456
- STJUE de 13 de julio de 2000, Group Josi, C-412/98, EU:C:2000:399
- STJUE de 9 de noviembre de 2000, C-387/98, Coreck Maritime, EU:C:2000:606
- STJUE de 27 junio 2000, C-240/98, Océano Grupo Editorial y Salvat Editores, EU:C:2000:346
- STJUE de 1 de octubre de 2002, Henkel, C-167/00, EU:C:2002:555
- STJUE de 19 de febrero de 2002, Besix, C-256/00, EU:C:2002:99
- STJUE de 9 de diciembre de 2003, Gasser, C116/02, EU:C:2003:657
- STJUE de 27 de abril de 2004, Turner, C159/02, EU:C:2004:228
- STJUE de 10 de junio de 2004, Kronhofer, C168/02, EU:C:2004:364
- STJUE de 15 de enero de 2004, Blijdenstein, C433/01, EU:C:2004:21
- STJUE de 1 de marzo de 2005, Owusu, C-281/02, EU:C:2005:120
- STJUE de 20 de enero de 2005, Gruber, C464/01, EU:C:2005:32
- STJUE de 3 de mayo de 2007, Color Drack, C-386/05, EU:C:2007:105
- STJUE de 26 de octubre de 2006, C-168/05, Mostaza Claro, EU:C:2006:675

- STJUE de 13 de julio de 2006, Roche Nederland y otros, C-539/03, EU:C:2006:458
- STJUE de 13 de julio de 2006, Reisch Montage, C-103/05, EU:C:2006:471
- STJUE de 2 de mayo de 2006, Eurofood IFSC, C341/04, EU:C:2006:281
- STJUE de 11 de octubre de 2007, Freeport, C-98/06, EU:C:2007:595
- STJUE 6 de octubre de 2009, C-40/08, Asturcom Telecomunicaciones, EU:C:2009:615
- STJUE de 16 de julio de 2009, Zuid-Chemie, C-189/08, EU:C:2009:475
- STJUE de 28 abril de 2009, Apostolides, C-420/07, EU:C:2009:271
- STJUE de 3 de junio de 2009, Pannon GSM, C243/08, EU:C:2009:350
- STJUE de 23 de abril de 2009, C533/07, Falco Privatstiftung y Rabitsch
- STJUE de 10 de febrero de 2009, Allianz y Generali Assicurazioni Generali, C185/07, EU:C:2009:69
- STJUE de 9 de julio de 2009, Rehder, C204/08, EU:C:2009:439
- STJUE de 7 de diciembre de 2010, Pammer y Hotel Alpenhof, C-585/08, EU:C:2010:740
- STJUE de 25 de febrero de 2010, Car Trim, C-381/08, EU:C:2009:577
- STJUE de 11 de marzo de 2010, Wood Floor Solutions Andreas D omberger, C-19/09, EU:C:2010:137
- STJUE de 21 de enero de 2010, MG Probud Gdynia, C444/07, EU:C:2010:24
- STJUE de 20 de mayo de 2010, ČPP Vienna Insurance Group, C-111/09, EU:C:2010:290
- STJUE de 18 de octubre de 2011, Realchemie Nederland, C-406/09, EU:C:2011:668
- STJUE de 17 de noviembre de 2011, Hypoteční banka, C327/10, EU:C:2011:745
- STJUE de 1 de diciembre de 2011, Painer, C-145/10, EU:C:2011:798
- STJUE de 20 de octubre de 2011, Interdil, C396/09, EU:C:2011:671
- STJUE de 15 de diciembre de 2011, Rastelli Davide e C., C191/10, EU:C:2011:838
- STJUE de 25 de octubre de 2011, eDate Advertising y otros, C-509/09, EU:C:2011:685
- STJUE de 12 de julio 2011, L'Oréal y otros, C-324/09, EU:C:2011:474
- STJUE de 28 de julio de 2011, Pacific World y FDD International, C- 215/10, EU:C:2011:528

- STJUE de 19 de julio 2012, Mahamdia, C-154/11, EU:C:2012:491
- STJUE de 19 de abril de 2012, Wintersteiger, C-523/10, EU:C:2012:220
- STJUE de 25 de octubre de 2012, Folien Fischer y Fofitec, C133/11, EU:C:2012:664
- STJUE de 28 de junio de 2012, Geltl, C-19/11, EU:C:2012:397
- STJUE de 6 de septiembre de 2012, Mühlleitner, C-190/11, EU:C:2012:542
- STJUE de 12 de julio de 2012, Solvay, C-616/10, EU:C:2012:445
- STJUE de 15 de marzo de 2012, G, C292/10, EU:C:2012:142
- STJUE de 30 de mayo de 2013, Asbeek Brusse y de Man Garabito, C488/11, EU:C:2013:341
- STJUE de 14 de noviembre de 2013, Maletic, C478/12, EU:C:2013:735
- STJUE de 19 de diciembre de 2013, Corman-Collins, C-9/12, EU:C:2013:860
- STJUE de 14 marzo de 2013, C-415/11, Aziz, EU:C:2013:164
- STJUE de 14 de marzo de 2013, Česká spořitelna, C-419/11, EU:C:2013:165
- STJUE de 3 de octubre de 2013, Pinckney, C-170/12, EU:C:2013:635
- STJUE de 17 de octubre de 2013, Emrek, C-218/12, EU:C:2013:666
- STJUE de 16 de mayo de 2013, Melzer, C228/11, EU:C:2013:305
- STJUE de 3 de octubre de 2013, Pinckney, C-170/12, EU:C:2013:635
- STJUE de 11 de abril de 2013, Sapir y otros, C-645/11, EU:C:2013:228
- STJUE de 18 de julio de 2013, ÖFAB, C-147/12, EU:C:2013:490.
- STJUE de 21 de mayo de 2014, C-322/14, El Majdoub, EU:C:2015:334
- STJUE de 27 febrero 2014, Cartier parfums-lunettes y Axa Corporate Solutions assurances, C-1/13, EU:C:2014:109
- STJUE de 23 de octubre de 2014, flyLAL-Lithuanian Airlines, C-302/13, EU:C:2014:2319
- STJUE de 17 de julio de 2014, Barclays Bank, C-280/13, EU:C:2014:279
- STJUE de 3 de abril de 2014, Hi Hotel HCF, C387/12, EU:C:2014:215
- STJUE de 5 de junio de 2014, Coty Germany, C-360/12, EU:C:2014:1318
- STJUE de 13 marzo 2014, Brogsitter, C- 548/12, EU:C:2014:148
- STJUE de 16 de enero de 2014, Kainz, C-45/13, EU:C:2014:7
- STJUE de 10 septiembre de 2015, Holterman Ferho Exploitatie y otros, C-47/14, EU:C:2015:574

- STJUE de 23 de diciembre de 2015, Hobohm, C297/14, EU:C:2015:844
- STJUE de 28 de enero de 2015, Kolassa, C-375/13, EU:C:2015:37
- STJUE de 3 de septiembre de 2015, Costea, C110/14, EU:C:2015:538
- STJUE de 22 de octubre de 2015, Hedqvist, C264/14, EU:C:2015:718
- STJUE de 22 de enero de 2015, Hejduk, C441/13, EU:C:2015:28
- STJUE de 13 de mayo de 2015, Gazprom, C-536/13, EU:C:2015:316
- STJUE de 21 de mayo de 2015, CDC Hydrogen Peroxide, C352/13, EU:C:2015:335
- STJUE de 28 de julio de 2016, C-191/15, Verein für Konsumenteninformation, EU:C:2016:612
- STJUE de 28 de julio de 2016, Siemens Aktiengesellschaft Österreich, C-102/15, EU:C:2016:607
- STJUE de 16 de noviembre de 2016, Schmidt, C417/15, EU:C:2016:881
- STJUE de 16 de junio de 2016, Universal Music International Holding, C-12/15, EU:C:2016:449
- STJUE de 14 de julio de 2016, Granarolo, C196/15, EU:C:2016:559
- STJUE de 20 de abril de 2016, Profit Investment SIM, C366/13, EU:C:2016:282
- STJUE de 21 de abril de 2016, Austro-Mechana, C572/14, EU:C:2016:286
- STJUE de 12 de octubre de 2016, Kostanjevec, C-185/15, EU:C:2016:763
- STJUE de 21 de diciembre de 2016, Concurrence, C618/15, EU:C:2016:976
- STJUE de 20 de diciembre de 2017, Schlömp, C- 467/16, EU:C:2017:993
- STJUE de 15 de junio de 2017, Kareda, C249/16, EU:C:2017:472
- STJUE de 17 de octubre de 2017, Bolagsupplysningen y Ilsjan, C-194/16, EU:C:2017:766
- STJUE de 25 de enero 2018, Schrems, C498/16, EU:C:2018:37
- STJUE de 8 de marzo de 2018, Saey Home, C-64/17, EU:C:2018:173
- STJUE de 19 de septiembre de 2018, PPU, C-325/18 y C-375/18, EU:C:2018:739
- STJUE de 12 de septiembre de 2018, Löber, C304/17, EU:C:2018:701
- STJUE de 31 de mayo de 2018, Nothartová, C-306/17, EU:C:2018:360
- STJUE de 21 de junio de 2018, Petronas Lubricants Italy, C-1/17, EU:C:2018:478

- STJUE de 3 de octubre de 2019, Petruchová, C-208/18, EU:C:2019:825
- STJUE de 2 de mayo de 2019, Pillar Securitisation, C694/17, EU:C:2019:345
- STJUE de 16 de julio de 2020, Novo Banco, C-253/19, EU:C:2020:585
- STJUE de 24 de noviembre de 2020, Wikingerhof, C59/19, EU:C:2020:950
- STJUE de 2 de abril de 2020, Reliantco Investment y Reliantco Investment Limassol Sucursala Bucureşti, C500/18, EU:C:2020:264
- STJUE de 9 de diciembre de 2021, HRVATSKE ŠUME, C-242/20, EU:C:2021:985
- STJUE de 14 de septiembre de 2023, C-821/21, Club La Costa y otros, EU:C:2023:672
- STJUE de 25 de marzo de 2021, Obala i lučice, C- 307/19, EU:C:2021:236
- STJUE de 21 de diciembre de 2021, *Gtflix Tv,* C-251/20, EU:C:2021:1036
- STJUE de 12 de mayo de 2021, Vereniging van Effectenbezitters, C- 709/19, EU:C:2021:377
- STJUE de 20 de junio de 2022, London Steam-Ship Owners' Mutual Insurance Association, C-700/20, EU:C:2022:488
- STJUE de 24 de marzo de 2022, Galapagos BidCo., C- 723/20, EU:C:2022:209
- STJUE de 14 de septiembre de 2023, EXTÉRIA, C-393/22, EU:C:2023:675
- STJUE de 7 de septiembre de 2023, C590/21, Charles Taylor Adjusting, EU:C:2023:633
- STJUE de 4 de julio de 2024, C-425/22, MOL, ECLI:EU:C:2024:578

Conclusiones de los abogados generales del TJUE

- Conclusiones del Abogado general Philippe Léger de 17 de mayo de 1995, Danværn Production v Schuhfabriken Otterbeck, C-341/93, EU:C:1995:139.
- Conclusiones del AG Sr. Melchior Wathelet de 4 de diciembre de 2014, C-536/13, EU:C:2014:2414
- Conclusiones de la Abogada General Juliane Kokott presentadas el 2 de junio de 2016, Kostanjevec, C-185/15, EU:C:2016:397
- Conclusiones del Abogado general Maciej Szpunar de 18 de octubre de 2017, Schlömp, C- 467/16, EU:C:2017:768

- Conclusiones del Abogado general Maciej Szpunar de 22 de enero de 2019, Pillar Securitisation, C-694/17, EU:C:2019:44.a
- Conclusiones del Abogado general Sr. Gerard Hogan, *Gtflix Tv,* C-251/20, EU:C:2021:745.
- Conclusiones del AG Sr. A. Michael Collins, de 5 de mayo de 2022, C-700/20, EU:C:2022:358
- Conclusiones del AG Sr. Jean Richard, de 23 de marzo de 2023, C-590/21, EU:C:2023:246

Sentencias del Tribunal Europeo de Derechos Humanos [TEDH]

- STEDH de 28 de octubre 1998, Asunto Osman contra Reino Unido, núm. 23452/94, CE:ECHR:1998:1028JUD002345294
- STEDH de 18 de febrero de 1999, Asunto Waite and Kennedy contra Alemania, núm. 26083/94, CE:ECHR:1999:0218JUD002608394
- STEDH de 21 de noviembre de 2001, Asunto Al-Adsani contra el Reino Unido, núm. 35763/97, CE:ECHR:2001:1121JUD003576397
- STEDH núm. 1643/06, de 20 de octubre de 2010, Asunto AFFAIRE SUDA c. RÉPUBLIQUE TCHÈQUE, CE:ECHR:2010:1028JUD000164306

Sentencias de órganos jurisdiccionales nacionales

- STS de 27 de mayo de 2007, recurso núm. 567, F.J.3.º
- STS de 20 de noviembre de 2008, ES:TS:2008:6660
- SAP de Madrid de 8 de septiembre de 2009
- STS núm. 72, de 4 de marzo de 2010, ES:TS:2010:783
- AAP de Madrid, núm. 320/2010, ES:APM:2010:8025A
- STS núm. 418, de 22 de junio de 2011, ES:TS:2011:4257
- STSJ de Madrid núm. 63 de 15 de septiembre de 2015, ES:TSJM:2015:10503
- STSJ de Cataluña núm. 23 de 16 de abril 2016, ES:TSJCAT:2015:3086
- STS núm. 409, de 27 de junio de 2017, ES:TS:2017:2500
- STS de 27 de junio de 2017, ES:TS:2017:2500
- SAP de Lugo de 30 de diciembre de 2021, ES:APLU:2021:857
- SAP de Lugo de 30 de diciembre de 2021, ES:APLU:2021
- STSJ de Andalucía de 4 marzo 2022, ES:TSJAND:2022:4957

COLECCIÓN
DERECHO INTERNACIONAL PRIVADO

COLEX

TÍTULOS PUBLICADOS

1. La solución extrajudicial de disputas transfronterizas en el Reglamento europeo de servicios digitales
2. La competencia judicial internacional en el ámbito de las plataformas de criptoactivos

Made in the USA
Monee, IL
08 November 2026

68074901R00214